신약 시대의
사회와 문화

Exploring
The New Testament World

앨버트 벨 지음 | 오광만 옮김

생명의말씀사

EXPLORING THE NEW TESTAMENT WORLD

Originally published in English as *Exploring the New Testament World*
ⓒ 1998 Albert A. Bell

Published by arrangement with Thomas Nelson,
a division of HarperCollins Christian Publishing, Inc.
through rMaeng2, Seoul, Republic of Korea.
All rights reserved.

This Korean translation edition Copyright ⓒ 2001, 2020
by Word of Life Press, Seoul, Republic of Korea.

이 한국어판의 저작권은 알맹2 에이전시를 통하여
Thomas Nelson과 독점 계약한 생명의말씀사에 있습니다.
신저작권법에 의하여 한국 내에서 보호받는 저작물이므로
무단 전재와 무단 복제를 금합니다.

신약 시대의 사회와 문화

ⓒ 생명의말씀사 2001, 2020

2001년 10월 15일 1판 1쇄 발행
2018년 3월 2일　　13쇄 발행
2020년 2월 28일 2판 1쇄 발행
2024년 9월 25일　　3쇄 발행

펴낸이 | 김창영
펴낸곳 | 생명의말씀사

등록 | 1962. 1. 10. No.300-1962-1
주소 | 서울시 종로구 경희궁1길 6 (03176)
전화 | 02)738-6555(본사) · 02)3159-7979(영업)
팩스 | 02)739-3824(본사) · 080-022-8585(영업)

기획편집 | 유선영, 태현주, 정정욱, 이은정
디자인 | 조현진
인쇄 | 예원프린팅
제본 | 다인바인텍

ISBN 978-89-04-03173-3 (03230)

저작권자의 허락 없이 이 책의 일부 또는 전체를
무단 복제, 전재, 발췌하면 저작권법에 의해 처벌을 받습니다.

신약 시대의
사회와 문화
Exploring
The New Testament World

추천사

반세기 전에 성경을 연구하던 학생들은 이미 고전이 된 글로버(T. R. Glover)의 『신약의 세계』(The World of the New Testament)라는 책으로 교육을 받아 신약 시대의 세계에 입문하곤 했다. 이 책은 절판되었지만, 이제는 앨버트 벨(Albert A. Bell) 박사가 쓴 이 책이 새로운 세대의 독자를 위한 유익한 참고 자료가 될 것이라 생각한다. 고전과 역사 분야에 대한 벨 박사의 해박한 지식은, 여전히 광범위한 분야에서 연구되고 있는 신약 시대의 세계에 집중되어 있다. 사해 사본과 이외 여러 문헌의 발굴은 글로버의 책이 출판된 이후 신약 시대의 세계에 빛을 비춰 주었다.

벨 박사는 여러 계층의 독자에게 흥미를 일으킬 만한 문제로 글을 썼을 뿐 아니라 여러 자료들을 간결하게, 그러면서도 기억하기 쉬운 문장으로 표현했다. 벨 박사는 제일 먼저 유대 배경을 개관한 후에 신약 시대에 팔레스타인에서 성행하던 유대 종파를 서술한다. 그는 이러한 상황 속에서 예수님과 초대 교회의 위치를 선정했다. 그런 다음 한층 넓은 상황이 우리 눈앞에 펼쳐져, 독자는 1세기에 통치했던 로마의 여러 황제와 총독들을 만나게 된다. 저자는 유력한 통치자에 대한 약력을 기술한 후, 로마의 법 이론과 형사 소송을 진행하는 총독들의 세력에 초점을 맞춘다. 로마의 시민권을 얻는 방법과 노예들의 비참한 지위와 상황을 또한 균형 있게 설명했다. 당시 노예의 숫자는 로마 인구의 절반 정도 되었던 것 같다.

벨 박사는 정치적인 문제에 관한 주제를 피력한 후, 동양에 널리 퍼져 있던 신비 종교를 비롯해 복잡하기 그지없는 그리스-로마의 여러 종교를 소개한다.

또한 헬레니즘 철학자들이 계승한 고전파 시대의 여러 철학 학파를 간결하게 논한다. 여기서 저자는 일반적으로 자기 탐닉의 철학으로 알려진 에피쿠로스 철학에 대한 오해를 교정하면서, 이 철학의 진정한 특성과 이와 쌍벽을 이룬 스토아 철학을 설명한다. 또한 신피타고라스 철학과 신플라톤 철학도 논한다.

저자는 종교와 철학에 관한 주제를 피력한 후 그리스-로마의 사회 구조를 고찰한다. 여기서 독자는 사회 계급(평민 보호 귀족, 예속 평민, 노예, 자유인, 여자 등)과 음식, 가옥, 의복에 관한 정보를 비롯해 평민의 일상생활에 대한 자세한 설명을 얻을 수 있다. 가정생활, 이혼, 문란한 성생활, 자살 등 도덕과 인간관계를 다룬 장에서는 로마 제국의 사회 조직을 궁극적으로 취약하게 만든 요소들에 대한 미묘한 논의를 열거한다.

그러므로 이 책의 경탄할 만한 업적은 그리스-로마 역사의 갖가지 사실을 완벽하고 균형 있게 다루었다는 점이다. 이 책 구석구석에 저자의 탁월한 능력이 잘 나타나 있다. 한정된 분량 안에 신약 시대의 역사를 약술하려면 필연적으로 내용을 압축할 수밖에 없지만, 벨 박사는 단순히 사실을 나열하는 식의 위험을 피했다. 신약성경을 읽는 독자는 이 책이 다루고 있는 주제 하나하나에서, 초대 교회의 삶의 터가 되었던 사회와 1세기 사회 발전에 중요한 역할을 한 지도층에 속한 사람들, 그리고 평민들의 일상적인 가정생활과 가정 이외의 생활 등을 보다 충분히 이해하게 될 것이다.

프린스턴 신학대학원 신약학 명예 교수
브루스 메츠거(Bruce M. Metzger)

저자 서문

이 책은 내가 고등학생 시절부터 관심을 가졌던 주제가 발전된 것이라는 사실을 이제 알게 되었다. 고대 로마 세계에 대한 관심은 나에게 라틴어를 가르쳐 주셨던 선생님과 내가 출석하던 교회 목사님 때문에 싹트기 시작했다. 나는 케이(Kay) 선생님 과목을 수강하면서 읽었던 문헌을 기록한 사람들(고대 로마 역사가들)이 주일학교에서 배운 책(성경)을 기록한 사람들과 같은 세계를 살았다는 사실을 알게 되었다.

나는 이 두 문헌 가운데 어느 하나라도 잘 알게 된다면 다른 문헌을 이해하는 데 도움이 될 것이라고 간파했다. 의식적으로 그렇게 해야겠다고 결심하지는 않았지만, 나는 주후 1세기의 생활에 관한 자료를 찾을 수 있는 한 많이 모으기 시작했다. 나는 여러 주제를 탐구하느라 수년 동안 우회했지만, 언제나 로마로 뻗어 있는 여러 도로 중 하나로 돌아오곤 했다.

이제는 강단에 선 교수로서, 내가 공부한 내용을 해마다 수천 명씩 몰려드는 신입생들과 나누고 있다. 또한 가끔씩은 주일학교에서 가르치기도 한다. 그러던 중 내 강의를 들은 청중의 격려로 인해 그동안 강의한 내용을 한 권의 책으로 펴내는 것이 좋겠다는 생각이 들었다. 이 책 제1장 참고 문헌을 보면 잘 알 수 있듯이 이 책이 이 주제를 다룬 유일한 책은 아니다. 내가 아무런 자료도 없는 데서 이 책을 쓰기 시작했다면, 나 역시 이것과는 다른 내용의 책을 썼을 것이다. 하지만 나는 그간 이 자료들을 모으고 제시하는 일을 즐겨 왔다.

이 책의 내용 중 상당 부분은 원래 『신약 세계로의 초대』(*A Guide to the New Testament World*)라는 제목으로 헤럴드 출판사(Herald Press)에서 출판된 적이 있다. 그래서 이번에는 기존 책의 자료를 새로운 내용으로 개정하고, 상당히 많은 부분을 손질했다. 많은 화보를 곁들여 기존의 책과는 전혀 다른 모습으로 개편해서 독자들에게 훨씬 더 친근한 모습으로 선보이게 된 것이다.

이 책은 주로 평신도 독자를 겨냥해 썼다. 개인적으로 신약성경을 연구하거나 성경 공부 모임에서 성경을 공부하는 사람들이 이 책의 1차 독자이다. 이 책이 대학생이나 신학생들에게도 유용하다면, 이것은 어디까지나 추가적인 유익이 될 것이다. 독자에게는 신약성경에 대한 관심과 이를 탐구하고자 하는 열린 마음 외에는 그 어떤 것도 기대하지 않는다.

이 책이 다루고 있는 주제 중 어느 하나도 충분히 다룬 것은 없다. 요한이 예수님의 생애를 기록하려고 붓을 들었을 때 고백했던 것처럼, 모든 것을 다 채워 넣을 수는 없는 일이다(요 21:25). 독자에게 탐구 작업의 다음 단계에 대한 지침을 주려고 의도한 것이 바로 이 책의 특징이라고 하겠다.

이 책 중간중간에 등장하는 발췌문은 이 발췌문이 등장하는 앞의 내용을 보충하고, 고대 저자들의 말을 본문에 있는 짧은 인용구에서보다는 더 자세히 독자에게 전하려는 의도에서 기획되었다. 나는 독자들이, 발췌한 이 단편 문헌들의 원전을 충분히 찾아보고 싶을 만큼 흥미를 갖게 되기를 소망한다.

이 책 맨 뒤에 있는 부록, 원자료에 이러한 저자에 대한 정보와 이들이 쓴 책 중에서 영어로 번역된 책을 열거해 놓았다.

'이 주제에 대해 더 많은 것을 알고 싶은데'라는 생각이 든다면, 참고 문헌의 도움을 받아 다음 단계로 보다 쉽게 나아갈 수 있을 것이다. 참고 도서 앞에 붙어 있는 숫자는 그 책이 처음 등장한 장의 숫자를 표시한 것이다. 본문에서 참고 도서를 언급할 경우에는 괄호와 숫자로 표시했다. 한 예로, 5.102라는 표시는 제5장의 참고 도서 102번을 의미한다. 내가 이 자료에서 직접 인용했을 경우에는 페이지 번호를 콜론(:) 다음에 표기했다(예를 들면 5.102:37).

이 책에 있는 내용을 연구하고 출판하는 동안 이루 말할 수 없는 방법으로 내게 도움을 준 사람들에게 감사하고 싶다.

아치 네이션스 교수(Archie Nations). 네이션스 교수는 처음으로 내게 헬라어 연구를 권유한 분이다. 이 과목 시간에 제출한 연구 논문은 결국 내가 최초로 출판한 논문이 되었다. 요한계시록의 기록 연대를 규정하기 위해 로마 역사가의 도움을 얻는다는 것은 결코 놀랄 만한 일이 아니다(3.84).

로버트 매클러논(Robert McClernon) 목사. 매클러논 목사는 내가 출석하는 교회의 담임 목사이자, 어렵게 대학원 공부를 하는 동안 많은 위로를 준 친구이기도 하다.

조지 케네디(George Kennedy) 교수와 조지 휴스턴(George Houston) 교수. 이들은 채플힐에 있는 노스캐롤라이나 대학교에서 대학원 공부를 할 때 나를 지도해 주었던 논문 지도 교수들이다. 이들이 내게 보여준 애정에 대해 나는 지금도 감사한다.

　나의 아버지와 어머니. 이 두 분은 언제나 믿음 생활의 모범을 내게 보여주셨다.

　나의 아내와 아이들. 이들은 수년 동안 인내와 사랑으로 나를 도와주었다.

목차

추천사　04
저자 서문　06
약어표　18

제1장　왜 이 책이 필요한가?　25
1. 본문과 상황　27
2. 상아탑에서 교회 강단으로　34
3. 신학과 역사　39
   돌로 된 담장과 감옥 | 성찬식 | 십자가에 못 박힘 | '영'의 개념
4. 결론　50
   참고 문헌　52

제2장　신약성경의 유대적 배경　61
1. 유대교 : 헬라적 유대교와 유대적 유대교　62
   디아스포라 | 70인역 | 유대의 유대교와 헬레니즘
2. 유대교의 구전 전승　78
3. 유대의 종교 분파　81
   사두개파 | 바리새파와 서기관 | 헤롯당 | 열심당 | 에세네파
4. 묵시 사상　97
5. 예수님과 유대교　99
6. 유대교와 초대 교회　102
   참고 문헌　106

제3장 로마의 통치자들   123

1. 서론   124
2. 로마 제국   125
   카이사르, 만세(주전 100-44년) | 팍스 로마나 : 아우구스투스(주전 27년-주후 14년) | 티베리우스(주후 14-37년) | 칼리굴라(주후 37-41년) | 로마 제국의 비밀 : 클라우디우스(주후 41-54년) | 네로(주후 54-68년) | 플라비우스 가문(주후 69-96년)
3. 황제들과 신약성경   142
4. 속주와 총독들   143
5. 로마와 유대   146
   헤롯 가문 | 빌라도
6. 바울과 로마인들   153
   서기오 바울 | 갈리오와 세네카 | 벨릭스 | 베스도
7. 그 밖에 신약성경에 언급된 인물들   160
   구레뇨 | 군인들 | 데오빌로 | 아레오바고 관리 디오누시오 | 또 다른 사람들
8. 결론   169
   참고 문헌   170

제4장 로마법과 신약성경 181

1. 로마에서의 교회와 국가 182
2. 그리스도인들과 법 : 사례 연구 185
3. 총독의 권력 188
4. 형사 소송 192
5. 단체에 대한 로마인의 규정 200
6. 밀고자들 203
7. 시민권 205
    시민권의 혜택 ㅣ 시민권을 얻는 법
8. 로마의 형벌 제도 210
    트라야누스의 답변과 로마 제국의 정책
9. 로마의 법 이론 220
10. 로마와 그리스도인들 222
    참고 문헌 224

제5장 그리스-로마의 종교 233

1. 서론   234
2. 올림포스의 12신   236
3. 황제 숭배   241
4. 이적, 마술, 성인   243
5. 신탁, 점성술, 꿈   248
6. 정령 숭배   251
7. 신비 종교들   252
   엘레우시스 신비 종교 | 디오니소스교 | 오르페우스교 | 대모교 | 이시스교 | 미트라교와 크리스마스 | 기독교와 신비 종교
8. 영지주의   268
9. 범사에 종교심이 많도다   276

참고 문헌   278

제6장 그리스-로마의 철학 293

1. 헬라인과 철학 294
2. 고전 철학 학파 296
   소크라테스 이전의 철학자들 | 소크라테스 | 플라톤과 플라톤 철학 | 아리스토텔레스
3. 헬레니즘 철학 305
   에피쿠로스학파 | 스토아학파 | 견유학파 | 신피타고라스학파와 신플라톤 철학
4. 그리스도인들과 철학 321

   참고 문헌 324

제7장 그리스-로마의 사회 구조 335

1. 사회의 여러 계급 338
   자유인 | 보호자와 피보호자 | 노예 | 해방 노예 | 여자들
2. 하루 일과 356
3. 식사 358
4. 주거와 도시 생활 369
5. 의복 376
6. 결론 381

   참고 문헌 382

제8장 그리스-로마의 도덕성과 인간관계 393

1. 그리스-로마의 도덕성의 근거 395
2. 로마인의 도덕성에 대한 증거 401
3. 가족생활 404
   로마인의 가족 개념 | 로마의 가족의 붕괴
4. 결혼 407
   계약으로서의 결혼 | 이혼과 재혼 | 배우자들의 부정 | 매춘과 노예들에 대한 성추행
5. 자녀와 교육 421
   낮은 출산율과 영아 살해 | 피임과 유산
6. 문란한 성생활 428
7. 개인적인 치장 431
   목욕 | 머리치장 | 화장품
8. 결론 437

참고 문헌 438

제9장   로마 세계에서의 시간, 거리, 여행   449

1. 시간   452
   시(時) | 주(週) | 달(月) | 해(年) | 생일 | 예수님의 탄생 시기 | 주전/주후

2. 거리   467

3. 여행   470
   육상 여행 | 로마의 도로 | 지도 | 숙박 시설 | 여행 수단 | 해상 여행

   참고 문헌   485

제10장   아는 것과 믿는 것   493

원자료 506

마르티알리스 | 세네카 | 수에토니우스 | 에픽테토스 | 오비디우스 | 요세푸스 | 유베날리스 | 에우세비우스 | 순교자 유스티누스 | 알렉산드리아의 클레멘스 | 타키투스 | 테르툴리아누스 | 페트로니우스 | 플루타르코스 | 소(小)플리니우스 | 알렉산드리아의 필론

족보 516

율리우스-클라우디우스 가문에 속한 황제들 | 헤롯 가문

약어표

AClass	Acta Classica
AJA	American Journal of Archeology
AJAH	American Journal of Ancient History
AJPh	American Journal of Philology
AmBenRev	American Benedictine Review
AmerBaptQ	American Baptist Quarterly
AmHistR	American Historical Review
AmPhQ	American Philosophical Quarterly
AncHist	Ancient History (formerly AncSoc)
AncSoc	Ancient Society (now AncHist)
AncW	The Ancient World
AndUnivSemStud	Andrews University Seminary Studies
AngThR	Anglican Theological Review
ANRW	Aufstieg und Niedergang der römischen Welt
BAR	Biblical Archaeology Review
BiblArch	Biblical Archaeologist
BibRes	Biblical Research
BibRev	Bible Review
BibT	Bible Today
BibTrans	Biblical Translator
BJRL	Bulletin of the John Rylands Library

BTB	Biblical Theology Bulletin
BurHist	Buried History
C&M	Classica et mediaevalia
CB	Classical Bulletin
CBQ	Catholic Biblical Quarterly
CF	Classical Folia
ChHist	Church History
ChrT	Christianity Today
CJ	Classical Journal
ClassAnt	Classical Antiquity (formerly CSCA)
CompLit	Comparative Literature
CPh	Classical Philology
CQ	Classical Quarterly
CSCA	California Studies in Classical Antiquity (now ClassAnt)
CSSH	Comparative Studies in Society and History
CTM	Currents in Theology and Mission
CW	Classical World
DownRev	Downside Review
EMC	Échos du monde classique
EphThL	Ephemerides theologicae Lovanienses
EvangQ	Evangelical Quarterly

ExposT	Expository Times
Faith&Ph	Faith and Philosophy
FNT	Filologia neotestamentaria
G&R	Greece and Rome
GRBS	Greek, Roman and Byzantine Studies
HeyJ	Heythrop Journal
HibJ	The Hibbert Journal
HistPolTho	History of Political Thought
HSCP	Harvard Studies in Classical Philology
HT	History Today
HThR	Harvard Theological Review
HUCA	Hebrew Union College Annual
ICS	Illinois Classical Studies
IntPhQ	International Philosophical Quarterly
IrBibStud	Irish Biblical Studies
IrJur	The Irish Jurist
IrTheolQ	Irish Theological Quarterly
IsrExplJ	Israel Exploration Journal
JbAc	Jahrbuch für Antike und Christentum
JBiblEqual	Journal of Biblical Equality
JBL	Journal of Biblical Literature
JEH	Journal of Ecclesiastical History
JerPer	Jerusalem Perspective
JEvangThSoc	Journal of the Evangelical Theology Society
JHI	Journal of the History of Ideas
JHPh	Journal of the History of Philosophy
JHS	Journal of Hellenic Studies

JJewSt	*Journal of Jewish Studies*
JMS	*Journal of Mithraic Studies*
JPh	*Journal of Philosophy*
JQR	*Jewish Quarterly Review*
JRel	*Journal of Religion*
JRelHist	*Journal of Religious History*
JRS	*Journal of Roman Studies*
JSemStud	*Journal of Semitic Studies*
JSJ	*Journal for the Study of Judaism*
JStudNT	*Journal for the Study of the New Testament*
JStudPseud	*Journal for the Study of the Pseudepigrapha*
JTheolSAfr	*Journal of Theology for South Africa*
JThS	*Journal of Theological Studies*
LexThQ	*Lexington Theological Quarterly*
LuthTheolJ	*Lutheran Theological Journal*
MedHist	*Medical History*
N&C	*Nigeria and the Classics*
Neotest	*Neotestamentica*
NewBlackfr	*New Blackfriar*
NovT	*Novum Testamentum*
NTS	*New Testament Studies*
P&P	*Past and Present*
PACPhA	*Proceedings of the American Catholic Philosophical Association*
PalExQ	*Palestine Exploration Quarterly*
PAPhs	*Proceedings of the American Philosophical Society*
PAS	*Proceedings of the Aristoteles Society*

PBSR	Papers of the British School at Rome
PCA	Proceedings of the Classical Association
PCPhS	Proceedings of the Cambridge Philological Society
QuartRev	Quarterly Review
RefRev	Reformed Review
RefThRev	Reformed Theological Review
REJ	Revue des Études Juives
RelEd	Religious Education
RelStud	Religious Studies
RelStudRev	Religious Studies Review
RelTrad	Religious Traditions
RestorQ	Restoration Quarterly
Rev&Expos	Review and Expositor
Revbib	Revue biblique
RevQum	Revue de Qumran
RHD	Revue d'histoire du droit
ScandJTh	Scandinavian Journal of Theology
ScotJTh	Scottish Journal of Theology
SDHI	Studia et documenta historiae et iuris
SEAJTh	Southeast Asia Journal of Theology
SecCent	Second Century
SJPh	Southern Journal of Philosophy
SR	Studies in Religion
StudLiturg	Studia liturgica
StudPatr	Studia patristica
StudTh	Studia theologica
SWJourTheol	Southwestern Journal of Theology

SyllClass	*Syllecta Classica*
TAPhA	*Transactions of the American Philological Association*
TheolEd	*Theological Educator*
TheolEvang	*Theologia evangelica*
TorJTheol	*Toronto Journal of Theology*
TynBull	*Tyndale Bulletin*
VetTest	*Vetus Testamentum*
VigChr	*Vigiliae Christianae*
VoxRef	*Vox Reformata*
ZNTW	*Zeitschrift für neutestamentliche Wissenschaft*
ZPE	*Zeitschrift für Papyrologie und Epigraphik*

제1장

왜 이 책이 필요한가?

책을 읽는 사람은 읽고 있는 책에서 가능한 한 많은 것을 얻고자 한다. 그 누구보다 신약성경 독자들은 더욱 그러할 것이다. 신약성경을 통해 믿음의 성장을 얻기 위해서는 신약성경을 가능한 한 충분히 이해해야 한다. 이해하지도 못하는 것을 어떻게 믿을 수 있단 말인가? 부분적으로밖에 그 의미를 파악할 수 없는 책에 믿음의 기초를 둔다면, 당신은 만족할 수 있겠는가? 기독교는 '책의 종교'라 불리곤 한다.

그런데 이 책(성경)을 이해하지 못한다면, 우리는 에티오피아 내시와 똑같은 처지에 있는 것이나 마찬가지다(행 8:26-40). 에티오피아 내시는 이사야서에 있는 어떤 본문의 의미를 알려고 무척 애쓰고 있었다. 이때 빌립이 그가 타고 있는 마차에 다가가 물었다. "선생님, 읽고 계신 것을 이해하십니까?" 그는 이렇게 대답했다. "나를 지도해 주는 사람이 없는데 어떻게 이해할 수 있겠습니까?" 그는 즉시 빌립에게 길을 함께 가자고 요청했다.

이 책이 여러 독자들의 지적, 영적 여행에 귀중한 동반자가 되어 여러분의 신앙 성장과 새로운 수준에서 신약성경을 이해하는 데 일조하기를 소망한다. 이 책은 신약성경에 대해 더 많이 알고자 하지만 어디서 정보를 얻어야 할지 알지 못하는 사람들을 위해 초급 수준으로 만들어졌다. 우리는 믿음을 주장하기에 앞서 가능한 한 객관적으로 신약성경을 연구해야 한다. 이것이 나의 신념이다.

이렇게 할 때 신약성경이 말하는 바가 무엇인지 이해하게 되고, 신약 시대의 문화나 우리 시대의 문화가 우리의 이해에 방해가 되지 않는다는 확신을

갖게 된다. 이런 작업을 수행하는 사람은 자신이 읽고 있는 내용의 생명력을 경험할 수 있을 뿐 아니라, 성경 본문에 나타나는 삶을 자신이 살고 있는 삶의 현장으로 가져올 수 있다.

독자에게 좀 더 분명하게 설명하기 위해, 이 책에서 다루지 않는 부분과 이 책의 목표가 무엇인지를 구체적으로 밝히는 것이 좋겠다. 이 책에서는 신약 본문에 대한 신학적인 해석이나 신약성경 각 권을 기록한 저자, 혹은 그 책의 정경성 문제는 다루지 않았다. 이 책에서는 신약에 대한 어떤 특별한 해석을 주창하거나 거부하려고 하지 않았다. 대신 이 책은 신약성경 각 권이 기록된 정치적, 사회적 배경에 초점이 맞춰져 있다. 본문의 모든 측면을 가능한 한 충분히 이해하는 데 기본이 되는 상황(context)에 집중했다.

1. 본문과 상황

어떤 종류의 문서든 간에 기록된 문서를 이해할 때 가장 중요한 부분은 저자와 2차 독자의 역사적인 배경에 관한 내용을 아는 것이다. 이를 좀 더 공식적인 용어를 사용해 표현하자면, 본문마다 상황이 있기 마련이라는 말이다. 담벼락에 마구 휘갈겨 쓴 낙서든 현상 공모에 제출한 희곡이든 간에, 기록된 문서는 모두 그것이 나오게 된 구체적인 문화적 상황이 있다. 이 상황은 저자가 주제, 어휘, 이미지를 선택하거나 자기 작품에 필요한 여러 내용을 선택하는 데 영향을 준다.

이런 사실을 강조하는 것이 중요한 이유는, 저자들은 자기가 쓴 글을 읽는 독자가 자기 작품 근저에 깔려 있는 문화에 익숙하리라고 가정하고 있기 때문이다. 그래서 저자들은 자신이 살고 있는 사회 풍습이나 정치 제도에 대해 자세하게 설명하지 않는다. 이것은 만고의 진리이다. 완싱크(C. S. Wansink)가 지적한 것처럼, "고대의 저자들은 독자에게 익숙한 상황은 언급하지 않는 경우가 많다. 이는 독자가 주목하지 않아도 될 만큼 '중요하지 않은' 것이기 때문이다"(1.63:11).

그러나 다른 문화나 다른 시대 사람이 그 작품을 읽을 때에는 문제가 발생한다. 에티오피아 내시는 이사야 선지자와 수백 년, 수백 마일을 떨어져 산 사람이었다. 21세기 북미 지역에 사는 사람이 17세기 일본이나 18세기 독일에서 기록된 이야기를 읽는다면, 그 독자는 그 이야기를 거의 이해하지 못할 것이다. 저자는 독자가 어떤 요소를 이미 알고 있거나 문화에서 자연스레 발생하는 어떤 생각들을 공유하고 있다고 믿기 때문이다.

예를 들어, 서구인은 일본의 무사들이 명예롭지 못하게 되느니 차라리 자살을 택하고, 또 자살이 엄숙한 의식을 따라 거행되는 이유를 이해하지 못해 의아해 할 것이다. 독일의 귀족에 대한 이야기 역시 우리를 의아하게 만든다. 독일 귀족 중에서 어떤 부류의 사람들을 선제후라고 칭하는 이유는 무엇인가? 교회와 국가와의 관계는 오늘날 우리에게 익숙한 현대의 상황과는 매우 차이가 많다. 어떻게 독일의 군주가 자기 신하에게 루터교에 가입하라고, 혹은 구교(Catholic Church)에 가입하라고 명령할 수 있었을까?

우리가 하는 말은 모두 어느 정도는 문화적인 제약을 받는다. 심지어 우스갯소리로 하는 농담까지도 상황이 있다. 그래서 읽는 사람(혹은 듣는 사람)이 그 상황을 알지 못하면 그 농담은 의미가 없어지고 만다. 이것은 특히 동음이의어를 이용한 농담이나 언어유희의 형식을 띤 농담의 경우에는 더욱 그러하다.

예를 들어, 연재만화 『알로와 재니스』(Arlo and Janis)를 보면 알로가 자기 아들 진에게 아주 오래된 농담 한마디를 던지는 장면이 나온다. 알로의 농담은 목장 근처에 있는 퓨마를 쳐다보고 있는 데일 에번스(Dale Evans, 1940년대부터 남편 로이 로저스[Roy Rogers]와 함께 활동한 배우이다—편집자 주)에 관한 정곡을 찌르는 문구로 끝나는 것이었다. "로이, 뭐 하나 물어보겠는데요, 저게 새로 산 당신 구두를 물어뜯은 고양이인가요?"(Pardon me, Roy, is that the cat who chewed your new shoes?) 이 말을 들은 진은 마치 알로가 외국어를 말하고 있는 양 그를 빤히 쳐다보기만 했다. 그러자 알로는 "이런 가사가 나오는 흘러간 노래가 있지."라고 말하며 자기가 한 농담을 진에게 이해시킨다.

진은 이 농담이 나온 문화적 상황에 대해 지식이 전혀 없었기 때문에, 동음이의어의 말장난식 농담을 이해할 수 없었던 것이다. 이 책을 읽는 독자 역시 그럴 거라고 생각한다. 진이 자기 아버지처럼 웃기 위해, 즉 자기에게 우스운 이야기를 들려준 아버지가 생각하고 있는 바와 동일한 의미를 알기 위해서는 글렌 밀러(Glenn Miller)의 옛 노래 가사를 알고 있어야 한다. "이봐, 뭐 하나 물어보겠는데, 저게 바로 채터누가 칙칙폭폭 열차인가?"(Pardon me, boy, is that the Chattanooga Choo Choo?, 퓨마를 쳐다보고 있는 데일 에번스에 관해 알로가 말한 문장의 한글 음역을 이 노랫말의 한글 음역과 비교해 보면, 이 두 대사가 말 흉내내기라는 사실을 금방 알 수 있을 것이다—역자 주).

사실, 현대인 중에는 이 노랫말에 나오는 '이봐'(boy)라는 단어 속에 인종 차별적인 기조가 담겨 있음을 알아채지 못하는 사람이 많을 것이다(백인이 흑인을 얕잡아 보는 말투로 이렇게 불렀다—역자 주). 또한 진은 데일 에번스와 로이 로저스가 누구인지도 알아야 한다. 이런 문화적인 상황을 알지 못하는 진으로서는 아버지가 들려주는 농담의 의미를 전혀 알아차릴 수 없었다.[1]

---

1) 이 연재만화 자체도 문화적 상황이 배어 있는 농담에 기초해서 만들어졌다. 만화의 주인공들의 이름은 1960년대 후반에 대중적인 인기를 누렸던 알로 거스리(Arlo Guthrie)와 재니스 조플린(Janis Joplin)의 이

심지어 본문이 기록된 언어와 동일한 언어를 사용하는 경우라 하더라도, 본문이 처음 등장했을 때와 시간적 간격이 너무 긴 시대에 있다면 본문을 이해하는 데 어려움이 있을 수 있다. 셰익스피어(Shakespeare)의 『오셀로』(Othello)에 나오는 한 대목을 생각해 보자. "쓸데없는 슬픔에 자신을 다 허비하는 것은 곧 자기 자신을 잃어버리는 것이라"(He robs himself that spends a bootless grief). 셰익스피어의 글을 읽고 이해한 사람들 시대에 만들어진 흠정역(KJV) 성경에는 현대 미국 사람들이 여러 번 설명을 들었기 때문에 무슨 뜻인지 비로소 알게 된 구문이 많다. 영어 단어 중에는 거의 4세기를 지나는 동안 영국 엘리자베스(Elizabeth I) 여왕 시대에 사용되던 것과는 다른 의미로 사용되는 단어가 많다. 마태복음 19장 14절 상반절(suffer the little children to come unto me)이 좋은 예가 될 것이다. 이를 직역하면 "어린아이들이 내게 오는 것을 견뎌라."인데, '허락하다.', '-하게 하다.'에 해당하는 영어 단어(allow, let)의 의미는 오늘날 '견디다.'에 해당하는 단어(suffer)의 모호한 활용에 지나지 않는다.

현재 우리가 사용하는 언어로 기록된 고전 본문을 이해하는 데도 이렇게 어려움이 발생한다면, 우리가 사용하는 언어와 다른 언어를 사용하는 문화 속에서 기록된 책을 읽을 경우에는 더 큰 어려움을 만나게 될 것이다. 에티오피아 내시는 분명 이사야서의 헬라어 번역 본문을 읽고 있었을 것이며, 이런 점에서 그는 아주 불리한 조건에 있었다(1.15). 에티오피아 내시처럼 우리도 번역 성경에 의존할 수밖에 없다. (혹은 성경을 기록한 원어를 배우느라 몇 년을 투자할 수밖에 없다.)

이제 잠시 멈춰 이 문제를 곰곰이 생각해 보자. 우리가 사용하는 번역 성경의 정확도가 어느 정도 되는지 궁금할 것이다. 번역이란 기술이며, 단순히 한

름에서 따왔다. 진(Gene)은 인기는 많았지만 1968년 민주당 대통령 후보에서 낙선한 유진 매카시(Eugene J. McCarthy) 상원 의원의 이름에서 따왔다. 이 정도의 배경만 알고 있어도 독자들은 다른 수준에서 이 만화를 즐길 수 있을 것이다.

언어에 상응하는 다른 언어를 사전에서 찾아 연결하는 문제가 아니다(1.14). 단어와 숙어에는 그 언어를 모국어로 사용하지 않는 사람이 선정하기에는 어려운 미묘한 의미의 차이가 있기 마련이다. 사진을 '확대하다.', 풍선에 '바람을 불어넣다.', 다리를 '폭파하다.', 이 세 가지 경우에 한 숙어(blowing up)를 사용하지만 의미는 엄연히 다르다. 그렇다면 이 어구에 담겨 있는 숙어의 뉘앙스를 다른 언어로 어떻게 번역할 것인가?(1.2; 1.5)

이 문제를 또 다른 각도에서 살펴보자. '레스프리 드 레스칼리에'(l'esprit de l'escalier)라는 관용구가 나오는 프랑스어 소설을 읽는다고 하자. 이것을 문자적으로 번역하면 '계단의 재치'(the wit of the stairway)가 되는데, 이는 현대 영어를 사용하는 독자에게는 전혀 의미가 없는 말이 되고 말 것이다. 사전과 해설집의 도움을 받아 이 어구의 의미를 확인해 보면, 이 말은 통상적으로 계단을 밟으며 자기 방으로 가고 있을 때 누군가에게 멋지게 말 받아치기를 했어야 했는데 하는 생각이 뒤늦게 떠오르는 경우를 묘사함을 알게 될 것이다. 말하자면, 갑자기 아이디어가 떠올라 이렇게 생각한다. '그렇게 말했어야 했는데'(That's what I should have said).

모든 문학 작품에는 이와 같이 문화적인 제약을 받는 자료가 들어 있기 마련이다. 책 여백에 표시해 놓은 설명만으로는 다른 문화나 후대의 독자가 그 문헌의 충분한 의미를 모두 알 수는 없다. 문헌을 읽음으로써 충분한 유익을 얻기 위해 반드시 문화를 이해해야만 하는 것은 아니지만, 어느 정도 문화에 대한 통찰력이 있다면 상당히 풍성한 독서를 할 수 있고, 또한 잘못된 해석을 피할 수 있다.

이것은 전혀 새로운 주장이 아니다. 주후 200년경(주전과 주후에 관해서는 이 책 제9장을 보라), 알렉산드리아의 클레멘스(Clemens)는 오직 성경만 읽기를 고집하는 사람들의 비난을 다루어야 할 상황에 놓이게 되었다. "자신의 내재적인 지혜에 자부심을 가지고 있는 사람 중에는 철학이나 논리학을 연구하지 않으며 자연 과학을 배우려고 하지 않는 이들이 있다. 그들은 믿음만을 고집한다. 마치 자신이 포도나무를 심지 않고도 직접 열매를 얻을 수 있는 것처럼 말이다. ……나는 그런 사람을 다양한 모든 지식의 연구를 진리 연구에만 쏟는 자라고 부른다"(*Stromata* 1.9; 이 책 뒤에 있는 원자료의 '클레멘스'를 보라).

18세기 중반 영국의 주교 조셉 버틀러(Joseph Butler)는 독자들에게 이렇게 충고했다. "신약성경에는 상황과 당대의 용례에 대한 모든 구체적인 언급이 있다. 그 상황과 용례를 알지 못하고 그런 상황 속에 들어가지 않는다면, 신약성경을 철저하게 이해하지는 못할 것이다"(*Sermon on Human Nature* 1.1). 오늘날 다양한 책으로 구성된 신약성경 연구의 이러한 면을 학자들은 강조하는데, 이는 사실 전혀 새로운 주장이 아니다.

신약성경에 적용할 경우, 사람들의 신앙을 무너뜨리려는 의도로 이러한 접근을 시도하는 것이 아니다. 독실한 그리스도인 중에는 신약성경만 읽는 대신에 신약성경에 관한 책도 읽는다면 이런 결과가 생길지 모른다고 지레 겁을 먹는 사람이 있다. 빌리 그레이엄(Billy Graham) 목사는 신문 칼럼을 통해 독자에게 신약성경만 읽을 것과, 신약성경에 관한 서적을 읽음으로써 신앙에 방해를 받지 말라고 충고하는 글을 자주 썼다.

이런 견해를 가진 사람은 빌리 그레이엄 목사 한 사람만이 아니다. 내 서류함에는 "성경은 문화적인 제약을 받지 않았다."는 믿음을 선언하며 새로운 교단 창설을 선전하는 신문 광고를 모아 둔 것이 있다. 성경을 이런 식으로 이해하는 사람은 신약성경을 기록한 저자가 우리와 똑같은 세상을 살았거나, 그들이 살던 세계에 의해 영향을 거의 받지 않았다고 믿는다. 그래서 현대의 독자들은 성경을 읽을 때 문화적인 차이로 인한 방해를 거의 받지 않고 성경을 이해할 수 있다고 생각한다.

정말로 2,000년 동안 변화가 거의 일어나지 않았다고 믿을 수 있는가? 1960년대 후반에 출간된 『타임』(*Time*)지를 뒤져 보라. 독자 중에서 40세 미만인 사람이 있다면, 부모님께 그때 당시의 세계, 즉 문화적인 상황에 대해 여쭤어 보라. 40세 이상인 독자는 히피족, 우드스톡, 페이즐리 타이, '래프-인'(모두 1960년대 문화에 속한 것으로서, 우드스톡은 1969년에 열린 록 페스티벌이고, 페이즐리 타이는 히피족이 즐겨 착용했던 것이며, 래프-인은 코미디 프로 중 하나이다-편집자 주), 또는 베트남 전쟁을 여러분의 자녀가 이해할 수 있는 용어로 표현해 보라.

한 세대 사이에 우리가 사는 문화의 상황이 어떻게 바뀌었는지를 경험할 수 있는 또 다른 방법은 '도나 리드'(Donna Reed)나 '딕 밴 다이크'(Dick Van Dyke)라는 재방송 프로를 보면 된다. 1960년대에 기록된 대본들은 당시의 문화적인 배경 아래서 나온 것이기 때문에 그 문화에 대해 전혀 알지 못하는 사람은 그때 기록된 대사를 충분히 이해할 수 없다.

1960년대의 미국이나 16세기 일본에서 기록된 글을 이해하는 것은 흥미진진한 지적 활동이긴 하지만, 죽고 살 만큼 중요한 문제는 아니다. 그러나 신약성경을 이해하는 일은 상당히 다른 문제이다. 그렇지 않은가! 그리스도인은 사람의 인생을 변화시키는 메시지가 신약성경에 들어 있다고 믿는다. 그렇다면 신약성경에 관해 가능한 한 많이 이해해서 우리의 해석이 정당하다고 확신하며, 또 그 메시지를 힘닿는 대로 완전하게 전하는 일은 대단히 중요하다. 이것은 어떤 본문의 상황에 대해 구체적으로 알 때에만 가능하다. 또한 이 일은 학자들이 어떤 본문에 대한 배경을 연구하는 일이 중요함을 인식하게 될 때 가능하다(1.6; 1.8; 1.11; 1.13).

말리나(B. J. Malina)가 말했듯이(1.39:2), "성경의 어느 한 본문이라도 바르게 이해하려면, 우리가 가지고 있는 성경을 기록한 단어들에 어떠한 사회적인 체계가 담겨 있는지 이해해야 한다"(참조. 1.10). 브루스 메츠거(Bruce M. Metzger)도 이 견해에 동의했다. "성경을 진지하게 이해하려면 반드시 역사적인 연구를 해야 한다"(1.9:7).

2. 상아탑에서 교회 강단으로

여러 교회의 청장년 주일학교에서 가르치면서 알게 된 사실이 있다. 그것은 많은 성도들이 신약성경의 배경과 관련한 내용을 알고 싶어 하지만, 배워야 할 것이 아주 많다는 사실에 주눅이 들어 감히 공부할 엄두를 내지 못한다는 점이다. 귀가 따갑도록 듣는 말이 있다. "신학교에 가지 않고 이런 것들을 어떻게 알 수 있겠습니까? 이 모든 문제를 이해하기 위해 당신이 박사 과정을 공부한 게 아닙니까?"

사정이 이와 같기 때문에, 신약성경이 마치 진공 상태에서 나온 것인 양 신약성경을 연구할 수 없다고 인식하는 학자들이 점점 많아지고 있는 추세다. 지난 수년 동안, 이 주제를 다루면서 특히 대중성을 입증하는 사회 분석을 곁들인 책이 속속 출판되고 있다(1.24; 1.32; 1.54; 이보다 먼저 나온 책은 1.28; 1.31에 언급해 놓았다). 하지만 이러한 책 대부분은 일반적인 독자가 아니라 대학생이나 신학생 수준의 독자를 겨냥하기 일쑤였다.

예를 들어, 대단히 많은 정보를 제공해 주는 말리나의 책은 "신약 서론 과목을 들은 대학 1, 2학년 학생들에게 더 많은 참고 자료를 제공하는 길잡이"로 만들어졌다(1.39:v). 스탬보(Stambaugh)와 볼치(Balch)는 "대학생이나 신학생 또는 보다 높은 수준으로 연구하려는 사람들"이 자신들의 책에서 도움을 얻을 수 있다고 밝혔다(1.53:1).

주일날 설교를 듣기 위해 의자에 앉아 있는 교인들의 사정은 어떤가? 신약성경을 진지하게 연구해 보고 싶은 평신도는 어디에서 도움을 얻을 수 있는가? 꼭 신학교나 대학원에 가야 하는 것일까? 이 책은 바로 이런 사람들을 위한 책이다. 이 책은 전문적인 훈련을 받지 않은 독자가 개인적으로 공부하든, 그룹으로 공부하든 간에 학문적인 자료를 이해할 수 있도록 내용을 제시했다.

신약성경 연구를 자신의 생애의 과업으로 삼는 전문가는 어떤 분야의 다른 전문가가 이룩해 놓은 업적을 이용한다. 이들은 자신의 연구 분야에 대해 설명하기 위해 특수한 어휘를 발전시키기도 하고, 방대한 양의 지식을 그 분야에 문외한인 사람들도 공유할 수 있도록 한다. 그러나 실제로 평신도 대중을 불신하는 사람도 약간 있다. 신약성경을 두 개의 다른 번역 성경으로 출간해야 한다고 주장한 학자도 있다. 하나는 전문가를 위한 번역 성경이고, 다른 하나는 단 한 권의 훌륭한 성경만을 필요로 하는, 훈련받지 못한 대중을 위한 번역 성경이다. 사실 대중은 원어의 미묘한 의미를 이해할 수 없다는 것이다 (1.21).

그러나 대부분의 학자들은 자신이 알고 있는 지식을 일부러 평신도에게 감추려고 하지 않는다. 그러나 많은 학자들이 신약성경을 몇 겹의 비밀스러운 학(學)으로 발전시키는 것은 거의 제2의 천성이 되다시피 했다. 이 대부분의 학은 독일에서 왔고, 용어도 그대로 사용되었다.

학자들은 전승 비평, 단편들, 편집 비평[2] 등에 관해 논하면서, 신약성경이 자신들 개인의 점유물이며, 이런 연구 방법에 입문한 사람에게만 신약의 의미가 열려 있다는 뉘앙스를 풍기며 학문 활동을 한다. 예를 들어, 마이클 그랜트(Michael Grant)는 다음과 같이 주의를 주었다. "고도의 특이성을 가진 복음서를 공부하기 위해서는, 학생들이 따를 수 없는 완전한 덕행에 관한 조언이라 할지라도 모든 정상적인 역사 기술들이 다른 학문에 의해 보충을 받아야 한다"(1.29:197).

그래서 그중에는 자기 생각만 하고 평신도는 엄두도 내지 못한다는 점은 전혀 생각하지 못한 채, 신약성경을 이해하려는 사람이라면 제일 먼저 방대

---

[2] 독일어 '트라디치온스게시히테'(Traditionsgeschichte)는 '전승의 역사'(history of tradition)를 의미한다. 전승사는 성경이 기록된 역사적 배경에 관한 연구를 가리킨다. 단편(pericope)이란 예수님의 생애에 관한 개별 이야기이다(이 책 제2장의 '예수님과 유대교'를 참조하라). 편집 비평은 성경의 각각의 책들이 수년 동안 편집되어 왔다고 생각하여 그 과정을 연구하는 방법론이다.

한 양의 랍비 전승 자료나 신구약 중간기에 기록된 여러 문헌을 통달해야 한다고 주장하는 학자도 있다. 또한 장차 신약을 연구하고자 하는 학생들에게 고고학과 고대 고전에 대해 배울 것을 충고하는 학자들도 있다.

이런 경향의 극치를 달리는 사람이 웨인 믹스(Wayne Meeks)이다. 믹스는 "신약 연구가 성경 이외의 다른 역사적인 학문과 고립되었다."고 불평한다. 이것은 비단 "로마 제국에 대한 세속적인 연구뿐만 아니라 심지어 교회사와 관련해서도" 그렇다고 주장한다(1.41:1). 심지어 전문가들도 자신들이 연구하는 주제에 대해 매우 편협한 견해를 가지고 있으며, 그 주제와 관련한 다양한 분야의 지식을 결여하고 있다는 비난을 받고 있다. 저지(E. A. Judge)도 이렇게 생각하는 학자 가운데 하나다. 그는 신약 시대 역사에 관심을 가지고 있는 학자들을 "학문적인 영역에 있어 장애인"이라고 비난한다(1.35:23). 개스크(Gasque)는 "신구약성경 중에서 어느 하나에 집중하다 보면 균형을 잃을 수밖에 없다."고 주장한다(1.28:74).

이렇듯 모든 것이 전문화되고 있는 상황으로 인해 그동안 학자와 일반 대중 사이에 괴리가 생기게 되었다. 패터슨(S. J. Patterson)은 이런 상황을 다음과 같이 간결하게 묘사한다(1.49:16).

학자로서 우리는 일반적으로 우리의 작품을 폭넓은 대중과 공유하지 못했다. ……우리는 대중 매체보다는 우리 학자들을 통해서 서로에게 전달하려는 경향이 있다. ……그래서 나타난 결과는 무엇인가? 한편으로는 누군가가 우리의 작품에서 거대한 신학적 의의나 문화적 중요성을 발견하리라는 작은 기대도 없이 우리의 작품을 역사적 또는 문학적인 것으로 국한할지 모르는 전문적인 조합(guild)을 만들어 버렸고, 다른 한편으로는 일반 대중이 학자들이 수행하고 있는 작업의 내용이 무엇인지 거의 의식하지 못하고 있는 실정이다.

우리는 교회 목회자들이 학자와 평신도를 연결해 주는 이상적인 인물이라고 생각할 수 있다. 목회자들은 신학 공부도 했고, 평신도와 매일 접촉도 하기 때문이다. 하지만 목회자들 중 신학교의 성경학자였던 사람은 극소수다. 그들이 신학교에서 이수한 교과 과정은 대부분 교회의 목회 사역에 필요한 내용을 강조하는 것들이다. 목회자들이 일단 목회 사역에 전념하게 되면, 그들의 대부분의 시간은 설교 준비와 심방 그리고 교회 행정 등의 일로 분산된다.

더욱이 20분 설교로 성경의 배경적인 정보를 제공하기에는 시간이 턱없이 부족하다. 신약성경의 역사적, 문화적 배경을 연구하는 사람에게는 자기가 읽고 몰두한 내용에 대해 반추해 볼 수 있는 시간이 필요하다. 본문에 대한 목회자들의 관심은 대체로 본문의 말씀을 어떻게 교인들의 삶에 적용할 것인가이다. 목회자들이 성경 본문의 배경에 대해 언급하는 경우라도, 그들은 주석에서 제한된 정보만을 얻게 되고, 설령 도서관이 집 가까이에 있다 할지라도 그곳에서 그 부분을 살펴볼 시간은 조금밖에 없든지 거의 없는 실정이다.

나는 어떤 목회자가 바울이 로마의 감옥에 갇힌 상황을 설명하는 설교를 들은 적이 있다. 교인들은 목회자의 설명으로 인해 몹시 습하고 악취가 풍기는 캄캄한 골방 속에서 발에 묶인 쇠사슬을 질질 끌고 다니는, 사도 바울에 대한 실감나는 장면을 연상했다. 이쯤 되면 런던 탑이 호화스러운 호텔로 보이기 마련이다. 실제로 우리가 상상할 수 있는 감옥에 대한 이미지는 바닥에 깔린 건초 위로 쥐들이 오가는 장면일 것이다. 이것 역시 전혀 정확하지 못한 이미지다. 로마인들이 사람을 감옥에 가두는 방법은 이런 것이 아니었다.

이런 것은 신약성경을 이해하는 일과는 별개의 문제라고 생각하겠지만, 사실 문제가 된다. 신약의 문화에 대한 목회자의 오해는 목회자가 본문을 이해하는 데 영향을 준다(예를 들어, 빌립보서 1장과 같은 본문의 경우). 이런 경우 목회자는 역경 속에 있는 우리를 하나님이 어떻게 도우셔서 이기게 하시는지를 설명하기 위해 본문에 없는 내용을 나름대로 본문에 집어넣어 읽기도 한다. 이렇게 함과 동시에 그는 본문의 진정한 의미를 놓치고 만다.

신약성경에 관해 무엇인가 배우기를 간절히 바라는 평신도들은 누구나 이 책에서 유익을 얻었으면 하는 것이 필자의 소박한 바람이다. 나는 신약성경 연구에 관심이 있는 사람이라면 누구든지 이해할 수 있는 문장으로 글을 쓰려고 노력했다. 또한 고대 세계에 대해 가지고 있는 단편적인 지식을 총체적으로 체계화하기를 원하는 목회자와 다른 전문가에게도 이 책이 유용하게 사용되기를 소망한다.

이 책은 독자가 가지고 있을 만한 모든 질문에 일일이 대답하지는 못했다. 모든 질문에 전부 대답할 수 있는 책이란 존재하지 않는다. 이 책은 독자 여러분이 신약성경의 문화적인 상황을 검토하기 시작할 때 생길 수 있는 중요한 질문에 대해 간단하고 초보적인 지침을 제공하려는 의도에서 만들어졌다.

독자가 보다 많은 정보를 접할 수 있도록 하기 위해, 또한 특별한 주제를 보다 깊이 연구하기를 바라는 독자를 위해, 이 책 뒷부분에 관련된 책과 논문들을 참고 문헌으로 제시했다. 참고 문헌에 수록한 책들 중에는 상당히 어려운 내용의 책도 있지만, 학구열이 높은 사람이라면 어느 정도 소화할 수 있으며 상당히 많은 유익을 얻게 될 것이다. 나는 감히 이 참고 문헌이 이 분야의 모든 책을 망라한 것이라고는 생각하지 않는다. 하지만 이 자료들이 독자가 신약성경을 이해하고 탐구하는 다음 단계로 나아가는 데 도움이 되리라는 사실에 대해서는 추호도 의심하지 않는다. 본문 중에서 괄호 속의 숫자로 표시되어 있는 참고 문헌은 그 책이나 논문의 저자가 나의 생각에 동의한다는 뜻에서 표기한 것이 아니라, 단지 동일한 주제를 다룬 자료가 있음을 알리기 위한 것에 불과하다. 자주 인용되는 고대의 저자들은 이 책 말미 원자료에 열거해 두었다.

3. 신학과 역사

신약성경의 문화적 배경을 탐구하는 것이 신약의 신학적 의미를 연구하는 것과 동일하지는 않지만, 가끔씩 신학적인 의미가 본문의 문화적인 상황에 영향받는 경우가 있다. 문화적인 상황은 본문을 기록한 원어와 직결되어 있다. 오늘날 대부분의 사람들이 읽고 있는 성경은 번역 성경이지 원어 성경이 아니다. 우리가 헬라어로 된 신약성경을 읽는 것이 아니라는 바로 이 사실로 인해, 성경을 펼칠 때조차도 우리는 본문에 대한 완전한 이해에서 한 걸음 멀리 가 있는 셈이 된다.

웨인 믹스가 주장한 것처럼, "심지어 한 문장을 고대 언어에서 현재 우리가 사용하는 언어로 번역하는 단순한 작업조차도, 원래 그 말이 사용된 사회적 배경과 현대어가 처한 사회적 배경에 대한 이해를 필요로 한다. 이것을 인식하지 않은 채 번역한다면, 그것은 단지 관 하나에서 뼈를 끄집어내어 다른 관으로 옮기는 것과 다를 바 없다"(1.41:5). 이제 신약성경의 사회적, 문화적 배경을 보다 분명하게 이해하면 성경을 어떻게 더 정확하게 해석할 수 있게 되는지를 구체적인 예를 들어 설명해 보겠다.

돌로 된 담장과 감옥

바울이 감옥에서 편지를 썼다는 사실에 대해 다시 한 번 살펴보자. 성경을 읽는 사람은 '감옥에서 편지를 썼다.'라는 말 때문에, 이동할 자유가 전혀 없는 좁은 감방에 갇힌 사람의 모습을 마음속에 그리게 된다. 심지어 이 말과 관련해 나치 감옥에서 편지를 썼던 디트리히 본회퍼(Dietrich Bonhoeffer)와 같은 사람을 떠올리게 된다. 본문을 읽을 때 이런 상황을 고려하는 것은 우리의 문화적 습속(또는 믹스가 보다 세련된 용어로 표현한 '사회적인 배경')이기 때문이다.

하지만 로마의 사회적 배경에서 투옥은 현대인이 이해하는 것과는 상당히 다르다. 『옥스퍼드 고전 사전』(Oxford Classical Dictionary)에 언급되어 있다시피, "로마인의 형법은 자유인을 투옥하는 행위를 징벌의 한 형태로 인식하지 않았다"(2nd edition, 879). 주후 533년에 출간된 첫 로마 법전 속에 들어 있는 『학설휘찬』(Digest)은 보다 초기의 법 집행을 반영하고 있는데, 여기서는 지방 총독들이 사람들을 투옥한 적이 있음을 인정했다. "그런 경우라 하더라도 총독들이 그렇게 해서는 안 되었던 이유는 그런 형벌이 금지되었기 때문이다. 감옥은 재판받을 날을 기다리는 사람을 수용하는 곳이지 그들을 징벌하는 곳이 아니다"(48.19).

사람이 심문받기 위해 얼마나 기다려야 하는지, 또는 심리가 끝날 때까지 얼마 동안 구류되어야 하는지는 사람과 사건마다 다양했다. 인신 보호 영장 제도나 신속한 재판을 받을 권리 같은 것은 없었다. 하지만 가족이나 친구들이 옥에 갇혀 있는 사람을 면회하는 일은 금지되지 않았던 것 같다(1.61). 치안 판사 중에는 옥에 갇혀 있는 사람들을 잔인하게 다루기로 소문난 사람이 있었으나, 이것은 개인의 인간성 문제이지 로마의 정책에 속한 문제는 아니었다(1.63).

일단 판결이 내려지면 형벌이 가해질 때까지 감금되었다. 통상 감금은 재판이 끝나자마자 바로 거행되었다. 주후 112년, 평소 인정이 많았던 소(小)플리니우스(Plinius)는 비두니아 지방에서 그리스도인들에 대한 재판을 거행한 이후, 또 다른 지역에서 사회적 지위가 낮은 사람들을 다루었던 방법대로 그리스도인들을 재판했는데(1.55), 그는 신앙을 포기하지 않은 자들은 처형시키라고 명령했다(Ep. 10.96).[3] 형벌의 가혹함은 그 사람의 사회적인 지위에 따라 달랐다(4.51; 7.51). 특히 부자에게는 벌금형이 내려졌다. 신분이 낮은 사람에게는 강제 노역이 일반적인 형벌이었다. 하지만 이들을 매일 밤 붙들어 매어

---

[3] 이 명령에 대한 좀 더 깊은 논의는 이 책 제3장을 보라.

서는 안 되었다. 플리니우스는 노역 장소였던 탄광이나 채석장에서 탈출해 "노년을 겸손하게 조용히 사는" 사람들의 사례를 알고 있었다(*Ep*. 10.31).

바울의 투옥은 가택 연금으로 표현하는 것이 보다 정확하다. 신약성경을 주의깊게 읽으면 이것이 분명해진다. 빌립보서 1장은 단지 바울이 로마에 감금되어 있다는 사실만을 언급할 뿐이지만, 사도행전 28장 16절은 보다 많은 정보를 제공한다. "우리가 로마에 들어가니 바울에게는 자기를 지키는 한 군인과 함께 따로 있게 허락하더라." 바울은 "자기 셋집에" 2년 동안 있었다(행 28:30; 참조. 1.58). 새개정표준역(NRSV) 성경은 이 구절을 "바울 자신이 세를 얻은 거주지에"라고 번역했다. 이 기간 동안 그가 머물고 있는 집에 많은 사람이 왔으며(행 28:23), 바울은 "하나님의 나라를 전파하며 주 예수 그리스도에 관한 모든 것을 담대하게 거침없이 가르쳤다"(행 28:31). 고대 로마 사회에서 감옥에 있다는 것은, 현대인은 납득이 가지 않겠지만, 자신의 운명이 어떻게 될지 몰라 두려워하는 상태라기보다는 약간 불편한 상태에 있다는 정도로 이해하는 편이 좋을 것이다.

로마 시대의 자료들을 보면, 바울 당시 감옥에 갇힌 사람들이 일반적으로 어떤 취급을 받았는지 알 수 있다. 전기 작가 수에토니우스(Suetonius)는 티베리우스(Tiberius) 황제가 자신의 조카 대(大)아그리피나(Agrippina)와 그녀의 두 아들을 유배 보낸 사건을 기록하면서 다음과 같이 썼다. "이들을 어느 한 장소에서 다른 장소로 옮길 때에 손발에 족쇄를 채우고 경비병의 호송 아래 사방이 막힌 가마에 태워 보냈다"(*Tib*. 64). 이동할 때로 한정되긴 했지만 이들에게 족쇄를 채웠다. 티베리우스 황제는 자신의 전처 율리아(Julia)를 잔인하게 대한 사람으로 악명이 높다. 그는 율리아를 집에 가두고 방문객의 접근을 일절 허용하지 않았다(*Tib*. 50).

사도행전 28장 20절에서 바울이 주장하고 있듯이 그가 족쇄(개역개정에는 '쇠사슬'로 표현되어 있다-편집자 주)를 차고 있었다면, 그것은 그를 호송하는 과정에서 그렇게 한 것이든지 아니면 많은 사람들이 그를 면회하러 왔을 때 탈출하지 못하도록 하기 위해서였을 것이다. 그런데 바울이 팔레스타인에서 로마로 호송되는 도중에는 족쇄를 찼다는 언급이 없다. 오히려 바울을 호송하는 백부장은 그를 친절하게 대우했다(행 27:3).

종종 노예들을 가두던, 헛간처럼 생긴 집인 '에르가스툴라'(ergastula)를 제외하고는(1.56), 고대 마을에는 장기 복역수를 위한 편의 시설 같은 것은 존재하지 않았다. 바울이 예루살렘에서 붙잡혔을 때 그는 군인들 막사에 갇혔다(행 23:16). 심지어 바울이 빌립보에서 매를 맞고 옥에 갇혔을 때도 매를 맞은 것이 바울이 받은 형벌이었지 옥에 갇힌 것은 바울이 받은 형벌이 아니었다. 바울이 로마에서 오랫동안 집안에 갇힌 채 있었다면, 이것이 그가 소송에서 진술할 기회가 늦어졌기 때문이다. 로마 정부가 특별히 관심을 갖는 소송이 아니라면, 로마의 재판 제도는 오늘날과 같이 뜸을 들이며 서서히 진행되는 경우가 태반이었다.

로마인들이 어떤 사람에게 장기 복역의 형벌을 내릴 때 가장 가혹한 것은 그를 어떤 섬이나 로마 제국에서 먼 곳으로 유배 보내는 것이었다. 유배는 두 가지 유형으로 나누어 볼 수 있다. 하나는 로마를 중심으로 일정한 거리 안에는 접근하지 못하게 금령을 내리는 경우다. 이 경우에는 그가 선택한 곳에서 자유롭게 이동할 수 있었다. 키케로(Cicero)가 바로 이런 유형의 유배를 선고받은 사람이다. 그는 로마에서 적어도 400마일(대략 640킬로미터) 떨어진 곳에 체류해야 했다. 이런 선고에 대한 감정적인 충격은 가혹한 육체적인 고통을 당하는 것보다 더 심했을 것이다(1.59; 1.62).

또 다른 유형의 유배는 어떤 사람을 특정한 장소에 가두는 것(그곳으로 '추방하는 것')이었다. 유배당한 사람은 작은 마을에 있는 집에서 살며 감시를 받았으나, 자물쇠로 단단히 채워져 있는 경우는 드물었다. 아우구스투스(Augustus) 황제는 시인 오비디우스(Ovidius)를 동유럽의 리비에라 격인 흑해 연안의 작은 마을로 추방했다. 오비디우스는 불평이 이만저만이 아니었고, 그곳에서의 삶을 생지옥과 같았다고 표현했다(p. 43 박스의 '유배의 고통'을 보라). 하지만 그는 원주민이 사용하는 언어를 배워 계속해서 시를 썼다.

아우구스투스 황제는 유대 지방에서 폐위된 분봉왕 아켈라오(Archelaus)를 갈리아 지방으로 유배 보내기도 했다(프랑스의 별장에서 2, 3년 보내는 것은 오늘날 중산층의 범죄자에게 내려지는 구류 선고와 같다).

유배는 통상적으로 어떤 지위에 있는 사람에게만 내려지는 형벌이다. 이러한 사실은 요한계시록을 읽는 데 상당한 도움이 된다. 요한

유배의 고통

국부(國父)여, 제게 자비를 베푸소서! 제 이름을 잊지 마시고 제가 언젠가 당신을 기쁘게 해드릴 수 있다는 저의 소박한 소망을 제게서 빼앗아 가지 마시기를 바랍니다. 제가 간언하는 것은 저를 고향으로 돌아가게 해달라는 것이 아닙니다. 사실 저는 위대한 신들이 제게 더 많은 기도를 할 시간을 주셨다고 믿습니다. 국부시여, 이보다는 덜 가혹한 곳으로 유배지를 옮길 수 있도록 허락해 주신다면, 그래서 제가 로마와 좀 더 가까운 곳으로 가게만 된다면, 제가 받을 형벌의 상당 부분은 덜게 될 것입니다. 설령 제가 적진 한가운데 떨어진다 하더라도 그러한 고통은 현재 제가 받고 있는 고통보다는 나을 것입니다. 자기 고향에서 멀리 떨어져 있는 것보다 더 가혹한 유배는 없습니다. 저만 홀로 일곱 개의 입을 가진 도나우강으로 보냄을 받았습니다. 도나우강의 물로 인해 야만인 무리도 감히 이곳으로 들어오지 못할 정도입니다. 사람들은 더 심각한 이유로 유배를 가지만, 저보다 더 먼 곳으로 유배 간 사람은 지금껏 한 사람도 없었습니다. 이곳보다 로마에서 먼 곳은 또 없을 것입니다. 혹시 있다면 추위와 적들과 추위로 물이 꽁꽁 얼어붙은 바다뿐일 것입니다. ……제가 국부께 탄원하는 것은 단지 저를 보다 안전하고 보다 조용한 유배지로 보내 달라는 것입니다. 제가 저지른 범죄만큼만 형벌을 내려 주십시오(Ovid, *Tristia* 2, 179–191, 577–578).

계시록의 저자 요한은 밧모섬에 유배되었다(계 1:9). 요한은 로마 정부가 볼 때 사소한 범죄자가 아니었던 것 같다. 역사가 타키투스(Tacitus)의 책에는 작은 마을이나 섬 혹은 자기 나라 영토 어느 한 곳으로 유배를 간 사람의 이름으로 가득 차 있는 부분이 있다. 이들은 거의 귀족들로서, 심지어 황제가 그들의 품행이 불량하다고 의심한 경우에도 유배당했다. 이들은 보통

레오나르도 다 빈치의 '최후의 만찬.'

다음 황제가 세력을 잡게 될 때면 본국으로 귀환되었다. 한번은 칼리굴라(Caligula) 황제가 유배지에서 돌아온 신하에게 유배지에서 무엇을 하면서 지냈는지 물었다. 그 사람은 새롭게 황제로 등극한 칼리굴라의 마음을 기쁘게 해줄 양으로 이렇게 대답했다. "저는 티베리우스 황제가 서거하고 칼리굴라 님이 황제 자리에 오르시게 해달라고 신들에게 날마다 기도했습니다. 신들은 제 기도에 응답하셨습니다." 칼리굴라는 자기가 유배 보낸 사람들이 그의 죽음을 위해 신들에게 기도하고 있을지도 모른다는 두려움 때문에 "부하들을 섬으로 보내어 유배지에 있는 모든 사람을 죽이게 했다"(Suetonius, *Calig*. 28).

낮은 계급에 속한 범죄자들은 지중해 주변 여러 곳에 있는 광산으로 끌려가 그곳에서 평생 노역하며 지냈다. 만일 밧모섬으로 유배된 요한이 이런 경우라고 한다면, 그는 글을 쓸 수도 없었을 것이고 요한계시록을 쓰기에 필요한 개인적인 시간도 갖지 못했을 것이다. 그는 녹초가 될 때까지 매일 노동해야 했을 것이다. 그러므로 요한은 낮은 계급에 속한 죄수는 아니었음을 알 수 있다. 요한은 '유배지'에 있었다.

이것은 우리가 고대의 자료를 읽을 때, 어떤 것에 대해 우리가 이해하고 있는 개념이 고대의 상황과 상당한 차이가 있음을 보여주는 한 가지 예에 불과하다. 하지만 이 문제와 또 다른 배경적인 문제에 대한 오해가 신약성경을 읽는 평신도와 성직자 사이에 만연해 있다. 이러한 오해는 도대체 어디서 왔을까?

이러한 오해들은 주후 1세기에 실제로 살았던 사람들의 의식주 생활에 대해 전혀 지식이 없는 작가나 예술가가 만들어 낸 것이 대부분이다. 이들은 자신들이 겪은 문화적인 경험들을 신약성경에 그대로 투영해 읽는 경향이 있다. 현대 주석이나 주일학교 교재의 근저에 깔려 있는 개념의 많은 부분이 종교개혁 당시 이런 식으로 형성된 것이다. 이런 자료들은 이후 철저한 검증 없이 전수되었던 것이다.

성찬식

우리 머릿속에 한 번 각인된 영상은 쉽게 사라지지 않는다. 성찬식에 대해 우리가 어떻게 이해하고 있는지 생각해 보자. 감히 말하건대, 성찬식을 마음에 떠올리는 사람치고 레오나르도 다 빈치(Leonardo da Vinci)가 1498년에 완성한 성화, '최후의 만찬'(The Last Supper)을 생각하지 않는 사람은 없을 것이다. 심지어 성찬식을 거행하면서 다 빈치가 사도들과 예수님을 그린 자세 그대로 사람들을 앉게 하고 앞에 성찬 상을 설치하는 교회도 있다. 이 그림의 영향 때문에, 성찬식에 참여하는 사람들이 성찬 상 주변에 앉아 거행하는 것이 묵언의 사실이 되었다.[4] 대부분의 영어 성경은 이 본문에서 '앉아'(sitting)라는 단어를 사용해 다른 면에서 이 이미지를 강조한다(막 14:18).

그렇다면 "예수의 제자 중 하나 곧 그가 사랑하시는 자가 예수의 품에 의지

---

[4] 백번 양보해 설령 그렇다 치더라도, 다 빈치의 그림에 있는 것처럼 모든 사람이 식탁의 한편에 몰려 앉았다는 것은 있을 수 없다. 다 빈치가 이 그림을 그릴 당시의 사람들도 이런 식으로 식사하지 않았다. 하지만 그는 사도들이 등을 돌린 채 앉아 있는 모습을 사람들에게 보일 수 없었을 것이다. 이와 비슷한 경우로, 오늘날 TV 드라마나 극장 무대에서 사람들이 식사할 때 전부 식탁에 빙 둘러앉는 경우는 드물다. 연기자들은 카메라나 시청자들을 향해 등을 보이기보다는 얼굴을 보이기 원한다.

하여 누웠는지라"(요 13:23)는 어떻게 이해해야 할까? 신약성경에 대한 배경 지식이 없는 성경 해석자 중에는 이 본문을 예수님과 그 제자 사이에 긴밀한 관계가 있었음을 암시하는 구절로 이해하는 사람이 있다. 이 본문은 다윗과 요나단, 나오미와 룻, 바울과 디모데의 우정과 함께 성경이 동성애를 긍정적으로 보고 있다는 증거로 인용하는 여러 성경 구절 가운데 하나다(1.64-66; 1.70). 동성애를 명백하게 정죄하는 본문이 있는 반면에(1.69), 성경 본문의 의미가 모호하다는 이유를 들어 동성애를 강조하는 사람도 있다(1.67-68; 이 책 제8장을 보라).

동성연애를 하는 구주를 언급하는 듯한 본문 때문에 마음이 편하지 않은 그리스도인이 많다. 이런 비난에 대해서는 어떻게 대답하는 것이 좋을까? 문제를 더 심각하게 만들지 않으려는 선한 뜻으로, 예수님 당시의 문화는 접촉의 문제에 있어서 지금보다 더 개방적이었고, 예수님도 "사도 요한이 머리를 예수님의 가슴에 묻고 편히 있는 행위를 얼마든지 용납하셨으며 사람들이 어떻게 생각할까 무서워 요한을 뿌리치지 않았다."라고 주장하는 사람도 있었다(1.69:1400). 이 주장은 분명히 순환 논리이다. 당시 사회가 접촉의 문제에 대해 보다 개방적이었다면, 아무도 예수님과 요한의 자세에 대해 이상하게 생각하지 않았을 것이며, 예수님도 요한을 뿌리칠까 말까 고민할 필요가 없으셨을 것이다.

약간 다른 점이 있기는 하지만, 이 문제에 대한 해결은 문화적인 배경에 근거한다. 예수님과 제자들은 식탁 의자에 빙 둘러앉아 유월절 식사를 한 것이 아니라 쿠션에 기대어 비스듬히 누워 식사를 했다.[5] 사복음서에 사용된 헬라어 동사는 '비스듬히 누워'(to recline)이지 '앉아서'(to sit)가 아니다.[6] 그리고 '어

---

5) 그리스-로마 세계의 식사 풍습에 대해서는 이 책 제7장에서 자세하게 논할 것이다.
6) '앉다.'라는 동사가 신약성경에 등장하는 것은 사실이다. 이 동사는 예수님이 가르치실 때 취하셨던 자세와 관련한 경우가 많다(마 5:1, 13:1-2, 23:2; 막 13:3).

떤 사람의 품에 의지하여 눕는다.'라는 말은 영어에서 '어떤 사람 다음 자리에 앉다.'라는 표현에 대한 헬라어의 관용적 표현에 지나지 않는다. 그러므로 이 이야기의 문화적인 배경에 대한 간단한 통찰만 있더라도 해석하기 어려워 보이는 문제를 해결할 수 있음을 알게 된다. 본문을 잘못 해석한 것에 근거한 주장은 속이는 일이 될 수도 있다.

십자가에 못 박힘

작은 혼동을 일으키는 또 다른 예는 십자가에 못 박히는 일과 관련한 것이다. 중세의 미술가들은 예수님이 못 박히신 방식을 표현하면서 중요한 측면에 관해 부정확한 인상을 남겼다. 복음서에서 예수님의 손에 못이 박혔다는 기사를 읽을 때, 우리는 예수님의 손바닥에 있는 못 자국을 그리게 된다. 찬송가 '그 손 못 자국 만져라'(Place Your Hands in the Nail-Scarred Hands)를 부르며 우리 마음속에 떠올리는 영상은 손바닥에 대한 그림일 것이다. 아시시의 프란체스코(Francesco)도 자기 손바닥의 상처를 그리스도의 십자가의 성흔(stigmata)이라고 말했다.

예수님의 십자가 못 자국에 대한 일반적인 이해.

오랫동안 집중적으로 명상하거나 기도한 후에 손바닥에서 피가 나는 독실한 신자들이 지금도 있다고 한다. 어떤 경우는 경건한 행동으로서 자신을 십자가에 못 박히게 하는 사람들도 있는데, 그런 경우 이들은 항상 자신의 손바닥에 못을 박는다. 신문 광고에 삽입한 그림을 보더라도 이런 영상이 얼마나 널리 퍼져 있는지를 알 수 있다.

그러나 고고학적 발굴에 따르면, 로마인들은 손목을 뒤집어서 뒤쪽 손목에 못을 박았다는 사실을 알 수 있다. 이유는 간단하다. 손바닥의 부서지기 쉬운 뼈로는 십자가에 매달려 있는 사람의 몸무게를 지탱할 수 없기 때문이다. 손에 해당하는 헬라어 단어는 손목까지 포괄하는 단어이다. 그렇지만 라틴어 '마누스'(manus, 손)는 그렇지 않다.

예루살렘 동굴에서 발견된, 1세기 무렵 십자가에 못 박힌 사람의 유품에 근거하여 그린 그림. 못 하나로 두 발을 동시에 박아 발뒤꿈치 바로 아래를 관통하게 하였다(그림, 갈리아후 콘펠드).

십자가에 못 박힌 장면을 그린 미술가는 주후 600년 이전에는 거의 없었다. 로마 정부가 주후 400년경에 그런 행위를 법적으로 금지했기 때문이다. 중세의 미술가들이 자신이 사용하던 라틴어 신약성경을 읽고, 좀 더 정확히 말해 읽어 주는 것을 듣고 십자가에 못 박힌 장면을 그리기 시작했을 때는, 십자가에 못 박힌 사람을 본 사람이 아무도 없던 시절이었다. 그래서 미술가들은 자신이 성경에서 유추해 낸 것에 근거해 그림을 그렸던 것이다. 고고학적 발굴로 인해 우리는 비로소 손이 어떻게 묶였으며, 십자가 위에 있는 사람의 자세가 어떠했는지 알게 되었다. 다리는 들렸고, 두 다리를 한쪽으로 틀어 한쪽 발을 다른 쪽 발 위에 포개어 놓아 못 하나가 두 발을 관통하도록 했다(1.80).

로마인들이 십자가에 못 박을 때 어디에 못을 박았는지 중세의 미술가들이 몰랐다는 사실에 비춰 볼 때, 예수님을 장사 지낼 때 사용했던 수의라고 여겨지는 토리노의 성의(참조. 막 15:46; 요 20:6)도 해석학적인 문제를 야기한다. 한 남자의 희미한 이미지가 배어 있는 이 세마포 조각은 19세기 이후 집중적인 연구와 논의의 대상이었다(1.78; 1.80). 이 이미지가 어떻게 해서 그 천에 남아 있는지 어느 누구도 모든 사람을 만족케 할 만한 설명을 하지 못했다. 탄소 14 연대 측정법으로 측정해 본 결과, 그 성의는 1300년대의 옷감으로 만들어졌다는 사실이 밝혀졌다(1.75; 1.82). 학자들 중에는 이렇게 밝혀진 날짜의 신빙성에 의문을 제기하면서, 탄소 14 연대 측정법에 대해 의심하는 사람들이 있다(1.76; 1:79).

성의의 몇몇 다른 특징에 대해서도 계속해서 의문이 제기되고 있다. 사진을 찍으면 그 이미지는 음화로 나타나는데, 성의에 나타난 사람의 모습은 마치 음화 필름을 보는 것과 같다. 사진 기술이 발명되기 500년 전인 중세의 미술가 중에서 이런 이미지를 만들어 낼 수 있는 사람이 과연 있었을까? 그런데 지금까지 논의한 것보다 더 중요한 사실은 그 사람의 모습에 혈흔이 남아 있다는 점이다. 그것도 그 남자의 오른쪽 손바닥 뒤쪽이 아니라(그 사람의 양손은 아랫배에 포개어 놓여 있다) 손바닥보다 위쪽인 바로 오른쪽 손목에 혈흔이 있다는 점이다. 그 위치에 못 박힌 상처를 그린 중세의 미술가는 지금껏 한 사람도 없었다. 더욱이 그 사람의 손가락에 엄지손가락이 보이질 않는다. 손목 뒤쪽에 못을 박으면 힘줄이 끊어지게 되며, 이 때문에 엄지손가락이 손바닥 쪽으로 축 늘어지게 된다는 사실을 알게 된다면 이 사실은 대단히 중요하다. 이 성의가 14세기에 나온 위조품이라면 이것을 만든 미술가가 그 당시 아무도 알지 못했던 사실을 어떻게 알았단 말인가?(1.74)

'영'의 개념

때때로 어떤 사람들은 자신이 신봉하는 신학의 중요한 부분의 근거를, 잘못 이해한 신약성경의 문화적 배경에 두는 경우가 있다.

세계 하나님의 교회(Worldwide Church of God)의 창시자요 앰배서더 대학의 설립자이며, 『플레인 트루스』(Plain Truth)지의 발행인이기도 한 허버트 암스트롱(Herbert W. Armstrong)은 금요일에 십자가에 못 박히신 예수님이 일요일에 부활하실 수 없었다고 주장한다. 금요일과 일요일 사이는 3일이 될 수 없다는 것이 그 이유다. 초등학교 저학년이라도 암스트롱의 산수 계산이 일리가 있다고 생각할 것이다. 계산을 해보면, 금요일 오후부터 일요일 아침까지는 기껏해야 하루하고 반나절이다.

그러나 여러분이 유대인과 로마인이 계산하는 것처럼 날수를 센다면, 그것이 문제가 되지 않음을 알게 될 것이다. 유대인과 로마인의 셈에는 '영'(0)이 없었다. 브라마굽타(Brahmagupta)라는 인도의 수학자가 영을 사용하기 시작한 주후 7세기 초까지는 수에서 영은 사용되지 않았다(참조. 1.85:69-72). 유대인과 로마인은 영을 고려하지 않고 어떤 사건이 발생한 첫날을 하루로 계산했다. 누가복음 13장 32절에서 예수님은 정확히 이런 방식으로 계산하셨다. "이르시되 너희는 가서 저 여우에게 이르되 오늘과 내일은 내가 귀신을 쫓아내며 병을 고치다가 제 삼일에는 완전하여지리라 하라."

더욱이 하루의 일부분도 전일(全日)로 계산했다. 그러므로 예수님이 하루 중 얼마만큼이라도 무덤에 계셨다면, 그것은 충분한 하루로 간주할 수 있었다. 예수님은 금요일 해지기 전에 무덤에 묻히셨는데, 유대의 하루는 해질 때 시작되었다. 그러므로 신약 시대에 사용하던 계산법에 따르면, 설령 예수님이 하루 중 짧은 시간만 무덤에 계셨다 해도, 금요일이 첫째 날이요 토요일은 둘째 날 그리고 토요일 해질 때 시작된 일요일은 셋째 날인 것이다.

4. 결론

앞에서 제시한 예는 사람들이 신약성경이 기록된 그리스-로마 세계에 대해 부정확한 지식을 가졌기에 오해하고 잘못 해석한 몇 구절에 불과하다. 이 예를 통해 나는 신약성경의 문화적인 배경에 대한 이해가 신약성경에 대한 신학적인 이해에 얼마든지 영향을 줄 수 있음을 지적했다. 같은 말을 자꾸 반복해서 지루하게 들리겠지만, 상황에 대한 이해는 본문 해석에 영향을 준다. 앨런 잰슨(Allan Janssen)의 표현을 빌리자면, "우리는 문맥과 상황을 고려하여 독서해야 한다는 사실에 많은 영향을 받고 있을 뿐만 아니라, 이것을 피할 수도 없다. 짐작하건대, 지금까지 상황을 고려하지 않고 독서한 사람은 아무도 없었을 것이다"(1.86:24).

이제 남은 것은 평신도가 신약성경 연구를 풍성하게 할 수 있도록 풍부한 정보를 소개하는 일이다. 예수님의 생애와 직접 연관되는 상황이 유대교이므로, 먼저 유대의 종교와 문화에 대한 다양한 면모를 살피는 작업부터 시작하겠다. 그런 다음 로마 제국의 정치 구조를 살피고, 그 후에 로마 문화의 여러 측면을 보다 자세히 살펴보겠다.

참고 문헌

1. 본문과 상황

1.1. Collins, A. Y. "Insiders and Outsiders in the Book of Revelation and Its Social Context." In *"To See Ourselves As Others See Us": Christians, Jews, "Others" in Late Antiquity*. Ed. by J. Neusner et al. Chico, CA: Scholars Press, 1985: 187–218.

1.2. Crim, K. R. "Translating the Bible: An Unending Task." *RelEd* 85(1990): 201–210.

1.3. De Vries, P. G. R. "The Medium Is the Message: Luke and the Language of the New Testament Against a Graeco-Roman Background." *Neotest* 24(1990): 247–256.

1.4. Dockery, D. S. "Author? Reader? Text? Toward a Hermeneutical Synthesis." *TheolEd* 38(1988): 7–16.

1.5. Ellington, J. "Up on the Housetop." *BibTrans* 41(1990): 238–243.

1.6. Esler, P. F. *Community and Gospel in Luke-Acts: The Social and Political Motivations of Lucan Theology*. New York: Cambridge University Press, 1987.

1.7. Hodgson, R., Jr. "Valerius Maximus and the Social World of the New Testament." *CBQ* 51(1989): 683–693.

1.8. Horsley, R. A. *The Liberation of Christmas: The Infancy Narratives in Social Context*. New York: Crossroad, 1989.

1.9. Metzger, B. M. *The New Testament: Its Background, Growth, and Content*. Nashville: Abingdon Press, 1965.

1.10. Osei-Bonsu, J. "The Contextualization of Christianity: Some New Testament Antecedents." *IrBibStud* 12(1990): 129–148.

1.11. Oster, R. E. "When Men Wore Veils to Worship: The Historical Context of 1 Corinthians 11:4." *NTS* 34(1988): 481–505.

1.12. Radcliffe, T. "Time and Telling: How to Read Biblical Stories." *NewBlackfr* 72(1992): 131–139.

1.13. Robbins, V. K. "Text and Context in Recent Studies of the Gospel of Mark." *RelStudRev* 17(1991): 16–23.

1.14. Salevsky, H. "Theory of Bible Translation and General Theory of Translation." *BibTrans* 42(1991): 101–114.

1.15. Spencer, F. S. "The Ethiopian Eunuch and His Bible: A Social-Science Analysis." *BTB* 22(1992): 155–165.

1.16. van der Horst, P. W., and G. Mussies. *Studies on the Hellenistic Background of the New Testament*. Utrecht: Rijksuniv. fac. der Godgeleerdheid, 1990.

2. 상아탑에서 교회 강단으로

1.17. Alexander, P. S. "Rabbinic Judaism and the New Testament." *ZNTW* 74(1983): 237–246.

1.18. Barnett, P. *Behind the Scenes of the New Testament*. Downer's Grove, IL: InterVarsity Press, 1990.

1.19. Beckwith, R. "Intertestamental Judaism, Its Literature and Its Significance." *Themelios* 15, no. 3, (1990): 77–81.

1.20. Blaiklock, E. M. "Archaeology and the New Testament." *BurHist* 9, no. 2, (1973): 36–71.

1.21. Borowsky, I. J. "The Need for Two Translations of the Bible, One for Scholars and a Second 'Hate-Free' Edition for the Public." *Explorations* 11, no. 2, (1997), 3.

1.22. Court, J., and K. Court. *The New Testament World*. Cambridge University Press, 1991.

1.23. Eybers, I. H. "The Value of Archeological Excavations for Biblical Studies." *TheolEvang* 14(1981): 3–9.

1.24. Fenn, R. K. "Sociology and Social History: A Preface to a Sociology of the New Testament." *JStudPseud* 1(1987): 95–114.

1.25. Fields, W. *Thirteen Lessons on New Testament Backgrounds*. Joplin, MO: College Press, 1977.

1.26. Gager, J. G. *Kingdom and Community: The Social World of Early Christianity*. Englewood Cliffs, NJ: Prentice-Hall, 1975.

1.27. Garner, G. G. "Archaeology as a Tool." *VoxRef* 50(1988): 39–47.

1.28. Gasque, W. W. "Background to the New Testament." *ChrT* 17(1972): 74–79.

1.29. Grant, M. *Jesus: An Historian's Review of the Gospels*. New York: Scribner's, 1977.

1.30. Grant, R. M. *Early Christianity and Society: Seven Studies*. New York: Harper & Row, 1977.

1.31. Harris, O. G. "The Social World of Early Christianity." *LexThQ* 19(1984): 102–114.

1.32. Holmberg, B. *Sociology and the New Testament: An Appraisal.* Minneapolis: Fortress Press, 1990.

1.33. Horbury, W. "Keeping Up with Recent Studies, V: Rabbinics." *ExposT* 91(1980): 233-240.

1.34. Horsley, G. H. R. "The Inscriptions of Ephesos and the New Testament." *NovT* 34(1992): 105-168.

1.35. Judge, E. A. "St. Paul and Classical Society." *JbAC* 15(1972): 19-36.

1.36. Kee, H. C. *The New Testament in Context: Sources and Documents.* Englewood Cliffs, NJ: Prentice-Hall, 1984.

1.37. Koester, H. *Introduction to the New Testament:* vol. 1, *History, Culture and Religion of the Hellenistic Age;* vol. 2, *History and Literature of Early Christianity.* Berlin: de Gruyter, 1982.

1.38. Malherbe, A. *Social Aspects of Early Christianity.* Baton Rouge: Louisiana State University Press, 1977.

1.39. Malina, B. J. *The New Testament World: Insights from Cultural Anthropology.* Atlanta: John Knox Press, 1981.

1.40. Marms, F., and E. Alliata, eds. *Early Christianity in Context: Monuments and Documents.* Jerusalem: Franciscan Printing Press, 1993.

1.41. Meeks, W. A. *The First Urban Christians: The Social World of the Apostle Paul.* New Haven, CT: Yale University Press, 1983.

1.42. Millard, A. *Discoveries from the Time of Jesus.* Batavia, IL: Lion Publishing Corp., 1990.

1.43. Nash, R. H. *Christianity and the Hellenistic World.* Grand Rapids: Zondervan, 1984.

1.44. Niswonger, R. L. *New Testament History.* Grand Rapids: Zondervan, 1988.

1.45. Nock, A. D. *Early Gentile Christianity and Its Hellenistic Background.* New York: Harper & Row, 1964.

1.46. Osiek, C. *What Are They Saying About the Social Setting of the New Testament?* 2nd ed. Mahwah, NJ: Paulist Press, 1992.

1.47. Oster, R. "Numismatic Windows into the Social World of Early Christianity: A Methodological Inquiry." *JBL* 101(1982): 195-223.

1.48. Packer, J. I., et al. *The World of the New Testament.* Nashville: Thomas Nelson, 1982.

1.49. Patterson, S. J. "Bridging the Gulf Between Bible Scholarship and Religious Faith." *BibRev* 6, no. 6, (1990): 16, 44.

1.50. Pervo, R. I. "Wisdom and Power: Petronius's Satyricon and the Social World of Early Christianity." *AngThR* 67(1985): 307-325.

1.51. Roetzel, C. J. *The World that Shaped the New Testament*. Atlanta: John Knox Press, 1985.

1.52. Spencer, R. B. "Is Biblical Scholarship Really Objective?" *Homiletic and Pastoral Review* 89, no. 7, (1989): 52–58.

1.53. Stambaugh, J. E, and D. L. Balch. *The New Testament in Its Social Environment*. Philadelphia: Westminster Press, 1986.

1.54. Tidball, D. *The Social Context of the New Testament: A Sociological Analysis*. Grand Rapids: Zondervan, 1984.

3. 신학과 역사

돌로 된 담장과 감옥

1.55. Bell, A. A., Jr. "Pliny the Younger: The Kinder, Gentler Roman." *CB* 66(1990): 37–41.

1.56. Fitzgibbon, J. C. "Ergastula." *EMC* 20(1976): 55–59.

1.57. Forbes, C. A. "The Education and Training of Slaves in Antiquity." *TAPhA* 86(1955): 333–359.

1.58. Mealand, D. L. "The Close of Acts and Its Hellenistic Greek Vocabulary." *NTS* 36(1990): 583–597.

1.59. Narducci, E. "Perceptions of Exile in Cicero: The Philosophical Interpretation of a Real Experience." *AJPh* 118(1997): 55–74.

1.60. Rapske, B. M. *The Book of Acts and Paul in Roman Custody*. Grand Rapids: Eerdmans, 1994.

1.61. _____. "The Importance of Helpers to the Imprisoned Paul in the Book of Acts." *TynBull* 42(1991): 3–30.

1.62. Robinson, A. "Cicero's References to His Banishment." *CW* 87(1994): 475–480.

1.63. Wansink, C. S. *Chained in Christ: The Experience and Rhetoric of Paul's Imprisonments*. Sheffield, UK: Academic Press, 1996.

성찬식

1.64. Bartlett, D. L. "Biblical Perspective on Homosexuality." *Foundations* 20(1977): 133–147.

1.65. Ide, A. F. *Battling with Beasts. Sex in the Life of St. Paul: The Issue of Homosexuality, Heterosexuality and Bisexuality*. Las Colinas, TX: Tanglewuld, 1991.

1.66. _____. *Zoar and Her Sisters: Homosexuality, the Bible and Jesus Christ*. Oak Cliff, TX.: Minuteman, 1991.

1.67. Johnson, R. O. "What the Bible Says About Homosexuality." *Dialog* 28(1989): 149–150.

1.68. Lance, H. D. "The Bible and Homosexuality." *AmerBaptQ* 8(1989): 140–151.

1.69. Scanzoni, L. "On Friendship and Homosexuality." *ChrT* 18(1974): 1397–1402.

1.70. Smith, A. "The New Testament and Homosexuality." *QuartRev* 11(1991): 18–32.

1.71. Wright, D. F. "Homosexuality: The Relevance of the Bible." *EvangQ* 61(1989): 291–300.

십자가에 못 박힘

1.72. Heller, J. H. *Report on the Shroud of Turin*. Boston: Houghton Mifflin, 1983.

1.73. Hoare, R. *The Turin Shroud Is Genuine: The Irrefutable Evidence*. New York: Barnes & Noble, 1994.

1.74. Kohlbeck, J. A., and E. L. Nitowski. "New Evidence May Explain Image on Shroud of Turin." *BAR* 12, no. 4, (1986): 18–29.

1.75. Nickell, J. *Inquest on the Shroud of Turin*. Rev. ed. Buffalo, NY: Prometheus Press, 1987.

1.76. Paci, S. M. "The Shroud of Turin: The Case Is Not Closed!" *30 Days* 3, no. 6, (1990): 36–40.

1.77. Picknett, L., and C. Prince. *Turin Shroud: In Whose Image? The Truth Behind the Centuries-Long Conspiracy of Silence*. New York: HarperCollins, 1994.

1.78. Smith, D. M. "Mark 15:46: The Shroud of Turin as a Problem of History and Faith." *BAR* 9, no. 4, (1983): 251–254.

1.79. Stevenson, K. E., and G. R. Habermas. *The Shroud and the Controversy*. Nashville: Thomas Nelson, 1990.

1.80. Tzaferis, V. "Crucifixion—The Archeological Evidence." *BAR* 11, no. 1, (1985): 44–53.

1.81. Weaver, K. F. "The Mystery of the Shroud." *National Geographic* 157, (June, 1980): 730–756.

1.82. Wild, R. A. "The Shroud of Turin: Probably the Work of a 14th-Century Artist or Forger." *BAR* 10, no. 2, (1984): 30–46.

1.83. Wilson, I. *The Shroud of Turin: The Burial Cloth of Jesus Christ?* Rev. ed. Garden City, NY: Doubleday, 1979.

영의 개념

1.84. Richardson, W. F. *Numbering and Measuring in the Classical World: An Introductory Handbook*. Oakland, N. Z.: St. Lanyards Publ., 1985.

1.85. Scott, J. F. *A History of Mathematics: From Antiquity to the Beginning of the Nineteenth Century.* New York: Barnes & Noble, 1969.

4. 결론

1.86. Janssen, A. "More than Words on a Page." *Perspectives*(June/July, 1997): 24.

제2장

신약성경의 유대적 배경

예수님이 유대인이었다는 소리를 듣기 싫어하는 그리스도인들이 있다. 언젠가 우리 할머니께 예수님은 유대인이었다고 말씀드리자 할머니는 즉각 이렇게 말씀하셨다. "외가만 유대인이셨단다." 하지만 마태와 누가 두 사람은 모두 예수님이 유대교에 속한 분이셨음을 분명하게 주장하기 위해 그들의 복음서 첫머리에 족보를 실었다. 예수님이 자신과 유대교와의 관계를 어떻게 이해하셨는지에 대해서는 많은 논쟁이 있다. 하지만 분명한 것은 예수님이 유대교를 개혁하시기를 원하셨지 다른 종교를 시작하려는 것이 아니었다는 사실이다(2.81:363).

예수님이 보실 때 유대교 자체는 본질적으로 잘못된 점이 없었다. 문제는 백성들이 수세기가 넘게 하나님의 목적을 왜곡해 왔다는 점이다. 예수님은 아모스나 미가와 같은 선지자와 자신을 동일시하셨는데, 그들은 "율법의 더 중한 바"(마 23:23)를 희생하면서까지 의식과 율법주의를 강조한 것에 항변한 자들이었다.

유대교에 대한 예수님의 태도를 결정하는 데 있어서 한층 더 어려운 문제는, 그리스도인들이 유대인과 구별해 자신의 정체성을 확립하려는 시기에 복음서가 기록되었다는 사실이다. 유대인들은 주후 66년부터 73년까지 로마에 대항하는 피의 혁명을 겪었으며, 십자가에서 처형된 죄수를 메시아로 인정한 이교도(minim)와 자신들이 한패가 되기를 원하지 않았다. 정기적으로 회당에서 낭송하던 열여덟 개의 축복문 중에는 다음과 같은 내용을 하나님께 구하는 기도가 들어 있다. "나사렛 사람들과 이교도들이 한순간에 멸망하게 하시

고, 그들을 살아 있는 사람들의 책에서 지워 주소서."

많은 학자들은 요한복음을 1세기 말 유대인들에 대한 부정적인 견해를 반영하는 전형적인 기독교 문서라고 생각한다. 초기의 복음서들, 특히 마태복음은 예수님이 유대교 지도자들에 대해서는 그렇지 않았다 해도 유대교 자체에 대해서는 동정적이었던 분으로 묘사한다.

마태복음 23장 1-3절에 따르면, 예수님은 서기관과 바리새파 사람들의 권위는 인정하셨으나 백성들에게는 다음과 같이 주의를 주셨다. "무엇이든지 그들이 말하는 바는 행하고 지키되 그들이 하는 행위는 본받지 말라 그들은 말만 하고 행하지 아니하며". 이 장 끝부분에서 다시 이 주제를 살펴볼 것이다.

신약성경을 읽다 보면 복음서와 사도행전 앞부분에 자주 등장하는, '서기관'과 '바리새파 사람'이라는 용어를 만나게 된다. 이 용어들은 대개 부정적인 반향을 불러일으킨다. 그런데 도대체 서기관과 바리새파 사람은 어떤 사람들을 가리키는가? 이들과 더불어 복음서에 자주 언급되는 사두개파와 헤롯당과 같은 유대인 집단은 또 어떤 사람들인가? 예수님이 자신의 사역을 어떻게 이해하셨는지, 또 초대 교회가 결국 유대인들에게서 분리된 이유가 무엇인지 정확히 알기 위해서는 1세기 초 유대교의 상황을 겉핥기식이지만 개관할 필요가 있다.

1. 유대교 : 헬라적 유대교와 유대적 유대교

바울은 그리스도 안에서는 유대인이나 헬라인의 구별이 없어졌다고 믿었던 것 같다(갈 3:28). 하지만 바울 당시 유대인이나 헬라인(또는 로마인) 중에서 그의 생각에 동의하는 사람은 거의 없었다. 유대인은 헬라인과 로마인으로부터 소외된 자, 분리주의자, 자기의 정체성을 유지하는 것을 자랑하는 자라는 비난을 받았다(이 책 제3장을 참조하라). 팍스 로마나 시절, 민족적인 구별이 모호해지던 때에 역사가 타키투스(Hist. 5.5)는 유대의 관습을 "비뚤어지고 혐오스러운 것"으로 생각했고, 유대인들은 "다른 모든 사람들을 마치 적인 양 미워한다."라고 주장했다(참조. 2.2; 2.11).

그러나 유대인들은 1세기만 하더라도 자신들 사이에서도 구분되어 있었다(2.10). 즉 통상 팔레스타인 유대인과 지중해 세계 여러 곳에 흩어져 살고 있던 유대인들인 디아스포라 유대인으로 구분되어 있었다(참조. 약 1:1; 벧전 1:1). 그 모습이란 간단했다. 팔레스타인 유대인은 보수적이며 히브리 율법(토라)에 집착하고 그리스의 어떤 영향도 접하지 않았던 반면에, 디아스포라 유대인은 점차 외양적으로 그들의 이방인 이웃과 구별되지 않고 히브리어도 잊어버려 헬라어로 된 새 경건 서적을 읽기를 좋아했다(이 서적들은 결국 '토비트'와 '마카베오상', '마카베오하'와 더불어 구약 외경이 되었다).

그러나 오늘날은 이러한 경계를 분명하게 주장하는 일이 더 이상 가능하지 않은 것 같다. 어떤 학자들은 팔레스타인에서도 그리스의 풍습과 헬라어를 배우는 등 팔레스타인 자체가 헬라화되었다고 생각한다(2.7). 그러나 어떤 학자들은 이렇게까지 생각하지 않는다(2.4). 디아스포라 유대인들에 관한 다양한 견해에 대해서는 새로운 강조점이 있다(2.6). 이외의 여러 학자들은 메시아에 대한 열렬한 갈망을 팔레스타인 유대인과 디아스포라의 낮은 계급에 속한 유대인을 이어 주는 고리로 생각한다(2.13).

머리(R. Murray)는 지형적인 구분이 아닌 다른 표준에 근거한 새로운 구별을 제안한다. 그는 '유대인'(Jew)과 '유대교'(Judaism)라는 용어를 성전 중심적인 사람들을 가리키는 말로 사용한다. 그리고 성전 의식에 관여하는 제사장들에 대해 비판적인 에세네파와 같은 여타의 집단은 '히브리인들'(Hebrews)이라고 부른다(2.273). 아래의 논의에서는 분명하게 의미를 규정하지는 않았지만, '디아스포라 유대인'과 '팔레스타인 유대인'이라는 범주를 사용할 것이다.

팔레스타인 유대인을 디아스포라 유대인과 구별했던 것은, 히브리어 혹은 아람어의 사용과 이스라엘 땅(eretz Israel)에 예배 중심지가 존재했다는 사실에 있었다고 할 수 있다(2.8; 2.12). 이 말은 디아스포라 유대인이 그들 주변에서 압도적으로 작용하는 그리스 문화를 더 의식하며 살 수밖에 없었다는 점은 인정하지만, 그렇다고 팔레스타인 유대인이 헬라어를 전혀 사용하지 않고 히브리어나 아람어만을 사용했으며 그곳에 히브리적 사고방식만 있었다

사해 북서 연안 지역 쿰란에서 발굴된 수조 유적. 팔레스타인의 에세네파 공동체와 같이 보수적인 유대인들은 정결을 위한 세례를 거행하였다.

제2장 신약성경의 유대적 배경 63

고 의미하는 것은 아니다.

주후 70년에 예루살렘이 파괴된 후 이러한 구별이 없어졌을 때 비로소 고대 유대교는 하나가 되었다(2.3). 그렇다면 유대교를 거의 멸망시킬 뻔했던 그리스-로마 세계에 감염되는 것을 거부하며 당시 위세를 떨쳤던 것은 팔레스타인 유대교였다고 할 수 있다.[1]

디아스포라

디아스포라 유대인은 주전 586년 예루살렘이 멸망했을 때 포로로 잡혀간 사람들의 후예였다. 바벨론으로 잡혀간 사람도 있었고 이집트(애굽)로 잡혀간 사람도 있었다. 예레미야 선지자 같은 사람은 본인은 싫어했지만 이집트로 끌려간 대표적인 인물이다(렘 42:18-43:7). 주전 538년 이후 유대인들은 에스라서와 느헤미야서에 기록된 대로 유대에 귀환해 재건을 시작했다. 나머지 사람들은 자신들이 새로이 터를 닦은 삶의 터전에 그대로 눌러앉았다. 이집트로 내려간 유대인들은 엘레판티네라는 나일강 상류의 한 섬에 또 다른 성전을 건축했다. 팔레스타인 유대인들은 이 성전을 가증스러운 것으로 여겼고, 그 성전은 주전 410년에 파괴되었다.

주전 325년 무렵에 알렉산드리아가 건설되자 많은 유대인들이 그곳으로 이주했다. 예수님이 탄생하신 즈음에는 알렉산드리아에 거주하는 유대인의 수가 적어도 그 도시 인구의 4분의 1, 거의 30퍼센트를 차지한 것으로 추산된다(2.24). 알렉산드리아는 가장 위대한 헬라적 유대인 사상가 중의 한 사람

---

1) 어떤 유비도 완벽할 수는 없지만, 이 상황을 그려 볼 수 있는 또 다른 유비를 하나 소개하겠다. 나는 1840년대에 네덜란드에서 이민 온 사람들이 설립한 공동체에서 수년 동안 생활해 왔다. 네덜란드 사람들은 자신의 전통과 언어를 가능한 한 많이 지켰지만, 여러 다른 인종 집단과 해마다 여름만 되면 벌떼같이 찾아오는 방문객 속에서 살았다(그들이 살고 있는 지역에 호수가 있었기 때문이다). 그들은 1950년대 중반에 드린 예배를 끝으로 더 이상 교회에서 네덜란드어로 예배를 드리지 않는다. 이곳에서 살다가 네덜란드를 방문한 사람들은 대개 유럽의 네덜란드인이 자신과 매우 달라서 충격을 받는다. 어떤 집단의 사람들이 자신의 뿌리로부터 떨어져 있게 되면, 그들은 자기가 유산으로 받은 전통에 할 수 있는 한 많이 집착하려고 하지만 결국은 자기 나름대로 그 전통을 발전시키게 된다. 본국에 있는 원래의 집단은 다른 길을 따라 계속 발전하게 된다.

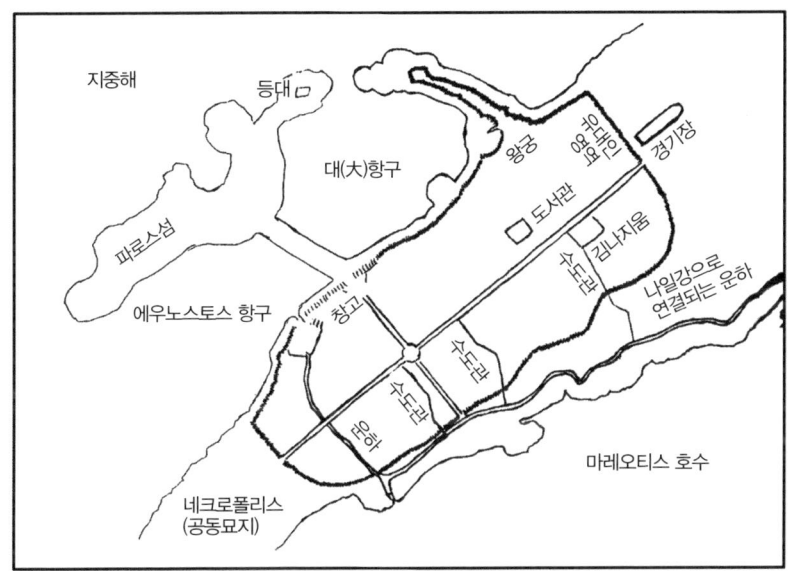

알렉산드리아 지도. 주전 332년경 알렉산드로스 대제에 의해 건설된 알렉산드리아는 고대 이집트의 수도로서 헬레니즘 학문과 과학의 중심지 역할을 했다.

인 필론(Philon)의 고향이었다. 필론은 유력한 가정에 속한 사람으로서 칼리굴라 황제의 대사를 지냈다(2.15; 2.45).

많은 유대인들이 지중해 연안에 퍼져 있었으므로 헬라인과 로마인이 유대인의 존재를 알게 되고, 그들의 종교에 호기심을 갖게 되었다는 사실은 전혀 이상하지 않다. 사도행전 저자의 지적이 옳다고 전제할 때(이교도의 문학 작품을 보아도 그가 틀렸다고 논박하지는 못할 것이다) 헬라인들은 새로운 사상을 논하며 대부분의 시간을 보냈음을 알 수 있다(행 17:21). 많은 이방인들이 회당 예배에 출석했던 것으로 보인다. 회당 중에는 그리스적인 경향이 짙어, 기독교 선교사들이 첫발을 내딛기에 좋은 곳이 있었다(2.17; 2.47; 2.51). 사도행전 18장 7-8절에 기록되어 있듯이, 바울을 고린도로 맞아들인 유대인들은 디도 유스도(Titius Justus)와 그리스보(Crispus)처럼 그리스-로마 이름을 가진 사람들이었다.

누가는 유스도를 '하나님을 경외하는 자'라고 묘사했는데, 이 명칭은 회당

가버나움 회당.

에는 출석하지만 유대교로 완전히 개종하지는 않은 이방인을 가리키는 데 사용하던 용어였다. '유대인을 동정하는 사람'(2.27) 혹은 '하나님을 경외하는 자'는 논쟁의 주제가 되는 말이긴 하지만(2.26; 2.29; 2.30; 2.35; 2.49), 이런 사람들이 존재했었다는 사실에 대해서는 의심의 여지가 없다. 그중에는 나중에 유대교로 개종하는 사람도 있었다(2.19).

여자 회심자는 '미크바옷'(miqva'ot)이라고 하는 입단 목욕을 했다. 이것은 기독교의 세례 의식에 영향을 주었다고 생각되는 의식이다(2.22; 2.36; 2.42-43; 2.46). 많은 남자들에게는 할례가 걸림돌이었다(2.20; 2.31). 남자들 중에는 유대교의 초보적인 지식에 머물러 있어, 할례받기를 꺼리는 사람이 많았다(당시에 할례 수술은 마취를 하지 않고 거행되었다). 예를 들면, 기독교처럼 유대교를 대체할 수 있는 어떤 것이 나타나게 되면 이 '하나님을 경외하는 사람' 중에는 그리로 몰려가는 사람이 많았다.

팔레스타인 유대인이 그랬던 것처럼 디아스포라 유대인이 그들 이웃과의 관계를 완전히 단절하지 못함으로 인해 얼마나 많은 사람들이 이방인과 결혼했는지 궁금할 것이다. 어떤 사람을 가리켜 유대인이라고 하는지에 대해서는, 모친이 유대인인 자녀에 한해서만 유대인 자격을 부여했다는 해석이 오랫동안 정설로 인정되어 왔다(2.21). 이방인 남자가 유대교로 개종하면 그는 유대 여자와 결혼할 수 있었고, 그러면 그들의 자녀는 유대인이 되었다. 이러한 경우는 우리가 생각하는 것 이상으로 많이 발생했다. 차용 증서 파피루스가 알렉산드리아에서 나왔는데, 그 말미에는 계약을 체결하는 두 남자에 대한 신체 묘사가 나온다. 이 두 사람은 유대인이었으며, 그중 한 사람인 아폴로니오스는 "키가 크고 얼굴도 잘생겼으며 반짝이는 눈과 옆으로 튀어나온 귀를 가졌다." 다른 한 사람인 소스트라토스는 "중간 키에 얼굴이 잘생겼다."

이들은 알렉산드리아의 거리에서 쉽게 어울려 살았을 것이다. 고대의 작가들은 유대인의 외모에 대해 어떤 특징적인 언급을 하지 않는다. 유대인은 일반적으로 발가벗고 있어야 하는 체육관이나 공중목욕탕에 출입할 때만 다른 사람들과 다르다는 점이 드러났다. 그런 장소에서는 할례받은 것이 유대인 남자임을 쉽게 알 수 있는 표가 되었다.

디아스포라 유대인은 예루살렘과의 접촉이 없었으므로, 유대 지방에 살고 있는 같은 종교를 지닌 정통 유대교 사람들이 보기에 이교도의 모습을 띤 신앙생활을 했다(2.29). 지중해 주변에 있는 도시에서 발견된 비문들에는 유대인이 때때로 공무상의 이유로 이교 제사에 참여했다는 내용이 기록되어 있다(2.17).

대도시, 특히 알렉산드리아에서 유대인과 헬라인 사이의 접촉은 광범위하고 깊어서, "알렉산드리아의 유대인 변증가의 일반적인 접근법은 그리스 철학자가 성경에 영향을 받았음을 보여주기에" 이르렀다(2.29:220). 상상력이 풍부한 많은 유대인 작가들은 모세와 그리스의 전설적인 현자이자 시인인 무사이오스(Mousaios)와의 관계를 주목했다(2.14; 2.32). 이교도 지성인 중에는 유대의 유일신 사상과 윤리에 매료되는 사람이 많았다. 이미 앞 장에서 인용한 타키투스도 유대인을 비난하는 그의 글에서, 유대인의 예배 형식만큼은 칭송할 만하다고 결론을 지었다. 이후에 그리스도인들은 이와 동일한 논법을 사용했다.

유대인은 지중해의 여러 다른 지역에도 흩어져 살았으며, 어디를 가든지 이교도와 섞여 지냈다. 이것은 이전에 알려진 것보다도 더 광범위하게 이루어졌다. 비문에 의하면, 이들은 주전 400년 이후 곧 아테네(아덴)의 모습을 띠게 되었다고 한다. 시인 호라티우스(Horatius, 주전 30년경)는 대단히 많은 유대인들이 로마에 있다고 투덜댔으며, 그보다 2, 3년 뒤에 활동한 오비디우스는 회당을 남자가 젊은 여성을 만나기 위해 즐겨 찾는 장소라고 언급했다(Art of Love 1.75).

디아스포라 유대인은 사람들을 개종시키기 위해 열심을 냈던 것 같다. 하지만 그들의 과격한 전도 활동의 증거로 종종 인용되는 호라티우스의 글은, 그들의 수고가 자신의 정치적인 권리를 보호하려는 것이었다고 지적한다(2.40-41). 로마인은 디아스포라 유대인이 성전 보조를 위해 예루살렘으로 돈을 송금하는 일을 세금 납부로 인정했다. 그러나 성전이 파괴되자 로마 정부는 계속해서 이 유대인들의 국고금을 모아들였다. 이것을 바친 여부에 따라 그가 유대인인지 아닌지를 판가름했다(2.33).

유대인의 생활 풍습은 종종 멸시를 받기는 했지만 널리 알려졌다. 아우구스투스 황제는 한 편지에서 자기가 유대인처럼 안식일에 금식하고 있다고 농

헤롯 성전의 축소 모형.

담을 했다(Suetonius, *Aug.* 76). 황제는 유대인들이 안식일에 무엇을 하는지 이해하지 못했음이 분명하지만, 그의 글을 읽는 사람들이 그가 말하고자 하는 바를 대강이나마 알기를 바라며 유대인들의 안식일 준수를 언급했을 수 있다(2.18). 타키투스는 출애굽 이야기를 풍자극으로 만들어, 유대인들의 의식과 풍습을 상식 있는 사람들이 행하는 바와는 반대되는 것이라고 깎아 내렸다(*Hist*. 5.3-5). 로마의 수많은 시인들이 사용한 단어에는 우리가 생각하는 것보다 더 많은 사람들이 유대교를 잘 알고 있었다는 사실이 드러나 있다(2.16).

70인역

이렇게 널리 흩어진 유대인들은 자신들이 아브라함의 경건한 자손이라고 생각했지만 그들의 주변 문화의 영향에서 벗어날 수는 없었다. 이들이 가장 심각하게 영향을 받은 분야는 언어일 것이다. 이들은 몇 세대를 지나는 동안 유대에서 멀리 떨어져 살게 됨으로써, 자연히 그들 주위에 있는 사람들의 언어, 특히 헬라어로 말하게 되었다. 알렉산드로스(Alexandros III) 대제의 정복으로 말미암아 그리스 문화와 헬라어가 동지중해 전역에 퍼지게 되었다. 성경을 계속해서 원어로 읽었기 때문에 히브리어를 금방 잊지는 않았지만 일상 언어는 헬라어였다. 얼마 지나지 않아 많은 유대인들은 회당 예배 시에 읽는 성경을 이해하지 못하게 되었다.

주전 3세기경 유대인의 성경이 헬라어로 번역되었다. 이 작업은 알렉산드리아에서 시작되었다. 성경 번역이 왕궁 도서관 완공 시기에 맞춰 끝나기를 바란 그리스계 이집트 왕 프톨레마이오스 2세(Ptolemaios II)가 주동해서 착수한 것인지에 대해서는(8.93) 확실히 확인할 길이 없다. 유대에 있는 유대인들이 이 소식을 듣자 국가적으로 애곡의 날을 정해 통곡했다고 어떤 외경은 전한다. 그들은 히브리어만이 성경을 읽고 연구할 수 있는 유일한 언어라고 생각했다(2.53).

하지만 70(72)명의 학자들이 번역 작업에 가담했기에 나중에 70인역(Septuagint)으로 알려진 이 헬라어 번역 성경은, 히브리어나 헬라어로 된 원어 성경을 읽을 수 없는 많은 사람들에게 흠정역 성경이 유일한 권위를 지닌 거룩한 성경으로 인정받은 것처럼, 디아스포라 유대인의 표준 성경이 되었다. 히브리어 성경을 읽을 수 없었던 훌륭한 유대인 학자들 중에는 70인역에 대해 다양한 논문을 쓴 사람들이 있었다. 그중 대표적인 사람이 필론이다. 헬라어 번역 성경은 히브리어 성경을 글자 그대로 번역한 것이며 히브리

> ### 70인역이 번역된 경위
>
> 그들(번역자들)은 하나님의 입에서 나온 율법을 충실하게 번역해야 한다는 기념비적인 과업을 마음에 두고 있었다. 그들은 원본에 어떤 것도 가감하거나 변형시키지 않고 원형 그대로를 유지해야 했다. ······그들은 말하자면 하나님께 사로잡혔으며 하나님의 영감 아래 들어갔다. 그리하여 각 사람은 자기 생각을 번역에 반영한 것이 아니라 마치 보이지 않는 독자에게서 받아쓰기를 하는 서기관처럼 동일한 내용을 기록했으며, 글자 하나하나를 그대로 받아 적었다. 어떤 언어든지, 특히 헬라어에는 비슷한 의미를 가진 용어가 많다는 점은 일반적으로 알려져 있는 사실이다. 그러므로 어떤 사상을 한 단어나 전체 문구를 달리해 얼마든지 여러 가지 방법으로 표현할 수 있다. 하지만 헬라어 번역 성경의 경우는 갈대아어(히브리어)와 정확히 일치시켜 원래의 의미를 완벽하게 표현했다. ······전에 헬라어를 배운 갈대아인이나 갈대아어를 배운 헬라인이 갈대아어 성경과 번역 성경 두 가지를 동시에 읽게 되면, 그들은 이 둘이 같다는 생각에, 정말로 이 두 성경이 주제 문제나 단어에 있어서 하나요 동일하다는 생각에 경외심과 존경심을 갖게 된다. 사람들은 저자들이 단순한 번역자가 아니라 제사장이요 비밀을 전하는 선지자라고 생각한다(Philo, *Life of Moses* 2.34, 37–40).

어 성경처럼 영감된 성경이라는 그의 주장은 그가 얼마나 히브리어 성경에 문외한이었는지를 보여준다(p. 70 박스의 필론의 글, '70인역이 번역된 경위'를 보라). 외경 '아리스테아스의 편지'는 70인역이 72일 만에 번역되었다고 주장하면서 70인역의 신비감을 더해 준다(2.54).

70인역은 여러 구절에서 그 독법이 원어 성경과 다르다. 사실 70인역은 다양한 사람들에 의해 전사(轉寫), 편집, 수정되는 동안 세 개의 다른 역본이 존재

하게 되었다. 3세기에 와서 기독교 학자 오리게네스(Origenes)는 이 세 개의 헬라어 번역 성경을 하나로 일치시켜 표준 성경을 만들려고 했다. 오리게네스가 편찬한 성경은 헥사플라(Hexapla)로 알려져 있는데, 지금은 단편으로만 남아 있다(헥사플라는 헬라어로 '여섯 개로 된'이라는 뜻으로, 한 페이지가 여섯 난으로 구성되어 서로를 비교하며 읽도록 만들어졌기 때문에 붙여진 이름이다. 제1란은 당시의 히브리어 자음 본문, 제2란은 당시의 발음에 따른 헬라어 문자에 의한 음사, 제3란은 아퀼라역[Aquila's Version], 제4란은 심마쿠스역[Symmachus' Version], 제5란은 오리게네스가 히브리어 본문과 비교해 결손 부분을 테오도티온역[Theodotion's Version]으로 보충한 개정 70인역, 제6란은 테오도티온역이다 – 역자 주).

70인역은 현대 성경학자들에게 유익하게 사용되고 있는데, 그것은 70인역이 현재 우리가 가지고 있는 어떤 구약의 본문보다 더 고대의 히브리어 본문을 기초해서 만들어졌기 때문이다. 히브리어 성경과 70인역을 비교해서 읽으면, 히브리어 성경을 이해하고 번역하는 데 많은 도움을 얻을 수 있다(2,55).

바울은 디아스포라 유대인으로서 히브리어보다는 헬라어를 더 편하게 생각했을 것이 거의 확실하다. 사도행전 저자는 바울이 예루살렘에서 가말리엘의 문하생으로 공부했다고 주장하지만(행 22:3), 바울 자신은 그의 서신서에서 이런 언급을 한 적이 한 번도 없다. 심지어 자신이 율법에 대한 열심이 있다는 말을 하는 중에도 말이다(갈 1:14). 바울이 예루살렘에서 율법을 연구했다면 그는 틀림없이 히브리어를 알았을 것이다. 하지만 바울은 그의 서신서에서 구약 본문을 언급할 경우, 독자들이 알고 있던 번역 성경인 70인역을 인용했다.

디아스포라 유대인 중에는 히브리어 성경과 헬라어 번역 성경 두 가지를 모두 아는 사람도 있었겠지만, 헬라어 번역 성경만이 유일하게 비유대인들이 읽을 수 있었던 성경이었다. 이교도 작가인 롱기누스(Longinus)는 창세기 1장 3절과 1장 9–10절을 인용했는데(De Sublimitate 9.9), 문체는 성경과 비슷했으나 단어는 정확히 70인역과 같지는 않았다. 이 사실로 미루어 보건대, 헬라인과 로마인들은 일반적으로 70인역에 대해서 알고 있었던 것 같다(2.56). 풍자 문학가 유베날리스(Juvenalis)는 "모호한 모세의 책"을 명확하게 해설했다(Sat. 14.100-104).

유대의 유대교와 헬레니즘

디아스포라 유대인과 보다 보수적이고 전통적인 유대의 유대인들을 예리하게 구분하고 싶겠지만, 앞에서 이미 지적했듯이 이런 구분은 정확하지 않다. 먼저 지적하고 싶은 말은, 유대의 유대인들은 회당에서만 히브리어를 사용했다는 점이다(2.94). 일상생활에서는 같은 셈 어족 계열에 속하는 아람어가 오랫동안 그 땅의 구어로 사용되어 왔다. 신약성경에서 '히브리말'이라고 언급하는 경우는 사실 아람어를 의미한다(요 19:20; 행 21:40). 심지어 주후 1세기에는 잘 검증된, 히브리어 성경의 아람어 번역인 탈굼(Targum)을 출판해야만 했다(2.85; 2.101).

헬라어는 1세기에 구어로 널리 사용되었기 때문에, 팔레스타인을 다중 언어 지역이라고 묘사하는 것이 보다 정확할 듯하다(2.90). 그리스의 영향이 유대의 삶 여러 곳에 스며들었다. 유대인들은 모든 피지배 국가 사람들에게 그리스의 신들을 섬기라고 강요한 그리스계 시리아 왕 안티오코스 4세(Antiochos IV)에게서 자유를 쟁취하기 위해 주전 167-164년에 마카베오 혁명을 일으켰다(2.63; 1 Macc. 1).

하지만 이 혁명이 성공한 후 적어도 유대의 대제사장 가문 중 하나에서는 그리스 신화에서 유래한 이아손(Jason)이나 메넬라오스(Menelaos)와 같은 그리스식 이름을 취하기 시작했다(2.79). 고고학자들은 대제사장 가야바와 그의 가족들의 무덤을 파 보다가 죽은 자들의 입에 동전이 박혀 있는 것을 발견했다. 이것은 헬라인들이 지하 세계에 있는 스틱스강을 건널 때 뱃삯을 준비하던 풍습에 속한 것이었다(2.70). 심지어 마사다에서 로마 병사들의 포위에 맞서 독립을 위한 마지막 투쟁을 벌일 때, 깨진 항아리 조각에 헬라어로 무엇인가를 휘갈겨 쓴 사람도 있었다(2.65).

레슬링 학교나 목욕탕과 같은 그리스식 제도와 기관도 예루살렘에서 성행했다. 레슬링 학교는 바로 성전산에 세워졌으며(1 Macc. 1:14-15), 유대인들도 이곳을 정기적으로 드나들었던 것 같다(2.73). 이들 중에는 자신의 헬라인 지도자와 이웃들과 어울려 지내기를 간절히 바라는 마음에서 할례의 증표를 제거하는 수술을 받는 사람도 있었다. 헬라인들이 항상 그랬듯이 운동 경기를 하거나 목욕하려고 발가벗을 때면, 자신이 할례받았다는 사실을 숨길 수 없었기 때문이다(2.72; 2.96:25; 1 Macc. 1:11-15; 2 Macc. 4:9-17). 할례 제거 수술을 하는 방법이 로마의 의사 켈수스(Celsus, 주후 30년경)가 쓴 『의료에 관하여』(De Medicina 7.25.1)에 자세히 나와 있다(2.93). 헤롯(Herod) 대왕은 계획적으로 헬라화 정책을 썼다. 그는 그리스식 경기를 위한 장을 마련했고, 도시를 재건하여 이름을 고쳤으며(예를 들면, 가이사랴), 자기 아들들에게 그리스식 교육을 받게 했고, 비유대인인 신하들에게 황제 숭배를 독려했다(이 책 제5장을 보라). 상류층 유대인 중에는 그리스-로마식의 식사 습관을 받아들여, 음식을 먹을 때 쿠션에 기대어 비스듬히 누워 식사하는 사람이 많았다(2.99; 이 책 제7장을 보라).

체리코버(V. A. Tcherikover)의 견해에 따르면, 이런 헬라화의 과정이 셀레우코스(Seleucos) 왕조가 주전 200년 팔레스타인 지역을 정복한 이후에 급격히 시작되기는 했으나,

> 헬레니즘은 외부에서 강제로 이스라엘에 소개된 것은 아니었다. 많은 유대인 대중이 이 외국 문화를 답습하고 예루살렘에서 발판을 마련하려고 그리스의 생활 양식을 갈망했다. ……유대인 가운데 그리스식 사고를 하는 사람들은 유대인 사회의 다양한 계급에 두루 퍼져 있었던 것은 아니었다. 전적으로 한 부류의 계층, 즉 예루살렘의 통치 계급에 한정되었다(2.102:118).

그리스의 풍습과 사고방식이 팔레스타인에 어느 정도 영향을 끼쳤는지 논의하는 일은 학자들이 선입견 없이 이 주제를 다룰 수 있느냐에 따라 달라진다. 체리코버의 견해는 헹겔(M. Hengel)의 지지를 받고 있다(2.76). 헹겔은 알렉산드로스 대제 때 페르시아 군대의 일원으로 그리스의 용병들이 팔레스타인에 도착하기 전에 이미 헬라화가 시작되었다고 주장한다. 하지만 정통 유대학자 펠드먼(L. H. Feldman)은 모든 점에서 헹겔을 논박하면서(2.66), 팔레스타인에 끼친 그리스의 영향은 늦게 발생했고 그것도 피상적인 수준에 그쳤다고 주장한다(2.67). 샌드멜(S. Sandmel)이 지적했듯이(2.95), 심지어 가장 사려 깊은 학자들까지도 가끔씩은 자기가 편안하게 느끼는 특정 이론에 안주하는 경향이 있다. 포머로이(S. Pomeroy)처럼 자기의 주관성을 터놓고 인정하는 사람은 극소수에 불과하다. 그는 이 논쟁을 결론지으면서 "가설을 확증할 만한 확고한 증거는 없지만, 나는 다음과 같이 믿는 편이 더 편할 것 같다."라고 말했다(7.113:37).

신약성경에는 유대의 유대교에 끼친 이 그리스적 영향에 대해 다소 불분명한 증거가 있다. 예수님은 "이방의 갈릴리"(마 4:15)라고 불리는 팔레스타인의 한 지역에서 내려오셨다. 추측컨대, 갈릴리를 이런 식으로 부르는 이유는 이곳이 비유대적인 요소가 두드러졌기 때문일 것이다. 펠드먼은 이 지역의 그리스 도시들은 거의 변방에 있었고, 내지(內地)는 헬라화가 되지 않았다고 주장한다. 이 해석에 따르면, 예수님이 내려오신 하부 갈릴리는 그리스의 영향이 있었던 것으로 보인다(2.67:95). 클라우스너(Klausner)는 결론은 다르게 내렸지만 펠드먼의 견해와 거의 같은 발언을 했다(2.81:363).

하지만 나사렛 예수는 오로지 팔레스타인의 소산물인 셈이다. 말하자면, 그 어떤 외국적인 혼합물의 영향을 받지 않은 유대교의 소산이셨다. 갈릴리에는 많은 이방인들이 있었지만 예수님은 그들의 영향을 조금도 받지 않으셨다. 예수님 당시 갈릴리는 가장 열정적인 유대 애국주의자들의 요새였다. 예수님은 아람어로 말씀하셨고, 그분이 헬라어를 아셨다는 암시는 그 어디에도 없다.

클라우스너는 헤롯 안디바(Herod Antipas)가 건설하고 요세푸스(Josephus)에 의해 "갈릴리 전체 중의 보석"이라는 칭호를 받은 도시 세포리스의 고고학적 발굴 내용을 알지 못했음이 틀림없다. 주민 30,000명의 이 도시는 아고라(시장), 목욕탕, 체육관, 극장 등 그리스의 도시가 갖추고 있는 모든 요소를 다 보유하고 있었다. 이 도시에서 1시간 정도 남쪽으로 걸어 내려가면 나사렛이 있다. 1983년에 시작된 발굴로 인해, 그리스의 영향이 이전 학자들이 감히 상상하지도 못했을 정도로 갈릴리에 퍼져 있었음이 드러났다(2.58; 2.64; 2.84; 2.89). 신약성경에 세포리스가 직접 언급되어 있지는 않지만(2.91), 예수님이 이 그리스 문화의 중심지와 전혀 접촉하지 않으셨다고는 도저히 생각할 수 없다(2.91).

이 증거로 인해 분명히 다른 해석이 나올 수 있다. 심지어 중간 입장도 있다. 프레인(S. Freyne)은 유대 지방의 유대인들은 갈릴리를 자기 지역보다 덜 순수한 유대적 경향을 지닌 곳이라고 생각했음을 보여주었다(2.68-69). 유대와 갈릴리는 지형적으로 사마리아를 사이에 두고 서로 떨어져 있으며, 직접적인 교류가 어려웠다는 것이다. 이전의 율법 교사들의 가르침을 끊임없이 인용하는 바리새파의 교훈이 갈릴리에서는 유대에서만큼 두드러지게 나타나지 않았지만, 갈릴리 사람들은 예루살렘 성전 제의에 열심이 있었던 것 같다(2.82). 예수님이 갈릴리 사람들에게는 인기를 얻으셨고(막 1:22) 유대인들은 불편하게 했던 사실은, 결정적으로 예수님의 가르침이 바리새파식의 교훈이 아니라 예수님 자신의 권위를 강조한 데 있었다(2.103).

클라우스너의 주장과는 달리 예수님은 헬라어로 말씀하셨을 가능성이 매우 높다. 그 지역에서 장사하는 사람은 생존의 수단으로 적어도 일상생활에서 사용하는 언어를 알아야만 했다(2.98). 팔레스타인에서 발견된 매우 많은 헬라어 비문과 헬라어와 아람어 등 이중 언어로 된 비문을 통해서 우리는 "많은 유대인 가정이 헬라어를 읽고 쓸 줄 알았으며, 심지어 엄격한 가정사와 관련한 일에서조차 헬라어를 사용했다는 분명한 증거를 얻게 된다"(2.87:82). 요세푸스는 호기심을 유발하는 한 글에서, 헬라어에 대한 지식이 낮은 계급에 속한 사람들 사이에서 보다 일반적이었다고 언급한다(Ant. 20.263). 요세푸스 자신도 평상시에는 아람어를 사용했기 때문에, 글을 쓸 때마다 그를 도와줄 조수가 필요했다. 예수님이 유대 지방에서 가르치신 교훈의 대부분은 아람어로 행해졌을 가능성이 많다. 예수님의 어휘와 문장 구조에서, 그분이 말씀하신 비유와 짧고 간결한 어록에 대한 아람어 기원을 찾는 학자들도 있다(2.98). 심지어 예수님이 그리스 극장에서 행해지는 연극에 영향을 받았다고 의심하는 학자들도 있다(2.59).

그리스의 영향에 대한 강력한 증거를 복음서에서 찾을 수 있다. 예수님의 두 제자 빌립과 안드레는 그리스식 이름이다. 빌라도(Pilatus)가 예수님을 심문하는 과정에서 통역관을 부르지 않았다면, 두 사람이 의사소통하는 데 전혀 문제가 없었다고 짐작해 볼 수 있다. 로마인들은 켈트족과 카르타고족과 같은 '야만인'들을 다루어야 하는 상황에서는 통역관을 사용했고, 이러한 상황을 그들의 문서에 표기했다(2.57). 하지만 그들은 헬라어를 '외국어'로 여기지 않았다. 헬라어는 다만 '다른 언어'였다. 로마의 남자아이들은 초등학교에서 라틴어와 더불어 헬라어를 배웠다.

그 당시 교육 수준이 높은 여느 로마인처럼 빌라도는 헬라어를 유창하게 말했을 것이다. 라틴어는 로마 제국의 공식 언어였으나 지중해 동쪽 지역에서는 잘 사용되지 않았다. 유대인과 로마인 사이가 격렬한 단계에까지 오르게 되었을 때, 그들은 다시 물러나서 각각 모국어를 쓰게 되었다. 티투스(Titus) 장군이 예루살렘을 정복하기 직전 유대인들에게 행한 연설은 라틴어로 행해졌고 아람어로 번역되었다(Josephus, War 6.327).

하지만 정상적인 상황에서는 유대인과 로마인이 모두 헬라어를 사용했을 가능성이 많다. 예수님이 헬라어를 좀 알고 계셨으리라는 개연성을 인정한다면, 예수님과 빌라도는 얼마든지 대화를 주고받을 수 있었을 것이다(2.92). 빌라도는 예수님이 십자가에 못 박히실 때 공적인 목적에서 라틴어, 헬라어, 아람어 세 가지 언어로 십자가 위에 푯말을 써 붙였다(요 19:20).

초대 그리스도인들은 이 언어적인 문제를 피하지 않았다. 사도행전 6장에는 예루살렘 교회에서 히브리어를 사용하는 사람들(보수적인 유대적 유대인들)과 헬라어를 사용하는 사람들(디아스포라에서 돌아온 사람들 혹은 유대교로 개종한 그리스의 개종자들) 사이에 말다툼이 일어났다는 기록이 있다(2.77; 2.100). 이 문제를 진정시키기 위해 멋진 헬라어 이름을 가진 일곱 사람이 집사로 임명되었다.

이보다 더 흥미 있는 기사는 사도행전 6장 9절이다. 이 본문에는 여러 다양한 회당 출신의 유대인들이(2.83) 스데반이 전한 기독교 메시지에 대해 그와 논쟁을 시작했다는 내용이 언급되어 있다. 그러면서 그들이 속해 있던 회당 이름이 나온다. "자유민들 즉 구레네인, 알렉산드리아인, 길리기아와 아시아에서 온 사람들의 회당." 예루살렘에서 자기네 회당을 정당화하려는 알렉산드리아 출신의 유대인이 많이 있었다는 사실은, 사람들이 흔히 생각하는 것보다 팔레스타인과 이집트 사이의 접촉이 더 많았음을 시사한다. 구레네는 북아프리카에 있는 그리스 도시였다. 길리기아와 아시아는 헬라어를 사용하는 지금의 터키 지방이었다. 그러므로 심지어 유대교의 중심부에도 그리스적 배경에서 자란 사람들이 많았다. 이들 중에는 팔레스타인에서 회당과 초대 교회를 연결하는 가교 역할을 한 사람들이 있었다(2.78; 2.86). 이 초대 교회들은 얼마 지나지 않아 그리스적 정체성을 취했다(2.71).

그럼에도 불구하고 아람어는 여전히 백성의 모국어였으며, 거리에서 행해지는 대부분의 사업은 아람어 방언으로 이루어졌다. 영어와 스페인어로 간판이 쓰여 있는 현대의 미국과 같이, 예루살렘에서는 중요한 내용을 말할 때 적어도 두 가지 언어를 사용하였다. 고고학자들은 헬라인들에게 성전 안뜰에 들어오지 말라고 경고하는 경고문을 두 나라 말로 기록한 비문을 성전에서 발견했다(2.61; 2.97). 바울은 이 규율을 어겼다고 오해를 받아 군중에게 몰매를 맞았으며, 로마 군인들에 의해 간신히 구출되었다. 바울을 맡은 호민관(tribune, 개역개정에는 '천부장'으로 표현되어 있다-편집자 주)은 자기가 맡은 죄수가 헬라어를 말하는 것을 보고 놀랐다. 그러자 바울은 군중에게 연설하게 해달라고 부탁하고는 히브리 방언(아람어)으로 연설했다(행 21:27-22:21).

유대에 살고 있던 유대인들은 이방인의 문화적 영향이 압박하는 상황에서, 자신의 정체성을 유지하기 위해 무진 애를 썼다. 신약성경에서 그들이 지나치게 보수적이며 자기 의를 추구하는 사람들로 비쳐져 있다면, 우리는 두 가지 사실을 주목해야 한다. 첫째, 우리가 그들에 대해 가지고 있는 정보는 반대파에 속한 사람들이 제시했다는 사실과, 둘째, 그들은 자신의 종교적인 유산을 지키려고 애쓰고 있었다는 사실이다.

유대인들은 안티오코스 4세와 전쟁을 벌인 적이 있다(1-2 Macc.). 그들은 헤롯에게 예루살렘에 있는 극장에서 온갖 형상을 다 제거하라고 강요했다(Josephus, Ant. 15.8.2). 빌라도에게는 십계명 제2계명에 위배되는, 가이사를 상징하는 로마 군대의 기장을 철수하게 했다(출 20:4-6; Ant. 18.3.1). 이렇게 모든 도전자를 성공적으로 무찌른 유대인들이, 예수님처럼 고고하게 나타난 한 개인이 자신들이 그처럼 힘겹게 투쟁하고 오랫동안 지켜 온 신앙을 '타파하게' 내버려둘 리가 만무했다.

2. 유대교의 구전 전승

신약을 공부하는 학생들은 구약성경에 대한 유대적 해석과 관련한 참고서인 미쉬나, 탈무드, 할라카 그리고 그 밖의 여러 가지 낯선 용어를 자주 접하게 된다. 고대 율법 학자들 사이에서 인정되는 유대인의 옛 전승에 따르면, 모세는 율법의 의미를 설명하는 과정을 시작했고, 에스라와 같은 유명한 율법사(scribe, 개역개정에는 '학사'로 표현되어 있다 – 편집자 주)들은 이 일단의 구전 교훈을 전수했다고 한다.

기독교 이전 시대의 유대인들은 성경의 정경성 문제를 확정하지 않았고 그들이 가지고 있는 성경을 문자적으로 읽는 데 집착하지 않았기 때문에, 그들은 어느 본문이든지 그 의미에 대해 논의할 수 있었다. 대다수의 랍비가 제시한 해석이 구속력 있는 것으로 받아들여졌지만 소수의 의견도 보존되었다. 이 권위 있는 율법 해석을 '할라카'(Halakah)라고 부른다. 이 랍비적 해석을 바울 서신에서 발견할 수 있다(2.113). 할라카는 '미쉬나'(Mishnah)라는 논문 모음집에 있는 주제가 체계적으로 구성되어 있다(미쉬나는 '반복하다.', '연구하다.'라는 의미의 히브리어에서 유래했는데, 사람들이 그 내용을 다 기억할 때까지 반복 학습한 것에서 그 이름이 붙여졌다).

미쉬나는 장로 또는 대가라고 불리며 매우 존경받던 랍비 유다(Judah)의 지도 아래 주후 2세기 말에 만들어졌다. 그러나 율법 해석의 과정은 여기서 그치지 않았다. 이후에 '아모라'(Amora, 말하는 사람)로 알려진 랍비 집단이 '게마라'(Gemara) 또는 '완성'으로 알려진 미쉬나 주석을 만들었다.

5세기와 6세기에는 미쉬나와 게마라가 합쳐져 '연구' 또는 '교훈'의 의미를 갖는 '탈무드'(Talmud)가 생겨났다. 탈무드는 바빌로니아 탈무드와 예루살렘(또는 팔레스타인) 탈무드라는 두 개의 역본으로 존재한다. 바빌로니아 탈무드는 예루살렘 탈무드보다 분량이 네 배나 되며, 탈무드의 표준으로 인정받았다. 일반적으로 '탈무드'라고 부를 때는 이 바빌로니아 탈무드를 지칭한다(2.105; 2.112).

탈무드에 포함되지 않은 해석 자료를 지칭하는 명칭이 있는데, 그것이 바로 '미드라쉬'(Midrash)이다. 미드라쉬는 주로 출애굽기, 레위기, 민수기, 신명기, 시편의 다양한 성경 본문을 주석하는데, 법적인 금지의 형식을 취한 것도 있고 설교와 같은 설명의 형식을 취한 것도 있다. 여기에 들어 있는 자료들의 시기는 초기 기독교 시대부터 주후 12세기까지 다양하다(2.110). 1세기의 유대교 연구를 위해 탈무드나 미드라쉬의 증거 자료를 사용할 경우 가장 큰 문제는, 어떤 특정 본문이 언제 기원한 것인지 그 시기를 확정할 수 없다는 데 있다.

어느 한 랍비의 견해는 단지 그가 이전부터 오랫동안 유포되던 견해를 그저 언급한 바에 지나지 않는 경우도 있고, 혹은 자신의 견해에 무게를 더 싣기 위해 자기보다 권위 있는 랍비의 견해를 인용한, 이전 견해에 대한 후대의 입장인 경우도 있다. 이 자료 또한 팔레스타인 유대교의 관심은 반영하지만 디아스포라 유대교에 대해서는 관심이 없다.

신약을 공부하는 학생들에게 이보다 더 중요한 자료는 히브리어 성경의 아람어 번안인 '탈굼'(Targum)일 것이다. 주전 500년 무렵부터 이미 이 번안의 필요가 생겼다. 그 무렵에 이미 아람어가 팔레스타인의 일상어가 되어 히브리어를 대체했으며, 사람들은 원어 성경(히브리어 성경)을 읽을 때 그 의미를 이해할 수가 없었다.

느헤미야 8장 8절에서 우리는 구전 탈굼을 암시하는 한 구절을 발견할 수 있다. "하나님의 율법책을 낭독하고 그 뜻을 해석하여 백성에게 그 낭독하는 것을 다 깨닫게 하니."

이 탈굼 중에서 나중에 기록되어 1세기의 성경 본문의 형태를 밝혀 주는 중요한 증거 자료가 된 것이 있었다. 탈굼은 광범위하게 회람되었다. 에베소서 4장 8절에 인용된 시편 68편 18절은 사실 탈굼에서 인용된 본문으로, 히브리어 성경이나 70인역에서 인용된 것이 아니다(2.104; 2.108).

3. 유대의 종교 분파

유대인들은 자신의 믿음을 지키고 전수하기 위해 애쓰는 와중에도 몇 개의 분파로 나누어졌다. 이것을 가리켜 "종교에 의해 나누어진 사회"라고 말한 학자도 있다(2.117). 그리스도인들이 오늘날에도 그렇듯이 과거에도 유대교 내에 다양하고 심지어 전혀 상반되는 관점이 존재했다는 사실을 인식하지 못한 채 유대인을 생각하는 경향이 있다. 1세기 유대교에서 '정통파 유대교'를 규정하는 일은 대단히 어려운 문제다(2.114; 2.116; 2.119). 퍼거슨(E. Ferguson)이 지적한 것처럼, "어느 시대든지 아무거나 무엇이든지 믿던 유대인들을 발견할 수 있다. 특히 기독교 초기 시대는 더욱 그러했다고 할 수 있다. 유대 '정통'의 요소를 나열하는 일은 거의 불가능한 과제다"(2.5:502). 하나의 집단으로서의 유대교가 아니라 '다양한 유대교'라고 언급하는 편이 보다 정확하다(2.115).

이것을 좀 더 적극적으로 표현해 보자. 어떤 학자는 신약 시대의 유대교를 다음과 같이 묘사했다. "유대교는 살아 움직이고 발전적이며 논쟁으로 요동하고 있었으므로, 유대교라는 넓은 공간 아래서는 전혀 상반되는 견해도 수용될 수 있었다. 그 결과, 주후 200년에는 거대한 획일적인 사상에 도달할 수 있었다"(2.120:53). 1세기 유대교에 속한 분파 대부분이 신약성경에 언급되어 있다. 먼저 이들을 자신의 종교적인 전통을 견지하는 자들로 이해한다면, 그들이 왜 예수님을 대적했는지 어느 정도 이해할 수 있을 것이다. 하지만 종교적인 전통을 해석하는 데 있어서는 자기들끼리도 의견이 달랐다.

유대인들이 국가로서 그들의 존재를 향유하고 있는 동안에는 그 차이가 대단히 중요했다. 공관 복음서 저자들은 아주 구체적으로 예수님을 대적한 유대인들의 종교 분파를 언급한다. 바울의 선교 사역이 그리스 세계로 퍼져 나가는 상황에서만 우리는 성경 저자들이 넓은 의미에서 유대인과 헬라인을 대조하고 있다는 사실을 발견하게 된다. 갈리오(Gallio)가 말했듯이, 외부인에게는 분파 사이의 다툼이 "언어와 명칭과 너희 법에 관한 것"(행 18:15)으로 여겨졌다.

예수님 당시 유대교를 형성한 특정 집단을 고찰할 때, 우리는 이들이 어느 전통에서나 발견할 수 있는 종교에 대한 몇 가지 접근을 대표한다는 사실을 명심해야 한다. 사두개파는 심지어 바벨론 포로 기간 동안에도 외형주의(formalism), 즉 팔레스타인에서부터 존재해 왔던 성전과 성전 제의에 대한 헌신을 강조했다. 바리새파는 변화하는 상황에 적응하려는 전형적인 집단이었다. 유대인들이 바벨론 포로 기간 동안 성전 없이 지내게 되었을 때, 바리새파 사람들은 백성을 지도하기 위해 회당과 교사들을 발전시켰다. 주후 70년, 성전이 파괴된 후에도 그들은 토라와 그 해석을 연구하고 전수하는 일을 강조했다. 주후 70년 이후에는 바리새파라는 용어가 더 이상 사용되지 않았던 것 같다. 하지만 랍비들의 접근법은 동일했다(2.118).

에세네파는 자기 부정과 자기 훈련 그리고 집단 전체보다 자기 자신에게 엄격할 것을 강조하는 금욕주의자들이었다. 시카리(Sicarii)와 열심당은 하나님만 이스라엘의 주님이시라는 자신들의 믿음을 어떤 방법으로든 타협하는 일을 용납하지 않은 과격 단체였다. 이 집단들은 시기마다 다른 이름으로 불리고 다른 모습을 띠고 나타났지만, 유대교에 대한 이런 접근들은 유대교의 역사를 통해 줄곧 존재해 왔던 것 같다(2.121). 그러므로 설령 사두개파와 바리새파가 신약 시대에 그런 이름으로 불린 것이 그리 긴 역사를 지니고 있지는 않다고 해도, 이들의 성향을 이해하기 위해서는 구약성경으로 거슬러 올라가 그들의 모습을 추적할 필요가 있다.

사두개파

사회에서 가장 높은 위치에 있던 집단에서부터 출발해 보자. 우리는 먼저 사두개파라고 알려진 집단을 만나게 된다. 이들은 자신들이 다윗이 임명한 대제사장 사독의 후예라고 하기도 하고(삼하 8:17; 왕상 2:35) '의로운 자'라는 의미의 '사디크'(saddiq)라는 단어에서 유래한 후손이라고 생각하기도 한다(2.124). 이들은 토라(모세가 쓴 다섯 권의 책)의 권위만을 인정하고 토라가 분명하게 가르치지 않는 어떤 것을 교리로 규정하거나 설정하기를 거부하는, 극단적으로 보수적인 입장을 취했다.

사두개파는 토라에 등장하는 천사들의 존재는 부인할 수 없었으나, 바벨론 포로 이후 무성했던 천사와 귀신에 대한 발전된 신앙에 대해서는 냉담하였다. 사두개파 사람들은 토라에서 부활을 찾지 못했다(부활을 찾는 사람도 간혹 있었다. 참조. 히 11:19). 그래서 그들은 천사의 형태든 영의 형태든 부활 신앙을 거부하였다(2.126; 행 23:8).[2]

이 사실을 알면, 사두개파 사람들이 일곱 형제와 결혼한 여자에 대해 예수님께 연속해서 질문한 이유를 이해할 수 있다(막 12:18-27). '부활' 때에 이 여자가 누구의 아내가 될 것인지 그들이 예수님께 물었을 때, 사람들은 킬킬대고 웃었을지도 모른다. 사두개파 내에서는 이것을 모든 육체는 부활한다는 사실을 우스꽝스럽게 만드는 논리적인 추론으로 생각했던 것 같다.

예수님은 그들이 인정한 유일한 성경인 '모세의 책'에 나오는 본문을 이용해 그들에게 답하셨고, 죽은 자들은 결혼하지 않는 천사와 같다고 가르치셨다. 그 후 사두개파 사람들은 '예수 안에 죽은 자의 부활이 있다.'라는 사도들의 설교 내용을 들어 그들을 공격했다(행 4:1-3, 5:17). 사두개파 사람들은 부활이라는 일반적인 개념 자체를 거부했기 때문에 예수님의 부활을 믿지 않았다. 바울은 부활 소망에 대한 그의 믿음을 언급함으로써 사두개파와 바리새파 사이에 분열을 조장할 수 있었다(행 23:6-8).

---

[2] 비바노(Vivano)와 테일러(Taylor)는 사도행전 23:8의 의미를 다음과 같이 설명했다(2.216). "사두개파 사람들은 천사(의 형태로든) 또는 영(의 형태로든)의 부활이 없다고 주장한다. 하지만 바리새파 사람들은 이 두 가지 모두를 인정한다." 이 설명은 새개정표준역에서 사용한 '세 가지 모두'(all three)라는 표현보다는, '암포테라'(amphotera)의 통상적인 의미인 '두 가지 모두'(both)를 채택하고 있다.

사두개파는 유대의 평민들과는 거의 접촉이 없었고, 인기에 별로 연연하지 않았다. 요세푸스는 "이들은 서로에 대해서도 엄한 자세로 대했고, 다른 사람들을 마치 외국인 대하듯 했다."라고 기록한다(War 2.166). 또한 그는 "사두개파 사람들은 부자들에게만 지지를 얻었고 대중은 그들을 따르지 않았다. 반면에 바리새파 사람들은 대중의 지지를 받았다."라고 지적한다(Ant 13.298). 이와 같이 사두개파는 거의 성전 운영에만 관심이 있는 대제사장 집단으로 이루어진 귀족 계급이었다(2.123). 성전이 파괴된 70년 이후 사두개파는 변화하는 유대교 상황에 적응할 수 없어서 역사에서 사라졌다(2.125).

바리새파와 서기관

바리새파가 무엇인지 정확한 정의를 내리는 것은 좌절을 잘 참는 사람들만 할 수 있는 일이다(2.137). 먼저 지적할 것은, 바리새파에 속한 사람이 기록했다고 의심 없이 받아들일 수 있는 문서가 우리에게는 거의 없다는 점이다. 그래서 그들이 자신에 대해 어떻게 생각하고 있었는지를 자신 있게 말할 수 있는 증거가 없다. 이들에 대한 연구는 주로 바리새파와 반대 입장에 있던 사두개파와 그리스도인들의 견해에 근거할 수밖에 없다(2.131). 우리가 확신 있게 말할 수 있는 바는 그들은 제사장들이 아니었으며, 랍비라는 용어도 그들을 지칭하는 일반적인 말이 아니었다는 사실이 전부다. 이들은 토라를 가르치는 선생과 토라의 해석자들이었다. 그들은 "두 종류의 율법인 성문 율법과 비성문(즉 구전) 율법의 권위에 헌신한 학자 계급이었다"(2.155:247; 2.160).

'바리새파'라는 명칭의 정확한 의미에 대해서도 여전히 의견이 다양하다. 맨슨(Manson)은 이 명칭이 바리새파 사람들이 동방에서 취했다고 비난을 받은 신학적인 교리(부활 및 천사와 귀신에 대한 신앙)를 암시하는 페르시아어의 변형이었다고 생각한다(2.124). 어떤 사람들은 바리새파라는 단어의 셈어 어간이 '이단' 또는 '분리된 자'를 의미한다고 주장한다(2.155). 전해지는 바에 따르면, 바리새파 사람들이 토라 이외에 다른 책들을 경전으로 받아들였기 때문에, 바리새파란 단어가 처음에는 무시하는 의미로 사용되었다고 한다. 또 어떤 견해에 따르면, 그 명칭이 바리새파에 속한 사람들이 율법의 정확한 의미에 관심을 갖고 있었음을 암시하는, '구체화하다.' 또는 '정확하게 하다.'라는 의미를 가진 히브리어 단어에서 유래했다고도 한다(2,128). 탈무드에서는 바리새파라는 명칭이 사두개파라는 명칭과 대조할 때만 사용되었다. 이 이외에 바리새파 사람들은 '현자' 또는 '서기관'으로 불렸다.

복음서에서는 마치 다른 집단인 것처럼 '서기관과 바리새파 사람들'이라고 언급되기도 한다. 그러나 이 둘은 서로 다른 두 집단이 아닌 것 같다. 서기관과 바리새파 사람들을 혼동하는 것은 이 단어들의 의미 변화로 인해 야기되는 번역상의 어려움 때문에 발생했을 가능성이 많다.

이스라엘 백성이 바벨론 포로에서 귀환한 후(주전 538) 그들로 하여금 율법을 엄격하게 지키게 했던 에스라 시대부터, 유대교에는 '소페르'(sofer, 복수형은 soferim) 곧 서기관 계급이 존재해 왔다. 서기관들은 율법을 전사하는 사람들이었으며, 그들은 자신들을 영감받은 해석자보다는 율법의 보존자요 보호자로 생각했다. 탈무드의 한 항목에서는 소페르를 "신중하게 판단하는 사람, 많은 제자를 훈련하는 사람, 율법 주위에 울타리를 치는 사람"이라고 규정했다(Mishnah Aboth 1,1). 70인역이 번역되면서 문자적인 의미의 서기관이란 뜻의 헬라어 '그람마튜스'(grammateus)를 사용해 히브리어 소페르를 표기했고, 이렇게 함으로써 그 의미가 분명해졌다.

주전 2세기 말경, 서기관을 가리켜 "모든 고대의 지혜를 추구하는 사람……그가 배운 지혜를 보이며, 주의 언약의 율법에서 영광을 얻는 사람"이라고 언급한 외경 '벤 시락의 책' 혹은 '집회서'로 인해, 히브리어 소페르는 새로운 의미를 취하게 되었다(Sirach 38:24–39:11). 그 당시 소페르란 용어는 율법 해석자를 의미했다. 즉 소페르는 "서기관이 아니라 지혜 있는 사람, 전사자가 아니라 학자"였다(2.157:139). 하지만 헬라어로는 계속해서 그람마튜스라고 번역되었고, 단어의 의미 역시 바뀌지 않았다. 마치 안디옥에서 그리스도인이란 단어가 예수님을 따르던 자들을 가리키는 경멸적인 단어로 처음 등장했던 것처럼(행 11:26), 바리새파라는 용어 역시 그 의미가 무엇이 되었건 간에 처음에는 이런 서기관들을 비하하는 의미로 사용되었던 것 같다.

복음서에서 사용된 몇 가지 용어는 바리새파 사람들이 어떤 사람이었는지를 분명히 하고, 그들이 팔레스타인 유대교를 잘 모르는 사람들에게 어떤 역할을 했는지를 설명해 준다. 그들은 '율법을 능숙하게 다루는 사람들'이며 '율법의 선생들'이었다. 그람마튜스란 단어가 사용될 경우에는 종종 '카이 파리사이오이'(kai Pharisaioi, ―와 바리새파 사람들)라는 헬라어 단어가 따라오는 경우가 있다. '카이'(kai)라는 단어는 통상 '―와' 또는 '그리고'라는 의미의 접속사로 사용되지만, 또한 '심지어'나 '즉'이란 의미로 사용되기도 한다.

1세대 그리스도인들은 이 서기관들이 헬라어 그람마튜스의 통상적인 의미와 다른 사람들이었음을 분명히 할 필요를 의식했을 것이다. 그들은 '서기관, 즉 바리새파 사람들'이었던 것이다. 하지만 이후의 주석가와 번역자들이 이렇게 구별하지 않게 되자, 구별은 전적으로 인위적이고 의미 없게 되었다. 사실, 팔레스타인 유대교에서는 구별된 실체로 존재한 적이 없는 별개의 집단이 만들어졌다.

전에 바리새파에 속했던 요세푸스에 따르면(2.148), 바리새파 사람들은 "자신들을 율법 해석에 있어서 가장 권위 있는 사람들이라고 생각했고, 자신들이 지도적인 종파에 속했다고 자부심을 가졌다"(War 2.162). 예수님은 바리새파 사람들이 모세의 자리에 앉아 있다고 지적하시면서, 그들이 행하는 것은 본받지 말되 그들의 가르침은 따르라고 사람들에게 말씀하셨다(마 23:2-3). 바리새파에 관한 최근의 연구 중에는 예수님과 바리새파 사람들과의 관계에 초점을 맞춘 것이 있는데(2.133), 이 연구는 바리새파를 단지 멸시의 대상으로

예루살렘 성전 벽의 일부인 '통곡의 벽'은 현대 유대인들이 많이 찾는 기도 장소이다.

만 알고 있는 많은 현대 그리스도인들에게 놀랄 만한 결론을 제시한다(2.134; 2.139). 이러한 태도는 전혀 새로운 것이 아니다. 예수님이 태어나시기 전에도 다메섹의 니콜라오스(Nikolaos)는 바리새파 사람들을 외식하고 탐욕스러우며 정도(正道)에서 벗어난 사람들이라고 정죄했다. 하지만 니콜라오스는 헤롯 대왕의 실록을 기록하던 역사가였고 바리새파 사람들은 헤롯을 신랄하게 비난하고 대적했기 때문에, 그의 기록은 객관적이라고 볼 수 없다.

바리새파 사람들은 당대의 '자유주의자'라고 할 수도 있다. 사두개파 사람들과는 달리 바리새파 사람들은 "그들끼리 마음이 맞았고 백성들의 호응을 받았다"(Josephus, *War* 2.166; 참조. 2.153). 바리새파 사람들은 토라와 더불어 선지자들의 책을 권위 있는 성경으로 인정하였다. 그 당시 에스더, 시편, 잠언, 다니엘 그리고 몇 가지 다른 책을 비롯하여 자질구레한 책들을 모아 놓은 성문서는 아직 정경에 편입될 준비가 되어 있지 않았다. 바리새파는 상황이 변함에 따라 새로운 깨우침을 얻기 위해 성경의 지속적인 구전 해석을 매우 강조하였다.

예수님은 하나님의 계명 대신 '사람의 계명'을 가르치는 바리새파 사람들을 비난하실 때, 이 구전 율법집을 언급하셨다. 바로 이 구전 율법집이 미쉬나가 되었고 그 후 탈무드에 편입되었다(막 7:6–8).

바리새파 사람들은 율법에 대한 새로운 해석과 더불어 토라에서 규정하지 않은, 그리하여 사두개파 사람들은 지키지 않는 새로운 의식을 영입했다. 마카베오 혁명이 일어나던 당시의 왕인 안티오코스 4세가 성전을 더럽힌 일이 있었는데, 그들은 이 성전을 정결하게 한 일을 기념하기 위해 주전 164년에 하누카(Hanukkah, 요한복음 10:22에는 이 절기가 수전절로 언급되어 있다–역자 주)라는 절기를 지켰다(2.154). 또한 에스더로 인해 유대인들이 구원받은 날을 기념하기 위해 부림절을 제정하여 지켰다. 천사와 귀신, 메시아(2.231)와 몸의 부활에 대한 유대교 교리가 그런 것처럼, 유대교로 개종한 사람에게 세례를 주는 행위는 바리새파에 해당하는 것이다. 어떤 학자는 현대의 유대교를 "바리새파의 불멸의 작품"이라고 묘사한다(2.149:1).

우리에게 사두개파와 바리새파로 알려진 이 특정 집단은 모두 마카베오 시기(주전 160년경)에 나온 종교 집단이다. 바리새파는 하시딤(Hasidim) 또는 '정결한 사람들'이라 불리는 집단 출신으로 생각된다('하시딤'이란 용어는 그 이후에도 유대인의 몇몇 신비 집단을 가리키는 말로 사용되었다. 그중에는 특히 18세기에 창설된 것도 있다). 이 경건한 유대인들은 안식일에 전쟁을 함으로써 율법을 범하는 일을 하지 않았다(1 Macc. 1:29–42). 그 결과 그들 중 전쟁에서 살아남은 사람은 그리 많지 않았다. 간신히 살아남은 사람들은 율법을 보수하려는 열심에는 변함이 없었지만, 자신들의 견해를 조금 수정했던 것 같다(2.141; 2.150). 이렇게 해서 그들은 바리새파라 불리게 되었고, 요세푸스는 이들이 "다른 종파보다도 더 종교적이며, 보다 정확하게 율법을 해석하고 실행하기로" 서약했다고 주장한다(Vita 191). 요세푸스의 주장과 바리새파에 대한 신약의 견해는 서로 차이가 있다.

예수님 당시 바리새파는, 예수님이 세상에 모습을 드러내시기 바로 한 세대 전에 일어난, 서로 강하게 상반되는 두 집단으로 나누어져 있었다. 힐렐(Hillel)이 지도자로 있던 한 집단은 율법에 대해 상당히 관대한 견해를 가졌고, 이방인이든지 다른 유대인이든지 상관없이 대부분의 논쟁에서 타협적인 위치를 취했다.

학자들은 오랫동안 예수님의 교훈이 소위 소극적인 황금률("다른 사람들이 너에게 하지 않았으면 하는 것을 다른 사람에게 하지 말라")을 세운 힐렐의 교훈과 유사하다고 생각해 왔다(2,81:361 이하).[3] "너희가 이 사람들에 대하여 어떻게 하려는지 조심하라"(행 5:33 이하)라고 산헤드린에 충고했던 가말리엘은 힐렐의 추종자였다. 당시에는 소수의 사람들만이 이들의 입장을 추종했다. 바울은 가말리엘의 문하생이었으며(행 22:3), 이런 의미에서 그는 힐렐에게서 간접적인 영향을 받았다(2,140).

또 다른 바리새파는 샴마이(Shammai)가 이끄는 학파다. 그는 이방인들과 일절 접촉하지 않았으며, 모세 율법을 엄격히 해석하고 로마 정부에 대항해야 한다고 주장했다. 샴마이학파는 보다 과격한 반(反)로마적 경향을 지닌, 무력의 사용도 주저하지 않은 종파와 연합해 예수님 당시 산헤드린을 장악했다. 주후 70년 예루살렘 성전이 파괴된 이후에 비로소 보다 온건한 힐렐의 견해가 주도하게 되었다(2,138; 2,162).

주후 70년 이후에는 '바리새파'와 '서기관'이라는 용어가 일반적인 용례에서 사라지고 '랍비'라는 이름으로 대체되었으며, 유대교는 당파나 종파를 덜 강조하게 되었다(2,133). 예배의 중심지가 제거되자 모든 유대인은 자신들의 믿음이 존속하는 문제에 대해 관심을 갖기 시작했다. 모든 바리새파 운동을 독선적인 제사장 계급과 제한된 성전 의식에서 유대교를 해방하려는 노력으로

---

3) 바빌로니아 탈무드 '사바트' 31a, '토비트' 4:15, 마태복음 7:12도 참조하라.

이해하는 일은 얼마든지 가능하다. 이것은 예수님의 사역과 전혀 거리가 먼 주제가 아니다(2.158; 2.161). 사실 예루살렘 성전의 파괴는 재앙이 아니었다. 이보다 더 큰 재앙은 바로 이로 인해 또 다른 형태의 유대교가 태동할 수 있는 기회가 만들어졌다는 사실이다.

예루살렘 멸망 이후 살아남은 영적 지도자들은 유대 서쪽의 야브네(얌니아)라는 작은 마을에 모여 토라 연구에 착수했다(2.143). 예루살렘 멸망 후 유대교의 발전에 있어서 이 '회의'의 역할이 정확히 무엇이었는지는 아직 분명하게 밝혀지지 않았다(2.127).

바벨론 포로 이후 유대인의 삶 속에 친숙하게 자리 잡은 회당이 이제 그들 삶의 기초가 되었다(2.142). 1세기 말에 랍비들은 어느 책이 거룩한 책인지를 결정했다(구약성경의 정경성 결정). 이 결정은 적어도 1, 2세기 동안 계속해서 진행되어 온 논의의 결론이었다(2.130; 2.145-146).

70년 이후 유대인들은 사두개파와 바리새파의 관계와 같은 분열의 문제로 더 이상 골머리를 앓지 않아도 되었다. 야브네 회의는 각 종파 사이에 제휴가 이루어진 사건으로 봐야지, 이것을 바리새파의 승리로 이해해서는 안 된다. 랍비들은 각 종파 사이의 다툼으로 야기된 참혹한 결과를 되돌아보면서, "자신들은 학파의 견해들을 우호적으로 논의할 수 있는 동일한 철학 학파에 속한 회원이라고 보았다"(2.132:51).

헤롯당

사두개파의 경우는 적잖이 정치적 영향을 끼친 종파이긴 하지만, 지금까지 논의한 집단은 본질적으로 종교적인 분파들이었다. 하지만 신약성경에 언급된 다른 유대 분파들은 주로 정치적인 색채가 짙은 당파들이었다. 헤롯당(마 22:16; 막 3:6, 8:15, 12:13)은 헤롯의 후손 중 하나가 다시 보좌에 오르기를 염원하는 당파였음이 분명하다(2.164-165).

헤롯의 아들 안디바(Antipas)는 예수님의 생애 중에 통치한 갈릴리의 분봉왕이었으며, 헤롯의 다른 아들 빌립(Philip)은 이두래와 갈릴리 동부 드라고닛 지역을 다스렸다. 복음서에서는 헤롯당이 항상 바리새파 사람들과 관련해 언급되지만, 주도권을 잡은 쪽은 바리새파였던 것 같다(막 3:6). 그것도 예수님을 배척하려는 그들의 저항 운동을 위해 정치적 동맹을 맺고자 하는 노력의 일환으로 그렇게 한 듯하다. 헤롯 안디바는 자신이 목베어 죽인 세례 요한(막 6:16)과 예수님이 연결되어 있었으므로 예수님에 대해 깊은 관심을 표명했고, 그래서 예수님을 대적하는 데 기꺼이 바리새파 사람들에게 협조한 것이라고 생각된다.

누가복음에서는 마가복음과 병행을 이루는 본문에서조차 헤롯당이 언급되지 않는다(참조. 막 3:1-6; 눅 6:1-11). 누가는 빌라도가 예수님의 최후 평결을 논의하는 동안 그분을 헤롯 안디바에게 보냈다는 사실을 전한 유일한 복음서 저자이다. 예수님은 갈릴리 사람이었으므로, 빌라도는 예수님에 대해 어떤 결정을 내리기를 가능한 한 피하려고 했던 것이다. 안디바는 예수님을 심문한 후에 자기의 군인들에게 예수님을 조롱하고 때리게 허락하고는 다시 빌라도에게 보냈다(눅 23:6-12).

누가는 이 사실로 인해 안디바와 빌라도 사이에 화해가 이루어졌다고 말한다. 누가는 헤롯당이 예수님을 대적했다는 사실에 대한 어떠한 언급도 일반적으로 생략하는 경향이 있다는 사실에 비춰 볼 때, 이 이야기의 요점은 모호하다. 하나의 가능성은, 누가가 헤롯과 그의 편에 있는 사람(로마의 협력자)이 비난을 받지 않게 함으로써 예수님을 처형한 죄를 유대의 군중과 바리새파에게 가중시키려고 했다는 것이다.

주후 41년에 헤롯의 손자인 아그립바 1세(Agrippa I)가 그의 친구인 새 황제 클라우디우스(Claudius)에 의해 유대의 왕이 되었을 때, 헤롯당은 분명히 기뻐했을 것이다(3.83). 그러나 아그립바가 44년에 죽자(행 12:20-23), 그 지역은 다시 로마 총독의 관할로 넘어갔다. 그 후 아그립바 2세(Agrippa II)가 갈릴리를 비롯한 북쪽 여러 지역을 다스렸으나, 유대만은 로마의 직접적인 통치 아래 두었다.

이것을 제외하고는 헤롯당에 대해 알 수 있는 내용이 없다. 교부 중에는 헤롯당이 헤롯을 메시아로 믿었다고 생각하는 사람이 한두 명 있지만, 이 잘못된 생각은 분명한 정보가 부족한 상황에서 억지로 꿰어 맞추려는 노력 때문에 생긴 것이다(이 책 제3장의 '헤롯 가문'을 보라).

열심당

잘 알려지지 않은 예수님의 제자 중 한 사람인 시몬은 누가복음 6장 15절과 사도행전 1장 13절에서 '셀롯인'(Zealot, 열심당)으로 언급되어 있다. '열심당'이란 이름은 이들이 로마인들과 격렬하게 투쟁하여 예루살렘을 방어한 과격 단체이기 때문에 붙여지게 되었다. 예수님의 제자 중 한 사람이 혁명 당원이었다고 생각하기에 앞서, 다음 세 가지 사실을 주목해 보자.

첫째, 마가복음 3장 18절과 마태복음 10장 4절에서는 시몬이 '가나나인'(Cananaean)이라고 불린다.

둘째, 요세푸스의 책을 비롯한 어느 자료에도 정치적인 분파로서 열심당이 주후 66년에 로마를 대항한 폭동이 발생하기 전에 존재했었다는 증거가 없다(2.176).

셋째, 기독교를 변호하기 위해 복음서를 기록한 누가는 예수님의 제자 중에 로마인들이 예루살렘을 정복할 때 그들을 대항해 저항 운동을 벌인 집단에 속한 일원이 있었다고 묘사하지 않았다(이 책 제3장을 보라). 바리새파와 마찬가지로, 열심당이 어떤 사람들인지, 그들이 언제부터 생기게 되었는지, 그들의 운동 목표가 무엇이었는지를 결정하려고 할 때 많은 혼란이 생긴다(2.170).

학자들 중에는 열심당의 기원을 요세푸스가 '네 번째 철학'이라고 칭한 단체의 창시자인 가말라의 유다(Judas)의 폭동에서 찾는 사람들이 있다. 여기서 '철학'이란 요세푸스가 바리새파, 사두개파, 에세네파와 같은 종파를 지칭하기 위해 사용한 용어이다. 유다는 구레뇨(Quirinius)가 인구를 조사하는 것에 반대해 주후 6년에 폭동을 일으켰다. 유다의 추종자들은 "자유를 향한 그들의 갈망을 억누를 수 없었다는 점을 제외하고는 바리새파의 견해와 전적으로 일치했다. 그들은 하나님만이 그들의 유일한 지도자요 주님이시라고 믿었다"(Ant. 18.23-24). 하지만 요세푸스는 이들을 열심당이라고 부르지 않는다. 1세기의 많은 유대인들이 그랬던 것처럼 이들은 율법에 열심이었다.[4] 하지만 이들은 자신들의 고유한 이름을 가진 독립된 집단이라기보다는 바리새파의 한 분파였던 것으로 짐작된다(2.174).

가나나인의 기원이 된 아람어 '칸나임'(qanna'im)은 헬라어 '젤로테스'(zelotes)와 관련이 있다. 시몬의 이름은 아람어가 되었든 헬라어가 되었든 간에 단지 '열심 있는 사람 시몬'이라는 의미이다(2.166). 왜 이 명칭이 시몬 베드로보다는 이 시몬에게 더 적합하다고 생각했는지 알 수 없다.

로마와의 긴장 관계가 고조됨에 따라, 열심 있는 유대인들의 다양한 집단이 폭력적으로 변하게 되었다. 주후 54년에 시카리 또는 암살단이라고 불리는 집단이 최초로 언급되었다. 이들은 겉옷 속에 단도를 감추고 군중 속으로 들어가, 로마인들과 결탁했다고 생각되는 사람을 찔러 넘어뜨리고는 다시 군중 속으로 유유히 사라지곤 했다(2.172; 2.178). 요세푸스가 볼 때 이들은 산적에 지나지 않았다(2.168; 2.171).

전에는 유다의 별명인 가룟(Iscariot)이 이 집단의 이름이 변질된 형태였다고 여겨진 적이 있었다. 하지만 연대기적으로 시대가 맞지 않는다. '가룟'이란 단어는 '거짓'을 의미하는 아람어 단어에서 유래한 것 같다(2.177).

---

[4] 민수기 25:6-15, '마카베오상' 2:23-27을 참조하라.

마지막으로, 주후 66년에 전쟁이 발발했을 때 '열심 있는 사람들' 또는 '셀롯인'이라는 명칭이 붙은 당파가 주도권을 잡았다. 이들은 셀레우코스 왕조에 저항한 마카베오(Maccabeus) 형제의 예에서 영감을 받았던 것 같다(2.169). 그들은 다윗 계열의 메시아가 곧 도래할 것이라는 묵시적인 환상에 사로잡혀서 로마인들과 열심히 싸웠다(2.167:59). 전쟁 초기에는 이들이 예루살렘을 장악해 거의 광신적으로 예루살렘을 방어했다. 사실 이 광신 때문에 어떠한 문제의 해결도 불가능하게 되었고, 따라서 예루살렘은 멸망하고 말았다. 요세푸스는 이들이 심지어 로마인들에게 포위되어 있는 상황에서도 심한 당파 싸움을 했다고 비난한다.

열심당이 예루살렘을 장악하자, 바리새파 사람들은 실제로 예루살렘을 떠났다. 그렇다면, 어떤 의미에서는 예루살렘을 방어한 사람들이 유대교를 대표하는 주류 종파가 아니었다고 할 수 있다. 예루살렘은 그 당시 가장 과격하고 극단적인 종파가 방어하고 있었던 것이다(2.173; 2.179). (로마와 유대의 관계에 대해 보다 자세히 알고 싶으면 이 책 제3장을 보라.)

에세네파

신약성경에는 이 이름이 언급되지 않지만, 그 당시 유대인의 사상에 강한 영향을 준 집단은 에세네파였다. 이 경건한 사람들은 도시에서 격리된 집단으로 살기도 했고(2.206), 또는 광야에서 공동체를 이루어 살기도 했다. 바로 이 광야의 공동체가 1940년대 말 쿰란에서 발견된 공동체다(2.181). 사해 사본의 내용이 정확하다면, 에세네파의 신학은 대단히 묵시적이며, 그들의 삶의 형태는 절제와 금욕주의로 일관했다고 할 수 있다.

세례 요한은 그의 설교나 외모에서 에세네파의 경향을 강하게 풍겼다(2.180; 2.183). 심지어 예수님이 40일 동안 광야에서 지내신 일(막 1:12–13)을 그분이 에세네파 공동체에서 지내신 것이든지, 아니면 그 집단과 전에 접촉한 적이 있으셨기에 광야에서 홀로 그 기간을 지내는 데 익숙하셨을 것이라고 생각하는 사람도 있다. 하지만 에세네파에 대해 요세푸스가 묘사한 내용이 정확하다면(*War* 2.119-161), 예수님이 그 집단과 어떤 관련이 있었다고 볼 수는 없다(2.179; 2.194). 한편 바울과 에세네파 사이의 접촉점을 찾는 사람도 있다(2.203).

하지만 이러한 주장에 문제가 있을 수 있다. 쿰란 공동체를 에세네파와 동일시하고, 사해 사본을 그들의 작품으로 생각하는 고전적인 이해는 2.184에서 요약했고, 2.197에서 보다 장황하게 설명했다. 이렇게 생각할 때 발생하는 문제점을 쉽게 찾을 수 있다(2.185). 사해 사본이 쿰란 공동체와 전혀 관계가 없음을 얼마든지 증명할 수 있다. 쿰란에 있는 필경실이라고 알려진 방은 사실 필경실이 아닐 수 있다(2.195). 학자들 중에는 사해 사본이 주후 70년에 예루살렘을 탈출해 도망가던 사람이 감춰 둔 것이라고 주장하는 사람도 있다(2.196). 또한 사해 사본이 주후 5, 6세기의 산물이라고까지 주장하는 학자들도 있다(2.191).

사해 사본을 기록한 사람들의 신앙이 무엇이었는지 결정하는 데 한 가지 어려운 점은, 사본들마다 사상이 다양하고 심지어 상충하는 점도 있다는 사실이다(2.204). 몸의 부활을 가르치는 문서가 있는 반면에 영혼 불멸설을 주장하는 문서도 있다. 사해 사본이 규모가 작고 단일화된 공동체의 산물이라고 한다면, 누구나 이처럼 중요한 문제에서는 보다 덜 모호한 입장을 기대하게 된다. 샌더스(J. A. Sanders)는 이 문서를 탐구하는 학자들의 갈망을 다음과 같이 표현했다. "다른 많은 점에서와 마찬가지로, 사해 사본이 이 점에서 더욱 분명했으면 하는 것이 모든 사람의 바람이다"(2.209:129).

이러한 다양한 의견 때문에 사해 사본은 공동체의 잘 조직된 도서관에 있었던 것이라기보다는, 급히 어떤 장소를 떠나는 사람이 닥치는 대로 수집한 모음집이라고 추정하게 된다. 요세푸스, 필론(*That Every Good Man Is Free*),

그리고 대(大)플리니우스(Plinius)가 에세네파에 대해 묘사한 것에 따르면(*Nat. Hist.* 5.15.73), 빛의 아들들과 어둠의 아들들 사이의 전쟁 같은 묵시적 환상은 은자들의 금욕주의 공동체보다는 열심당에 더 적합하다는 느낌이다. 이 자료들은 스미스(M. Smith 2.214)와 자이트린(S. Zeitlin 2.225)에 의해 분석되었다. 이 시기의 여러 다른 유대 금욕주의 집단에 대한 정보는 2.188에서 발견할 수 있다.

사해 사본이 쿰란 공동체의 작품이라는 사실을 인정한다면, 과연 그 공동체가 에세네파에 속한 집단인지를 반드시 물어야 한다(2.189; 2.205; 2.208; 2.222). 쿰란에 남아 있는 도서관이나 고고학 발굴 현장 어디에서도 '에세네파'라는 명칭이 발견되지 않았다. 우리로서는 그 명칭의 의미가 무엇인지(2.199; 2.201), 에세네파가 언제, 어디서 기원했는지 확신할 수 없다. 이들의 기원은 바벨론 포로 시기까지 거슬러 올라가는가(2.188), 아니면 마카베오 시대(2.217) 혹은 초대 기독교 시대(2.216)에 있는가?

위의 하박국 주석과 같은 많은 고대 문서들이 사해 사본에 들어 있다.

더군다나 사해 사본 연구를 더욱 복잡하게 만드는 것은, 사해 사본을 발견한 이래 그것을 철저하게 보안하고 있다는 점이다. 이런 상황으로 인해 더 많은 논쟁이 야기되었고, 사본에 접근하는 것을 거절당한 학자들 사이에서는 반감까지 생기게 되었다(2.186; 2.198; 2.212-213). 사본을 발견한 지 반세기가 지났지만, 아직도 사본의 대부분이 출판이나 심지어 번역도 되지 않았다(2.218). 번역된 사해 사본은 단권으로 출판되어 겨우 세상에 공개되었다(2.223).

이렇게 많은 불확실성에 직면해 있기 때문에, 우리는 사해 사본과 사해 사본의 중요성에 관한 수많은 질문에 답변을 내리지 못한 채 묻어 둘 수밖에 없다(2.210). 더욱이 이 문제에 대한 논의는 이 책의 한계를 넘는 것이며, 우리가 신약성경의 세계를 이해하는 데 있어서 그다지 많은 보탬이 되지 않는다. 사해 사본이 발견되었을 당시에는 많은 학자들이 흥분을 감추지 못했지만, 사실 이 사본은 신약성경을 이해하는 데 있어서 지엽적인 정보만을 추가했을 뿐이다(2.207; 2.211; 2.220-221). 어떤 학자의 견해에 따르면, 사해 사본과 신약성경은 "각기 다른 궤도를 따라 움직이는 다른 두 물체이며, 이 궤도는 엇갈리는 법이 없다"(2.200:254).

4. 묵시 사상

사해 사본은 주후 1세기 동안 팔레스타인에서 널리 회람되던 묵시 문학을 연구하는 데 필요한 새로운 관점을 제공했다(2.233; 2.239). '마지막 때'에 대한 강한 관심은 바벨론 포로 귀환 후 기록된 유대 예언서에 나타나 있으며(2.238), 마카베오 혁명으로 그 관심은 더욱 고조되었다. 경건한 유대인들 중 많은 사람들이 마카베오 혁명 이후 부패한 하스몬(Hasmon)가 제사장이 다스리던 정부에 불만을 품고, (실제로 성취된 적이 없는) 정결한 유대교를 회복할 구원자의 도래를 대망하기 시작했다. 이것은 세 단계 과정을 거쳐 이루어질 것이었다. 첫째, 이스라엘에서 '땅에 속한 백성'('am ha-'aretz)이라고 불리는 악하고 율법을 준수하지 않는 유대인들을 쫓아내는 것이다(2.236). 둘째, 경건한 디아스포라 유대인들이 귀환하는 것이다. 셋째, 이스라엘 땅을 외세의 통치에서 해방하는 것이다(2.228:193–202).

이 과정의 자세한 내용은 문서마다 각기 다르다. 메시아를 이스라엘만 통치하는 분으로 생각하는 문서가 있는가 하면, 그를 세계의 통치자로 언급하는 문서도 있다. 또한 메시아를 천사나 하나님의 성품을 지닌 분으로 이해한 문서가 있는가 하면, 하나님이 기름부으신 인간으로 이해한 문서도 있다. 심지어는 두 명의 메시아, 즉 제사장 계급의 메시아와 평신도 계급으로서 왕의 역할을 수행하는 메시아를 대망하는 문서도 있다. 구원이 정확하게 언제 이루어지게 될지 아는 사람은 아무도 없었다. 다만 이러한 기대가 주후 1세기에 절정에 달했던 것만은 틀림없다.

유대의 연간 주요 축제일을 찾고 정하기 위해 사용된 달력은, 역사에 있어서 점성학적인 전환점을 나타내는 하늘의 큰 사건들을 표시하기도 했다(2.232). 이것은 현대에 많은 사람들이 뉴 밀레니엄의 도래와 관련해 강한 관심을 갖는 것과 전혀 다르지 않다. 기대에 어긋난 천년 왕국에 대한 소망의 문제는 바울이 데살로니가전서에서 주로 다룬 문제 중 하나였다(1.26). 금세기에 핼리 혜성과 또 다른 혜성의 출현으로 획기적인 사건에 대한 대망이 절정에 달한 적이 있었다(2.230).

묵시 문학이 반드시 위기의 시기에 나왔다고는 말할 수 없다고 주장하는 사람들도 있지만, 팔레스타인의 정치적인 상황의 변화가 묵시적인 대망을 불러일으키는 경우가 종종 있었다(2.229). 주전 4년에 헤롯이 사망했을 때나 주후 6년 아켈라오가 권좌에서 쫓겨났을 때에 '메시아적' 혁명이 발발했다. 유대 지도자들 중에서 몇 사람이 왕으로 임명되었고 짧은 기간 동안 팔레스타인의 제한된 지역에서 통치했다(2.231). 이 운동은 예수님이 활동하던 당시에는 비교적 동면 상태에 있었지만, 주후 60년대에 다시 한 번 발발했다가 130년대 중반에 바르 코크바(Bar Kokhba)가 일으킨 혁명과 함께 마지막으로 폭발했다.

예수님이 묵시 사상에 얼마나 많은 영향을 받으셨는지에 대해서는 단지 추측만 할 수 있을 뿐이다(2.226). 1세기의 다른 어떤 시기에 비해 예수님 당시에는 묵시 운동이 활발하게 일어나지 않았기 때문에, 묵시 사상이 예수님께 미친 영향은 극히 적었을 것이라고 생각할 수 있다. 하지만 예수님은 "하나님의 나라가 가까이 왔으니"라고 설교하시거나, 자신이 행하신 능력 있는 구원으로 인해 "하나님의 나라가 이미 너희에게 임하였느니라"라고 말씀하셨다(막 1:15; 눅 11:20). 이 성취의 선언은 과도한 묵시적 대망을 단적으로 보여준다. 복음서 저자들이 1세기 중반과 말경에 복음서를 기록하기 시작했을 때, 묵시적인 열정이 다시 고개를 들기 시작했다. 복음서 저자들이 예수님에 관해 기록할 때, 그분을 어떤 다른 빛에 비춰 이해하여 예수님이 보실 때는 중요한 주제가 아니었던 어떤 면들을 강조했던 것 같다.

5. 예수님과 유대교

복음서는 예수님이 랍비처럼 성경을 설명하시고 그것을 일상생활에 적용하시는 모습을 보여준다(2.243). 성경 비평 학자 율리우스 벨하우젠(Julius Wellhausen)은 한 세기 전에 이런 말을 했다. "예수님은 그리스도인이 아니라 유대인이셨다. 그분은 새로운 믿음을 설교하신 것이 아니라 사람들에게 하나님의 뜻을 행하라고 가르치셨다. 그리고 예수님의 견해는 당대의 유대인들이 가지고 있던 견해와 같았는데, 그 견해에 따르면 하나님의 뜻은 모세 율법과 성경의 다른 책에서 발견될 수 있는 것이었다"(2.81:363에서 인용; 참조. 2.240). 예수님이 친히 하신 말씀을 들어 표현하자면, 그분은 이스라엘 집의 잃어버린 양에게만 보냄을 받았다(마 15:24).

예수님은 율법을 폐기하고자 하는 의도가 전혀 없으셨다(마 5:17). 또한 그분은 그 시대의 당국자들을 전복하겠다고 주장하지도 않으셨다(마 23:2-3). 예수님이 반대하신 것은 당국자들의 편협한 율법주의와 율법의 높은 윤리적 표준대로 살지 못하는 그들의 삶이었다(마 23:23). 마태복음을 지나치게 반(反)유대교적으로 읽지 않도록 주의해야 한다고 주장하는 학자도 있다(2.244). 비평의 대상이 된 것은 유대교라는 종교가 아니라 계급 제도였다.

예수님의 유대교적 성향에 관해 수많은 논문과 책이 쓰였다. 그러므로 이 주제를 여기서 길게 논하기에는 매우 복잡하다. 버미즈(G. Vermes)는 이 주제에 대해 가장 냉철한 개론서를 썼다(2.249). 모든 문제를 가장 간략하게 요약한 내용은 마가복음 12장과 그 병행 본문인 마태복음 21장 및 누가복음 20장에서 발견할 수 있다.

마가복음 12장에 기록된 사건들은 매우 깔끔하게 배열되어 있기 때문에, 과연 이 사건들이 실제로 순차적으로 일어났는지 의구심이 들 수도 있다. 이 사건들이 따로 일어났다 하더라도, 이들의 역사적 진실성에 아무런 영향을 주지 않는다. 복음서 중에서 예수님의 생애를 정확한 연대기를 따라 기록했다고 주장할 수 있는 것은 없다. 복음서 저자들은 소위 단편들로 알려진 개별 기사들을 그들이 생각하기에 가장 좋은 순서로 배열함으로써, 예수님에 대한 그림을 효과적으로 제시했다.

2세기 초의 기독교 저자 파피아스(Papias)는 마가가 베드로의 교훈을 "어떤 특별한 순서가 아니라 그가 기억나는 대로" 기록했다고 말하기까지 했다(Eusebius, *Eccl. Hist.* 3.39.15에서 인용). 예수님에 관한 이야기를 맨 처음 기록한 사람이 누구였든지 간에(아마 마가일 가능성이 높다), 이 단편들은 유대교 전체와 유대교 안에 있는 다양한 분파들에 대한 예수님의 태도를 보여주며, 그래서 복음서 저자는 이 시점에서 이들을 한데 모았던 것이다.

예수님의 생애 마지막 주간이 마가복음 12장의 배경이다. 예수님은 먼저 포도원 비유를 말씀하셨다. 여기서 예수님은 하나님이 전에는 유대인들을 통해 일하려고 하셨지만, 이제는 그분의 목적을 이루기 위해 다른 사람들을 찾을 수밖에 없다는 사실을 암시하신다.

바리새파 사람들과 헤롯당원들이 로마에 세금을 바치는 문제와 관련한 시험 거리를 가지고 예수님께 다가왔다. 그 후 사두개파 사람들은 부활 문제를 가지고 예수님을 올무에 빠뜨리려고 했다. 또한 한 서기관(현자, 지혜 있는 사람)은 가장 큰 계명에 대해 통찰력 있는 질문을 했다. 예수님은 개인적으로 이 서기관의 말이 옳다고 인정하셨으며, 이 사람은 복음서와 탈무드에서 거의 항상 비난의 대상이 되었던 바리새파 사람으로 호칭되지 않고 있다. 그러나 다음에 나오는 두 단편에서는 집단으로서의 서기관들이 정죄를 받는다. 긴 옷을 입고 다니는 것과 시장에서 문안받는 것과 회당의 높은 자리와 잔치의 윗자리를 원한다는 것이 그 이유였다.[5]

예수님은 율법의 궁극적인 의미를 밝히려 하기보다는 율법을 가지고 말장난하는 사람들에게 염증을 느끼셨다는 사실을 쉽게 알 수 있다. 예수님이 보시기에 유대교 자체는 잘못된 것이 없었다. 그분은 당대에 유행하던 유대교에 대한 잘못된 이해들을 개혁하고 싶으셨다. 그분은 마음에 기록되어야 하는 유대교인 새 언약을 설교하셨다(렘 31:31-33).

하지만 예수님은 그분이 성장하셨던 헬라화된 환경에 영향을 받으셨기 때문에 유대교의 경계를 초월하셨다(2.248). 특히 마가복음에 묘사된 그분의 접근법은 다른 랍비들과는 달랐지만, 여전히 토라에 충실하고 있다는 점에서는 의심의 여지가 없는 랍비의 교수법이었다. 토라는 잘 해석되기만 한다면 하나님과의 영원한 사귐을 가질 수 있는 유일한 방법이다(눅 10:25-28). 바리새파

---

5) 마가복음 12장은 사람에게 보이려고 성전에 연보하는 부자는 정죄하고 자기가 가진 모든 것을 연보하는 가난한 과부는 칭찬하는 내용을 기록한다. 마가복음 12장에 있는 이 내용은 중세 때 편집된 것으로, 마가가 원래 기획한 것은 아니다. 오늘날 우리가 사용하는 성경의 장, 절 구분은 중세 시대에 처음 도입되었다.

자체 내에도 다양한 의견을 허용할 여지가 있었기 때문에 그들은 예수님을 붙잡지 않았다.

반면에 사두개파로 구성된 대제사장들은 예수님이 백성에게 인기를 얻으셨고 그분의 교훈 속에 담긴 메시아적 기조로 인해 로마의 세력을 전복하려는 운동이 일어날지도 모른다는, 또 그럴 경우 그 책임을 고스란히 자기들이 져야 할지도 모른다는 두려움 때문에 예수님을 체포했다.

6. 유대교와 초대 교회

예수님은 유대교의 한계 내에서 비교적 자유롭게 행동하셨던 반면, 그를 따르던 사람들은 자신들이 새로이 이해한 것과 전통적인 형식을 어떻게 조화해야 할지 몰라 어려움이 많았다. 새 포도주와 낡은 가죽 부대를 들어 말씀하신 예수님의 경고의 말씀이 사실 그대로 이루어졌다(막 2:22). 예수님을 따르던 사람들은 신실한 유대인으로 남으려고 했다. 사도행전 초반의 몇 장은 제자들이 성전 예배에 참여했음을 보여주며(2.276; 2.291), 학자들은 이 초기 시대의 기독교를 '유대적 기독교'라고 말한다. 물론 유대적 기독교라는 용어 역시 그 정확한 의미가 무엇인지 견해가 다양하다(2.270; 2.273; 2.277).

그러나 그리스의 개종자들이 이 집단에 들어오고, 유대 당국자들이 이 그리스의 개종자들이 전하는 메시지를 배척하면서 불가피하게 긴장이 발생하게 되었다. 그리스도인이 할례의 필요성을 거부한 점이 바로 이 긴장의 핵심적인 요인일 수도 있고(2.272), 성육신에 대한 그리스도인의 주장이 긴장을 야기했을 수도 있다(2.288).

처음 세 복음서와 사도행전이 기록되었을 때(주후 65년에서 85년 사이일 것이다), 로마인들은 유대인과 그리스도인을 동일한 집단으로 생각했다. 하지만 유대인과 그리스도인은 자신들을 서로 별개의 집단으로 생각했다(2.281; 2.289). 그리스도인들은 자신들이 믿는 신앙이 국가에 전혀 위협적이지 않다는 사실을 해명하는 데 관심을 기울였다. 당시 로마인들이 그리스도인들을 핍박한 유일한 근거가 바로 이 문제였기 때문이다(2.257). 그래서 복음서와 사도행전은 로마인들을 그리스도인들의 무죄를 인정한 사람으로 그렸다. 빌라도(Pilatus)와 십자가 곁에 있던 백부장이 그러했으며, 심지어 백부장 고넬료(Cornelius)나 총독 서기오 바울(Sergius Paulus)과 같은 사람들은 새로운 믿음을 받아들이기까지 했다(2.253).

복음서에서 예수님을 죽일 음모를 꾸미고, 겟세마네 동산에 계신 예수님을 체포해 사형을 요구한 이들은 유대인이었다(2.261). 사도행전에서 베드로와 요한을 사로잡아 때리고 은밀히 가두도록 지시한 사람들 역시 유대인, 특히 대제사장들인 사두개파 사람들이었다. 바울을 갈리오(Gallio) 앞으로 끌고 가고, 마을마다 바울을 쫓아다니면서 그가 설교하는 내용에 이의를 제기한 사람들도 유대인이었다(2.265). 그리고 요한계시록에서 교회에 핍박을 가한 자들은 로마인이 아니라 '사탄의 회당'인 유대인들이었다(2.278).

로마인들이 주후 69년에 예루살렘을 포위하자, 그리스도인들은 그곳을 떠났다. 그런데 대다수의 제사장과 랍비들도 주목할 필요가 있다. 예루살렘은 종교 지도자들이 아니라 열심당과 같은 정치적인 환상가들이 방어했다. 이후 그리스도인들은 예루살렘의 멸망이라는 재앙을 하나님이 유대인들을 저버리셨다는 명백한 증거로 이해했다(p. 104 박스의 '예루살렘 멸망에 대한 기독교적 관점'을 보라).

앞에서 살펴보았듯이, 랍비들은 야브네라는 마을에 모여 성전이 없는 중에도 유대교를 존속시킬 수 있는 본질적인 요소를 작성하는 데 온 힘을 기울였다. 그들은 성경의 정경을 규정했고, 회당 예배에서 정기적으로 낭송하는 기도문에 점차 '이단자'인 그리스도인들에 대한 저주를 첨가했다(2.264).

순교자 유스티누스(Justinus), 에우세비우스(Eusebius), 히에로니무스(Hieronymus)에 따르면, 야브네에 있던 랍비들은 디아스포라의 회당에도 편지를 보내 그

> **예루살렘 멸망에 대한 기독교적 관점**
>
> 예루살렘 교회의 성도들은 전쟁이 발발하기 전에 (충분한 자격이 있는 사람들에게 계시된) 하나님의 경고의 말씀을 받았다. 그들은 그 도시를 떠나 페레아의 한 도시인 펠라에 정착했다. 그리스도를 믿는 사람들은 그곳으로 이주했다. 거룩한 사람들이 유대인들의 왕의 수도와 유대의 온 땅을 완전히 떠나자, 하나님의 심판이 그곳 사람들에게 임했다. 이 심판은 그들이 그리스도와 그의 사도들에게 행한 범죄에 대한 복수였으며, 모든 악한 세대를 땅에서 완전히 제거하기 위한 심판이었다. 그때 어느 정도의 큰 악이 온 국가에 창궐했고, 예루살렘 주민들이 어느 정도의 고난을 당했으며, 수천수만의 젊은이, 여자, 어린아이들이 어떻게 칼과 굶주림에 사망했고, 또 그 밖에 어떠한 가공할 만한 죽음을 맞이하게 되었는지를 자세히 알고자 하는 사람은 요세푸스의 역사책을 읽으면 된다. ……그들이 세상의 구주요 은혜를 내리시는 분을 죽이고자 음모를 꾸민 바로 그날(유월절)에 그들은 마치 옥에 갇히듯 예루살렘 성안에 갇혔다. 그들이 하나님의 심판을 받은 것은 당연지사였다(Eusebius, *Eccl. Hist.* 3.5).

리스도인들의 교훈을 멀리하라고 명했으며, 경건한 유대인들에게는 그리스도인과 떨어져 지내라고 경고했다. 이 두 집단이 서로 주고받은 비난은 마치 고대의 철학 학파들이 서로를 헐뜯고 욕한 것과 같았다(2.266).

2세기 초에는 유대인과 그리스도인 사이에 완벽한 결별이 이루어졌다. 유대교나 기독교 안팎에 있는 모든 사람들이 봤을 때에도 그러했다(2.267). 타키투스는 로마 대화재 이후의 그리스도인에 대한 네로(Nero)의 징벌을 기술한 『연대기』(*Annals* 15.44)나 유대교의 기원에 대해 우스꽝스럽고 부정확하게 기록한 『역사』(*History* 5)에서 유대인과 그리스도인을 절대로 연결해서 언급하지 않았다. 타키투스의 친구 플리니우스는 비두니아 지방에 기독교가 전파된 경위를 조사하는 상황에서도 유대교와 관련한 문제는 제기하지 않았다(이 책 제4장을 보라).

변증가로 알려진 당대의 기독교 저술가들은 기독교가 참된 유대교이며, 노아와 아브라함과 같이 모세 이전에 살았던 사람들은 율법이 아니라 그들의 믿음으로 의롭다 함을 얻었다고 주장했다(2.282). 요한복음은 예수님을, 유대인들에 의해 배척을 받으셨으나 그분 자신도 유대인들을 배척하신 분으로 묘사한다. 하지만 예수님과 열두 제자들 그리고 그들을 반대했던 사람들은 모두 다 유대인이었으며, 예수님의 사역 기간 동안 발생했던 의견 대립은 유대인 사이에서 그리고 유대교 안에서 발생한 것이다.

요한복음에는 90년대에 편만했던 상황이 반영되어 있다. 이것은 교회와 회당의 최종적인 결별을 증거한다(2.263; 2.268; 2.271; 2.287). 이런 정황 속에서도 요한을 유대인들에게 복음을 전한 사도로 이해하려는 학자가 적어도 한 명은 있다(2.252). 최근에 연구한 바에 따르면, 요한복음이 언급한 '유대인'은 일반적인 유대 백성이라기보다는 어떤 종교 당국자들 즉 성전을 통솔하던 사두개파 소속의 제사장들로서 "그들의 동포 사이에서도 큰 권력을 행사하며 특히 예수님과 그의 제자들에게 적개심을 품었던 집단"이었음이 밝혀졌다(2.284).

하지만 많은 독자들은 '유대인'을 '유대인들을 총칭하는 집단'으로 오해해 왔다. 불행히도 지난 수세기 동안, 1세기의 유대인과 그리스도인 사이의 논쟁으로 야기된 증오심은 제거되지 못했고, 그들 사이의 분열 또한 치유되지 못했다(2.254; 2.275; 2.279).

참고 문헌

1. 유대교 : 헬라적 유대교와 유대적 유대교

2.1. Bourquin, D. R. *First Century Palestinian Judaism: A Bibliography of Works in English*. San Bernardino, CA: Borgo Press, 1990.

2.2. Bruce, F. F. "Tacitus on Jewish History." *JSemStud* 29(1984): 33-44.

2.3. Cohen, S. J. D. "The Significance of Yavneh: Pharisees, Rabbis, and the End of Jewish Sectarianism." *HUCA* 55(1984): 27-53.

2.4. Feldman, L. H. "How Much Hellenism in Jewish Palestine?" *HUCA* 57(1986): 83-111.

2.5. Ferguson, E. *Backgrounds of Early Christianity*. Grand Rapids: Eerdmans, 1993.

2.6. Kraabel, A. T. "The Roman Diaspora: Six Questionable Assumptions." *JJewSt* 33(1982) : 445-464.

2.7. Lieberman, S. *Hellenism in Jewish Palestine*. New York: Jewish Theological Seminary of America, 1950.

2.8. Murphy, F. J. *The Religious World of Jesus: An Introduction to Second Temple Palestinian Judaism*. Nashville: Abingdon Press, 1991.

2.9. Otzen, B. *Judaism in Antiquity: Political Development and Religious Currents from Alexander to Hadrian*. Sheffield, UK: JSOT Press, 1990.

2.10. Riches, J. *The World of Jesus: First-Century Judaism in Crisis*. New York: Cambridge University Press, 1990.

2.11. Rokeah, D. "Tacitus and Ancient Antisemitism." *REJ* 154(1995): 281-294.

2.12. Schiffman, L. H. *From Text to Tradition: A History of Second Temple and Rabbinic Judaism*. Hoboken, NJ: Ktav, 1991.

2.13. Tcherikover, V. A. "The Decline of the Jewish Diaspora in Egypt in the Roman Period." *JJewSt* 14(1963): 1-32.

디아스포라

2.14. Amir, Y. "Philo and the Bible." *StPhilon* 2(1973): 1-8.

2.15. Argyle, A. W. "Philo: The Man and His Work." *ExposT* 85(1974): 115-117.

2.16. Bell, B. "The Language of Classical Latin Poets as an Indication of Familiarity with Jewish Institutions." *AClass* 35(1992): 61–71.

2.17. Borgen, P. "The Early Church and the Hellenistic Synagogue." *StudTh* 37(1983): 55–78.

2.18. Clarke, W. "Jewish Table Manners in the Cena Trimalchionis." *CJ* 87(1992): 257–263.

2.19. Cohen, S. J. D. "Conversion to Judaism in Historical Perspective: From Biblical Israel to Postbiblical Judaism." *Conservative Judaism* 36(1983): 31–45.

2.20. _____. "Crossing the Boundary and Becoming a Jew." *HThR* 82(1989): 13–33.

2.21. _____. "The Origins of the Matrilineal Principle in Rabbinic Law." *Assoc. for Jew. Stud. Rev.* 10(1985): 19–53.

2.22. Collins, A. Y. "The Origins of Christian Baptism." *StudLiturg* 19(1989): 28–46.

2.23. Collins, J. J. *Between Athens and Jerusalem: Jewish Identity in the Hellenistic Diaspora*. New York: Crossroad, 1983.

2.24. Delia, D. "The Population of Roman Alexandria." *TAPhA* 118(1988): 275–292.

2.25. Droge, A. J. *Homer or Moses? Early Christian Interpretations of the History of Culture*. Tübingen: Mohr-Siebeck, 1989.

2.26. Every, E. "Jews and God-Fearers in the New Testament Period." *Immanuel* 5(1975): 46–50.

2.27. Feldman, L. H. "Jewish 'Sympathizers' in Classical Literature and Inscriptions." *TAPhA* 81(1950): 200–208.

2.28. _____. *Jew and Gentile in the Ancient World: Attitudes and Interactions from Alexander to Justinian*. Princeton, NJ: Princeton University Press, 1993.

2.29. _____. "The Orthodoxy of the Jews in Hellenistic Egypt." *Jewish Social Studies* 22(1960): 215–237.

2.30. Finn, T. M. "The God-Fearers Reconsidered." *CBQ* 47(1985): 75–84.

2.31. Fredricksen, P. "Judaism, the Circumcision of Gentiles, and Apocalyptic Hope: Another Look at Galatians 1 and 2." *JThS* 42(1991): 532–564.

2.32. Gager, J. G. *Moses in Greco-Roman Paganism*. Nashville: Abingdon Press, 1972.

2.33. Goodman, M. "Nerva, the Fiscus Judaicus and Jewish Identity." *JRS* 79(1989): 26–39.

2.34. Jaeger, W. "Greeks and Jews." *JRel* 18(1938): 127–139.

2.35. Kraabel, A. T. "The Disappearance of the God-Fearers." *Numen* 28(1981): 113–126.

2.36. LaSor, W. S. "Discovering What Jewish Miqva'ot Can Tell Us About Christian Baptism." *BAR* 13, no. 1, (1987): 52–59.

2.37. Lieu, J., et al., eds. *The Jews Among Pagans and Christians in the Roman Empire*. London: Routledge, 1992.

2.38. Meyers, E. M. "The Challenge of Hellenism for Early Judaism and Christianity." *BiblArch* 55(1992): 84-91.

2.39. Neary, M. "Philo of Alexandria." *IrTheolQ* 54(1988) : 41-49.

2.40. Nolland, J. "Proselytism or Politics in Horace Satires 1.4.138-43?" *VigChr* 33(1979): 347-355.

2.41. Paget, J. C. "Jewish Proselytism at the Time of Christian Origins: Chimera or Reality?" *JStudNT* 62(June, 1996): 65-103.

2.42. Pusey, K. "Jewish Proselyte Baptism." *ExposT* 95(1984): 141-145.

2.43. Rowley, H. H. "Jewish Proselyte Baptism and the Baptism of John." *HUCA* 15(1940): 313-334.

2.44. Runia, D. T. *Studies in Hellenistic Judaism*. Atlanta: Scholars Press, 1989.

2.45. Sandmel, S. *Philo of Alexandria: An Introduction*. New York: Oxford University Press, 1979.

2.46. Smith, D. "Jewish Proselyte Baptism and the Baptism of John." *RestorQ* 25(1982): 13-32.

2.47. Stark, R. "Christianizing the Urban Empire: An Analysis Based on 22 Greco-Roman Cities." *Sociological Analysis* 52(1991): 77-88.

2.48. White, L. M. "Synagogue and Society in Imperial Ostia: Archaeological and Epigraphic Evidence." *HThR* 90(1997), 23-58.

2.49. Wilcox, M. "The 'God-Fearers' in Acts-A Reconsideration." *JStudNT* 13 (1981): 102-122.

2.50. Williamson, R. *Jews in the Hellenistic World: Philo*. New York: Cambridge University Press, 1989.

2.51. Wilson, S. G. "Gentile Judaizers." *NTS* 38(1992): 605-616.

70인역

2.52. Feldman, L. H. "Torah and Secular Culture: Challenge and Response in the Hellenistic Period." *Tradition* 23, no. 2, (1988): 26-40.

2.53. Greenspoon, L. J. "Mission to Alexandria: Truth and Legend About the Creation of the Septuagint, the First Bible Translation." *BibRev* 5, no. 4, (1989): 34-37, 40-41.

2.54. Howard, G. "The Letter of Aristeas and Diaspora Judaism." *JThS* 22(1971): 337-348.

2.55.   Olofsson, S. *The LXX Version: A Guide to the Translation Technique of the Septuagint*. Stockholm: Almquist & Wiksell, 1990.

2.56.   Radin, M. "Roman Knowledge of Jewish Literature." *CJ* 13(1917): 149–176.

유대의 유대교와 헬레니즘

2.57.   Balsdon, J. P. V. D. *Romans and Aliens*. Chapel Hill: University of North Carolina Press, 1979.

2.58.   Batey, R. A. *Jesus and the Forgotten City*. Grand Rapids: Baker, 1991.

2.59.   _____. "Jesus and the Theater." *NTS* 30(1984): 563–574.

2.60.   Berlin, A. M. "Between Large Forces: Palestine in the Hellenistic Period." *BiblArch* 60(1997), 2–51.

2.61.   Bickermann, E. "The Warning Inscription of Herod's Temple." *JQR* 37(1946–49): 387–405.

2.62.   Borgen, P. "The Early Church and the Hellenistic Synagogue." *StudTh* 37(1983): 55–78.

2.63.   Caragounis, C. C. "Greek Culture and Jewish Piety: The Clash and the Fourth Beast of Daniel 7." *EphThL* 65(1989): 280–308.

2.64.   Case, S. J. "Jesus and Sepphoris." *JBL* 45(1926): 14–22.

2.65.   Cotton, H. M., et al. "A Greek Ostracon from Masada." *IsrExplJ* 45(1995): 274–277.

2.66.   Feldman, L. H. "Hengel's *Judaism and Hellenism* in Retrospect." *JBL* 96(1977): 371–382.

2.67.   _____. "How Much Hellenism in Jewish Palestine?" *HUCA* 57(1986): 83–111.

2.68.   Freyne, S. "Galilean Religion of the First Century C. E. Against Its Social Background." *Proceedings of the Irish Biblical Association* 5(1981): 98–114.

2.69.   _____. *Galilee, Jesus and the Gospels: Literary Approaches and Historical Investigations*. Philadelphia: Fortress Press, 1988.

2.70.   Greenhut, Z. "Discovery of the Caiaphas Family Tomb." *JerPer* 4, nos. 4–5, (1901): 6–12.

2.71.   Guenther, H. O. "Greek: Home of Primitive Christianity." *TorJTheol* 5(1989): 247–279.

2.72.   Hall, R. G. "Epispasm: Circumcision in Reverse." *BibRev* 8, no. 4, (1992): 52–57.

2.73.   Harris, H. A. *Greek Athletics and the Jews*. Cardiff: University of Wales Press, 1971.

2.74.   Harrison, R. "Hellenization in Syria-Palestine: The Case of Judea in the Third Century BCE." *BiblArch* 57(1994): 98–108.

2.75.   Hengel, M. *The "Hellenization" of Judaea in the First Century After Christ*. Trans. by J. Bowden. London: SCM, 1989.

2.76.   _____. *Judaism and Hellenism: Studies in Their Encounter in Palestine During the Early Hellenistic Period*. Philadelphia: Fortress Press, 1974.

2.77.   Hill, C. C. *Hellenists and Hebrews: Reappraising Division Within the Earliest Church*. Minneapolis: Fortress Press, 1992.

2.78.   Hoppe, L. J. "Synagogue and Church in Palestine." *BibT* 27(1989): 278-284.

2.79.   Ilan, T. "The Greek Names of the Hasmoneans." *JQR* 78(1987): 1-20.

2.80.   Kasher, A. *Jews and Hellenistic Cities in Eretz-Israel*. Tübingen: Mohr, 1990.

2.81.   Klausner, J. *Jesus of Nazareth: His Life, Times, and Teaching*. Reprint of the 1925 first ed. New York: Macmillan, 1964.

2.82.   Lee, B. J. *The Galilean Jewishness of Jesus: Retrieving the Jewish Origins of Christianity*. Mahwah, NJ: Paulist Press, 1988.

2.83.   Levine, L. I. "The Nature and Origin of the Palestinian Synagogue Reconsidered." *JBL* 115(1996): 425-448.

2.84.   Longstaff, T. R. W. "Nazareth and Sepphoris: Insights into Christian Origins." *AngThRSuppl.* 11(1990): 8-15.

2.85.   McNamara, M. "Half a Century of Targum Study." *IrBibSt* 1(1979): 157-168.

2.86.   Meyers, E. M. "Early Judaism and Christianity in the Light of Archaeology." *BiblArch* 51, no. 2, (1989): 69-79.

2.87.   _____. and J. F. Strange. *Archeology, the Rabbis and Early Christianity*. Nashville: Abingdon Press, 1981.

2.88.   _____. "Artistry in Stone: The Mosaics of Ancient Sepphoris." *BiblArch* 50(1987): 223-231.

2.89.   _____. et al. "Sepphoris, 'Ornament of All Galilee.'" *BiblArch* 49(1986): 4-19.

2.90.   Mussies, G. "Greek as the Vehicle of Early Christianity." *NTS* 29(1983): 356-369.

2.91.   Riches, J. K. "The Social World of Jesus." *Interpretation* 50(1996): 383-393.

2.92.   Ross, J. M. "Jesus's Knowledge of Greek." *IrBibStud* 12(1990): 41-47.

2.93.   Rubin, J. P. "Celsus's Decircumcision Operation: Medical and Historical Implications." *Urology* 16(1980): 121-124.

2.94.   Safrai, S. "Spoken Languages in the Time of Jesus." *JerPer* 4, no. 1, (1991): 3-8, 13.

2.95.   Sandmel, S. "Palestinian and Hellenistic Judaism and Christianity: The Question of the Comfortable Theory." *HUCA* 50(1979): 137-148.

2.96.   Schürer, E. *A History of the Jewish People in the Time of Jesus*. Ed. by N. N. Glatzer. New York: Schocken Books, 1961.

2.97. Segal, P. "The Penalty of the Warning Inscription from the Temple of Jerusalem." *IsrExplJ* 39(1989): 79-84.

2.98. Selby, G. R. *Jesus, Aramaic and Greek*. Doncaster, UK: Brynmill, 1989.

2.99. Shimoff, S. R. "Banquets: The Limits of Hellenization." *JSJ* 27(1996): 440-452.

2.100. Simon, M. *St. Stephen and the Hellenists in the Primitive Christian Church*. London: Longmans Green, 1958.

2.101. Steinhauser, M. G. "The Targums and the New Testament." *TorJTheol* 2(1986): 262-278.

2.102. Tcherikover, V. A. *Hellenistic Civilization and the Jews*. New York: Jewish Publication Society of America, 1959.

2.103. Wright, A. "The Sermon on the Mount: A Jewish View." *NewBlackfr* 70(1989): 182-189.

2. 유대교의 구전 전승

2.104. Bowker, J. *The Targums and Rabbinic Literature: An Introduction to Jewish Interpretation of Scripture*. Cambridge University Press, 1969.

2.105. Corré A. *Understanding the Talmud*. New York: Ktav, 1975.

2.106. Forestell, J. T. *Targumic Traditions and the New Testament: An Annotated Bibliography with a New Testament Index*. Chico, CA: Scholars Pr., 1979.

2.107. Gianotti, C. R. *The New Testament and the Mishnah: A Cross-Reference Index*. Grand Rapids: Baker, 1983.

2.108. Grelot, P. *What are the Targums? Selected Texts*. Collegeville, MN: Liturgical Press, 1992.

2.109. Lipman, E. J. *The Mishnah: Oral Traditions of Judaism*. New York: Schocken, 1974.

2.110. Miller, M. P. "Targum, Midrash and the Use of the Old Testament in the New Testament." *JSJ* 2(1971): 29-82.

2.111. Neusner, J. *The Mishnah: A New Translation*. New Haven, CT: Yale University Press, 1988.

2.112. _____. *The Talmud: A Close Encounter*. Minneapolis: Fortress Press, 1991.

2.113. Tomson, P. J. *Paul and the Jewish Law: Halakah in the Letters of the Apostle to the Gentiles*. Minneapolis: Fortress Press, 1990.

3. 유대의 종교 분파

2.114. Aune, D. E. "Orthodoxy in First-Century Judaism? A Response to N. J. McEleney." *JSJ* 7(1976): 1-10.

2.115. Boccaccini, G. "Multiple Judaisms." *BibRev* 11, no. 1, (1995): 38–41.

2.116. Grabbe, L. L. "Orthodoxy in First-Century Judaism? What Are the Issues?" *JSJ* 8(1977): 149–153.

2.117. Luke, K. "Society Divided by Religion: The Jewish World of Jesus' Time." *Biblebhashyam* 1(1975): 195–209.

2.118. Mantel, H. "The Dichotomy of Judaism During the Second Temple." *HUCA* 44(1973): 55–87.

2.119. McEleney, N. J. "Orthodoxy in Judaism of the First Christian Century." *JSJ* 4(1973): 19–42.

2.120. Pfeiffer, R. H. *History of New Testament Times: With an Introduction to the Apocrypha.* New York: Harper & Row, 1949.

2.121. Saldarini, A. J. *Pharisees, Scribes and Sadducees in Palestinian Society: A Sociological Approach.* Wilmington, DE: Glazier, 1988.

2.122. Sanders, E. P. *Judaism: Practice and Belief, 63 B. C. E.–66 C. E.* Philadelphia: Trinity, 1992.

사두개파

2.123. Horsley, R. A. "High Priests and the Politics of Roman Palestine: A Contextual Analysis of the Evidence in Josephus." *JSJ* 17(1986): 23–55.

2.124. Manson, T. W. "Sadducee and Pharisee: The Original Significance of the Names." *BJRL* 22(1938): 153–158.

2.125. Rosenbloom, J. R. "Jewish Response to Crisis: Success and Failure." *RevQum* 12(1985): 89–94.

2.126. Vivano, B. T., and J. Taylor. "Sadducees, Angels, and Resurrection (Acts 23:8–9)." *JBL* 111(1992): 496–498.

바리새파와 서기관

2.127. Aune, D. E. "On the Origins of the 'Council of Yavneh' Myth." *JBL* 110(1991): 491–493.

2.128. Baumgarten, A. I. "The Name of the Pharisees." *JBL* 102(1983): 411–428.

2.129. _____. "The Pharisaic Paradosis." *HThR* 80(1987): 63–77.

2.130. Beattie, D. R. G. "Baba Bathra and the Bible, or 'I Don't Know Why Ezekiel Didn't Write Ezekiel.'" *IrBibStud* 6(1984): 177–190.

2.131. Carroll, J. T. "Luke's Portrayal of the Pharisees." *CBQ* 50(1988): 604–621.

2.132. Cohen, S. J. D. "The Significance of Yavneh: Pharisees, Rabbis, and the End of Jewish Sectarianism." *HUCA* 55(1984): 27–53.

2.133. Cook, M. J. "Rabbinic Judaism and Early Christianity: From the Pharisees to the Rabbis." *Rev&Expos* 84(1987): 201–220.

2.134. Culbertson, P. "Changing Christian Images of the Pharisees." *AngThR* 64(1982): 539–561.

2.135. Finkelstein, L. "The Pharisees: Their Origin and Their Philosophy." *HThR* 22(1929): 186–261.

2.136. _____. *The Pharisees: The Sociological Background of Their Faith*. 2 vols. Philadelphia: Jewish Publication Society of America, 1939.

2.137. Goodblatt, D. "The Place of the Pharisees in First Century Judaism: The State of the Debate." *JSJ* 20(1989): 12–30.

2.138. Guttmann, A. "Hillelites and Shammaites—a Clarification." *HUCA* 28(1957): 115–126.

2.139. Hartin, P. J. "The Pharisaic Roots of Jesus and the Early Church." *Neotest* 21(1987): 113–124.

2.140. Jospe, R. "Hillel's Rule." *JQR* 81(1990): 45–57.

2.141. Kampen, J. *The Hasideans and the Origin of Pharisaism: A Study in 1 and 2 Maccabees*. Atlanta: Scholars Press, 1988.

2.142. Kee, H. C. "The Transformation of the Synagogue After 70 C. E.: Its Import for Early Christianity." *NTS* 36(1990): 1–24.

2.143. Kirschner, R. "Apocalyptic and Rabbinic Responses to the Destruction of 70." *HThR* 78(1985): 27–46.

2.144. Lauterbach, J. Z. "The Pharisees and Their Teachings." *HUCA* 6(1929): 69–139.

2.145. Leiman, S. Z. *The Canonization of Hebrew Scripture: The Talmudic and Midrashic Evidence*. Hamden, CT: Archon Books, 1976.

2.146. Lightstone, J. N. "The Formation of the Biblical Canon in Judaism of Late Antiquity: Prolegomenon to a General Reassessment." *SR* 8(1979): 135–142.

2.147. Marcus, R. "The Pharisees in the Light of Modern Scholarship." *JRel* 32(1952): 153–164.

2.148. Mason, S. N. "Was Josephus a Pharisee? A Re-Examination of *Life* 10–12." *JJewSt* 40(1989): 31–45.

2.149. Moore, G. F. *Judaism in the First Centuries of the Christian Era*. 3 vols. Cambridge, MA: Harvard University Press, 1927–1930; rpt. 1971.

2.150. Morgenstern, J. "The Hasidim—Who Were They?" *HUCA* 38(1967): 59–73.

2.151. Neusner, J. "The Rabbinic Traditions About the Pharisees Before 70 A. D.: The Problem of Oral Tradition." *Kairos* 14(1972): 52–70.

2.152. _____. *From Politics to Piety: The Emergence of Pharisaic Judaism*. Englewood Cliffs, NJ: Prentice-Hall, 1973.

2.153. Newport, K. G. C. "The Pharisees in Judaism Prior to A. D. 70." *AndUnivSemStud* 29(1991): 127-137.

2.154. Rankin, A. S. *The Origins of the Festival Hanukkah*. Edinburgh: Clark, 1930.

2.155. Rivkin, E. "Defining the Pharisees: The Tannaitic Sources." *HUCA* 40(1969): 205-249.

2.156. _____. "Pharisaism and the Crisis of the Individual in the Greco-Roman World." *JQR* 61(1970-71): 27-53.

2.157. _____. "Scribes, Pharisees, Lawyers, Hypocrites: A Study in Synonymity." *HUCA* 49(1978): 135-142.

2.158. Ruether, R. R. "The Pharisees in First-Century Judaism." *Ecumenist* 11(1972): 1-7.

2.159. Saldarini, A. J. *Pharisees, Scribes, and Sadducees in Palestinian Society: A Sociological Approach*. Wilmington: Glazier, 1988.

2.160. Schiffman, L. H. "New Light on the Pharisees: Insights from the Dead Sea Scrolls." *BibRev* 8, no. 3, (1992): 30-33, 54.

2.161. Schwartz, G. D. "As If Jesus and the Pharisees Were Developing Similarly and Simultaneously." *New Theology Review* 4(1991): 63-77.

2.162. Sonne, I. "The Schools of Shammai and Hillel Seen from Within." In *Louis Ginzberg Jubilee Volume, on the Occasion of His 70th Birthday*. New York: American Academy for Jewish Research, 1945: 275-291.

2.163. Zeitlin, S. "The Pharisees: A Historical Guide." *JQR* 52(1961-62): 97-129.

헤롯당

2.164. Perowne, S. *The Later Herods: The Political Background of the New Testament*. London: Hodder & Stoughton, 1958.

2.165. Rowley, H. H. "The Herodians in the Gospels." *JThS* 41(1940): 14-27.

열심당

2.166. Borg, M. "The Currency of the Term 'Zealot.'" *JThS* 22(1971): 504-512.

2.167. Brandon, S. G. F. *Jesus and the Zealots: A Study of the Political Factor in Primitive Christianity*. New York: Scribners, 1967.

2.168. Donaldson, T. L. "Rural Bandits, City Mobs and the Zealots." *JSJ* 21(1990): 19-40.

2.169. Farmer, W. R. *Maccabees, Zealots and Josephus*. New York: Columbia University Press, 1957.

2.170. Hengel, M. *The Zealots: Investigations into the Jewish Freedom Movement in the Period from Herod I Until 70 A. D.* Trans. by D. Smith. Edinburgh: Clark, 1989.

2.171. Horsley, R. A. "Josephus and the Bandits." *JSJ* 10(1979): 37–63.

2.172. _____. "The Sicarii: Ancient Jewish 'Terrorists.'" *JRel* 59(1979): 435–458.

2.173. _____. "The Zealots: Their Origin, Relationships and Importance in the Jewish Revolt." *NovT* 28(1986): 159–192.

2.174. Kennard, J. S., Jr. "Judas of Galilee and His Clan." *JQR* 36(1945–46): 281–286.

2.175. Kingdon, H. P. "The Origin of the Zealots." *NTS* 19(1972): 74–81.

2.176. Smith, M. "Zealots and Sicarii: Their Origins and Relation." *HThR* 64(1971): 1–19.

2.177. Torrey, C. C. "The Name 'Iscariot.'" *HThR* 36(1943): 51–62.

2.178. Zeitlin, S. "Zealots and Sicarii." *JBL* 81(1962): 395–398.

에세네파

2.179. Beall, T. S. *Josephus's Description of the Essenes Illustrated by the Dead Sea Scrolls*. New York: Cambridge University Press, 1988.

2.180. Betz, O. "Was John the Baptist an Essene?" *BibRev* 6, no. 6, (1990): 18–25.

2.181. Callaway, P. R. *The History of the Qumran Community: An Investigation*. Sheffield, UK: JSOT Press, 1988.

2.182. Cansdale, L. "The Qumran Scrolls: A 2,000-Year-Old Apple of Discord." *AncHist* 21(1991): 90–104.

2.183. Charlesworth, J. H., ed. *John and the Dead Sea Scrolls*. Rev. ed. New York: Crossroad, 1990.

2.184. Cross, F. M., Jr. "The Dead Sea Scrolls and the People Who Wrote Them." *BAR* 3, no. 1, (1977): 1, 23–32, 51.

2.185. Crotty, R. B. "Qumran Studies—Challenge to Consensus." *RelTrad* 7–9 (1984–86): 41–51.

2.186. "Dead Sea Scrolls Update." *BAR* 17, no. 1, (1991): 64–71; 17, no. 6, (1991): 62–65.

2.187. DeSilva, D. A. "The Dead Sea Scrolls and Early Christianity." *Sewanee Theological Review* 39(1996): 285–302.

2.188. Desprez, V. "Jewish Ascetical Groups at the Time of Christ: Qumran and the Therapeuts." *AmBenRev* 41(1990): 291–311.

2.189. Dupont-Sommer, A. *The Jewish Sect of Qumran and the Essenes*. New York: Macmillan, 1954.

2.190. Eisenman, R. H. *James, the Brother of Jesus: The Key to Unlocking the Secrets of Early Christianity and the Dead Sea Scrolls.* New York: Viking, 1997.

2.191. Fitzmyer, J. A. *The Dead Sea Scrolls: Major Publications and Tools for Study;* rev. ed. Atlanta: Scholars Press, 1990.

2.192. _____. "The Qumran Community: Essene or Sadducean?" *HeyJ* 36(1995): 467–476.

2.193. _____. *Responses to 101 Questions on the Dead Sea Scrolls.* Mahwah, NJ: Paulist Press, 1992.

2.194. Flusser, D. "Jesus and the Essenes." *JerPer* 3, no. 3, (1990) : 3–5, 13; no. 4, (1990): 6–8.

2.195. Golb, N. "The Problem of Origin and Identification of the Dead Sea Scrolls." *PAPhS* 124(1980): 1–24.

2.196. _____. "Who Hid the Dead Sea Scrolls?" *BiblArch* 48(1985): 68–82.

2.197. Howlett, D. *The Essenes and Christianity: An Interpretation of the Dead Sea Scrolls.* New York: Harper, 1957.

2.198. Isaac, E. "The Dead Sea Scrolls Controversy." *Mediterranean Quarterly* 1, no. 3, (1990): 75–86.

2.199. Kampen, J. "A Reconsideration of the Name 'Essene' in Greco-Jewish Literature in Light of Recent Perceptions of the Qumran Sect." *HUCA* 57(1986): 61–81.

2.200. LaSor, W. S. *The Dead Sea Scrolls and the New Testament.* Grand Rapids: Eerdmans, 1972.

2.201. Muraoka, T. "'Essene' in the Septuagint." *RevQum* 8(1973): 267–268.

2.202. Murphy-O'Connor, J. "The Essenes and Their History." *Revbib* 81(1974): 215–244.

2.203. _____ and J. H. Charlesworth, eds. *Paul and the Dead Sea Scrolls.* Rev. ed. New York: Crossroad, 1990.

2.204. Pileggi, D. "The Library at Qumran." *JerPer* 3, no. 5, (1990): 7–9.

2.205. _____. "Who Were the Essenes?" *JerPer* 3, no. 4, (1990): 9–10, 15.

2.206. Pixner, B. "Jerusalem's Essene Gateway: Where the Community Lived in Jesus' Time." *BAR* 23, no. 3, (1997): 22–31, 64–66.

2.207. Roberts, B. J. "The Qumran Scrolls and the Essenes." *NTS* 3(1956–57): 58–65.

2.208. Roth, C. "Were the Qumran Sectaries Essenes? A Re-examination of Some Evidence." *JThS* 10(1959): 87–93.

2.209. Sanders, J. A. "The Dead Sea Scrolls–A Quarter Century of Study." *BiblArch* 36(1973): 110–148.

2.210. Schiffman, L. H. "The Significance of the Scrolls." *BibRev* 6, no. 5, (1990): 18–27, 52.

2.211. Schuller, E. "The Dead Sea Scrolls and the Bible." *BibT* 21(1983): 102–109.

2.212. Shanks, H. "The Difference Between Scholarly Mistakes and Scholarly Concealment: The Case of MMT." *BAR* 16, no. 5, (1990): 64–65.

2.213. _____. "Is the Vatican Suppressing the Dead Sea Scrolls?" *BAR* 17, no. 6, (1991): 66–71.

2.214. Smith, M. "The Descriptions of the Essenes in Josephus and the Philosophumena." *HUCA* 29(1958): 273–313.

2.215. Taylor, J. E. "John the Baptist and the Essenes." *JJewSt* 47(1996): 256–285.

2.216. Thiering, B. E. *The Qumran Origins of the Christian Church*. Sidney, Australia: Theological Explorations, 1983.

2.217. Trever, J. C. "The Book of Daniel and the Origin of the Qumran Community." *BiblArch* 48(1985): 89–102.

2.218. Ulrich, E. "The Biblical Scrolls from Qumran Cave 4: An Overview and Progress Report on Their Publication." *RevQum* 14(1989): 207–228.

2.219. Vanderkam, J. C. "The Dead Sea Scrolls and Early Christianity, I: How Are They Related?" *BibRev* 7, no. 2, (1991): 14–21, 46–47.

2.220. _____. "The Dead Sea Scrolls and Early Christianity, II: What They Share." *BibRev* 8, no. 1, (1992): 16–22, 40.

2.221. _____. *The Dead Sea Scrolls Today*. Grand Rapids: Eerdmans, 1994.

2.222. _____. "The People of the Dead Sea Scrolls: Essenes or Sadducees?" *BibRev* 7, no. 2, (1991): 42–47.

2.223. Vermes, G. *The Dead Sea Scrolls in English*. Sheffield, UK: JSOT Press, 1987.

2.224. _____. "The Impact of the Dead Sea Scrolls on the Study of the New Testament." *JJewSt* 27(1976): 107–116.

2.225. Zeitlin, S. "The Account of the Essenes in Josephus and the Philosophumena." *JQR* 49(1958–59): 292–300.

4. 묵시 사상

2.226. Allison, D. "The Eschatological Jesus: Did He Believe the End Was Near?" *BibRev* 12, no. 5, (1996): 34–41, 54–55.

2.227. Cohn, N. R. C. *Cosmos, Chaos, and the World to Come: The Ancient Roots of Apocalyptic Faith*. New Haven, CT: Yale University Press, 1993.

2.228. Foerster, W. *From The Exile to Christ: A Historical Introduction to Palestinian Judaism*. Philadelphia: Fortress Press, 1964.

2.229. Grabbe, L. L. "The Social Setting of Early Jewish Apocalypticism." *JStudPseud* 4(1989): 24-47.

2.230. Horowitz, W. "Halley's Comet and Judean Revolts Revisited." *CBQ* 58(1996): 456-459.

2.231. Horsley, R. A. "Popular Messianic Movements Around the Time of Jesus." *CBQ* 46(1984): 471-495.

2.232. Isenberg, S. R. "Millennarism in Greco-Roman Palestine." *Religion* 4(1974): 26-46.

2.233. Koch, K. *The Rediscovery of Apocalyptic*. London: SCM, 1972.

2.234. Morris, L. *Apocalyptic*. Grand Rapids: Eerdmans, 1972.

2.235. Navone, J. J. "Characteristics of the Apocalyptic." *BibT* 60(1972): 741-745.

2.236. Oppenheimer, A. *The 'Am ha-Aretz: A Study of the Social History of the Jewish People in the Hellenistic-Roman Period*. Leiden: Brill, 1977.

2.237. Reddish, M. G., ed. *Apocalyptic Literature: A Reader*. Nashville: Abingdon Press, 1990.

2.238. Redditt, P. L. "Postexilic Eschatological Prophecy and the Rise of Apocalyptic Literature." *Ohio Journal of Religious Studies* 2(1974): 25-39.

2.239. Zeitlin, S. "The Essenes and Messianic Expectations: A Historical Study of the Sects and Ideas During the Second Jewish Commonwealth." *JQR* 45(1954): 83-119.

5. 예수님과 유대교

2.240. Betz, H. D. "Wellhausen's Dictum 'Jesus Was Not a Christian, but a Jew' in Light of Present Scholarship." *ScandJTH* 45(1991): 83-110.

2.241. Charlesworth, J. H. *Jesus Within Judaism: New Light from Exciting Archaeological Discoveries*. New York: Doubleday, 1988.

2.242. _____. ed. *Jesus's Jewishness: Exploring the Place of Jesus Within Early Judaism*. New York: Crossroad, 1991.

2.243. Chilton, B. "Jesus and Judaism." New *Blackfr* 63(1982): 237-244.

2.244. Harrington, D. J. "A Dangerous Text: Matthew and Judaism." *Canadian Catholic Review* 7(1989): 135-142.

2.245. Hunter, A. "Rite of Passage: The Implications of Matthew 4:1-11 for an Understanding of the Jewishness of Jesus." *Christian-Jewish Relations* 19, no. 4, (1986): 7-22.

2.246. Lee, B. J. *The Galilean Jewishness of Jesus: Retrieving the Jewish Origins of Christianity*. Mahwah, NJ: Paulist Press, 1988.

2.247. Loader, W. "Hellenism and the Abandonment of Particularism in Jesus and Paul." *Pacifica* 4(1991): 245-256.

2.248. Mills, M. E. "Jesus of Nazareth in His Jewish Background." *Month* 22(1989): 378-383.

2.249. Vermes, G. *Jesus the Jew: A Historian's Reading of the Gospels*. London: Collins, 1973.

2.250. Zeitlin, I. M. *Jesus and the Judaism of His Time*. Cambridge, UK: Polity Press, 1988.

6. 유대교와 초대 교회

2.251. Borgen, P. *Philo, John and Paul: New Perspectives on Judaism and Early Christianity*. Atlanta: Scholars Press, 1987.

2.252. Braine, D. D. C. "The Inner Jewishness of St. John's Gospel as the Clue to the Inner Jewishness of Jesus." *Studien zum Neues Testament und seiner Umwelt* 13(1988): 101-155.

2.253. Brawley, R. L. *Luke-Acts and the Jews: Conflict, Apology and Conciliation*. Atlanta: Scholars Press, 1987.

2.254. Callan, T. *Forgetting the Root: The Emergence of Christianity from Judaism*. Mahwah, NJ: Paulist Press, 1986.

2.255. Campbell, W. S. *Paul's Gospel in an Intercultural Context: Jew and Gentile in the Letter to the Romans*. Frankfurt/Main: Lang, 1991.

2.256. Conzelmann, H. *Gentiles, Jews and Christians: Polemics and Apologetics in the Greco-Roman Era*. Minneapolis: Fortress Press, 1992.

2.257. de Ste Croix, G. E. M. "Why Were the Early Christians Persecuted?" *P&P* 26(1963): 6-38.

2.258. Dunn, J. D. G. *The Parting of the Ways: Between Christianity and Judaism and Their Significance for the Character of Christianity*. London: SCM, 1991.

2.259. Evans, C. A., and D. A. Hagner, eds. *Anti-Semitism and Early Christianity: Issues of Polemic and Faith*. Minneapolis: Fortress Press, 1993.

2.260. Flusser, D. *Judaism and the Origins of Christianity*. Jerusalem: Magnes Press, 1988.

2.261. Freyne, S. "Oppression from the Jews: Matthew's Gospel as an Early Christian Response." *Concilium* 200(1988): 47-54.

2.262. Hare, D. R. A. "The Rejection of the Jews in the Synoptic Gospels and Acts." *Anti-Semitism and the Foundations of Christianity*. Ed. by A. T. Davies. Ramsey, NJ: Paulist Press, 1979: 27-47.

2.263. Harrington, D. J. "'The Jews' in John's Gospel." *BibT* 27(1989): 203–209.

2.264. Horbury, W. "The Benediction of the Minim and Early Jewish-Christian Controversy." *JThS* 33(1982): 19–61.

2.265. Johnson, E. E. "Jews and Christians in the New Testament: John, Matthew, and Paul." *RefRev* 42(1988): 113–128.

2.266. Johnson, L. T. "The New Testament's Anti-Jewish Slander and the Conventions of Ancient Polemic." *JBL* 108(1989): 419–441.

2.267. Katz, S. T. "Issues in the Separation of Judaism and Christianity After 70 C. E.: A Reconsideration." *JBL* 103(1984): 43–76.

2.268. Kaufman, P. S. "Anti-Semitism in the New Testament: The Witness of the Beloved Disciple." *Worship* 63(1989): 386–401.

2.269. Klijn, A. F. J. "The Study of Jewish Christianity." *NTS* 20(1974): 419–431.

2.270. Malina, B. J. "Jewish Christianity or Christian Judaism?" *JSJ* 7(1976): 46–57.

2.271. Manns, F. *John and Jamnia: How the Break Occurred Between Jews and Christians C. 80–100 A. D.* Jerusalem: Franciscan Printing Press, 1988.

2.272. McEleney, N. J. "Conversion, Circumcision, and the Law." *NTS* 20(1973–74): 319–340.

2.273. Murray, R. "Defining Judaeo-Christianity." *HeyJ* 15(1974): 303–310.

2.274. Neusner, J. "The Jewish-Christian Argument in the First Century: Different People Talking About Different Things to Different People." *Cross Currents* 35(1985): 148–158.

2.275. Parkes, J. *The Conflict of the Church and the Synagogue: A Study in the Origins of Antisemitism.* London: Soncino Press, 1934; New York: Atheneum, 1969.

2.276. Perelmuter, H. G. *Siblings: Rabbinic Judaism and Early Christianity at Their Beginnings.* Mahwah, NJ: Paulist Press, 1989.

2.277. Riegel, S. K. "Jewish Christianity: Definitions and Terminology." *NTS* 24(1978): 410–415.

2.278. Rokeah, D. "Anti-Judaism in Early Christianity." *Immanuel* 16(1983): 50–64.

2.279. Ruether, R. R. *Faith and Fratricide: The Theological Roots of Anti-Semitism.* New York: Seabury, 1974.

2.280. Sandmel, S. *Judaism and Christian Beginnings.* New York: Oxford University Press, 1978.

2.281. Segal, A. G. *Rebecca's Children: Judaism and Christianity in the Roman World.* Cambridge, MA: Harvard University Press, 1986.

2.282. Siker, J. S. "From Gentile Inclusion to Jewish Exclusion: Abraham in Early Christian Controversy with Jews." *BTB* 19(1989): 30–36.

2.283. Smiga, G. M. *Pain and Polemic: Anti-Judaism in the Gospels*. Mahwah, NJ: Paulist Press, 1992.

2.284. Smith, D. M. "Judaism and the Gospel of John." In *Jews and Christians: Exploring the Past, Present, and Future*. Ed. by James H. Charlesworth. New York: Crossroad, 1990: 76-99.

2.285. Stegner, W. "Breaking Away: The Conflict with Formative Judaism." *BibRes* 40(1995): 7-36.

2.286. Taylor, J. E. "The Phenomenon of Early Jewish-Christianity: Reality or Scholarly Invention?" *VigChr* 44(1990): 313-334.

2.287. Townsend, J. T. "The Gospel of John and the Jews." In *Anti-Semitism and the Foundations of Christianity*. Ed. by A. T. Davies. Ramsey, NJ: Paulist Press, 1979: 72-97.

2.288. Velasco, J. M., and L. Sabourin. "Jewish Christianity of the First Centuries." *BTB* 6(1976): 5-26.

2.289. Whittaker, M. *Jews and Christians: Graeco-Roman Views*. New York: Cambridge University Press, 1984.

2.290. Wortham, R. A. "The Problem of Anti-Judaism in 1 Thess. 2:14-16 and Related Pauline Texts." *BTB* 25(1995): 37-44.

2.291. Young, F. M. "Temple Cult and Law in Early Christianity: A Study in the Relationship Between Jews and Christians in the Early Centuries." *NTS* 19(1973): 325-338.

2.292. Zeitlin, S. *Studies in the Early History of Judaism*. Vol. 2. New York: Ktav, 1974.

제3장

로마의 통치자들

1. 서론

신약성경은 1세기의 정치 흐름과 밀접한 관련이 있다. 예수님은 적어도 어떤 부분에서는 정부에 복종하라고 말씀하셨으며(막 12:17; 참조. 3.4; 3.6), 재판을 받는 동안 아그립바와 빌라도와도 대면하셨다. 로마의 시민권을 소유했던 바울은 로마 정부가 하나님의 인정 아래 존재하며(롬 13:1-4; 참조. 3.1-2), 따라서 그리스도인들이 로마 정부에 순복해야 한다고 주장했다(딛 3:1). 바울은 로마 정부와 작은 마찰이 발생했을 때, 갈리오, 벨릭스, 베스도와 같은 총독과 헤롯 아그립바 2세와 같은 속주 왕 앞에 선 적이 있다. 또한 바울은 로마 법정에서 심문받기 전 옥에서 기다리기도 했다.

다른 신약성경의 저자들도 로마 정부와 충돌했다. 베드로는 '바벨론'(바벨론은 당시 로마를 지칭하던 기독교의 암호였다. 계 17-18장) 옥에 갇혀 있었으며, 요한계시록의 저자는 로마 정부에 의해 지중해의 작은 섬으로 유배되었다. 그곳에서 그는 환상을 보았다. 누가가 로마의 관원일 것으로 추측되는 데오빌로에게 누가복음과 사도행전을 쓴 주요 목적은 아마도 새로운 종교는 기존 질서에 전혀 위협적이지 않다는 점을 확신시키는 것이었을 것이다(3.174).

그렇다면, 신약성경의 세계를 이해하기 위해서는 적어도 개론적으로나마 로마 정부는 어떻게 구성되었으며, 또한 로마의 통치자들은 어떤 사람들이었는지 알아야 한다.

2. 로마 제국

로마 제국에 대해서는 일찍이 로마가 제1차 포에니 전쟁에서 카르타고를 무찌르고 또 로마의 첫 번째 해외 영토인 시칠리아섬을 탈환했을 때인 주전 240년으로 거슬러 올라가 이야기를 시작하고자 한다. 하지만 역사가들이 통상 로마 제국이라는 용어를 사용할 때는 주전 27년에 아우구스투스에게 모든 권력이 이양된 이후의 기간을 의미한다.

이전의 로마는 공식적으로는 여전히 공화정이었다. 물론 그 당시 로마는 로마 제국의 힘을 발휘할 만큼 발전한 정부의 형태로 비대해지고 있었다. 로마시는 두 명의 '콘술'(consul, 집정관)과 보다 계급이 낮은 다양한 행정 장관(magistrate)들이 다스리고 있었다. 주전 3세기에 와서 로마는 지중해 전역을 지배하게 되었다. 로마는 주전 202년에 다시 카르타고를 무찌르고는 관심을 지중해 동쪽 끝에 있는 그리스 왕국으로 돌렸다.

그리스 왕국은 알렉산드로스 대제가 정복한 지역이 가장 야심에 찬 몇몇 장군들에 의해 분할되어 있었다. 그래서 당시 안티고노스(Antigonos)는 그리스와 마케도니아를, 셀레우코스(Seleucos)는 시리아를, 프톨레마이오스(Ptolemaios)는 이집트를 각각 다스리고 있었으며, 이와 더불어 터키 서쪽에 있는 버가모처럼 보다 작은 영토들도 있었다. 이들 왕국은 그리스 문화에 동양의 독재적인 요소를 혼합해, 기원전 마지막 수세기의 헬레니즘 문화라 불리는 문화를 산출했다. 다양한 민족적 배경을 지닌 사람들은 헬라어를 받아들였고, 고대 도시 국가의 모델을 딴 도시에서 생활했다(3.13). 하지만 그들은 마치 현대의 미국인들이 미국의 개척자 시대와는 동떨어진 시대와 환경에서 살고 있듯이, 지적으로나 정치적으로 고대의 그리스와는 매우 달랐다.

로마의 건국과 그 밖에 과거의 모호한 요소들은 신약 시대의 사람들과 관련된 것이 거의 없다. 사실 그때에 관한 내용 중에는 요즘 로마에 대해 연구하는 전문가에게조차도 중요한 자료가 별로 없는 실정이다. 심지어 초기 로마 제국의 가장 위대한 역사가 중 한 사람이었던 리비우스(Livius)도 자신의 책 서문에서, 로마의 건국 이야기는 순수한 역사적 기사라기보다는 '시적인 우화'에 더 가깝다는 사실을 인정했다. 그때에 관한 내용은 신약 세계의 지적인 발전에 거의 영향을 주지 않았기 때문에, 우리는 다른 개론서와 마찬가지로 이 문제를 논하는 데 지면을 할애하지 않을 것이다.

또한 신약의 세계를 이해하는 데에는 여러 헬레니즘 왕조의 다툼에 관한 역사를 깊이 탐구할 필요도 없다. 팔레스타인이 그들의 영향을 받은 것은 팔레스타인이 시리아와 이집트의 국경 지대에 자리하고 있었기 때문이다. 주전 3세기까지는 (다니엘서에 남방 왕들이라고 언급된) 프톨레마이오스 왕조가 팔레스타인을 통솔할 만큼 강대한 국가였다. 주전 200년경에는 (다니엘서에 북방의 왕들이라고 언급된) 셀레우코스 왕조가 프톨레마이오스 왕조를 몰아내고 강대국으로 부상했다. 프톨레마이오스 왕조와 셀레우코스 왕조의 다툼으로 인해 결국 주전 167-164년의 마카베오 혁명이 일어나게 되었고, 그리하여 이 이야기는 신구약 중간 시대를 연구하는 학생들에게 중요한 관심사가 되었다. 두 왕조 사이의 다툼이 팔레스타인에 가장 마지막으로 미친 영향은 (이미 이 책 제2장에서 언급한) 주전 2세기에 유대의 몇몇 종파, 특히 에세네파와 바리새파가 발생한 데서 찾아볼 수 있다(3.8).

신약 시대에 와서는 프톨레마이오스 왕조와 셀레우코스 왕조는 이미 고대의 역사가 되어 버렸다. 로마는 헬레니즘 왕국들을 전부 정복했고, 그들의 그리스 문화를 수용했다(3.10). 그 후 그리스 문화는 로마를 변화시켰다. 이 점에 대해서는 이 책 다음 장에서 자세히 다룰 것이다.

그런데도 이 시기의 정치사는 신약성경 독자들의 주요 관심사가 되지는 않는다. 그리스 문화가 로마에 끼친 중요한 영향이 있다면, 로마가 동양의 군주들과는 달리 왕을 갖지 않기로 굳게 결의했다는 사실이다(3.19). 그러나 결과적으로 옥타비아누스(Octavianus) 곧 아우구스투스(Augustus)의 후계자들은 점차 동양 독재자들의 전철을 밟기 시작했다.

카이사르, 만세(주전 100-44년)

로마의 첫 황제 아우구스투스는 주전 133년에 시작된 길고 소모적이며 피비린내 나는 일련의 내전에서 마지막까지 살아남은 승리자였다. 주전 80년대의 마리우스(Marius)와 술라(Sulla), 주전 50년대의 카이사르(Caesar)와 폼페이우스(Pompeius), 주전 30년대의 옥타비아누스(Octavianus)와 안토니우스(Antonius)는 유능한 중앙 집권 통치자 없이 로마 제국으로 성장해 버린 공화정을 장악하기 위해 계속 전쟁을 했으며, 결국 공화정은 몰락하고 말았다. 로마인들은 주전 500년경의 마지막 왕이었던 거만한 타르퀴니우스(Tarquinius)가 전복된 이후 군주제를 일절 거부해 왔다. 작고 새로이 독립한 도시 국가에 적합한 정부 형태로는, 프랑스에서 이집트까지

율리우스 카이사르.

뻗어 있고 지중해를 완전히 둘러싸고 있는 지역을 가진 거대한 메트로폴리스로 자랄 수가 없었다(3.30). 율리우스 카이사르(Julius Caesar)는 로마에 왕이 필요

하다는 사실을 직감했으나(3.18), 원로원에서는 카이사르의 계략이 너무 분명하게 드러나자 그의 생각에 반대하고는 주전 44년에 그를 암살했다(3.17; 3.20).

카이사르는 유언장에서 조카 손자인 가이우스 옥타비우스(Gaius Octavius)를 양자로 맞아들이고 그를 상속인으로 지명했다. 로마법에 따르면, 18세가 된 청년은 자기를 양자로 맞아 준 아버지의 이름에 자기의 원래 이름을 덧붙인 이름을 사용했다. 그래서 옥타비우스는 가이우스 율리우스 카이사르 옥타비아누스(Gaius Julius Caesar Octavianus)가 되었다. 역사가들은 주전 27년 이전에 활동한 그를 언급할 때는 옥타비우스라고 부른다.

옥타비아누스는 맨 먼저 마르쿠스 안토니우스(Marcus Antonius)와 또 다른 장군 레피두스(Lepidus)와 손을 잡고 로마를 다스렸다. 소위 제2의 삼두 정치라고 부르는 체제가 된 것이다(3.37). 옥타비아누스는 라틴어를 사용하는 로마 제국의 서쪽 절반을 장악했고, 안토니우스는 헬라어를 사용하는 로마 제국의 동쪽 부분을 다스렸다. 군대가 없던 레피두스에게는 '폰티펙스 막시무스'(pontifex maximus, 최고 신관)라는 이름이 주어졌고, 요즘의 튀니지 지역을 다스렸다.

하지만 안토니우스는 그의 아내인 악명 높은 이집트 여왕 클레오파트라 7세(Cleopatra VII, 한때 카이사르의 애인이기도 했다)의 꾐에 넘어가 자신만의 지중해 로마 제국을 건설하려는 계획을 세웠다(3.23; 3.25; 3.32). 옥타비아누스는 또 다른 내전을 일으키지 않고는 동료 로마 장군인 안토니우스를 대항할 수 없었다. 이집트는 속주 국가였으나 법적으로는 여전히 독립 국가였으므로, 옥타비아누스는 클레오파트라를 대항해 전쟁을 선포했다. 결국 옥타비아누스는 주전 31년 가을 악티움 해전에서 클레오파트라와 안토니우스를 무찔렀다(3.24; 3.26-28; 3.31). 안토니우스와 클레오파트라는 옥타비아누스의 보복을 피하기 위해 수개월 후 자살했다.

옥타비아누스와 안토니우스 사이의 이 같은 싸움은 신약성경에 간접적인 영향을 주었다. 로마 제국의 동쪽 부분에 대한 안토니우스의 첫 번째 계획은 헤롯에게 유대의 왕위를 보장하는 것이었다. 이 계획의 실천 방안으로 그는 이 전략적인 장소에 우애가 깊은 사람을 심어 놓았던 것이다. 안토니우스의 명령이 떨어지자, 로마 군대는 주전 37년에 예루살렘을 점령해 이 외지인(헤롯)을 유대인들의 왕이 되게 했다(3.21). 헤롯에게 부여된 위치는 '속주 왕'이었다.

헤롯은 자신의 보좌를 유지하기 위해 로마의 총애를 받으려고 백방으로 노력했다. 안토니우스가 옥타비아누스에게 패하자, 헤롯은 발 빠르게 움직여 옥타비아누스에게 달라붙었다. 요세푸스의 기록에 따르면(War 1.388), 헤롯은 이렇게 된 것이 전부 클레오파트라 때문이라며 그녀를 비난하는 연설을 했으며, 옥타비아누스에게는 안토니우스에게 했던 것처럼 충성을 다하겠다고 약속했다.

팍스 로마나 : 아우구스투스(주전 27년–주후 14년)

안토니우스의 패배로 말미암아 자신의 마지막 정적을 제거한 옥타비아누스는 몇 년 동안은 이미 낡아빠진 옛 공화정 체제 아래서 통치하려고 했다. 마침내 그는 자신의 거취 문제를 로마 원로원에 맡겼다. 원로원은 내전으로 피폐한 상태였기에, 옥타비아누스가 왕의 자리만 요구하지 않는다면 그 어떤 요구 사항도 받아들이겠다고 결의했다(Tacitus, Ann. 1.1).

원로원은 주전 27년에 옥타비아누스에게 '프로콘술'(proconsul, 지방 총독)의 권력과 더불어 '아우구스투스'(Augustus)라는 존칭을 부여했다. 주전 23년에 옥타비아누스는 호민관의 권력, 특히 다른 어떤 행정 장관에게라도 거부권을 행사할 수 있는 권한을 부여받았다. 이 밖에 다른 사소한 조정이 이 시기에 이루어졌다(3.43). 이러한 권력들은 공화정 형태의 정부라는 허구를 유지하기 위해서였지만, 옥타비아누스에게 국가에 대한 절대 통치권을 부여한 것이나 다름없었다(3.34). 그는 명칭상 원로원의 '제1인자'였다. 그러나 이 체제는 다음 세기에 가서는 그 중요성이 퇴색되었다(3.44–45).

보통은 아우구스투스를 황제로 이해하고 또 그렇게 부르지만, 그가 왕이나 황제로 불린 적은 한 번도 없었다(3.46). 그에게 붙여진 칭호라고는 '프린켑스'(princeps, 제1인자 또는 제1시민)와 '임페라토르'(imperator, 군대의 대장군) 그리고 '폰티펙스 막시무스'(pontifex maximus, 최고 신관)를 들 수 있다. 이 칭호들은 로마의 건국 이래 계속 존속해 왔던 것이었다. 아우구스투스의 특징이라면, 그가 자신을 위한 어떠한 새로운 정치적 지위를 만들지 않았다는 데 있다. 그는 단지 공화정에 속한 행정 장관으로 행동했다.

가장 눈에 띄는 변화는 원로원이 백성들을 대신해서 콘술들과 그 밖의 행정 장관들을 선출했다는 점이다. 즉 적어도 선거는 존재했다. 아우구스투스에게는 어느 공직자의 행동에 대해서도 거부할 수 있는 절대적인 권한이 있었으나, 그는 가능한 한 정부가 스스로 운영되도록 내버려두려고 노력했다. 점차 원수제가 일어나게 된 것은 아우구스투스의 정치적인 천재성을 입증해 주었다. 그가 몇 차례 큰 질병에 걸렸을 때에도 살아남고, 그의 세 번째 아내 리비아(Livia)를 포함해서 어떤 사람이 예상한 것보다도 오래 살았다는 사실은 원수제를 탄생시키는 데 기여했다(3.36).

아우구스투스는 왕이 아니었기 때문에 후계자를 지명할 수 없다는 치명적인 약점이 있었다. 그는 또다시 내전이 발발하는 일을 막기 위해서는 죽기 전에 누군가를 후임자로 세워야 한다는 사실을 알고 있었다. 하지만 그의 유일한 자식은 두 번째 아내에게서

카이사르 아우구스투스. 임페라토르(군대의 대장군)로서의 모습.

태어난 딸 율리아(Julia)뿐이었다.[1] 그의 세 번째 아내에게는 전남편 사이에서 얻은 두 아들이 있었지만, 그는 처음에 이들을 후계자로 여기려고 하지 않았다. 아우구스투스는 그의 딸 율리아에게서 손자를 얻으려고 연이어 몇 차례 결혼을 시켰다. 율리아의 첫 남편은 아우구스투스의 조카 마르켈루스(Marcellus)였다. 그 다음은 그의 군대 총사령관인 아그립바(Agrippa)였고(3.33; 3.42; 3.48), 마지막으로는 리비아의 간청으로 결혼시킨 티베리우스(Tiberius, 리비아와 그녀의 전남편 사이의 아들)였다.

그러나 로마 세계, 아니 서방 유럽의 운명을 한몸에 쥐고 있던 아우구스투스도 후계자를 세워야 한다는 이 목표는 달성할 수 없었다. 마르켈루스는 주전 22년에 죽었다. 율리아와 아그립바는 딸들 외에도 아들 셋을 낳았지만, 둘은 10대에 죽었고 남은 한 아들은 정신 이상이어서 통치를 하기에는 적합하지 않았다. 이 시기의 역사가들은 리비아가 그녀의 총애하는 아들(티베리우스)을 율리아와 결혼시키기 위해 독약을 제조해 정적들을 없앴다고 믿고 있다. 심지어 리비아가 그녀의 막내아들까지 없애 버려, 아우구스투스로서는 후계자를 위해 다른 선택을 할 여지가 없게 했다고 역사가들은 생각한다. 권력 승계를 위해 누군가를 준비시키는 일이 이 황제 가계의 문제였다. 이 문제는 이 왕조가 자식 없는 네로(Nero)로 끝날 때까지 계속되었다(3.39).

아우구스투스의 손녀 대(大)아그리피나(Agrippina)가 리비아의 손자 게르마니쿠스(Germanicus)와 결혼하게 되자, 이 두 가문은 소위 율리우스-클라우디우스(Julius-Claudius) 왕조로 혼합되고 말았다. 이 왕조의 명칭은 통상적으로 티베리우스로부터 네로에 이르는 모든 황제들에게 적용된다(3.47). 이들 가족 관계는 이 책 말미에 있는 족보를 보면 잘 이해할 수 있을 것이다. 황제 가문의 음모들은 몇몇 작가들의 상상력을 사로잡았다. 수에토니우스와 타키투스가 기록한

---

1) 여자들의 이름이 어떻게 지어졌는지는 이 책 제7장 '여자들'에서 다루기로 하겠다.

역사의 많은 부분이 로버트 그레이브스(Robert Graves)가 쓴 소설 『나, 클라우디우스』(I, Claudius)와 『신(神), 클라우디우스』(Claudius the God)에서 재현되었다. 아우구스투스(Augustus) 가문은 절대 권력의 축적과 행사가 얼마만큼 악하게 될 수 있는지를 연구하는 사례가 되었다(3.38).

아우구스투스는 통치 말년에 티베리우스를 받아들이지 않을 수 없었다. 그리하여 그와 권력을 나누기 시작했고, 원로원과 군대에게 자기가 후계자로 선택한 티베리우스를 받아들이라고 종용했다. 아우구스투스는 주후 14년에 서거함으로써, 로마의 어떤 황제보다도 오래 권좌에 있었다는 기록을 남겼다.

자기를 반대하는 세력을 눈앞에 두지 않으려고 했던 티베리우스가 황제가 된 후 제일 먼저 한 일은 잔존해 있는 아우구스투스의 손자를 처형하는 일이었다. 이렇게 가계를 깨끗하게 정리하는 수법은 황제 계승에 있어서 표준으로 남게 되었고, 심지어 기독교 시대의 황제들도 이런 방법을 사용했다.

티베리우스(주후 14-37년)

예수님께 건네진 데나리온에 그 얼굴이 새겨져 있던 장본인인 티베리우스는 통치자로서 많은 비난을 받은 황제다. 한 경우를 제외한 모든 기록에서 티베리우스는 고집이 세고, 반사회적이며, 인색하고, 변태적인 성생활을 즐기며, 주변 사람을 몹시 의심했던 인물이었다. 그는 점성술을 믿었으며, 유대교에 대해 대단한 적대감을 나타냈다(3.49; 3.52; 3.57). 군인 시절을 티베리우스 밑에서 보낸 로마의 잘 알려지지 않은 역사가 벨레이우스 파테르쿨루스(Velleius Paterculus)만 유일하게 그를 과도하게 칭찬했다. 물론 그는 티베리우스 황제 재위 시절에 글을 썼다. 하지만 군대 장관으로서의 티베리우스에 대한 기록은 대단했다. 그는 게르마니아에 있는 여러 부족과 발칸 반도 위쪽을 점령한 승리자였다.

티베리우스는 정부 운영을 그의 큰 위대 사람들에게 맡기기를 좋아했다. 아우구스투스는 전형적인 로마 귀족처럼 살았다. 두어 명 되는 노예나 친구만을 데리고 거리를 산책하고, 국가는 마치 원로원 의원 한 사람이 자기의 널리 퍼져 있는 사업과 농사일을 운영하듯 내버려두었다. 티베리우스는 불분명한 의도로 정부 일에 임했을 뿐 아니라, 가능한 한 그가 통치하는 백성들과 격리되어 살았다(3.51; 3.55).

예수님이 십자가에 못박혔던 당시의 로마 황제 티베리우스.

마침내 그는 나폴리만(灣)에 있는 카프리섬의 한 별장에 은거하면서, 그곳에서 다양한 성적인 비행을 만끽하며 시간을 보냈다. 티베리우스는 그의 통치 기간 마지막 10년 동안은 로마로 돌아가지 않았다(3.63).

티베리우스는 후계자를 선택할 수 없었다. 그의 아들은 주후 23년에 죽었고, 그의 조카 클라우디우스(Claudius)는 신경성 안면 경색증에, 말을 더듬고 다리를 절었으며, 어디를 보아도 통치자가 되기에는 부적격하다고 여겼다. 또 다른 조카인, 아우구스투스의 손녀 대(大)아그리피나의 남편 게르마니쿠스는 사람들에게 매우 인기가 좋았기 때문에 부하를 보내서 살해했다. 게르마니쿠스의 자녀 대부분도 처형하거나 유배 보냈다.

이제 유일하게 남은 게르마니쿠스의 아들 가이우스(Gaius)만이 후계자가 될 가능성이 컸다. 그는 칼리굴라(Caligula, 라틴어로 '작은 군화'라는 뜻이다)라는 별명을 가지고 있었는데, 이 별명은 그의 아버지의 군인들이 붙여 준 것이었다. 수에토니우스는 티베리우스가 자기의 조카 손자인 칼리굴라를 자기를 이어 황제가 되게 한 것은, 로마인들이 자신의 통치 기간을 황금기라고 회고하기를 바랐고, 또 칼리굴라가 어떤 통치자가 될 것인지 이미 잘 알고 있었기 때문이라고 주장한다. 티베리우스는 자신이 "로마의 품안에서 독사를 키우고 있었다."라며 만족스럽게 웃었다(Calig. 11).[2]

칼리굴라(주후 37-41년)

칼리굴라는 티베리우스가 자신을 낮게 평가하고 자신에 대한 기대치를 낮춘 것에 실망을 주지 않았다. 그는 모든 면에서 반사회적인 인간성을 드러냈다. 말하자면 그는 자신의 행동이 다른 사람들에게 미칠 결과 따위는 전혀 고려하지 않았고, 일의 옳고 그름을 떠나 자기가 하고 싶은 대로 했다. 명백하게 드러난 일은 그가 10대 때 자기 누이동생 세 명과 근친상간을 저질렀다는 점이다(3.66). 그는 이 누이들을 그가 주조한 화폐에 새겨 기념했다.

칼리굴라는 도발적이고 독재적인 방법으로 통치했다. 검소한 티베리우스가 23년 동안 모아 놓은 돈을 칼리굴라는 그의 통치 1년 만에 다 써 버렸다. 권좌에 오른 지 8개월이 지났을 때 지속되는 고열로 앓아누웠는데, 이 일로 인해 칼리굴라는 지금까지 그가 보였던 것보다 더 균형을 잃은 채 행동하게 되었다. 그는 스스로를 제우스의 화신으로 생각하여, 제우스가 누이동생 헤라와 결혼한 것처럼 그의 누이와 결혼했다. 칼리굴라가 앓은 질병이 정확히 무엇이었는지를 설명하는 다양한 제안들이 나와 있다(3.61-62; 3.67-70). 남은 통치 기간 동안 그는 예측 불허의 행동을 했고, 심지어 가학적인 변태 성욕자로 살기도 했다. 부자들은 사소한 일에도 체포되었고 재산이 몰수되기까지 했다.

심지어 이런 이야기까지 전해 내려온다. 칼리굴라가 갈리아에서 자신의 군대를 이끌고 바다를 향해 공격했다는 것이다. 그는 군사들에게 창으로 바닷물을 찌르고 바다의 신인 넵투누스를 이긴 승리의 전리품으로 조개를 모아들

---

2) 클레오파트라가 자살한 방법을 암시하는 듯하다. 클레오파트라의 애인 마르쿠스 안토니우스는 그의 딸 안토니아(Antonia) 쪽으로 보아 칼리굴라의 증조부였다.

이라고 명령했다(3.63). 그는 자기가 총애하는 경주용 말을 원로원 의원으로 임명했으며, 그가 근위대 사람들에게 살해될 당시 그 경주용 말을 콘술로 만들려고까지 했다.

칼리굴라가 죽을 무렵, 로마 군사들은 황제상을 성전에 놓기 위해 예루살렘으로 진군했다. 대부분의 로마 장교들은 유대인들이 예루살렘 도시에 어떤 형상이든지 허용하지 않는 별난 민족이라는 점을 인정했지만, 칼리굴라는 자기에게는 신적인 권한이 있다고 생각해 그 일을 강행하기로 결심했던 것이다. 군대 지휘관은 이런 상황에 대단히 민감하여, 유대 지역에 머물면서 칼리굴라가 내린 명령의 시행 시기를 지연하고 있었다. 그의 마음이 바뀌기를 소망했던 것이다. 명령에 불복종한 지휘관을 직위 해제하고 황제상을 정한 자리에 세우라는 새로운 명령이 유대 지역에 전달되기 직전에 칼리굴라의 사망 소식이 유대에 전해졌다(3.58; 3.64; 3.72-74). 이 사건은 그 지역에 긴장을 고조시켰고, 궁극적으로 66년 전쟁을 일으키게 한 여러 사건 중 하나였다(3.71).

로마 제국의 비밀 : 클라우디우스(주후 41-54년)

칼리굴라가 죽자 원로원은 옛 공화정의 회복을 꿈꾸었다. 하지만 근위대는 황제가 없다면 황제 근위대가 필요 없다는 사실을 알고는, 황제 궁의 휘장 뒤에서 겁을 먹고 떨고 있는 칼리굴라의 삼촌 클라우디우스를 임페라토르로 추대했다. 오랫동안 여러 황제들과 군대의 요구를 순순히 받아들이는 데 길들여진 원로원은 클라우디우스에게 선임 황제들이 누렸던 권력과 칭호를 그대로 부여했다. 타키투스가 지적했듯이, 이 '인심 좋은' 독재 정권의 군사적인 기초는 마침내 세상에 알려졌다. 음모가 드러난 것이다. 군대가 황제를 만들었고, 반대로 황제는 계속해서 군대를 만족스럽게 해주어야 했다.

하지만 클라우디우스는 유능한 행정가라는 사실이 밝혀졌다(3.78; 3.81). 그의 통치 기간에 로마인들은 브리타니아(오늘날의 영국)를 정복했으며, 황제의

유대인들을 '크레스투스'(그리스도인들)라고 여겨 로마에서 추방한 클라우디우스.

노예들로 하여금 정부 각 부서에서 다양하게 일할 수 있도록 하는 체계적인 시민 봉사 체제가 결성되었고, 여자들에게 재산을 소유하고 유산 상속을 받을 수 있는 법적인 권한이 부여되었다. 클라우디우스 전기에서 수에토니우스는 아우구스투스가 리비아에게 보낸 편지 하나를 인용했다. 거기서 아우구스투스는 항상 사람들을 헛갈리게만 하던 젊은 클라우디우스가 또 어떤 때는 어떻게 그처럼 명료하고 논리적으로 연설할 수 있는지 놀라움을 표현했다(Claud. 4).

역사가들은 클라우디우스가 일부러 어리석은 체해서(수에토니우스는 그렇다고 생각한다. Claud. 38) 황제 자리를 쟁탈할 경쟁자로 자신이 드러나지 않도록 한 것은 아닌지, 혹은 그가 단순히 성장이 늦은 사람은 아니었는지 궁금해한다. 사실이야 어떻든지 간에, 클라우디우스는 전에 아우구스투스에게 수수께끼 같은 인물이었던 것처럼 이제는 모든 사람에게 경이의 대상이 되었다(3.80).

클라우디우스의 치명적인 약점은 아름다운 여자를 너무 밝힌다는 점이었다. 그의 첫 두 아내에 대해서는 우리가 아는 바가 거의 없다. 주후 39년에 세 번째 아내인 메살리나(Messalina)와 결혼할 때 그녀는 14세, 클라우디우스는 49세였다. 메살리나는 곧 클라우디우스를 배반해 그를 권좌에서 제거하고 다른 남자와 결혼할 계획을 세웠다. 클라우디우스는 그녀를 처형했다. 그의 다음 아내는 칼리굴라의 여동생인 그의 조카 소(小)아그리피나(Agrippina)였다. 클라우디우스는 원로원에 압력을 넣어 근친상간 금지법에서 삼촌과 조카 관계는 제외하도록 한 후 그녀와 결혼했다. 아그리피나가 전남편에게서 낳은 아들은 클라우디우스의 아들로 입적되었고, 네로라는 이름으로 알려지게 되었다. 아그리피나는 클라우디우스를 부추겨 네로보다 3, 4개월 어린 클라우디우스의 친아들 브리타니쿠스(Britannicus)보다 네로를 더 총애하고 네로를 그의 후계자로 지명하도록 했다. 네로가 로마에서 성인으로 인정받는 나이인 16세가 되자마자 아그리피나는 클라우디우스를 독살했다(3.76; 3.78).

클라우디우스가 신약성경에 끼친 영향은 아무리 강조해도 지나치지 않다. 그는 전에 아그립바 1세의 조부 헤롯 대왕이 차지했던 왕의 자리에 아그립바 1세를 다시 앉혔다(3.83). 아그립바 1세는 교회에 속한 사람들에게 손을 들어 폭력을 행사한 왕이었다(행 12:1).[3] 수에토니우스에 따르면, 클라우디우스도 '크레스투스'(Chrestus)라는 이름을 가진 사람들이 로마를 소란하게 한다는 명목으로 주후 49년에 유대인들을 로마에서 추방했다(Claud. 25).[4] 이것은 '크리스투스'(Christus)라는 명칭을 오해한 로마인 작가들 때문에 잘못 알려져서 생긴 일이었다. 로마인들은 유대인과 그리스도인을 구별하지 못했다. 이 유대인(그리고 그리스도인)의 추방 사건으로 인해 아굴라와 브리스길라가 고린도에 왔으며, 이곳에서 그들은 바울을 만나게 되었다(행 18:1-4).

네로(주후 54-68년)

네로가 황제가 된 후 제일 먼저 한 일은 브리타니쿠스를 독살하는 것이었다. 그는 5년 동안 자기 어머니와 철학자 세네카(Seneca)의 자문을 받아 가며 통치했다. 고대 역사가들은 한결같이 이 짧은 기간 동안의 통치는 꽤 모범적이었다고 기술한다. 하지만 주후 59년에 네로는 자기 어머니 아그리피나가 사사건건 정치에 간섭하는 것에 염증을 느껴 부하를 보내 그녀를 살해했다.

---

3) 아그립바는 헤롯(Herod) 가문에 속한 사람이었다. 하지만 그는 사도행전에서만 '헤롯'이라고 불렸다. 그의 정식 이름은 마르쿠스 율리우스 아그립바(Marcus Julius Agrippa)이다.

4) 크레스투스와 크리스투스 두 단어에 대한 혼동은 테르툴리아누스(Tertullianus)가 『변증학』(*Apology*)에서 신앙을 변증할 때 중요한 부분을 차지한다.

고대의 기록을 신뢰할 수 있다고 할 때, 네로가 자기 어머니를 살해하는 일은 쉽지 않았을 것이다. 아그리피나는 수년 동안 해독제를 복용해 왔기 때문에 독약은 효과가 없었을 것이다. 네로가 그녀를 밑이 새는 배에 태워 익사시키려고 했을 때에도 그녀는 살아남았다. 교묘하게 일 처리하는 것에 신물이 난 네로는 마침내 군인들을 보내 그녀를 살해했다(3.86). 그리고 세네카는 곧바로 유배를 보냈다.

네로는 남은 통치 기간을 그의 호색적인 성향을 마음껏 즐기며 보냈다. 그는 자기 곁에서 아첨하는 보좌관들의 말에 귀를 기울였고, 아무에게도 간섭을 받지 않았다. 수에토니우스가 말한 것처럼 "네로의 악은 점차 도를 넘기 시작해, 자신의 악행을 더 이상 웃어넘기거나 감추거나 부인하지 않았다"(Nero 27). 네로는 64년 대화재 이후 로마시 중심에 자신의 향락을 위해 황금궁전을 건축함으로써 모든 로마인의 감정을 자극하고 말았다. 대부분의 시민은 네로가 그의 건축 계획을 위해 터를 정리할 목적으로 방화를 조장했다고 의심했다(3.85). 네로는 모든 책임을 그리스도인들에게 뒤집어씌우려고 했다. 그리스도인에 대한 네로의 핍박은 매우 잔인해서 로마 시민들의 반감을 사기에 이르렀다(3.89; 3.91; 3.95; p. 139 박스의 '네로와 그리스도인들'을 보라).

네로의 정부(情婦) 포파이아 사비나(Poppaea Sabina)는 네로가 그리스도인들을 핍박한 원인을 제공했을 수도 있다. 요세푸스는 전에 사비나가 유대의 제사장들을 석방시키는 일에 어떻게 개입했는지를 설명한다(Ant. 20.195). 너무 과장해서는 안 되겠지만, 요세푸스는 심지어 이 여자를 마치 사도행전에 나오는 백부장 고넬료처럼 유대교 언저리에 있는 이방인의 하나일지도 모른다는 사실을 시사하기 위해 '하나님을 경외하는 자'라고 칭하기까지 했다(3.94; 3.98).

네로는 수년 동안 그리스에서 열리는 각종 경연 대회에 참가함으로써 예술과 경기에 탐닉했다. 그는 이탈리아에서 자신이 주관하는 경기(소위 '네로 제전')도 제정했다. 실제로 네로에게 시나 음악적인 재능이 있었던 것 같다. 하지만 우리가 가진 모든 자료는 이 문제에 대해 그를 공정하게 평가하지 못하고 있으며 편견으로 가득 차 있다.

68년에 네로는 로마의 변경에 있는 군대에게서 신임을 잃었다. 스페인, 게르마니아, 시리아에 있는 사령관들은 자신들의 군대로부터 임페라토르라는 환영을 받았다. 원로원은 네로를 범법자라고 선언했고, 그는 그의 적들이 자기에게 가할 고통스럽고 불명예스러운 죽음을 피하기 위해 스스로 목숨을 끊었다. 네로가 죽자 1세기 들어 처음으로 내전이 발발했다. 각기 다른 사령관에게 충성을 맹세한 군대가 로마를 향해 진군해 들어온 것이다. 갈바(Galba)와 오토(Otho)와 비텔리우스(Vitellius)가 69년 한 해 동안 수개월씩 돌아가며 패권을 쥐었으나, 마침내 베스파시아누스(Vespasianus)가 그해 가을에 통치권을 장악했다(69년은 네 황제의 해로 알려져 있다). 로마 군대가 이탈리아에서 서로 싸우는 동안, 이 혼란을 틈타 야만족이

> **네로와 그리스도인들**
>
> 네로가 방화를 일으킨 장본인이라는 군중의 신념을 꺾기 위해 그가 할 수 있는 일이란 아무것도 없었다. 군중에게 선물을 줄 수도 없었고 신들에게 제사를 드릴 수도 없었다. 소문을 잠재우기 위해 그는 그리스도인이라 불리는 사람들에게 죄를 뒤집어씌웠다. 그리스도인들은 그들의 죄목 때문에 사람들에게 멸시를 받았으며, 아주 교묘한 고문도 받았다. 그리스도인이라는 명칭이 유래하게 된 그리스도는 티베리우스 황제 재위 기간에 총독 본디오 빌라도에 의해 십자가에서 처형된 인물이다. 이 지독한 사교는 잠시 잠잠했으나, 그 악의 발생지인 유대에서 다시 활동했을 뿐만 아니라, 가증스러운 것과 부끄러운 것이 모두 흘러나오고 풍미하는 로마에서까지 활동했다.
>
> 먼저 그리스도인이라 고백하는 사람들이 체포되었다. 다음으로 그들의 증거에 의해, 대단히 많은 군중이 방화 때문이 아니라 사람들의 증오 때문에 유죄 선고를 받았다. 그들을 처형할 때 가한 치욕스러운 행위들은 이루 다 열거할 수 없다. 그들에게 야생 동물의 가죽을 입히고는 개에 물려 갈기갈기 찢겨 죽게 했고, 혹은 그들을 십자가에 매달기도 했다. 또 해가 질 때 그들에게 불을 붙여 횃불로 삼기도 했다. ……하지만 그들이 설령 극한 형벌을 받아 마땅한 범죄자라고 하더라도 사람들은 그들에게 동정심을 갖기 시작했다. 그들은 마치 공공의 선을 위해서가 아니라 한 인간의 잔인성을 만족시키기 위해 소멸되어 가는 듯했다(Tacitus, *Annals* 15.44).

변경에 공격을 가했다. 수도 로마의 일부가 불탔으며, 로마인들은 "로마 제국의 마지막이 가까이 다가왔다."라며 두려워했다(Tacitus, Hist. 4.54). 많은 학자들은 요한계시록이 96년이 아니라 이 시기에 기록되었다고 생각한다(3.84; 3.93; 3.99). 이 이상한 책(요한계시록)에 나오는 짐승의 머리는 분명 로마 황제들을 가리킨다(계 13:1-3, 17:8-11). 다섯 번째 머리는 로마에서 멀리 떨어진 곳에서 자살한 네로이다. 그의 시체를 본 사람이 아무도 없었기 때문에 그가 여전히 살아 있다는 소문이 69년 3월에도 돌아다녔다(Tacitus, Hist. 2.1). 이것으로 인해 요한계시록 앞 장의 편지를 받은 일곱 교회가 있던 아시아에서는 당혹감을 금치 못했다. 네로의 환생에 대한 이야기는 2세기 초까지 사라지지 않은 채 떠돌아다녔다(3.90; 3.96).

플라비우스 가문(주후 69-96년)

69년의 난투극이 벌어진 상황에서 최후 승리자는 플라비우스(Flavius) 가문의 베스파시아누스였다. 베스파시아누스는 처음에는 중하층 계급에 속한 사람이었으나, 착실하게 단계적으로 성장해 시리아에 주둔한 로마 군대의 총사령관이 된 인물이다. 내전이 시작되던 때에 그는 유대의 혁명을 진압하던 중이었다. 특히 무감각한 로마 총독 두어 명의 행동에 자극을 받은 유대인들은, 네로가 통치 마지막 수년 동안 정치에 관심이 없는 점을 이용해 로마의 멍에를 떨쳐 버리려고 안간힘을 썼다. 그들은 베스파시아누스와 그의 아들 티투스(Titus)의 군사적 전술이나 용맹스러움을 전혀 두려워하지 않았다(3.105). 이 두 장군의 대승으로 유대인 중에는 자신의 대의를 포기하는 사람들이 있었다. 이들 중 가장 유명한 사람은 요세푸스로서, 그는 갈릴리에서 자기의 입장을 포기하고 플라비우스 가문의 이름을 자기의 이름에 삽입하고는 로마인들을 변호하는 자로 돌변했다(요세푸스의 생애와 그의 저서에 대해서는 이 책 뒤에 있는 원자료에서 설명했다).

베스파시아누스는 유대 진압의 임무를 티투스에게 맡기고, 자신의 힘을 강화하기 위해 69년 가을 이탈리아로 돌아갔다. 70년에 티투스는 예루살렘을 멸망시켰다. 3년 뒤 마지막 남은 혁명대는 헤롯 대왕이 쌓은 마사다 요새에서 로마 군대와 대치했다. 오랫동안 로마 군대의 포위를 잘 견딘 마사다 혁명대는 마침내 로마 군인들이 성벽을 부수고 안으로 들어오기 전날 밤에 전원 자살했다(3.106).

베스파시아누스는 10년 동안 통치했다. 이 기간 동안 그는 정부에 대한 군대의 신임을 회복했으며, 네로가 지은 황금 궁전을 헐어 버렸고, 오늘날 콜로세움으로 알려진 원형 극장을 건립하기 시작했다. 그의 아들 티투스가 그를 이어 황제가 되었다(주후 79-81년). 티투스가 재임한 기간은 로마에서 발생한 또 다른 화재와 전염병 그리고 폼페이를 파멸로 몰고 간 베수비오 화산 폭발을 관람하기에 충분한 시간이었다. 티투스는 유대교에 대해 경의를 표했고, 성전 파괴를 꺼려했던 것으로 보인다. 그의 정부는 아그립바 2세의 누이 버니게(Bernice)였다(3.104; 권말 족보).

베스파시아누스의 막내아들 도미티아누스(Domitianus)는 1세기 거의 끝 무렵에 황제가 되었다(주후 81-96년). 필시 도미티아누스가 티투스를 살해했을 것이다. 도미티아누스는 다음 세대 사람들이 생각하듯 그렇게 악한 통치자는 아니었던 것 같다. 그의 업적은 그의 아버지의 업적에 비해 무색할 정도로 형편없었다. 그래서 자연히 독재적인 기질을 발휘했던 것 같다. 통치 말기에 이르러 도미티아누스는 점점 편집증 증세를 보이더니, 많은 원로원 의원들과 그 밖에 자기를 암살할 것이라고 의심이 가는 귀족들을 잡아 가두었다(3.109). 이렇게 숙청 작업을 하는 동안, 그는 그리스도인들을 우연히 만나게 되어 로마에 있는 교회를 핍박하기 시작했던 것 같다. 하지만 핍박은 로마 제국의 다른 지역으로는 퍼져 나가지 않았던 듯하다(3.107). 도미티아누스가 유대교에 대해 갖고 있던 견해 역시 좋지 못했던 것 같다(3.110).

3. 황제들과 신약성경

이와 같은 1세기 로마 제국의 통치자들은 제국의 정책을 수립하고, 본디오 빌라도, 벨릭스, 갈리오 등과 같은 사람들을 알맞은 관직에 임명했다. 이 관원들은 초대 그리스도인들과 이런저런 방식으로 마주쳤다. 황제들의 이름이 신약성경에는 거의 언급되지 않지만, 그들의 결정과 행동은 거의 모든 부분의 배후에 깔려 있다. 어떤 학자가 표현한 것처럼,

> 신약의 모든 책은 여기에 언급된 황제 재위 기간 어느 한때에 각각 기록되었다. 연대기 표는 신학적인 전통이 생기게 되었음을 보여주는데, 이 전통은 황제의 정책 때문에 여러 차례에 걸쳐 만들어졌다. ……누가 로마 제국을 통치하느냐에 따라 그리스도인들은 황제를 하나님의 도구로 볼 수도 있었고 악마의 도구로 볼 수도 있었다(3.117:71).

누가복음 2장 1절은 마리아와 요셉이 베들레헴으로 호적하러 간 사실을 기록하면서 이 인구 조사를 명령한 장본인이 아우구스투스(가이사 아구스도)라고 언급한다(주전 6-5년경). 마태복음 2장 1-23절에 기록된 것처럼, 헤롯 대왕이 사망하자(주전 4년 초) 마리아와 요셉은 이집트에서 본국으로 돌아가도 안전할 것이라고 생각했다. 하지만 이들은 아켈라오(주전 4년-주후 6년)를 피해 나사렛으로 갔다. 아켈라오는 아우구스투스가 유대와 사마리아의 왕으로 임명한 사람이다. 티베리우스는 빌라도를 유대의 총독5)으로 임명하고는 10년 동안(주후 26-36/37년) 그곳에 있도록 했다. 예수님의 공생애 기간에 유대를 통치한 인물이

---

5) 요세푸스는 시대적 착오로 인해 빌라도를 '프로쿠라토르'(procurator, 지방 수세관)라고 불렀으나, 1961년 가이사랴 마리티마에서 발견된 돌에 새겨진 비문에는 분명하게 빌라도가 '프라이펙투스'(praefectus, 지방장관)라고 명기되어 있다(The Anchor Bible Dictionary, 5:397). 프로쿠라토르라는 용어는 이에 해당하는 총독들이 권력을 확대해 세금을 거두어들이는 일을 한 주후 70년 이후 유대 지방에서 불리던 명칭이다.

바로 빌라도이다(눅 3:1). 칼리굴라가 자기는 신성을 지닌 존재라는 사실을 주장함으로써 긴장은 고조되었으며, 이 일로 인해 66-73년에 걸친 유대 전쟁이 발발했다. 이 사건은 다시 기독교와 유대교의 분열을 조장하는 데 기여했다. 클라우디우스는 49년에 유대인들을 로마에서 추방했다. 이 사건으로 로마에서 쫓겨난 아굴라와 브리스길라는 고린도에 왔고, 그곳에서 바울을 만나게 되었다. 네로는 요한계시록의 저자 요한을 조그마한 섬으로 유배 보냈고(계 1:9), 그곳에서 요한은 환상을 보았다. 또한 네로가 베드로와 바울의 처형을 명령한 것으로 추정된다.

아우구스투스 이후의 황제들은 비교적 그들이 다스렸던 백성들과 직접적인 접촉을 하지 않은 것 같다. 황제들은 신하들의 일상생활에 보다 간접적으로 영향을 미쳤는데, 그 영향은 황제들이 세운 원칙과 그 원칙을 수행하라고 그들이 임명한 사람들을 통해서였다.

로마 제국에 속한 대다수의 백성에게 '정부'란 그들 마을의 민회나 총독을 의미했다. 이 제도가 어떻게 운용되었는지 이해하기 위해서는 로마 제국의 구조를 간략히 살펴보는 것이 필요하다. 그런 다음 우리는 그 구조의 한 부분이었던, 신약성경에 언급된 사람들을 고찰하고자 한다.

4. 속주와 총독들

로마 제국은 속주(province, 개역개정에는 '영지'라고 되어 있다 – 편집자 주)라고 불리는 영토로 나누어져 있었다. 이 속주 대부분은 주전 240년 이후에 정복한 것이었다. 로마의 손아귀에 들어오지 않은 지역은 거의 없었다. 오늘날 터키 북서부 지역에 해당하는 속주 아시아는 후계자 없이 주전 133년에 사망한 그 지역의 마지막 왕이 자원해서 로마로 편입해 들어갔다. 그 밖에 다른 몇몇 지역은 법적으로 속주국이었다(3.118).

황제들은 갈리아와 시리아처럼 군대가 주둔하고 있던 변경 속주들은 황제가 직접 통치하는 지역으로 만들었다. 하지만 아시아와 시칠리아와 같이 내부에 있던 속주들은 원로원이 총독을 선출해 파견하게 했다. 이런 속주는 오랫동안 평화를 누렸다(3.121). 유대가 그랬던 것처럼 로마인들이 어떤 지역의 국민이나 그 통치자의 행동에 대해 못마땅하게 생각할 경우, 그 지역의 위치는 변화될 수 있었다. 이러한 상황에 대해 수에토니우스는 다음과 같이 말했다(Aug. 47).

아우구스투스는 행정 장관들이 안전하게 또는 쉽게 통치할 수 없는 강대한 속주들은 모두 직접 통치했다. 나머지만 지방 총독들에게 제비 뽑아 다스리게 했다. 하지만 가끔씩은 황제령을 원로원령으로, 혹은 반대로 원로원령을 황제령으로 바꾸었다.

이 시점에서 약간 혼동할 수 있는 몇 가지 용어를 정의하는 것이 좋겠다. '프로콘술'(proconsul), 즉 지방 총독은 집정관직에 있는, 로마에서 가장 높은 관직에 있는 사람이다. 대략 주전 200년경에 시작해 매년 원로원은 전임 집정관단에게 총독직을 제비 뽑도록 했다. 황제들은 원로원에게 보다 조용한 지방의 총독들을 선발하게 함으로써 공화정의 모양새는 유지했고, 관료주의를 통해 출세한 사람들을 우대했다. 귀족 계급에 속한 로마인 대부분은 이것을 필요악이라고 생각했다. 키케로 같은 사람들은 아예 노골적으로 이 제도에 반대하고 나섰다. 명성을 원하는 사람들을 1년 혹은 그 이상을 로마에서 멀리 떨어진 곳에 있게 한다는 점이 그 이유였다. 지방 총독 자리가 비어 있지 않은 경우에는, 심지어 국가에서 두 번째로 높은 직위에 있는 '프라이토르'(praetor, 법무관) 같은 사람도 작은 속주로 전출 가는 경우가 있었다. 그런 사람을 '프로프라이토르'(propraetor, 지방 법무관)라고 불렀으며, 그는 총독의 전권을 가졌다. 이들이 가진 권한에 대해서는 이 책 제4장에서 논했다.

원수정하에서는 군대가 주둔하고 있던 국경 지대의 속주는 황제가 직접 다스렸다. 황제는 지방 총독으로서 이들 지역을 통치했으며, 그를 대신해 그 속주들을 관리하도록 '레가투스'(legatus, 총독 보좌관) 또는 '프로쿠라토르'(procurator, 지방 수세관)로 알려져 있는 보좌관을 파송했다. 프로쿠라토르는 보다 작은 속주에서는 '프라이펙투스'(praefectus)라고 불렸다.[6] 총독(governor)이란 용어는 어느 지역이든지 그 지방의 장(長)에 적용할 수 있는 일반적인 명칭이었다. 황제는 최고 권력을 지닌 지방 통치자로서, 어느 속주든지 그 속주 문제에 개입할 수 있는 권한을 가지고 있었다. 아우구스투스가 기획한 이러한 속주 관리 제도는 사소한 부분만 수정되면서 로마 제국이 붕괴하던 3세기까지 효력을 발했다(3.122-123).

여러 속주들이 팍스 로마나 시절의 통치로부터 혜택을 받은 것은 사실이다. 하지만 이들 지역은 그 대가를 치렀다. 로마인들은 통상적으로 소위 세금 징수 청부(tax-farming)라고 불리는 방법을 통해 모든 지방에서 세금을 거두어들였다. 로마의 부자들(publicani, 공무원. 신약성경에는 '세리'라고 언급되어 있다-역자 주)은 어떤 지역에서 세금을 거두어들일 수 있는 권한을 부여하는 계약서를 매입했다. 그 계약서의 값은 그들이 정부에 지불해야 하는 액수의 돈에 통상 25퍼센트 정도 되는 이익금이 포함되었다. 이 제도로 인해 로마 정부는 해마다 정부 운영 비용을 수고 하나 들이지 않고 거두어들일 수 있었다. 처음 계약을 맺은 사람들은 다시 자기의 관할 지역을 작은 규모로 나누어, 각각의 지역에서 세금을 거두어들일 하청 업자를 모집해 그들과 계약을 맺었다. 하청 업자들은 자기들이 투자한 돈에 이익금을 덧붙인 액수를 세금으로 거두어들였다. 이 피라미드 제도가 속주에서는 더욱더 폭리를 취하는 쪽으로 확대되

---

6) 주 5를 보라.

었다. 마태와 삭개오가 자신의 동포에게 멸시받은 이유가 여기에 있었다. 이들이 정복자들을 위해 일을 할 뿐만 아니라, 로마의 세력을 등에 업고 대단히 많은 액수의 돈을 강탈해 갔기 때문이다. 로마 정부는 이 세리들이 다음해에도 도급에 참여했으면 좋겠다고 생각할 경우에는 지원을 해주어야 했다.

5. 로마와 유대

로마와 유대 사이에 맺은 가장 초기의 공식적인 협약은 마카베오 혁명이 발발하던 중에 맺은 협약이다(주전 165년경). '마카베오상' 8장에 따르면, 유다 마카베오(Judas Maccabeus)는 시리아의 셀레우코스 왕들의 공격을 막아 달라고 로마에 도움을 요청하기 위해 사절단을 구성했다(3,126). 로마인들은 유다 마카베오가 사절단을 구성하기 전 벌써 한 세대 동안, 지중해 동부 지역에서 프톨레마이오스 왕조(이집트)와 셀레우코스 왕조(시리아) 사이의 세력 균형을 유지하기 위해 노력해 오던 참이라, 시리아를 약화시키려는 마카베오의 노력은 우리가 아는 한에서 그 지역에 대한 로마의 정책에 딱 들어맞는 것이었다. 로마인들은 그 당시 이 지역에 군대를 파견하지는 않았다.

주전 63년에 폼페이우스 장군이 유대에 도착했다. 이 무렵은 폼페이우스가 동쪽에 있는 새로운 지역을 정복하고, 몇몇 다루기 어려운 지역에 로마의 지배를 재천명하는 전쟁이 막바지에 이르던 때였다. 그 당시 유대는 마카베오 가문의 후손인 하스몬(Hasmon) 왕조의 마지막 후예들이 통치하고 있었다. 두 형제 히르카누스 2세(Hyrcanus II)와 아리스토불루스 2세(Aristobulus II)가 서로 내전을 벌이고 있을 때, 폼페이우스가 히르카누스 2세의 편을 들어 줌으로써 이 내전은 일단락되었다. 폼페이우스는 히르카누스 2세에게 대제사장이라는 직함은 갖도록 허락했으나 왕 직함은 박탈했으며, '백성들의 통치자'(ethnarch)라는 칭호와 함께 그의 관할 구역을 유대와 이두매 지역으로 제한했다. 폼페이우스는 예루살렘에 주둔하고 있는 동안, 수세기에 걸쳐 로마인들과 유대 백성 사이에서 반목과 오해의 근원으로 작용했던 성전의 지성소 안으로 들어갔다. 폼페이우스는 지성소 안에 아무것도 없다는 사실을 알고는 대단히 놀랐다. 오랫동안 내려온 소문에 따르면 유대인들은 당나귀 머리를 숭배한다는 것이었다. 그 동물이 유대인들이 이집트에서 나올 때 그들에게 물을 주었다는 것이다. 이 이야기는 글

유대 지역을 로마 치하에 들어오게 한 대(大)폼페이우스.

을 좀 읽을 줄 아는 로마인들에게, 지팡이로 바위를 쳐 물을 낸 모세의 이야기가 전해지면서 와전된 것으로 여겨진다(출 17:1-7; p. 148 박스의 '유대교에 대한 로마인의 견해'를 보라).

아리스토불루스와 그의 아들들은 계속해서 문제를 일으켰다. 마침내 로마는 주전 57년과 55년 사이에 히르카누스 2세에게서 모든 권한을 빼앗고 유대를 시리아 총독의 관할 아래 두었다. 로마에서 발생한 내전으로 인해 로마는 제국의 변두리에 있는 작은 지방에 많은 관심을 쏟기가 어려웠다. 야심에 찬 사람이 어떤 장소를 개척할 좋은 기회였다. 히르카누스의 가장 강력한 후원자 중의 한 사람은 이두매 총독 안티파트로스(Antipatros)였다. 안티파트로스와 그의 두 아들 파사엘루스(Phasaelus)와 헤롯(Herod)은 정치 감각이 뛰어나 정치적인 향방을 잘 감지할 수 있었다. 주전 48년 안티파트로스는 알렉산드리아에서 포위되어 있던 율리우스 카이사르에게 지원군을 파견했다. 카이사르는 안티파트로스 군대의 도움을 받아 포위망을 뚫을 수 있었다. 이에 대한 답례로 카이사르는 백성들의 통치자라는 칭호를 히르카누스에게 회복시

유대교에 대한 로마인의 견해

많은 자료들은 한결같이 몸을 엉망으로 만드는 재앙이 이 집트에 발생했다고 전한다. 보코리스(Bocchoris) 왕은 치유책을 찾기 위해 암몬 신에게 신탁을 받으러 갔다. 거기서 그는 제신들이 미워하는 이 민족을 다른 땅으로 몰아내고 그의 나라를 정결하게 하라는 명령을 받았다. 사냥과 함께 목축을 하던 이 백성들은 사막으로 내쫓김을 당했다. 다른 사람들은 간담이 서늘해서 땅바닥에 주저앉아 울고 있을 때, 유랑인 중 한 사람인 모이세스(Moyses)는 사람들에게 다른 신이나 사람들에게 도움을 구하지 말라고 충고했다. 이들은 바로 여러 신들과 사람들에게 버림을 받았던 것이다. 이들은 자신들이 당면한 비참한 상황을 극복하도록 도울 수 있는 사람을 신이 내리신 지도자로 삼기로 했다. ……6일 동안 계속해서 여행을 하고 7일째 되던 날 그들은 이윽고 국경을 넘어 다른 나라로 들어갔다. 그리고 그곳 주민을 몰아내고 도시를 건설했으며, 또한 성전을 세웠다.

모이세스는 이 나라를 번성하게 할 수 있는 힘을 강화하기 위해 다른 백성들의 종교 의식과는 다른 새로운 종교 의식을 제정했다. 그들은 우리가 신성하다고 여기는 것은 부정하다고 생각했으며, 우리에게 금지된 것은 허용했다. ……이러한 형태의 예배 의식은 독창적이긴 하지만 자신들의 조상 때부터 그렇게 해왔다는 것이 그들의 주장이다. 그들이 행하는 불법적이고 타락한 다른 전통들 역시 바로 그들의 악함 때문에 힘을 얻는다(Tacitus, *Histories* 5.3–5).

켜 주었고, 헤롯과 파사엘루스를 분봉왕으로 임명했다. 하지만 몇 년 뒤 그 당시 동쪽 여러 속주의 총독으로 있던, 카이사르 암살의 주모자 카시우스(Cassius)가 유대 지역에 세금 납부를 요구하자 안티파트로스는 요구에 응해 세금을 납부했다.

주전 40년대 말 유대 지역에서는 상당한 폭동이 발생하였고, 안티파트로스는 주전 43년에 살해되었다. 주전 40년에는 파르티아(바대)족이 침입해 들어와서 아리스토불루스의 아들을 예루살렘의 통치자로 임명하고 히르카누스는 메소포타미아로 유배시켰다. 안티파트로스의 두 아들은 이 위기를 상당히 다른 방식으로 대응했다. 파사엘루스는 자살했고 헤롯은 로마로 도망했다. 몇 년 후 헤롯은 카이사르의 전직 부관이었던 마르쿠스 안토니우스가 유대의 왕으로 임명해 다시 유대로 돌아왔다.

유대 지역만큼 로마인들에게 많은 문제를 일으키고 또 적은 혜택을 준 지역도 없을 것이다. 존스(A. H. M. Jones)는 이것을 "다루기 힘든 지역에서 얼마든지 있을 수 있는 고전적인 경우"라고 명명했다(3.36:108). 유대인 중에는 세금을 면제받은 사람이 많았다. 율리우스 카이사르에게 호의를 베푼 것(주로 돈을 차관해 준 것)과 헤롯의 부친 안티파트로스가 알렉산드리아에서 카이사르에게 군사적으로 지원해 준 것이 그런 혜택을 받게 한 중요한 이유였다. 로마 제국 전체에 걸쳐 유대인들은 그들이 해마다 성전세로 예루살렘에 보낸 액수만큼 세금 감면 혜택을 받았다(3.127). 유대는 경제적 가치가 있는 것은 생산하지 못한 채 끊임없이 혁명 직전의 상태에 있었다. 로마인들은 유대를 지배하기 위해 유대의 지위를 왕국에서 속주로, 다시 지방에서 왕국으로 바꾸었으며, 그 지역을 다른 방식으로 나누기도 했다. 또한 유대의 요구를 들어주기도 하고 그 요구를 묵살하기도 하는 등 시시각각 다르게 대처해 나갔다. 하지만 그들이 행한 어떤 것으로도 차이를 가져올 수 없었다.

헤롯 가문

예수님이 탄생하셨던 당시 유대는 헤롯 대왕이 다스리던 속주국이었다. 헤롯은 주전 31년 안토니우스 진영에서 옥타비아누스 진영으로 건너가 정치적인 울타리를 친 후, 어떻게 해서라도 통치자의 자리를 유지하려고 했다. 헤롯이 오랫동안 자기 자리를 지키게 된 이유는, 헤롯을 대체할 만한 강력한 후보자가 없었기 때문이었든지, 아니면 옥타비아누스가 자신이 목숨을 구해 준 것에 대해 헤롯이 대단히 감사하고 있어 영원히 로마의 손바닥 안에 있을 거라고 생각했기 때문일 것이다. 헤롯은 그의 재위 기간 동안 로마에 충성했다. 심지어 자기 아들들을 로마에 인질로 보낼 때에도 그러했다. 헤롯이 자기 부인과 자식들을 얼마나 많이 살해했는지 생각한다면, 그의 아들들은 로마에 인질로 잡혀 가는 것이 유대에 있는 것보다 더 안전했을 것이다. 유대인을 의식하는 헤롯은 돼지를 죽이거나 먹지 않을 것이므로, 아우구스투스는 헤롯의 가족이 되느니 차라리 그의 돼지가 되는 편이 더 낫겠다고 말했을 정도이다. 요세푸스는 자신의 책에서 헤롯 가문에 대해 언급한 적이 있다(Ant. 18.127-140). 권말에는 그들의 가계를 그린 족보가 있다(3.133).

헤롯은 평생 유대인들에게 인정을 받으려고 노력했다. 그는 아브라함이 하갈에게서 난 아들 이스마엘의 후손인 이두매 사람으로 태어났다. 정통파 유대인들에게 이두매 사람은 혼혈아였고, 따라서 그들은 이 외지 사람을 자신의 왕으로 임명한 것에 대해 분노를 느꼈다. 헤롯이 히르카누스의 딸 마리암네(Mariamne)와 결혼하기는 했지만, 이로 인해 그의 지위의 정당성이 인정되지는 못했다. 헤롯은 가이사랴에 항구를 재건하고(가이사랴라는 이름은 로마의 통치자 가문의 이름에서 따온 것이다), 예루살렘 성전을 확장하고 새로 꾸미는 등 눈에 띄는 업적을 남겼으나,[7] 유대인들에게는 신임을 얻지 못했다. 유대인들은 헤롯이 자기 가정에 행한 만행을 더 기억했을 뿐 아니라, 그가 사망했을 때에도 눈물 한 방울 흘리지 않았다(주전 4년).

헤롯이 다스리던 왕국은 그의 세 아들 안디바, 아켈라오, 빌립에게 주어졌다. 이들은 모두 백성들의 통치자라는 칭호를 받았다(신약성경에는 '왕'으로 표현되어 있다-역자 주). 빌립이 통치하던 지역은 요단강 동편의 경계가 분명하지 않은 영역으로 이루어져 있다(눅 3:1). 안디바는 갈릴리와 페레아 지역을 물려받았다(마가복음 3:8에는 '요단강 건너편'으로 되어 있다). 아켈라오는 유대와 사마리아와 이두매를 다스렸다. 아켈라오는 매우 잔인하게 통치했으므로, 그의 지배를 받던 백성들은 마침내 자신들을 이 독재자에게서 구원해 달라고 아우구스투스에게 간청했다. 이 상황은 아켈라오가 통치하고 있던 당시 요셉이 유대로 가기를 기피한 배경이 된다(마 2:22). 아켈라오는 주후 6년에 지위가 박탈되어

---

7) 탈무드의 어떤 항목에는 이런 글귀가 있다. "헤롯의 성전을 보지 못한 자는 미(美)를 보지 못한 자다"(b. Baba Bathra 4a).

갈리아 지방으로 추방당했다. 그가 다스리던 지역은 로마령으로 다시 편입되어, 황제가 직접 임명한 총독이 관할했다. 하지만 헤롯 가문을 지지하는 사람들이 계속 일어났다. 이들은 헤롯의 후손 중 한 사람을 다시 권좌에 앉히려는 운동을 벌였다. 이러한 노력에 메시아 사상이 함의되어 있지 않았을까 하고 생각하는 학자들도 있었다(이 책 제2장을 보라).

빌라도

아우구스투스와 티베리우스의 통치하에서 로마와 유대인의 관계는 우호적이지는 않지만 비교적 안정적이었다. "황제의 것은 황제에게 주라."라는 예수님의 말씀(막 12:17)은 로마가 유대인의 문제에 직접적으로 간섭하지 않은 1세기 초에만 널리 퍼져 있었던 상황을 반영한다. 타키투스가 그 지방에 대해 "티베리우스의 통치하에서 전 지역은 평온했다"(*Hist.* 5.9)라고 언급한 내용은 복음서에서 발견되는 당대의 장면과 일치하지 않는다(3.137). 아우구스투스는 2, 3년마다 총독을 바꾸었다. 반면, 티베리우스는 한번 총독을 임명하면 오랫동안 총독직에 앉혔다. 그가 이렇게 결정한 데에는 여러 가지 이유가 있었다(Tacitus, *Ann.* 1.80). 본디오 빌라도(Pontius Pilatus)는 주후 26년부터 36/37년까지 유대 지방을 다스렸던 지방 장관이었다. 빌라도는 임기 내내 유대인들을 자극하고 그들과 마찰을 빚은 장본인이었다. 그는 로마식으로 외국인을 다룬 전형적인 사람이었다. 빌라도는 유대인들의 종교를 전혀 이해하지 못했고, 무슨 일이든지 로마식으로 행하라고 강요했다(3.140).

요세푸스는 다음과 같이 전한다(*War* 2.169-177; *Ant.* 18.3.1). 밤중에 예루살렘에 도착한 빌라도는 야밤을 틈타 그의 병사들을 시켜 군기를 성안으로 몰래 들여오게 했다. 그리하여 유대인들 사이에서는 난리가 났다. 군기나 군대의 휘장에는 동물 모양이나 황제상이 새겨져 있었고, 병사들은 이것을 작은 신으로 숭배했기 때문이다. 이것은 유대인에게 출애굽기 20장 4-6절을 범하는 행위로 여겨졌다. 백성들은 빌라도에게 이것들을 치우라고 요구하면서 며칠 동안 시위를 벌였다. 빌라도가 자기 군인들을 시켜 그들의 목을 베어 버리겠다고 위협하자, 유대인들은 목을 내보이면서 자신들의 도시를 더럽히는 이방의 우상과 함께 사느니 차라리 죽는 편이 더 낫다고 소리질렀다. 로마인들은 자기들이 선택한 신은 무엇이든 숭배하는 다신교도였다. 하지만 그 신들을 위해 목숨을 바치겠다고 할 정도로 강한 믿음을 가진 이는 없었다. 의외의 반응에 놀란 빌라도는, 총독으로 부임한 지 1주일도 못 되어 피로 목욕하느니 차라리 유대인들의 요구를 들어주어야겠다고 생각하고는 군기를 다 치워 버렸다(3.143).

하지만 다른 문제에서는 빌라도가 자신의 입지를 굳게 했다. 그는 유대인의 성전 기금(고르반, 참조. 막 7:11)을 횡령해 수로 건설의 자금으로 사용했다(3.138). 군중이 총독 관저 앞까지 몰려가 항의 시위를 벌였지만, 빌라도는 군인들에게 명령해 곤봉으로 그들을 마구 때리게 했다. 그 참혹한 사건에서 수많은 사람이 목숨을 잃었다. 유대인들이 빌라도를 가리켜 "고집 세고 무자비하며 완고한 사람"이라고 불만을 터뜨린 것은 전혀 놀랄 만한 일이 아니다(Philo, *Embassy to Gaius* 38).

빌라도가 유대인들과 여러 차례 맞닥뜨린 문제들을 살펴보면, 그가 왜 예수님을 죽이라고 요구하는 유대인들의 소리를 두려워했는지 이해할 수 있다. 이것은 빌라도에게 또 다른 어려운 상황이었다. 그는 유대인들을 자극해 다른 문제를 야기하지 않도록 하기 위해서는 그들의 요구를 들어주는 편이 낫겠다고 생각한 듯하다(3.139; 3.141-142; 3.145; 3.148). 초대 교회에서는 빌라도가 예수님에 관한 내용을 티베리우스 황제에게 보고했다는 소문이 떠돌았다(황제에게 올린 빌라도의 보고서라는 문서가 존재하는데, 오늘날 이 문서는 4, 5세기경에 작성된 위조 문서로 밝혀졌다). 빌라도가 예수님을 정죄하기를 꺼려했다는 사실로 인해, 그가 마음속으로는 그리스도인이었다는 이야기가 생겨났다. 적어도 테르툴리아누스(Tertullianus, 주후 190년경)는 이렇게 주장한다(*Apol.* 21.24; 3.146). 빌라도는 티베리우스가 사망할 당시 무대에서 사라졌다. 그러나 그의 자살에 관한 이야기는 근거가 없는 듯하다(Eusebius, *Eccl. Hist.* 2.7; 3.144).

6. 바울과 로마인들

그 밖에도 다양한 지위에 있는 로마 관료들이 신약성경 여러 곳에 등장한다. 이들 대부분은 바울이 전도 여행 때 만난 사람들이다. 학자들 중에는 로마의 고위 관직에 있는 사람들이 과연 기독교와 어떤 식으로든 접촉했는지 의문을 제기하는 이들도 있다. 그들의 주장에 따르면, 누가는 새로운 종교(기독교)가 받아들일 만하다는 사실을 '권력 있는' 사람들에게 제시하려고 한 사람이었다. 하지만 소(小)플리니우스는 비두니아 지방의 그리스도인들에 관한 그의 편지에서, "남녀노소 지위 고하를 막론하고 많은 사람들"이 그 단체의 일원이라고 보고한다(*Ep.* 10.96). 플리니우스는 분명 이 '천박한 미신'을 황제가 보기에 존경받을 만한 것으로 만들려고 하지 않았을 것이다. 플리니우스가 기술한 내용이 신뢰할 만하므로 누가에 대해서도 더욱 믿음이 가게 된다.

서기오 바울

사도행전 13장에는 키프로스(구브로)의 총독 서기오 바울(Sergius Paulus)의 초대를 받은 바울과 바나바가 그에게 하나님의 말씀을 전하는 장면이 나온다. 구브로섬에서 발견된, 1세기 중반의 것으로 추정되는 내용이 담긴 비문에는 그곳의 지방 총독 서기오 바울에 대한 언급이 있다. 주님이 거짓 선지자 바예수(혹은 엘루마)를 치셔서 소경이 되게 하시리라는 바울의 말이 사실로 드러나자, 서기오 바울은 믿음을 가졌다(행 13:12). 여기서 주의해야 할 점이 하나 있는데, 누가가 '믿음을 가졌다.'라는 의미로 사용한 단어가 온전한 회심을 의미하지 않을 수도 있다는 사실이다. 이 말은 단지 서기오 바울이 이 새로운 신의 능력이 나타난 사건에서 좋은 인상을 받았음을 의미할 수도 있다(6,103). 지방 총독은 자동적으로 원로원 의원이 되었으므로, 이 사람이 로마로 돌아갈 경우 원로원에는 온전한 의미의 그리스도인은 아니더라도 기독교 운동을 직접 경험한 사람이 적어도 한 명은 있게 된다(3,152:150-169). 서기오 바울이 완전히 회심했다는 작고 간접적인 증거는, 세르기아 파울리나(Sergia Paulina)라는 이름을 가진 한 로마인 가정에 가정 교회가 존재했었다는 사실에서 찾을 수 있다(주후 100년경). 이 주제를 다룬 문헌 중에서 영어로 된 자료는 없다.

사도행전의 이 시점에 와서야 비로소 사울의 이름이 바울로 바뀌었으므로(3,149), 바울이 이 이름을 취한 것은 그의 첫 비유대인 개종자를 기념하기 위해서였다고 생각하는 사람들이 있다. 이러한 설명은 5세기 초 히에로니무스에게까지 거슬러 올라간다(De Vir. Ill. 5). 몇 가지 이유에서 이 설명은 타당성이 없는 듯하다. 그중 하나만 언급하자면, 어떤 사람의 이름이 이런 식으로 바뀌는 경우는 그가 노예에서 해방되어 전 주인의 가족 이름을 취했을 경우라든지(다음에 언급할 벨릭스가 그렇다), 아니면 그 사람이 양자로 받아들여진 경우뿐이다(다음에 언급할 갈리오가 그렇다). 바울은 태어날 때부터 로마 시민이었다. 그러므로 바울의 경우는 그의 이름이 바뀌게 된 다른 경위를 찾아야 한다.

3세기 중반에 살았던 오리게네스는 야곱이 이스라엘로, 시몬이 베드로로 바뀐 예에서 볼 수 있듯이, 성경에서 이름이 바뀌는 경우는 항상 신적인 기원이 있었으며, 종교적이거나 생을 바꾸는 사건이 일어난 결과였다고 말한다. 이와 비슷한 현상이 고대로부터 내려오는 비기독교적인 문헌에서도 발견된다(3,150). 그러나 이 경우도 바울의 경우와는 다르다. 오리게네스는 이탈리아가 아닌 다른 지역 출신의 많은 로마인이 그랬듯이, 바울이 항상 이중 이름을 소유했었다고 결론을 내렸다. 예를 들어, 마가라 하는 요한처럼 말이다(행 16:37). 그러므로 사울은 그의 유대식 이름이고 바울은 그의 로마식 이름이라는 것이다. 또 다른 가능성은 히브리 이름 '사울로스'(Saulos)가 약간의 불길한 함의를 지닌 헬라어와 매우 흡사하다는 사실이다(3.151).

갈리오와 세네카

다음으로 사도행전에 언급된 로마 관원은 갈리오(Gallio)이다(행 18:12–17). 갈리오의 원래 이름은 루키우스 안나이우스 노바투스(Lucius Annaeus Novatus)이고, 네로의 가정 교사인 철학자 세네카(Lucius Annaeus Seneca)의 형제였다. 자식이 없는 귀족들 중에는 자신의 가족 이름이 사라지지 않게 하기 위해 자식을 많이 둔 친구의 자녀 가운데 한 사람을 입양하는 경우가 종종 있었다. 바로 3형제 중 하나였던 노바투스를 유니우스 갈리오(Lucius Junius Gallio)가 입양해 그의 이름을 쓰게 했던 것이다. 그래서 노바투스는 법적으로 갈리오 가문의 아들이 되었다. 로마법 아래서는 설령 친가족의 남은 형제가 예기치 못하게 사망하더라도 일단 입양이 되면 번복할 수 없었다.

갈리오가 언제 콘술이 되었는지는 알려진 바가 없다. 다만 그가 아가야(하부 그리스) 지역의 지방 총독이 된 때는 주후 52년경이었다(3.157). 발굴된 비문들에는 정확한 연도가 기록되어 있지 않지만, 갈리오가 지방 총독직에 있었음을 확증하는 내용이 기록되어 있다. 고린도에서는 그가 주재하던 재판소가 발굴되었다.

바울을 기소하는 자의 말을 갈리오가 듣기를 거부한 것(행 18:14–15)은 로마의 정책과 일치한다. 로마의 관료들은 가능한 한 많은 문제를 직접 처리하지 않고 지역 통치법에 맡기려고 했다. 사회의 총체적인 질서에 해를 끼치는 경우가 아니라면, 지역의 종교와 같은 내적인 문제로 인해 곤란해지고 싶지 않았기 때문이었던 것이다. 로마 관료들이 로마에서 바쿠스 숭배자나 이시스 숭배자를 진압하려고 했던 것은, 그들이 벌이는 축제가 사회를 혼란에 빠뜨리고 분열 양상으로 발전했기 때문이다. 하지만 이러한 진압은 최후의 수단으로 나타났다. 갈리오가 "너희 스스로 처리하라."라고 한 것은 대단히 전형적인 반응이었다.

갈리오가 바울에 대한 기소를 들으려고 하지 않은 이유를 설명하기 위해 그리스도인들은 여러 가지 상상을 했다. 갈리오가 이전에 바울을 알고 있었기 때문에 은밀하게 바울 편에 서서 그를 지지했다는 제안도 있었다. 갈리오의 형제 세네카의 인간미 넘치는 스토아 철학이 많은 점에서 기독교의 윤리와 비슷했기 때문이라고 설명하는 사람도 있다(3.154).

『세네카와 바울의 편지』(Letters of Seneca and Paul)라는 날조된 편지 모음집이 4세기에 만들어졌다. 이 편지는 실제로 바울의 서신서와 세네카의 저작에 나오는 어구들을 빌려 와 만든 것이다. 바울이 가이사의 집 사람들 중에 그리스도인이 있다고 언급한(빌 4:22) 점에 근거해서, 세네카가 '독실한 그리스도인'이었음을 주장하기 위해 이 편지들을 만들어 낸 것이 분명하다. 2세기 말에 테르툴리아누스가 이런 의견을 내놓았고(De Anima 20), 400년경에는 히에로니무스가 이렇게 주장했다(De Vir. Ill. 12). 라이트풋(J. B. Lightfoot)은 그의 빌립보서 주석에서, 바울과 세네카의 글에 나타난 많은 병행구들을 지적했다(3.155). 세네카는 사람 속에 거하시는 신과 거룩한 영(sacer spiritus)에 대해 언급했다(p. 157 박스의 '우리 안에 거하는 신'을 보라). 하지만 라이트풋은 세네카의 사상의 원천은 바울이 아니라 초기 스토아 철학이라고 결론을 내렸다(이 책 제6장을 보라).

그런데 이것만이 아니다. 세네카와 갈리오의 조카인 시인 루카누스(Marcus Annaeus Lucanus)는 로마인에게는 흔하지 않은 이름을 가지고 있었다. '루카누스'의 뜻은 '누가에게 속하는'(헬라어로 Loukas)이다. 루키우스(Lucius)가 흔한 이름이고 루키아누스(Lucianus) 역시 잘 알려진 이름이었지만, 루카누스는 분명히 독특한 이름이다. 혹시 이 이름이 그가 태어날 때 의사 누가가 그 자리에 있었다고 해서 누가에 대한 존경의 표시로 그에게 주어졌을까? 이렇게 주장하는 사람도 있다. 하지만 이것은 로마나 그리스에서는 산파가 주로 아이를 받는다는 사실을 간과한 것이다(8.122). 고대의 의사들은 부인병 치료에 대한 지식이 거의 없었다. 그래서 복음서에 기록된 가난한 여인의 경우에는 12년 동안이나 피를 흘렸다(막 5:25-26; 이 책 제8장을 보라).

65년에 상류층에 속한 안나이우스(Annaeus) 가문에 슬픔이 찾아왔다. 그 당시 네로에게 제거당한 세네카는

> ### 우리 안에 거하는 신
>
> 그런 식으로 기도하면 더 잘 들을 것같이 우리는 하늘을 향해 손을 들거나 우상의 귀에 가까이 가게 해달라고 신전을 지키는 이에게 간청할 필요가 없다. 신은 당신 가까이 계시며, 당신과 함께 계시고, 당신 안에 거하신다. 거룩한 영은 우리 안에 사신다. 그분은 우리가 행하는 선한 행동과 악한 행동을 살피시며, 우리의 보호자가 되신다. 우리가 이 영에게 어떻게 하느냐에 따라 그분도 우리에게 그대로 행하신다. 참으로 신이 없이 선한 사람은 한 명도 없다. 신의 도움 없이 운명을 벗어날 사람이 누구인가? 광대하고 올바른 지혜를 주시는 분도 신이시다. 베르길리우스(Vergilius)가 말했듯이, 선한 각 사람에게 "알지 못하는 신이 거하신다"(Seneca, *Ep.* 41.1).

황제를 암살하려는 음모에 가담했다는 혐의를 받았었다. 로마에서 널리 퍼진 방식대로라면, 세네카는 로마의 독특한 형벌 제도에 따라 처형되느니 차라리 자살을 해야 했다(이 문제는 이 책 제4장에서 다루었다). 이 음모에 가담했다는 혐의를 받은 갈리오와 루카누스 역시 자살했다. 수에토니우스는 그의 책 『루카누스의 생애』(*Life of Lucanus*)에서 시인 루카누스는 자신의 구명을 위해 자기 어머니를 그 음모에 관련시키려 했다고 전한다.

바울과 세네카 가문을 연결할 수 있는 점이 몇 가지 있지만, 증거 자료를 자세히 조사해 보면 본질적인 요소는 없다(3.158). 갈리오는 그저 여느 로마 지방 총독이라면 취했을 방식대로 바울의 송사를 맡았던 것이다. 세네카의 인본주의적인 철학은 로마의 세련된 사상을 대표하는 것이었으나, 당시 흥청망청 먹고 마시는 연회와 경기장에서 벌이는 잔혹한 경기 때문에 사람들의 관심 밖으로 밀려나 있었다. 루카누스라는 이름의 특이함은 고대에 관한 여러 다른 정보들과 마찬가지로, 우리가 오랫동안 찾지 못했던 완벽할 만큼 합

리적인 설명일 수 있다. 하지만 어떤 방식으로든 누가와 세네카 가문이 관련되었다는 증거는 없다(3.159).

세네카 가문과, 이 가문과 기독교 사이의 그럴듯한 관계에 관한 무성한 이야기들이 왜 나왔는지는 이해할 만하다. 초대 그리스도인들은 자신의 기원에 대해 가능한 한 많은 것을 알고 싶어 했고, 자신이 가지고 있는 신앙의 배경과 관련해 보다 훌륭한 내용을 주장하고 싶어 했다. 세네카 가문이 바로 이것을 설명하기 위한 이야기를 만들기에 좋은 대상이었다. 이와 동일한 노력들이 바로 예수님이 탄생하실 때 그분께 경배하러 온 동방의 박사들(현자들) 이야기에도 나타난다(이 책 제9장을 보라).

이러한 사실은 우리가 증거의 가치를 평가하려고 할 때 어떤 교훈을 준다. 그 증거 자료가 자연스럽게 의미하는 바가 아닌 경우에는, 어떠한 이유로든 우리가 말하고 싶은 바를 증거 자료를 통해서 말해서는 안 된다. 또한 손실된 문헌으로 인해 발생한 틈새 혹은 남아 있는 문헌이 침묵하고 있는 바를 채우기 위해 또 다른 자료를 만들어 내서도 안 된다. 증거가 불충분하고 모호한 부분에 대해서는 합리적으로 추론해야 하는 경우가 있다. 하지만 명심해야 할 것은 추론은 어디까지나 가정이고, (종종 그런 실수를 저지르다시피) 주장을 뒷받침하는 건실한 증거인 양 그것들을 사용하지 말아야 한다는 것이다. 가설이라는 모래에 기초를 둔 해석을 만들어 내기보다는, 불확실한 채 정직하게 사는 편이 더 낫다.

벨릭스

다음으로 사도행전에 언급되어 있는 로마의 고위 관료는 주후 53년부터 60년까지 유대의 총독으로 있었던 벨릭스(Felix)이다. 그리스도인들과 로마의 계급 제도의 관련성을 살펴보게 되면, "벨릭스가 이 도에 관한 것을 더 자세히 아는 고로"라고 기록된 부분을 주목할 수 있을 것이다(행 24:22). 벨릭스는 전에 황제 클라우디우스의 어머니 안토니아(Antonia)의 노예였는데, 자유를 얻자 마르쿠스 안토니우스 벨릭스(Marcus Antonius Felix) 혹은 마르쿠스 클라우디우스 벨릭스(Marcus Claudius Felix)라는 이름을 갖게 되었다(3.160). 그는 사회적 신분과 지위상 괄목할 만한 위치에 올랐다. 심지어 헤롯 아그립바 2세의 동생 드루실라(Drusilla)와 결혼까지 했다. 그의 형 팔라스(Marcus Antonius Pallas)는 클라우디우스 황제의 측근 참모 가운데 하나였으며, 네로의 통치하에서 60년경까지 영향력을 발휘했다(3.161).

벨릭스가 그 도에 대해 잘 알고 있었다는 사실은, 주후 64년 로마를 휩쓸었던 대화재에 대한 희생양으로 네로가 그리스도인들을 이용했다는 점과 관련해 생각할 때 흥미로운 일이 아닐 수 없다. 대부분의 학자들은 네로가 대화재의 원인에 대해 사람들의 관심을 그리스도인들에게 돌리게 하기 전까지는 그들에 대해 아는 바가 없었다고 생각해 왔다. 하지만 벨릭스가 그리스도인들에 대해 상당한 지식을 가지고 있었고 그의 형 팔라스가 수년 동안 네로 곁에 있었다면, 네로 황제가 이 집단에 대한 어떤 정보를 그 전에 받아 알고 있었다는 것이 단순한 추측에 불과할까? 유대는 로마인들에게 문제의 장소요 골칫덩어리로 인식되는 곳이었기에, 네로가 지역 상황에 대해 정기적으로 보고받았다는 점은 의심의 여지가 없다. 네로가 그리스도인들이 믿고 있는 세부적인 내용까지는 알지 못했을지라도, 그리스도인들은 그의 주목을 피할 수 없었을 것이다.

벨릭스는 그런 대로 양심적인 사람이었다고 할 수 있다. 바울이 설교하는 내용을 듣자 벨릭스는 두려워했으며 그를 내보냈다. 하지만 우리는 이 부분을 너무 심각하게 받아들이지 않는 편이 좋겠다. 그는 바울을 석방해 주는 대가로 뇌물을 바라기도 했다. 이 사실에서 우리는 벨릭스가 어떤 종류의 사람인지 알 수 있을 뿐만 아니라, 바울과 그의 동료들의 사회적인 위치에 대해서도 알 수 있다(행 24:25-26). 타키투스는 벨릭스를 "온갖 잔인함과 탐심을 가진 사람의 대표적인 예요, 노예근성을 가지고 왕의 권한을 남용한 사람"이라고 평가했다(Hist. 5,9). 벨릭스는 60년에 직책에서 물러났다. 이것은 네로가 자기 어머니를 살해하고 난 후, 그녀가 권력의 자리에 둔 세네카와 팔라스를 제거하면서 거행한 숙청 작업의 일환이었을 것이다.

베스도

벨릭스의 후임자로 유대 총독이 된 포르키우스 베스도(Porcius Festus)는 겨우 2년 동안 봉직하고 총독 재임 중에 사망했다. 하지만 그는 시카리라고 불리는 테러 분자들을 진압한 노고를 인정받아 요세푸스의 찬사를 받았다(Ant. 20,185-188). 베스도는 전임 총독이 해결하지 못하고 남긴 송사 문제를 떠안았고, 그는 이것을 가능한 한 빠른 시일 안에 해결하기 원했다. 베스도는 바울 소송 건을 예루살렘에서 심문하도록 제안함으로써 유대인들의 비위를 맞추려고 했다(행 25:9). 바울은 그럴 경우 어떤 일이 벌어질지 잘 알았기 때문에, (우리가 앞으로 제4장에서 살펴보게 될) 로마 시민권을 가진 사람으로서 그의 권리를 행사하며 카이사르에게 재판을 받겠다고 주장했다(3,163).

로마로 이송된 죄수에게 어떠한 일이 일어나게 되든지, 베스도는 바울의 송사 문제에 대해 총독으로서의 책임을 덜게 된 듯하다. 이 문제를 상급 재판정에 넘기게 됨으로써 골치 아픈 문제에서 해방감을 얻었던 것이다. 이러한 관료들의 관행은 수세기가 지나도 거의 바뀌지 않은 것 같다.

7. 그 밖에 신약성경에 언급된 인물들

로마 정부와 관계있는 중요한 인물로서 신약성경에 언급된 위의 사람들 외에, 확신 있게 말할 내용은 거의 없지만 성경에 언급되어 있는 사람들이 몇 명 더 있다.

구레뇨

이름 때문에 상당히 문제가 된 인물은 퀴리니우스(Quirinius, 구레뇨)이다. 이 사람의 이름이 라틴어 사본에 키레니우스(Cyrenius)로 잘못 표기되어 있어 번역 성경 중에는 이렇게 표기된 경우가 많다. 누가복음에 따르면, 구레뇨는 예수님이 태어나셨던 당시 시리아의 총독이었다. 하지만 그가 총독직에 오른 때는 로마 자료에 근거해 볼 때 주후 6년이 거의 확실하다(그의 총독직은 누가복음 2:2에 언급된, 유대에서 행한 인구 조사와 관련이 있다). 이 해에 아켈라오는 유대의 왕직에서 물러났고, 유대 지역은 로마 통치령이 되었다. 그때 구레뇨는 새로운 세금 부과를 목적으로 인구 조사를 실시했다. 이것으로 인해 갈릴리 사람 유다가 주도한 폭동이 발생했다(행 5:37). 이 인구 조사와 누가복음에 기록된 내용이 어떤 관련이 있는지는 과거 수세기 동안 논쟁의 주제가 되어 왔다(3.167-168).

문제의 요지는 이렇다. 세부적인 묘사에서 그렇게 정확한 누가가 연대기에서 어떻게 실수할 수 있었는가 하는 점이다. 누가가 데오빌로라는 가명을 가진 한 로마 관원에게 글을 쓰고 있었다면, 그는 그가 제시하는 사실들에 대해 주의해야만 했을 것이다. 구레뇨가 이보다 일찍 총독이 되었을 것이라는 사실을 찾으려는 학자들도 더러 있지만, 예수님이 탄생하신 시기(이 책 제9장을 보라)로 개연성이 가장 높은 주전 9년부터 4년까지 시리아의 총독이 누구였는지는 비문을 통해 알 수 있다.

주전 6년의 총독은 센티우스 사투르니누스(Sentius Saturninus)로서 테르툴리아누스에 따르면 그의 통치 아래서 예수님이 탄생하셨다(*Against Marcion* 4.19, 10). 또 한 가지 가능성은 누가가 구레뇨와 주전 9년에서 6년 사이에 시리아의 총독이었던 퀸크틸리우스 바루스(Quinctilius Varus)를 혼동했다는 것이다. 주전 5년 혹은 4년에 구레뇨는 토로스산맥 지역에서 반역한 호모나족을 응징하기 위한 전쟁을 벌이고 있는 중이었다. 이때 구레뇨는 시리아 변경에서 군사 통치를 실시하고 동방에 특별한 명령을 내렸을 것이다. 또한 누가가 "악명 높기로 더욱 유명하고 나중에 실시된(주후 6-7년) 인구 조사의 장본인인 로마의 관료 이름을 초기의 인구 조사에 잘못 갖다 붙인 것"이라는 설명도 있다(3.130:571). 이러한 혼동이 가능할 수 있을까? 그럴 수도 있다. 교회사가 에우세비우스는 그의 책에서 자기의 책 두 권에도 이름이 서로 맞지 않는 부분이 있음을 인정했다. 그러고는 "이름이 필경사의 실수로 바뀌기도 하고, 동일한 사람을 두 개의 이름으로 지칭하는 경우도 있다. 이는 흔히 발생하는 일이다."라고 결론 내렸다(*Eccl. Hist.* 2.9, 10).

또 다른 가능성 있는 설명은 누가가 사용한 헬라어 문장을 '구레뇨가 시리아 총독이 되기 전에(before)'라고 번역할 수 있다는 것이다. 이것은 그렇게 자연스러운 번역은 아니지만, 표준 신약 헬라어 사전들이 '프로토스'(protos)라는 단어의 용례로 '-전에'(before)를 열거해 놓고 있다는 점은 사실이다. 요세푸스는 헤롯이 주전 7년에 자기가 다스리는 백성들에게 아우구스투스에게 충성하는 맹세를 요구했다고 언급했다(*Ant.* 17.42). 이것은 속주 왕이나 지방 총독이 자신의 충성심을 황제에게 보이기 위해 하는 행동이었다(3.166). 모든 사람이 지방 행정 장관이나 조사원 앞에 나와 맹세해야 했다. 헤롯이 요구한 충성 맹세는 누가가 언급하고 있는 '조사'일 가능성이 있다. 명심해야 할 점은, 누가가 예수님의 탄생 이야기를 '유대 왕 헤롯 때에'라는 말로 시작하고 있다는 점이다. 그러므로 누가가 염두에 둔 것이 어떤 조사이든 간에, 헤롯이 사망한 주전 4년 이전에 발생한 것이 틀림없다.

아우구스투스는 몇 차례에 걸쳐 인구 조사를 실시했다. 마지막 인구 조사가 주전 8년에서 4년 사이에 실시되었다. 하지만 이 기간에 행한 인구 조사는 속주국으로서 당시 로마 제국에 속한 지역은 아니었던 유대는 포함되지 않았다. 70년이나 그 이후에 글을 쓴 누가는 아우구스투스가 조사한 것과 헤롯이 조사한 것을 구별하지 못했을 가능성이 얼마든지 있다. 이 두 조사는 본질적으로 동일한 결과를 냈기 때문이다. 누가는 헤롯이 행한 충성 맹세가 시리아의 다른 총독 아래서 동방에서 시작되어 구레뇨 때에 와서 끝난 아우구스투스의 로마 제국 전체의 인구 조사에 해당하는 것이라고 생각했을지도 모른다. 이 포고령은 세금 징수를 목적으로 국민들의 정확한 숫자를 알고자 하는 아우구스투스의 노력의 일환이었다(3.172). 이제 논쟁은 학자들이 말하는 "미지의 막다른 골목에 와 있는 상태"에 이른 듯하다(4,60:163). 설령 정확하고 논박할 수 없는 대답을 원한다 할지라도, 이 문제는 우리가 명백한 증거 그 이상을 주장하지 않도록 주의해야 하는 또 다른 사례이다. 예수님의 탄생 시기에 대한 문제는 이 책 제9장에서 보다 길게 논의할 것이다.

군인들

신약성경에 언급되었지만 덜 알려진 사람들 중 몇몇은 군인이다. 백부장 고넬료(Cornelius, 행 10장)는 개종자였으나, 이 사실 이외에 우리가 그에 관해 아는 바는 하나도 없다. 좋은 이야기라면 좀처럼 빠뜨리지 않고 전해 주는 에우세비우스조차 그에 관해서는 꾸며 낸 이야기 하나도 언급하지 않았다(Eccl. Hist. 2.3). 바울에게서 비난할 만한 점을 찾아내지 못한 호민관 글라우디오 루시아(Claudius Lysias, 행 23:26 이하) 역시 우리에게 미지의 인물이다.

예수님의 십자가 옆에 서 있었던 무명의 백부장은, 신약성경에 구체적인 언급은 없지만, 초대 교회 그리스도인들은 아마도 그런 인물이라면 반드시 그리스도를 믿었을 것이라 여겨 기독교의 '세례를 받은' 인물의 전형으로 이해했을 것이다. 이러한 '증거들'은 그리스도인과 이교도 사이의 논쟁에서 대단히 중요한 증거로 생각되었다. 이 백부장은 3세기의 어떤 이야기 속에서는 롱기누스(Longinus, 긴 창)로 등장한다. 그리스도에 대한 그의 경외심과 추앙은 믿음의 고백으로 이해되었다. 공관 복음서에서 약간은 다른 설명으로 등장하는 이 이야기는 요한복음에는 전혀 언급되어 있지 않다(마 27:45-56; 막 15:33-39; 눅 23:47).

이 이야기에 대한 해석(이 책 제10장에서 논의했다)은 이 개론서를 끝까지 읽고 그리스-로마 사회의 역사와 사상에 관해 이해하게 되면 보다 쉬워질 것이다.

데오빌로

데오빌로(Theophilus)는 신약의 기사 속에 등장하는 인물은 아니지만, 누가가 자신의 글을 쓴 대상으로 언급하기 때문에 그에 관해서 몇 마디 언급하는 것이 좋겠다. 그는 데오빌로(하나님을 사랑하는 자)라고만 알려져 있다. 이 말은 존경을 표하거나 아부하기 위해 어떤 사람들에게 붙여 주는 일종의 존칭어이지 이름은 아니다. 이런 칭호가 자신을 지칭하는 말로 사용될 수도 있었다. 2세기 초의 감독이요 순교자인 이그나티우스(Ignatius)는 에베소 교회에 보내는 편지 서두에서 자신을 "데오포루스(Theophorus, 하나님을 전하는 자)라고도 불리는 이그나티우스"라고 언급했다.

데오빌로는 누구였을까? 그를 '각하'라고 부른 것으로 보아(눅 1:3) 로마 관원이라고 생각하는 것이 안전할 듯하다. 여기에 사용된 헬라어 '크라티스테'(kratiste)는 권세를 가진 사람들을 지칭할 때 사용하는 전형적인 어구이다. '하나님을 사랑하는 자'란 그가 기독교 공동체의 일원이 아니었다면 적어도 기독교를 탐구하는 자였음을 암시한다. 하지만 그가 기독교에 대해 적개심이 강한 로마 관원이었을 가능성이 많다고 주장하는 학자들도 있다. 이렇게 추측할 수 없는 것은 아니지만 그 이상은 말하지 않는 편이 좋겠다.

이 사람은 주후 95년경 반역죄로 처형된, 도미티아누스 황제의 사촌 플라비우스 클레멘스(Flavius Clemens)라고 추측되기도 한다(3.174:539). 클레멘스가 유대교에 관심이 많았다는 이유로 황제가 그를 신임하지 않았다고 한다. 하지만 그와 기독교를 연결할 만한 자료는 아무것도 없다(3.84:95-96).

누가복음과 사도행전의 기록 연대를 고려할 때, 이 책을 헌정받은 사람이 서기오 바울이었다고 주장하는 견해도 가능하다. 하지만 이것을 일치시키기에는 서기오 바울의 나이와 그의 이후 일대기, 그리고 누가복음과 사도행전의 기록 연대와 장소 등 알지 못하는 것이 너무 많다. 현재로서는 이 문제를 해결할 수 없다.

아레오바고 관리 디오누시오

우리는 비슷한 이름을 가진 사람들, 특히 수세기의 시간적 간격이 있는 사람들이 착오에 의해 언급된 것을 보면 고대 역사 자료의 신빙성을 의심하게 된다. 아레오바고 관리 디오누시오(Dionysius)가 바로 그런 인물이다. 그가 바울에 의해 개종했다는 내용이 사도행전 17장 34절에 언급되어 있고, 그와 더불어 "다마리라 하는 여자와 또 다른 사람들"도 기록되어 있다(3.177). 그의 칭호는 그가 고대 아테네 귀족 회의이자 대법원인 아레오바고의 일원이었음을 의미하는데, 그렇다면 그는 아테네에서 상당한 지위에 있던 사람일 것이다. 2세기 말에 디오누시오는 (간혹 후대의 같은 이름을 가진 감독과 혼동되기도 했지만) 고린도 교회의 첫 감독이었다고 여겨졌다. 6세기에는 갈리아 지방에 선교사로 파송된 또 다른 디오누시오(주후 250년경)로 오해받기도 했다. 중세기에 명상적인 사상에 심오한 영향을 준 6세기 초의 신비주의 작가에게도 그의 이름이 붙여졌다.

또 다른 사람들

우리는 신약성경에 언급된 사람과 또 다른 자료에서 알게 된 사람을 흥미를 가지고 연결하여 설명하려고 애쓸 때가 있다. 로마서 16장 23절에서 바울은 고린도의 재무관 에라스도(Erastus)의 문안 인사를 전한다. 고린도에서 발견된 비문에는 조영관(造營官, 옛 로마의 공공건물, 도로, 공중위생 등을 관장한 사람)으로서 도로의 일부를 포장하는 비용을 지불한, 에라스도라는 이름을 가진 사람에 대한 언급이 있다. 그는 분명 그 사회에서 부유하고 높은 지위에 있던 사

고린도에서 발견된 에라스도 비문(사진. 구스타브 제닝가).

람이었을 것이다(3.181). 이 조영관을 바울이 말한 "이 성의 재무관"과 동일한 사람이라고 할 수 있을까? 바울은 정말로 에라스도가 그리스도인이라고 말하고 있는 것일까?(3.179)

후대의 그리스도인들은 신약성경에서 이름을 밝히지 않고 사람을 언급한 일에 대해서 불만스러워했다. 예수님이 파송한 70인 제자(눅 10:1)의 이름이나 예수님이 탄생하셨을 때 그분을 뵙기 위해 온 목자들(눅 2장)의 이름, 그리고 빌립보 감옥의 간수(행 16:27-33)와 같은 사람들의 이름이 무엇인지를 밝힌 전승이 생겨났다. 심지어 예수님이 포도주 기적을 베푸신 가나 혼인집의 신랑이나 마리아의 어머니와 같은 중요하지 않은 사람들에 이르기까지, 수세기 동안 이야기가 전해져 내려오면서 하나하나 이름이 붙게 되었다.

이러한 작업 중에서 가장 유명한 예는 예수님의 탄생 이야기에 등장하는 동방 박사의 경우일 것이다(마 2장). 이야기가 처음 시작되던 무렵에는 이 사람들의 개별적인 이름이 없었고, 또 마태복음에는 몇 명의 박사들이 찾아왔는지 구체적인 언급이 없다. 하지만 숫자를 정하는 데 능통한 학자 중에는 정확

바울이 갈리오 앞에 섰던 고린도의 시장.

한 숫자를 밝힐 수 있다고 말하는 이들이 있다(3,176). 초기의 주석가들은 이들의 수를 열둘이라고 정했다. 4세기 초 콘스탄티누스(Constantinus) 황제가 기독교를 합법화한 이후 교회가 예배당 건물을 장식하기 시작했을 때, 이들 박사의 수는 세 명이 되었다. 탄생 이야기를 그림으로 그리거나 모자이크로 꾸밀 때, 한 사람은 황금을, 또 한 사람은 유향을, 나머지 한 사람은 몰약을 들고 서 있게 하는 것이 자연스러웠다. 고대의 그리스도인들은 성경 본문을 읽고 (또는 읽는 것을 듣고) 이 장면을 그리기보다는, 이런 그림을 늘 보면서 그때의 장면을 마음속에 그렸던 것이다.

어떤 점에서 6세기 이전에는 미지의 부분을 채우려는 사람들의 자연스러운 성향이 이 미지의 사람들의 이름을 보충하는 것으로 나타났다. 6세기 중반 유스티니아누스(Justinianus) 황제가 북이탈리아의 라벤나에 대성당을 건축할 때, 이 익명의, 몇 명인지 알려지지 않은 박사들은 발타자르(Balthazar), 멜키오르(Melchior), 가스파르(Gaspar)라는 이름을 가진 세 명의 현자가 되었다. 그들의 이름은 세계 여러 다양한 곳에서 알려져 있는데, 그들을 언급하고 있는 모든 자료를 한데 모아 보면 그 이름이 수십 개나 된다(3.182). 3이란 수는 세 개의 대륙(유럽, 아시아, 아프리카)을 상징한다고 생각되기도 했고, 세 명의 동방 박사는 통상 인간 생명의 모든 단계를 망라하는 20, 40, 60세의 사람을 의미한다고 여겨지기도 했다.

신약성경에는 중요한 어떤 인물에 대해서도 이름을 밝히지 않은 경우가 있다. 사도행전에는 기독교 신앙을 받아들인 "경건한 헬라인의 큰 무리와 적지 않은 귀부인"이 여러 차례 언급되었다(행 17:4, 12; 3.178). 로마에 있는 교회에서는 여자들이 중요한 인물로 부상되었다(3.178). 유니아(Junia, 롬 16:7)라는 여자 이름은 후대의 필경사에 의해 남자 이름(Junias)으로 오해되기도 했다(3.184). 사도행전 19장 31절에 보면 (오늘날 터키 서쪽 지역인) 아시아의 관리 중에서 성난 아데미 숭배자들에게 설교하지 말라고 바울을 설득한 사람이 있었다. 아시아 관리들은 그 지방에서 가장 부유한 사람들의 민회에 속한 사람들이었다. 이들은 수로 공사와 도로, 경기 또는 연극 등과 같은 공적인 사업을 감독했다. 이들은 그리스도인으로 묘사되지는 않았지만 바울에게 '우호적인' 사람들이었다(3.180).

이러한 사실은 바울이 비교적 영향력 있는 집단 속에서 은신했음을 암시한다. 아니면 적어도 누가는 그리스도인들이 치안에 방해되는 천민이 전혀 아니었음을 보여주려고 한다. 누가는 전혀 근거 없는 주장을 할 수가 없었다. 그가 그의 글에서 언급하고 있는 많은 사람들이 그 당시 여전히 살아 있어서, 그의 글의 진위 여부를 확인할 수 있었기 때문이다.

이 간단한 개요만 보더라도, 우리는 사회의 전 계급에 속한 사람들이 기독교에 관심을 가졌다는 사실을 알 수 있다. 18세기의 에드워드 기번(Edward Gibbon)이 '인간 쓰레기들'이라고 표현한 것처럼, 초대 교회는 시간이 있을 때마다 예배하러 모이는 노예나 자유민으로 구성되었다는 고정 관념이 학자들 사이에서 오래 전부터 자리 잡고 있었다. 그러나 백번 양보해 그들의 주장이 일리가 있다 하더라도, 신약성경을 기록한 저자들은 분명히 다른 그림을 보여준다. 고위직에 있는 사람들도 기독교를 잘 알고 있었고, 서기오 바울이 개종했다는 사실을 받아들인다면, 심지어 그들이 새로운 믿음의 옹호자가 되었다고도 할 수 있다. 기독교는 로마 제국에 속한 백성들의 모든 삶을 관장하는 권력 있고 효과적이며 정치적인 제도에 맞서 움직임으로써, 사람들이 일반적으로 인식하는 것보다 빠르게, 넓게는 로마 제국 전역으로, 깊게는 사회의 전체 계급으로 퍼져 나갔다. 아직도 과거의 관점 그대로를 고집하는 사람들이 있지만(1.26), 그 밖에 현대의 학자들은 사회학적인 접근이라는 새로운 빛에 비추어 1세기의 교회를 이해하기 시작했다(1.30; 3.183).

8. 결론

1세기 중반의 교회는 동시에 두 가지 외적인 문제에 직면했다. 첫째는 유대교와의 관계를 어떻게 결정할 것인지에 관해서였고, 둘째는 로마 정부와 관련해 법적인 지위를 어떻게 획득할 것인지에 관해서였다. 그중 첫 번째 문제는 이 책 제2장에서 살펴보았다. 이제 두 번째 문제를 다음 장에서 살펴보도록 하자.

참고 문헌

1. 서론

3.1. Abineno, J. L. C. "The State, According to Romans Thirteen." *SEAJTh* 14(1972): 23-27.

3.2. Bruce, F. F. "Paul and 'the Powers That Be.'" *BJRL* 66(1984): 78-96.

3.3. Cullmann, O. *The State in the New Testament*. New York: Scribners, 1956.

3.4. Kennard, S. *Render to God: A Study of the Tribute Passage*. New York: Oxford University Press, 1950.

3.5. Kik, J. M. *Church and State in the New Testament*. Philadelphia: Presbyterian and Reformed Publishing Company, 1962.

3.6. Rowland, C. "Render to God What Belongs to God." *NewBlackfr* 70(1989): 365-371.

2. 로마 제국

3.7. Badian, E. *Roman Imperialism in the Late Republic*. 2nd ed. Ithaca, NY: Cornell University Press, 1968.

3.8. Beckwith, R. T. "The Pre-History and Relationships of the Pharisees, Sadducees and Essenes: A Tentative Reconstruction." *RevQum* 11(1982): 3-46.

3.9. Bowersock, G. W. *Augustus and the Greek World*. Oxford: Clarendon Press, 1965.

3.10. Branigan, K. "Hellenistic Influence on the Roman World." In *The Roman World*. Ed. by J. Wacher. London: Routledge and Kegan Paul, 1987: 38-54.

3.11. Ferguson, J. *The Heritage of Hellenism: The Greek World from 323 B. C. to 31 B. C.* New York: Science History Publications, 1973.

3.12. Grant, M. *The World of Rome*. New York: New American Library, 1960.

3.13. Green, P. *Alexander to Actium: The Historical Evolution of the Hellenistic Age*. Berkeley: University of California Press, 1990.

3.14. Isager, J. "The Hellenization of Rome: Luxuria or Libertas?" in *Aspects of Hellenism in Italy: Towards a Cultural Unity?* Ed. by P. Guldager Bilde, et al. Copenhagen: Museum Tusculanun Press, 1993: 257-275.

3.15. Lintott, A. "What Was the 'Imperium Romanum'?" *G&R* 28(1981): 53-67.

3.16. Peters, F. E. *The Harvest of Hellenism: A History of the Near East from Alexander the Great to the Triumph of Christianity.* New York: Simon & Schuster, 1970.

카이사르, 만세(주전 100-44년)

3.17. Balsdon, J. P. V. D. "The Ides of March." *Historia* 7(1958): 80-94.

3.18. Carson, R. A. G. "Caesar and the Monarchy." *G&R* 4(1957): 46-53.

3.19. Erskine, A. "Hellenistic Monarchy and Roman Political Invective." *CQ* 41(1991): 106-120.

3.20. Fuller, J. F. C. *Julius Caesar: Man, Soldier and Tyrant.* New Brunswick, NJ: Rutgers University Press, 1965.

3.21. Grant, M. *Herod the Great.* London: Weidenfeld & Nicolson, 1971.

3.22. _____. *The Roman Emperors: A Biographical Guide to the Rulers of Imperial Rome 31 B. C.-A. D. 476.* New York: Scribners, 1985.

3.23. Huzar, E. G. *Mark Antony: A Biography.* Minneapolis: University of Minnesota Press, 1978.

3.24. Korfmacher, W. C. "Actium—and After." *CB* 49(1973): 40-44.

3.25. Rawson, B. "Antony and Cleopatra: Fact and Fiction." *AncSoc* 12(1982): 34-46.

3.26. Reinhold, M. "The Declaration of War Against Cleopatra." *CJ* 77(1981-82): 97-103.

3.27. Richardson, G. W. "Actium." *JRS* 27(1937): 153-164.

3.28. Skeat, T. C. "The Last Days of Cleopatra." *JRS* 42(1953): 98-100.

3.29. Smith, R. E. *The Failure of the Roman Republic.* New York: Cambridge University Press, 1955.

3.30. Syme, R. *The Roman Revolution.* Oxford: Clarendon Press, 1939.

3.31. Tarn, W. W. "The Battle of Actium." *JRS* 21(1931): 173-199.

3.32. von Wertheimer, O. *Cleopatra: A Royal Voluptuary.* Philadelphia: Lippincott, 1931.

팍스 로마나 : 아우구스투스(주전 27년-주후 14년)

3.33. Bell, A. A., Jr. "Marcus Vipsanius Agrippa." In *Great Lives from History: Ancient and Medieval.* Ed. by F. N. Magill. Pasadena, CA: Salem Press, 1989: 65-69.

3.34. Chilver, G. E. F. "Augustus and the Roman Constitution." *Historia* 8(1950): 408–435.

3.35. Dirckx, J. H. "Julius Caesar and the Julian Emperors: A Family Cluster with Hartnup Disease?" *American Journal of Dermatopathology* 8(1986): 351–357.

3.36. Jones, A. H. M. *Augustus*. New York: Norton, 1970.

3.37. Millar, F. "Triumvirate and Principate." *JRS* 63(1973): 50–67.

3.38. Moss, G. C. "The Mentality and Personality of the Julio-Claudian Emperors." *MedHist* 7(1963): 165–175.

3.39. Parker, E. R. "The Education of Heirs in the Julio-Claudian Family." *AJPh* 67(1946): 29–50.

3.40. Powell, G. "The Praetorian Guard." *HT* 18(1968): 858–866.

3.41. Raaflaub, K. A., and M. Toher, eds. *Between Republic and Empire: Interpretations of Augustus and His Principate*. Berkeley: University of California Press, 1990.

3.42. Reinhold, M. *Marcus Agrippa: A Biography*. Geneva, NY: W. F. Humphrey Press, 1933.

3.43. Salmon, E. T. "The Evolution of Augustus's Principate." *Historia* 5(1956): 456–478.

3.44. Talbert, R. J. A. "Augustus and the Senate." *G&R* 31(1984): 55–62.

3.45. _____. *The Senate of Imperial Rome*. Princeton, NJ: Princeton University Press, 1984.

3.46. Wallace-Hadrill, A. "Civilis Princeps: Between Citizen and King." *JRS* 72(1982): 32–48.

3.47. Wiedeman, T. *The Julio-Claudian Emperors, A. D. 14–70*. Bristol, UK: Bristol Classical Press, 1989.

3.48. Wright, F. *Marcus Agrippa, Organizer of Victory*. London: Routledge, 1937.

티베리우스(주후 14-37년)

3.49. Allen, W. "The Political Atmosphere of the Reign of Tiberius." *TAPhA* 72(1941): 1–25.

3.50. Houston, G. W. "Tiberius on Capri." *G&R* 32(1985): 179–196.

3.51. Levick, B. *Tiberius the Politician*. London: Thames & Hudson, 1976.

3.52. Maranon, G. *Tiberius: A Study in Resentment*. London: Hollis & Carter, 1956.

3.53. Marsh, F. B. *The Reign of Tiberius*. New York: Oxford University Press, 1931.

3.54. Mason, E. *Tiberius*. New York: Ballantine Books, 1960.

3.55. Millar, F. "Emperors at Work." *JRS* 87(1967): 9–19.

3.56.   Rutgers, L. V. "Roman Policy Towards the Jews: Expulsions from the City of Rome During the First Century C. E." *ClassAnt* 13, no. 1, (1994): 56-74.

3.57.   Williams, M. H. "The Expulsion of the Jews from Rome in A. D. 19." *Latomus* 48(1989): 765-784.

칼리굴라(주후 37-41년)

3.58.   Balsdon, J. P. V. D. "The Chronology of Gaius's Dealings with the Jews." *JRS* 24(1934): 13-24.

3.59.   _____. *The Emperor Gaius (Caligula)*. Oxford: Clarendon Press, 1934.

3.60.   Barrett, A. A. *Caligula: The Corruption of Power*. New Haven, CT: Yale University Press, 1990.

3.61.   Benediktson, D. T. "Caligula's Madness: Madness or Interictal Temporal Lobe Epilepsy?" *CW* 82(1989): 370-375.

3.62.   _____. "Caligula's Phobias and Philias: Fear of Seizure?" *CJ* 87(1992): 159-163.

3.63.   Bicknell, P. "Gaius and the Sea Shells." *AClass* 5(1962): 72-74.

3.64.   Bilde, P. "The Roman Emperor Gaius (Caligula)'s Attempt to Erect His Statue in the Temple of Jerusalem." *StudTh* 32(1978): 67-93.

3.65.   Ferril, A. *Caligula, Emperor of Rome*. London: Thames & Hudson, 1991.

3.66.   Humphrey, J. W. "The Three Daughters of Agrippina Major." *AJAH* 4(1979): 125-143.

3.67.   Katz, R. S. "The Illness of Caligula." *CW* 65(1972): 223-225.

3.68.   Massaro, V., and I. Montgomery. "Gaius-Mad, Bad, Ill or All Three?" *Latomus* 37(1978): 894-909.

3.69.   Morgan, M. G. "Caligula's Illness Again." *CW* 66(1973): 327-329.

3.70.   Sandison, A. T. "The Madness of the Emperor Caligula." *MedHist* 2(1958): 202-209.

3.71.   Smallwood, E. M. "The Chronology of Gaius' Attempt to Decorate the Temple." *Latomus* 16(1957): 3-17.

3.72.   Swain, J. W. "Gamaliel's Speech and Caligula's Statue." *HThR* 37(1944): 341-349.

3.73.   Taylor, N. H. "Palestinian Christianity and the Caligula Crisis. Part I: Social and Historical Reconstruction." *JStudNT* 61(1996): 101-124.

3.74.   _____. "Palestinian Christianity and the Caligula Crisis. Part II: The Markan Eschatological Discourse." *JStudNT* 62(1996): 13-41.

3.75.   Wood, S. "Diva Drusilla Panthea and the Sisters of Caligula." *AJA* 99(1995): 457-482.

로마 제국의 비밀 : 클라우디우스(주후 41-54년)

3.76. Bagnani, G. "The Case of the Poisoned Mushroom." *Phoenix* 1, no. 2, (1946): 14-20.

3.77. Carney, T. F. "The Changing Picture of Claudius." *AClass* 3(1960): 99-104.

3.78. Grimm-Samuel, V. "On the Mushroom that Deified the Emperor Claudius." *CQ* 41(1991): 178-182.

3.79. Levick, B. *Claudius*. New Haven, CT: Yale University Press, 1990.

3.80. Major, A. "Was He Pushed or Did He Leap? Claudius' Ascent to Power." *AncHist* 22(1992): 25-31.

3.81. Momigliano, A. *Claudius: The Emperor and His Achievement*. Oxford: Clarendon Press, 1934.

3.82. Scramuzza, V. M. *The Emperor Claudius*. Cambridge: Harvard University Press, 1910.

3.83. Schwartz, D. R. *Agrippa I, the Last King of Judea*. Tübingen: Mohr-Siebeck, 1990.

네로(주후 54-68년)

3.84. Bell, A. A., Jr. "The Date of John's Apocalypse: The Evidence of Some Roman Historians Reconsidered." *NTS* 25(1978): 93-102.

3.85. Bohm, R. K. "Nero as Incendiary." *CW* 79(1985-86): 400-401.

3.86. Dawson, A. "Whatever Happened to Lady Agrippina?" *CJ* 64(1969): 253-267.

3.87. Grant, M. *Nero, Emperor in Revolt*. New York: American Heritage Press, 1970.

3.88. Griffin, M. T. *Nero: The End of a Dynasty*. Oxford: Clarendon Press, 1976.

3.89. Keresztes, P. "Nero, the Christians and the Jews in Tacitus and Clement of Rome." *Latomus* 43(1984): 404-413.

3.90. Kreitzer, L. "Hadrian and the Nero Redivivus Myth." *ZNTW* 79(1988): 92-115.

3.91. Mans, M. J. "The Tunica Molesta and the Neronian Persecution of the Christians." *Akroterion* 29(1984): 53-59.

3.92. Morford, M. "The Age of Nero." *CO* 62(1984-85): 1-5.

3.93. Robinson, J. A. T. *Redating the New Testament*. Philadelphia: Westminster Press, 1976.

3.94. Smallwood, E. M. "The Alleged Jewish Tendencies of Poppaea Sabina." *JThS* 10(1959): 329-335.

3.95. Taylor, J. "The Love of Many Will Grow Cold: Matthew 24:9-13 and the Neronian Persecution." *Revbib* 96(1989): 352-357.

3.96. Tuplin, C. J. "The False Neros of the First Century A. D." In *Studies in Latin Literature and Roman History*, V. Ed. by C. Derricks. Brussels: Soc. Latomus, 1989: 364-404.

3.97. Warmington, B. H. *Nero: Reality and Legend*. New York: Norton, 1969.

3.98. Williams, M. H. "'Theosebes gar en'—The Jewish Tendencies of Poppaea Sabina." *JThS* 39(1988): 97–111.

3.99. Wilson, J. C. "The Problem of the Domitianic Date of Revelation." *NTS* 39(1993): 587–605.

플라비우스 가문(주후 69–96년)

3.100. Barnard, L. W. "Clement of Rome and the Persecution of Domitian." NTS 19(1964): 251–260.

3.101. Botha, P. J. J. "The Historical Domitian—Illustrating Some Problems of Historiography." *Neotest* 23(1989): 45–59.

3.102. Jones, B. W. *The Emperor Domitian*. New York: Routledge, 1992.

3.103. _____. *The Emperor Titus*. London: Croom Helm, 1984.

3.104. _____. "Titus: His Reign and Its Significance." *AncHist* 19(1989): 21–25.

3.105. _____. "Titus in Judea, A. D. 67." *Latomus* 48(1989): 127–134.

3.106. Magness, J. "Masada—Arms and the Man." *BAR* 18, no. 4, (1992): 58–67.

3.107. Milburn, R. L. "The Persecution of Domitian." *Church Quarterly Review* 139(1944–45): 154–164.

3.108. Sullivan, P. B. "A Note on the Flavian Accession." *CJ* 49(1953–54): 67–70.

3.109. Syme, R. "Domitian: The Last Years." *Chiron* 13(1983): 121–146.

3.110. Williams, M. H. "Domitian, the Jews and the 'Judaizers'—a Simple Matter of Cupiditas and Maiestas?" *Historia* 39(1990): 196–211.

3.111. Yavetz, Z. "Reflections on Titus and Josephus." *GRBS* 16(1975): 411–432.

3. 황제들과 신약성경

3.112. Baldwin, B. *The Roman Emperors*. Montreal: Harvest House, 1980.

3.113. Burn, A. R. *The Government of the Roman Empire from Augustus to the Antonines*. London: Philip, 1952.

3.114. Grant, M. *The Twelve Caesars*. New York: Scribners, 1975.

3.115. Lissner, I. *Power and Folly: The Story of the Caesars*. London: Jonathan Cape, 1958.

3.116. Millar, F. *The Emperor in the Roman World (131 B. C.–A. D. 337)*. Ithaca, NY: Cornell Univ. Press, 1977.

3.117. Sarno, R. A. "Caesar in the New Testament." *CB* 51(1975): 71–75.

4. 속주와 총독들

3.118. Braund, D. *Rome and the Friendly Kings: The Character of the Client Kingship*. New York: St. Martin's, 1984.

3.119. Burton, G. P. "Provincial Procurators and the Public Provinces." *Chiron* 23(1993): 13-28.

3.120. Duncan-Jones, R. *The Economy of the Roman Empire*. New York: Cambridge University Press, 1982.

3.121. Millar, F. "The Emperor, the Senate and the Provinces." *JRS* 56(1966): 156-166.

3.122. Richardson, J. *Roman Provincial Administration: 227 B. C. to A. D. 117*. Basingstoke, UK: Macmillan, 1976.

3.123. Stevenson, G. H. *Roman Provincial Administration Till the Age of the Antonines*. Oxford: Blackwell, 1939.

5. 로마와 유대

3.124. Feldman, L. H. "Pro-Jewish Intimations in Tacitus' Account of Jewish Origins." *REJ* 150(1991): 331-360.

3.125. Grant, M. *The Jews in the Roman World*. New York: Scribners, 1973.

3.126. Mandell, S. R. "Did the Maccabees Believe that They Had a Valid Treaty with Rome?" *CBQ* 53(1991): 202-220.

3.127. _____. "Who Paid the Temple Tax When the Jews Were Under Roman Rule?" *HThR* 77(1984): 223-232.

3.128. McLaren, J. *Power and Politics in Palestine: The Jews and the Governing of Their Land, 100 B. C.-A. D. 70*. Sheffield, UK: JSOT Press, 1991.

3.129. Price, J. J. *Jerusalem Under Siege: The Collapse of the Jewish State, 66-70 C. E.* Leiden: Brill, 1992.

3.130. Smallwood, E. M. *The Jews Under Roman Rule*. Leiden: Brill, 1976.

3.131. Tamm, D. "Roman Anti-Jewish Legislation and Adversus-Judaeos Literature." *RHD* 60(1992): 177-184.

헤롯 가문

3.132. Grant, M. *Herod the Great*. London: Weidenfeld & Nicolson, 1971.

3.133. Hanson, K. C. "The Herodians and Mediterranean Kinship, Part 2: Marriage and Divorce." *BTB* 19(1989): 142-151.

3.134. Hoehner, H. W. *Herod Antipas*. New York: Cambridge University Press, 1972.

3.135. Holum, K., et al. *King Herod's Dream: Caesarea on the Sea*. New York: Norton, 1988.

3.136. Jones, A. H. M. *The Herods of Judea*. Oxford: Clarendon Press, 1938.

빌라도

3.137. Barnett, P. W. "Under Tiberius All Was Quiet." *NTS* 21(1975): 564–571.

3.138. Bond, H. K. "The Coins of Pontius Pilate: Part of an Attempt to Provoke the People or to Integrate Them into the Empire?" *JSJ* 27(1996): 241–262.

3.139. Brandon, S. G. F. "The Trial of Jesus." *Horizon* 9, no. 1, (1967): 4–13.

3.140. Corbishley, T. "Pontius Pilate." *Clergy Review* 12(1936): 368–381.

3.141. Foreman, D. *Crucify Him: A Lawyer Looks at the Trial of Jesus*. Grand Rapids: Zondervan, 1990.

3.142. Fricke, W. *The Court-Martial of Jesus: A Christian Defends the Jews Against the Charge of Deicide*. Trans. by S. Attanasio. New York: Grove Weidenfeld, 1990.

3.143. Hedly, P. L. "Pilate's Arrival in Judea." *JThS* 35(1934): 56–67.

3.144. Maier, P. L. "The Fate of Pontius Pilate." *Hermes* 99(1971): 362–371.

3.145. _____. "Who Killed Jesus?" *ChrT* 34, no. 6, (1990): 16–19.

3.146. McGing, B. C. "Pontius Pilate and the Sources." *CBQ* 53(1991): 416–438.

3.147. Morison, F. *And Pilate Said: A New Study of the Roman Procurator*. London: Rich & Cowan, 1939.

3.148. Reid, B. "The Trial of Jesus—Or Pilate?" *BibT* 26(1988): 277–282.

5. 바울과 로마인들

서기오 바울

3.149. Harrer, G. A. "Saul Who Is Also Called Paul." *HThR* 33(1940): 19–34.

3.150. Horsley, G. H. R. "Name Change as an Indication of Religious Conversion in Antiquity." *Numen* 34(1987): 1–17.

3.151. Leary, T. J. "Paul's Improper Name." *NTS* 38(1992): 467–469.

3.152. Ramsay, W. M. *The Bearing of Recent Discoveries on the Trustworthiness of the New Testament*. London: Hodder & Stoughton, 1915.

갈리오와 세네카

3.153. Bacchiocchi, S. "Rome and Christianity Until A. D. 62." *AndUnivSemStud* 21(1983): 3–25.

3.154. Larson, V. T. "Seneca and the Schools of Philosophy in Early Imperial Rome." *ICS* 17(1992): 49–56.

3.155. Lightfoot, J. B. *Commentary on Philippians*. Grand Rapids: Baker Books, 1970 reprint.

3.156. Murphy-O'Connor, J. "Paul and Gallio." *JBL* 112(1993): 315–317.

3.157. Rees, W. "Gallio the Proconsul of Achaia." *Scripture*(1951): 11–20.

3.158. Sevenster, J. N. *Paul and Seneca*. Leiden: Brill, 1961.

3.159. Wenham, J. "The Identification of Luke." *EvangQ* 63(1991): 3–44.

벨릭스

3.160. Kokkinos, N. "A Fresh Look at the Gentilicum of Felix, Procurator of Judea." *Latomus* 49(1990): 126–141.

3.161. Oost, S. I. "The Career of M. Antonius Pallas." *AJPh* 79(1958): 113–139.

3.162. Saddington, D. B. "Felix in Samaria: A Note on Tac. *Ann.* 12.54.1 and Suet. *Claud.* 28.1." *AClass* 35(1992): 161–163.

베스도

3.163. Tajra, H. W. *The Trial of St. Paul: A Juridical Exegesis of the Second Half of the Acts of the Apostles*. Tübingen: Mohr, 1989.

6. 그 밖에 신약성경에 언급된 인물들

구레뇨

3.164. Barnett, P. W. "*Apographé and Apographesthai* in Luke 2:1–5." *ExposT* 85(1974): 377–380.

3.165. Corbishley, T. "Quirinius and the Census: A Re-Study of the Evidence." *Klio* 11(1936): 81–93.

3.166. Harris, B. F. "Oaths of Allegiance to Caesar." *Prudentia* 14(1982): 109–122.

3.167. Ogg, G. "The Quirinius Question Today." *ExposT* 79(1968): 231–236.

3.168. Ramsay, W. M. "The Census of Quirinius." *Expositor* 1(1897): 274–286, 425–435.

3.169. Taylor, L. R. "Quirinius and the Census of Judea." *AJPh* 54(1933): 120–133.

3.170. Thorley, J. "The Nativity Census: What Does Luke Actually Say?" *G&R* 26(1979): 81–84.

3.171. _____. "When Was Jesus Born?" *G&R* 28(1981): 81–89.

3.172. Wiseman, T. P. "There Went Out a Decree from Caesar Augustus⋯." *NTS* 33(1987): 479–480.

데오빌로

3.173. Cadbury, H. J. "The Purpose Expressed in Luke's Preface." *Expositor* 21(1921): 431-441.

3.174. Streeter, B. H. *The Four Gospels: A Study of Origins*. London: Macmillan, 1924, 1964 reprint.

아레오바고 관리 디오누시오

3.175. Rist, J. M. "In Search of the Divine Denis." In *The Seed of Wisdom: Essays in Honour of T. J. Meek*. Ed. by W. S. McCullough. Toronto: University of Toronto Press, 1964: 118-139.

또 다른 사람들

3.176. Bell, A. A., Jr. "Three Again." *CJ* 70(Feb.-Mar. 1975): 40-41.

3.177. Bremmer, J. "Why Did Early Christianity Attract Upper-Class Women?" In *Fructus centesimus: Mélanges offerts à Gerard J. M. Bartelink à l'occasion de son soixante-cinquième anniversaire*. Ed. by A. A. R. Bastiaensen, et al. Dordrecht: Kluwer, 1989: 37-47.

3.178. Cooper, K. "Insinuations of Womanly Influence: An Aspect of the Christianization of the Roman Aristocracy." *JRS* 82(1992): 150-164.

3.179. Gill, D. W. J. "Erastus the Aedile." *TynBull* 40(1989): 293-301.

3.180. Kearsley, R. A. "Asiarchs, Archiereis, and the Archiereiai of Asia." *GRBS* 27(1986): 183-192.

3.181. Meggitt, J. J. "The Social Status of Erastus(Rom. 16:23)." *NovT* 38(1996): 218-223.

3.182. Metzger, B. M. "Names for the Nameless in the New Testament: A Study in the Growth of Christian Tradition." In *Kyriakon: Festschrift Johannes Quasten*. Ed. by P. Granfield and J. Jungman. Münster: Aschendorff, 1970: 79-99.

3.183. Smith, R. H. "Were the Early Christians Middle-Class? A Sociological Analysis of the New Testament." *CTM* 7(1980): 260-276.

3.184. Thorley, J. "Junia, a Woman Apostle." *NovT* 38(1996): 18-29.

제4장

로마법과 신약성경

1. 로마에서의 교회와 국가

그리스도인과 유대인 사이의 논쟁이 신학적이었던 데 반해, 그리스도인과 로마인 사이의 논쟁의 초점은 법적인 것이었다. 말은 이렇게 했지만, 고대인들의 사고 구조는 우리와는 달리 종교와 정치를 명료하게 구별하지 못했다는 사실을 명심해야 한다(2.257).

빌라도는 교리적인 문제로 예수님을 심문하지 않았다. 이 교리 문제는 산헤드린의 초점이었다. 특히 산헤드린은 예수님이 신성을 모독한다고 주장했다. 빌라도가 예수님께 질문한 내용은 혁명의 가능성과 관련한 총독의 관심사를 반영한다. 예수님이 유대인의 왕이라고 주장한다면, 그것은 그를 국사범으로 처단할 근거가 된다. 하지만 이는 어디까지나 정치적인 동기에서지 종교적인 것은 아니다. 빌라도가 기소 내용에 근거가 없다고 판단했다면, 그는 예수님께 입 조심하라고 경고하고 몇 대 때린 후에 풀어 주었을 것이다(4.2). 그러나 빌라도는 유대인들의 환심을 사려고 했기 때문에, 그들이 외치는 소리에 자기의 고집은 접어 두고 예수님을 십자가에 못 박으라고 명령했다(막 15:15; 이 책 제3장 '빌라도'를 보라).

이 책 제5장에서 보게 되겠지만, 로마인들은 순전히 종교적인 문제에는 관심도 없고 종교적인 확신도 없었다. 새로운 종교나 예배 형태를 접하게 되면, 그들은 그 종교의 기원과 행동 방식, 그리고 종교의 이러한 면들이 보다 큰 공동체에 끼칠 영향에만 관심을 가졌다. 이것이 바로 종교와 정치의 경계선

이 모호한 부분이다. 로마 정부는 어떤 종교 단체가 국가 생활에 위협을 주거나 사회 질서에 해를 가하는 등 혁명적인 조짐이 보인다고 판단하면, 어김없이 그 종교를 핍박했다. 예를 들어, 디오니소스교에서는 숭배자(대부분이 여자들이었다)들을 부추겨 과음하게 하여 비명을 지르며 벌판을 뛰어다니게 하고 작은 짐승을 사냥하게 했다. 이들은 잡은 사냥감을 갈기갈기 찢어 날로 먹었다. 로마인들은 주전 2세기 초에 이런 종교가 로마시에 출현하자 곧바로 추방해 버렸다. 로마인들은 "이들이 한밤중에 몰래 모여 어떤 음모를 꾸미거나 보이지 않는 해로운 것을 자기들에게 가할지도 모른다는 두려움에서" 그렇게 했다(Livy 39.14).

범죄 행위를 조장한다고 혐의를 받은 종교 집단 역시 정부의 분노의 대상이 될 수 있었다. 요세푸스는 문두스라는 한 남자가 자기의 제안을 거절한 로마인 귀부인을 유괴하면서 그 일을 눈감아 주는 대가로 이시스교의 제사장들에게 뇌물을 바친 사건을 기록했다(Ant. 18.65-70). 그 음모가 밝혀지자 티베리우스 황제는 이시스 신전을 헐고 신상을 테베레강에 빠뜨렸으며, 제사장들과 문두스를 마을 밖으로 쫓아냈다. 종교의 가르침이 문제가 아니라 범죄 행위가 문제였던 것이다. 유대인들도 동양에서 온 사람들이라는 이유 때문에 혐의를 받아 같은 시기에 추방당했다(참조. 3.57).

로마인들은 어떤 종교 단체가 그 특성상 범죄 단체인지, 그 단체에 속한 사람들에게 구체적인 범죄를 조장한 사실이 드러났는지를 물었다. 하지만 그리스도인들에게 가해진 가장 심각한 비난의 내용은 그들이 로마에만 충성을 다하는 시민이 되기를 거부했다는 점, 혹은 로마의 종교를 믿든 안 믿든 상관없이 적어도 종교 의식 행위를 함으로써 자기들의 충성심을 증명하라는 요구를 거절했다는 점이다. 당대의 많은 철학자들은 자신들의 만신을 시대에 뒤진 미신이라고 깎아 내렸다. 하지만 철학자 자신들도 공동체가 정기적으로 만신에게 드리는 제사와 예물에 참여했다(Tertullian, *Apol.* 46.4). 요즘 식대로 말하자면, 그들은 깃발(국기)을 기꺼운 마음으로 숭앙했다. 그러나 그리스도인들은 이마저 거절했다.

일반 군중과 정부에게 그리스도인들은 정상적이 아닌 위험한 집단으로 보였다. 로마인들이 그리스도인들에게 어떤 행동을 취한 이유가 여기에 있었다. 행동은 군중의 자발적이고 폭력적인 형태로 나타나는 경우도 있었고, 정부의 공식적인 핍박 형태로 나타나기도 했다(2.257; 4.1).

트라야누스 황제. 그의 칙령으로 인해 그리스도인들에 대한 로마의 정책이 결정되었다.

로마인들의 생각에 종교는 개인적인 문제가 아니라 시민 생활의 기능이었기 때문에, 종교 단체에 사사건건 국가의 규율을 강요하고 그 단체의 일에 일일이 간섭했다. 상인들 조합이 그러했듯이 어떤 종교 단체라도 합법적으로 활동하려면 국가의 승인을 얻어야 했다. 승인을 받지 못한 단체는 연합으로 모일 수도, 자금을 거두어들일 수도, 공공연하게 종교 활동을 할 수도 없었다. 1세기 기독교의 문제는 오랫동안 로마 제국 내의 여러 종교들 사이에서 특권적인 지위를 얻어 온 유대교의 한 유파로서 향유하고 있는 혜택을 잃지 않으면서도 여러 종류의 법적 인정을 받는 것이었다.

2. 그리스도인들과 법 : 사례 연구

복잡한 문제에 가장 쉽게 접근하는 방법은 분석 가능한 예를 찾는 것이다. 그 문제를 좀 더 작은 부분으로 만들어 문제의 실체를 볼 수 있게 하면, 보다 다루기 쉬운 상황에서 논의할 수 있다. 그 후에 이 특수한 경우를 보다 일반적인 경우로 옮겨 놓는다. 사회학자들은 이러한 접근법을 사례 연구라고 한다. 속주 비두니아 지방에 있는 그리스도인들을 처리하는 모습을 설명하는, 플리니우스가 트라야누스(Trajanus) 황제에게 보낸 편지(Ep. 10.96)와 이에 대한 트라야누스 황제의 답변(Ep. 10.97)은 로마 제국 아래의 그리스도인과 율법의 여러 문제들을 보여주는 사례이다. 타키투스의 글과 함께 플리니우스의 이 편지는 초기 기독교에 관한 정보 중에서 가장 가치 있는 비기독교 자료이다(4.4). 이 편지는 주후 112년에 오늘날의 터키 중북부 지역에서 기록되었다. 이 문서가 중요한 이유는 본문이 전부 존재하며, 이 편지 속에 황제의 칙령으로 알려진 황제 자신의 간단한 답변이 들어 있기 때문이다(4.3).

플리니우스가 트라야누스 황제 폐하께

제가 확신이 서지 않는 모든 문제를 폐하께 여쭙는 것은 늘 해오던 저의 습관입니다. 저의 의심을 씻어 주고 제가 알지 못할 때 가르쳐 주실 수 있는 분이 폐하 외에 또 누가 있겠습니까?

저는 그리스도인들이 재판받는 곳에 한 번도 참석한 적이 없습니다. 그래서 그들이 어떤 벌을 받는지, 그 벌이 얼마나 혹독한지 잘 모릅니다. 또 그들이 왜 심문을 받는지, 어느 정도의 범위까지 심문을 받는지도 모릅니다. 나이에 따라 다른 대우를 받는지, 젊은이들이 성인들과 동일한 취급을 받는지 확신할 수 없습니다. 잘못을 비는 사람에게는 용서를 베풀어야 할까요? 아니면 그리스도인들은 그 신앙을 버리더라도 용서하지 말아야 할까요? 그들이 벌받는 것은 어떠한 범죄에 연루되지 않았는데도 '그리스도인'이라는 이름 때문입니까? 아니면 그 이름과 관련한 죄가 있기 때문입니까?

제 앞에서 그리스도인이라는 이유만으로 고소를 당한 사람들이 있었습니다. 먼저 제가 여쭙고 싶은 것은 그들이 과연 그리스도인들이었는가 하는 점입니다. 신앙을 고백하는 사람들에게 징벌을 가하며 두세 번 심문했습니다. 저는 끝까지 자기의 신앙을 굽히지 않는 사람을 처형하도록 데려가라고 명령했습니다. 그들이 믿는 바가 무엇이든지 간에, 저는 그들의 완고함과 융통성 없이 고집만 부리는 태도는 처벌받아 마땅하다고 굳게 믿습니다. 이와 비슷하게 정신 나간 자들에 대해서는 제가 명단을 작성해 로마로 보냈습니다. 그들은 로마 시민이기 때문입니다. 폐하께서 그들을 잘 심문해 주시기 바랍니다.

항상 발생하는 일입니다만, 제가 상황을 이런 식으로 처리하고 나자 더욱더 다양한 고소 내용이 접수되었으며 그 문제가 파급되었습니다. 서명이 안 된 벽보가 나붙었는데, 거기에는 많은 사람들의 이름이 적혀 있었습니다. 저는 그리스도인이거나 그리스도인이었던 적이 있는 것을 부인한 사람들, 그리고 저를 따라 신의 이름을 부르고 황제 폐하의 동상에 포도주와 향을 바친 사람들을 용서하기로 결정했습니다(이러한 이유에서 폐하의 동상을 신들의 형상과 함께 세우라고 명령한 것입니다). 이뿐만 아니라 그들은 그리스도를 저주했습니다. 제가 들은 바에 따르면, 진정한 그리스도인이라면 앞에서 언급한 어느 것이든 아무리 강제적으로 하라고 해도 하지 않습니다.

고발자가 그리스도인이라고 한 사람들 중에는 처음에는 그리스도인이라고 말했지만 금방 이것을 부인하는 사람도 있었습니다. 2, 3년 전에 그리스도인이기를 포기했다고 주장하는 사람이 있는가 하면, 그보다 더 일찍이 그리스도교를 떠났다고 하는 사람들도 있고, 소수이긴 하지만 20년 전에 그만두었다고 하는 사람들도 있었습니다. 이들은 다 황제 폐하의 동상과 만신상 앞에서 절하고 그리스도를 저주했습니다.

더욱이 이들은 자신들의 유일한 죄나 잘못이 있다면, 그것은 다음과 같은 것이라고 주장했습니다.

첫째, 그 사람들은 어떤 날에는 동이 트기도 전에 모임에 참여하는 습관이 있었습니다.
둘째, 그들은 그리스도가 마치 신인 것처럼 교창(交唱)으로 그를 찬송했습니다.
셋째, 그들은 어떤 범죄도 저지르지 않고, 도둑질이나 강도질이나 간음을 하지 않으며, 믿음을 배반하지 않겠다고 맹세했습니다. 또한 그들은 헌금하기를 요구하는 자에게 헌금하기를 거절하지 않았습니다.
넷째, 그들은 이 예식을 다 마친 후에 음식(공동의 무해한 음식)을 먹기 위해 다시 모이는 습관이 있었습니다.

폐하의 명령에 따라 제가 정치적인 모임을 금하는 고시를 내리자, 그들은 이런 행위를 더 이상 하지 않았습니다. 저는 소위 여자 집사라고 하는 여자 노예 두 사람을 고문해 진상을 알아야겠다고 확신했습니다. 제가 생각하기에 이들이 믿는 종교는 타락하고 터무니없는 한갓 미신에 지나지 않습니다.
그래서 저는 조사하는 것을 늦추고 이렇게 서둘러 황제 폐하께 문의드립니다. 이 문제는 제가 생각하기에 폐하의 주의를 끌 만한 일로 여겨집니다. 특히 요주의 인물들 때문에 더욱 그렇습니다. 남녀노소 지위 고하를 막론하고 많은 사람들이 재판을 받고 있으며 또 앞으로도 그럴 것입니다.
이 미신에 감염된 지역은 비단 도시뿐만 아닙니다. 농촌과 마을 여러 곳에도 이 미신이 퍼져 있습니다. 미신에 감염되는 일을 멈추게 할 수 있으며, 감염된 사람을 교정할 수 있을 듯합니다. 오랫동안 거의 황량했던 신전들에 다시금 사람들이 모이기 시작했고, 금지되었던 제사 의식이 다시 거행되고 있으며, 제물로 바쳤던 고기가 어디서나 판매되고 있습니다. 사실 이런 고기들을 사는 사람이 지금까지는 거의 없었습니다. 이것으로 미루어 볼 때, 돌이킬 기회만 주어진다면 많은 사람들이 교정될 수 있다고 확신합니다.

트라야누스 황제가 플리니우스에게
나의 친애하는 플리니우스여, 귀관은 귀관에게 맡겨진 일을 매우 잘 수행했소. 귀관은 귀관 앞에 끌려온 그리스도인이라는 사람들을 잘 다루었다고 생각하오. 이는 마치 확립된 원칙이 있기나 한 것처럼, 어떤 것을 보편적으로 적용하는 일이 보통 어렵지 않기 때문이오.
이런 사람들을 반드시 찾아 색출해 낼 필요는 없소. 이들이 귀관 앞에서 혐의가 인정된다면 마땅히 벌을 내려야 하겠지만, 자기가 그리스도인이라는 사실을 부인하고 우리의 신에게 기도함으로써 자신의 무혐의를 입증하는 사람은, 그가 과거에 어떤 혐의를 받았든지 상관없이 그가 뉘우친 것을 보아서라도 용서해야 할 것이오. 하지만 무명으로 게시된 벽보는 어느 곳에도 붙지 않게 살펴주시오. 이것은 매우 나쁜 표본이고 우리 시대의 정신에도 맞지 않는 일이오.

3. 총독의 권력

로마 제국의 주민은 그들이 로마 시내에 거주하지 않는다면 지방 총독을 통해 로마의 권력을 접했다. 이 책 제3장에서 살펴보았듯이, 로마인들은 주전 3세기에 해외에 있는 속주에 총독을 파견하기 시작했다. 총독들은 관할 속주의 주민들과 그곳에 주둔하고 있던 군대 사령관에 대해 절대적인 권력을 가지고 있었다. 총독은 속주의 법을 수정하거나 폐지할 수도 있었고, 그것을 자기 마음대로 고치기도 했다(4.10). 속주민들이 장시간 소요되고 값이 비싼 로마의 법정에 송사하는 경우를 제외하고는, 총독과 그의 부하들은 어느 누구에게도 책임 있는 답변을 하지 않았다. 로마 제국 안에서만큼은 대부분의 총독들이 황제가 임명한 사람들이며 황제를 기쁘게 하기 위해 봉사했다는 사실을 명심할 필요가 있다. 심지어 원로원이 선출한 사람들을 황제가 번복해 내쫓을 수도 있었다.

속주의 관료가 자기의 권력을 남용한 최악의 예는 베레스(Verres)의 경우에서 찾을 수 있다. 주전 70년에 키케로는 베레스가 시칠리아섬의 총독으로 있을 때 금품 강요죄를 적용해서 그를 기소하는 데 성공했다. 하지만 이보다 더 일찍이 베레스는 다른 속주의 총독 부관으로 있는 동안 한 가정의 딸을 납치하여 강간하려고 했었다. 그 젊은 여자의 아버지와 오빠는 마을 사람들과 힘을 합쳐 베레스와 싸움을 벌였는데, 그 와중에 베레스 쪽 사람 한 명이 죽었다. 그런데 젊은 여자의 아버지와 오빠가 체포되어 살인 혐의로 심문을 받고 혐의를 뒤집어쓰게 되었다. 베레스는 평결을 내린 배심원 중의 한 사람이었고, 검사들을 도와 이 사건에 배석했다. 그 여자의 아버지와 오빠는 결국 처형당했다(Cicero, *Oration II vs. Verres* 1.24, 63-83).

로마에 있는 원로원(Curia Julia) 건물(좌측).

제4장 로마법과 신약성경

로마 제국 아래에 있는 속주들을 처우하는 면에 있어서 개선된 점도 있었지만, 그렇다고 "학대가 덜 자행되었거나 손해 배상이 쉽게 보장되었다고 생각한다면 오해다"(4.5:189). 일반적으로 총독들은, 군대를 동원하여 로마 정부에 반란을 일으키거나 속주들이 혁명을 일으키지 않는 한 자기들이 하고 싶은 대로 무슨 일이든지 행했다. 또한 "속주민들에게서 돈을 빼앗거나 재산을 강탈하지는 않았지만 자기 마음에 내키는 대로 가혹한 행동을 했다"(4.54:139).

바울에 대한 벨릭스의 태도에서 볼 수 있듯이(행 24:26), 총독에 대한 불평 중에서 단연 으뜸이 되는 요소는 법적인 문제를 유리하게 판결해 주는 대가로 뇌물을 요구하거나 금품을 갈취하는 일이었다. 후기 공화정 아래서는 금품 강요의 문제가 너무 심각해서, 속주민들로 하여금 가장 악랄한 총독에 대해 법적인 행동을 취할 수 있도록 하는 특별 법정이 로마에 마련된 적도 있었다.

속주에서 평온을 유지하는 일이 무엇보다도 중요함을 잘 알고 있는 로마인들은 그들의 속주민들을 잘 다루기 위해 여러 가지 수고를 했다. 수많은 총독들이 유죄 선고를 받아 속주에 배상하지 않으면 안 되었다. 총독은 죽었으나 그가 다스리던 속주의 불만을 품은 백성들이 그 총독의 상속인들을 대상으로 법적인 행동을 취하도록 허락한 사례도 한 건 있었다(Pliny, *Ep.* 3.9). 속주에서 실시하는 행정에 대해 로마 제국이 감독함으로써 어느 정도 상황이 개선된 면도 있었지만, 2세기 초까지 금품 강요와 온갖 실수는 여전히 자행되었다(Pliny, *Epp.* 5.20; 7.6).

공공질서의 유지야말로 총독들이 가장 중요하게 생각해야 할 일이었다. 총독과 그의 부하들은 민요가 발생하면 더 이상 손쓸 수 없는 상태로 발전되기 전에 재빨리 진압했다. 에베소의 서기장이 그의 동료 시민에게 이런 사실을 상기시킨 내용이 사도행전 19장 40절에 나온다(4.7; 4.9; 4.14). 호민관 글라우디오 루시아는 예루살렘 전체에 소요가 일어났다는 보고를 듣고 그의 군대를 시켜 바울을 때리는 군중을 흩어지게 함으로써 이 소요에 대응했다(행 21:31-32). 루시아는 어느 편의 주장이 옳은지에 대해서는 관심이 없었고, 오로지 폭동을 진압하는 데에만 관심을 기울였다. 빌라도가 소요가 일기 시작하는 상황을 보았을 때 예수님을 십자가에 못 박게 내준 것처럼, 어떤 총독은 속주민의 요구를 들어주려고 자기가 내린 명령을 번복하기도 했다(마 27:24).

신약을 공부하는 학생들이 대부분 관심을 기울이는 부분은 재판관으로서 총독의 기능이다. 그러나 그런 역할에 대해서는 플리니우스의 편지에 전혀 언급되지 않는다. 총독은 대개 자기가 맡은 속주의 큰 마을들을 순회하면서(4.6; 4:11-12), 몇 주 또는 몇 달 동안 총독이 오기만을 기다리며 대기하고 있는 법적인 송사의 문제를 청취했다. 바울은 가이사랴에서 2년 동안 가택 연금된 상태로 총독이 와서 어떤 행동을 취해 주기를 기다렸다(행 24:23-27). 총독 앞에 붙들려 온 사람들은 어떤 문제로 고발당한 사람들이었다. 총독은 기소 여부를, 또 재판을 받게 할 근거가 있는지를 결정해야 했다.

총독이라고 해서 모두 법적인 문제에 관한 전문가는 아니었다. 총독은 다양한 범죄와 이와 관련한 일반적인 처벌에 대한 목록들 그리고 법적인 절차를 안내하는 분쟁 조정 지침서를 가지고 있었는데, 이런 목록을 '오르도'(ordo)라고 불렀다. 이외에도 총독이 어떤 문제를 추적해야겠다고 판단하면, 이 목록에 있지 않은 소송(extra ordinem)을 다룰 수 있는 재량권이 총독에게 있었다.

갈리오가 바울에 대한 고소 내용을 듣기를 거절한 경우에서 볼 수 있듯이, 총독이 반드시 소송 문제를 다루어야 하는 것은 아니었다. 하지만 플리니우스는 매우 세심하고 주의깊은 관료였다. 그가 트라야누스 황제에게 보낸 편지에는 그가 혹시나 잘못된 일을 행하고 있지는 않은지, 반드시 해야 하는 일인데 하지 않고 있는 것은 없는지, 그리고 황제에게 꾸지람을 살 만한 일은 하지 않았는지에 대한 그의 관심사가 나타나 있다. 플리니우스는 이 새로운 종교가 너무 강한 힘을 발휘해 사람들이 전통적인 신을 숭배하지 않게 된다면 자신이 어떤 행동을 취해야 할지를 알았다. 이 종교적인 문제가 바로 그들의 정치적인 충성심을 가늠하는 중요한 척도가 되었다. 이 점에 대해서는 이 책 제5장에서 살펴보기로 하자.

이 경우 플리니우스가 취할 행동의 근저에 깔려 있는 것은 그의 '임페리움'(imperium) 즉 권력의 총체적인 발휘와, 보다 구체적으로 말해서 그의 '이우스 글라디'(ius gladii) 즉 사람을 사형에 처할 수 있는 힘인 '칼의 힘'이었다(4.8). 이 것이 바로 빌라도가 예수님을 정죄하여 죽음에 처하게 한 권세였다. 이것은 총독의 부하들에게는 위임할 수 없었던 권한이었다. 사형을 선고해야 하는 상황이라면 그것은 반드시 총독 자신이 선고해야 했다.

이 사실은 요한계시록 2장 13절에서 버가모 교회에게 하신 말씀의 뜻을 밝히는 데 결정적인 역할을 한다. "네가 내 이름을 굳게 잡아서 내 충성된 증인 안디바가 너희 가운데 곧 사탄이 사는 곳에서 죽임을 당할 때에도 나를 믿는 믿음을 저버리지 아니하였도다." 요한계시록의 처음 세 장은 핍박과 시련에 관한 내용을 언급하지만, 이 구절은 유일하게 사형을 당한 사람의 구체적인 이름을 언급한다. 그리고 이 일은 총독의 관저가 있는 아시아 속주의 수도에서 발생했다.

4. 형사 소송

플리니우스의 편지 첫 두 문단에는 그가 자신이 맡은 지역을 잘 알지 못했다는 사실이 드러나 있다. 플리니우스는 로마에서 열린 그리스도인들에 대한 재판에 참석해 본 경험이 없었다. 이것으로 보아 당시 그리스도인들에 대한 재판은 로마에서만 열렸음을 알 수 있다(4.26). 그리고 플리니우스는 오르도에서 기독교에 대한 어떤 내용도 찾지 못했다. 비두니아에서 로마로 편지를 보내거나 또 로마로부터 오는 편지를 받는 데는 몇 주가 걸렸으며(이 책 제9장을 보라), 그래서 플리니우스는 나중에 황제의 지지를 받을 것을 소망하면서 자기의 권한으로 행동했다. 그가 취한 방법은 우리가 알고 있는 로마의 법적 절차에 대한 모든 것과 정확히 일치한다(4.25).

어떤 사람이 다른 사람을 직접 행정 장관 앞으로 데리고 나와 그를 기소하면 재판이 시작되었다. 노상강도와 혁명 분자들의 경우를 제외하고는(4.24) 로마 정부가 직접 나서서 백성들을 체포하는 일은 없었다. 이 점과 관련한 법은 분명했다(4.28, vol. 1:102).

원고가 피고를 법정에 고소하면 피고는 출두해야 했다. 피고가 법정에 출두하지 않으면 원고는 증인을 소환하게 된다. 이런 경우에만 피고가 강제로 끌려 나오게 되어 있다. 피고가 출두하기를 기피하거나 줄행랑을 치게 되면 원고는 그를 붙잡는다. 연로하거나 질병으로 인해 출두할 수 없는 불가피한 상황이 발생한 경우에는 원고가 피고에게 한 무리의 사람들을 보내 준다. 피고가 원하면 쿠션이 있는 들것을 마련해 주기까지 한다.

그러므로 이런 정황을 미루어 볼 때, 로마 군인들이 그리스도인들(또는 그 밖에 다른 사람)을 체포하기 위해 한밤중에 문을 두드리는 장면을 상상하는 일은 떨쳐 버리는 편이 좋겠다. 어떤 사람을 고발하고 피고로 하여금 행정 장관 앞에 출두하도록 하는 것은 원고의 책임 소관이었다. 사도행전 19장 38절에 기록된 에베소의 서기장이 한 말을 주의깊게 살펴보라. "만일 데메드리오와 그와 함께 있는 직공들이 누구에게 고발할 것이 있으면 재판 날도 있고 총독들도 있으니 피차 고소할 것이요." 바울은 재판받을 때 자기를 고소하는 사람들에 의해 행정 장관 앞에 끌려왔었다(행 25:6-7). 예수님도 제자들에게 고소하는 사람이 재판장 앞으로 끌고 가기 전에 재판정에 가는 도중에라도 화해하라고 권하셨다(눅 12:58). 예수님의 원수들은 자신들이 친히 이런 일을 해야만 한다는 사실을 알고 있었으므로, 이들에게는 예수님이 어디에 있는지 알아내어 그의 정체를 밝히는 일이 중요했던 것이다.

로마 법정에서 고소는 다음과 같은 순서를 따라 진행되었다. 이름을 밝힌 고소자가 앞으로 나와 다른 사람을 고소한다. 베스도 총독이 말한 것처럼, 무릇 피고가 원고들 앞에서 고소 사건에 대하여 변명할 기회가 있기 전에 내주는 것은 로마 사람의 법이 아니다(행 25:16). 하지만 특별히 속주에서는 행정 장관이 수사할 필요가 있는 문제에 대해 소문을 듣고 일을 끝내는 경우도 있었다. 이집트에서 발굴된 법적인 내용을 담고 있는 파피루스를 참고하면, 적어도 한 속주에서 범죄 수사가 어떻게 다루어졌는지 알 수 있다(4.19).

플리니우스가 했던 방법도 일반적인 방식과 다른 점이 없었다. 다른 모든 총독처럼 플리니우스에게도 어떤 일을 심문할 권한(inquisitio)이 있었다. 심문은 그것이 공식적인 고소이든 아니든 간에 모든 경우에 적용되었다(p. 194 박스의 '로마의 정의에 대한 그리스도인의 반응'을 보라). 이러한 행동

로마의 정의에 대한 그리스도인의 반응

트라야누스 황제는 이 단체를 반드시 수색할 필요는 없지만 데려오면 반드시 처벌하라고 답신했다. 참으로 헛갈리는 결정이다! 트라야누스는 그들이 마치 죄가 없는 것처럼 그들을 찾지 말라고 말하면서도, 마치 그들이 죄인인 것처럼 그들을 처벌하라고 명령한다. 트라야누스는 그들을 간섭하지 않고 내버려두면서도 그들에 대해 격분하고 있다. 그들을 무시하지만 처벌한다. 판단 내리기를 회피하는 이유가 무엇인가? 그들을 정죄한다면 그들을 찾지 않는 이유가 무엇인가? 그들을 찾지 않는다면 왜 그들을 용서하지 않는가? 노상강도들을 철저하게 뒤쫓고 조사하는 일이 모든 속주에서는 군인들에게 맡겨졌다. 모든 사람이 국사범이나 공적인 적들을 대적하는 군인인 셈이다. 수사하는 일은 공범자들이나 심지어 그 일에 연루된 자들에게까지 확대되었다. 그리스도인들은 추적을 당하기만 한 것이 아니라 재판정에 끌려가기도 했다. 추적 대상이 된 것은 재판을 받기 위해서였다. 그러므로 사람들은 아무도 찾고 싶어 하지 않는 사람을 법정에 데리고 와 정죄한다. 내가 생각하기에 그들은 죄인이기 때문에 벌을 받는 것이 아니라, 아무도 찾는 사람이 없다는 이유 때문에 벌을 받는 것이다!(Tertullian, *Apology* 2.8–9).

은 통상 하층민들의 활동을 일일이 간섭하는 수단으로 악용되었다. 비두니아에 살고 있는 그리스도인의 경우 "문제의 진원지를 알고 그것을 진압하는 것이 플리니우스의 의무였다"(4.20:440).

이 경우에서 플리니우스의 소송은 이 권력에 근거한다. 그는 원고나 피고가 제시한 것보다 더 많은 정보를 얻고 싶어 이 단체에 속한 두 사람을 고문했다. 교회에서 남자들만 권위 있는 위치에 세울 수 있다고 생각하는 사람들은 112년 이 특정 교회에 여자 집사가 두 명 있었다는 사실을 명심할 필요가 있다(4.18). 여자 집사라는 말에는 라틴어 '미니스트라이'(ministrae)가 사용되었다. 이들은 행정 장관이 생각해 낸 방법으로만 고문을 받았다. 아풀레이우스(Apuleius)는 채찍으로 맞고, 불에 태워지고, 사지가 찢기고, 발 위에 무거운 것을 올려놓은 채 나무로 만든 톱질 모탕에 앉아 있는 벌을 받은 한 노예의 상황을 고발했다(Golden Ass 10.10). 이 불행한 여인들은 노예였지만 권위 있는 위치에 있었다는 사실은, 초대 교회에는 성(性)뿐만 아니라 사회 계급 역시 혼합되어 있었다는 중요한 사실을 알려 준다. 분명한 사실은 이들만 초대 교회가 형성되던 시기에 교회에서 중요한 위치를 차지했던 유일한 여성이 아니라는 점이다(4.32; 참조. 롬 16:1-15).

행정 장관이 소송을 맡겠다고 결정하면 그는 플리니우스가 따랐던 방법으로 소송 절차를 진행했다. 플리니우스는 자기가 이 불확실한 사건에서 올바른 소송 절차를 지켰다는 사실을 보이고 싶어서, 피고들을 심문하고 그들이 자신의 무죄를 어떻게 입증할 수 있는지를 결정했다. 단순히 고소 내용을 부인하는 것만으로는 충분하지 않았다. 로마인들은 재판에서 물리적인 증거물이나 제3자의 증언을 거의 사용하지 않았다. 문서나 그 밖의 다른 물리적인 증거물의 진위를 확인할 길이 없었기 때문이다. 심지어 어떤 사건에서 플리니우스는 황제의 칙령의 진위 여부를 확인할 수 없었다(Epp. 10.58; 10.65). 그러나 고문하는 중에 얻어 낸 증언은 믿을 만한 것으로 간주되었다. 하지만 로마 시민들은 고문할 수 없었다. 고문과 같은 잔인한 행동의 대상은 로마 시민이 아닌 사람들과 노예들이었다(4.16).

이러한 심문과 관련해 제기할 수 있는 중요한 질문은 플리니우스가 속주민들과 어떻게 대화를 나누었는가 하는 점이다. 이것은 예수님이 빌라도와 나눈 대화를 이해하는 데 중요한 역할을 한다. 플리니우스는 통역자들을 언급하지 않았다. 당대의 교육을 받은 로마인이라면 누구나 그러하듯 플리니우스는 헬라어를 할 줄 알았다. 그리고 코이네(Koine)로 알려진 간소화된 헬라어가 오랫동안 지중해 동쪽 지역 여러 나라에서 보편적으로 사용되었다. 헬라인들은 문화 수준과는 상관없이 헬라어를 할 줄 모르는 사람을 묘사하기 위해 '야만인'(barbarian, 헬라어를 모르는 사람들의 말을 알아듣지 못해 '바르바르'라고 말하는 자들이라고 한 데서 유래한 말이다—편집자 주)이라는 단어를 만들어 냈다. 이처럼 로마인들은 헬라어든 라틴어든 로마 제국 내에서 보편적으로 사용하는 언어를 모르는 속주민들을 그냥 두고 보지 못했다(4.21). 아주 미개한 갈리아 지방 같은 곳에서는 카이사르가 통역관이 필요하다고 생각했지만(*Gallic Wars* 5.36), 속주민들이 헬라어를 사용한다고 여겨지면 로마인들은 그들과 직접 대화했다. 오비디우스는 로마 제국의 동쪽 변경 지역에 있을 때 그의 주변 사람들이 매우 미개한 헬라어를 사용하는 것을 알게 되었으나 "나는 몸짓으로 나 자신의 의사를 표시해야 합니다. 여기서 나는 모든 사람에게 야만인이고 지식 없는 사람입니다."라고 썼다(*Tristia* 5.10, 36-37). 마침내 오비디우스는 현지 언어인 게타이어(Getic)를 충분히 습득해 그 언어로 시까지 썼다.

재판은 다음과 같은 순서로 진행되었다. 먼저 고소한 사람들의 송사가 있고, 그 다음에 피고나 피고가 고용한 변호사의 답변이 이어졌다(참조. 행 24:1-21). 연설은 대단히 길 수도 있었다. 요즘의 법정에서는 상상할 수도 없는 역사적인 비유와 여타의 자료를 끌어들이는 등 3, 4시간 이상이 걸리는 경우도 있었다. 마르티알리스(Martialis)는 한 시에서 겨우 염소 세 마리 훔친 죄를 다루는 법정에서 자기의 변호사가 역사의 여러 사건을 들어 비교하느라 너무 많은 시간을 사용했다고 불평했다(6.19). 온갖 종류의 수사학을 이용한 목적은 사실을 밝히려는 데 있지 않고, 배심원들이나 행정 장관의 관심을 다른 쪽으로 돌리려는 데 있었다. 재판은 종종 방청객도 참관할 수 있도록 공개적으로 열리기도 했다. 변호사들은 군중의 감정을 자극해 배심원이나 행정 장관에게 대중의 의견이 어느 쪽에 와 있는지 확신을 주려고 했다. 사도행전 7장에 기록된 스데반의 연설이 이런 패턴을 따랐다.

자기를 고소한 사람에게 대답하기를 거절하는 사람은 자신을 변호할 수 있는 유일한 기회를 놓치는 것이었다. 물론 이런 행동을 한 사람은 전혀 없었다. 그래서 예수님이 아무 대답도 하지 않자 빌라도가 의아해했던 것이다. "대제사장들이 여러 가지로 고발하는지라 빌라도가 또 물어 이르되 아무 대답도 없느냐 그들이 얼마나 많은 것으로 너를 고발하는가 보라 하되 예수께서 다시 아무 말씀으로도 대답하지 아니하시니 빌라도가 놀랍게 여기더라"(막 15:3-5). 피고는 자기가 한 행동에 대해 철학적인 이유나 정당성을 제시해서는 안 되었고, 자기의 유무죄에 대한 질문에 답변하기만 해야 했다. 그리스도인들은 자신을 변호하는 연설을 통해 로마인들에게는 너무 길고 많은 내용의 설교를 하려고 했다. 테르툴리아누스는 2세기 말 그리스도인들의 경우에는 재판받을 때 말할 권한이 없었다고 기록한다(Apol. 2.2).

플리니우스 앞에서는 증거와 증언이 사건의 무죄를 입증할 수 없었기 때문에, 고소를 당한 사람들은 자기가 사교에 속하지 않았음을 증명하기 위해 어떤 것을 행해야만 했다. 총독은 누군가를 강제로 총독의 권위에 복종하게 하는 권한인 '코에르키티오'(coercitio)로 어떤 요구들을 부과할 수 있었다. 플리니우스는 그가 로마에서 재판을 보조한 한 사례를 설명하는 편지에서, 속주민들이 자신들은 속주민이고 총독의 모든 명령에 순종할 수밖에 없는 존재라는 사실에 근거해 자신들을 변호하고 있다고 주장했다(Ep. 3.9, 15).

이러한 사실을 잘 알고 있던 플리니우스는 자기 앞에서 재판을 받는 사람들에게 자기의 무죄를 주장하는 데 필요한 일이라면 무엇이든 해보라고 요구했다. 무신론자도 그리스도인이라는 명칭과 관련해 고소당한 자 속에 포함되어 있었기 때문에, 피고인들은 황제상을 비롯한 만신상에 경의를 표하고 그리스도의 이름에 저주를 퍼부어야 했다(4.23; 4.29-30). 플리니우스가 그 단체에 대해 알고 있던 바에 따르면, 그 단체에 속한 충성스러운 회원은 그런 말과 행동을 하지 않았다(참조. 고전 12:3).

이런 의식을 행하기를 거절한 사람은 다른 죄가 없어도 총독의 명령에 불복종한 죄를 저지른 처지가 되었다. "사람보다 하나님께 순종하는 것이 마땅하니라"(행 5:29)라는 그리스도인의 입장은 질서에 대한 로마인의 이해와 정반대였다. 총독 또는 그 밖에 다른 행정 장관들이 명령을 내리면 백성들은 순종해야 했다. 그렇지 않으면 '명령 불복종의 죄'(contumacia)에 처해졌다(2.257; 4.33).

이런 상황에서, 재판을 받는 그리스도인들에게는 기독교가 무엇이며 그리스도인이 된다는 것이 왜 범법 행위가 아닌지를 설명할 기회가 주어지지 않았던 듯하다. 정부는 그 단체를 불법적인 행동을 하는 단체 중 하나로 생각했다. 그래서 그 단체에 속한 회원이라고 고백하는 것은 곧 로마인들이 생각하는 불법적인 행동을 인정하는 것과 같았다. '그 이름으로 인해' 죄인이 되는 문제는 2세기 말까지 계속되었다. 테르툴리아누스는 다른 피고들은 자기가 범한 행동에 근거해서 재판을 받는 데 반해, 그리스도인들은 단지 그리스도인이라는 이유로 재판을 받는다고 항의했다(Apol. 6). 과연 로마인들이 그 이름 자체를 핍박했는지, 아니면 그 이름을 고백함으로써 나타난다고 생각하는 범법 행위 때문에 핍박했는지 현대 학자들 사이에서도 의견이 일치하지 않는다. 우리가 알고 있는 법조문 중에서 구체적으로 기독교의 존재를 금한 것은 없다(4.15; 4.17).

이 경우 소송은 다음과 같이 진행되었다. 고소를 당한 사람은 자기를 고소하는 내용이 정당하지 않음을 입증할 수 있었고, 또한 그들의 '범법 행위'에 대한 형벌이 그들에게 설명되었다. 플리니우스는 그리스도인들에게 다른 어떤 죄가 없다면 그들의 완고함이 벌을 받을 만하다고 주장했다. 이것은 그가 자기 노예에게 취했던 태도와 완전히 대조된다. 플리니우스는 그의 노예에게는 상당히 인간적인 모습을 보였다(1.55). 하지만 속주에서는 자신이 내린 명령에 말대답하지 않고 묵묵히 순종하기를 기대했다. 이 점에서 로마인들에게는 다른 모든 식민지 백성들을 합친 것보다도 유대인들과 그리스도인들이 더 큰 골칫거리였다.

플리니우스는 그리스도인이라고 고소당한 사람들을 심문하자, 그 사교가 행한 행동이 어떤 것인지 어렴풋하게나마 알게 되었다. 그는 그 사교에서 탈퇴한 사람들에게서 정보를 얻었는데, 그리스도인들이 가공할 만한 악을 하나도 행하지 않는다는 사실을 알고는 놀랐다. 그들이 저질렀다는 '죄'란 다름이 아니라 (로마법에 저촉되는) 새벽이 되기 전에 모임을 가졌다는 것, 그리스도를 마치 어떤 신처럼 예배하는 것, 그리고 이런저런 방법으로 맹세하는 것이 고작이었다.

플리니우스의 편지는 그리스도인에 관한 객관적인 자료를 제공해 주는 대단히 중요한 문서다. 이 자료는 현재 교회 내의 여러 다양한 단체가 자신의 신학적 근원을 1세기 교회에 두고 있다고 주장하는 것에서 자유로운, 제3자의 입장에서 그리스도인들의 모습을 그린 문헌이다(4.27; 4.36). 그리스도인들이 행한 '맹세', 즉 '사크라멘툼'(sacramentum)은 십계명이나 율법의 요약, 짐작하건대 예수님이 토라를 요약하시면서 '속여 빼앗지 말라.'라는 말을 삽입하신 마가복음 10장 19절의 내용으로 생각된다. 그 찬송에 나타난 기독론적 주제는, 골로새서 1장 15-20절과 빌립보서 2장 5-11절에서 단편적으로 보존된 초대 그리스도인들의 찬송에 대해 우리가 알고 있는 바와 부합한다(4:1; 4:35).

5. 단체에 대한 로마인의 규정

플리니우스는 그리스도인들이 날이 밝기 전에 모임을 가지며 이런저런 맹세를 한다는 소리를 듣고는 분명 시야가 더 넓어졌을 것이다. 로마인들은 '콜레기아'(collegia)라고 알려진 단체나 협회의 모든 활동을 엄격하게 규제했기 때문에, 이것이야말로 정부와 기독교라는 신흥 종교 사이에 대두되는 문제의 핵심이었다. 가장 초기에 로마의 법을 집대성한 12표법(Twelve Tables, 주전 450년경에 기록되었다)은 어떤 단체든지 밤에 모이는 것을 금했으며, 공공질서를 해치지 않는 범위 내에서만 그 단체의 규율을 허락했다.

단체의 모임에 대한 로마 정부의 태도는 (디오니소스교를 핍박한 내용을 기록한) 리비우스의 글에 등장하는 연설자의 말로 요약할 수 있다(39.15).

이유야 어떻든 간에 당신들의 조상은 심지어 로마 시민들에게도 함께 모이는 것을 허락하지 않았소. 군중이 함께 모일 때면 당신들의 조상은 권세 있는 사람이 사회를 보도록 명했소. 그렇다면 당신들은 이 모임을 어떤 모임이라고 생각하시오? 첫째로, 그들은 밤에 모였고, 둘째로 남녀가 감독자 없이 혼합된 단체로 모이고 있었소!

그리스도인들도 이와 동일한 '범죄'를 저질렀다고 인식되었을 것이다. 모이기를 바라는 사람들의 동기를 의심하는 것은 로마 제정이 실시되는 동안 내내 계속되었다. 플리니우스는 자기가 통치하는 속주의 한 마을에 큰불이 일어나자, 또 다른 재앙의 위험을 경감할 수 있도록 마을 사람들로 소방대를 결성할 수 있게 해달라고 트라야누스 황제에게 요청했다. 플리니우스는 소방대에 가입하는 사람의 수를 소수로 제한하고 "소방대원 이외에는 아무도 가입을 허락하지 않을 뿐더러 이 사람들에게 다른 목적으로 활동할 권한을 절대로 주지 않겠다."라고 약속했다(*Ep*. 10.33).

이에 대한 트라야누스의 반응은 대단히 부정적이었다(*Ep*. 10.34). "그 속주, 특히 도시는 이런 종류의 단체들로 골머리를 앓아 왔소. 그 단체의 이름을 무엇이라 칭하든, 또 어떠한 이유로 모이든 간에 그들은 금방 정치적인 단체가 되어 버렸소." 한번은 황제가 자선 단체의 결성을 마지못해 허락한 경우가 있었다. 그러고는 "모금된 돈은 폭동을 일으키는 모임이나 불법적인 모임에는 사용하지 말고, 가난한 사람들을 구제하는 데에만 사용하라."라고 지시했다(*Ep*. 10.93).

이러한 정부의 입장은 바울과 그리스도인들이 떡을 떼기 위해 모였고, 그 모임에서 바울이 밤중까지 계속 강론했으며, 그리하여 그들이 모인 윗다락에 등불이 많이 켜져 있었다는 점을 누가가 특별히 강조한 이유를 아는 데 도움이 된다(행 20:7-8). 다시 말해서, 그 모임은 많은 대화가 오갔으므로 예상했던 시간보다 길어진 저녁 식사 모임이 되었다. 그 방은 불을 환하게 밝혀 놓아 어둡지 않았으며, 그래서 비밀 모임이라는 혐의를 받지 않아도 되었다. 물론 사람들은 대낮에도 음모를 꾸밀 수 있었다. 하지만 로마인들은 밤에 모인 단체들의 목적이 오로지 불법적인 행동을 꾀하기 위함이라고 생각했다. 그렇지 않다면 왜 자기 이웃 사람들에게 공개되는 것을 꺼렸겠는가?

범죄자들이나 정치적으로 당대와 의견을 달리하는 사람들은 자신들의 결심을 강하게 하는 한 방법으로, 본격적인 행동을 수행하기까지 서로가 결속되었다는 사실을 맹세로 표현했다. 이런 맹세를 표현하기 위해 일반적으로 사용했던 용어가 사크라멘툼이었으며, 플리니우스는 그의 편지에서 이 용어를 사용했다. 로마인들이 두려워한 한 가지 예는 사도행전 23장 12-13절에서 찾아볼 수 있다. "날이 새매 유대인들이 당을 지어 맹세하되 바울을 죽이기 전에는 먹지도 아니하고 마시지도 아니하겠다 하고 이같이 동맹한 자가 사십여 명이더라." 이들이 잠복하고 있던 곳에서 바울이 피했기 때문에 이 사람들은 굶어 죽었을지도 모른다. 하지만 랍비들은 불가피한 사정으로 맹세를 이룰 수 없는 사람들을 그 맹세에서 해제해 주기 위해 특별한 해석을 마련했다(Mishnah Nedarim 3.3).

플리니우스는 로마의 총독으로서 걱정거리가 많았던 것 같다. 여기 한밤중에 정기적으로 모이고 맹세하는 무허가 '콜레기움'(collegium, collegia의 단수형)이 있다. 무엇을 하기로 한 맹세인가? 이것이 바로 플리니우스의 두 번째 질문이었다. 이 모임이 '어떤 범죄도 저지르지 않고, 도둑질이나 강도질이나 간음을 하지 않으며, 믿음을 배반하지 않고, 헌금하기를 요구하는 자에게 헌금하기를 거절하지 않는' 모임이라는 사실을 알고는 안심했을 (그러면서도 의아해했을) 것이다. 분명히 그는 그리스도인들을 범죄할 의도가 있는 사람으로 의심했던 것이 사실이다.

하지만 그는 이제 그들이 '수페르스티티오'(superstitio)라는 것 이외에는 어떠한 미심쩍은 내용도 발견할 수 없었다. 수페르스티티오라는 용어는 디오니소스교와 같은 사교를 지칭할 때 사용된 용어였다. 디오니소스교에 대해서는 로마인들이 계속 예의 주시하려고 했다. 디오니소스교 신자들은 공동체를 무시하고 개인을 더 받드는 경향이 있었다. 플리니우스는 기독교를 수페르스티티오로 분류한 후 이를 어떻게 처리해야 할지를 알았다(4.39).

이 단체는 동트기 전에 불법적으로 모인다는 사실 외에, 함께 식사하기 위해 모이기도 했다(4.40). 플리니우스가 트라야누스 황제의 교시에 따라 모든 콜레기아의 해체를 명했을 때, 이 단체도 그런 행동을 그만두었다는 사실을 주목하라. 플리니우스는 재빨리 이들이 '무해한 공동 식사'를 했다는 점을 지적해야 했다. 이것은 초대 교회를 비방하기 위해 자주 지적된, 인육을 먹는다는 고소에 대한 대응이었다(Tertullian, *Apol.* 7.1; 9.11-15).

그리스도인이 인육을 먹는 사람들이라는 생각은 성찬식 제정과 관련된 말씀인 "받아서 먹으라 이것은 내 몸이니라……이것을 마시라 이것은……나의 피 곧 언약의 피니라"(마 26:26-28)를 절반만 이해했기 때문에 생겨났을 것이다. 가족 중 한 사람은 그리스도인이 되고 나머지는 기독교에 대해 제한된 지식만을 갖게 될 경우, 혹은 자기 이웃집에 그리스도인들이 모여 있을 때 벽에서 들려오는 소리를 귀 기울여 듣게 될 경우, 이 대중적이지 못한 단체를 헐뜯는 소리가 쉽게 퍼져 나가기 마련이다. 인육을 먹는 이야기가 실제로 그리스-로마 신화에 등장하기 때문에 그리스도인에 대해서 이렇게 비방하는 일이 전혀 이상하다고 할 수는 없다.

플리니우스는 이 모든 것을 발설하지는 않았으나 헛소문을 잠재우고서야 안도의 한숨을 내쉰 것 같다. 하지만 그리스도인들에 대한 비방은 2세기 말까지 계속되었다(4.38; 참조. Tertullian, *Apol.* 6).

6. 밀고자들

플리니우스는 그가 '밀고자'라고 명명한 사람들을 심문했다고 언급하고 있다. 밀고자라는 말이 현대인의 귀에는 배신자라는 의미로 들리겠지만, 이런 사람들은 신약 시대에 정부가 백성들의 동정을 살피는 데 도움을 주는 중요한 역할을 수행했다. 법을 집행하는 경찰이 부족했기 때문에 밀고자가 절대적으로 필요했다(4.44). 초기 로마에서는 행정 장관에게 악행을 보고하고 범죄자들을 그에게 인도하는 일이 모든 시민의 의무였던 것 같다. 당시 정부에는 검사직을 수행하는 사람이 없었으므로(4.43), 이 밀고자들은 법정에서 검사로 행동했다. 정부는 밀고자가 혐의자에게서 몰수한 재산과 돈의 4분의 1을 상으로 내림으로써 밀고자의 노고를 치하했다. 우리는 이런 제도를 비난하기 전에 곰곰이 생각해 볼 것이 있다. 미국에는 국세청에 탈세 혐의자를 신고하는 사람에게 국세청이 환수한 세액의 10퍼센트를 주는 제도가 있다. 단 현대의 밀고자는 단 한 번만 이 '서비스'를 수행할 수 있다.

황제의 통치 아래서 이 밀고자 제도는 스파이망이 되었다(4.45). 귀족의 집에 있는 노예들은 식탁 시중을 드는 동안 엿들은 잡담이나 대화 내용을 다른 사람에게 전할 수 있음을 알고 있었다. 그래서 티베리우스나 칼리굴라처럼 다른 사람을 잘 의심하는 황제들은 그들을 공모자로 몰아세우기도 했다. 지극히 사소한 행동이 국사범의 죄목으로 고소당할 수 있었다. 예를 들면, 황제 상 옆에서 옷을 갈아입는 행위, 황제의 초상(거의 모든 동전에 새겨져 있는 황제의 형상까지 포함하여)을 들고 화장실이나 사창가에 들어가는 행위, 그리고 황제의 형상이 있는 동전을 손에 쥐고 노예를 때리는 행위 등이다(4.41-42). 사람들은 실제로 이런 행동이나 이보다 덜한 행동을 했음에도 불구하고 체포되는 경우가 있었다(Suetonius, *Tib.* 58; Dio Cassius 58, frag. 2).

수에토니우스는 특히 티베리우스 황제가 밀고자들을 부추겼고, 원로원은 티베리우스의 지도를 잘 따랐다고 주장한다. "고발하는 사람들에게 특별한 상을 내리라는 언명이 내려졌다. ……밀고자가 무슨 말을 하든 믿었다. 모든 범죄는 정부에 대한 범죄로 취급되었다. 심지어 즉석에서 한두 마디 말한 것까지"(*Tib.* 61).

가롯 유다가 예수님을 체포하는 데 수행했던 역할이 바로 이런 것이다. 우리는 쉽게 유다를 정죄하지만, 그 시대 상황에 비춰 보면 그의 행동에는 조금도 비난받을 만한 것이 없었다. 밀고자들은 사회에 위협적인 사람들이나 그들을 돕는 사람들을 일일이 정부에 알렸다. 그들이 보상받는 것은 지극히 당연할지도 모른다. 적어도 이론상으로는 그렇다. 하지만 실제로는 사람들이 자신의 개인적인 원수나 재정적인 원조와 사회 보장을 얻어 내는 데 방해가 되는 사람들을 밀고했다. 특히 행동이 단정한 사람까지도 이 밀고자의 희생물이 될지도 모른다는 두려움 속에서 매일을 살았다. 사람들은 자기에게 불만을 품은 노예나 정적들이 언제 행정 장관에게 악담을 전할지 전혀 알지 못했다.

7. 시민권

고소를 당해 플리니우스 앞에 온 사람들 중에는 로마 시민도 있었다. 그들은 속주민들과는 다른 대우를 받았다. 이것은 '키비스 로마누스 숨'(civis Romanus sum, 나는 로마 시민이다)이라고 말할 수 있는 자격의 진가를 알려 주는 분명한 예이다. 어떤 개인이 로마 총독이나 여타의 행정 장관의 권력 남용으로부터 자신을 보호할 수 있는 길은 로마 시민이 되는 것이었다. 로마 시민의 신분을 갖출 경우 세 가지 중요한 혜택을 누릴 수 있었다(4.48).

시민권의 혜택

첫째, 로마 시민권을 가진 사람은 재판을 받지 않은 채 고문을 당하거나 처형당하지 않았다(4.49; 5.53). 이것이 바로 사도행전 16장 37절에 기록된, 바울이 자기에 대한 대우에 불만을 가지고 항의한 사건의 근거이다. "로마 사람인 우리를 죄도 정하지 아니하고 공중 앞에서 때리고 옥에 가두었다가 이제는 가만히 내보내고자 하느냐." 이때의 경험이 바울에게 좋은 교훈이 되었던 것 같다. 사도행전 22장 25절에서 바울은 채찍질이 시작되기 전에 "너희가 로마 시민 된 자를 죄도 정하지 아니하고 채찍질할 수 있느냐"라고 물었다(4.54).

둘째, 로마 시민권을 소유한다는 것이 그가 로마 제국의 개별 도시나 마을의 법 제재 아래 있지 않음을 의미했다(4.51). 로마인들은 내적인 문제들을 각 자치제의 재량에 맡겼기 때문에, 이 내용은 장소에 따라 상당히 다를 수 있었다(4.52). 페트로니우스(Petronius)의 작품 『사티리콘』(Satyricon 14-15)에는 가난한 두 친구가 도둑맞은 외투 한 벌을 가지고 싸우는 이야기가 나오는데, 이 경우에서처럼 여행자들은 지금껏 들어 본 적이 없는 법률에 의해 판결을 받을 수도 있었다. 플리니우스는 자기가 다스리는 속주에 속한 마을들이 자신들의 법을 집행할 수 있는 자유를 달라고 한 문제를 언급했다(Epp. 10.47; 10.92).

이 특권은 자기 나름대로 독특한 전통을 소유한 유대인들처럼 로마인들 사이에 흩어져 살고 있던 특정 단체에까지 확대되기도 했다. 알렉산드리아의 유대인들은 이 도시의 특정 구역에 살면서 자신들의 관원들을 선출하고 자기 나름대로 법적인 문제를 재판했다. 다른 마을에도 그 수는 적을지라도 자기들끼리 문제를 결정할 권한이 있었다. 사도행전 18장에서 갈리오는 그들에게 이 사실을 상기시켜 주었다. 로마 시민과 어떤 마을의 관원 사이에 다툼이 발생한 경우, 로마 시민에게는 로마의 행정 장관 앞에서 문제를 해결할 수 있는 권리를 주었다.

셋째, 로마 시민권을 소유한 사람에게는 로마에서 법적인 일이 실행되도록 할 수 있는 권한이 부여되었다. 그러나 이 말이 로마 시민 개개인이 황제에게 개인적인 소송 문제를 의뢰할 수 있다는 의미는 아니다. 수에토니우스는 아우구스투스 황제가 시민들의 상소 내용을 도시의 법무관에게 맡기는 정책을 실시했다고 지적한다(*Aug.* 33). 타키투스는 속주에서 발생한 소송 사건을 '콘술 재판정'에서 다루겠다고 약속한 네로의 맹약을 기록했다(*Ann.* 13.4). 베스도가 바울에게 한 것처럼(행 25장), 플리니우스는 자기의 의무를 충실히 수행하기 위해 로마 시민권을 소유한 사람들의 소송 문제는 로마로 보냈다. 이런 사람들이 황제에게 직접 재판을 받지는 않았던 것 같다. 하지만 그들의 소송 사건은 고위직에 있는 관료나 위원이 검토했을 것이다(4.50).

시민권을 얻는 법

로마 시민권을 얻을 수 있는 방법에는 몇 가지가 있었다. 시민권이 있는 부모에게서 태어난 자녀는 자동적으로 로마 시민이 되었다. 또한 로마 시민인 주인이 해방시킨 노예는 시민권을 얻었다. 시리아인, 게르만인, 이집트인 그리고 그 밖에 여러 나라 사람들이 자유를 얻어 로마 시민 명부에 등록을 하자, 유베날리스와 같은 보수주의자들 중에는 이런 법으로 인해 발생한 로마인의 '잡종화'를 반대하는 사람들이 생겨났다.

신약성경을 연구하는 학생들의 관심사인 바울의 시민권 문제를 생각해 보자. 바울이 자신은 태어날 때부터 로마 시민이었다고 언급한 점으로 보아, 우리는 바울의 시민권 문제를 한 세대 이전으로 거슬러 올라가 살펴보는 것이 좋겠다. 바울의 아버지는 어떤 방법으로 시민권을 얻었을까? 이에 대해서는 아무도 모르고, 알 수도 없다. 그렇다고 추측마저 하지 못하는 것은 아니다 (4.61). 몇몇 기독교 저술가들은 (특히 히에로니무스는 그의 빌레몬서 주석에서) 바울의 아버지는 마르쿠스 안토니우스를 오랫동안 섬겨 왔고, 헤롯 대왕이 유다의 왕으로 등극하는 데 수고를 아끼지 않았으며, 그 후 고향 마을이 전쟁으로 파괴되자 가족이 유다에서 다소로 이주했다고 생각했다.

시민권은 황제가 국가에 공헌한 사람에게 그 대가로 부여하거나, 혹은 영향력 있는 친구들의 간청에 의해 부여하는 경우도 있었다. 플리니우스는 트라야누스 황제에게 보낸 편지에서, 자기의 중병을 치료해 준 의사에게 시민권을 하사해 달라고 황제에게 요청했다(*Ep*. 10.5). 동시에 플리니우스는 '해방된 여자 노예' 두 명을 위해서도 시민권을 요청했다. 여자들도 로마 시민이 될 수 있었을까? 그렇다! 여자들은 투표하거나 관직에 앉을 권한은 없었지만, 다른 마을이나 지역의 법에 의해 기소되는 것을 방지하는 보호 혜택은 동일하게 누릴 수 있었다.

플리니우스는 한 군인의 딸에게도 동일한 지위를 보장해 줄 것을 간청했다 (*Ep*. 10.106). 그 군인의 이름으로 미루어 볼 때 그는 이미 로마 시민이었으므로, 그가 적법하게 낳은 자식이라면 시민권을 달라고 특별히 간청할 필요는 없었을 것이다. 그렇다면 이 소녀는 로마 군인이 속주민 여성과 내연 관계에서 낳은 딸이었을 가능성이 많다. 트라야누스의 답변은 다음과 같았다. "내가 그의 딸에게 로마 시민권을 하사하겠소. 내가 귀관에게 교시를 담은 명령서 한 부를 보냈으니, 그에게 전해 주도록 하시오."

이 마지막 문장은 종종 "바울은 자신이 로마 시민임을 어떻게 증명했는가?"라는 질문에 대한 알맞은 답이 된다. 로마 시민이 다 시민증(혹은 여권)을 지참했다는 증거는 없다. 분명하게 알 수 있는 것은 로마 시민이 아니었던 군인이 로마 군대에 가담했을 경우 그가 제대할 때 그에게 로마 시민권을 부여했고, 또한 로마 시민임을 밝히고 증명하는 동으로 만든 작은 패인 '증'(diploma)을 주었다는 사실이다(4.56).

민간인의 경우, 누가복음의 예수님 탄생 이야기에서 언급된 호적과 인구조사 명부는, 거기에 등재되어 있는 사람들이 시민임을 암시해 준다. 이 명부는 세금 징수의 근거가 되기 때문에, 로마의 관료들은 최신 자료를 유지하느라 열심을 냈다. 아우구스투스 황제 이후 모든 로마 시민들은 자신의 합법적인 자녀들을 호적에 올려 신고해야 했다. 로마 시민이 아닌 사람들도 대개는 상속에 대한 분쟁을 생각해서 미리 자기 자녀들을 호적에 올렸다. 호적에 오르지 않은 자녀는 부모의 재산에 대해 권리를 주장하는 데 어려움이 있었다. 이런 것을 기록한 명부의 일부분이 오늘날까지 존재한다(4.59). 한 개인의 법적인 지위에 어떤 문제가 제기되면, 다른 마을의 행정 장관은 그 사람의 고향에 편지를 보내 그가 시민권을 소유했는지 여부를 물을 수 있었다.

이런 절차는 분명 많은 시간이 걸렸을 것이다. 셔윈-화이트(A. N. Sherwin-White)가 말했듯이 "이국땅에서 자기가 로마인 신분을 가졌다고 주장하는 일은 좀 어색할 수 있다"(4.60:149). 바울은 급한 경우를 제외하고는 자기의 시민권을 언급하지 않았다. 바울처럼 어떤 사람이 매를 맞게 될 경우에는 징벌을 받기 전에 자기가 로마 시민이라는 사실을 미리 밝힐 수 있었다. 행정 장관(또는 군대 장교)은 로마 시민에게 매질을 해서는 안 되었다. 그래서 그는 확인을 해야 했다. 로마 시민이라는 주장이 거짓이라고 판명되면, 위증죄에 해당하는 더욱 심한 벌을 받았다(4.58). 일례로, 클라우디우스 황제는 거짓으로 로마 시민권을 주장한 사람들을 처형했다(Suetonius, *Claud*. 25.3). 바울이 입증할 수 없는 주장을 한다면 득볼 것이 없었을 것이다. 그래서 호민관이 그의 말을 받아들였던 것이다.

호민관이 바울에게 질문한 내용은 당시 로마 시민권을 얻을 수 있는 또 다른 방법을 알려 준다. "나는 돈을 많이 들여 이 시민권을 얻었노라"(행 22:28)라는 말은 오해의 소지가 있는 번역이다. 다른 사람의 손에 전달된 돈이란, 사실 자신의 이름을 시민권자의 명부에 올려 달라고 황제의 비서나 속주의 총독에게 요청하기 위해 건넨 뇌물이었다. 이런 사람들은 황제의 승인을 받기 위해 정기적으로 황제 앞에 얼굴을 내밀었다.

일반적으로 시민권을 얻기 위해 거래되는 비용은 적었다. 하지만 디오 카시우스(Dio Cassius, 주후 200년경)에 따르면, 클라우디우스 황제의 재위 시절 황제에게 상당한 영향력을 행사한 황비 메살리나는 로마 시민이 되고 싶어 하는 사람들에게 엄청난 액수의 돈을 요구했다. 글라우디오 루시아라는 이름은 클라우디우스 황제 때 로마 시민이 되었음을 암시한다. 새로이 시민이 된 사람들은 자기의 이름에 그 당시 재위하던 황제의 이름을 첨가하는 것이 관례였다. 네로는 새로운 시민들에게서 돈을 강탈하는 이러한 행습을 금지했고, 이런 식으로 착복해 부를 축적하는 사람을 해고했다(Tacitus, Ann. 14.50).

플리니우스의 편지와 바울이 겪은 일을 보면, 무슨 수를 써서라도 로마 시민권을 얻는 것이 유익하다는 사실이 분명해진다(4.55; 4.57). 시민권이 있으면 총독의 사형 선고를 받지 않으며, 고문을 겪어 장애인이 되거나 혹은 가혹한 매질을 당하지 않을 수 있었다. 로마 시민들도 벌을 받는다. 하지만 그들에게는 재판 절차가 훨씬 더 천천히 진행되었기 때문에, 실제로 형벌이 가해지기 전에 그들은 여러 단계에서 공소 내용을 심리할 수 있는 기회를 얻었다. 로마의 시민이 된다는 것은 사실, 단지 자기 말을 듣지 않는다고 사람들의 목을 벨 수도 있는 정부에 대해 개인이 스스로를 보호하는 수단이었다.

8. 로마의 형벌 제도

이론적으로나 실제적으로, 범죄 행위를 했다고 판결받은 사람에게 정부가 징벌을 가하는 것을 견제할 수 있는 수단은 하나도 없었다. 이 책 제1장에서 살펴보았듯이 구금은 (자신의 운명을 기다리며 상당히 오랫동안 갇혀 지내는 경우는 있었지만) 징벌로 여겨지지 않았다. 사소하게 잘못한 행동에 대해서는 벌금을 징수했고, 대부분의 범죄 행위에 대해서는 유배를 보내든지 광산이나 채석장에서 노역을 시켰다(4.77). 사형은 명예 훼손에서부터 살인에 이르기까지 다양한 범죄에 내려졌다.

귀족들에게는 체포와 사형 선고가 전 가문의 불명예가 되었다. 이것은 명예를 중요시하는 사회에서 특히 중요한 문제였다. 상류층에 속한 로마 시민들은 대중 앞에서 처형되지는 않았다(이러한 처형의 대부분은 참수형이었다). 이들에게는 자살을 선택할 권한이 주어지기도 했다. 이미 우리가 살펴보았듯이, 세네카, 루카누스, 페트로니우스와 같은 많은 사람들은 이러한 기회를 활용했다. 그렇다면 우리는 이런 질문을 던질 수 있다. 그들이 그렇게 순순히 말을 들은 이유는 무엇인가? 왜 도망가거나 싸우지 않았는가? 사실, 게르만족이나 파르티아인들은 살고 싶어 한들 도망갈 곳이 없었다. 그들은 분명 멀리 못 가서 붙잡혔을 것이다.

반대로 만일 그들이 자살을 한다면, 황제는 (적어도 그가 적은 액수의 돈이라도 받을 수 있는 상속자로 언급되어 있는 한) 그들의 유언을 유효하게 해주고 그들의 모든 재산을 몰수하지 않았다(4.80). 이렇게 해서 그들은 남은 가족이 생활할 수 있는 얼마간의 재산을 남길 수 있었던 것이다. 아우구스투스는 사람들이 유언장에서 황제에 대해 어떤 말을 했는지 특히 관심이 많았다(Suetonius, *Aug.* 66.4). 유언장에 언급한 내용은 생존했을 때 말한 내용보다 더 진실하다고 간주되었다 (4.66). 자살 역시 어찌할 수 없는 상황에서 존엄하게 죽는 방법으로 여겨졌으며, 그리스도인들도 이러한 생각을 근절하기 어려웠다(4.70). 플리니우스는 친구 하나가 만성적이고 고통스러운 질병에서 벗어나기 위해 단식하여 죽게 되었을 때, "그는 가장 이성적으로 판단해서 이런 결정을 내린 것이다. ……그는 이 심각한 질병으로 오랫동안 고통을 당해 왔다. 그에게는 삶에 대한 보상만큼이나 죽음이 가치가 있다."라고 생각하며 스스로를 위로했다(Ep. 1.12. 3). 자살의 존엄성에 대한 이러한 생각은 그리스도인들이 순교를 영광스럽게 생각하는 요인이 되었다(4.71; p. 211 박스의 '자살에 대한 스토아 철학의 이해'를 보라).

하층 계급에 속한 사람들의 경우, 그들의 죽음의 방법은 불행하게도 비참했다. '잔인하고 특이한' 처형 방법이 허용되었을 뿐만 아니라 사람들은 이런 방법들을 궁리해 내기도 했다(4.62; 4.65).

학자 중에는 고대의 기록을 너무 문자 그대로 이해해서는 안 된다고 경고하는 사람도 있다. 황제에게 반감을 가진 작가 중에는 그 황제의 잔인함을 과장하는 사람이 더러 있었다(4.63). 하지만 적잖은 문헌에서, 희생자들이 죽어 가는 모습을 지켜보기를 즐겨 했던 로마인들의 유희가 드러나 있다. 마르티알

자살에 대한 스토아 철학의 이해

어떤 외적인 힘이 당신의 죽음을 결정했을 때, 그 판결을 기다릴 것인지 말 것인지에 대해 보편타당한 규칙을 만들 수는 없다. 타당한 이유를 주장할 수 있는 논리는 양편 모두에서 만들 수 있다. 어떤 죽음은 고문에 의한 것이고 다른 형태의 죽음은 빨리 쉽게 죽는 것이라면, 왜 후자를 택하지 않겠는가? 내가 항해할 준비를 갖춘다면 배를 택하고, 살 곳을 찾는다면 집을 택한다. 이와 마찬가지로, 내가 죽게 될 경우 나는 죽음의 방식을 택해야만 한다. 오래 사는 것이 더 낫다고 할 수 없듯이, 일찍 죽는 것이 더 나쁘다고 할 수는 없다. 다른 어떤 때보다도 죽음을 맞이할 때 우리는 영혼을 만족스럽게 해주어야 한다. 칼이든 올가미든 아니면 독약이든 영혼이 어떤 방법을 택하든 간에 영혼이 떠나가게 하라. 영혼이 어서 노예의 사슬을 끊게 하라. 우리는 다른 사람의 인정을 받기 위해 삶을 산다. 하지만 우리의 죽음은 우리 자신만을 위한 것이다. 가장 훌륭한 죽음의 모습은 우리 자신을 만족시키는 죽음이다. ……이성은 우리에게 가르친다. 가능하다면 우리가 선택한 죽음의 모습으로 죽으라고. 그렇게 하지 못한다면, 할 수 있는 한 가장 훌륭하게 죽고 자살을 하기 위해 수단과 방법을 가리지 말아야 한다(Seneca, Ep. 70).

리스는 그가 처음으로 출간한 짧은 책에서, 사형 선고를 받은 사람들을 어떻게 경기장에서 비인간적으로 다루었는지를 묘사했다(On the Spectacles). 한 사람이 그물에 묶인 채 황소 앞에 던져졌다. 황소는 그 사람을 장난감 가지고 놀듯 이리저리 던졌다. 어떤 사람은 십자가에 매달렸는데, 곰이 그의 배를 물고 할퀴어서 속이 다 들여다보였다.

희생자들은 어떤 사람이 죽음을 당한 신화 이야기나 전설을 재연해야 하는 경우도 있었다(4.67). 어떤 여자는 황소와 성관계를 가져 (반은 소, 반은 인간인) 미노타우로스를 출산한 파시파에 역을 연출한 적도 있다고 마르티알리스는 말한다. "어떤 내용이나 주제든 상관없이 경기장에서는 모두 공개되었다."라고 그는 자랑한다. 마르티알리스가 언급하고 있는 곳은 로마 제국에서 가장 규모가 큰 원형 극장인 로마의 콜로세움이다. 또한 지중해 세계에는 이보다 작은 경기장들이 있었다. 아풀레이우스는 고린도의 경기장에서 처형되기 전 이와 비슷하게 수치를 당한 한 여자를 묘사한다(Golden Ass 10.29).

로마인들은 검투사들의 결투와 사람과 짐승 사이의 싸움 이외에도, 격렬한 싸움 중간에 있는 휴식 시간에 관중을 즐겁게 하기 위해 집단 처형도 실시했다. 사람들이 가장 좋아하는 구경거리는 3, 40명이나 되는 죄수들을 눈을 가린 채 가죽 헬멧을 씌우고 경기장 안으로 데리고 나오는 것이었다. 이들은 무장할 때도 있었다. 그러고는 상대방이 죽을 때까지 서로를 공격하게 했다. 마지막에 남은 한 사람은 석방되어 자유를 얻었다. 이 광경은 아우구스티누스(Augustinus)의 말대로 관중을 "광란의 도가니"로 몰아넣고 "피에 굶주리게" 만들었다(Conf. 6.8). 심지어 이교도 작가들까지 관중의 야만성에 대해 불평을 토했다(p. 213 박스의 '로마 귀족들의 눈에 비친 경기 모습'을 보라).

이 광경을 보러 오는 군중은 대단히 많았던 것 같다. 폼페이시의 원형 극장(amphitheater)은 20,000명을 수용했는데, 이는 속주에 있는 경기장의 전형적인 크기였다. 로마 콜로세움은 50,000석 규모였고, 큰 전차 경기장(Circus Maximus)

은 200,000명 이상을 수용할 수 있는 규모였다. 특별히 관중의 안전과 안락함에 많은 관심을 기울였다(4.81).

주후 80년 콜로세움이 건립되기 전에는 경기와 쇼가 큰 전차 경기장에서 열렸다. 이곳은 길고 총알 모양으로 생긴데다 경주 코스를 따라 늘어서 있는 구획 말뚝(spina) 때문에, 앞에서 언급한 구경거리를 개최하는 장소로는 적합하지 않았다. 이런 구조는 관중이 경기를 보는 데 장애물이 되었기 때문이다.

> **로마 귀족들의 눈에 비친 경기 모습**
>
> 나는 우연히 정오 쇼를 보게 되었다. 그저 약간의 흥미, 유머, 휴식 그리고 사람들의 눈을 즐겁게 하는 인간적인 학살을 기대했었는데, 그 쇼는 내가 기대했던 것과는 정반대였다. 앞서 끝난 싸움은 지금 내가 말하려는 것과 비교하면 오히려 자비로웠다. 사소한 것은 제쳐 놓더라도 이것은 분명 살인이었다. 남자들은 자신을 방어할 만한 아무 것도 갖추고 있지 않았다. 자기 몸 어느 구석 하나 노출되지 않은 곳이 없었다. 여기에 린치가 가해졌고, 맞을 때마다 그들은 크게 충격을 받아 넘어졌다. 많은 사람들은 통상 검투사 두 명이 싸우는 것이나 '특별히 주문한' 시합보다도 이것을 더 좋아했다. 왜 그랬을까? 이런 경우, 칼을 막을 헬멧도 방패도 없었다. 방어용 무기가 없다는 사실은 무엇을 의미하는가? 왜 기술적으로 그들을 괴롭히는 것인가? 이런 일들은 죽음을 지연시켰다. 아침에는 사람들이 사자와 곰에게 던져졌고, 정오에는 관중에게 던져졌다 (Seneca, *Epistle* 7.3-4).

그런데 원형 극장에서는 누구나 살육 장면을 장애물 없이 볼 수 있었다. '원형 극장'에 해당하는 단어(amphitheater) 자체가 '양편에서 보는 곳'이라는 의미를 가지고 있다.

더운 날에는 선원들을 시켜 차양을 원형 극장 위에 펼쳐 놓았다. 폼페이에서는 경기를 선전하는 광고물에 차양이 쳐져 있는지의 여부를 표시했다. 칼리굴라는 군인들에게 자기가 방문하는 원형 극장의 입구를 막고 차양을 걷게 해 잠시 군중으로 더위에 땀을 흘리게 함으로써, 백성들에 대한 그의 경멸을 표현했다(Suetonius, *Calig*. 26).

경기장에서 실제로 진행되었던 일은 오늘날 일부 TV 토크쇼의 광팬들이라면 몰라도 현대인의 감성에 대단히 거슬리는 것이었다. 칼리굴라는 초로(初老)

콜로세움 외부. 꼭대기에 둘러쳐져 있는 까치발은 차양을 치기 위한 기둥들을 지탱했다.

콜로세움 내부. 죄수들과 동물들이 죽음을 기다리며 갇혀 있던 골방을 나무로 된 바닥이 덮고 있었다.

의 검투사들이 서로 싸우는 것이나 여러 종류의 지체 장애인이 서로 싸우는 것을 무대에 올려놓기를 좋아했다(Calig. 26). 아풀레이우스는 자신의 책에서 원형 극장의 하루에 대해 묘사했다(Golden Ass 10.29-32).

쇼는 준비를 알리는 유희로 시작된다. 화려한 복장을 한 젊은 남녀가 정교하게 짜인 선과 복잡한 모양을 만드는 소위 전무(戰舞)를 추고, 춤이 끝나면 신화 이야기가 재현된다. 원형 극장 중앙에는 산을 상징하는 무대가 설치되고, 잔디며 나무며 양옆으로 흘러내리는 시냇물까지 장식된다. 염소 떼는 풀을 뜯어먹고, 트로이 왕자인 파리스로 분장한 배우는 염소 떼를 친다. 관중은 전체 이야기를 잘 알고 있기에, 단지 이 이야기를 어떤 식으로 무대에 올리는지 보면서 즐거워한다.

한 소년이 신들의 전갈을 전해 주는 헤르메스로 분장해 금사과를 파리스에게 건네준다. 소년은 몸짓으로 파리스가 헤라, 아테나, 아프로디테 여신 중에서 누가 가장 아름다우며 누가 금사과를 얻게 될지 결정해야 한다고 지시한다. 여신 연기를 하는 여인들은 여러 명의 하녀를 거느리고 한 사람씩 자기 성격에 맞는 음악에 맞춰 춤을 추면서 무대에 등장한다.

에로스 역할을 하는 발가벗은 작은 소년들은 아프로디테를 에워싼다. 각각의 여신들은 파리스에게 자기를 가장 아름다운 여신이라고 지명해 준다면 원하는 선물을 주겠다고 약속한다. 사랑의 여신 아프로디테는 알몸에 속이 훤히 들여다보이는 스카프 하나만 걸치고 나온다. 그녀는 대단히 요염한 몸짓으로 춤추며 관중을 열광시킨다.

파리스는 아프로디테가 가장 아름다운 여신이라고 결정하며, 아프로디테는 그에 대한 답례로 이 세상에서 가장 아름다운 여인을 신부로 맞이하게 해 주겠다고 약속한다. (이 여자가 바로 헬레네로 판명되는데, 불행하게도 헬레네는 이미 스파르타의 왕 메넬라오스와 결혼한 몸이었다. 신화에 따르면 파리스는 헬레네를 납치하고, 이것으로 인해 트로이 전쟁이 발발한다.)

이 극이 끝날 때쯤이면 군중은 쇼의 주요 이벤트가 무대에 오르기를 기대한다. 오늘 무대에 오르는 주요 극은 자기 남편과 딸 그리고 시누이와 그 밖에 다른 두 사람을 독살한 한 여인을 처형하는 내용이다. 그녀는 무대 중앙에 쇠창살로 된 우리 안에 갇혀 있고, 사람들은 그녀에게 강제로 나귀와 성관계를 갖도록 한다. 그러고는 굶주린 사자를 이들이 있는 우리 안으로 집어넣는다. 사자가 여인과 나귀 중에 누구를 먼저 잡아먹을지 사람들은 내기하기도 하지만, 이것은 그리 큰 문제가 아니다.

경기장에서 희생되는 사람들 모두가 범죄자였던 것은 아니다. 검투사와 전차 몰이꾼 중에는 노예나 전문적인 경주자들이 있었다. 그들은 오늘날 인기 있는 전문가들과 마찬가지로, 이 일을 통해 많은 돈을 벌고 대중을 즐겁게 해 주었다(4.74; 4.79). 경기 전에 그들이 벌이는 향연은 믿기 어려울 정도로 거창했다(Apuleius, *Golden Ass* 2.15). 그리스도인들 중에는 싸움꾼들은 자원해서 그 일을 하므로 회심하여 기독교 신앙을 가진 후에도 계속해서 이런 구경을 하러 다니는 것은 정당하다고 주장하는 사람들이 있었다. 또한 그중에는 정부나 부자 개인이 정기적으로 지원하는 전차 경주, 모의 해전, 외설적인 연극 그리고 그 밖에 여러 여흥들을 즐기며, 심지어 거의 중독이 된 그리스도인들도 있었다.

2세기 말에 테르툴리아누스는 성경에서 분명하게 금지하는 구절을 찾을 수 없다는 이유로 계속해서 이런 쇼를 즐기는 그리스도인들을 비난했다. "구경거리에 참여하지 말지니라."라는 계명이 성경에는 없지만, 그 구경거리의 죄성이나 그것이 이교의 신 숭배와 관련되었다는 사실은 신자들에게 도무지 용납될 수 없다고 판단하기에 충분하다고 그는 주장했다(*On the Spectacles* 3). 사려 깊은 유대인들도 이러한 경기의 도덕성에 대해 우려를 표명했다(4.64).

하지만 습관을 깨뜨리기는 무척 어려웠다. 정죄받은 범죄자들을 처형하는 수단으로 경기를 이용하는 것은 쉽게 버려질 수 없었다. 심지어 4세기 초

콘스탄티누스 황제가 기독교로 개종한 후에도 쇼는 계속되었다. 4세기 말 아우구스티누스는 자기도 이런 연극에 매력을 느꼈다는 사실을 인정했으며(Conf. 3.2), 검투사 쇼에 특히 미친 자기 친구를 대단히 어렵게 치유했다고 했다(Conf. 6.7-8). 콘스탄티누스 황제는 325년에 검투사 경기를 없애려고 했지만, 대중은 그 경기가 존속되기를 강력히 요구했다. 404년에는 텔레마쿠스(Telemachus)라는 한 수도사가 로마에 있는 경기장에 뛰어들어 두 검투사가 싸우는 것을 뜯어말렸다. 군중은 자기들이 즐기는 스포츠를 방해한 것에 대단히 화가 나 그를 찢어 죽였다.

기독교 신자였던 테오도시우스(Theodosius) 황제는 피에 굶주린 군중으로 인해 골머리를 앓다가, 더 이상의 격렬한 싸움만큼은 경기장에서 하지 못하도록 금지령을 내렸다. 그 후에는 게르만족이 로마 제국을 침략해 왔기 때문에 서방에서는 대중적인 여흥이 오래 존속하지 못했다.

플리니우스의 편지에는 그가 재판을 받도록 로마로 보낸 로마 시민들의 운명이 어떻게 되었는지 기록되어 있지 않지만, 우리는 그들의 운명이 경기장에서 끝났을 거라고 짐작할 수 있다. 우리는 트라야누스 황제 시절에 나온 기독교 문서를 통해 이 과정을 다른 각도에서 볼 수 있다. 안디옥의 감독 이그나티우스(Ignatius)는 108년경에 로마로 파송되었다. 이그나티우스는 여행 중에 여러 교회에게 편지를 썼다. 그중 하나가 로마에 보낸 편지인데, 이 편지에서 그는 그가 얼마나 순교하고 싶어 하는지를 표현했다(p. 218 박스의 '순교에 대한 그리스도인의 갈망'을 보라). 순교에 대한 이러한 갈망은 핍박의 희생물이 된 많은 초대 그리스도인들의 특징이었고, 이것은 그들을 체포한 사람들을 당황하게 만들었다(4.73; 4.75).

경기장에서 사람들이 목격한 난폭한 행동은 1세기의 삶의 전형적인 모습이었다. 어둠이 깔리면 범죄자들이 대도시의 거리를 활보했다. 심지어 '준법 정신이 투철한' 시민들까지 법정 밖에서 사소한 논쟁을 벌이다 주먹을 휘두

> **순교에 대한 그리스도인의 갈망**
>
> 나를 기다리고 있는 야수들을 나는 학수고대합니다. 그들이 제발 나에게 덤벼들어 주기를 기도합니다. 나를 공격하지 않는다면, 나는 그들의 성질을 돋우어 빨리 나를 잡아먹으라고 할 것입니다. 그들은 두려워서 혹은 군중의 함성 소리 때문에 사람들을 건드리지 않는 경우도 있습니다. 이들이 이처럼 공격하기를 주저한다 할지라도, 나는 그들이 강제로라도 나를 공격하도록 할 작정입니다. 나의 이런 부탁을 들어주십시오. 나는 이제 막 구도자의 길에 들어선 사람이므로, 나에게 필요한 것이 무엇인지 압니다. 하늘과 땅에 있는 그 무엇이라도 내가 예수 그리스도의 풋대를 쟁취하는 일을 방해하지 못하도록 기도합니다. 내가 그 풋대를 쟁취할 수 있는 한 나는 불에 던져져도, 십자가에 달려도, 야수들과 싸워도 괜찮습니다. 내 몸이 갈기갈기 찢기고, 사지가 절단되며, 온 몸이 가루가 된다고 하더라도 말입니다(Ignatius, *To the Romans* 5).

르는 경우도 있었다. 그리스도인들이 예수님이 가르치신 비폭력의 원칙을 고수할 경우(마 5:38-39), 그들은 사회에서 이상한 사람으로 취급받고 심지어 무방비 상태가 될 수도 있었다.

기독교 작가들은 경기장에서 벌어지는 폭력만 반대한 것이 아니라 군 복무 중에 자행되는 폭력도 반대했다. 1세기에 군 복무와 관련한 사안은 주요 관심사가 아니었다. 그 당시 로마 시민들은 거의 군 복무를 하지 않았다. 군인들은 용병이었으며 변경 지대의 속주에서 차출한 사람들로 이루어졌다. 바울은 아무 문제없이 군대를 유비(analogy)로 사용할 수 있었다(엡 6:10-17). 2, 3세기에 로마가 몰락하자 많은 사람들이 자원해서 군대에 입대했고, 그리스도인들은 이것과 관련해 제기되는 윤리적인 문제를 보다 심각하게 고민하기 시작했다(4.68; 4.71).

트라야누스의 답변과 로마 제국의 정책

로마인들이 구경거리를 얻고자 아우성치는 군중의 요구를 충족시켜 주기 위해 범죄자들을 성급하게 경기장에 내주었음을 암시하는 증거가 있다. 하지만 그리스도인 문제에 대해 트라야누스가 제시한 해결책은 서툴지 않았다(4.96-97). 그는 로마인들이 그 단체를 다룰 때 사안별로 하나씩 다루어야 한다고 분명히 말했다. "이는 마치 확립된 원칙이 있기나 한 것처럼, 어떤 것을 보편적으로 적용하는 일이 보통 어렵지 않기 때문이다." 이것이 바로 트라야누스가 대부분의 문제에 접근한 방법이었다(Pliny, *Ep.* 10.69). 트라야누스는 플리니우스에게 사교를 색출하는 일을 금하라고 명령했다. 로마인들은 단지 '비열한 사교'(superstitio, 이런 사교를 가리켜 플리니우스가 사용한 라틴어)에 빠져 있는 사람들을 찾아다니는 데 신경 쓸 인적 자원이 없었던 것이다.

하지만 황제는, 그리스도인이라는 이름과 연관하여 어떤 범죄를 저지르지 않았다 하더라도 그리스도인이 되었다는 사실 자체만으로도 처벌할 근거가 충분하다는 점을 분명히 했다. 이것이 로마인들이 그리스도인을 다루는 지침과 원리가 되었다. 로마인들은 그리스도인들이 어떠한 사람이며 무슨 일을 행했는지 잘 몰랐고 또 관심도 없었다. 다만 그들은 그리스도인이라는 이름 자체만으로 정죄받아 마땅하다고 생각했다. 그리스도인들이 범죄를 저질렀다는 사실을 증명할 필요도 없었다. 그리스도인이라고 고백하는 것 자체가 범죄 행위였다(4.90–91; 4.93; 4.95). 자신의 무죄를 주장하는 유일한 방법은 플리니우스가 명기한 제의와 같은 의식에 참여하는 것이었다.

이와 같은 황제의 답변은 그 속주에서 후임 총독들에게 선례가 되었다. 보통 황제의 답변은 다음 통치 때까지 연계되었다(Pliny, *Ep.* 10.65). 상황이 비슷하다면 답변서는 다른 속주에서도 지침서로 사용할 수 있지만, 그 원칙은 서서히 발전되었다. 트라야누스는 플리니우스에게 보낸 편지에서, 도미티아누스 황제의 답변 두 개는 "반드시 따라야 하는 것이었지만" 구체적으로 비두니아 지방에는 영향을 주지 못했다고 주장한다(*Ep.* 10.66).

결국 로마에는 로마 제국 전체에 적용되는 법령이 없는 셈이었다. 이렇게 된 한 가지 이유는 법을 상류층의 관심사를 보호하는 도구로 이해한 그들의 기본적인 법 이론에 있었다. 로마인들이 사법(私法)은 19세기가 되어서야 비로소 따라갈 만큼 발전시켰지만(4.89), 형법은 거의 발전시키지 못했다. 형법 분야에서 모든 결정은 언제나 행정 장관의 손에 달려 있었고, 따라서 임기응변식으로 지속되었다(4.105; 8.23).

9. 로마의 법 이론

플리니우스의 편지와 신약성경에 나오는 법적인 문제의 근저에는, 사람들이 모인 단체나 국가에 저마다 고유의 법이 있다는 로마인의 법 이해가 깔려 있다. '이우스 겐티움'(ius gentium) 곧 만민법(萬民法, law of nations)이라는 용어는 이 개념을 표현한다. 일단의 법의 영향은 그 법을 만든 사람들의 영역으로 확장된다.

나라마다 그 나라만의 방법으로 자체의 법을 만들었다. 유대인에게는 모세가 전수해 준 법(율법)이 있었고 바리새파 사람들이 그 법의 해석자였다. 로마인들의 법은 원로원의 명령이나 행정 장관들의 고시(告示)에 의해 백성의 민회에서 처음 만들어졌다. 로마 제정 시절에는 백성의 입법권이 원로원으로 넘어갔고, 원로원은 황제가 승인한 포고령만 반포했다. 재판 문제에 대한 황제의 결정과 속주 총독들에게 보낸 황제의 답변은 법의 효력을 지니게 되었다. 물론, 이런 것들은 널리 적용되는 데 시간이 걸렸으며, 확실하지 않은 경우가 대부분이었다. 결과는 이러했다. "로마는 여러 다양한 사람들을 다 덮는 큰 보자기처럼 획일적인 법적 제도를 강요하지 않았다. 백성들의 공동체 안에서 그들의 법적인 관계는 대부분 전처럼 계속되었다"(8.23:11).

법은 그것이 처음 시작된 나라나 민족 집단에 제한되었기 때문에, 두 집단의 사람이 동일한 지역에서 두 종류의 법의 영향 아래서 살기도 했다(4.101). 알렉산드리아의 유대인들은 자기 주변에 살고 있는 헬라인들의 법을 언급하지 않은 채 자기 고유의 법적인 소송을 해결했다. 갈리오는 이와 동일한 권리를 고린도의 유대인에게도 확대했다(행 18:15). 공화정 시절 로마에서는 대단히 많은 수의 외국인들이 그 도시의 상업적인 기회에 매료되어 이와 관련된 일을 하는 데 필요한 자기들의 풍습을 들여왔다. 로마인들은 나라들의 법이 로마의 법과 상충할 때 이를 잘 처리할 수 있는 새로운 직업을 만들었다. 그것이 바로 '프라이토르 페레그리누스'(praetor peregrinus, 외국인들을 위한 법무관)이다. 물론 로마의 법이 늘 압도했다. 하지만 어떤 경우, 특히 로마인과 외국인 사이에 계약을 체결하는 경우에는 그 도시의 사람들이 분열되는 것을 피하기 위해 조심스럽게 조사해야 했다.[1]

로마인들은 다른 나라의 법에 좀 더 친숙해지자 그 법을 손질해서 자기들이 필요한 대로 조절했다. 특히 그리스의 법은 로마의 법에 많은 영향을 주었다. 이로 인해 로마인들은 대부분 문명화된 백성들의 법에 어떤 공통적인 특성이 있다는 사실을 알게 되었다(4.98).

주후 1세기 중반까지 로마의 법률가 중에는 자연법에 대해 이야기하는 사람들이 있었다. 자연법의 관점에서 볼 때 다양한 나라의 여러 법들은 불완전한 법에 지나지 않았다(4.100). 로마에서 대중적인 인기를 많이 얻은 스토아 철학은 반드시 키워야 하는 씨앗이나 불꽃처럼 각 사람 안에 존재하는 자연법 사상을 널리 퍼뜨렸다(4.99). 바울의 글 중에는 이와 비슷한 언급이 있다. "율법 없는 이방인이 본성으로 율법의 일을 행할 때에는 이 사람은 율법이 없어도 자기가 자기에게 율법이 되나니 이런 이들은 그 양심이 증거가 되어 그 생각들이 서로 혹은 고발하며 혹은 변명하여 그 마음에 새긴 율법의 행위를 나타내느니라"(롬 2:14-15). 또한 야고보가 "자유롭게 하는 온전한 율법"(약 1:25)이라고 언급한 것도 그 당시 로마의 철학자와 법 이론가들이 법에 관해 일반적으로 말하던 것과 크게 동떨어져 있지 않다.

---

1) 이것은 전적으로 고대 사회에서만 통용되는 원리가 아니다. 최근 신문 기사에서 이와 비슷한 내용을 담은 글을 읽은 적이 있다. 로스앤젤레스의 한 변호사는 라오스 사람인 자기 고객에게, 라오스 산지에 있는 그의 부족의 법대로 재판을 받으면 어떻겠냐고 제안했다. 그 사람은 변호사의 말대로, 미국의 법대로 재판받는 것이 자신에게 불리하다면 자기네 부족의 법대로 재판을 받겠다고 수락했다.

10. 로마와 그리스도인들

그리스도인들이 로마 정부와 부딪힌 문제의 대부분은 로마의 법 이론과 법 집행에 기인했다. 과도한 업무에 지친 관료들은 또 다른 문제를 해결하려 하지도 않았으나, 잠재적으로 위험한 단체가 정부의 간섭 없이 성장하도록 내버려두지도 않았다.

정부가 단체들을 규제하고 속주들을 통제하는 법적인 기준은 대부분 로마 시민에게 유리했기 때문에, 많은 초대 그리스도인들이 이 특권적인 지위를 얻지 못했다. 교회가 존재하게 된 1세기에는 교회의 지위에 대한 결정이 사안별로 이루어졌기 때문에, 그리스도인들은 법정에 끌려갈 경우 어떤 대우를 받게 될지 전혀 알 수가 없었다. 전체 사안을 기각하는 총독이 있었는가 하면, 자기가 맡은 속주에 있는 그리스도교 공동체에 심각한 피해를 주는 총독도 있었다(4.94). 이러한 임기응변식의 대우를 받았기에 그리스도인들이 로마 정부에 대해 증오심을 갖는 것은 전혀 무리가 아니었으며, 심지어 정부를 악하다고 생각하기도 했다(4.102-103).

그리스도인들이 스스로 생각하기에 또한 공공연하게 유대인들과 구별된다는 사실이 확립되자, 로마 시민권을 소유한 몇몇 개인을 제외하고는 로마법의 보호를 받지 못하게 되었다. 그리스도인들의 유일한 소망은 자기들은 인육을 먹거나 반사회적인 단체가 아니라 종교적인 믿음을 표현하는 새로운 단체일 뿐이며, 따라서 그 당시 로마 제국 내에 있는 수많은 여느 종교 단체 중 하나로서 법적 보호를 받을 지위를 가졌다는 사실을 정부에 확신시키는 것이었다(2.289). 하지만 그들은 이성의 빛을 보기를 거부하는 고집스러운 이들의 무리로 계속 여김을 받았다(4.105; 4.107).

2세기 초에는 그리스도인들이 군중의 폭행과 정부의 박해에 대해 자신들을 변호하며 보다 적극적인 입장을 취했으며, 자신들이 믿고 있는 신앙의 우수성을 공공연하게 주장하기 시작했다(4.106). 아테나고라스(Athenagoras)는 모세 언약이 체결되기 전에 살았던 노아와 아브라함과 같은 구약의 위인들이 그리스도인의 원조라고 주장했다. 그러니 기독교는 고대에 발생했다는 사실 때문에 합법성을 주장할 수 있었다. 이것은 종교에 대한 그리스-로마인의 이해에 있어서 중요한 요소이다.

2세기에 나온, 이 새로운 신앙에 관한 또 다른 변증서인 『디오그네투스에게 보낸 편지』(Epistle to Diognetus)는 그리스도인을 진실한 시민으로 묘사하고 있다(5.10–17). 이 편지를 쓴 익명의 저자는 그리스도인에 대해 다음과 같이 주장했다.

> 그리스도인들은 기존의 법을 잘 지키는 순종적인 사람들이며, 그들의 개인적인 삶은 심지어 법을 초월합니다. 그들은 모든 사람을 사랑하며 모든 사람에게 핍박을 받습니다. 사람들은 그리스도인들이 누군지도 잘 알지 못하면서 그들을 정죄합니다. ……그리스도인들은 유대인에게는 이방인이라며 공격의 대상이 되었고, 헬라인에게는 핍박의 대상이 되었습니다. 그들을 미워하는 사람들은 왜 그들에게 적대감을 가지고 있는지 이유를 댈 수 없으면서도 그들을 미워합니다.

그러나 이런 주장에도 불구하고 그리스도인들은 로마인들이 정의한 종교의 요건에 맞지 않았다(4.104). 이 점에 대해서는 다음 장에서 논의하기로 하겠다. 오히려 그들은 위험한 정치 집단으로 인식되었으며, 이 때문에 그들은 하나의 단체로서 법적인 지위를 얻을 수 없었다. 법적 보호에 대한 그리스도인들의 유일한 소망은 그들 개개인이 어떤 종류든 시민으로서의 권리를 주장할 수 있게 되는 것이었다.

참고 문헌

1. 로마에서의 교회와 국가

4.1. Eastwood, B. S. "Causes of the Early Persecutions." *HT* 16(1966): 555–563.
4.2. Horvath, T. "Why Was Jesus Brought to Pilate?" *NovT* 11(1969): 174–184.

2. 그리스도인들과 법 : 사례 연구

4.3. Sherwin-White, A. N. "Trajan's Replies to Pliny: Authorship and Necessity." *JRS* 52(1962): 114–125.
4.4. Winter, P. "Tacitus and Pliny on Christianity." *Klio* 52(1970): 498–502.

3. 총독의 권력

4.5. Brunt, P. A. "Charges of Provincial Maladministration Under the Early Principate." *Historia* 10(1961): 189–227.
4.6. Burton, G. P. "Proconsuls, Assizes and the Administration of Justice Under the Empire." *JRS* 65(1975): 92–106.
4.7. Crocker, P. T. "Ephesus: Its Silversmiths, Its Tradesmen, and Its Riots." *BurHist* 23, no. 4, (1987): 76–78.
4.8. Garnsey, P. "The Criminal Jurisdiction of Governors." *JRS* 58(1968): 51–59.
4.9. Hoff, M. C. "Civil Disobedience and Unrest in Augustan Athens." *Hesperia* 58(1989): 267–276.
4.10. Hoyos, B. D. "*Lex Provinciae* and Governors' Edicts." *Antichthon* 7(1973): 47–53.
4.11. Kinman, B. "Pilate's Assize and the Timing of Jesus' Trial." *TynBull* 42(1991): 282–295.
4.12. Lewis, N. "The Prefect's Conventus: Proceedings and Procedures." *Bulletin of the American Society of Papyrologists* 18(1981): 119–129.
4.13. Marshall, A. J. "Governors on the Move." *Phoenix* 20(1986): 231–246.

4.14. Stoops, R. F. "Riot and Assembly: The Social Context of Acts 19:23–41." *JBL* 108(1989): 73–91.

4. 형사 소송

4.15. Barnes, T. D. "Legislation vs. the Christians." *JRS* 58(1968): 32–50.

4.16. Brunt, P. A. "Evidence Given Under Torture in the Principate." *Zeitschrift der Savigny-Stiftung für Rechtsgeschichte* 97(1980): 256–265.

4.17. Crake, J. E. A. "Early Christians and Roman Law." *Phoenix* 19(1965): 61–70.

4.18. Davies, J. G. "Deacons, Deaconesses, and the Minor Orders in the Patristic Period." *JEH* 14(1963): 1–15.

4.19. Davies, R. W. "The Investigation of Some Crimes in Roman Egypt." *AncSoc* 4(1973): 199–212.

4.20. Downey, G. "'Un-Roman Activities': The Ruling Race and The Minorities." *AngThR* 58(1976): 432–443.

4.21. Dubuisson, M. "Some Aspects of Graeco-Roman Relations: The Attitude of Roman Administration Toward Language Use. Xenophobia and Disparaging Words in Greek and Latin." *Prudentia* 15(1983): 35–47.

4.22. Ferguson, J. "Hymns in the Early Church." *Bulletin of the Hymn Society of Great Britain and Ireland* 12(1989): 114–123.

4.23. Fishwick, D. "Pliny and the Christians: The Rites *ad imaginem Principis*." *AJAH* 9(1984): 123–130.

4.24. Isaac, B. "Bandits in Judaea and Arabia." *HSCP* 88(1984): 171–203.

4.25. Jones, A. H. M. *The Criminal Courts of the Roman Republic and Principate*. Ed. by J. A. Crook. Oxford: Blackwell, 1972.

4.26. Keresztes, P. "The Jews, the Christians, and Emperor Domitian." *VigChr* 27(1973): 1–28.

4.27. Kraemer, C. J. "Pliny and the Early Church Services: Fresh Light from an Old Source." *CPh* 29(1934): 293–300.

4.28. Lewis, N., and M. Reinhold, eds. *Roman Civilization: Sourcebook*. 2 vols. New York: Harper & Row, 1966; 3d ed., New York: Columbia University Press, 1990.

4.29. Millar, F. "The Imperial Cult and the Persecutions." In *Le culte des souverains dans l'empire romain*. Ed. by W. den Boer. Geneva: Fondation Hart, 1973: 143–175.

4.30. Price, S. R. F. "Between Man and God: Sacrifice in the Roman Imperial Cult." *JRS* 70(1980): 28–43.

4.31. Salzmann, J. C. "Pliny (*Ep.* 10.96) and Christian Liturgy: A Reconsideration." *StudPatr* 20(1989): 389–395.

4.32.   Schulz, R. R. "A Case for 'President' Phoebe in Romans 16:2." *LuthTheolJ* 24(1990): 124–127.

4.33.   Sherwin-White, A. N. "Early Persecutions and Roman Law Again." *JThS* 3(1952): 199–213.

4.34.   _____. "Why Were the Early Christians Persecuted? An Amendment." *P&P* 27(1964): 23–27.

4.35.   Thompson, L. "Hymns in Early Christian Worship." *AngThR* 55(1973): 458–472.

4.36.   van Beeck, F. J. "The Worship of Christians in Pliny's Letters." *StudLiturg* 18(1988): 121–131.

5. 단체에 대한 로마인의 규정

4.37.   Downing, F. G. "Cynics and Christians, Oedipus and Thyestes." *JEH* 44(1993): 1–10.

4.38.   Gooch, P. D. *Dangerous Food: I Corinthians 8–10 in its Context*. Waterloo, Ont.: Wilfred Laurier University Press, 1993.

4.39.   Janssen, L. F. "'Superstitio' and the Persecution of the Christians." *VigChr* 33(1979): 131–159.

4.40.   Kilmartin, E. J. *The Eucharist in the Primitive Church*. Englewood Cliffs, NJ: Prentice Hall, 1965.

6. 밀고자들

4.41.   Bauman, R. A. *The* Crimen Maiestatis *in the Roman Republic and Augustan Principate*. Johannesburg: Witwatesrand University Press, 1967.

4.42.   _____. Impietas in Principem*: A Study of Treason Against the Roman Emperor with Special Reference to the First Century A. D*. Munich: Beck, 1974.

4.43.   Johnson, G. J. "*De conspiratione delatorum*: Pliny and the Christians Revisited." *Latomus* 47(1988): 417–422.

4.44.   Nippel, W. "Policing Rome." *JRS* 74(1984): 20–29.

4.45.   O'Neal, W. J. "Delation in the Early Empire." *CB* 55(1978): 24–28.

7. 시민권

4.46.   Brewer, E. "Roman Citizenship and Its Bearing on the Book of Acts." *RestorQ* 3(1961): 205–219.

4.47.   Gardner, J. *Being a Roman Citizen*. London: Routledge, 1993.

4.48.   Sherwin-White, A. N. *The Roman Citizenship*. Oxford: Clarendon Press, 1973.

시민권의 혜택

4.49. Black, M. "Paul and Roman Law in Acts." *RestorQ* 24(1981): 209–218.

4.50. Garnsey, P. "The Lex Iulia and Appeal Under the Empire." *JRS* 56(1966): 167–189.

4.51. _____. *Social Status and Legal Privilege in the Roman Empire*. Oxford: Clarendon Press, 1970.

4.52. Jones, A. H. M. "Rome and the Provincial Cities." *RHD* 39(1971): 513–551.

4.53. Lyall, F. "Roman Law in the Writings of Paul–Aliens and Citizens." *EvangQ* 48(1976): 3–14.

4.54. Reese, B. "The Apostle Paul's Exercise of His Rights as a Roman Citizen." *EvangQ* 47(1975): 138–145.

시민권을 얻는 법

4.55. Cadbury, H. J. "Roman Law and the Trial of Paul." In *The Beginnings of Christianity*. Ed. by F. J. Foakes Jackson and K. Lake. London: Macmillan, 1920, 5: 297–338.

4.56. Dusanic, S. "The Issue of Military Diplomata Under Claudius and Nero." *ZPE* 47(1982): 149–171.

4.57. Goodfellow, C. E. *Roman Citizenship: A Study of Its Territorial and Numerical Expansion from the Earliest Times to the Death of Augustus*. Lancaster, PA.: Lancaster Press, 1935.

4.58. Reinhold, M. "Usurpation of Status and Status Symbols." *Historia* 20(1971): 275–302.

4.59. Schulz, E. "Roman Registers and Birth Certificates." *JRS* 32(1942): 78–91; 33(1943): 55–64.

4.60. Sherwin-White, A. N. *Roman Society and Roman Law in the New Testament*. Oxford: Clarendon Press, 1963.

4.61. Woloch, M. "St. Paul's Two Citizenships." *Cahiers des études anciennes* 2(1973): 135–138.

8. 로마의 형벌 제도

4.62. Auguet, R. *Cruelty and Civilization: The Roman Games*. London: Allen & Unwin, 1972.

4.63. Baldwin, B. "Executions, Trials, and Punishment in the Reign of Nero." *P&P* 22(1967): 425–439.

4.64. Brettler, M. Z., and M. Poliakoff. "Rabbi Simeon ben Lakish at the Gladiator's Banquet: Rabbinic Observations on the Roman Arena." *HThR* 83(1990): 93–98.

4.65.   Buchanan, D. *Roman Sports and Entertainment*. London: Longman, 1976.

4.66.   Champlin, E. "*Creditur vulgo testamenta hominum speculum esse morum*: Why the Romans Made Wills." *CPh* 84(1989): 198-215.

4.67.   Coleman, K. M. "Fatal Charades: Roman Executions Staged as Mythological Enactments." *JRS* 80(1990): 44-73.

4.68.   Driver, J. *How Christians Made Peace with War: Early Christian Understandings of War*. Scottdale, PA: Herald Press, 1988.

4.69.   Droge, A. J. "Did Paul Commit Suicide?" *BibRev* 5, no. 12, (1989): 14-21.

4.70.   _____. "*Mori lucrum*: Paul and Ancient Theories of Suicide." *NovT* 30(1988): 263-286.

4.71.   _____, and J. D. Tabor. *A Noble Death: Suicide and Martyrdom Among Christians and Jews in Antiquity*. San Francisco: Harper & Row, 1992.

4.72.   Hunter, D. G. "A Decade of Research on Early Christians and Military Service." *RelStudRev* 18(1992): 87-94.

4.73.   Frend, W. H. C. *Martyrdom and Persecution in the Early Church: A Study of a Conflict from the Maccabees to Donatus*. Oxford: Blackwell, 1965.

4.74.   Grant, M. *Gladiators*. London: Weidenfeld & Nicolson, 1967.

4.75.   Lesbaupin, I. *Blessed Are the Persecuted: Christian Life in the Roman Empire A. D. 64-313*. Maryknoll: Orbis Books, 1987.

4.76.   Mannix, D. P. *Those About to Die*. New York: Ballantine, 1958.

4.77.   Millar, F. "Condemnation to Hard Labour in the Roman Empire, from the Julio-Claudians to Constantine." *PBSR* 52(1984): 124-147.

4.78.   Pilch, J. J. "Death with Honor: The Mediterranean Style Death of Jesus in Mark." *BTB* 25(1995): 65-70.

4.79.   Poliakoff, M. B. *Combat Sports in the Ancient World: Competition, Violence and Culture*. New Haven, CT: Yale University Press, 1987.

4.80.   Rogers, R. S. "The Roman Emperors as Heirs and Legatees." *TAPhA* 78(1947): 140-158.

4.81.   Scobie, A. "Spectator Security and Comfort at Gladiatorial Games." *Nikephoros* 1(1988): 191-243.

4.82.   Seeley, D. *The Noble Death: Graeco-Roman Martyrology and Paul's Concept of Salvation*. Sheffield, UK: Academic Press, 1990.

4.83.   Thome, G. "Crime and Punishment, Guilt and Expiation: Roman Thought and Vocabulary." *AClass* 35(1992): 73-98.

4.84.   van Hooff, A. J. L. *From Autothanasia to Suicide: Self-Killing in Classical Antiquity*. New York: Routledge & Kegan Paul, 1990.

4.85. Wheelan, C. F. "Suicide in the Ancient World: A Re-Examination of Matthew 27:3-10." *LThPh* 49(1993): 505-522.

4.86. Wiedemann, T. *Emperors and Gladiators*. London: Routledge, 1992.

4.87. Wistrand, M. *Entertainment and Violence in Ancient Rome: The Attitudes of Roman Writers of the First Century A. D.* Göteborg: Acta Universitatis Gothoburgensis, 1992.

4.88. _____. "Violence and Entertainment in Seneca the Younger." *Eranos* 88 (1990): 31-46.

트라야누스의 답변과 로마 제국의 정책

4.89. Buckland, W. W. *The Main Institutions of Roman Private Law*. New York: Cambridge University Press, 1931.

4.90. Frend, W. H. C. "The Failure of the Persecutions in the Roman Empire." *P&P* 16(1959): 10-30.

4.91. Gilchrist, J. M. "On What Charge was St. Paul Brought to Rome?" *ExpT* 78(1966-67): 264-266.

4.92. Green, E. "Law and the Legal System in the Principate." In *The Roman World*. Ed. by J. Wacher. London: Routledge & Kegan Paul, 1987: 440-454.

4.93. Henrichs, A. "Pagan Ritual and the Alleged Crimes of the Early Christians." In *Kyriakon: Festschrift Johannes Quasten*. Ed. by P. Granfield and J. A. Jungmann. Münster: Aschendorff, 1970: 18-35.

4.94. Keresztes, P. "Law and Arbitrariness in the Persecution of the Christians and Justin's First Apology." *VigChr* 18(1964): 204-214.

4.95. Last, H. "The Study of the Persecutions." *JRS* 27(1937): 80-92.

4.96. Plescia, J. "On the Persecution of the Christians in the Roman Empire." *Latomus* 30(1971): 120-132.

4.97. Sordi, M. *The Christians and the Roman Empire*. Norman: University of Oklahoma Press, 1986.

9. 로마의 법 이론

4.98. Daube, D. *Roman Law: Linguistic, Social and Philosophical Aspects*. Edinburgh University Press, 1969.

4.99. Horowitz, M. C. "The Stoic Synthesis of the Idea of Natural Law in Man: Four Themes." *JHI* 35(1974): 3-16.

4.100. Levy, E. "Natural Law in Roman Thought." *SDHI* 15(1949): 1-23.

4.101. van den Bergh, G. C. J. J. "Legal Pluralism in Roman Law." *IrJur* 4(1969): 338-350.

10. 로마와 그리스도인들

4.102. Collins, A. Y. "Oppression from Without: The Symbolization of Rome as Evil in Early Christianity." *Concilium* 200(1988): 66-74.

4.103. Downing, F. G. "Pliny's Prosecutions of Christians: Revelation and I Peter." *JStudNT* 34(1988): 105-123.

4.104. Grant, F. C. "Religio Licita." *StudPatr* 3-4(1961): 84-89.

4.105. Keresztes, P. *Imperial Rome and the Christians From Herod the Great to About 200 A. D.* Lanham, MD: University Press of America, 1989.

4.106. Pagels, E. "Christian Apologists and 'the Fall of the Angels': An Attack on Roman Imperial Power?" *HThR* 78(1985): 301-325.

4.107. van Stekelenburg, A. V. "*Lucifugax natio*: The Pagan view of Early Christianity." *Akroterion* 29(1983): 157-171.

EXPLORING
THE NEW TESTAMENT WORLD

제5장

그리스-로마의 종교

1. 서론

누가복음과 사도행전을 제외한 신약성경은 비록 헬라화되긴 했지만 유대인에 의해 기록되었고, 그 독자는 주로 그리스-로마인이었다. 신약성경에 선포된 복음은 1세기에 번성했던 많은 종교와 철학들에 필적한다. 바울이 아테네에서 발견했던 것처럼(행 17:18), 그의 복음을 들은 사람 중에는 자신이 직접 경험한 종교적인 체험에 비추어 그 복음을 이해하려는 사람들이 있었다(5.1). 예수님과 부활은 그들에게 두 신, 즉 남성 신과 여성 신으로 인식되었다.[1] 이렇게 여신과 그녀의 배우자로서 남신이 짝을 이루며 등장하는 일은 신비 종교에 익숙한 바울의 청중에게는 전혀 낯설지 않았다. 신비 종교에서 남신은 죽었다가 다시 살아나는 특성이 있었다. 이것은 주로 여신의 도움으로 이루어졌다(5.10; 5.13). 초대 교회의 커다란 도전적인 과제는, 수세기 동안 종교적으로나 철학적으로 다르고 또한 그들이 격렬하게 반발해 온 사람들에게 초대 교회가 선포하는 복음의 내용을 이해시키면서 동시에 그 복음의 내용의 일관성을 유지하는 일이었다(5.2).

종교와 철학(이 책 제6장을 보라)을 동시에 다룰 때, 그리스와 로마의 체계를 함께 다루는 것이 적합하다. 왜냐하면 로마인들은 그들이 행하는 대부분의 종교 행위를 헬라인에게서 가져왔으며, 그리스의 총체적인 철학 체계 외에

---

[1] 헬라어의 모든 명사에는 남성, 여성, 중성 등 성(性)이 있다. 이 성은 사물의 특성과 아무런 관계가 없다. 예를 들어, '손'에 해당하는 단어는 여성인데 비해 '손가락'에 해당하는 단어는 남성이다.

다른 체계를 가져 본 적이 없었기 때문이다. 이것은 로마의 문화 전역에 끼친 그리스의 영향의 한 과정에 속한 문제였다. 이에 대해 열렬히 환영한 로마인이 있었던 반면에 이것을 로마 문화의 몰락의 증거로 본 사람도 있었다.

  그리스-로마의 종교는 서로가 상대편의 종교를 묵인해 주었던 것에 반해, 철학 학파들은 오랫동안 격렬하게 논쟁하며 성장해 왔다. 이것은 흥미롭게도 우리가 생각하는 바와는 반대되는 현상이다. 이런 논의가 발생하게 된 이유를 다음과 같이 설명하는 학자가 있다. "철학자들은 세상에 관해 다양한 사실적인 명제들을 견지한다. 예를 들면, 세상이 공기로 만들어졌는가 아니면 원자로 만들어졌는가, 세상은 유한한가 아니면 무한한가와 같은 문제들이다. 반면에, 고대의 종교는 기도와 제사로 설득될 수 있는 힘의 존재를 전제하기만 할 뿐이었다"(5.8:3). 이런 종교들은 체계적인 교리가 없고, 오직 신들을 적당한 분위기로 표현하는 어떤 의식에만 관여할 뿐이다. 이런 점에서 그 종교들 사이에는 의견이 맞지 않다는 근거를 찾을 만한 무엇이 아예 존재하지 않았던 것이다. 이와는 반대로, 철학자들은 자기들이 이미 잘 정리해 놓은 입장을 고집스럽게 변호했다. 사실 '이단'(heresy)이라는 단어는 원래 철학자들 간의 의견이 다름을 의미했다.

  다른 모든 분야에서와 마찬가지로 로마인들은 종교와 철학에서 헬라인들이 이루어 놓은 업적을 존중했다(5.7). 로즈(H. J. Rose)가 말한 대로 로마인들의 "철학과 종교는 단순히 그리스의 사상을 그대로 수용한 것이었다"(5.11:157). 로마인들은 그들의 신들을 각각의 신과 비슷한 기능을 수행하는 그리스의 신들과 동일시했다. 로마인들은 건국 초기에는 자기들의 신의 형상을 만들지 않았던 것 같다(5.11:169). 하지만 그들은 그리스의 예술에 애착을 보여 금방 자기들의 신을 조각이나 그림으로 나타내기 시작했다(5.9). 헬라인과 로마인의 종교적인 열정은 여러 가지 다양한 모습을 한 사이비 종교에 나타났다. 그 중에는 사회, 경제적인 계층 전반에 걸쳐 두루 퍼진 것도 있었다. 철학은 주로 교양 있는 지식인 사이에서만 유행했다.

2. 올림포스의 12신

1세기 그리스-로마의 종교는 올림포스산에 살며 인간적인 특성을 지닌 12신에 관한 호메로스(Homeros, 주전 750년경) 시대의 환상적인 신인동형적 신화를 초월하여 발전했다. 주전 4세기에 플라톤(Platon)은 이런 신화에 긍정적인 도덕적 가치가 결여되어 있다는 이유로 반대했다. 그리스 신화에 등장하는 신들은 인간을 유혹하고, 서로 속고 속이기도 하며, 사람에게 공격을 받으면 어린아이처럼 행동하는 변덕스러운 남녀 신들이다. 플라톤 시대에 교육을 받은 사람 중에서 올림포스의 옛 종교를 심각하게 취급한 사람은 거의 없었으며, 로마 시대에 와서는 회의주의가 상류 사회에서 유행했다(5.15; 5.24; 5.28; 5.35-36; 5.38; p. 237 박스의 '로마의 지식인들이 생각하는 신'을 보라). 플루타르코스(Ploutarchos)는 독자들에게 "이 이야기 중에서 어느 하나라도 실제로 발생한 일이라고 믿지 말라."라고 충고했다(*Isis and Osiris* 355b). 올림포스의 12신은 원래 1년 12개월에 해당하는 신이었으나, 로마 시대에 와서 이것을 기억하는 사람은 아무도 없었다(5.26).

신이 인간의 모습을 가졌다는 생각은 올림포스 만신 숭배에서 좀처럼 버려지기 어려운 요소였다. 그리스도께서 탄생하기 한 세대 전에 키케로는 다음과 같이 주장했다. "몸이 없는 신이란 생각할 수 없다. 몸이 없는 신은 필연적으로 지혜가 없으며 감각이나 쾌락을 느낄 수 없기 때문이다. 이 모든 것은 우리가 이해하는 신의 모습이다."(On the Nature of the Gods 1.12). 기원 후 몇 세기 동안은 심지어 그리스도인들 사이에서도 몸을 가진 신에 대한 이해가 전적으로 사라지지 않았던 듯하다(5.29).

> **로마의 지식인들이 생각하는 신**
>
> 철학자들은 신들에 대해 미친 사람의 헛소리에 지나지 않는다고 생각한다. 시인들이 읊조리는 것들은 우스꽝스러운 것에 불과하다. 그것은 매력적이기 때문에 음험하다. 시인들은 신들을 분노에 불타는 존재로, 욕정에 사로잡히고 교활한 존재로 그린다. 신들의 싸움과 전쟁, 그들의 증오와 상처, 그들 사이의 불화와 언쟁, 그들의 슬픔, 방종, 간통, 굴종, 인간과 결혼하는 것 그리고 그들에게서 태어난 인간, 이 모든 것이 절제 없이 마구 쏟아져 나왔다. 이러한 시인들의 실수로 인해 군중의 의견뿐만 아니라 마기(Magi)들의 기괴한 행위, 이집트인들의 황당한 신화 등 무지에 근거한 수많은 모순된 이야기가 생겨났다(Cicero, On the Nature of the Gods 1.16).

대중은 그리스도 이전 수 세기 동안 옛 신들에 대한 믿음을 그대로 간직하고 있었을 것으로 추측된다(5.18; 5.27). 물론 이 무렵 옛 신들에 대한 믿음은 마술적인 요소, 황제 숭배, 어떤 개인에 대한 의식 그리고 헬레니즘 시대의 특징이었던 종교와 철학의 혼합주의 등과 섞여 있었다(5.21). 그 믿음이 여전히 상당한 힘을 발휘했다고 주장하는 사람들도 있다(5.41). 그들은 이렇게 주장하는 근거를 신약성경에서 찾는다. 바울과 바나바가 루스드라에서 앉은뱅이를 고치자 사람들은 이 두 사람을 제우스와 헤르메스로 추앙했고, 바울과 바나바는 이들을 겨우 말려 자기들에게 제사드리지 못하게 했다(행 14:8-18).

하지만 대부분의 사람에게 올림포스 만신을 숭배하는 것은 단지 공적인 국가 의식에 해당되었고, 그 의식에 참여하는 것은 개인의 애국심을 시험하는 수단이었다. 이런 식으로 제사 의식에 참여하게 한 것이 바로 우리가 이 책 제4장에서 살펴본, 총독 플리니우스가 비두니아의 그리스도인들을 시험할 때 사용한 방법이다.

발벡에 있는 유피테르 신전.

올림포스의 만신들(유피테르/제우스, 유노/헤라, 미네르바/아테나, 아폴로/아폴론 등)은 숭배자들과 개인적인 차원에서 관계하지 않았다. 이 신들은 종족, 부족 또는 어떤 도시의 신과 여신들이었다. 그 신들의 관심사는 단체였으며, 신들에게 드리는 제사는 국가가 마땅히 해야 할 일이었다. 신전은 국가가 세우고 유지했으며, 사제들은 국가가 선출하거나 임명했다. 절기나 축제일은 공휴일로 지정되었다(5.32; 5.34).

개인이 신을 예배하기 위해 그 신을 '믿을 것'이라고 기대하지는 않았다 (5.31; 5.37). 제의에 참여해야 했던 이유는, 그 행위가 국가에 대한 개인의 충성심을 보여주는 표였기 때문이다. 신을 하나만 섬긴다거나 다른 신을 배척한다거나 하지는 않았다. 어떤 도시는 유피테르를 숭배하면서 동시에 아무런 충돌 없이 아폴로를 숭배할 수 있었다. 한 도시가 많은 신을 숭배할수록 신에게 은총받을 기회가 더 많아진다는 것이 그들의 믿음이었다. 바울은 심지어 아테네에 '알지 못하는 신'에게 드리는 제단이 있다고 말한다(행 17:16–23). 이와 비슷한 언급이 고대의 문헌에서 발견되었다. 거기에는 '알지 못하는 신들'이라는 복수형이 사용되었다.

이러한 사실을 염두에 둔다면, 로마인들이 그리스도인의 입장을 이해하기 어려웠다는 사실이 전혀 이상하지 않다. 그리스도인들은 만신들과 황제상을 숭배하기를 거부함으로써 자기들의 종교적인 입장을 천명했다. 로마인들은 이것을 시민의 의무를 거부하는 비애국적인 행동이라고 생각했다.

이와 유사한 경우를 오늘날 여호와의 증인에게서 볼 수 있다. 여호와의 증인에 속한 자녀들은 학교에서 국기에 대한 맹세를 거부함으로써 친구들에게 놀림을 당하는 경우가 있다. 그들이 이처럼 국기에 대한 맹세를 하지 않는 이유는 충성을 맹세할 분은 오직 하나님 한 분뿐이라고 믿기 때문이다. 그런데 그들의 이러한 종교 행위에는 애국심이 결여되었다고 해석되기도 한다.

올림포스 만신들이 단체의 번영에만 관여한다면, 개인적인 숭배자들은 이 종교에서 어떤 유익을 얻었을까? 사실 거의 없다. 신이 국가에 부여하는 보호에서 오는 혜택을 개인이 얻을 수는 있었겠지만, 개인의 일상생활에 미치는 신의 영향은 무시해도 좋을 만큼 거의 없었다. 환난을 당할 때 사람들은 병 고침이나 물질적인 복을 얻고자 추가적인 제물을 드렸다. 하지만 병 고침이나 물질적인 복은 신과 계약을 맺음으로써만 얻을 수 있었다. 자기가 구한 바를 얻지 못했을 경우 숭배자는 자기가 드린 것이 충분하지 못했거나 제사 의식 절차를 잘못 지켜 전체 의식이 바르게 되지 못해 그런 일이 발생했다고 생각했다.

알지 못하는 신에게 드리는 제단.

신에게 기도하는 일이 위험할 때도 있었다. 신이 원한을 품거나 악한 행동을 할 수도 있었기 때문이다. 소원을 빈 사람이 선물은 그 사람에게 재앙을 가져올지도 모른다는 사실을 알 경우에만 신들이 그 사람의 소원을 들어주었다는 내용이 들어 있는 신화도 있다. 또한 신들은 자기에게 제물을 드린 사람에 대해 무자비한 증오심을 품을 수도 있었다.

신들은 중용을 지키지 못해서 넘치거나 부족한 것을 참지 못했다. 어떤 사람에게 부나 권력, 심지어 그 사람의 내적인 성품까지 너무 과하거나 부족할 경우, 그는 가차 없이 신의 분노를 샀다. 애석하게도, 신들의 자비심을 강조한 그리스-로마 신화란 존재하지 않는다. 신들 위에는 그들도 피할 수 없는 운명(Moira)이 머물러 있었던 것이다.

올림포스의 신들은 사람들에게 사후에 유쾌한 삶이 있을 것이라는 소망을 주지 않는다. 호메로스는 『오디세이아』(Odysseia) 제11권에서, 지하 세계 이곳저곳을 떠돌아다니는 음울하고 의식이 절반만 있는 망자의 영혼(psyche)을 묘사한다(5.30). 아킬레우스는 자기를 방문한 오디세우스에게, 지하 세계의 왕이 되는 것보다는 지상에서 가난한 농부의 노예로 있는 편이 훨씬 더 낫다고 말한다(5.39).

대부분의 헬라인과 로마인들은 아들들에게 자기 이름을 갖게 하거나, 그들이 군대나 정치 혹은 예술 분야에서 영광을 얻음으로써 불멸을 얻기를 소망했다(딸들은 염두에 두지 않았다). 이렇게 되면 그들의 명성이 죽은 이후에도 계속될 거라고 생각했다. 상류층 로마인 사이에서 대중적인 인기를 얻었던 스토아 철학은 사후의 의식적인 존재는 어떤 것도 부정했다(5.14). 플리니우스는 친구의 죽음을 생각하며 이렇게 말했다. "장수한다는 것은 현실적으로 불가능하므로 우리가 살았다는 증거를 뒤에 남겨야만 합니다"(Ep. 3.7). 그는 다른 편지에서, 이생을 사는 동안 명성을 얻는 일을 제외하고는 불멸이란 존재하지 않는다고 주장했다(Epp. 5.8; 9.3). 그의 숙부이자 양부인 대(大)플리니우스 역시 사후의 어떤 존재도 부정했다(*Nat. Hist.* 7.55.188-190). 많은 수의 묘비에는 당시 널리 퍼져 있던 이러한 염세주의가 표현되어 있다(5.17; 5.23; 5.25).

3. 황제 숭배

로마 세계에서 지위나 능력 면에서 신들 바로 밑에 있는 존재는 황제였다. 고대에 그리스 신화를 해석한 것에는 심지어 신들이란 이전의 여러 왕에 대한 과장된 추억에 불과하다고 주장하는 내용도 있다. 1세기에 신들이 무능력한 존재로 간주되면서, 황제를 칭송하고 기리는 일이 그들의 종교적인 신앙으로 대두된 것 같다(5.55).

헬라인들은 그들의 통치자를 숭배하지 않았다. 하지만 페르시아나 이집트와 같은 동양의 많은 나라에서는 그들의 통치자들을 숭배했다. 알렉산드로스 대제는 주전 330년경 이 나라들을 정복했을 때, 그 나라 군주의 복장을 입어서 새로 정복한 백성들이 그가 누구인지를 쉽게 알 수 있도록 했다. 그리스의 도시 국가가 다 민주주의 체제를 갖춘 것은 아니었지만, 그들 체제에 왕 제도를 도입한 도시 국가는 하나도 없었다. 알렉산드로스는 '신인 동시에 인간'이 됨으로써 그 도시 국가들을 다스리는 권세를 주장할 수 있었다. 그의 가정교사였던 아리스토텔레스(Aristoteles)는 국가에 명령을 내리고 자신의 권세를 과시한 사람은 "사람들 사이에서 신으로 여김을 받아야 한다."라고 말하기도 했다(*Pol.* 1284a). 로마인들이 주전 2세기 중반에 그리스 반도를 정복할 무렵 지중해 동쪽 지역에서는 신적인 통치자 사상을 널리 수용했다(5.62).

율리우스 카이사르는 이런 영예를 얻은 첫 번째 로마인이었으나, 그가 신이 된 것은 죽고 난 이후였다. 아우구스투스의 요청에 따라 그의 양부 율리우스 카이사르는 '신이 되었고', 로마 원로원은 이를 정식으로 공포했다. 그리고 그에게 경의를 표하는 신전이 건립되었다. 이후 아우구스투스는 여신 로마와 더불어 자신의 '수호신'을 숭배하게 했다. 하지만 이것은 동방의 속주에서만 실행되었다(5.54). 아우구스투스는 서방 로마 제국에 속한 사람들이 아직 살아 있는 사람을 신으로 만드는 것을 받아들일 준비가 되어 있지 않음을 알았다. 서방 로마 제국의 사람들도 결국에는 황제 숭배에 참여하게 되었다 (5.49).

황제 숭배를 받아들일지의 여부는 거기에 어떤 말이 사용되느냐에 따라 좌우되었다. 헬라인들은 살아 있는 사람이나 죽은 사람들에게 '신과 같은'(theios)이라는 단어를 적용했다. 이 말은 인간보다는 높지만 신과 동일하다고 하기에는 충분하지 못한 사람을 가리키는 말이다. 이 말과 가장 가까운 라틴어는 '신격화된'(divus)이란 단어인데, 이것은 죽은 사람에게만 사용할 수 있었다 (5.61). 아우구스투스는 자기의 신하들이 이 단어를 사용하는 것이 마음에 편하다면 사용하게 허락하고 그들의 세계관에 맞지 않는다면 강요하지 않는 정치적인 임기응변이 있었다. 티베리우스도 같은 정책을 썼다.

그러나 정신 이상자였던 칼리굴라는 자신을 신이라고 단정하고는 '주와 신' (dominus et deus)이라고 부르라고 요구했다. 이 두 단어는 그리스도인들에게 엄청난 의미를 주는 단어였다(5.65). 우리는 하나님 외에 어느 누구에게도 '데우스'(deus)라는 칭호를 사용하기를 거부한 그리스도인들의 입장이 쉽게 이해가 간다. 하지만 '도미누스'(dominus)는 일반적으로 노예가 자기 주인에 대해 사용하는 라틴어였다. 그리스도인들은 이 단어를 70인역의 헬라어 '키리오스' (kyrios, 주)를 번역하는 단어로 선택했고, 이 단어를 다른 문맥에서 사용하기를 좋아하지 않았다(5.46).

그리스도인들에게 다행스러웠던 점은, 1세기 말 도미티아누스 황제 이전에는 이 두 단어를 사용해 자기를 부르라고 강요한 황제가 없었다는 사실이다(5.42; 5.58). 도미티아누스 황제 이후 로마의 원수정이 점차 독재화되면서, 도미누스와 데우스 두 단어는 황제의 귀를 즐겁게 하기 위한 일반적인 용어가 되었다. 황제 숭배는 기독교가 처음으로 급속히 성장했었던 소아시아에서 특히 강하게 일어났다(5.56; 5.62).

상류층 로마인들은 신의 존재를 믿지 않는 것처럼 황제를 신으로 믿지 않았다(5.45). 베스파시아누스가 죽어 가면서 한 말은 이 신격화의 과정을 꼬집는 유명한 농담이다. "아뿔싸, 하마터면 내가 신이 되어 가고 있다고 생각할 뻔했네"(Suetonius, *Vesp*. 23). 황제 숭배는 대부분이 군중에게 감명을 주기 위한 수단이었다. 교육을 제대로 받지 못한 사람들은 우리의 예상보다 더 황제들의 신성을 심각하게 받아들였다는 증거도 있다(5.66). 사실이 아님이 판명되었음에도 불구하고, 황제들이 이적을 행했다는 이야기가 돌아다녔다(5.64). 베스파시아누스가 맹인의 눈을 뜨게 하고 저는 자를 고쳐 주었다는 소문이 파다하게 퍼졌지만, 그는 이 소문을 잠재우려는 어떤 행동도 하지 않았다(Suetonius, *Vesp*. 7). 어떤 곳에서는 황제들이 신비 종교의 형태로 숭배되기도 했다. 이 점에 대해서는 나중에 논하겠다(5.59).

하지만 설령 황제 숭배가 순전한 의미에서 종교적인 형태를 지닌 것은 아니었을지라도, 정치적인 충성심을 시험하는 수단으로 진지하게 취급되었던 점은 사실이다(5.52; 5.63). 이것이 바로 초대 교회에서 문제를 야기했으며, 신약성경에 이 문제가 반영되어 있다(5.43–44). '아포테오시스'(apotheosis)로 알려져 있는 황제의 신성화는 초기 기독론에 영향을 주었을지도 모른다고 생각하는 학자도 있다(5.53).

4. 이적, 마술, 성인

베스파시아누스가 맹인의 눈을 뜨게 하고 저는 자를 고쳤다는 등의 이야기는 사교계의 이야깃거리로 사람들의 입에 오르내렸다. 하지만 당시 대중의 의식 구조는 이런 일이 얼마든지 발생할 수 있다고 생각하고 그럴 가능성을 받아들이는 상황이었기에, 황제가 이적을 행했다는 이야기는 계속해서 사람들 사이에서 파다하게 퍼져 나갔다.

타키투스와 수에토니우스와 같은 신중한 작가들도 초자연적인 일이 발생했다거나 발생할 조짐이 보인다는 내용을 정기적으로 보도했다. 이들은 독자들의 흥미를 끌고 싶은 강한 열정과 검열에 대한 두려움 때문에, 또 자기들도 이런 것을 참으로 믿었기 때문에 그들이 전하는 이야기의 진실성에 대해서는 일절 언급하지 않았다(5.87). 이교 역사가들이 전해 준 이야기에는 복음서에 기록된 이적과 비슷한 점이 더러 있다. 그리스도인들도 이교도들이 사용한 용어를 사용하려고 했다(5.68).

선한 영과 악한 영이 도처에 있다고 믿었기 때문에, 사람들은 이적이 얼마든지 일어날 수 있다고 생각했다. 페트로니우스의 극에 나오는 등장인물 중 한 사람은 다른 사람에게 주의를 주면서 이같이 말한다. "이 지역은 잡신들이 가득해서, 사람에게 걸려 넘어지는 것보다 잡신에 걸려 넘어지는 것이 더 쉽다"(*Satyr*. 17).

이 지켜보는 세력들은 단순한 방관자가 아니었다. 이들은 이상한 일이 발생하게 하고 사람의 몸 안에 거할 때도 있었다. 헬라어로 '다이몬'(daimon)은 원래 이런 영에게 붙여진 명칭이었다. 이 영들은 그리스도인들에게만 부정적인 의미를 함축했다(5.80). 이 영들은 언제나 예측하기 어려웠기 때문에, 대부분의 사람들은 이들을 가까이하려고 하지 않았다. 다정하게 나타나 친하게 지내다가도 처참한 존재로 드러날 경우가 있었다.

악령을 내쫓고 선한 영의 도움을 받는 확실한 수단으로 마술이 행해졌다(5.81). 하지만 마술은 대단히 숙련된 마술사만 사용해야 했다. 아풀레이우스의 작품 『황금 당나귀』(*Golden Ass*)에 나오는 루키우스는 마술을 걸다가 주문이 헷갈리는 바람에 당나귀로 변하고 말았다. 우리가 아랍 사람이나 인도 사람의 글을 보거나 읽을 때 느끼는 바와 같이, 당대 대중은 유대인의 종교에 대해 알지도 못하고 그들의 언어나 글자 역시 이해할 수 없었기 때문에 내심 유대인들을 마술하는 사람들로 생각했다.

초대 그리스도인들은 비밀스러운 상징(암호)을 만들어 사용했다. 문설주 위에 그려진 물고기는, 이 집이 그리스도인의 집이거나 그리스도인들이 모이는 장소임을 알리는 표시였다. 물고기를 뜻하는 헬라어 '익튀스'(ichthus)는 헬라어 알파벳인 이오타(I), 키(X), 데타(Θ), 윕실론(Υ), 시그마(Σ)로 이루어져 있는데, 그리스도인들은 이것을 '이에수스 크리스토스 데우 휘오스 소테르'(Iesous Christos Theou Uios Soter, 예수 그리스도, 하나님의 아들, 구세주)를 의미하는 말로 사용하였다.

그리스도인들이 사용했음직한 또 다른 상징은 로타스-사토르(ROTAS-SATOR) 마방진이다. 이것은 다음과 같은 모양으로 쓰여졌다.

```
R O T A S
O P E R A
T E N E T
A R E P O
S A T O R
```

이러한 모양은 로마 세계 여러 지역에서 발견되었다. 폼페이에서도 두 개가 발견되었는데, 이것은 틀림없이 주후 79년 베수비오 화산이 폭발하기 이전에 만들어졌을 것이다.

이 모양은 아무 의미 없는 글자들을 흩어 놓은 것처럼 보이지만, 여기 사용된 낱말들을 잘 정리하면 '파테르 노스테르'(Pater noster, 우리 아버지)가 된다. 이것은 라틴어로 된 주기도문을 시작하는 말이다. 십자가 모양의 파테르 노스테르에서는 라틴어 알파벳 엔(N)이 가로 글자와 세로 글자를 이어 주는 이음새 역할을 한다. 양옆에 놓여 있는 아(A)와 오(O)는 헬라어의 알파(A)와 오메가(Ω)를 의미하는 것 같다.

제5장 그리스-로마의 종교 245

```
            P
            A
    A       T       O
    T       E
    E       R
    R
PATERNOSTER
    R       O
    E       S
    T       T
    A       E       O
            R
```

학자들 중에는 이것이 기독교의 상징이라고 주장하는 사람도 있지만, 이것이 우연의 일치이거나 유대교에서 기원한 것으로 혹은 미트라교에서 기원한 것이라고 주장하는 사람도 있다(5.74; 5.89).

고대의 주문 중에서는 히브리어 단어들을 잘못 발음해서 그대로 사용한 것도 있었다.[2] 이러한 주문은 선한 것을 얻고 원수를 징벌하는 신의 능력을 불러들이는 역할을 했다. 사람들이 가장 자주 부른 신은 '삼체(三體)의 여신' 헤카테였다. 사람들은 여신 헤카테가 하늘과 땅과 바다에서 자기 마음대로 할 수 있는 힘을 가지고 있다고 생각했다. 1세기에는 주문을 담은 책들이 매우 유행했다(5.88). 이 책들은 대부분 에베소에서 출판되었기 때문에 '에베소 문서'(Ephesian writings)라고도 불린다.

바로 이 도시에서 바울이 귀신에 사로잡힌 사람을 이김으로써, 기독교는 그곳 사람들에게 깊은 인상을 주게 되었다(행 19:11-21). 바울은 악령을 쫓아내고 병자들을 고칠 수 있었는데, 심지어 사람들이 바울의 손수건을 사용하여 간접적으로 이러한 일을 행하기도 했다(5.72; 5.95). 예수의 이름을 사용하

---

2) 예를 들면, '호쿠스-포쿠스'(hocus-pocus)라는 주문이 중세 초에 나왔는데, 이것은 라틴어 미사에서 사용되는 어구 '호크 에스트 코르푸스 메움'(hoc est corpus meum, 이것은 내 몸이다)에서 일부를 취하여 변형시킨 것이다. 라틴어는 모르지만 종교적인 의식에서 이 말이 사용되었다는 사실을 안 사람들은 이 주문에서 신통한 능력이 발휘되기를 기대했다.

여 귀신을 쫓아내려던 어떤 축귀자들은 오히려 귀신들에게 역공격을 당하기도 했다. 바울이 탁월한 영적 능력을 소유했다는 소문이 퍼지자, 그는 미신적인 에베소 사람들 사이에서 두려운 존재가 되었다. 많은 사람들이 자기가 행하던 미신적인 행위를 폭로하면서 관련된 책들을 불살랐다. 이것은 기독교가 에베소에 오래 머물고 중요한 자리를 차지하기 시작한 계기가 되었다.

이 이야기에서 바울은 이전에 구브로에서 마술사 바예수를 만났을 때와 마찬가지로(행 13:6-12), 악한 영의 존재를 식별하고 그것을 이길 수 있도록 하는 선한 영으로 충만한 성인(聖人)의 역할을 수행했다. 이러한 관념은 그리스-로마 사상에도 낯설지 않았다.

1세기의 철학자요 신비주의자인 티아나의 아폴로니오스(Apollonios)를 사람들은 자비로운 영을 소유한 사람으로 믿었다(5.73; 6.169). 아폴로니오스의 전기를 쓴 필로스트라토스(Philostratos)에 따르면, 그는 귀신 들린 남자아이와 다양한 지체 장애인, 맹인, 중풍병자들을 고쳤고(Life of Apollonius 3.38-39), 맹인 거지로 가장한 귀신을 감지하고 자기에게 돌을 던지려는 에베소 사람들을 설득함으로써 재앙이 내리는 것을 멈추게 했으며(4.10), 죽은 여자아이를 살리기도 했다(4.45). 2세기 말에 와서 아폴로니오스는 여러 도시에서 존경을 받았다. 이교도들은 그를 예수님에 버금가는 사교의 교주로 만들었다. 이교의 어떤 단체에서는 예수님이 구세주보다는 마술사로 더 잘 알려져 있었다(5.78; 5.92). 알렉산드리아의 필론 같은 헬라화된 유대인들은 "볼지어다 내가 너를 바로에게 신같이 되게 하였은즉"(출 7:1)이라는 말씀에 근거하여 모세를 당시에 유행하던 비슷한 용어로 재해석했다(5.94).

헬라인과 로마인들의 신은 단지 과장된 인간이나 불멸의 인간에 지나지 않았기 때문에, 그들은 신과 인간 사이에 놓여 있는 커다란 괴리를 인식하지 못하였다(5.84). 신이 인간이 되는 것은 인간이 신이 되는 것만큼 쉬웠다. 신인(神人), 헬라어로 '데이오스 아네르'(theios aner)는 이러한 세계관을 가진 사회에서는 얼마든지 가능한 일이었다(5.71). 필론은 이 용어를 사용해서 모세를 묘사했고, 초대 교회는 이교도의 이야기에 나오는 신인과 유사하게 예수님을 설명하기도 했다(5.69-70; 5.79). 아폴로니오스의 경우처럼 성인의 생애에 대한 어떤 이야기는 복음서가 기록된 후에야 비로소 쓰인 것도 있다. 아폴로니오스에 대해 회자되는 이야기들은 여러 점에서 명백하게 예수님에 관한 이야기로부터 영향을 받았으며, 그 반대는 아니다(6.164; 6.167).

하지만 데이오스 아네르라는 말은 여전히 1세기 세상의 지적 내용물을 담는 그릇이었다. 평범한 인간의 능력을 초월한 알렉산드로스 대제와 같은 인물이 나타날 때마다, 사람들은 그 인물이 적어도 어느 한 부분에서 신임에 틀림없다고 결론을 내렸다(5.85). 자연법칙에 대한 이해가 부족했던 당대의 사람들에게는 신이나 신인이 물질세계를 조종해서 사람들을 놀라게 할 만한 일을 창조한다는 사실을 믿는 것이 그다지 어렵지 않았다. 이것이 바로 '이적'(miraculum)이라는 단어의 문자적인 정의다.

1세기 사람들이 무엇을 믿는 데 있어서는 그 어떤 것도 이상하게 여기지 않았다. 트리말키오는 늑대 인간을 봤다는 소문만 듣고도 자기는 늑대 인간에 관한 어떠한 말도 믿는다고 맹세했고, 계속해서 자기가 직접 체험한 유령 이야기를 했다(Petronius, *Satyr.* 62-63). 심지어 소(小)플리니우스처럼 교육을 받은 사람들조차 절대적인 확신은 없으면서도 유령의 존재를 "믿고 싶다."라고 말할 정도였다(*Ep.* 7.27). 많은 사람들이 '악마의 눈'을 믿었고 그것을 피하기 위해 남자의 성기처럼 생긴 부적을 몸에 지니고 다녔다(5.73).

5. 신탁, 점성술, 꿈

객관적인 연구를 하기에는 자료가 부족해서 어려움이 많지만, 당시 대중에게는 신탁과 점성술 그리고 꿈 해몽이 중요했다. 고대 그리스에서는 중요한 결정을 해야 하거나 복잡하고 미묘한 문제에 직면했을 때 일반적으로 신탁을 받으러 갔다. 중심적인 장소는 델포이에 있는 아폴론 신전이었다(5.100; 5.104). 피티아(Pythia)라고 불리는 여사제는 방문객의 문의에 시 형식의 노래로 대답해 주었다. 현존하는 답변의 내용들은 여전히 모호해서, 몇 가지 다른 해석이 나올 소지가 있다. 방문객은 대부분 답변 하나를 받고 집으로 돌아갔는데, 그 답변은 그 후 상황이 어떻게 전개되든지 간에 맞는 것일 수 있었다.

델포이에 있는 아폴론 신전.

헤로도토스(Herodotos)는 이런 신탁 과정에 대한 인상적인 예를 보여준다(1.53). (오늘날의 서부 터키에 위치한) 리디아의 왕 크로이소스(Kroisos)는 자신의 나라보다 큰 페르시아 제국에 대항하여 전쟁을 치를 것인지를 곰곰이 생각하고 있었다. 그가 공격해도 좋을지 알기 위해 델포이의 신탁을 구했을 때, 페르시아와 전쟁한다면 "그는 강한 제국을 멸망시킬 것이다."라는 신탁을 받았다. 크로이소스와 그의 군대는 전쟁터로 돌진했다. 그리고 신탁의 내용은 정확히 맞아떨어졌다. 크로이소스가 멸망할 것이라고 예언된 '강한 제국'이 그의 나라일 수도 있다는 사실을 떠올리지 못했다 할지라도, 그것은 그 자신의 문제이지 이로 인해 신탁으로 받은 답변이 무효가 되는 것은 아니었다. 이것이 고대인들의 생각이었다.

로마인들은 나폴리 근처 쿠마이의 한 동굴에서 은신하고 있는 무녀(巫女) 시빌라(Sibylla)를 찾았다. 그녀는 아이네이아스(트로이인 안키세스와 여신 아프로디테 사이에서 태어난 트로이의 용사로 트로이가 그리스 연합군에 의해 함락된 이후 이탈리아로 건너가 로마 건국의 기초를 쌓았다 – 편집자 주)가 트로이를 떠나 서방에서 새로운 근거지를 찾아 유랑하던 중 이탈리아에 도착했을 때 그에게 조언을 해준 불사(不死)의 여예언자였다(5.107-108). 그러나 1세기가 되면서 신탁의 중요성은 감소하기 시작했다. 심지어 플루타르코스(주후 100년경)는 그의 글 『신탁의 쇠퇴』(The Obsolescence of Oracles)에서 신들이 신탁을 통해 더 이상 말하지 않는 이유를 다양하게 설명했다. 그는 신들의 능력이 떨어졌기 때문이 아니라, 신들의 메시지를 전하는 수단이었던 인간이 더 이상 신과 조화를 이루지 못하기 때문이라고 결론을 내렸다. 그러나 신들은 여전히 강한 존재로 남아 있었다. 요한계시록 6장 2절에 나오는 흰말을 탄 사람은 아폴론 신을 가리키는 것 같다(5.102).

사람들은 비록 신들이 더 이상 직접 말하지 않는다 해도, 신이나 심지어 신마저 좌지우지하는 운명이 그들의 메시지를 우주의 자연 질서 속에 남겨 두었다고 믿었다. 그래서 신의 뜻을 찾기 원하는 사람들은 점성술로 방향을 돌렸다(5.99; 5.109). 로마의 황제 티베리우스는 이 사이비 과학에 흠뻑 빠져 있었다(5.101). 하지만 감히 황제의 별점에 대해 탐문하는 사람이 있다면, 누구든지 간에 황제의 죽음을 염원한다는 죄목으로 체포되었다.

유대인들도 점성술의 매력과 환상에서 자유롭지는 않았다. 이사야는 "하늘을 살피는 자와 별을 보는 자"(사 47:13)를 맹렬히 비난했다. 그러나 신약 시대와 이후 기독교 시대에서 유대의 문학 작품들은 점성학적인 전승으로 가득 차 있다(5.97). 초대 그리스도인들 중에는 예수님의 말씀인 "일월성신에는 징조가 있겠고"(눅 21:25)에서 이러한 일에 대한 전거를 찾으려는 사람도 있었다(9.30). 갈대아 점성가들을 베들레헴까지 인도한 것은 바로 별이었다(마 2장).

1세기 사람들이 가장 많은 관심을 둔 것은 꿈과 전조에 대한 해석이었다(5.96; 5.103). 유대인들은 오래전부터 이런 것들을 믿어 왔다. 구약성경은 하나님이 꿈으로 여러 사람들에게 나타나셨다고 기록한다(창 20:3, 31:24; 왕상 3:5).

꿈의 의미가 항상 분명하지는 않아서, 요셉(창 37장)이나 다니엘(단 2장, 4장)과 같은 전문적인 해석가들의 도움이 필요했다.

신약성경은 요셉이 마리아를 아내로 맞아들이라는 것과 이집트로 피난하라는 지시를 꿈을 통해 받은 사실을 기록한다(마 1:20, 2:13). 바울이 선장에게 항해하지 말라고 충고했을 때 구체적으로 꿈을 언급하지는 않았지만, 이런 종류의 신적인 경고를 받았음이 분명하다(행 27:10). 대개 이런 일은 심각하게 받아들여졌고, 이런 상황이 발생하면 자신의 계획을 수정해야만 했다. 바울이 처음 유럽으로 선교 여행을 떠나게 된 것 역시 환상을 본 결과였다(행 16:9).

> **자연에 내재한 신에 관하여**
>
> 매우 높게 자란 오래된 나무들이 울창하며 얽힌 가지들로 하늘을 볼 수 없는 숲을 거닌 적이 있다면, 그대는 그 높은 나무들로 인해 속세에서 격리되고 광활한 곳에 빽빽하게 들어선 그 그림자로 인해 경외심이 생겨 신의 임재를 확신할 것이다. 바위가 부서져서 생긴 동굴이 산을 떠받치고 있다면, 손으로 만든 게 아니라 자연적으로 이처럼 커다란 공간이 생겨났다는 사실로 인해 그대의 영혼은 존경심에 사로잡힐 것이다. 우리는 큰 강의 원천을 숭앙한다. 우리는 미지의 원천에서 발원하여 흘러내리는 시내에 제단을 쌓는다. 온천수가 솟아나는 자리를 숭배한다. 어떤 호수는 그것이 깊기 때문에 거룩하다고 생각된다(Seneca, Ep. 41.3-4).

6. 정령 숭배

영혼을 두려워하고 달래는 일은 정령 숭배(animism, 영혼에 해당하는 라틴어에서 나온 단어이다)로 알려져 있다. 정령 숭배는 시골 사람들 사이에서 행해지던 일반적인 예배 형식이었다. 사람들은 나무나 동굴, 강이나 경계석 그리고 그 밖에 자연의 물체 속에 신성이 거하고 있다고 생각했다. 심지어 당대의 가장 위대한 지식인 중에서도 동일한 충동을 느낀 사람들이 있었다(p. 251 박스의 '자연에 내재한 신에 관하여'를 보라). 사람들은 교차로도 종교적인 경외감을 가지고 보기도 했다(5.111). 다양한 자연적인 행동이나 기능에 해당하는 여러 종류의 신들이 있었다. 밭에 뿌려지는 씨앗을 지키는 신이 있는가 하면, 땅속에 있는 씨앗을 지키는 신도 있었고, 자라나는 싹을 돌보는 신도 있었으며, 다 자란 식물들을 지키는 신도 있었다. 심지어 거름더미의 신도 있었다(5.11). 정령 숭배는 모든 자연 물체에 깃들여 있는 개별적인 영혼을 숭배하는 일에서부터 만물 속에 거하는 신을 숭배하는 일(범신교)까지 다양했다.

자연신들 중에는 님프나 반인반수인 사티로스(그리스 신화에 나오는 반은 사람이고 반은 염소인 숲의 신이다–역자 주)로 형상화된 것도 있다. 많은 헬라인과 로마인들은 이 신들이 우주의 창조적인 힘인 강한 성적 충동을 일으킨다고 믿었다. 이 힘 자체는 인간의 성기로 혹은 성교하는 사람들로 그려져 숭배의 대상이 되기도 했다. 사티로스 판(Pan, 헬라어로 '모든 것' 혹은 '모두'를 의미한다)은 이 작은 신들 중에서 가장 많이 숭배되었다. 판은 종종 크기가 대단히 큰 성기로 그려지곤 했다(5.110). 아우구스티누스는 로마인들이 이 정령들을 비롯해 "수많은 거짓 신"을 숭배했다고 기록했다(The City of God 4.23). 어떤 사람은 로마인들이 숭배하는 신과 정령들은 수천 가지나 된다고 주장한다.

7. 신비 종교들

보다 복잡하고 감정적인 면을 강조하는 종교가 신비 종교에서 발견된다. 가장 초기의 신비 종교였던 데메테르교와 디오니소스교는 트로이 전쟁(주전 1200년 이전)을 치른 초기 그리스의 미케네인들 시대로 거슬러 올라간다. 데메테르와 디오니소스라는 이름은 이 시대에 출토된 점토판에 등장한다. 그 당시 두 신은 귀족보다는 하층 계급에 속한 사람들에게 인기가 있었다(5.113). 호메로스(주전 750년경)도 이 신들의 이름을 알고 있었지만, 이들을 주요한 신으로 간주하지는 않았다.

이들 종교와 그 후에 나온 신비 종교들은 입문 의식을 치르는 것으로 알려져 있다. 입문 의식을 치르는 동안 어떤 '비밀스러운 지식'(헬라어로 *musterion*)이 입문자들에게 계시되었다. 이 '뮈스테리온'을 받은 사람들은 그들의 신과 연합하여 지하 세계의 음산함을 극복하고 그곳에서 행복하게 살 수 있었다. 이러한 사교들은 고정된 교리가 없는 대신, 입문자들에게서 다양한 반응을 일으킬 수 있는 의식을 강조하였다. 사교 집단에 속한 회원들은 공식적인 국가 종교에서는 경험할 수 없는 회원들 사이의 친교의 맛을 누렸다(5.112; 5.114). 이 신비 종교에 대해 알 수 있는 정보는 우리가 알고 싶어 하는 것에 비해 훨씬 적다.

입문자들은 그 단체의 비밀을 누설하지 않겠다는 맹세를 했다. 맹세를 깨뜨리는 사람은 그 단체에 속한 사람들과 천상의 힘에 의해 엄한 심판을 받았다. 이 입문자들 중에서 그리스도인이 된 사람도 있었지만, 우리가 아는 한 입문 의식의 신비스러운 부분이 진행되는 동안 무슨 일이 벌어졌는지 이야기해 준 사람은 아무도 없었다. 단지 많은 자료에서 암시만 얻을 뿐이다(5.124:36). 2세기 말에 이르러서도 테르툴리아누스는 이 신비 종교가 아직까지 "무언으로 남아 있다."라고 말할 수밖에 없었다(*Apology* 7.6).

기독교 작가인 알렉산드리아의 클레멘스(주후 200년경)는 "사교들의 정체를 공개하고, 사교의 신전에서 예배하는 일을 부끄러워하지 않음을 두려워하지 말고 말하라."라고 으름장을 놓았다(*Exhort. to the Greeks* 2.13). 사실 클레멘스가 경고한 것은 사람들 사이에서 유행하는, 신들에 대한 신화를 조소하기 위함이었다. 그가 뮈스테리온을 가장 근접하게 밝히게 된 때는 엘레우시스 신비 종교에 속한 입문자들이 암송하는 주문을 공개했을 때였다. 그 주문은 이런 내용으로 되어 있다. "나는 금식했다. 나는 한 모금 마셨다. 나는 상자에서 나왔다. 나는 내 업무를 마치고 바구니 속에 들어갔다. 나는 바구니에서 나와 상자 속으로 들어갔다"(*Exhort.* 2.18). 이 말만으로는 클레멘스가 생각했을 법한 내용이 무엇인지 분명하게 알 수 없다. 그가 앞뒤 문맥이나 이 주문을 암송할 때 수반되었을 만한 행동을 언급해 놓지 않았기 때문에 우리는 이 말의 중요성을 평가할 수가 없다. 우리는 이 사교의 '비밀'이 참으로 무엇인지 전혀 알 수 없다. 이제 이 사교들을 좀 더 자세히 검토해 보도록 하자.

엘레우시스 신비 종교

신비 종교와 관련된 신들 대부분은 죽음과 중생 또는 지하 세계에 내려감과 거기서 살아나옴의 순환과 연결되어 있다. (로마의 케레스 여신에 해당하는) 데메테르는 곡식의 여신이었다(5.123). 데메테르의 주요 신전은 아테네에서 외곽으로 불과 수 마일밖에 떨어져 있지 않은 엘레우시스에 있었으며, 이 때문에 데메테르교를 통상 엘레우시스 신비 종교라고 부른다(5.118; 5.122). 곡식이나 채소를 죽음 및 중생과 연결하는 일은 그다지 어렵지 않다. 해마다 땅에 씨를 뿌리면(장사 지냄), 그 씨는 다시 나온다(중생 혹은 부활). 이것은 농경 사회에

엘레우시스에 있는 입문 의식장 유적지.

서 친숙한 상징이었다. 그래서 바울도 고린도전서 15장 35-44절에서 부활을 논할 때 이 상징을 사용했다(5.116; 5.179).

두 번째로 데메테르는 지하 세계에 대한 승리와 연결되었다. 데메테르의 딸 페르세포네(프로세르피나)가 지하 세계의 왕 하데스(플루톤)에게 납치되었다(5.120). 이 이야기는 주전 7세기에 나온 데메테르에게 바치는 찬송에서 유래한 것인데, 가장 발전된 문학 형태로는 오비디우스의 글에 등장한다(Meta. 5.341-550; 참조. 5.115). 결국 제우스는 페르세포네에게 1년의 몇 달은 그녀의 어머니인 데메테르와 함께 살고 몇 달은 지하 세계에서 살도록 허락한다. 페르세포네가 지하 세계에 가 있는 동안 데메테르는 슬피 울며 곡식의 여신으로서 그녀가 해야 할 의무를 잊고 지낸다. 땅은 열매를 맺지 못하는 불모지가 되어 버린다. 해마다 봄이 되어 그녀의 딸이 그녀에게 돌아오면, 땅은 기뻐하며 새로운 식물의 생명을 산출한다(5.119).

엘레우시스 신비 종교의 의식 내용에 관해서는 알려진 바가 없다. 입문 의식은 세 단계가 있고, 완전히 끝나기까지 적어도 6개월이 걸린다. 입문 의식은 바다에서 목욕하는 것으로부터 시작하며, 그 후에 엘레우시스에서 거행되는 공적인 절차에 참여한다. 이 목욕 과정은 기독교의 세례 의식과 연결되기도 한다. 수많은 입문자들이 엘레우시스에 있는 신전에 운집했고, 우리로서는 단지 추측할 수밖에 없는 경험을 했다.

가장 높은 입문 단계에 오른 사람들은 '에포프타이'(epoptai, 본 사람들)라고 불렸다. 이들은 개인적으로 의식을 행하는 과정에서 어떤 사물이 계시되는 것을 보았을 것이다(5.121; 참조. 골 2:18). 와슨(Wasson)과 그의 동료들은 입문자들이 입문의 최종 단계가 거행되는 동안 환각을 일으키는 버섯을 먹었고, 그 때문에 '보는 일'이 절정에 달했을 것이라고 주장한다. 이들은 페르세포네의 유괴와 관련된 신화는 전부 약으로 인해 야기된 발작을 상징한다고 믿고 있다(5.124:38).

디오니소스교

바쿠스 또는 '리베르 파테르'(Liber Pater, 자유로운 아버지)로도 알려져 있는 디오니소스는 또 다른 식물의 신, 특히 포도주의 신이었다(5.130). 디오니소스교는 그리스 북쪽의 트라키아(오늘날 발칸 반도 동부)나 프리기아(오늘날 터키 중부)에서 시작되었던 것 같다. 디오니소스교는 원래 여자들에게만 개방되었고 여자 중심의 원시 사회를 반영했다(5.131). 이 사교에 참여할 수 있었던 유일한 남성은 노인과 사춘기 이전의 어린 소년들이었다. 이들은 여자들에게 성관계를 요구하지 않았기 때문이었을 것이다. 디오니소스 숭배는 광란적이었다. 여자들은 술에 취해 야성적으로 몸을 흔들어 댔다(5.125-126). 그리스의 역사가 헤로도토스(주전 450년경)는 디오니소스를 "사람들을 미칠 지경으로 몰고 가는" 신이라고 묘사했다(4.79).

디오니소스 숭배자들은 며칠 동안 집과 가족을 떠나 산과 들에서 배회하다가 점차 광란의 상태에 빠졌다(참조. 고전 12:2-3). 이렇게 되었을 때 그들은 '열광상태가 되었다.' 혹은 '신으로 충만하게 되었다.'라고 표현하였다. 이것이 바로

발벡에 있는 디오니소스 신전.

헬라어 '엔투시아스모스'(enthousiasmos)의 문자적인 의미이다. 여자들은 황홀경(이성을 초월하여 '정신을 잃은 상태'를 의미한다)이 극에 달하면 작은 동물들을 잡아 찢은 후에 날로 먹었다. 이 동물들을 잡아먹는 행위는 디오니소스교가 원래 시행했던 것, 즉 인간을 제물로 드리는 것 대신에 행한 행위였던 것 같다. 에우리피데스(Euripides)의 희곡 『바쿠스의 여신도들』(The Bacchae)에는 테베의 여자들이 그 사교를 금지한 테베의 왕을 쫓아가 사지를 갈기갈기 찢어 버린 이야기가 나온다. 황홀경 상태에 있는 여자들에게 테베의 왕은 사슴으로 보였던 것이다. 여자들이 왕을 죽이고 난 후에야 비로소 디오니소스는 그들을 제정신으로 돌아오게 해, 그들이 한 행동이 신의 힘으로 한 것임을 알게 해준다.

헬라인들은 처음에 이 사교를 두려워하여 추방했다. 그러나 소용이 없었다. 에우리피데스의 희곡은 디오니소스의 비합리적인 힘이 합리적인 모든 반대 세력을 몰아내는 과정을 보여준다. 시간이 지남에 따라 디오니소스교의 종교 행위들은 보다 진정되기 시작했다. 동물을 제물로 드리는 대신 공동 식사를 하게 되었고, 광란이 이성에 복종한다는 상징으로 델포이에 있는 아폴론 대신전 옆에 디오니소스 신전을 건립하기도 했다.

하지만 로마인들은 주전 200년경에 디오니소스교가 이탈리아에 들어오자마자 박해했다. 디오니소스교는 이탈리아에서 빗나간 형태로 의식을 진행했다. 남자들이 입문했으며, 극치에 이른 숭배자의 열광에 대한 표현으로 성적인 문란이 자행되었다. 정부는 디오니소스교의 광신자 수백 명을 처형했지만 이 사교는 곧 다시 번성했다(5.129). 고고학적 유물들에는 이 사교가 얼마나 세력이 컸고 널리 퍼져 있었는지를 가늠할 정보가 나타나 있다.

오르페우스교

주전 6세기에 기원한 또 다른 신비 종교는 오르페우스와 관련된 사교이다. 오르페우스는 자신의 죽은 아내를 되찾고자 지하 세계에 내려갔던 시인이다.

그는 자신의 음악과 시의 아름다움을 이용해 하데스와 페르세포네를 설득하여 아내를 지하 세계에서 지상으로 데려올 수 있게 되었다. 그러나 두 사람이 지상으로 안전하게 다 올라오기 전에 오르페우스는 그의 아내가 잘 따라오고 있는지 확인하려고 뒤를 돌아다보았고, 그 순간 그녀를 다시 잃고 만다.

오르페우스교에 입문한 사람들은 그의 노랫말을 받는다. 그럼으로써 그들은 사후에 그들을 기다리고 있는 암흑세계를 이길 수 있게 된다는 것이었다. 지하 세계에 내려가고 다시 돌아온다는 이 패턴은 그리스도께서 무덤에 계시는 동안 옥에 있는 영들에게 선포하셨다는 베드로전서의 말씀에도 반영된 것 같다(벧전 3:19). 초대 기독교 시대에 살았던 유대인들은 오르페우스를 시인이요 음악가의 역할을 한 다윗과 동일시했다.

오르페우스교를 소개하는 문헌이 거의 없기 때문에 이 사교의 교리를 요약하기는 힘들다. 이 종교는 다른 어떤 신비 종교보다 영혼의 가치를 높였으며, 또한 이원론적인 경향을 보이는 듯하다. 신도들은 금욕주의적인 성향을 지녔으며, 환생의 가능성을 믿었다. 이러한 이유에서 그들은 채식주의를 고집했다. 오르페우스교의 가르침을 피타고라스학파가 채용했고, 피타고라스학파는 오르페우스교와 긴밀한 연관을 갖게 되었다(이 책 제6장을 보라).

대모교

소아시아의 키벨레교 혹은 대모교(大母敎)가 신도들에게 약속한 것은 부활이었다(5.139). 여신 키벨레는 원수에게 난도질당한 배우자 아티스를 살렸다(5.146-147). 그러나 그녀도 아티스의 중요한 신체 부분(성기)만큼은 찾을 수 없었다. 아티스에 대한 존경의 표시로 키벨레교의 제사장들은 거세했고, 이것이 로마 관원들에게 반감을 샀다. 하지만 그들은 키벨레교가 퍼져 나가는 것을 막지 못했다. 키벨레교는 한니발(Hannibal)이 이끄는 카르타고와의 전쟁으로 로마인들이 로마에 갇혀 지낼 무렵인 주전 205년에 로마에 들어왔다.

신탁집인 『시빌의 책』(Sibylline Books)에는 대모의 돌(운석)3)을 로마에 가져와 신당을 지으면 카르타고를 무찌를 수 있다는 구절이 있다. 그 말대로 돌을 로마로 옮겨 신당을 짓자, 곧바로 로마인들은 전쟁에서 이기기 시작했다.

로마인들은 대모신 숭배의 어떤 면들은 인정하지 않았지만, 대모신이 로마를 구한 것으로 나타나자 그 종교에 대해 공적으로 반대하기는 어려웠다. 해마다 봄이 되면 광신자들은 사적인 입문식을 거행하기 전에 많은 사람들이 보는 앞에서 아티스 살해와 환생 의식을 재연했다(5.145). 이 종교는 대단히 이른 시기부터 지중해 동쪽 세계 전역에서 활발하게 활동했다(5.138). 구약의 에스겔 선지자는 예루살렘의 여인들이 봄마다 아도니스 혹은 탐무즈(담무스)라고도 불리는 아티스를 위해 애곡하는 것을 보고 그들을 꾸짖었다(겔 8:14). 대모를 부르는 또 다른 이름인 아스타르테와 이슈타르는 부활절을 의미하는 단어(Easter)의 기원이 되었다.

"크다 에베소 사람의 아데미여"(행 19:28).

키벨레는 고대 전역에서 숭배되는, 식물의 순환과 땅의 비옥을 상징하는 대모 중 한 명에 지나지 않는다(5.136; 5.144). 신약성경에 등장하는 보다 친숙한 이름은 아르테미스(아데미) 또는 디아나이다(5.133; 5.142). 이 여신의 가장 중

---

3) 키벨레만 자신의 신당을 운석과 연결시켰던 것은 아니다. 하늘에서 떨어진 바위는 얼마든지 고대 사람들의 주의를 사로잡기에 충분했다. 알렉산드리아의 클레멘스(주후 200년경)는 아랍인들이 "성스러운 돌을 받들어 모셨다."라고 언급했다(Exhort. to the Greeks 4,40). 메카에 있는 이 신당은 400년 후 무함마드(Muhammad)에게 인계되어 새로운 종교로 흡수되었다. 사실 무함마드는 사람들이 이 돌에 대해 가지고 있던 영감과 헌신을 근절시킬 수가 없었다. 검은 운석은 이제 카바(Ka'ba)의 중심이 되었다. 이슬람교도들은 평생 적어도 한 번은 메카를 방문하여 카바 주위를 걷는다.

요한 신전이 에베소에 있었다. 로마의 보나 데아(Bona Dea, 선한 여신)도 대모의 또 다른 이름일 것이다(5.134; 5.148). 처녀였던 여신 아테나의 신전 파르테논처럼, 이 대모 여신들의 신전들은 결국 마리아에게 바쳐진 교회로 전환되기도 했다(5.141; 5.143). 하층 계급에서는 마리아가 대모신을 대신한 헌신의 대상이 되었다. 특히 에베소에서는 마리아를 숭앙하고 칭송한 흔적이 2세기부터 나타나고 있다(5.135; 5.137; 5.149).

이시스교

키벨레와 마찬가지로 이집트의 여신 이시스도 그녀의 남편 오시리스를 다시 살려 내어 대중적인 신비 종교의 중심이 되었다(5.151; 5.155). 결국 이시스는 그녀를 믿는 열성적인 신도들에게 사랑과 관심을 보이는 고대의 유일한 신이 되었다(5.150). 폼페이에서 이시스의 신전이 발굴되었으며, 아풀레이우스가 쓴 책 『황금 당나귀』 제11권에서 이시스 숭배와 관련된 의식 일부에 대한 묘사를 볼 수 있다.

에베소의 아데미 신전에 있던 형상들.

이시스에게 드리는 기도에서 그녀를 '하늘의 여왕이여'라고 부른 부분은 중세의 마리아 숭배에 반영되어 있는 내용이다. 아풀레이우스의 책은 중세 시대에 매우 인기를 얻었으며, 둘 사이의 유사성을 설명하는 일은 그리 어렵지 않다(5.154). 오늘날 마리아가 출현했다는 현상 역시 대모교의 특성과 연관지을 수 있으며(5.152), 그중에 이시스도 들어 있다.

아테네에 있는 파르테논 신전.

아풀레이우스는 목욕과 깨끗한 흰옷을 입는 것을 비롯해 이시스교의 의식 중 공공연한 부분도 설명한다(*Golden Ass* 11.22-28). 아풀레이우스는 마치 입문자들이 비밀 고수 맹세를 파기한 것에 가까울 만큼의 내용을 전해 주기 때문에 그의 설명은 한층 더 놀랍다.

그는 '성소의 내실'에 들어가 본 적이 있다는 말까지 하고는 거기서 멈추었다. 그가 계속 말했다면 분명 이렇게 언급했을 것이다. "내 혀와 여러분들의 귀는 무모한 호기심 때문에 동일한 심판을 받을 것이오." 그는 독자들이 어리둥절하지 않도록, "처벌을 받지 않아도 될 정도로 비입문자들을 위해 가능한 한 많이 설명했다."라고 밝힌다.

나는 페르세포네가 잘 닦아 놓은 길, 죽음의 경계에까지 갔었다. 모든 것을 보고 난 후 나는 돌아왔다. 한밤중에 나는 찬란한 빛을 발하는 태양을 보았다. 나는 지하 세계의 신들과 지상의 신들 가까이에 서 있었다. 나는 가까이에서 그들에게 경배했다.

미트라교와 크리스마스

로마에서, 특히 로마 군인 사이에서 엄청난 대중적 인기를 얻었던 또 다른 동양의 신비 종교는 페르시아의 미트라교 혹은 미트라스교이다. 미트라 신이 어떻게 조로아스터교의 빛의 신에서 로마의 전사와 소 도살자로 발전하게 되었는지, 그 과정을 추적하기는 어렵다(5.175). 미트라교는 로마가 지중해 동쪽 지역을 완전히 제압하기 시작한 주전 1세기 초에 처음으로 그 지역에 등장했다(5.171). 미트라교가 주후 80년경에 로마에 상륙했다는 증거가 있다. 이 종교의 본부는 대개 사치스럽게 장식되었지만 규모는 작았다. 대개 전형적인 선술집에 그 본거지를 두고 있는 것과는 달리, 오스티아에 있는 미트라교 본부는 협소한 주거 밀집 지역의 1층 방에 본거지를 두고 있었다. 문헌을 통해 우리가 알고 있는 내용을 고고학자들이 확증해 준 것이 있는데, 그것은 바로 미트라교는 남자만을 위한 사교이며, 입문자들은 황소의 피로 세례를 받았고, 의식으로 공동 식사를 했다는 것이다(5.163; 5.172).

미트라교가 사람들에게 인기를 얻은 이유는 두 가지다. 첫째, 미트라교는 불멸과 사후의 행복에 대한 열망을 충족시켜 주었다. 이러한 약속은 다른 신비 종교에 비해 훨씬 더 분명하게 표현되었다. 둘째, 오늘날의 프리메이슨이나 다른 비밀 단체들처럼, 미트라교 의식의 외관이나 생생한 이미지화 그리고 (갈까마귀에서부터 태양의 밀사까지) 입문자들의 진급을 표현하는 인상적인 단계들은 수많은 사람에게 매력적이었다(5.160; 5.162; 5.173). 미트라교는 심지어 다른 신들의 속성과 기능까지 겸비하기 시작했다. 특히 태양신인 솔 인빅투스(Sol Invictus, 무적의 태양신)의 속성을 많이 취했다(5.157; 5.168).

미트라교는 4세기까지 대중적으로 확산되어 기독교에 필적할 정도의 규모나 세력을 얻었다(5.159; 5.169). 특히 교회가 로마 제국 내에서 실력 행사를 하려면 반드시 정복해야 하는 두 집단인 중산층과 군인 사이에서 인기를 얻었다. 신비 종교들은 배타적이지 않았다. 즉 어떤 종교의 입문자들은 회비를 내고 의식에 꼬박꼬박 참석하는 한 다른 종교에 얼마든지 가담할 수 있었다. 당시 행해진 설교들에 비추어 판단해 볼 때, 그리스도인들 중에는 다른 사교들, 특히 미트라교에 참여한 사람들이 있었다.

미트라 숭배에 있어서 가장 대중적인 면 중 하나는 미트라 신 축제일이었다. 이날은 미트라가 바위에서 태어난 12월 25일을 기념하는 날이었다. 미트라교의 전설에 따르면, 목자들이 새로이 탄생한 신에게 선물을 가져왔다(참조. 눅 2장). 이 사교의 제사장들이 동방 박사(magi)로 불렸다는 것은 전혀 가치가 없는 말이다(참조. 마 2장). 하지만 로마인들은 메소포타미아의 어느 종교에 대해서나 그 점성가와 제사장들에게 이 용어를 사용했기 때문에, 어떤 본문에서 그 단어의 구체적인 의미를 결정하는 일은 언제나 가능하지만은 않다 (1.37, vol. 1:373).

고대 달력에서 발생한 계산 착오 때문에 동지를 12월 25일에 지키기도 했다. 그때는 각 가정에 촛불을 켜 놓음으로써, 태양을 도와 1년 중 가장 긴 밤의 어두움을 물리치게 했다. 농신제(農神祭, Saturnalia)라고 불리는, 술 마시고 떠들어 대는 로마인의 축제는 12월 25일에 절정에 이른다. 이 축제의 규칙 중에는 다음과 같은 것이 있다. "스포츠, 사치스러운 생활, 여흥과 관계된 것을 제외하고는 축제 기간에 공적이든 사적이든 일을 하지 말라"(Lucian, *Saturnalia* 13). 농신제 축제가 거행되는 동안 푸른 나뭇가지를 걸고 서로 선물을 교환했다.

교회에는 교인들에게서 이 즐겁고 화려한 축제에 대한 관심을 돌리게 할 만한 축제가 없었다. 그래서 4세기 중반 로마의 감독들은 그리스도의 탄생을 12월 25일에 지키기 시작했다(5.161). 신약성경에는 목자들이 들판에 있었다는 사실 외에는 그리스도의 탄생과 관련해 정확한 날짜를 헤아릴 만한 단서가 하나도 없다(통상적으로 목자가 들판에서 양을 치는 시기는 4월에서 11월까지다).[4] 4세기까

---

[4] I. H. Marshall, *The Gospel of Luke*, The New International Greek Testament Commentary(Grand Rapids: Eerdmans, 1978), 108.

지 대부분의 그리스도인들은 이 사건을 기념하기 위해 공휴일을 만들어 지킨 적이 없었다. 반면에 부활절은 교회력에서 대단히 중요한 날이었다. 알렉산드리아의 클레멘스는 그리스도의 탄생일을 알려고 하는 그리스도인들 사이에서 그 날짜가 4월부터 9월까지 다양하게 제시되었다고 말했다(Stromata 1.21). 그는 그날을 5월 20일이라고 생각했다. 시리아에서 작성된 『사도 헌장』(Apostolic Constitutions)이라 불리는 4세기 문헌에는 그리스도의 탄생일을 "아홉 번째 달 스물다섯 번째 날"에 지키라고 되어 있다(5.3, 13).

1월 6일은 예수님이 세례받으신 그분의 영적 탄생일로 지켜졌고, 동방 교회는 그분의 육체적인 탄생 역시 같은 날에 발생했다고 언급하기 시작했다. 서방 교회가 그리스도의 탄생을 12월 25일로 지키기 시작하자, 동방 교회는 서방 교회가 그들 주변 이교도들의 압력에 굴복하고 말았다고 하소연했다. 지금까지 동방 정교회는 1월 6일을 크리스마스로 지키고 있다.

기독교와 신비 종교

지금까지 고찰한 다양한 신비 종교들을 보면서, 우리는 이들에 대한 총체적인 그림을 그릴 수 있다. 신비 종교는 죽음을 이긴 신(혹은 오르페우스의 경우에서처럼 사람)에 초점을 맞춘 사교이다. 입문자들은 의식적인 씻음을 받고, 신이 함께하거나 함께할 것이라고 생각하는 공동 식사를 나눈다. 그러고 나서 지하 세계를 이긴 신의 승리에 참여할 수 있게 하는 비밀스러운 지식을 받는다. 그들은 죽은 후에 신들과 함께 즐길 수 있는 지하 세계의 특별한 곳에서 살게 될 것이다. 사교들이 입문자에게 보장해 준 약속을 가장 가깝게 묘사하고 있는 자료는 아리스토파네스(Aristophanes)의 희곡 『개구리』(The Frogs)에 나오는 송시이다. 이 송시는 디오니소스가 횃불을 들고 춤을 추는 입문자들을 지하 세계의 이슬 젖은 들판으로 안내할 때, 옛 시대의 고통과 아픔이 사라질 것이라고 언급한다.

신비 종교의 일반적인 형식이 기독교와 매우 유사하다고 해서 놀랄 필요는 없다. 우리만 그런 것이 아니다. 교회를 비난한 초기 이교도 비평가들도 교회가 거행하는 의식이 교회가 또 하나의 신비 종교라는 점을 드러내는 표시라고 지적했다.

이에 대해 기독교 변증가들은 사탄이 기독교가 어떠한 모습을 드러내게 될지 알고는 기독교의 평판을 나쁘게 하기 위해 미리 동일한 노선으로 신비 종교가 나타나게 했다고 답했다. 예를 들어, 2세기 중반에 순교자 유스티누스는 그리스도인 중에는 "바쿠스 신을 숭배하는 사람이 있었다."라고 인정했다. 그는 계속해서 "우리는 그런 일을 행하는 사람들을 불쌍히 여기며, 그런 것을 만들어 낸 사람들을 마귀로 인정한다."라고 말했다(*First Apology* 25). 같은 책 제66장에서 그는 기독교의 성찬식을 묘사하고는 다음과 같은 말을 덧붙였다.

> 마귀의 세력은 이 예식을 미트라교라는 신비 종교로 흉내 냈고, 이와 똑같이 지키라고 요구했다. 이들은 입문 예식에서 주문 같은 것을 외며 빵과 한 잔의 물을 먹고 마신다.

바울이 기독교를 그리스-로마 세계에 전파했을 때, 기독교와 신비 종교들 사이에서 발견되는 유사성은 놓칠 수 없을 만큼 분명했다(5,182). 심지어는 보수적인 성향을 지닌 『존더반 그림 성경 사전』(*Zondervan Pictorial Bible Dictionary*)도 "바울이 기독교적인 목적을 위해 신비 종교에서 사용하던 어휘를 채용했으며, 계시되었지만 '입문자들'만 이해할 수 있는 진리를 가리키기 위해 그가 '비밀'이라는 단어를 사용한 것이 이에 대한 분명한 증거다."라고 언급했다.[5]

---

[5] Ed. by M. C. Tenney(Grand Rapids: Zondervan, 1969), 567.

실제로 바울은 '뮈스테리온'(musterion)이라는 단어를 20회 정도 사용했다.

로마서	11:25, 16:25
고린도전서	2:1, 7, 4:1, 13:2, 14:2, 15:51
에베소서	1:9, 3:3-5, 9, 5:32, 6:19
골로새서	1:26-27, 2:2, 4:3
데살로니가후서	2:7
디모데전서	3:9, 16

이 단어가 복음서에는 한 곳에만(공관 복음서에서 병행 구절로) 등장한다. 예수님은 자신이 비유를 사용하는 이유가 '하나님 나라의 비밀'을 제자들에게만 알게 하려는 데 있다고 말씀하셨다(마 13:11; 막 4:11; 눅 8:10). '비밀'이 예수님의 교훈의 중요한 주제는 아니었지만, 바울은 이것이 신비 종교에 참석한 사람들을 비롯한 그리스-로마의 청중에게 하나님의 말씀을 전하는 데 유용하다는 사실을 알았다. "여러 사람에게 여러 모습이 된 것"(고전 9:22)에 자부심을 가졌던 바울로서는 그가 전하는 새로운 메시지를 그의 청중이 이해할 수 있는 용어로 표현하는 것이 당연했다(5.177).

바울이 로마서 16장 25-26절에서 "영세 전부터 감추어졌다가 이제는 나타내신……그 신비의 계시"라는 표현을 사용했을 때, 그는 신비 종교의 용어와 비밀을 총괄하는 표현을 사용하고 있는 것이라고 생각할 수 있다. 하지만 하나님의 목적에 대한 비밀은 이제 복음 선포로 공공연하게 계시되었다(참조. 엡 3:5). 이러한 언급은 고린도전서 15장 51절에도 분명하게 나타난다. "보라 내가 너희에게 비밀을 말하노니." 그리고 유명한 고린도전서 13장도 바울이 "내가 예언하는 능력이 있어 모든 비밀과 모든 지식을 알고"라고 말한 의미를 이해한다면, 전혀 새로운 의미를 지니게 된다. 바울이 한 말의 의미는 이렇다. "심지어 내가 모든 신비 종교에 입단한다 하더라도, 사랑이 없으면 이 사실이 나에게 아무런 유익이 없을 것이다"(5.180).

어떤 사람들은 신비 종교의 구원론과 기독교의 구원론 사이에 유사성이 있음을 지적했다(5.178). 하지만 모든 학자가 이에 동의하지는 않는다. 바울과 초대 그리스도인들은 그 당시 일반적으로 통용되던 용어를 사용한 것이지, 그것을 구체적으로 성찬식에 적용한 것은 아니라고 주장하는 이들도 있다(1.45:29 이하). 키텔(G. Kittel)의 『신약 신학 사전』(*Theological Dictionary of the New Testament*)은 이렇게 지적한다. "뮈스테리온은 신비 종교와 아무 관련이 없는 신약성경에서 보기 드문 표현이다."[6]

기독교의 세례 의식과 신비 종교가 관련되어 있을지도 모른다는 주장도 초점의 대상이 되어 왔다. 존 블라이(John Bligh)는 이것을 "오랫동안 지속되어 왔고 아마도 결론이 나지 않을 논쟁"이라고 특징지었다(5.117:373). 그는 계속해서 이 문제를 다음과 같이 간결하게 요약했다.

> 대부분의 경건한 주석가들은 어떤 종류든 기독교와 신비 종교 사이에 연관이 있음을 인정하기를 꺼려하고, 둘 사이에 존재하는 수많은 차이점을 열거한다. 하지만 수십 개의 차이점 때문에 분명한 유사성을 외면할 수는 없다. 바울이 인정하든 인정하지 않든 간에, 그가 신비로운 죽음과 부활로서 세례를 제시한 것은 세례를 인상적인 신비 의식으로 만들어 신비 종교보다도 더 신비적이 되게 했다. 세례는 문제의 신적 체험을 의식적으로 재현함으로써 생명의 새로운 길에 엄숙히 들어섰음을 표시한다. 설령 바울 자신은 그 유사성을 인식하지 못했다고 하더라도, 그의 복음을 들은 많은 지식인 회심자들은 분명히 인식했

---

[6] Ed. by G. Kittel(Grand Rapids: Eerdmans, 1967), 4: 824. "둘 사이에 어떤 연관성이 있다고 생각되는 곳에서는(예로, 성례를 다룬 본문에서) 이 용어가 사용되지 않았다. 이 용어가 사용된 곳에서도 그와 같은 연관성은 존재하지 않는다."

을 것이다. ……바울이 설명하는 세례는 할례나 유월절 혹은 이외의 여러 유대 의식보다도 엘레우시스 신비 종교에서 행하던 입문 의식과 유사하다.

바울과 그 밖의 초대 그리스도인들이 그들 주변에서 발생한 일들에 영향을 받았다고 말하는 것은, 그들이 기록한 하나님의 말씀이 오염되었다거나 오늘날 우리에게 적합하지 않다고 말하는 것은 아니다. 모든 시대에 걸쳐 교회는 교회가 전하는 복음 선포를 청중이 이해할 수 있는 말로 전하려고 노력해 왔다. 중세 시대의 교회는 하나님을 제후로 묘사했고 성경을 알레고리로 해석했다. 18세기 현대 과학의 탄생으로, 신학자들은 하나님을 우주가 스스로 움직일 수 있도록 법칙을 설정한 우주적인 시계 제조자로서 논했다. 이것은 그 시대 사람들에게 하나님을 이해시키는 데 도움을 주는 적절한 방법이었다. 그런데 만일 이런 해석이 나오게 된 상황을 보지 못한다면 문제가 발생하게 된다. 어느 한 시대에 등장한 복음에 대한 해석이 모든 시대에도 보편적으로 타당하다고 주장한다면, 하나님의 진리를 우리 시대에 적합한 용어로 표현하지 못할 위험이 있다.

8. 영지주의

바울이 고린도전서 13장에서 비밀과 지식을 연결했을 때, 그는 생각하기 어려운 주제를 우리에게 제기했다. 하지만 이 문제를 여기서 다루는 것이 좋겠다. 이 주제는 그리스-로마 세계의 종교와 철학을 연결하는 데 편리한 이음새를 제공할 뿐 아니라, 초대 그리스도인들이 사용한 용어를 이해하는 데 필요한 배경이 되는 개념을 소개한다.

바울이 사용한 용어는 통상 '지식'(knowledge)으로 번역되는 '그노시스'(gnosis)이다. 하지만 일레인 페이글스(Elaine Pagels)는 이 단어를 '통찰'(insight)로 이해하는 편이 더 낫다고 주장했다(5.210). 그의 주장은 바울이 고린도전서 12장 8절에서 지혜(sophia)와 지식(gnosis)을 구별한 것에 근거를 둔다. 바울에게 중요했던 점은 그가 그리스도 예수를 안다는(gnosis) 사실이었다(빌 3:8). 이것은 그가 그리스도와 인격적인 관계를 맺고 있었음을 의미한다(5.219).

이 용어는 신약의 한 구절에서 우리가 영지주의라고 부르는 것과 같은 종류의 종교적, 철학적인 체계를 의미하기 위해 사용된 듯하다(5.231). 디모데전서 6장 20절에서 바울[7]은 디모데에게 "망령되고 헛된 말과 거짓된 지식의 반론을 피함으로 네게 부탁한 것을 지키라"라고 주의를 주었다. 흠정역은 이 구절에 있는 그노시스를 '사이언스'(science)라고 번역했다. 1611년에 사이언스라는 단어는 단지 지식을 의미했기 때문이다. 이 단어는 라틴어 동사 '스키오'(scio, 내가 알다)에서 나온 것이다.

불행하게도, 현대의 그리스도인 중에는 흠정역 성경을 지나치게 문자적으로 이해해서 학교에서 과학을 가르치는 것에 대해 투쟁을 벌이는 사람들이 있다. 이른바 십자군 전쟁을 벌이는 셈이다. 바울이 이 구절에서 의미하고자 한 바는 우리가 알고 있는 과학과는 전혀 무관하다. 이것은 번역 성경에 대한 이해의 필요성뿐만 아니라 원본의 배경에 대한 이해의 필요성을 알려 주는 중요한 예이다.

영지주의의 기원에 대해서도 여전히 이해가 빈약하다(5.187). 학자 중에는 영지주의를 순전히 기독교의 이단으로 보는 사람이 있다(5.214). 또한 영지주의의 형식은 기독교 이전 시대에 존재했으며, 영지주의를 신봉하는 사람들은 기독교가 자기들의 신지학적(神智學的) 견해와 성질이 매우 비슷해서 기독교에 관심을 가지게 되었다고 주장하는 사람들도 있다(5.197; 5.201-202; 5.233-234).

---

7) 디모데전후서와 디도서는 바울이 아닌 다른 사람이 기록했을 가능성이 있다. 하지만 이 세 성경은 사도 바울의 이름으로 회람되었다. 고대에는 사람들이 신빙성을 얻기 위해 자기가 쓴 저작에 유명한 사람의 이름을 기록하는 관행이 있었다. 이런 행동은 위조라기보다는 존경의 표시로 간주되었다.

영지주의적 세계관의 요소는 기독교 이전 시대에 존재했는데, 주후 1세기 말에 와서는 기독교와 영지주의가 하나의 모습이 되어 가고 있었다고 말하는 것이 안전할 듯하다. 헬라파 유대인들이 지혜 문학에 매료되었다는 사실을 들어 영지주의의 유대적 기원을 주장하는 학자들도 있다(5.227-228). 하지만 영지주의의 구원자 사상은 복음서의 예수님을 모델로 하기도 했다(5.197:13-15). 영지주의의 교사나 문헌들이 바울 당대에 나온 것이라고 확증할 수는 없지만, 바울과 알렉산드리아의 필론이 그노시스라는 용어를 사용했다는 사실 때문에 그들이 영지주의 철학에 친숙했다는 주장이 나오기도 한다(5.220; 5.230).

적절하지는 않지만 영지주의를 요약하자면 이렇다. 영지주의는 하나님은 영이시고 선하시며 물질과 세상은 소망이 없고 악하다고 가르치는, 형이상학적이며 극단적인 이원론의 종교 철학이었다(5.200). 선은 악을 창조할 수 없기 때문에 하나님은 물질세계를 창조할 수 없었을 것이다. 대신 플라톤 철학의 용어로 '데미우르고스'(demiourgos)라고 불리는 등급이 낮은 신이 세상을 만드는 실수를 범했다. 신의 속성을 지닌 불꽃인 영혼들이 이 물질 세상에 갇혀 잠들어 있다.

몸(헬라어로 soma)을 감옥(sema)으로 생각하는 것은 대단히 중요한 영지주의의 용어법인데, 이 사상은 궁극적으로는 플라톤에게서 나온 것이다(Cratylus 400C; 5.218). 영지주의의 지적인 치장의 일부분은 선의 상징인 빛과 악의 상징인 어두움의 대조를 강조한, 동방의 이원론적인 사교인 미트라교에서 빌려 온 것이다(앞의 '미트라교'를 보라).

유대교 상황에서의 도덕적 이원론은 두 길에 대한 구약의 교리에서 발견할 수 있다(시편 1편, 잠언). 사해 사본 중 하나인 『빛의 아들들과 어둠의 아들들 사이의 전쟁』(The War of the Sons of Light with the Sons of Darkness)에는 빛과 어두움의 상징이 사용되었으나, 이 문서는 사탄과 그의 왕국의 결정적인 패배는 하나님의 손에 달려 있음을 지적했다. 빛과 어두움의 대조는 신약성경에도 등장한다. 요한일서가 가장 유명하지만 마태복음 6장 23절, 누가복음 1장 79절, 요한복음 3장 19절, 사도행전 26장 18절, 고린도후서 6장 14절, 베드로전서 2장 9절 그리고 요한일서 1장 5-7절에도 등장한다(5.213; 5.216; 5.221). 하나님의 선하신 창조가 위협을 받기는 했지만 어두움과 악에 정복되지는 않는다.

따라서 우리는 각기 다른 종교적 전승 속에 공통적인 이미지가 자리 잡고 있음을 알 수 있다. 학자 중에는 초대 기독교 시대에 유행하던 일종의 근본적인 염세주의적 세계관인 일반적인 그노시스와 구체적인 영지주의를 구별하는 이들도 있다(5.184; 5.218; 5.231).

영지주의자들은 세상이 악하고 치유될 수 없다고 생각했다. 그들은 지식을 이 악한 육체의 감옥에서 자신의 진정한 신적 자아를 자유롭게 해주는 열쇠로 여겼다. 배사교도(拜蛇敎徒, Ophites)라고 불리는 어떤 영지주의자들은 창세기 3장에 등장하는 뱀을 이 이야기의 주인공(혹은 영웅)으로 보는데, 이는 뱀이 하와에게 선악을 알게 하는 지혜를 주겠다고 말했기 때문이라는 것이다. 이들의 견해에 따르면 악한 데미우르고스는 인류가 탈출할 기회를 방해했다(5.193). 그 이후 인류는 인류의 진정한 상태와 그것에서 나올 수 있는 길에 대한 지식을 가져다줄 구원자를 기다려 왔다(5.223). 이런 구원자 혹은 중보자를 기다렸다는 것은 훨씬 오래된 고대의 종교 사상에 속한다. 헬레니즘 시대에 이르러서는 철학적 유일신론의 영향과 강력한 왕과 황제들의 존재로 인해, 지고의 신은 매우 고귀하다는 개념이 신은 인간에게 가까이 올 수 없다는 믿음으로 발전했다(5.209).

이러한 이유 때문에 영지주의자들은 예수님을 매력적인 인물로 생각했다. 그들은 예수님이 잠자고 있는 영혼, 갇혀 있는 영혼을 각성시켜 그 영혼에게 육체의 감옥을 깨뜨릴 수 있는 지식을 주기 위해 참하나님에게서 보냄을 받은 구원자라고 이해했다.[8] 예수님은 자신이 길이요 진리이며, 진리를 아는 것이 사람을 자유하게 한다고 말씀하셨다(요 8:32, 14:6). 심지어 예수님은 하나님이 "이것을 지혜롭고 슬기 있는 자들에게는 숨기시고 어린아이들에게는 나타내심"을 감사해 하셨다(마 11:25).

영지주의자들의 관점에서 볼 때 특히 중요한 본문은 누가복음 23장 49절이다. 이 구절에는 '예수님의 아는 자들'(Jesus' acquaintances)이 멀리서 십자가를 바라보고 서 있었다는 언급이 나온다. 헬라어 '그노스토이'(gnostoi)가 현대 번역 성경에서 '아는 자들' 또는 '친구들'로 번역되었다. 이 단어의 문자적인 의미는 '그를 아는 자들'(those who knew him)이지만, 영지주의자들에게는 적어도 이것이 예수님을 따라다녔던 사람들 중에 그분을 영지주의적 의미에서 구원자로 인식한 사람들이 있었음을 암시하는 말로 들린다(5.203).

영지주의는 그 기원이 어떻든 간에 1세기 후반에, 다른 새의 둥지에 놓인 뻐꾸기의 알처럼 기독교의 환경 속에서 번성하기 시작했다(5.190; 5.196). 2세기 초에 와서는 정교한 신화를 발전시켰다는 문헌적인 증거가 있으며,[9] 정통 기독교의 가르침을 둥지에서 몰아내려고 했다.[10] 심지어 알렉산드리아의 클레멘스와 같은 기독교 작가도 영지주의적인 색채를 띤 사상을 설파했다(5.206).

이들은 예수님이 복음서에 기록되지 않은 비밀스러운 지식을 제자들에게 나누어 주었다고 주장했다. 마가복음 4장 11절은 그들의 정당성을 주장하는 근거 구절이다. "하나님 나라의 비밀을 너희에게는 주었으나 외인에게는 모든 것을 비유로 하나니." 알렉산드리아의 교회는 자기들이 예수님의 진정한 메시지를 담고 있는 '비밀스러운 마가복음'을 가지고 있다고 주장하기도 했다

---

8) 에베소서 5:14에 사용된 말은 이사야 60:1에 기초했을 가능성이 많다.
9) 디모데전서 1:4, 디도서 3:9을 참조하라.
10) 디모데후서 2:18, 고린도전서 4:8-13을 참조하라.

(5.222). 요한복음에서 강한 영지주의적 경향을 찾을 수 있다고 주장하는 학자도 있지만(5.226), 의인화된 지혜에 관한 구약적 사고방식에서 그 기원을 찾는 사람도 있다.

발렌티누스(Valentinus), 바실리데스(Basilides), 마르키온(Marcion)은 정통 기독교 작가들에 의해 정죄를 받은 대표적인 영지주의자들이다. 마르키온은 가장 잘 알려지고 보다 폭넓은 영향을 끼친 사람일 것이다(5.194; 5.208). 그는 기독교 감독의 아들이었으나, 비정통적인 교훈으로 인해 144년 로마 교회에서 출교당했다. 그는 하나님이 사랑의 하나님이지 율법의 하나님은 아니라고 주장하였다. 구약의 하나님은 분명 참하나님이 아니라 데미우르고스였다는 것이다.

오직 바울만이 사실을 정확하게 이해했다고 그는 생각했다. 예수님과 그의 제자들은 유대적 배경에 눈이 어두워 이 진리를 파악하지 못했다는 것이다. 그래서 마르키온은 구약 전체를 거절하고 바울의 서신 10개와 (유대적 요소를 제해 버린) 누가복음 편집본만을 성경으로 인정했다. 누가복음을 인정한 이유는 그가 바울과 동행한 사람이었기 때문이다. 일레인 페이글스가 지적했다시피(5.210), 영지주의에서 사용하는 어떤 표현법은 바울 및 영지주의자들에게 호소력이 있었던 그의 서신서의 표현법과 유사하다. 그리스도인들은 "무식한 자들과 굳세지 못한 자들이 다른 성경과 같이 그것도 억지로 풀다가 스스로 멸망에 이르느니라"(벧후 3:16)라고 한탄한다.

마르키온은 바울의 복음을 극단까지 몰고 간 과격한 바울주의자로 특징지어졌다(5.204-205). 그의 영향은 광범위했다. 로마 제국 모든 도시에 그의 적들이 있었다. 마르키온이 자기 나름대로 성경을 수집해 성경의 범위를 결정하자, 정통 교회는 교회가 가지고 있는 정경에 대해 생각하고 책의 권위 여부를 결정하는 일을 시작하지 않을 수 없었다(5.207).

영지주의는 예수님을 신화적인 인물로 바꾸어 참된 영적 하나님이신 예수님은 참사람이 될 수 없다고 주장했으므로, 갓 태어난 교회에게 매우 위험했다. 그들은 예수님이 인간인 것처럼 나타나셨지만,[11] 그의 몸은 진짜 인간의 몸이 아니었다고 주장했다. 예수님이 물 위를 걸으셨고 잠겨 있는 방 안에 나타나셨다는 사실이 그들에게는 자신들의 주장을 뒷받침한 증거로 보였다.

하지만 정통 그리스도인들은 예수님의 인성의 실재를 주장함으로써 이에 응수했다. 바울은 갈라디아서 4장 4절에서 예수님이 여자에게서 나셨다는 사실을 강조했다. 동정녀 탄생 이야기의 원래 목적은 예수님의 신성을 강조하는 것이 아니라 그분의 완전한 인성을 강조하는 것이었다(1.8; 5.183; 5.185; 5.188; 5.215; 5.225). "말씀이 육신이 되어 우리 가운데"(요 1:14) 거하셨고, "우리가 들은 바요 눈으로 본 바요 자세히 보고 우리의 손으로 만진 바"(요일 1:1)가 되었다.

이 영지주의가 교회에 어느 정도 폐해를 끼쳤는지 근래에 이르기까지 파악되지 않고 있다. 그 중요한 이유는, 우리가 지금 가지고 있는 문헌적 증거들은 고작 정통 기독교 작가들이 영지주의에 대해 논박한 것뿐이기 때문이다. 기독교 작가들은 기독교가 4세기에 로마 제국 전체에 퍼지게 되었을 때 손쉽게 영지주의의 모든 문서를 없앨 수 있었다(5.211). 그러나 1940년대에 일단의 영지주의 문서가 이집트의 나그함마디에서 발견되었고, 이때 이후로 영지주의 교훈에 대한 이해가 급속도로 발전했다(5.189; 5.191-192; 5.212; 5.217; 5.229).

물질은 악하고 영은 선하다는 영지주의의 기본적인 전제는 두 가지의 전혀 다른 생활 양식으로 나타났다. 영지주의자들 중에는 '육체를 부정하여' 세상

---

11) 이 말의 헬라어 단어는 '도케오'(dokeo)이다. 뜻은 '-라고 생각하다.', '보이다.', '나타나다.'이다. 이 단어에서 가현설(Docetism)이라는 단어가 파생되었다. 이단 이론인 가현설은 예수님이 인간이라는 사실과 그분이 시험을 받고 고난을 당하며 죽으셨다는 사실을 전면 부인한다.

의 쾌락을 피하고 육체의 욕망을 극복하여[12] 그들의 영혼을 정결하게 하려고 애쓰는 사람들이 있었다. 이렇게 함으로써 그들은 육체의 감옥에서 빨리 구원을 받을 수 있다고 믿었다.

반대로 자신들은 육체적인 몸에 갇혀 있는 영적인 존재이기 때문에, 영적으로 순결을 지키는 한 몸으로 하는 일은 무엇이든지 상관없다고 결론을 내린 사람들도 있었다.[13] 이런 주장을 하는 영지주의자들은 방탕한 생활을 즐겼으며 그런 행동에 대해 전혀 책임 의식이 없었다. 초대 교회에 퍼부어진 단정하지 못한 행동들을 비난한 내용들은 이런 사람들의 행동에 대한 반응이었을 것이다. 이들은 자신을 그리스도인이라고 주장했으나, 정통적인 신자 대다수는 이들을 정죄했다. 영지주의와는 반대로 유대교와 기독교는 하나님의 창조가 선하며, 그분이 지으신 모든 것을 감사함으로 받아야 한다고 주장했다(창 1-2장; 딤전 4:4).

4세기에 와서 영지주의라는 이름은 사라졌지만, 그 근저에 있는 이원론적 사고방식이 전적으로 사장된 적은 한 번도 없었다. 아우구스티누스가 상당 기간 추종했던 마니교는 13세기까지 근동에서 잔존했다. 마니교의 한 분파인 보고밀파는 중세 시대에 발칸 반도에서 흥왕하다가 프랑스와 이탈리아로 퍼져 나갔다. 12-13세기에 남부 프랑스에서 성행했던 카타리파 또는 알비파는 고대 영지주의와 같은 교리를 많이 가르쳤는데, 이 종파들은 보고밀파에서 발전된 것으로 사료된다. 현대 이라크에서 아직까지 존재하는 만다야교는 기독교 사상과 영지주의 사상을 혼합해서 가르친다(5.186). 심지어 오늘날에도 영지주의 사상은 인간은 본질적으로 신이라는 뉴에이지의 가르침을 통해 고개를 들고 있다.

---

12) 골로새서 2:18-23에 언급된 행위들이 이와 관련이 있다.
13) 바울이 고린도전서 6:12-20에서 반대했던 주장과 태도가 이것이다.

9. 범사에 종교심이 많도다

이제 우리는 신약성경이 복잡한 종교 상황 속에서 기록되었다는 사실을 알게 되었다. 정교하고 지적인 종교가 있었던 반면에, 보다 대중적인 감정과 미신에 호소하는 종교도 있었다(5.237; 5.239). 아테네 사람들은 '종교심이 많은' 사람들의 전형이었다(행 17:22). '유대교적이다.', '이교적이다.', '기독교적이다.'라는 말은 총칭해서만 쓸 수 있는 표현이다(5.241; 5.243). 각각의 종교 집단은 수많은 아류로 이루어져 있었으며, 사람들은 그들이 가지고 있는 지식과 영적인 전통을 그대로 간직한 채 한 종교 단체에서 다른 종교 단체로 쉽게 옮겨 갔다. '유대교적인 사상이다.', '이교적인 사상이다.', '기독교적인 사상이다.'라고 분명하게 구별해서 말하는 것이 쉽지만은 않았다. 이 세 종교 단체는 서로에게서 빌려 와 서로에 대해 반응했다(5.242).

기독교와 기독교 주위에 있던 다른 종교들의 신앙적 표현 사이에서 본질적인 차이를 찾으려고 한다면, 하나님을 아는 일은 제사나 지식을 찾는 데 의존

아테네에 있는 헤파이스토스 신전.

하는 계약의 문제가 아니라 관계의 문제라는 기독교적 주장에서 찾을 수 있을 것이다(5.235; 5.238; 5.240). 하나님과 그분을 예배하는 사람들 사이의 관계 때문에, 그분을 믿는 사람들의 신앙은 성장할 수 있다(고전 3:2-3; 히 5:12-14). 그리스-로마의 신들은 그들을 추종하는 사람들의 생활을 변화시킬 수 있는 능력이 없었다(5.236). 그 신들은 종족이나 도시를 보호하고 개인에게 영혼 불멸을 줄 수 있었을지는 모르지만, 매일의 삶을 살아가는 데 필요한 지침은 주지 못했다. 사람들이 철학으로 관심을 돌리지 않으면 안 되었던 이유가 바로 여기에 있었다. 이 문제를 다음 장에서 살펴보도록 하자.

참고 문헌

1. 서론

5.1. Arseniev, N. "The Christian Message and the Hellenistic Religious Outlook." *Nuovo Didaskaleion* 14(1964): 29-56.

5.2. Borkowski, Z. "Local Cults and Resistance to Christianity." *Journal of Juristic Papyrology* 20(1990): 25-30.

5.3. Finegan, J. *Myth and Mystery: An Introduction to the Pagan Religions of the Biblical World.* Grand Rapids: Baker, 1989.

5.4. Hamilton, J. D. B. "The Church and the Language of Mystery: The First Four Centuries." *EphThL* 53(1977): 479-494.

5.5. Kerenyi, K. *The Religion of the Greeks and Romans.* London: Thames & Hudson, 1962.

5.6. Malina, B. J. "Religion in the World of Paul: A Preliminary Sketch." *BTB* 16(1986): 92-101.

5.7. Momigliano, A. "Roman Religion of the Imperial Period." In *Religions of Antiquity.* Ed. by R. M. Seltzer. New York: Macmillan, 1989: 218-233.

5.8. Ogilvie, R. M. *The Romans and Their Gods in the Age of Augustus.* New York: Norton, 1969.

5.9. Pollitt, J. J. "The Impact of Greek Art on Rome." *TAPhA* 108(1978): 155-174.

5.10. Robertson, N. "The Ritual Background of the Dying God in Cyprus and Syro-Palestine." *HThR* 75(1982): 313-359.

5.11. Rose, H. J. *Religion in Greece and Rome.* New York: Harper, 1959.

5.12. Wardman, A. *Rome's Debt to Greece.* London: Elek, 1976.

5.13. Wedderburn, A. J. M. "Paul and the Hellenistic Mystery-Cults; on Posing the Right Questions." In *La soteriologia dei culti orientali nell'imperio romano. Atti del Colloquio internazionale, Roma, 24-28 settembre 1979.* Ed. by U. Bianchi and M. J. Vermaseren. Leiden: Brill, 1982: 817-835.

2. 올림포스의 12신

5.14. Akinpelu, J. A. "Stoicism and a Future Existence." *CB* 45(1969): 76-77.

5.15. Beard, M. "Decline and Fall? Roman State Religion in the Late Republic." *PCA* 79(1982): 21-22.

5.16. Caldwell, R. *The Origin of the Gods: A Psychoanalytic Study of Greek Theogonic Myths*. New York: Oxford University Press, 1989.

5.17. Cumont, F. *Afterlife in Roman Paganism*. New York: Dover Press, 1960 reprint.

5.18. de Ste Croix, G. E. M. "The Religion of the Roman World." *Didaskalos* 4(1972): 61-74.

5.19. Festugiere, A. J. *Personal Religion Among the Greeks*. Berkeley: University of California Press, 1954.

5.20. Grant, M. *Myths of the Greeks and Romans*. New York: New American Library, 1962.

5.21. Griffiths, J. G. "Hellenistic Religions." In *Religions of Antiquity*. Ed. by R. M. Seltzer. New York: Macmillan, 1989: 237-258.

5.22. Harrison, J. E. *Basic Greek Mythology*. London: Blackwell, 1957.

5.23. Hopkins, K. "Graveyards for Historians." In *La mort, les morts et l'au-delà dans le monde romain: Actes du colloque de Caen, 20-22 novembre 1985*. Ed. by F. Hinard. Caen: Centre del Publ. de l'Univ., 1987: 113-126.

5.24. Jocelyn, H. D. "The Roman Nobility and the Republican State." *JRelHist* 4(1966-67): 89-104.

5.25. Knight, W. F. J. *Elysion: On Ancient Greek and Roman Beliefs Concerning a Life After Death*. New York: Barnes & Noble, 1970.

5.26. Long, C. R. *The Twelve Gods of Greece and Rome*. Leiden: Brill, 1987.

5.27. MacMullen, R. *Paganism in the Roman Empire*. New Haven, CT: Yale University Press, 1981.

5.28. Momigliano, A. "The Theological Efforts of the Roman Upper Classes in the First Century B. C." *CPh* 79(1984): 199-211.

5.29. Paulsen, D. L. "Early Christian Belief in a Corporeal Deity: Origen and Augustine as Reluctant Witnesses." *HThR* 83(1990): 105-116.

5.30. Rohde, E. *Psyche: The Cult of Souls and Belief in Immortality Among the Greeks*. New York: Harper & Row, 1966.

5.31. Sale, W. "The Olympian Faith." *G&R* 19(1972): 81-93.

5.32. Schilling, R. "Roman Festivals and Their Significance." *AClass* 7(1964): 44-56.

5.33. Seltman, C. *The Twelve Olympians*. New York: Crowell, 1960.

5.34. Szemler, G. J. *The Priests of the Roman Republic: A Study of the Interactions Between Priesthoods and Magistracies*. Brussels: Collection Latomus, 1972.

5.35. Thrower, J. *The Alternative Tradition: Religion and the Rejection of Religion in the Ancient World*. The Hague: Mouton, 1980.

5.36. Vernant, J. P. "Greek Religion." In *Religions of Antiquity*. Ed. by R. M. Seltzer. New York: Macmillan, 1989: 163-192.

5.37. Versnel, H. S., ed. *Faith, Hope and Worship: Aspects of Religious Mentality in the Ancient World*. Leiden: Brill, 1981.

5.38. Veyne, P. *Did the Greeks Believe in Their Myths? An Essay on the Constitutive Imagination*. Chicago: University of Chicago Press, 1988.

5.39. Warden, J. "Scenes from the Greco-Roman Underworld." *Crux* 13(1976-77): 23-28.

5.40. Wardman, A. *Religion and Statecraft Among the Romans*. London: Granada, 1982.

5.41. Weiss, H. "The Pagani Among the Contemporaries of the First Christians." *JBL* 86(1967): 42-52.

3. 황제 숭배

5.42. Aune, D. E. "The Influence of Roman Imperial Court Ceremonial on the Apocalypse of John." *BibRes* 28(1983): 5-26.

5.43. Barrett, P. W. "Revelation in Its Roman Setting." *RefThRev* 50(1991): 59-68.

5.44. Botha, P. J. J. "God, Emperor Worship and Society: Contemporary Experiences and the Book of Revelation." *Neotest* 22(1988): 87-102.

5.45. Bowersock, G. W. "Greek Intellectuals and the Imperial Cult in the Second Century A. D." In *La culte des souverains dans l'empire romain*. Ed. by W. den Boer. Geneva: Fondation Hart, 1973: 177-212.

5.46. Cuss, D. *Imperial Cult and Honorary Terms in the New Testament*. Freiburg: Freiburg University Press, 1974.

5.47. Duff, P. B. "The March of the Divine Warrior and the Advent of the Greco-Roman King: Mark's Account of Jesus' Entry into Jerusalem." *JBL* 111(1992): 55-71.

5.48. Fishwick, D. "Dio and Maecenas: The Emperor and the Ruler Cult." *Phoenix* 94(1990): 267-275.

5.49. _____. *The Imperial Cult in the Latin West: Studies in the Ruler Cult of the Western Provinces of the Roman Empire*. 2 vols. Leiden: Brill, 1987-1991.

5.50. Friesen, S. J. *Twice Neokoros: Ephesus, Asia and the Cult of the Flavian Imperial Family*. Leiden: Brill, 1993.

5.51. Hellman, W. E. "Philo of Alexandria on Deification and Assimilation to God." *StPhilon* 2(1990): 51-71.

5.52. Kee, A. "The Imperial Cult: The Unmasking of an Ideology." *Scottish Journal of Religious Studies* 6(1985): 112-128.

5.53. Kreitzer, L. "Apotheosis of the Roman Emperor." *BiblArch* 53(1990): 210-217.

5.54. Mellor, R. *Thea Rome: The Worship of the Goddess Roma in the Greek World*. Göttingen: Vandenhoeck & Ruprecht, 1975.

5.55. Momigliano, A. "How Roman Emperors Became Gods." *American Scholar* 55(1986): 181-193.

5.56. Oster, R. "Christianity and Emperor Veneration in Ephesus: Iconography of a Conflict." *RestorQ* 25(1982): 143-149.

5.57. Pao, D. W. "The Sebasteion in Aphrodisias: Structure and Meaning of a Temple Complex for the Imperial Cult." *Jian Dao* 6(1996): 55-75.

5.58. Parker, H. M. "Domitian and the Epistle to the Hebrews." *Iliff Review* 36(1979): 31-43.

5.59. Pleket, H. W. "An Aspect of the Emperor Cult: Imperial Mysteries." *HThR* 58(1965): 331-347.

5.60. Price, S. R. F. "From Noble Funerals to Divine Cult: The Consecration of the Roman Emperors." In *Rituals of Royalty: Power and Ceremonial in Traditional Societies*. Ed. by D. Cannadine and S. R. F. Price. New York: Cambridge University Press, 1987: 56-105.

5.61. _____. "Gods and Emperors: The Greek Language of the Roman Imperial Cult." *JHS* 104(1984): 79-95.

5.62. _____. *Rituals and Powers: Roman Imperial Cult in Asia Minor*. New York: Cambridge University Press, 1984.

5.63. Roth, C. "The Debate on the Loyal Sacrifices, A. D. 66." *HThR* 53(1960): 93-97.

5.64. Scherrer, S. J. "Signs and Wonders in the Imperial Cult: A New Look at a Roman Religious Institution in the Light of Revelation 13:13-15." *JBL* 103(1984): 594-610.

5.65. Simpson, C. J. "The Cult of the Emperor Gaius." *Latomus* 40(1981): 489-511.

5.66. _____. "Real Gods." *Britannia* 24(1993): 264-265.

5.67. Talbert, C. H. "The Concept of Immortals in Mediterranean Antiquity." *JBL* 94(1975): 419-436.

4. 이적, 마술, 성인

5.68. Aune, D. E. "The Apocalypse of John and Graeco-Roman Magic." *NTS* 33(1987): 481-501.

5.69. Betz, H. D. "Jesus as Divine Man." In *Jesus and the Historian: Written in Honor of Ernest Cadman Colwell*. Ed. by F. T. Trotter. Philadelphia: Westminster Press, 1968: 114-133.

5.70. Blackburn, B. Theios Aner *and the Markan Miracle Traditions: A Critique of the* Theios Aner *Concept as an Interpretative Background of the Miracle Traditions Used by Mark*. Tübingen: Mohr-Siebeck, 1990.

5.71. Corrington, G. P. *The 'Divine Man': His Origin and Function in Hellenistic Popular Religion*. Bern: P. Lang, 1986.

5.72. Edwards, M. J. "Three Exorcisms and the New Testament World." *Eranos* 87(1989): 117-126.

5.73. Elliott, J. H. "Paul, Galatians, and the Evil Eye." *CTM* 17(1990): 262-273.

5.74. Fishwick, D. "On the Origin of the Rotas-Sator Square." *HThR* 57(1974): 39-53.

5.75. Fridrischen, A. *The Problem of Miracle in Primitive Christianity*. Minneapolis: Augsburg Press, 1972.

5.76. Gager, J. G. *Curse Tablets and Binding Spells from the Ancient World*. New York: Oxford University Press, 1992.

5.77. Garcia Teijeiro, M. "Religion and Magic." *Kernos* 6(1993): 123-138.

5.78. Grant, R. M. "The Problem of Miraculous Feedings in the Graeco-Roman Period." *Center for Hermeneutical Studies Protocol Series* 42(1982): 1-15.

5.79. Holladay, C. R. Theios Aner *in Hellenistic Judaism: A Critique of the Use of This Category in New Testament Christology*. Missoula, MT: Scholars Press, 1977.

5.80. Hull, J. M. *Hellenistic Magic and the Synoptic Tradition*. London: SCM Press, 1974.

5.81. Kee, H. C. *Medicine, Miracle and Magic in New Testament Times*. New York: Cambridge University Press, 1986.

5.82. _____. *Miracle in the Early Christian World: A Study in Sociohistorical Method*. New Haven, CT: Yale University Press, 1983.

5.83. Kern-Ulmer, B. "The Depiction of Magic in Rabbinic Texts: The Rabbinic and the Greek Concept of Magic." *JSJ* 27(1996): 289-303.

5.84. Koester, H. "The Divine Human Being." *HThR* 78(1985): 243-252.

5.85. Kolenkow, A. B. "Divine Men and Society." *Forum* 2(1986): 85-92.

5.86. Lesses, R. "Speaking with Angels: Jewish and Greco-Egyptian Revelatory Adjurations." *HThR* 89(1996): 41-60.

5.87. Lown, J. W. "The Miraculous in the Greco-Roman Historians." *Forum* 2(1986): 36-42.

5.88. Luck, G. *Arcana Mundi: Magic and the Occult in the Greek and Workds: A Collection of Ancient Texts Translated Annotated and Introduced*. Baltimore: Johns Hopkins University Press, 1985.

5.89. Moeller, W. O. *The Mithraic Origin and Meanings of the Rotas-Sator Square.* Leiden: Brill, 1973.

5.90. Oster, R. E. "Ephesus as a Religious Center under the Principate, I: Paganism before Constantine." *ANRW* II, 18, 3(1990): 1661–1728.

5.91. Remus, H. "Does Terminology Distinguish Early Christian from Pagan Miracles?" *JBL* 101(1982): 531–551.

5.92. ＿＿＿＿. *Pagan-Christian Conflict over Miracle in the Second Century.* Cambridge, MA: Philadelphia Patristic Foundation, 1983.

5.93. Trudinger, P. "The Ephesus Milieu." *DownRev* 106(1988): 286–296.

5.94. Wedderburn, A. J. M. "Philo's 'Heavenly Man.'" *NovT* 15(1973): 301–326.

5.95. Yamauchi, E. M. "Magic in the Biblical World." *TynBull* 34(1983): 169–200.

5. 신탁, 점성술, 꿈

5.96. Achte, K. "Ancient Greeks and Romans and Their Dreams." In *Ancient and Popular Healing: Symposium on Ancient Medicine, Athens 4–10 October 1986.* Helsinki: Academic Bookstore, 1989: 43–69.

5.97. Charlesworth, J. H. "Jewish Astrology in the Talmud, Pseudepigrapha, the Dead Sea Scrolls, and Early Palestinian Synagogues." *HThR* 70(1977): 183–200.

5.98. Cramer, F. H. *Astrology in Roman Law and Politics.* Philadelphia: Amer. Philos. Soc., 1954.

5.99. Dietrich, B. C. "Oracles and Divine Inspiration." *Kernos* 3(1990): 157–174.

5.100. Fontenrose, J. E. *Didyma: Apollo's Oracles, Cult and Companions.* Berkeley: University of California Press, 1988.

5.101. Hayes, W. M. "Tiberius and the Future." *CJ* 55(1959): 2–8.

5.102. Kerkeslager, A. "Apollo, Greco-Roman Prophecy, and the Rider on the White Horse in Revelation 6:2." *JBL* 112(1993): 116–121.

5.103. Lewis, N. *The Interpretation of Dreams and Portents.* Toronto: Hakkert, 1976.

5.104. Lloyd-Jones, H. "The Delphic Oracle." *G&R* 23(1976): 60–73.

5.105. MacMullen, R. "Social History in Astrology." *AncSoc* 2(1971): 105–116.

5.106. Miller, J. E. "Dreams and Prophetic Visions." *Biblica* 71(1990): 401–404.

5.107. Momigliano, A. "From the Pagan to the Christian Sibyl: Prophecy as History of Religion." In *The Uses of Greek and Latin: Historical Essays.* Ed. by A. C. Dionisotti et al. London: Warburg Institute, 1988: 3–18.

5.108. Parke, H. W. *Sibyls and Sibylline Prophecy in Classical Antiquity.* Ed. by B. C. McGing. London: Routledge, 1988.

5.109. Pines, S., and W. Z. Harvey. "To Behold the Stars and the Heavenly Bodies." *Immanuel* 20(1986): 33-37.

6. 정령 숭배

5.110. Borgeaud, P. *The Cult of Pan in Ancient Greece*. Trans. by K. Atlass and J. Redfield. Chicago: University of Chicago Press, 1988.

5.111. Johnston, S. I. "Crossroads." *ZPE* 88(1991): 217-224.

7. 신비 종교들

5.112. Godwin, J. *Mystery Religions in the Ancient World*. San Francisco: Harper & Row, 1981.

5.113. Meyer, M. W., ed. *The Ancient Mysteries: A Sourcebook. Sacred Texts of the Mystery Religions of the Ancient Mediterranean World*. San Francisco: Harper & Row, 1987.

5.114. Reitzenstein, R. *Hellenistic Mystery-Religions: Their Basic Ideas and Significance*. Pittsburgh: Pickwick Press, 1978.

엘레우시스 신비 종교

5.115. Alderink, L. J. "The Eleusinian Mysteries in Roman Imperial Times." *ANRW* II, 18, 2(1989): 1457-1498.

5.116. Berg, W. "Eleusinian and Mediterranean Harvest Myths." *Fabula* 15(1974): 202-211.

5.117. Bligh, J. "Baptismal Transformation of the Gentile World." *HeyJ* 37(1996): 371-381.

5.118. D'Alviella, G. *The Mysteries of Eleusis: The Secret Rites and Rituals of the Classical Greek Mystery Tradition*. Wellingborough, UK: Aquarian Press, 1981.

5.119. Gallant, C. "A Jungian Interpretation of the Eleusinian Myth and Mysteries." *ANRW* II, 18, 2(1989): 1540-1563.

5.120. Kerenyi, K. *Eleusis: Archetypal Image of Mother and Daughter*. New York: Pantheon Books, 1967.

5.121. Martin, L. H. "Those Elusive Eleusinian Mystery Shows." *Helios* 13(1986): 17-31.

5.122. Mylonas, G. E. *Eleusis and the Eleusinian Mysteries*. Princeton, NJ: Princeton University Press, 1961.

5.123. Spaeth, B. S. *The Roman Goddess Ceres*. Austin: University of Texas, 1996.

5.124. Wasson, R. G., et al. *The Road to Eleusis: Unveiling the Secret of the Mysteries*. New York: Harcourt Brace Jovanovich, 1978.

디오니소스교

5.125. Cavander, K. "The Dionysian Frenzy." *Horizon* 14, no. 2, (1972): 10–13.

5.126. Evans, A. *The God of Ecstasy: Sex-Roles and the Madness of Dionysos*. New York: St. Martin's, 1988.

5.127. Graf, F. "Dionysian and Orphic Eschatology: New Texts and Old Questions." In *Masks of Dionysus*, ed. by T. H. Carpenter and C. A. Faraone. Ithaca, NY: Cornell University Press, 1993.

5.128. Hutchinson, V. J. "The Cult of Dionysus/Bacchus in the Graeco-Roman World: New Light from Archaeological Studies." *Journal of Roman Archaeology* 4(1991): 222–230.

5.129. Nilsson, M. P. *The Dionysiac Mysteries of the Hellenistic and Roman Age*. Lund: Gleerup, 1957.

5.130. Otto, W. F. *Dionysus: Myth and Cultus*. Bloomington: Indiana University Press, 1965.

5.131. Zeitlin, F. I. "Cultic Models of the Female: Rites of Dionysus and Demeter." *Arethusa* 15(1982): 129–157.

오르페우스교

5.132. Paget, R. F. *In the Footsteps of Orpheus: The Story of the Finding and Identification of the Lost Entrance to Hades, the Oracle of the Dead, the River Styx and the Infernal Regions of the Greeks*. London: Hale, 1967.

대모교

5.133. Abrahamsen, V. A. *Women and Worship at Philippi: Diana/Artemis and Other Cults in the Early Christian Era*. Portland, ME: Astarte Shell, 1995.

5.134. Brouwer, H. H. J. *Bona Dea: The Sources and a Description of the Cult*. Leiden: Brill, 1989.

5.135. Brown, R. E., et al. *Mary in the New Testament: A Collaborative Assessment by Protestant and Roman Catholic Scholars*. Mahwah, NJ: Paulist Press, 1978.

5.136. Corrington, G. P. "The Milk of Salvation: Redemption by the Mother in Late Antiquity and Early Christianity." *HThR* 82(1989): 393–420.

5.137. Gritz, S. H. *Paul, Women Teachers, and the Mother Goddess at Ephesus: A Study of 1 Timothy 2:9–15 in Light of the Religious and Cultural Milieu of the First Century*. Lanham, MD: University Press of America, 1991.

5.138. James, E. O. *The Cult of the Mother-Goddess: An Archaeological and Documentary Study*. New York: Praeger, 1958.

5.139. Jurkic, V. "The Cult of Magna Mater in the Region of Istria." *Ziva Antika* 2(1975): 285-298.

5.140. Kraemer, R. S. *Her Share of the Blessings: Women's Religions Among Pagans, Jews, and Christians in the Greco-Roman World*. New York: Oxford University Press, 1992.

5.141. Nassivera, J. C. "Ancient Temples to Pagan Goddesses and Early Churches to the Virgin in the City of Rome: A Topographical Survey." *EMC* 20(1976): 41-54.

5.142. Oster, R. "The Ephesian Artemis as an Opponent of Early Christianity." *JbAC* 19(1976): 24-44.

5.143. Pelikan, J. *Mary Through the Centuries: Her Place in the History of Culture*. New Haven, CT: Yale University Press, 1996.

5.144. Roller, L. E. "The Great Mother at Gordion: The Hellenization of an Anatolian Cult." *JHS* 111(1991): 128-143.

5.145. Sfameni Gasparro, G. *Soteriology and Mystic Aspects in the Cult of Cybele and Attis*. Leiden: Brill, 1985.

5.146. Thomas, G. "Magna Mater and Attis." *ANRW* II, 17, 3(1988): 1500-1535.

5.147. Vermaseren, M. J. *Cybele and Attis: The Myth and the Cult*. London: Thames & Hudson, 1977.

5.148. Versnel, H. S. "The Festival for Bona Dea and the Thesmophoria." *G&R* 39(1992): 31-55.

5.149. Warner, M. *Alone of All Her Sex: The Myth and Cult of the Virgin Mary*. New York: Knopf, 1976.

이시스교

5.150. Griffiths, J. G. "Isis and 'the Love of the Gods.'" *JThS* 29(1978): 147-151.

5.151. _____. *The Origins of Osiris and His Cult*. Leiden: Brill, 1980.

5.152. Malina, B. J. "From Isis to Medjugorje: Why Apparitions?" *BTB* 20, no. 2, (1990): 76-84.

5.153. Tobin, V. A. "Isis and Demeter: Symbols of Divine Motherhood." *Journal of the American Research Center in Egypt* 28(1991): 187-200.

5.154. Witt, R. E. "Isis-Hellas." *PCPhS* 12(1966): 48-69.

5.155. _____. *Isis in the Graece-Roman World*. Ithaca, NY: Cornell University Press, 1971.

미트라교와 크리스마스

5.156. Beck, R. "The Mithras Cult as Association." *SR* 21(1992): 3-13.

5.157. _____. *Planetary Gods and Planetary Orders in the Mysteries of Mithras*. Leiden: Brill, 1988.

5.158. Betz, H. D. "The Mithras Inscriptions of Santa Prisca and the New Testament." In *Gesammelte Aufsätze, I : Hellenismus und Urchristentum*. Tübingen: Mohr, 1990: 72-91.

5.159. Brandon, S. G. F. "Mithraism and Its Challenge to Christianity." *HibJ* 53(1954-55): 107-114.

5.160. Campbell, L. A. *Mithraic Iconography and Ideology*. Leiden: Brill, 1968.

5.161. Cullmann, O. "The Origin of Christmas." In *The Early Church*. Philadelphia: Westminster Press, 1956: 21-36.

5.162. Cumont, F. *The Mysteries of Mithra*. New York: Dover, 1956 reprint.

5.163. Duthoy, R. *The Taurobolium: Its Evolution and Terminology*. Leiden: Brill, 1969.

5.164. Ferguson, J. "More About Mithras." *HibJ* 53(1954-55): 319-326.

5.165. Geden, A. S. *Mithraic Sources in English*. Hastings, UK: Chthonios, 1990; reprint of 1st ed., 1925.

5.166. Gordon, R. L. "Mithraism and Roman Society: Social Factors in the Explanation of Religious Change in the Roman Empire." *Religion* 2(1972): 92-121.

5.167. _____. "Reality, Evocation and Boundary in the Mysteries of Mithras." *JMS* 3(1980): 19-99.

5.168. Halsberghe, G. H. *The Cult of Sol Invictus*. Leiden: Brill, 1972.

5.169. Martin, L. H. "Roman Mithraism and Christianity." *Numen* 36(1989): 2-15.

5.170. North, J. D. "Astronomical Symbolism in the Mithraic Religion." *Centaurus* 33(1990): 115-148.

5.171. Roll, I. "The Mysteries of Mithras in the Roman Orient." *JMS* 2(1977): 53-68.

5.172. Rutter, J. B. "The Three Phases of the Taurobolium." *Phoenix* 22(1968): 226-249.

5.173. Swerdlow, N. M. "On the Cosmical Mysteries of Mithras." *CPh* 86(1991): 48-63.

5.174. Toynbee, J. M. C. "Still More About Mithras." *HibJ* 54(1955-56): 107-114.

5.175. Ulansey, D. *The Origins of the Mithraic Mysteries: Cosmology and Salvation in the Ancient World*. New York: Oxford University Press, 1989.

5.176. Vermaseren, M. J. *Mithras, the Secret God*. London: Chatto & Windus, 1963.

5.177. Maccoby, H. *Paul and Hellenism*. London: SCM, 1991.

5.178. Nobbs, A. "The Idea of Salvation: The Transition to Christianity as Seen in Some Early Papyri." In *The Idea of Salvation*. Ed. by D. W. Dockrill and R. G. Tanner. Auckland: University of Auckland, 1988: 59-63.

5.179. North, J. L. "Sowing and Reaping (Galatians 6:7B): More Examples of a Classical Maxim." *JThS* 43(1992): 523-527.

5.180. Price, C. P. "Mysteries and Sacraments." *AngThR, Suppl.*, 11(1990): 124-139.

5.181. Smith, J. Z. *Drudgery Divine: on the Comparison of Early Christianities and the Religions of Late Antiquity*. Chicago: University of Chicago Press, 1990.

5.182. Wagner, G. *Pauline Baptism and the Pagan Mysteries: The Problem of the Pauline Doctrine of Baptism in Romans 6:1-11 in the Light of Its Religio-Historical Parallels*. Edinburgh: Oliver & Boyd, 1967.

8. 영지주의

5.183. Barrett, J. E. "Can Scholars Take the Virgin Birth Seriously?" *BibRev* 4, no. 5, (1988): 10-15, 29.

5.184. Bianchi, U., ed. *Selected Essays on Gnosticism, Dualism and Mysteriosophy*. Leiden: Brill, 1978.

5.185. Brown, R. E. *The Virginal Conception and Bodily Resurrection of Jesus*. New York: Paulist Press, 1973.

5.186. Brown, S. "Religious Imagination—Then and Now." *BibT* 29(1991): 237-241.

5.187. Churton, T. *The Gnostics*. London: Weidenfeld & Nicolson, 1990.

5.188. Cranfield, C. E. B. "Some Reflections on the Subject of the Virgin Birth." *ScotJTh* 41(1988): 177-189.

5.189. Dart, J. *The Laughing Savior: The Discovery and Significance of the Nag Hammadi Gnostic Library*. New York: Harper & Row, 1976.

5.190. Drummond, R. H. "Studies in Christian Gnosticism." *Religion in Life* 45(1976): 7-21.

5.191. Edwards, M. J. "New Discoveries and Gnosticism: Some Precautions." *Orientalia Christiana Periodica* 55(1989): 257-272.

5.192. Fisher, E. J. "Nag Hammadi and the Bible." *BibT* 20(1982): 226-232.

5.193. Fossum, J. "The Origin of the Gnostic Concept of the Demi-urge." *EphThL* 61(1985): 142-152.

5.194. Gager, J. G. "Marcion and Philosophy." *VigChr* 26(1972): 53-59.

5.195. Grant, M. "The Gods of Light and Darkness." *HT* 18(1968): 268-276.

5.196. Grant, R. M. "Early Christians and Gnostics in Graeco-Roman Society." In *The New Testament and Gnosis: Essays in Honor of Robert McL. Wilson*. Ed. by A. H. B. Logan and A. J. M. Wedderburn. Edinburgh: Clark, 1983: 176-183.

5.197. _____. *Gnosticism and Early Christianity*. New York: Columbia University Press, 1959; New York: Harper & Row, 1966.

5.198. _____. *Gnosticism: A Source Book of Heretical Writings from the Early Christian Period*. New York: Harper & Brothers, 1961.

5.199. Green, H. A. *The Economic and Social Origins of Gnosticism*. Atlanta: Scholars Press, 1985.

5.200. Gunther, J. J. "Syrian Christian Dualism." *VigChr* 25(1971): 81-93.

5.201. Hanratty, G. "The Early Gnostics, I." *IrTheolQ* 51(1985):208-224.

5.202. _____. "The Early Gnostics, II." *IrTheolQ* 51(1985): 289-299.

5.203. Hartin, P. J. "Gnosticism and the New Testament." *TheolEvang* 9(1976): 131-146.

5.204. Hoffman, R. J. "How Then Know This Troublous Teacher? Further Reflections on Marcion and His Church." *SecCent* 6(1987-88): 173-191.

5.205. _____. *Marcion: On the Restitution of Christianity: An Essay on the Development of Radical Paulinist Theology in the Second Century*. Chico, CA: Scholars Press, 1984.

5.206. Lilla, S. R. C. *Clement of Alexandria: A Study in Christian Platonism and Gnosticism*. New York: Oxford University Press, 1971.

5.207. MacRae, G. W. "Why the Church Rejected Gnosticism." In *Jewish and Christian Self-Definition, 1: The Shaping of Christianity in the Second and Third Centuries*. Ed. by E. P. Sanders. London: SCM, 1980: 126-133.

5.208. May, G. "Marcion in Contemporary Views: Results and Open Questions." *SecCent* 6(1987-88): 129-151.

5.209. Nilsson, M. P. "The High God and the Mediator." *HThR* 56(1963): 101-120.

5.210. Pagels, E. H. *The Gnostic Paul: Gnostic Exegesis of the Pauline Letters*. Philadelphia: Fortress Press, 1975.

5.211. _____. "The Threat of the Gnostics." *New York Review of Books* 26, no. 17, (1979): 37-45.

5.212. Pearson, B. A. "Early Christianity and Gnosticism: A Review Essay." *RelStudRev* 13(1987): 1-8.

5.213. _____. *The Pneumatikos-Psychikos Terminology in 1 Corinthians: A Study in the Theology of the Corinthian Opponents of Paul and Its Relation to Gnosticism*. Missoula, MT: Society of Biblical Literature, 1973.

5.214. Pétrement, S. *A Separate God: The Christian Origins of Gnosticism*. Trans. by C. Harrison. San Francisco: Harper & Row, 1990.

5.215. Piper, O. A. "The Virgin Birth: The Meaning of the Gospel Accounts." *Interpretation* 18(1964): 132-148.

5.216. Quispel, G. "Gnosticism." In *Religions of Antiquity*. Ed. by R. M. Seltzer. New York: Macmillan, 1989: 259-271.

5.217. Robinson, J. M. "The Discovery of the Nag Hammadi Codices." *BiblArch* 42(1979): 206-224.

5.218. Rudolph, K. *Gnosis: The Nature and History of Gnosticism*. San Francisco: Harper & Row, 1983.

5.219. Schenke, H. M. "The Problem of Gnosis." SecCent 3(1983): 73-87.

5.220. Schmitals, W. *Paul and the Gnostics*. Nashville: Abingdon Press, 1972.

5.221. Schuessler, F. E. "Apocalyptic and Gnosis in the Book of Revelation and Paul." *JBL* 92(1973): 565-581.

5.222. Smith, M. *Clement of Alexandria and a Secret Gospel of Mark*. Cambridge, MA: Harvard University Press, 1973.

5.223. Talbert, C. H. "The Myth of a Descending-Ascending Redeemer in Mediterranean Antiquity." *NTS* 22(1976): 418-440.

5.224. van den Broek, R. "The Present State of Gnostic Studies." *VigChr* 37(1983): 41-71.

5.225. von Campenhausen, H. *The Virgin Birth in the Theology of the Ancient Church*. London: SCM, 1964.

5.226. Vouga, F. "The Johannine School: A Gnostic Tradition in Primitive Christianity?" *Biblica* 69(1988): 371-385.

5.227. Wilson, R. M. *The Gnostic Problem: A Study of the Relations Between Hellenistic Judaism and the Gnostic Heresy*. London: Benn, 1958.

5.228. _____. "Jewish Christianity and Gnosticism." *Recherches de science religieuse* 60(1972): 261-272.

5.229. _____. "Nag Hammadi and the New Testament." *NTS* 28(1982): 289-301.

5.230. _____. "Philo and Gnosticism." *StPhilon* 5(1993): 84-92.

5.231. _____. "Slippery Words II: Gnosis, Gnostic, Gnosticism." *ExposT* 89(1978): 296-301.

5.232. Wink, W. *Cracking the Gnostic Code: the Powers in Gnosticism*. Atlanta: Scholars Press, 1993.

5.233. Yamauchi, E. M. "Pre-Christian Gnosticism in the Nag Hammadi Texts?" *ChHist* 48(1979): 129-141.

5.234. _____. "Pre-Christian Gnosticism, the New Testament and Nag Hammadi in Recent Debate." *Themelios* 10(1994): 22-27.

9. 범사에 종교심이 많도다

5.235. Bleeker, C. J. "The Significance of the Religions of Antiquity." *Jaarbericht van het Voor-Aziatisch-Egyptish Genootschap Ex Oriente Lux* 17(1963): 249-252.

5.236. Colless, B. E. "Divine Education." *Numen* 17(1970): 118-142.

5.237. Ferguson, J. *The Religions of the Roman Empire*. Ithaca, NY: Cornell University Press, 1970.

5.238. Lee, P. "Worship, Ancient and Modern." *ExposT* 102(1991): 105-109.

5.239. MacMullen, R. *Paganism in the Roman Empire*. New Haven, CT: Yale University Press, 1981.

5.240. Nolland, J. "Christian Thought in the Greek World." *Crux* 16(1980): 9-12.

5.241. Rokeah, D. *Jews, Pagans and Christians in Conflict*. Leiden: Brill, 1982.

5.242. Simon, M. "Early Christianity and Pagan Thought: Confluences and Conflicts." *RelStud* 9(1973): 385-399.

5.243. Wiles, M. F. "The Central Concepts of Judaism, Graeco-Roman Paganism, and Christianity." *Didaskalos* 4(1973): 223-226.

제6장

그리스-로마의 철학

1. 헬라인과 철학

　지성사(知性史)에서 어떤 업적을 이룬 첫 번째 사람이나 그 사람이 언제 그 일을 하기 시작했는지 아는 경우는 극히 드물다. 우리는 최초의 화가와 최초의 수학자가 누구였는지, 혹은 알파벳 기호를 처음 고안해 낸 사람이 누구였는지 모른다. 고대 사람들은 어떤 활동이나 관습을 처음 진작시킨 사람을 찾아 확인하는 것을 좋아했다(창 10:8). 그러한 발단에 어떤 종교 의식이 동반된다고 생각했기 때문이다.

　어떤 사물의 기원을 알 수 없을 경우, 그것이 신의 승인을 받은 것인지 어떻게 알 수 있었을까? 그들은 어떤 것이 언제 누구에 의해 시작되었는지 모를 경우에는 신화를 만드는 재능을 발휘하여 그 이름을 지었으며, 그와 관련한 이야기를 만들어 내었다. 이럴 경우 종종 주인공의 이름은 그가 남긴 업적에서 유래했다. 일례로 로물루스(Romulus)가 로마시에서 그 이름을 취한 것을 들 수 있다. 그러므로 우리는 장소든 풍습이든 기술이든 이 처음과 관련된 신화를 읽을 때 신중해야 한다.

　하지만 최초의 철학자가 누구였는지는 확신을 가지고 말할 수 있다. 고대의 자료에 따르면, 최초의 철학자가 그리스의 도시 밀레토스의 시민 탈레스(Thales)였다는 점에 대해서는 누구나 의견을 같이한다(밀레토스는 현재 터키에 있는 에게해 동쪽 해안가의 도시이다). 탈레스는 주전 580년경에 그의 사상을 출판하기 시작했다(6.3). 그가 주변 세상의 여러 법칙을 설명하기 위해 비신화적인 방법

을 사용한 것은 일대 혁신이었다.

그간 사람들은 헬라인들이 이집트인(6.6)이나 히브리인(6.7-8)의 문화와 같은 고대 동양 문화에서 철학적 사고의 기초를 빌려 왔다고 주장했다. 이러한 주장을 처음으로 한 사람들은, 그리스의 전설상의 시인이요 법을 제시한 사람인 무사이오스(Mousaios)와 구약의 모세(Moses)를 동일시하고 무사이오스를 아브라함에게서 나온 철학자로 만든 헬라적 유대인이었다(6.4).

하지만 철학을 처음 시작한 사람들이 헬라인이라는 점에는 의심의 여지가 없다(6.9). 헬라인들이 철학을 하기에 적합했던 이유는 그들이 가지고 있던 '특별한 재능' 때문이다. 그들의 "이해와 상상, 합리적 사고와 직관력이 어우러져 결실을 맺은 것이다"(6.10:35). 특히 아테네 시민들은 지식에 대한 갈증이 심했던 것 같다. 신약 시대에 그들은 진기하거나 새로운 것이라면 무엇이든 알고 싶어 하는, 일종의 강박 관념에 사로잡혀 있었다. 사도행전의 저자는 호기심 많은 그들을 조소했다. "모든 아덴 사람과 거기서 나그네 된 외국인들이 가장 새로운 것을 말하고 듣는 것 이외에는 달리 시간을 쓰지 않음이더라"(행 17:21). 바울의 설교는 새로운 사상에 대한 그들의 갈증을 십분 이용한 것이었다(6.168).

보다 산문적이었던 로마인들은 대부분의 철학적 논쟁을 시간 낭비라고 생각했다. 거기서 실리적인 결과가 나오지 않는다고 생각했기 때문이다. 두 나라 사람을 다음과 같이 비교할 수 있을 것이다. 헬라인은 완벽한 다리를 만들기 위해 끊임없이 이론을 제시하고 토론하는 반면, 로마인은 완벽하게 제 기능을 다하는 다리를 건설해서 그 다리를 넘어 지중해의 여러 나라를 정복했다. 사실 헬라인들은 완벽한 국가에 대해 너무 철학적으로 이론화한 나머지, 시민의 정의를 엄격히 제한하는 작은 독립 도시 국가의 개념을 벗어나지 못했다.

로마 제국은 철학적으로는 완벽하지 않았다. 로마 제국을 반대한 가장 강한 세력은 주후 1세기 중반의 일단의 스토아 철학자들이었다. 하지만 '큰 성 바벨론' 로마는(물론 많은 폭력을 가하기는 했지만) 영국에서부터 아르메니아에 이르기까지, 또한 아프리카의 북쪽 해안선을 따라 모로코까지 퍼져 있던 전혀 다른 집단의 사람들을 잘 다스렸다(계 16-18장).

2. 고전 철학 학파

주전 5세기 이래로 헬라인들은 철학의 여러 학파들을 추적할 수 있었다. 교사는 마음에 드는 학생들에게 자기의 사상을 물려주어 다음 세대로 전수하게 했다. 이러한 질서 정연한 과정이 후기 고전 시대에 하나의 규범으로 자리 잡았기 때문에, 그들은 초기의 철학에서도 동일했을 것이라고 생각했다. 그러다 보니 그들은 사실 존재하지도 않은 초기 철학자들을 서로 연결하는 우를 범하기도 했다. 초기 철학자들의 글은 그 글이 사실상 정확히 해당 철학자의 사상이기 때문에 인용된 것이 아니라 후기 작가들의 입장을 지지하기 때문에 인용되었다.

이 초기 철학 '학파'에서 여성들이 수행했던 역할을 평가하기란 쉽지 않다. 소크라테스(Socrates)의 스승인 디오티마(Diotima)와 같은 사람을 비롯해 몇 사람이 언급되곤 하지만, 이들에 대해 분명하게 알려진 바는 하나도 없다(6.11-12). 이러한 사실을 주의하면서 중요한 철학자 몇 명을 살펴보자.

소크라테스 이전의 철학자들

탈레스와 탈레스 이후에 등장한 초기의 그리스 철학자들은 소위 자연 과학자라고 불리는 사람들이었다. 이들은 신을 개입시키지 않고도 세상의 기원과 기능에 관한 질문에 대답하려고 했다. 소크라테스 이전의 이런 철학자들은 합리적이고 비신화적인 방식으로 세상이 어떻게 형성되었는지를 설명하는 기본적인 요소를 찾았다.

어떤 사람은 근본적인 물질이 물이라고 생각했고, 또 어떤 사람은 공기나 흙 혹은 불이라고 생각했다. 엠페도클레스(Empedocles)는 근본적인 물질을 이 네 가지 요소의 혼합이라고 결론 내렸다. 그는 이 물질들이 에로스(사랑)의 창조적인 힘으로 결합되었다가 에리스(다툼)의 파괴적인 힘으로 산산이 흩어진다고 생각했다(6.20; 6.24).

데모크리토스(Democritos)와 레우키포스(Leucippos)는 원자(atomos, 더 이상 자를 수 없는 물질이란 뜻이다)라고 불리는 가장 작은 물질에 그 해답이 있다고 결론을 내렸다. 원자는 다른 원자와 결합해 물질로 된 모든 형상을 만들며, 무한의 공간에서 제멋대로 움직인다는 것이다(6.21). 1세기부터 18세기까지 기독교 작가들은 모세가 바로 이런 생각을 한 사람이라고 설명하려고 했다(6.27).

그리스의 철학자들은 우주의 기본적인 물질을 밝히는 것 외에, 물질들이 어떻게 변하며, 변한다면 왜 변하는지에 대해서도 답하려고 했다. 삶의 다른 영역에서와 마찬가지로 이 부분에서도 완벽을 추구했던 그들에게 변화는 곧 완벽의 결여를 의미했다. 변화된 것은 변화되기 이전에 비해 더 좋든지 혹은 더 나쁘든지 둘 중 하나였다. 그것은 이전에 완벽하지 않았든지 아니면 변하고 난 후에는 더 이상 완벽하지 않다는 의미였다.

파르메니데스(Parmenides)와 엘레아의 제논(Zenon) 그리고 엘레아학파와 같은 철학자들은 변화나 변화의 또 다른 형태인 운동이 실제로 발생한다는 사실을 부인했다. 그들은 변화가 환영일 뿐이라는 사실을 보이기 위해 논리를 사용했다. 대개 역설적인 결론으로 끝나긴 했지만, 그리스의 사상가들을 진일보하게 만든 것은 바로 감각적인 인식에 반대되는 논리를 신봉하는 일이었다.

현대인의 표준에 비춰 볼 때 그들의 이론과 기술은 순진하기 그지없고 비과학적인 것 같지만, 이런 사상가 중에는 현대 사상에 버금가는 사상을 만든 사람도 있다. 많은 사상가들이 무거운 흙에서부터 가벼운 불에 이르는 물질의 여러 요소들이 우주의 와동(渦動)에 의해 원시의 큰 덩어리에서 분리되었다고 생각했다(6.22). 현대 과학자들이 생각하는 은하계가 바로 나선형의 소용돌이로 움직이는 별들의 큰 덩어리이다.

우주의 기본적인 요소에 대한 사상은 현대 물리학의 네 영역 이론과 크게 다르지 않다. 그들이 가진 시야의 한계와 현대 과학 장비의 부재 등을 감안한다면, 그들이 이룬 업적은 그들이 처음에 생각했던 것보다 훨씬 크다(6.17). 그리스 철학자들의 사상과 초대 그리스도인들을 연결하는 사람도 있었다(6.23).

아낙시만드로스(Anaximandros, 주전 580년경)는 모든 형태의 생명체는 물고기처럼 생긴 원시 피조물에서 발전해 온 것이라고 가르쳤다(6.19; 6.25). 실체를 숫자나 기하학적인 형식으로 표현하려고 했던 피타고라스(Pythagoras, 주전 550년경)는 지구가 둥글다고 믿었다. 이러한 사상을 헬라인들과 로마인들이 일반적으로 간직하게 되었다(6.26). 예수님의 사상과 피타고라스의 사상 사이에 접촉점이 있음을 발견한 학자가 적어도 한 명은 존재한다(6.29).

아낙사고라스(Anaxagoras, 주전 500-428년)는 해마다 나일강이 범람하는 이유가 중앙아프리카의 산들에 있는 눈이 녹아내리기 때문이라고 주장했다. 하지만 그의 생각은 당시에 웃음거리밖에 되지 않았다. 그 당시 모든 사람은 이집트 남쪽으로 계속 내려가면 더 더워진다고 생각했다. 그러나 나일강의 물이 어디서 오는지 그 근원을 알게 된 것은 겨우 19세기에 이르러서였다. 그 후 사람들은 아낙사고라스가 옳았다는 사실을 알게 되었다. 그는 또한 달의 표면이 변하고 그 표면에 나타나는 모습이 다양해지는 현상은 달에 있는 산과 평지 때문이라고 설명했다(6.18). 이것 역시 그 정당성이 입증되기 위해 20세기까지 기다려야 했다.

소크라테스

소크라테스(Socrates, 주전 469-399)는 자연에 관한 의문들을 면밀히 탐구하면서 철학에 첫발을 내디뎠다. 그는 소위 윤리 문제 혹은 인간 행위의 문제에 더 관심을 갖게 되었고, 그리하여 철학을 인간에 대한 연구로 바꾸었다(6.34; 6.38; 6.41). 그는 영혼이 인간에게 있는 불멸의 부분이요, 몸이 죽은 후에도 계속 존재하는 어떤 것이라는 생각을 발전시켰다(6.37). 이 책 제5장에서 살펴보았듯이, 올림포스의 종교는 개인의 사후 세계에 대해서 관심이 없었고, 신비 종교는 그 종교의 입문자에게만 사후의 복된 삶을 약속했다. 소크라테스는 모든 사람 속에 이 신적인 불꽃이 존재한다는 점과, 지적인 실체로서 이 불꽃이 살아 있다는 사실이 그 불꽃의 속성에 해당한다는 점을 강조했다.

소크라테스는 무신론을 주장했다는 등의 죄목으로 사형을 당했지만, 그의 사상에는 깊은 종교적 의미가 있었으며, 당대의 사람들이 느낄 수 있는 것보다도 더 유일신교에 가까웠다(6.33). 초대 그리스도인들 대부분은 그를 그리스도인의 원조라고 생각했으며, 그의 금욕주의적인 생활과 물질적인 것을 경멸한 점 등은 이 주제와 관련한 기독교 세계관에 영향을 주었다(6.40). 견유학파는 그의 사상의 이러한 경향을 취해서 극대화했다(이번 장의 '견유학파'를 보라).

소크라테스는 예수님처럼 글 하나 남기지 않았으며, 다른 사람이 보기에 실패자로서 생을 마쳤다. 그가 우리에게 알려진 것은 당대 사람들에게 비친 그의 인상 때문이다. 당대인들은 자신의 글에서 그를 찬양하거나 비난했다. 그의 가르침의 독특한 점은 그가 용어들을 새롭게 정의한 데 있다.

제자 플라톤의 작품에 근거하여 판단해 보면(사실 플라톤이 소크라테스의 전기를 쓴 것은 아니다), 그는 '이웃'이나 '정의'와 같은 용어를 정확하게 정의하는 일이 대단히 중요하다고 생각했다. 그는 이런 용어들을 올바로 정의할 때에만 그 용어의 중요성에 관해 말할 수 있다고 믿었다.

소크라테스를 예수님과 비교하는 일이 더러 있지만, 이 부분에서 그는 예수님보다는 유대 서기관과 더 비슷하다. 이 기본적인 태도의 차이는 선한 사마리아인 이야기(눅 10:25-37)에 나타나 있다. 서기관이 "내 이웃이 누구니이까"라고 예수님께 물었을 때, 그는 예수님이 '이웃'이라는 용어의 정의를 내리게 하려고 덫을 놓았던 것이다. 예수님이 어떤 정의를 내리든 간에, 그는 예수님의 정의보다 더 정확한 정의를 제시하든지 아니면 '이웃'이라는 단어를 정의하기가 불가능하다는 사실을 보임으로써 그분을 논박할 수 있었다. 논박 혹은 반대 논증법(elenchus, 이 단어는 '논박'을 뜻하는 헬라어 elenchos에서 파생되었다)은 소크라테스의 기본적인 논쟁술이었다(6.42-43). 하지만 예수님은 이야기 하나를 말씀하시고는 "누가······이웃이 되겠느냐"라고 그에게 되물으셨다. 그분은 계명에서 중요한 부분은 사랑에서 나온 행동이지 이웃을 정의하는 문제가 아님을 강조하셨다.

동료 인간을 사랑한다는 개념은 그리스-로마 철학이나 그리스-로마 문화 속에서 살고 있는 일반인들에게 친숙하지 않았다. 철학자들은 기껏해야 정의 (justice)를 추구했으나, 심지어 정의라는 덕목까지도 개인이 아니라 공동체의 유익을 위해 필요하다고 인식했다. 플라톤의 『국가』(Republic)는 정의가 무엇인가를 규정하려는 장황한 그러나 성공적이지 못한 노력의 산물이다. 철학이든 종교든 이웃 사랑이나 자선을 가르치지 않았다. 자선이나 관용에 관해 우리가 발견할 수 있는 기록들은 자선을 베푸는 사람의 명성을 좋게 하거나 받는 사람에게 어떤 의무를 지우는 등 대부분 이기적인 것뿐이다(참조. Pliny, *Epp.* 1.8; 1.19; 2.4). 초대 그리스도인들이 주변의 이교도 이웃을 놀라게 했던 것 하나는, 그들이 가난한 사람들을 기꺼이 도와주었고 또 이러한 행동에 저의가 없었다는 사실이다(6.36).

하지만 소크라테스가 당대의 사회를 감화시켜 특정 분야에서 현대 수준에 이르도록 하지 않았다는 이유로, 서양 사상에 끼친 그의 영향을 과소평가해서는 안 된다. 용어를 정확하게 정의해야 할 필요성, 사물을 교조적으로 진술하기보다 질문을 던짐으로써 정보를 이끌어 내는 소크라테스식 문답법(눅 10:26에서 예수님이 "율법에 무엇이라 기록되었으며 네가 어떻게 읽느냐"라고 질문하신 것과 막 8:27에서 "사람들이 나를 누구라고 하느냐"라고 질문하신 것을 참조하라), 영혼의 본성에 대한 높은 이해 등을 그는 유산으로 물려주었다. 그의 모든 사상은 1, 2세기 기독교 사상에 어느 정도 영향을 주었다.

플라톤과 플라톤 철학

플라톤(Platon, 주전 427-347)은 젊은 시절에 극작가로서 인생을 시작했다. 고대의 기록에 따르면, 플라톤이 소크라테스의 가르침을 들을 때에 그의 눈에는 눈물이 가득 찼었다. 그는 그의 희곡을 갈기갈기 찢어 버리고는 철학의 삶에 헌신했다. 이런 종류의 '회심' 경험은 위대한 철학자들을 다룬 전기에서 많이 볼 수 있다.

고대로부터 현대에 이르기까지 종교와 철학을 넘나드는 또 다른 예가 있다. 우리로서는 로마 가톨릭 신자이면서 동시에 침례교 신자인 사람을 생각할 수가 없다. 이 두 단체는 배타적인 교리를 가르친다. 반드시 한 단체에서 다른 단체로 옮기는 철저한 개종이 일어나야 한다. 하지만 고대에서는 이런 일이 철학 학파에서는 요구되었지만 종교에서는 그렇지 않았다(1.45:92).

플라톤은 소크라테스의 가르침을 널리 알리기 위해 글을 쓰기 시작했다. 그의 전기 대화편들은 그의 스승의 교수법과 그의 견해를 대단히 정확하게 반영한 것 같다. 하지만 소크라테스의 견해가 어디서 끝나고 플라톤의 견해가 어디서 시작되는지에 대해서는 학자마다 의견이 다르다(6.48). 전기 대화편들에서 강조하는 것은 거룩, 정의, 자제 등과 같은 덕목을 정의하는 것이다.

소크라테스와 플라톤은 훌륭한 덕목을 가진 이른바 모범적인 사람을 지적하기보다는 모든 예에서 이 덕목의 정수만을 뽑아내려고 했다. 플라톤은 성숙해 감에 따라 자기 나름대로 이런 것을 제시하는 방법을 개발했다. 즉 그는 그의 대화편 대부분에서 소크라테스를 대화의 주도자로 등장시키고는 자기가 하고 싶은 말을 소크라테스의 입을 빌려 말했다.

플라톤이 중년기에 접어들자 그의 대화편은 아래에서 간략히 서술할 형상(Form) 내지는 이데아(Idea)에 대한 개념을 제시한다. 플라톤은 말년에 그의 사상을 설명하기 위해 수학과 논리학으로 전향했다. 주인공 소크라테스는 더 이상 질문하지 않는다. 대화 마지막에 가서 그는 강연자가 된다. 플라톤은 영혼 불멸과 같은 소크라테스의 사상들을 발전시켜 후대의 철학 학파와 초대 기독교 사상가들에게 전수했다(6.49). 플라톤의 영향은 바울의 서신서에서도 감지할 수 있다(6.61).

플라톤의 사상이 어떠한지 알기 어려운 이유는 대화편이 그의 가르침을 충분히 설명하지 않기 때문이다. 일반적으로 그가 썼다고 여겨지는 한 편지에서, 플라톤은 자신의 사상의 본질을 기록해 본 적이 없다고 주장했다. 그의 사상의 본질은 그가 아카데메이아에서 제자들에게 구술로 가르친 것임에 틀림없다. 후대 철학자들은 자신들이 플라톤의 이름으로 표명한 모든 내용들이 이 구전 전승에 기초했다고 말했다.[1]

플라톤의 작품에 대한 입문적인 개요만 하더라도 이 책 몇 권의 분량에 달한다. 비전문가들을 위해 지침서를 쓴 학자만 해도 부지기수이다(6.52; 6.57-58; 6.62-63). 플라톤 철학의 핵심은 참된 지식만이 절대 지식이요 불변하는 지식이라는 점이다. 물리적인 세상에 속한 변화 가능한 것들을 연구해서는 이

---

[1] 유대교의 구전 전승에 대해서는 이 책 제2장에서 논했다. 로마 가톨릭 교회의 교리 중에는 예수님이 사도들에게 구전으로 전해 주셨고 사도들이 자신들의 후계자인 감독들에게 다시 전해 주었다고 믿는 가르침에 기초한 것이 있다.

런 지식을 얻을 수 없다. 예를 들어, 각각의 나무는 다른 모든 나무와 다르며, 모두 매일매일 변한다. 다르고 변화하는 표본을 연구해서 어떻게 나무에 관한 절대적인 것들을 배울 수 있겠는가?

유일하며 적합한 지식의 대상은 나무의 이데아 혹은 나무의 형상, 즉 신의 마음에 존재하는 나무의 원형(Treeness)에 있다. 플라톤에게 있어 형상에 대한 지식을 추구하는 것은 신에 대한 지식을 추구하는 것이다(6.55-56). 이런 의미에서 철학은 수학과 음악 연구에 근거한 초월적인 사상에 대한 성찰이다(6.51). 철학자의 방법론에는 영감의 요소가 있으며, 이것은 선지자의 영감과 유사하다(6.46; 6.53-54).

그러나 플라톤은 전적으로 상아탑 속에서 지식을 추구하지는 않았다. 참주 디오니시오스(Dionysios)는 플라톤을 시라쿠사로 초대하여 철학자인 왕이 통치하는 모델 국가를 건립하게 했다. 하지만 이러한 시도는 2, 3개월 후 디오니시오스가 플라톤을 추방함으로써 끝나고 말았다(6.47; 6.67). 그는 아테네로 돌아와 아테네 변두리에 아카데메이아라는 그의 학당을 설립했다.

플라톤이 소크라테스의 가르침 위에서 자신의 철학을 세워 나갔듯이, 플라톤의 제자들은 그의 가르침을 수정하고 또 변경했다. 그 단계가 매우 뚜렷하게 구분되었기 때문에, 그 제자들은 중기 아카데메이아(제2의 아카데메이아) 혹은 신(新) 아카데메이아(제3의 아카데메이아)라고 불렸다. 주전 3세기 말에 이르러서는, 확신 있게 알 수 있는 바는 아무것도 없다는 회의론이 아카데메이아 지도자들 사이에서 나타나게 되었다. 심지어 우리는 우리가 모른다는 사실도 확신할 수 없다는 것이다.

주후 1세기에 와서 플라톤의 가르침은 중기 플라톤 철학으로 알려진 모습으로 회자되었다. 이것은 플라톤의 사상과 아리스토텔레스의 논리학, 스토아 철학의 윤리학 그리고 신피타고라스학파의 종교적 신비주의가 혼합된 것이다.

이데아에 대한 성찰은 영혼이 하나님과 합일하는 길이었다. 알렉산드리아의 유대인 철학자요 성경 주해자였던 필론이 바로 이 학파의 대표적인 인물이다(6.73). 필론의 견해에 따르면, 구약을 알레고리적인 의미로 읽는다면 플라톤의 하나님과 구약의 하나님은 동일하다. 필론은 플라톤이 토라를 읽은 적이 있으며 이것을 헬라인들이 이해할 수 있는 용어로 설명했다고 확신했다. 그가 유대 사상가들에게 끼친 영향은 거의 없지만, 알렉산드리아의 클레멘스와 오리게네스와 같은 후기 기독교 작가들에게는 막대한 영향을 주었다(6.44). 주후 200년경 플라톤 철학은 다시금 신플라톤 철학으로 변형되었다(이번 장 '신피타고라스학파와 신플라톤 철학'을 보라).

아리스토텔레스

플라톤의 제자 아리스토텔레스(Aristoteles, 주전 384-322)는 플라톤보다 논리와 이성적인 사고를 더욱 강조했다. 또한 그는 이전의 여러 철학자보다도 동식물을 관찰하는 데 관심이 많았다. 그는 플라톤이 '형상에서부터 개체로' 사고했던 것과는 달리, 비슷한 특성에 따라 사물들을 묶고 이것으로부터 세계의 조직에 대한 어떤 인식을 이끌어 내려고 했다. 그는 형이상학, 윤리학, 정치학과 관련된 책뿐만 아니라 하늘, 동물들의 계보, 동물들의 신체 부위 등에 관한 책도 썼다. 그는 모든 사물은 존재하는 궁극적인 이유나 목적(telos)이 있다고 가르쳤다. (그는 뇌가 신체를 진정시키는 데에만 기능을 발휘한다고 생각했다.)

아리스토텔레스는 알렉산드로스 대제의 가정 교사로서, 정부에 대한 정복자의 태도를 형성시켜 줄 기회가 있었을 것이다. 하지만 우리가 알렉산드로스에 내해 아는 내용을 통해서는 그의 영향을 감지하기 어렵다.

아리스토텔레스의 수사학 이론은 고대 사회에 영향을 미친 것으로 보이지만, 그의 저서는 그 당시 별로 알려지지 않았다(6.78). 이슬람교도들은 640년 이후 로마 제국의 동부를 정복했을 때 그를 '발견했다.' 플라톤의 초월주의보다는 아리스토텔레스의 과학적인 세계관이 이슬람교도들에게 더 호소력이 있었던 것이다. 그들은 그의 작품을 번역하고 주석했으며, 십자군 전쟁이 끝난 후 그의 사상을 잘 정리해 서방 세계에 전해 주었다. 이슬람교도와 중세 그리스도인들에게 아리스토텔레스는 '철학자'였다.

3. 헬레니즘 철학

플라톤과 아리스토텔레스가 세운 아카데메이아 학당과 리케이온 학원은 이 두 대가가 죽은 후에도 존속했다. 하지만 이들보다 더 대중적인 인기를 얻고 로마인들에게 영향을 준 여러 가지 다른 철학 체계가 생겨났다. 이 고대 학당들의 중요성은 디오게네스 라에르티오스(Diogenes Laertios, 주후 200년경)가 쓴 전기집에서 가늠해 볼 수 있다. 이 전기집에서 가장 길게 언급한 세 사람은 플라톤과 스토아 철학자 제논(Zenon) 그리고 에피쿠로스이다. 그리고 제논과 에피쿠로스의 전기는 플라톤의 생애에 비해 절반 정도 더 길다. 알렉산드로스 대제의 서거 후(주전 323년)부터 로마 제국의 시작(주전 31년) 때까지의 기간을 지칭하는 헬레니즘 시대의 중요한 두 학파가 사도행전 17장 18절에 언급되어 있다. "어떤 에피쿠로스와 스토아 철학자들"이 바울을 만났던 것이다.

이 두 학파는 모두 알렉산드로스 대제의 재위 기간인 주전 4세기에 시작되었다. 그리스의 여러 도시 국가들이 수세기 동안 간직해 왔던 독립을 잃어버리고 동방에서 온 비헬라인들을 망라하는 하나의 로마 제국으로 합쳐지자, 많은 사람들은 무력감과 심지어 좌절감을 느꼈다. 스토아학파와 에피쿠로스학파는 이를 극복하는 방안을 제시하였다. 알렉산드로스의 후계자들이 사람들을 설득하여 그들이 지금 그들 주위에서 일어나고 있는 일들을 변화시킬 수 없다고 믿게 했던 것처럼, 헬레니즘 시대의 분위기는 숙명론적이었다 (6.79-81; 6.84).

헬레니즘 시대의 분위기는 티케, 즉 운명의 여신의 중요성이 대두되기 시작한 데서 찾아볼 수 있다. 티케 여신은 이 시대의 사람들이 마땅히 복종할 수밖에 없다고 생각한 변덕스러운 우연을 의인화한 것이다. 어느 때든지 군인들이 침략해 들어올 수 있었으며, 보통 사람으로서는 도무지 납득하기 어려운 이유로도 정치적인 동맹이 얼마든지 변경될 수 있었다.

지리적인 경계가 확장되면서 다른 문화에 대한 사람들의 인식 역시 확장되었다. 어떤 일을 행하는 구체적인 방법이 유일하고 옳은 방법이라고 확신했던 일이, 새로운 풍습과 윤리 체계와 마주치면서 도전을 받게 되었다. 불안감과 뿌리가 없다는 느낌이 그 시대의 많은 이들을 괴롭혔다.

그래서 그들은 어떤 설명을 해주거나 적어도 안정과 내적 평화에 대한 환상을 심어 주는 선생에 대해 무조건 수용적일 수밖에 없었다. 헬레니즘 철학 학파는 한결같이 자기의 철학을 신봉하는 자들은 당대의 삶의 특징인 어떤 혼란에 직면할지라도 평정을 유지할 수 있다고 주장했다.

기독교와 유대교가 이러한 환경에서 어느 정도 영향을 받았는지는 여전히 논의의 대상이다. 그 영향이란 표면적이어서 용어나 이미지에 한정되었고, 따라서 교리의 본질에까지는 확대되지 않았다고 말할 수 있다(1.43). 하지만 어떤 이들은 유대교(6.86-87)나 기독교 사상의 여러 다양한 면(6.82; 6.88-89)에 헬레니즘 철학이 광범위하게 영향을 주었다고 생각한다.

이제 이 학파들을 개별적으로 검토하겠지만, 여기서 명심해야 할 점은 헬레니즘 철학자 사이에서 주류를 이루었던 경향은 소위 절충주의라는 것이다. 이들은 서로에게서 사상과 어휘를 빌려 왔다. 어떤 점을 증명하기 위해 스토아 철학자인 세네카가 에피쿠로스를 인용한다거나, 플라톤 철학의 본산지인 아카데메이아의 추종자 키케로가 그의 대화편에서 갖가지 철학적 의견들을 인용하는 일은 흔했다.

에피쿠로스학파

에피쿠로스(Epicouros, 주전 341-270)는 작은 그룹의 제자들을 아테네에 있는 그의 집 정원으로 불러 모았다. 그래서 이 학파를 정원의 철학이라고도 부른다. 에피쿠로스학파는 아테네의 주류에서 이탈하여 자기들끼리 긴밀하게 맺어진 공동체였다. 그래서 의심의 대상이 되었다. 여자와 심지어 창녀들도 회원으로 받아들였다. 에피쿠로스학파는 집단의 방종한 행위로 인해 수세기 동안 방종한 자라는 별명이 붙기도 했다. 여자들이 에피쿠로스에게 바치는 헌신은 신들에게 경배드리는 것만큼 강렬했다.

에피쿠로스학파의 사상을 선전하기 위해 수많은 에피쿠로스 상(像)이 만들어졌으며 거의 사교의 형상처럼 사용되었다. 에피쿠로스가 죽은 후에는 그를 이을 만한 후계자가 나타나지 않았고, 그의 사상은 다른 철학자들의 가르침을 변화시킬 만한 진보적인 발전을 이룩하지 못했다. 이런 의미에서 에피쿠로스학파는 모든 철학 학파 중에서 가장 보수적인 학파였다.

에피쿠로스 철학은 고대의 모든 학파 중에서 "일반적으로 그리고 완전히 잘못 이해되어 온" 학파이다(Armstrong p. 130). 에피쿠로스 철학은 당대에도 대중적이지 못했을 뿐만 아니라 제한된 영향만을 주었을 따름이다. 이 철학은 공공연하게 무신론을 주장했기 때문에 쉽게 지적인 적들의 표적이 되어 왔다. 이 적들은 수도 많았고 에피쿠로스 철학에 대해 대단히 비판적이었다. 또한 이 철학은 속세를 떠나 은둔하며 지내는 일을 권장하고 조용한 성향을 지녔기 때문에 보통 사람들 사이에서 많은 의심을 불러일으켰다.

에피쿠로스 철학에 가해진 비난 중에는 에피쿠로스가 여자를 회원으로 받고 여자들과 가까이 지낸다는 것도 있다. 에피쿠로스의 저서 대부분이 유실되었기 때문에 오늘날 그의 사상을 평가한다는 것은 대단히 어렵다. 디오게네스 라에르티오스는 에피쿠로스가 "그의 수많은 저서에서 그 이전의 모든 사람을 무색하게 했으며", 이전의 사상가를 전혀 인용하지 않았다고 말한다.

"처음부터 끝까지 에피쿠로스 자신이 말할 뿐이다"(Epicurus 26). 37권 분량으로 쓴 『자연에 관하여』(On Nature)는 그의 체계의 기초가 되었다. 우리가 지금 에피쿠로스를 판단할 수 있는 자료는, 다른 작가의 글 속에 남아 있는 단편적인 인용구와 그가 자기 제자에게 보낸 두 통의 편지가 고작이다. 세 번째 편지는 설령 에피쿠로스의 용어를 사용하고 그의 사상을 정확하게 반영하고 있다 하더라도, 일반적으로 그의 제자의 작품으로 인식되고 있다.

에피쿠로스의 철학 체계의 기초는 존재하는 모든 것은 영원하고 항상 운동하는 원자들로 구성된 물질이라는 사상이다. 이 운동은 외부의 힘에 의해 야기되는 것이 아니라 원자들의 자연적인 무게로 인해 일어난다. 원자들의 하향적인 운동은, 어느 한 원자를 다른 것과 충돌시켜 예측할 수 없는 곁길로 나가게 하는 운동인 '이탈'(swerve)에 의해 변경될 수 있다. 이것이 에피쿠로스가 철저하게 기계적인 사고 체계에 자유 의지 개념을 도입한 유일한 방법이었던 것으로 생각된다.

사람은 얼마든지 빗나갈 소지가 있는 존재이므로 그의 행동은 미리 정해지지 않는다. 에피쿠로스의 생각에는 심지어 신과 인간의 영혼도 물질이었다. 신과 인간의 영혼이 불멸의 존재인 것은 단지 모든 물질이 불멸의 존재이기 때문이다. 하지만 이것이 곧 신이나 영혼이 늘 각각 현재의 형태로 존재할 것이라는 의미는 아니다.

에피쿠로스는 쾌락이 생의 궁극적인 목적이라고 가르쳤다(6.93; 6.106). 그러나 그가 말한 '쾌락'은 자유방임을 의미하지는 않았다. 에피쿠로스와 그의 추종자에게 있어서 쾌락은 고통이나 혼란으로부터의 자유(ataraxia)였다(6.99; 6.110). 그들은 고통이나 불행으로 이끌 수 있는 행동이나 상황을 피함으로써 쾌락을 성취했다. 그들은 과음이나 과식을 하지 않았고, 유쾌하지 않은 일들을 피했다. 성관계는 쾌락을 낳기 때문에 허용되었지만, 감정에 말려든 사랑은 피해야 했다. 사랑에 감정이 연루되면, 사랑하는 자에 대한 불확신으로 인한 고뇌와 사랑하는 자를 잃을지도 모른다는 두려움이 생기기 때문이다(6.90). 에피쿠로스학파에 속한 사람들은 정치적인 생활에도 관여하지 않았다. 선거에서 패배할 때 올 수 있는 실망이나 관직을 맡아 수행할 때 생기는 상심 때문이었다.

에피쿠로스학파의 교훈들은 다른 헬레니즘 철학자들의 이념처럼 여행하는 교사들에 의해 퍼져 나갔다. 이들은 열심 있는 회원이었으며, 유대교와 기독교 선교사의 모델이 되었다(6.97; 참조. 마 23:15; 사도행전). 플라톤이 철학으로 전향한 것은 이 순회 철학자들의 제자들이 추구한 지적인 계몽의 원형이 되었다(6.103).

에피쿠로스의 신학과 윤리학은 유대인과 그리스도인 사이에서 대단한 관심과 비평을 받았다(6.92). 그는 인간의 삶에서 가장 큰 고통과 혼란의 원천이 현재의 삶 속에서 신이 사람들에게 무슨 일을 할 것인가 하는 두려움과 행악자들을 기다리고 있는 내세의 심판이라고 보았다. 그는 자신의 교리의 기초를 데모크리토스와 레우키포스의 원자 이론에 두면서, 신과 인간의 영혼을 비롯한 모든 것은 원자의 임의적인 결합의 결과로 나왔다고 가르쳤다(6.102). 그러므로 신은 개인의 삶에 영향을 줄 수 없으며, 사후에 어느 누구도 벌하거나 상 줄 수 없다(6.95-96). 죽을 때 영혼의 원자들은 해체되고, 몸의 다른 원자들과 함께 다시금 임의의 운동을 시작한다(6.101; 6.104; 6.107).

에피쿠로스가 사후의 생을 부인한 것은 흥미롭게도 전도서에 반영되어 있는 듯하다. 전도서의 두 구절을 보라. "내가 희락을 찬양하노니 이는 사람이 먹고 마시고 즐거워하는 것보다 더 나은 것이 해 아래에는 없음이라"(전 8:15). "죽은 자들은 아무것도 모르며 그들이 다시는 상을 받지 못하는 것은 그들의 이름이 잊어버린 바 됨이니라"(전 9:5). 몇몇 구약 학자들은 전도서가 주전 3세기에 기록되었으며, 직접적인 영향은 받지 않았다 하더라도 전도서 저자가 에피쿠로스 철학을 알고 있었다는 명백한 증거가 있다고 생각한다(6.98).

에피쿠로스 철학은 본질상 수동적인 철학이다. 창시자의 가르침은 몇 통의 편지와 『주요 신조』(Principal Doctrines)와 같은 단편적인 인용구 모음에 남아 있다. 거기에 반영되어 있는 기본적인 가르침 세 가지를 요약하면 다음과 같다.

첫째, 복된 것과 불멸이란 괴롭힘을 받지 않는 것이며, 또한 다른 대상을 괴롭히지 않는 것이다. 그러므로 불멸은 약함의 특징인 분노나 사랑에 민감하지 않다.

둘째, 죽음이란 우리에게 아무 의미가 없다. 죽은 것은 아무것도 느끼지 못하며, 감각이 없는 것은 우리의 관심사가 아니다.

셋째, 우리는 고통을 일으키는 모든 것을 제거함으로써 쾌락의 경지에 도달한다. 쾌락이 존재하는 곳과 쾌락이 지속되는 동안은 고통이나 슬픔이 없다.

현대인들이 일반적으로 생각하는 것과는 달리 에피쿠로스의 윤리 체계는 단순하고 소박하며, 물질적인 갈망으로부터의 자유를 강조했다(6.90). 에피쿠로스는 어떤 단편 문서에서 흥미롭게도 신약성경의 말씀과 비슷한 언급을 했다. "정당하지 못한 방법으로 번 돈을 사랑하는 것은 잘못이다. 그리고 정당하게 번 돈을 사랑하는 것은 부끄러운 일이다"(참조. 딤전 6:10).

에피쿠로스 철학은 헬라인 사이에서는 인기가 많았지만 로마인에게는 한 번도 대중적인 인기를 얻지 못했다. 기원전 마지막 두 세기에 로마인들은 정치적으로 활동적이었고 로마 제국을 넓히느라 너무 바빴기 때문에, 자기들이 지금 수행하고 있는 모든 일의 정당성을 부인하는 철학에는 관심을 쏟지 않았다.

이런 와중에도 이 철학에 관심을 보인 로마인은 시인 루크레티우스(Lucretius, 주전 50년경)였다. 그의 장문의 시 『사물의 특성에 관하여』(On the Nature of Things)는 에피쿠로스의 관점을 라틴어권 독자들에게 제시하려는 시도였다. 이 시는 우리에게 대단히 귀중한 자료이다. 이 시에는 에피쿠로스의 가르침이 그 철학자의 남아 있는 단편들보다 더 많이 담겨 있다(p. 311 박스의 '창조에 대한 에피쿠로스의 견해'를 보라). 창세기 3장 17-19절에서 하나님이 아담에게 하신 말씀과 병행을 이루는 문장을 주목하라. 교회는 이 시와 에피쿠로스의 저작을 부인했다. 그 이유는 그들이 하나님의 섭리를 부인하고 해이한 도덕성을 갖고 있었기 때문이다. 하지만 많은 그리스도인들은 에피쿠로스의 논증이 이교 신들의 존재를 부인하고 자기들의 신앙을 변호하는 데 유용하다고 생각했다(6.100).

> **창조에 대한 에피쿠로스의 견해**
>
> 나는 만물의 궁극적인 기원에 대해서는 아는 바가 없다. 하지만 세상이 조직되어 있는 방법으로 미루어 감히 주장하고 다른 논증으로부터 증명하려고 하는 점은, 이 세상을 창조한 어떤 신적인 능력도 우리에게는 존재하지 않는다는 사실이다. 창조된 세상에는 결점이 매우 많다. 그 결점을 지적해 보자. 하늘이 뒤덮고 있는 넓은 공간은 야생 동물들로 가득 찬 산과 숲으로 채워져 있다. 어떤 곳은 바위와 드넓은 늪지로 뒤덮여 있고, 바다는 해안가를 사이에 두고 산과 숲으로부터 멀리 떨어져 있다. 지구의 거의 3분의 2가 타는 듯한 더위와 혹한 추위 때문에 사람들에게는 소용없는 곳이 되어 버렸다. 남아 있는 땅만 해도 그렇다. 사람이 일을 하지 않고 가만히 있게 된다면, 땅은 잡초와 가시로 뒤덮일 것이다. 우리는 끊임없이 허리를 굽혀 호미질을 해야 하고 무거운 쟁기로 땅을 갈아야 한다. 심지어 우리가 무진 노력을 기울여 자라게 한 식물도 태양의 열기로 타 죽거나 비바람과 서리로 인해 상하게 되고 강한 바람이 불면 땅에 떨어지고 만다(Lucretius, *On the Nature of Things* 5.195-215).

스토아학파

로마인들이 마음에 들어 한 그리스 철학의 유일한 지류는 사실상 스토아 철학이었다. 그것은 스토아 철학이 추구하는 엄격한 교리가 정의와 조화와 같이 로마인들이 오랫동안 동경해 왔던 덕성들을 가르쳤기 때문이었다. 로마인들은 그들의 종교에 윤리적인 기초가 없었기 때문에 이러한 덕성들을 의인화하여 신전을 건립해 왔다(6.130).

주전 2세기 초에 플라톤 철학자와 스토아 철학자와 같은 첫 철학자들이 로마에 등장했으므로 어떤 의미에서 기초는 마련된 셈이었다. 젊은 세대는 열정적으로 그리스 철학을 수용했지만, 외국 것이라면 무조건 싫어하는 일부 보수주의자들은 철학자들을 그리스로 쫓아 버리려고 했다. 이 때문에 젊은 이들은 "늘 그래 왔던 대로 로마의 법과 행정에" 관심을 집중할 수 있었다 (Plutarch, *Cato the Elder* 22).

스토아학파의 창시자는 제논(Zenon)이었다. 그는 처음에는 견유학파인 크라테스(Crates)를 추종했었다. 제논의 학파가 스토아학파로 알려지게 된 것은 그가 처음에 아테네의 스토아(stoa, 열주 또는 행각)2)에서 가르쳤기 때문이다. 제논은 키프로스섬 키티움 출신의 셈족 사람이었으며, 그의 교리는 구약 사상의 어떤 면들과 비교될 수 있었다(6.123).

에피쿠로스학파처럼 스토아학파도 삶에 대해 수동적이고 숙명론적인 경향을 지니고 있었다. 그렇다고 해서 대중과 어울려 살지 말라고 주장하지는 않았다. 제논의 견해에서 문제가 되는 것 하나는 바로 덕이었다. 덕을 소유하면 지혜로워지며 그러면 행복해진다는 것이다.

제논은 신들과 신들 위에 있는 운명이 이 세상에서 일어나는 모든 일을 지배한다고 생각했다(6.143). 사람들의 행동으로는 그 어떤 것도 변화시킬 수 없었다. 그렇다면, 행복을 얻기 위한 유일한 소망은 무슨 일이 일어나든지 그것을 신에게서 오는 것으로 받아들이고 그것을 대항하지 않는 것이었다. "가시채를 뒷발질하기가 네게 고생이니라"(행 26:14). 이 구절은 신약성경뿐만 아니라 고대의 여러 문서에도 등장하는 구절이다. 불행이 네게 닥치더라도 너무 슬퍼하지 말며, 복받은 것처럼 보일 때 너무 행복해하지 말라. 당신이 한 개인으로서 어떤 일을 했다고 해서 사건이 발생하는 것도 아니며, 그 일이 순간적으로 변화될 수 있는 것도 아니다(6.114; 6.125; 6.127). 에픽테토스(Epiktetos, 주후 90년)가 표

---

2) 요한복음 5:2에는 이 단어가 포르티코(porticoes), 즉 지붕이 있는 현관(covered porches)이라고 번역되어 있다(개역개정에는 '행각'으로 표현되어 있다—편집자 주).

현했듯이 "하나님이 우리에게 무슨 일이든지 견딜 수 있는 능력을 주셔서 그것으로 인해 중압감에 사로잡히지 않게 하신 것"에 감사하라(참조. 빌 4:11-13).

제논이 쓴 글 중에서 남아 있는 것은 하나도 없다. 하지만 그의 추종자와 그를 비평했던 사람들이 스토아 철학에 대한 포괄적인 견해를 제시해 준다. 스토아 철학자들은 "방대한 양의 책을 쓴 사람들이었는데, 일반적으로 그들은 매우 매력 없는 문체로 글을 쓴 것 같다"(6.1:120). 논리학과 물리학에 관한 그들의 견해는 신약의 배경을 이해하려는 사람에게 도외시되고 있다(6.140). 그들은 인간의 영혼을 비롯해 모든 것은 물질이며, 물질은 영원하다고 주장했다.

또한 역사는 순환한다고 보았다. 세상은 정기적으로 불타오르는 대격변에 소멸되었다가 다시 새롭게 되지만(참조. 마 19:28; 벧후 3:10-13), 항상 정확히 같은 패턴으로 반복된다. 현재 일어나고 있는 일은 전에 일어났던 것이며, 앞으로 다시 일어날 것이다. 그러므로 미래는 이생에서나 내생에서나 기대의 대상이 아니다(5.14). 이 견해는 성경의 구원 역사와 정반대이다(참조. 행 13:16-47). 이는 사람들이 믿는 신의 능력을 제한하고, 인간의 노력을 헛되게 만든다(6.121). 스토아학파는 우주에 있는 모든 것은 심지어 악이라 하더라도 공동의 목표를 향해 작용한다고 믿었다(참조. 롬 8:28). 기독교 사상과 유사한 스토아 사상은 자연 계시에 대한 그들의 이해이다. 스토아학파는 하나님의 존재와 활동이 우주의 여러 작용에서 분명하게 드러난다고 주장했다. 사도행전 17장 22-31절에 기록된 바울의 아레오바고 연설에는 스토아학파의 이 주제가 반영되어 있다(6.124; 참조. 롬 1:20).

스토아학파의 윤리학은 적어도 표면적으로 볼 때 현대인의 가슴에 많이 와 닿는다. 더욱이 어떤 것은 기독교 교리와 유사하기도 하다. 스토아학파는 "자연과 조화를 이루며 사는 생활"과 물질적인 부의 가치를 경시하라는 윤리를 설교했다(6.116; 6.132). 예를 들어, 세네카는 다음과 같이 말했다. "선이 악에서 유래한 것은 아니지만 부는 탐욕에서 유래한 것이다. 그러므로 부는 선이 아니

철학의 삶을 촉구함

어떤 의무가 당신을 사로잡고 있다면 떨쳐 버려라. 당신은 이렇게 말할지도 모른다. "좋아요. 그런데 집안 문제로 나중에 해야겠어요. 일을 정리하고 난 후에야 철학자가 되겠습니다. 그래야 가난이 저나 다른 사람들에게 짐이 되지 않을 것입니다." 이렇게 말한다면 당신은 당신이 생각하고 있는 선의 힘과 가능성을 깨닫지 못하고 있는 것이다. ……나를 믿고 지혜를 당신 편으로 만들라. 지혜는 당신을 설득하여 가계부 같은 것을 붙잡고 앉아 있지 않게 할 것이다. 당신은 철학자가 되기를 늦추면서까지 충분한 재산을 모으고 가난을 두려워하지 않게 되기를 소망할 것이다. 그런데 가난이 우리가 바라는 것이라면 어찌할 것인가? ……영혼의 안식을 원한다면 당신은 극빈자가 되든지 아니면 극빈자처럼 살아야 한다. 단순하고 소박하게 살지 않는다면 공부하는 일도 소용없다. 그리고 단순하고 소박하게 사는 것은 자원하여 가난하게 되는 것이다. 모든 핑계를 물리쳐라. ……당신이 미루고 있고 다른 일을 하고 난 후에 하겠다는 바로 그것을 다른 어떤 일을 하기에 앞서 추구해야 한다. 지금 당장 시작하라.

그러므로 부를 최우선 순위에 놓지 말라. 여행할 돈이 없더라도 당신은 철학을 따를 수 있다. 당신이 모든 것을 소유했다고 해서 지혜도 찾을 수 있다고 생각하는가? 말하자면, 철학을 삶에서 가장 필요 없는 것, 삶의 부속물 정도라고 여기고 있는가? 당신이 현재 무엇을 소유하고 있는지와 상관없이 철학에 헌신하라. 당신이 이미 소유하고 있는 것이 충분하지 않다고 어떻게 아는가? 설령 아무것도 소유하지 않았다 하더라도 다른 어떤 것을 구하기 전에 먼저 지식을 구하라. ……지혜 있는 사람은 참으로 얼마 안 되는 재력이 있다고 해도 그것으로 자기가 할 수 있는 최상의 일을 할 것이며, 필요 이상으로 무엇을 소유하고자 염려하거나 마음을 쓰지 않을 것이다(Seneca, Ep. 37).

다." 하지만 세네카는 이것을 믿으면서도 자신의 막대한 부를 버리지 못했다. 그래서 사람들은 그를 위선자라고 비난하기도 했다(6.136; 6.138; 6.147). 참된 스토아 철학자라면 이런 일들에 대하여 무관심해야 했다. 부를 소유하든지 소유하지 않든지 간에 한 개인의 삶은 아무런 차이가 없어야 했다. 철학을 추구하라는 촉구는 누가복음 9장 59절-10장 4절이나 누가복음 12장 22-30절에서 예수님이 제자도를 촉구하신 것과 비슷한 점이 있다(p. 314 박스의 '철학의 삶을 촉구함'을 보라).

스토아 철학자들은 대부분의 로마인보다 그들의 노예들을 인간적으로 대우했다. 그들은 노예가 된다는 것은 한 개인이 마음대로 할 수 없는 잘못된 출생이나 정치적이거나 군사적인 불행의 결과라고 인식했다. 사람의 운이란 바뀔 수 있다. 노예의 경우, 그는 자유롭게 될 수도 있고 존경받는 시민이 될 수도 있다. 이렇게 운명이 바뀔 수 있기 때문에 우리는 상황을 무정념(無情念, apatheia)으로 맞이할 수 있다. 이런 것들은 우주의 자연적인 질서에 의해 미리 결정되기 때문에 행복을 찾는 유일한 길은 저항하지 않는 것이다. 이 분야에 끼친 스토아 철학의 영향으로 인해, 원래는 주인의 죽이고 살리는 권세 아래에 있던 노예들의 법적인 보호가 개선되었다(6.143; 6.148).

이 책 제3장에서 살펴보았듯이, 스토아 철학 특히 세네카의 저작과 기독교 윤리 사이의 여러 유사성 때문에 두 집단 사이에는 어떤 연관점이 있을 것이라고 생각되었다. 세네카와 그의 가정의 해방 노예였던 코르누투스(Cornutus)의 사상도 여러 면에서 기독교 사상과 비슷하다(6.144). 주후 30년부터 100년까지 살았던 무소니우스 루푸스(Musonius Rufus)의 저작에서도 기독교와의 유사성을 찾을 수 있다(6.145). 무소니우스와 스토아 현자였던 그의 사위는 플리니우스와 면식이 있었고, 플리니우스는 이 두 사람을 무척 존경했다(*Ep*. 3.11).

신약의 배경과 관련해 스토아 사상에서 가장 주목할 만한 점은, 세상의 질서 잡힌 제도 어디서나 볼 수 있는 이성 또는 '로고스'에 대한 그 학파의 이해이다(6.111). 신비 종교에서 다른 새로운 종교로 개종하는 사람들이 원래 가지고 있던 신앙적 성향을 그대로 간직했듯이, 스토아 철학의 배경에서 자란 사람이 기독교를 이해할 경우에도 스토아학파의 이런 요소들을 그대로 지니고 있었을 수 있다. 하지만 우리로서는 무엇이 무엇에 영향을 주었는지 규명할 수 없다.

스토아 작가 중에서 그리스도인의 이름을 언급한 사람은 하나도 없다. 2세기 중반의 철학자요 황제였던 마르쿠스 아우렐리우스(Marcus Aurelius)는 그의 『명상록』(*Meditations*)의 몇 구절에서 그리스도인들을 암시하는 것처럼 보이는 글을 썼다. 하지만 그도 적극적인 의미에서는 한 번도 언급하지 않았다.

로마의 스토아 철학은 독창적인 교의를 구체적으로 내놓지는 못했지만, 두 분야에서 제논의 사상에 기초했던 것만은 틀림없다. 그 두 분야는 죽음과 슬픔에 대처하는 법과 정부에 대한 철학이다. 스토아 철학은 숙명론적이었으므로 죽음을 두려워하지 말고 받아들이라고 가르쳤다. 영혼은 죽음 이후에도 존재하기를 멈추지 않는다. 영혼은 단지 존재의 다른 단계에 들어갈 뿐이다. 기뻐할 이유도 슬퍼할 이유도 없다. 받아들이는 것이 열쇠이다(6.113; 6.117; 6.137). 스토아 철학이 반영된 문서 중에서 대중적인 인기를 누리는 문학 장르는, 친구나 사랑하는 사람이 죽었거나 그 밖에 여러 다른 비극적인 일이 발생했을 때 기록된 '콘솔라티오'(consolatio, 위안)이다. 세네카가 쓴 『마르키아에게』(Ad Marciam)와 『어머니 헬비아에게』(Ad Helviam)는 이 장르에 속한 가장 좋은 예이다(6.132–133).

로마의 스토아 철학은 철학자의 의무가 정부에 충고하고 정부를 개선하는 데 있다고 이해한 점에서, 원래의 스토아 철학에 가장 가깝게 접근했다고 볼 수 있다(6.126). 통치자는 자기의 실력으로 통치자 자리에 앉아 있는 것이 아니라 거부할 수 없는 운명이 그를 그 자리에 앉혔기 때문이라는 명제에서 출발하여, 스토아 철학자들은 통치자가 노예보다 더 중요한 것이 아니며 노예가 가지고 있는 권리에 비해 다른 사람에게 명령을 내릴 수 있는 권리를 더 많이 가지고 있는 것이 아니라고 결론을 내렸다.

순종하고 저항하지 않는 것이 신하의 의무라면, 의롭게 통치하는 것은 통치자의 의무이다(참조. 롬 13:1–7). 하지만 모든 통치자가 이 메시지를 기쁜 마음으로 들었던 것은 아니다. 종종, 특히 1세기 말에는 스토아 철학자들이 황제들에게 단호한 반대를 표명했다. 주후 93년에 도미티아누스 황제는 국가를 개선하기 위해 이들을 유배 보내거나 처형함으로써 로마에서 추방했다(6.120; 6.135). 플리니우스는 그의 편지에서 이 희생자들을 구하려고 애쓴 내용을 기록했다(Ep. 3.11).

1세기 말에 와서 스토아 철학은 무소니우스 루푸스와 그의 제자요 이전에 노예였던 에픽테토스에 의해 새롭게 변모했다(6.115). 이들은 외적인 문제와 관심사에서 벗어날 것과 인간 영혼이 신이 될 수 있다는 가능성을 강조했다. 모든 사람은 운명에 의해 각자의 몫을 받기 때문에, 또한 모든 사람은 세계영혼의 일부이기 때문에, "에픽테토스는 단 한 가지 의무를 알게 되었다. 그것은 바로 인류를 사랑하는 것이다. 모든 인류는 형제자매다. 그러므로 그들을 사랑과 존경심을 가지고 대해야 한다"(1.37, vol. 1:354).

스토아 철학의 발전 과정 중 이 시점에서 우리는 이교의 종교나 철학에서 인간의 양심을 언급하는 첫 번째 암시를 찾을 수 있다. 단지 동료 인간이기 때문에 다른 사람들에 대해 관심을 가져야 한다는 것이다(6.134). 스토아 철학과 기독교 윤리 사이에 그리 큰 차이가 없다는 사실을 쉽게 감지할 수 있다(6.112; 6.129; 6.142).

견유학파

이 학파의 창시자는 일반적으로 안티스테네스(Antisthenes)로 여겨지고 있으나, 견유학파를 처음으로 실천한 사람은 '소크라테스에 미친 사람'으로 묘사된 디오게네스(Diogenes, 주전 410-324년경)였다(6.156). 견유학파는 세상 물건을 경멸한 소크라테스의 입장을 강조했고, 듀랜트(W. Durant)가 "단순하고 지저분한 생활"이라고 부른 생활을 설교했다. '견유'(Cynic)라는 용어는 개를 지칭하는 헬라어에서 왔다. 마치 '그리스도인'이 그리스도를 따르는 사람들에게 붙여졌던 것처럼, '견유'라는 용어는 처음에 이 단체를 비웃는 말로 붙여졌던 듯하다. 하지만 견유학파는 자신들이 철학의 감시견이라고 주장하면서 그 명칭을 자부심의 근원으로 바꾸었다(6.160).

견유학파에게 행복은 헬라어로 '아우타르케이아'(autarkeia)라고 하는 자기만족의 상태에 도달하는 것이다(6.149). 이것은 공동체 생활에 참여하지 않고 공동체의 가치를 인정하지 않는 개인을 멸시하던 헬레니즘 세계에서는 쉬운 일이 아니었다. 견유학파 사람들은 요즘의 노숙자처럼 육체의 편안함 없이 살고자 굳게 결심했다.

그들은 사회의 관습에 동화되기를 거부했기 때문에 학대를 받았다(6.162). 그들이 받은 학대 중에는 사회적인 규율을 파기함으로써(예로, 공중 앞에서 신체적인 기능을 수행함으로써) 받는 것도 포함되어 있었다. 그들은 소위 '디아트리베' (diatribe, 수사학 용어로서 장광설 또는 독설적인 논쟁을 가리킨다 – 편집자 주)라는 것을 통해 대중에게 자기들의 생각을 제시했다. 그들은 당당하게 연설할 수 있는 그리스 시민의 권리를 십분 활용했던 것이다(6.159; 참조. 살전 2:2).

1세기에 와서는 보다 온건한 형태의 견유학파가 발전했다. 이 분파에 속한 추종자들은 그들의 공동체와 보다 잘 어울려 생활했지만, 여전히 덧없고 세상적인 것은 상대적으로 중요하지 않다고 가르치고자 했다. 견유학파 중에는 그 시대의 주요 정치 인물의 고문관을 지낸 사람이 몇 명 있었다. 기독교 사상과 유대 사상에 끼친 견유학파의 영향은 새로운 인정을 받고 있다(6.152). 가장 초기의 기독교 수도사들은 자기들의 모델로 견유학파의 철학자들을 택했던 것 같다(6.153).

신피타고라스학파와 신플라톤 철학

피타고라스와 플라톤과 관련한 철학 사상이 1세기에 다시 대두되기 시작했다. 신플라톤 철학으로 발전한 과정에 대해서는 앞에서 이미 간략히 서술했다. 피타고라스학파는 주전 300년에는 이미 더 이상 존재하지 않았다. 하지만 피타고라스의 철학은 1세기에 다시 부흥하여 플라톤의 이원론과 피타고라스 자신도 놀랄 만한 귀신론과 같은 잡스러운 내용을 비롯해 많은 교훈들을 가르쳤다. 새로 등장한 신피타고라스 철학은 수많은 사상과 오르페우스교의 여러 문헌의 내용들로 뒤섞여 있다. 신피타고라스학파나 신플라톤학파는 공식적인 학파로 조직되지는 않았으며, 이 학파의 신봉자들은 다방면에 걸친 사상을 가르쳤다. 수학에 대한 관심, 형상에 대한 플라톤의 견해 그리고 (피타고라스와 플라톤 두 사람이 모두 가르친) 환생은 이 두 철학자의 이름을 등에 업고 나타난 고전 시대 철학자들의 모든 가르침의 정수였다. 그들은 종교와 형이상학과 점성학과 일상생활에 대한 충고를 혼합했다. 이런 경향은 현대의 뉴에이지 운동과 다를 바가 없었다. 바울은 골로새 교회에게 이와 같은 "철학과 헛된 속임수"를 경고했다(골 2:8).

신약 시대에 나타난 신피타고라스 교사의 중요한 예는 이 책 제5장에서 언급한 바 있는 티아나의 아폴로니오스를 들 수 있다. 아폴로니오스는 기적적으로 출생했으며, 그에게는 귀신을 쫓아내고 병자들을 고치는 능력과, 인도의 브라만 계급들도 놀라게 한 교수 능력이 있었다. 그는 두세 명의 제자를 데리고 근동 이곳저곳을 여행했다. 이미 언급한 대로, 그의 생애를 기록한 자료들은 복음서와 사도행전보다 이후에 나왔다. 그러나 우리는 아폴로니오스에 대한 묘사가 (주후 200년경에는 비교적 잘 알려져 있었던) 예수님과 바울에 관한 이야기로부터 얼마나 영향을 받았는지는 확신할 수 없다. 1세기에는 여행하며 가르침을 전하는 철학자나 교사가 흔했다는 사실을 언급하는 정도로 만족하자(6.164; 6.167; 6.169).

플리니우스는 이런 사람 한 명을 만난 내용을 기록했다. 그는 시리아인이었는데, 플리니우스가 쓴 편지는 당시의 사람들이 이런 순회 교사들을 얼마나 열렬하게 영접했는지를 보여준다(*Ep.* 1.10). 두 번째 문단을 주목해 보라. 여기서 플리니우스는 이런 사람들을 보통은 더럽고 사람들에게 혐오감을 주는 견유학파의 사람들과 대조하고 있다.

우리 도시가 인문 과학을 지원했더라면 지금 그 도시에서는 인문 과학이 번성했을 것이다. 많은 예를 제시할 수 있지만 한 가지 예만으로도 충분하다. 그것은 철학자 유프라테스(Euphrates)와 관련한 내용이다. ……예술가만 그림과 조각을 판단할 능력이 있는 것처럼, 철학자만 다른 철학자를 이해할 수 있다. 나의 판단 능력에 비춰 본 유프라테스는 탁월하고 특별한 성품을 소유한 인물이었다. 그는 교육을 제대로 받지 못한 사람들까지 끄는 힘이 있었으며, 그들을 교화하는 능력이 있었다. 그는 심오하고 능숙한 웅변술로 자기의 주장을 펼쳤다. 그는 플라톤 철학의 풍성함과 박학다식함을 과시하기도 했다. 그는 다양한 주제에 대해 길게 말할 능력이 있었으며, 고집 센 청중의 관심을 끌고 그들을 교화할 만한 특별한 매력을 지녔다.

한 가지 덧붙이자면, 유프라테스는 키도 크고 잘 생겼을 뿐만 아니라 긴 머리카락과 하얗고 긴 턱수염을 하고 있었다. 이런 외모는 우연한 것이고 사소한 문제라고 생각할 수도 있다. 하지만 이런 모습 때문에 유프라테스는 사람들로부터 많은 존경을 받았다. 그의 의복에 대해서는 흠잡을 만한 것이 없었다. 그의 태도는 어두운 면 하나 없이 준엄했다. 그래서 누구나 그를 만나면 그를 멀리하는 것이 아니라 금방 그를 존경하게 된다. 그는 삶의 고결함뿐만 아니라 친절함도 갖추었다. 그는 거짓은 비난하되 사람은 비난하지 않았다. 악을 행한 자들을 벌주기보다는 교화했다.

여러분은 유프라테스가 가르칠 때 그를 따르며 그의 말 한마디 한마디를 놓치지 않고 간직할 것이다. 그에게 설득을 당하고 난 뒤에도 계속해서 그가 여러분을 설득해 주기를 바랄 것이다.

이 순간 누구나 바울의 설교에 대한 아그립바 왕의 반응을 생각할 것이다. "네가 적은 말로 나를 권하여 그리스도인이 되게 하려 하는도다"(행 26:28).[3] 기독교 선교사들은 이교도 청중에게 여러 순회 철학자 중 한 사람으로 보였

---

3) 이 본문의 정확한 의미와 가장 좋은 번역은 불분명하다. 여러 번역 성경은 이 구절을 다양하게 번역했다.

을 것임에 틀림없다. 그들이 전하는 설교의 내용은 당대의 신비 종교와 철학학파와 유사한 요소를 포함하고 있어서 전혀 낯설지 않았다. 그리스도인들은 이러한 유사한 점을 십분 활용하여 청중 누구나 그들이 전하는 메시지를 이해할 수 있게 했다.

앞에서 우리는 바울이 복음 전도의 필요를 위해 신비 종교에서 사용하던 용어를 채용했다는 사실을 살펴보았다. 바울과 요한은 스토아 철학에서 로고스 개념을 빌려 와 그것을 그리스도를 지칭하는 용어로 바꾸기도 했다. 바울은 아테네 사람들에게 행한 연설에서(행 17:22-31), 당대 스토아학파 진영에서 인기를 얻고 있던 시인 아라토스(Aratos)의 『파이노메나』(Phaenomena) 한 구절을 인용하기도 했다(6.168; 6.175).

4. 그리스도인들과 철학

기독교와 여러 철학 학파 사이에서 이루어진 상호 교류와 영향을 주후 1세기 동안 모든 그리스도인이 환영한 것은 아니었다(이 문제에 대한 자료들은 2세기 것들이 대부분이라 이런 판단을 내리기에는 성급한 면도 없지 않다). 2세기 말에 테르툴리아누스는 기독교가 헬레니즘적인 것에 오염되지 않기를 바라는 사람들에게 전쟁 구호가 되다시피 한 질문을 제기했다. "아테네와 예루살렘이 무슨 상관이 있는가?"(Quid ergo Athenis et Hierosolymis?) 테르툴리아누스는 문화적인 영향을 전혀 받지 않는 기독교 신학을 제의하고 싶었다(6.173).

하지만 대다수 기독교 사상가는 자기가 성장하고 교육받아 온 그리스-로마 전통을 떨쳐 버려야 할 이유를 찾지 못했다. 이런 사람 중 다수는 성인이 되어 기독교로 개종했는데, 개종 후에도 수년 동안 비기독교적인 세계관을 지니고 있었다. 그들은 아테네와 예루살렘 사이에 외교적인 관계나 적어도 문화적인 교류가 필요하다고 보았다. 그들은 철학 학파의 가르침을 기독교 교리의 초기 형태 내지는 불완전한 모습이라고 해석함으로써 그 둘을 조화시켰다(6.174; 6.177).

이런 과정 속에서 그들은 철학 학파에서 사용한 어떤 용어를 교회가 채택했다는 사실에서 도움을 받았다. 이 책 제5장에서 지적했듯이, '이단'(heresy)이라는 단어는 원래 철학자들 사이의 상이한 의견을 의미했었다. '교리'(dogma)라는 단어도 관련어인 '독사'(doxa, 의견)에서 확인할 수 있듯이 철학 진영에서 나왔다. 철학의 여러 학파에서 사용된 용어가 기독교적 문맥에서 사용된 용어와 비슷하고 또 철학에서 (대개는 단수 형태로) 하나님을 논했다면, 사람들은 역사 비평학적 판단을 의식하지 않고도 그리스도인들이 철학자들과 동일한 문제에 대해 말하고 있다고 생각하기가 쉬웠을 것이다.

이렇듯 기독교가 철학의 여러 학파와 긴밀하게 연결되어 있었기 때문에, 2세기에 그리스도인들 중에는 기독교는 종교가 아니라 철학으로 취급되어야 한다고 주장하는 사람들도 있었다. 기독교는 모든 표준을 충족시킬 만한 요소를 갖추고 있었다. 기독교는 제자라는 일단의 동호인들과 더불어 창시자가 있었고, 일상생활을 영위하는 데 필요한 지침과 형이상학적 및 신학적인 기조가 있었다.

이는 철학자 유스티누스라고도 불리는 순교자 유스티누스가 가장 강력하게 주장한 내용이다. 그는 처음에는 스토아 철학자를, 그 다음에는 오로지 수강료에만 관심이 있던 아리스토텔레스 소요학파(아리스토텔레스의 추종자) 사람을, 그 후에는 피타고라스를, 마지막에는 플라톤을 탐구했고, "그런 연후에 잠시 동안 나는 현명하다고 믿었는데, 이것이 나의 무지라는 사실을 알게 되었다."라고 말했다(Dialogue with Trypho 2).

유스티누스는 이 모든 학파가 불완전하다는 사실을 발견하고는 진정한 철학인 기독교로 방향을 돌렸다. 유스티누스는 세례를 어떤 철학 학파로 전향하는 순간과 동일시했다. "우리가 우리의 씻음을 '계몽'이라고 부르는 것은 이런 것을 배우는 사람들의 마음이 계몽되기 때문이다"(*First Apology* 61).

알렉산드리아의 클레멘스는 200년경에 발전된, 철학에 대한 기독교의 태도를 다음과 같이 요약했다. "내가 철학이라는 말을 사용할 때 그것은 스토아학파나 플라톤학파, 에피쿠로스학파나 아리스토텔레스학파를 의미하는 것이 아니라, 어느 학파든지 진리를 말하고 존경심을 겸비하여 지혜와 의를 가르치는 것 모두를 의미한다. 나는 이 배움의 총체를 철학이라고 부르고 싶다"(*Stromata* 1.7; 6.165).

참고 문헌

1. 헬라인과 철학

6.1.   Armstrong, A. H. *An Introduction to Ancient Philosophy*. 3d ed. Totowa, NJ: Littlefield, Adams, 1981.

6.2.   Bell, A. A., Jr., and J. B. Allis. *Resources in Ancient Philosophy: An Annotated Bibliography of Scholarship in English, 1965–1989*. Metuchen, NJ: Scarecrow Press, 1991.

6.3.   Davies, C. "Thales of Miletus: The Beginnings of Greek Thought." *HT* 20(1970): 86–93.

6.4.   Feldman, L. H. "Abraham the Greek Philosopher in Josephus." *TAPhA* 99(1968): 144–156.

6.5.   Irwin, T. *A History of Western Philosophy, I: Classical Thought*. New York: Oxford University Press, 1989.

6.6.   James, G. G. M. *Stolen Legacy: The Greeks Were Not the Authors of Greek Philosophy, But the People of North Africa, Commonly Called the Egyptians*. New York: Philos. Library, 1954.

6.7.   Moorhead, J. "The Greeks, Pupils of the Hebrews." *Prudentia* 15(1983): 3–12.

6.8.   Roth, N. "The 'Theft of Philosophy' by the Greeks from the Jews." *CF* 32(1978): 53–67.

6.9.   Snell, B. *The Discovery of the Mind in Greek Philosophy and Literature*. New York: Dover, 1982 reprint.

6.10. Zeller, E. *Outlines of the History of Greek Philosophy*. Trans. by L. R. Palmer. 13th ed., rev. by W. Nestle. Cleveland: World, 1950.

2. 고전 철학 학파

6.11. Levin, S. "Diotima's Visit and Service to Athens." *Grazer Beiträge* 3(1975): 223–240.

6.12. Menage, G. *The History of Women Philosophers*. Trans. by B. H. Zedler. Lanham, MD: University Press of America, 1984 reprint.

6.13. Waithe, M. E., ed. *A History of Women Philosophers, I: Ancient Women Philosophers, 600 B. C.–500 A. D.* Dordrecht: Nijhoff, 1987.

6.14. Wider, K. "Women Philosophers in the Ancient Greek World: Donning the Mantle." *Hypatia* 1(1986): 21–62.

소크라테스 이전의 철학자들

6.15. Austin, S. "Parmenides and Ultimate Reality." *Ultimate Reality and Meaning* 7(1984): 220–232.

6.16. Baker, H. "Pythagoras of Samos." *Sewanee Review* 80(1972): 1–38.

6.17. Burnet, J. *Early Greek Philosophy.* New York: Macmillan, 1892.

6.18. Cleve, F. M. *The Philosophy of Anaxagoras.* The Hague: Nijhoff, 1973.

6.19. Davies, C. "Anaximander of Miletus." *HT* 20(1970): 263–269.

6.20. _____. "Empedocles of Acragas." *HT* 21(1971): 708–714.

6.21. de Ley, H. "Democritus and Leucippus: Two Notes on Ancient Atomism." *Antiquité classique* 27(1968): 620–633.

6.22. Ferguson, J. "Dinos." *Phronesis* 16(1971): 97–115.

6.23. Grant, R. M. "Early Christianity and Pre-Socratic Philosophy." In *Harry Austin Wolfson Jubilee Volume.* Jerusalem: American Academy for Jewish Research, 1965: 57–68.

6.24. Hershbell, J. "The Idea of Strife in Early Greek Thought." *Personalist* 55(1974): 205–215.

6.25. Loenen, J. H. "Was Anaximander an Evolutionist?" *Mnemosyne* 7(1954): 215–232.

6.26. Philip, J. A. *Pythagoras and Early Pythagoreanism.* Toronto: University of Toronto Press, 1966.

6.27. Sailor, D. B. "Moses and Atomism." *JHI* 25(1964): 3–16.

6.28. Salmon, W. C. *Zeno's Paradoxes.* Indianapolis: Bobbs-Merrill, 1970.

6.29. Schattenmann, J. "Jesus and Pythagoras." *Kairos* 21(1979): 215–220.

6.30. Smith, J. W. "Zeno's Paradoxes." *Explorations in Knowledge* 2(1985): 1–12.

6.31. Whyte, L. L. *Essay on Atomism: From Democritus to 1960.* London: Nelson, 1961.

소크라테스

6.32. Annas, J. "The Heirs of Socrates." *Phronesis* 33(1988): 100–112.

6.33. Beckman, J. *The Religious Dimension of Socrates' Thought.* Waterloo, Ont.: Wilfred Laurier University Press, 1979.

6.34. Berland, K. J. H. "Bringing Philosophy Down from the Heavens: Socrates and the New Science." *JHI* 47(1974), 299-308.

6.35. Davies, C. "Socrates." *HT* 20(1970): 799-805.

6.36. Downey, G. "Who Is My Neighbor? The Greek and Roman Answer." *AngThR* 47(1965): 3-15.

6.37. Ehnmark, E. "Socrates and the Immortality of the Soul." *Eranos* 44(1946): 105-122.

6.38. Guthrie, W. K. C. *Socrates*. New York: Cambridge University Press, 1971.

6.39. Jackson, D. B. "The Prayers of Socrates." *Phronesis* 16(1971): 14-37.

6.40. _____. "Socrates and Christianity." *CF* 31(1977): 189-206.

6.41. Taylor, A. E. *Socrates*. London: Macmillan, 1932.

6.42. Tejera, V. "The Socratic Elenchus." *JPh* 84(1982): 711-714.

6.43. Vlastos, G. "The Socratic Elenchus." *Oxford Studies in Ancient Philosophy* 1(1983): 27-58.

플라톤과 플라톤 철학

6.44. Andresen, C. "The Integration of Platonism into Early Christian Theology." *StudPatr* 15(1984): 399-413.

6.45. Armstrong, A. H. "Greek Philosophy and Christianity." In *The Legacy of Greece: A New Appraisal*. Ed. by M. I. Finley. Oxford: Clarendon Press, 1981: 347-375.

6.46. Avni, A. "Inspiration in Plato and the Hebrew Prophets." *CompLit* 20(1968): 55-63.

6.47. Barker, E. *The Political Thought of Plato*. New York: Dover, 1960 reprint.

6.48. Baron, J. R. "On Separating the Socratic from the Platonic in *Phaedo* 118." *CPh* 70(1975): 268-269.

6.49. Bett, R. "Immortality and the Nature of the Soul in the *Phaedo*." *Phronesis* 31(1986): 1-26.

6.50. Bozonis, G. A. "Platonic Philosophy and Modern Thought." *Diotima* 2(1974): 181-201.

6.51. Brumbaugh, R. S. *Plato's Mathematical Imagination: The Mathematical Passages in the Dialogues and Their Interpretation*. Bloomington: Indiana University Press, 1954.

6.52. Carrol, K. M. "Plato for the Uninitiated: An Account for Non-Classical Pupils." *G&R* 5(1958): 144-158.

6.53. Carter, R. E. "Plato and Inspiration." *JHPh* 5(1967): 111-121.

6.54. _____. "Plato and Mysticism." *Idealist Studies* 5(1975): 255-268.

6.55. Chen, C. H. "Plato's Theistic Teleology." *AngThR* 43(1961): 71–87.

6.56. Ciholas, P. "Plato, the Attic Moses? Some Patristic Reactions to Platonic Philosophy." *CW* 72(1978–79): 217–225.

6.57. Clegg, J. S. *The Structure of Plato's Philosophy*. London: Assoc. University Press, 1977.

6.58. Cushman, R. E. *Therapeia: Plato's Conception of Philosophy*. Chapel Hill: University of North Carolina Press, 1958.

6.59. Despland, M. *The Education of Desire: Plato and the Philosophy of Religion*. Toronto: University of Toronto Press, 1985.

6.60. de Vogel, C. J. "Platonism and Christianity: A Mere Antagonism or a Profound Common Ground?" *VigChr* 39(1985): 1–62.

6.61. Dillon, J. "Logos and Trinity: Patterns of Platonist Influence on Early Christianity." In *The Philosophy in Christianity*. Ed. by G. Vesev. New York: Cambridge University Press, 1989: 1–13.

6.62. Drake, H. L. *The People's Plato*. New York: Philosophical Library, 1958.

6.63. Grube, G. M. A. *Plato's Thought*. Boston: Beacon Press, 1958.

6.64. Hare, R. M. *Plato*. New York: Oxford University Press, 1982.

6.65. Havelock, E. A. *A Preface to Plato*. Oxford: Blackwell, 1962.

6.66. Jordan, N. *The Wisdom of Plato: An Attempt at an Outline*. Washington, DC: University Press of America, 1981.

6.67. Levy, G. R. *Plato in Sicily*. London: Faber, 1956.

6.68. Melling, D. J. *Understanding Plato*. New York: Oxford University Press, 1987.

6.69. Novotny, F. *The Posthumous Life of Plato*. The Hague: Nijhoff, 1977.

6.70. Patterson, R. *Plato on Immortality*. University Park: Pennsylvania State University Press, 1965.

6.71. Rist, J. M. *Platonism and Its Christian Heritage*. London: Variorum Reprints, 1985.

6.72. Rowe, C. J. *Plato*. New York: St. Martin's Press, 1984.

6.73. Sterling, G. E. "Platonizing Moses: Philo and Middle Platonism." *StudPhil* 5(1993): 96–111.

아리스토텔레스

6.74. Adler, M. J. *Aristotle for Everybody: Difficult Thought Made Easy*. New York: Macmillan, 1978.

6.75. Edel, A. *Aristotle and His Philosophy*. Chapel Hill: University of North Carolina Press, 1982.

6.76. Ferguson, J. *Aristotle*. Boston: Twayne, 1972.

6.77. Lloyd, G. E. R. *Aristotle: The Growth and Structure of His Thought*. New York: Cambridge University Press, 1968.

6.78. Wallis, E. E. "Aristotelian Echoes in Luke's Discourse Structure." *Occasional Papers in Translation and Textlinguistics* 2(1988): 81-88.

3. 헬레니즘 철학

6.79. Croy, N. C. "Hellenistic Philosophies and the Preaching of the Resurrection (Acts 17:18, 32)". *NovT* 39(1997): 21-39.

6.80. Festugiere, A. J. "Nature and Quietism in the Hellenistic Age." *Sileno* 1(1975): 125-141.

6.81. Jones, A. H. M. "The Hellenistic Age." *P&P* 27(1964): 3-22.

6.82. Krentz, E. "Roman Hellenism and Paul's Gospel." *BibT* 26(1988): 328-377.

6.83. Kristeller, P. O. *Greek Philosophers of the Hellenistic Age*. New York: Columbia University Press, 1993.

6.84. Long, A. A. *Hellenistic Philosophy: Stoics, Epicureans, Sceptics*. London: Duckworth, 1973.

6.85. Malherbe, A. J. "Hellenistic Moralists and the New Testament." *ANRW* II, 26, 1(1992): 287-293.

6.86. Neusner, J. *Judaism as Philosophy: The Method and Message of the Mishnah*. Columbia: University of South Carolina Press, 1991.

6.87. _____. "The Mishnah's Philosophical Method: The Judaism of Hierarchical Classification in Greco-Roman Context." *SecCent* 7(1989-90): 193-211.

6.88. Osborn, E. F. *The Beginning of Christian Philosophy*. New York: Cambridge University Press, 1981.

6.89. Seeley, D. *The Noble Death: Graeco-Roman Martyrology and Paul's Concept of Salvation*. Sheffield, UK: JSOT Press, 1990.

에피쿠로스학파

6.90. Arkins, B. "Epicurus and Lucretius on Sex, Love, and Marriage." *Apeiron* 18(1984): 141-143.

6.91. Avotins, I. "Training in Frugality in Epicurus and Seneca." *Phoenix* 31(1977): 214-217.

6.92. Bastomsky, S. J. "The Talmudic View of Epicureanism." *Apeiron* 7(1973): 17-19.

6.93. Dewitt, N. W. *Epicurus and His Philosophy*. Minneapolis: University of Minnesota Press, 1954.

6.94. _____. *St. Paul and Epicurus*. Minneapolis: University of Minnesota Press, 1954.

6.95. Farrington, B. *The Faith of Epicurus*. London: Weidenfeld & Nicolson, 1967.

6.96. Festugiere, A. J. *Epicurus and His Gods*. Oxford: Blackwell, 1955.

6.97. Frischer, B. *The Sculpted Word: Epicureanism and Philosophical Recruitment in Ancient Greece*. Berkeley: University of California Press, 1982.

6.98. Gordis, R. *Koheleth, the Man and His World: A Study of Ecclesiastes*. New York: Schocken Books, 1968.

6.99. Hibler, R. W. *Happiness Through Tranquility: The School of Epicurus*. Lanham, MD: University Press of America, 1984.

6.100. Jungkuntz, R. P. "Christian Approval of Epicureanism." *ChHist* 31(1962): 279–293.

6.101. Kerferd, G. B. "Epicurus' Doctrine of the Soul." *Phronesis* 16(1971): 80–96.

6.102. Long, A. A. "Chance and Natural Law in Epicureanism." *Phronesis* 22(1977): 63–88.

6.103. MacMullen, R. "Two Types of Conversion to Early Christianity." *VigChr* 37(1983): 174–192.

6.104. Miller, F. D. "Epicurus on the Art of Dying." *SJPh* 14(1976): 169–177.

6.105. Obbink, D. "The Atheism of Epicurus." *GRBS* 30(1989): 187–223.

6.106. Panichas, G. A. *Epicurus*. New York: Twayne, 1967.

6.107. Rosenbaum, S. E. "How to Be Dead and Not Care: Defense of Epicurus." *AmPhQ* 23(1986): 217–225.

6.108. Sayers, B. "Death as a Loss." *Faith&Ph* 4(1987): 149–159.

6.109. Sedgwick, H. D. *The Art of Happiness, or the Teachings of Epicurus*. Freeport, NY: Books for Libraries Press, 1970 reprint.

6.110. Tsinorema, V. "The Concept of Pleasure in Epicurus' Moral Philosophy." *Diotima* 13(1985): 147–155.

스토아학파

6.111. Akinpelu, J. A. "'Logos' Doctrine in the Writings of Seneca." *CB* 44(1968): 3336.

6.112. Balch, D. L. "1 Corinthians 7:32–35 and Stoic Debates About Marriage, Anxiety and Distraction." *JBL* 102(1983): 429–439.

6.113. Boal, S. J. "Doing Battle with Grief: Seneca, *Dialogue* 6." *Hermathena* 116(1973): 44–51.

6.114. Bodunrin, P. O. "The Religion of the Ancient Stoics." *N&C* 11(1969): 17–25.

6.115. Bonforte, J. *The Philosophy of Epictetus*. New York: Philosophical Library, 1955.

6.116. Boylan, M. "Seneca and Moral Rights." *New Scholasticism* 53(1979): 362-374.

6.117. Caponigri, A. R. "Reason and Death: The Idea of Wisdom in Seneca." *PACPhA* 47(1968): 144-151.

6.118. Colish, M. L. "Stoicism and the New Testament: An Essay in Historiography." *ANRW* II, 26, 1(1992): 334-379.

6.119. DeSilva, D. A. "Paul and the Stoa: A Comparison." *JEvangThSoc* 38(1995): 549-564.

6.120. Devine, F. E. "Stoicism on the Best Regime." *JHI* 31(1970): 323-336.

6.121. Edelstein, L. *The Meaning of Stoicism*. Cambridge, MA: Harvard University Press, 1966.

6.122. Edwards, M. J. "Quoting Aratus." *ZNTW* 83(1992): 266-269.

6.123. Faj, A. "The Stoic Features of the Book of Jonah." *Apeiron* 12(1978): 34-64.

6.124. Gartner, B. *The Areopagus Speech and Natural Revelation*. Lund: Gleerup, 1955.

6.125. Gould, J. B. "The Stoic Conception of Fate." *JHI* 35(1974): 17-32.

6.126. Griffin, M. T. *Seneca, a Philosopher in Politics*. Oxford: Clarendon Press, 1976.

6.127. Inwood, B. *Ethics and Human Action in Early Stoicism*. Oxford: Clarendon Press, 1985.

6.128. Jaquette, J. L. "Paul, Epictetus, and Others on Indifference to Status." *CBQ* 56(1994): 68-80.

6.129. Lee, P. "'Conscience' in Romans 13:5." *Faith&Mission* 8(1990): 85-93.

6.130. Lind, L. R. "Roman Religious and Ethical Thought, Abstraction and Personification." *CJ* 69(1973): 108-119.

6.131. Long, A. A. "The Logical Basis of Stoic Ethics." *PAS* 71(1970-71): 85-104.

6.132. Manning, C. E. *On Seneca's* Ad Marciam. Leiden: Brill, 1981.

6.133. Mansfield, J. "Resurrection Added: The Interpretatio Christiana of a Stoic Doctrine." *VigChr* 37(1983): 218-233.

6.134. Marietta, D. E. "Conscience in Greek Stoicism." *Numen* 17(1970): 176-187.

6.135. Millar, F. "Epictetus and the Imperial Court." *JRS* 55(1965): 141-148.

6.136. Motto, A. L. "Seneca on Trial: The Case of the Opulent Stoic." *CJ* 61(1966): 254-258.

6.137. Nietmann, W. D. "Seneca on Death: The Courage to Be or Not to Be." *IntPhQ* 6(1966): 81-89.

6.138. Photiades, P. J. "A Profile of Seneca." *Orpheus* 9(1962): 53-57.

6.139. Rist, J. M. *Stoic Philosophy*. New York: Cambridge University Press, 1969.

6.140. Sambursky, S. *Physics of the Stoics*. London: Rutledge, 1959.

6.141. Sandbach, F. *The Stoics*. New York: Norton, 1975.

6.142. Sevenster, J. N. "Education or Conversion: Epictetus and the Gospels." *NovT* 8(1966): 247–262.

6.143. Shaw, B. D. "The Divine Economy: Stoicism as Ideology." *Latomus* 44(1985): 16–54.

6.144. van der Horst, P. W. "Cornutus and the New Testament." *NovT* 23(1981): 165–172.

6.145. _____. "Musonius Rufus and the New Testament." *NovT* 16(1974): 306–315.

6.146. Watts, W. "Seneca on Slavery." *DownRev* 90(1972): 183–195.

6.147. Wedeck, H. E. "The Question of Seneca's Wealth." *Latomus* 14(1955): 540–544.

6.148. _____. "Seneca's Humanitarianism: The Testimony of the Epistulae morales." *CJ* 50(1955): 319–320.

견유학파

6.149. Brenk, F. E. "Old Wineskins Recycled: *Autarkeia* in I Timothy 6.5–10." *FNT* 3(1990): 39–52.

6.150. Crossan, J. D. "Open Healing and Open Eating: Jesus as a Jewish Cynic?" *BibRes* 36(1991): 6–18.

6.151. Downing, F. G. *Christ and the Cynics: Jesus and Other Radical Preachers in First-Century Tradition*. Sheffield, UK: JSOT Press, 1988.

6.152. _____. *Cynics and Christian Origins*. Edinburgh: Clark, 1992.

6.153. _____. "Cynics and Christians." *NTS* 30(1984): 584–593.

6.154. _____. *Jesus and the Threat of Freedom*. London: SCM Press, 1987.

6.155. _____. "Quite Like Q. A Genre for 'Q': The 'Lives' of Cynic Philosophers." *Biblica* 69(1988): 196–225.

6.156. Eddy, P. R. "Jesus as Diogenes? Reflections on the Cynic Jesus Thesis." *JBL* 115(1996): 449–469.

6.157. Luz, M. "A Description of the Greek Cynic in the Jerusalem Talmud." *JSJ* 20(1989): 49–60.

6.158. Malherbe, A. J. *The Cynic Epistles*. Missoula, MT: Scholars Press, 1977.

6.159. _____. "'Gentle as a Nurse': The Cynic Background to 1 Thessalonians ii." *NovT* 12(1970): 205–217.

6.160. Rankin, H. D. "Absolute Dog: The Life and Thought of Antisthenes." *PCA* 82(1985): 17–18.

6.161. Steiner, G. "Diogenes' Mouse and the Royal Dog: Conformity in Nonconformity." *CJ* 72(1976): 36–46.

6.162. Xenakis, J. "Hippies and Cynics." *Inquiry* 16(1973): 1–15.

신피타고라스 학파와 신플라톤 철학

6.163. Balch, D. L. "Neopythagorean Moralists and the New Testament Household Codes." *ANRW* II, 26, 1(1992): 380-411.

6.164. Campbell, F. W. G. *Apollonius of Tyana: A Study of His Life and Times*. Chicago: Argonaut, 1968.

6.165. Grant, R. M. "Early Alexandrian Christianity." *ChHist* 40(1971): 133-144.

6.166. Guthrie, W. K. C. *Orpheus and Greek Religion: A Study of the Orphic Movement*. London: Methuen, 1952; 2nd ed.

6.167. Harris, B. F. "Apollonius of Tyana: Fact and Fiction." *JRelHist* 5(1969): 189-199.

6.168. Marcus, J. "Paul at the Areopagus: Window on the Hellenistic World." *BTB* 18(1988): 143-148.

6.169. Mead, G. R. S. *Apollonius of Tyana: The Philosopher-Reformer of the First Century A. D*. New York: University Books, 1966.

6.170. Nilsson, M. P. "Early Orphism and Kindred Religious Movements." *HThR* 28(1935): 181-230.

6.171. Whittaker, J. "Plutarch, Platonism and Christianity." In *Neoplatonism and Early Christian Thought: Essays in Honour of A. H. Armstrong*. Ed. by H. J. Blumenthal and R. A. Markus. London: Variorum, 1981: 50-63.

4. 그리스도인들과 철학

6.172. Admas, M. M. "Philosophy and the Bible: The Areopagus Speech." *Faith&Ph* 9(1992): 135-150.

6.173. Ferguson, J. "Athens and Jerusalem." *RelStud* 8(1972): 1-13.

6.174. _____. "Stoicism, Epicureanism and Christianity." *Phrontisterion* 3(1964): 37-41.

6.175. Malherbe, A. J. "Paul: Hellenistic Philosopher or Christian Pastor?" *Proceedings of the American Theological Library Association* 39(1985): 86-98.

6.176. Timothy, H. B. *The Early Christian Apologists and Greek Philosophy Exemplified by Irenaeus, Tertullian and Clement of Alexandria*. Assen: Van Gorcum, 1973.

6.177. Weltin, E. G. *Athens and Jerusalem: An Interpretive Essay on Christianity and Classical Culture*. Decatur, GA: Scholars Press, 1987.

EXPLORING
THE NEW TESTAMENT WORLD

제7장

그리스-로마의 사회 구조

"역사가는 특이한 사건만을 기록하고 우리가 원하는 특정한 시기, 특정한 나라에서 발생한 일상적인 삶은 기록하지 않는다."라고 불평하는 사람들이 있다.

신약성경을 연구하는 중에도 얼마든지 이렇게 불평할 수 있다. 헬라어 동사의 시제나 그 밖의 난해한 문제에 관한 학적인 논의는 많다. 또한 신약의 말씀을 현대 생활에 적용하는 설교도 많은 실정이다. 신약 연구에 있어서 이 두 가지 면은 모두 중요하지만, 둘 중 어느 하나도 신약성경을 접근하는 완전한 방법은 아니다.

이 두 방법은 모두 본문을 자세하게 다루기는 하지만, 둘 중 어느 것도 상황(이 책 제1장을 보라)을 충분하게 고려하지 않는 경우가 많다. 이 두 방법은 신약 시대의 사람들이 일상생활을 어떻게 영위했는지를 알게 되면 그 내용이 크게 향상될 것이다.

지금까지는 신약 시대와 관련해 보다 큰 주제들(정부의 권위, 종교적인 행위, 지적인 조망 등)을 살펴보았다. 이 장에서는 사회적 정황과 가정생활과 관련한 문제들을 살펴보고자 한다.

불행하게도 신약성경 저자들은 이런 내용에 대해 우리에게 충분한 정보를 제공하지 않는다. 이것은 현대 소설가들이, 소설에 등장하는 인물이 시장이나 국회의원의 직위를 가지고 있더라도 그 직위의 기능에 대해 소상하게 설명하지 않는 것과 별반 다르지 않다. 그의 책을 읽을 독자들은 그 직위가 어떤 것이며 어떤 기능을 하는지 잘 알고 있기 때문이다.

　신약성경을 읽는 원래 독자들도 사회 계급과 그들의 일상생활의 여러 면에 대해 충분히 알고 있었기 때문에 별도의 설명이 필요하지 않았다. 오비디우스는 일상생활에 관한 내용을 쓴 시가 있었다고 말한다. 예를 들면, 다양한 종류의 공놀이 법, 수영하는 법, 굴렁쇠 놀이를 하는 법, 만찬회에서 지켜야 할 규칙, 그리고 이외에도 여러 가지 일상적인 문제가 포함되어 있었다(*Tristia* 2.485–490).

　이런 내용을 다룬 시 가운데 아직까지 남아 있는 것은 하나도 없다. 이렇게 된 주된 이유는 그런 놀이들이 그것에 대해 이미 알고 있는 사람들의 관심사가 아니었으며, 그래서 그런 내용을 담고 있는 시를 여벌로 전사해 둘 필요성을 느끼지 못했기 때문일 것이다. 또한 시인들은 독자가 다 알고 있는 내용을 설명한답시고 주절주절 말하지 않았다.

　사도행전의 저자가 아시아 관리를 언급했을 때(행 19:31), 그는 이 용어의 의미가 무엇인지 설명하기 위해 쓰던 글을 중단하고 부가적인 설명을 덧붙이지 않았다. 하지만 이 본문이나 다른 많은 본문을 읽는 우리와 같은 현대의 독자들은, 저자들이 슬쩍 언급한 부분이라도 매 장마다 언급한 내용을 이해하는 데 필요한 정보를 얻기 위해서는 신약성경 이외의 자료를 살펴야 한다.

　이번 장에서는 신약 시대의 사회 조직에 대해 보다 공적인 면들을 검토하고자 한다. 다음 장에서는 사람들의 행동과 다른 사람과의 관계를 살펴볼 것이다.

1. 사회의 여러 계급

1세기 사회는 계급 의식과 사회 유동성이 혼합되어 있었다(7.2; 7.7). 소수의 부자와 다수의 가난한 자들 사이의 괴리는 엄청났으며, 소위 중산층이라고 불리는 사람은 소수에 불과했다. 이것이 주로 속주에서 늘 볼 수 있는 현상이었다. 고대 어느 사회에서든지 가장 밑바닥에 있는 사회 계급은 노예였다. 이제 맨 꼭대기에 있는 사회 계급에서부터 맨 밑바닥까지 살펴보기로 하자.

자유인

고대 로마 시절부터 로마 사회는 귀족 계급과 평민 계급이라는 두 부류로 구분되어 있었다. 귀족들은 공화정이 창설되었을 때(주전 509년) 원로원 의원을 지낸 사람들의 후손이었다. 이 계급으로 태어나지 않은 사람은 아무리 부자이고 또한 어떤 직책을 차지했다 하더라도 평민이었다.

처음에는 귀족 계급에 속한 사람들이 모든 관직을 차지했지만, 평민들의 압력이 있은 이후로 관직을 얻거나 귀족 계급에 속한 가문과 결혼할 수 있는 권리가 평민들에게 점점 확대되었다. 평민 출신으로서 고위 관직에 오르거나

가금류와 채소를 파는 로마의 식료품 상점.

원로원 자리에 앉은 사람을 지칭하는 말로 '노빌레스'(nobiles)라는 용어가 사용되었다(7.13; 7.30; 7.34).

아우구스투스가 황제의 자리에 오를 당시 로마에는 법적으로 세 개의 집단이 있었다. 그것을 위에서부터 언급하면, 첫째 원로원 계급, 둘째 기사 계급, 셋째 평민 계급이다. 부(富)는 이들 계급의 기초였다. 감찰관으로 알려진 행정 장관들은 사람들의 재산을 일일이 감독했다(7.24; 7.50).

어떤 사람이 기사 계급에 들어가려면 400,000세스테르티우스[1]가 있어야 했다. 400,000세스테르티우스가 있어야 기사가 될 수 있었던 이유는, 로마 건국 초기에 이 사람들은 말 한 필을 타고 전쟁에 나갈 수 있을 만큼 부자 평민이었기 때문이다(7.32). 원로원의 회원이 되기 위해서는 1백만 세스테르티우스가 필요했다. 감찰관들은 이 많은 액수의 돈이 어디에서 나왔는지는 관여하지 않았다. 플리니우스는 자기 친구가 기사 계급의 자격을 얻을 수 있도록 하기 위해 그에게 300,000세스테르티우스를 주기도 했다(Ep. 1.19). 마르티알리스의 풍자시에 등장하는 어떤 사람은 최소한의 돈인 100,000세스테르티우스의 빚을 얻으려고 그의 옛 친구에게 간청했지만 보기 좋게 거절당하고 말았다(4.67).

이 상위 두 계급에 속한 사람들의 수는 극히 적었다. 어떤 학자는 원로원 계급에 속한 사람들은 로마 제국 전체 인구의 1퍼센트에 해당하는 2,000명을 넘지 않았으며, 기사 계급은 원로원 계급의 10분의 1 미만이었다고 추산한다(7.39). 이들은 글자 그대로 특권 계급이었다. 이들은 극장이나 경기장 맨 앞줄에 앉았으며, 이들이 앉는 자리는 다른 좌석과 구별하는 칸막이가 설치되어 있었다(7.16). 이들이 입는 옷에는 자색 줄무늬가 있었는데, 원로원 의원들은 굵

---

[1] 고대의 화폐 단위와 현대의 화폐 단위를 산술적으로 비교하는 일은 여간 어렵지 않지만, 세스테르티우스를 달러로 대략 표기해서 그때의 상황을 유추해 볼 수 있다. 오늘날 미국에서는 400,000달러의 재산이 있는 사람이라면 중상류층에 속한다고 할 수 있다. 그리고 백만장자가 아니고서는 상원 의원이 될 수 없다.

고대 로마의 소비자 보호

(루키우스는 시장에서 나와 수년 동안 만나지 못한 피티아스에게 달려갔다. 두 사람은 인사를 나누었다.)

"나는 곡물 공급을 담당하고 있고 또한 조영관 일을 하고 있네. 무엇이든지 필요한 것이 있으면 기꺼이 도와주겠네."라고 피티아스는 말했다.

"정말 친절하군. 하지만 이미 저녁 찬거리로 생선 몇 마리 샀는걸."이라고 루키우스가 대답했다.

피티아스는 바구니를 들여다본 후 고기를 자세히 검사하기 위해 바구니를 흔들었다. "이 쓰레기를 구입하느라 얼마나 지불했는가?"

"생선 장수와 흥정한 끝에 20데나리온에 샀네." 루키우스가 대답했다.

이 말을 듣자 피티아스는 루키우스의 팔을 끌고 시장으로 갔다. "어느 도둑놈한테서 이 찌꺼기 같은 생선을 샀나?"

(다음 페이지에 계속)

은 줄무늬였고 기사 계급은 좁은 줄무늬였다(7.43). 이 자색 염료(실제로는 주홍색에 가까웠다)는 대단히 비쌌는데, 이는 그 염료의 원료인 조개에서 이 색을 추출하는 일이 어려웠기 때문이었다(7.55).

이런 지위를 상실한다는 것은 한 사람의 '디그니타스'(dignitas, 명예)를 거의 생명 그 자체와 동일시하는 사회에서는 치명타였다. 도미티아누스 황제에 의해 기사 계급에 오른 마르티알리스는, 지위가 박탈된 뒤에도 극장의 기사 계급 좌석에 앉으려고 한 사람들을 조소했다. 그가 이 문제와 관련해 시를 다섯 편이나 쓴 것으로 보아(5.8, 14, 23, 25, 38), 이것이 그의 청중에게 중요한 주제였다는 사실이 분명하다. 바울도 고린도후서 10장에서 이렇게 사회적인 지위에 연연하는 것을 없애야 한다고 언급한다(7.21).

엄격한 계급 제도 속에서도 부지런하거나 파렴치한 사람이 고속으로 신분 상승하는 일이 전혀 불가능하지는 않았다(7.36). 마르티알리스는 칼리스트라투스(Callistratus)라는 해방 노예를 겨냥해서 쓴 시에서, 자신은 (자신의 재능 때문에) 유명한 작가였던 반면 칼리스트라투스는 비정상적으로 부자가 된 사람이라고 꼬집었다(5.13). "당신은 나처럼 될 수 없지만, 평민 중 누구라도 당신처럼 될 수 있소." 이렇게 하층민이 기사 계급에 오를 수 있었고 기사 계급이 사업과 행정 사무에서 특출했다는 사실은, 기독교가 사회의 경계를 넘어 널리 전파되는 데 기여했다(7.27).

로마인들은 속주로부터 걷는 세금에 의존했기 때문에 자국 시민들에게는 소득세를 부과하지 않았다. (대개 조영관이라 부르는) 시장 감독을 파견하는 일 이외에 사업을 규제하는 정부의 간섭은 거의 없었다. 시장 감독이 하는 일은 공정한 무게와 도량형을 사용하는지를 검사하고, 터무니없이 높은 요금을 부과하지 않도록 보호하는 것이었다. 아풀레이우스는 이런 행정 장관의 활동을 풍자하는 글을 썼다(p. 340-341 박스의 '고대 로마의 소비자 보호'를 보라).

세금 한 푼 내지 않고 규제도 없었기 때문에, 개인은 짧은 시간 안에 갑부가 될 수 있었다. 해방 노예 중에는 종종 그들의 전 주인의 친구나 거래처와 맺은 계약서를 이용해 부를 늘려 가는 사람도 있었다. 플리니우스는 원로원의 일원이며 행정 장관을 역임한 마케도(Macedo)라는 한 남자에 대해 서술하기를, 그는 "교만하고 잔인한 주인이었으며, 그의 생부가 노예였다는 사실을 거의 기억하지 못했거나 너무 잘 기억했을 것이다."라고 썼다(*Ep.* 3.14).

> (앞 페이지에서 계속)
>
> 루키우스는 시장 구석에 앉아 있는 노인을 손가락으로 가리켰다.
>
> 피티아스는 자기의 직위와 권한을 십분 발휘해 매우 거친 목소리로 그 노인을 호되게 꾸짖기 시작했다. "이게 우리 도시를 찾아온 손님을 대접하는 방식인가? 더군다나 이 사람은 내 친구야! 아니 어떻게 이 맛없고 조그마한 황어새끼 몇 마리를 20데나리온씩이나 받을 수 있단 말인가? 당신 같은 작자들이 음식값을 이처럼 올려놓으면 이곳에서 누가 생활할 수 있겠나? 살기 좋은 우리 도시에는 한 사람도 남지 않을 것이야. 내 오늘은 이 정도의 경고로 그치겠지만, 내 말 명심하게."
>
> 피티아스는 루키우스가 산 생선을 땅바닥에 쏟아붓고는 그의 종에게 그것을 짓밟으라고 명령했다. 그는 자기의 의무를 다한 것에 흡족해하며 루키우스에게 말했다. "나와 함께 우리 집으로 가세. 이 늙은 불한당은 충분히 벌을 받았다고 생각하네"(Apuleius, *Golden Ass* 1.24–25).

페트로니우스의 작품 『사티리콘』에 등장하는 트리말키오는 부자가 된 해방 노예를 풍자한 인물이다. 그가 거느리고 있는 노예의 수는 일개 대대에 해당하며, 그는 한 노예가 떨어뜨린 은접시를 내버린다. 대부분의 로마인들이 계급 사이의 유동성을 이용하는 데 혈안이 되어 있었던 데 반해, 플리니우스와 같은 귀족 중에는 계급 사이의 구별을 유지하는 것이 중요하다고 생각하는 사람들이 있었다(*Ep.* 9.15). 유베날리스와 그 밖에 여러 사람들은 이 속물근성을 가지고 있었다(7.19; 7.42).

속주에서 사는 비교적 부유한 사람들은 '데쿠리오'(decurio)라고 불렸다. 이들은 의회의 주요 구성원으로서 자기들이 사는 지역의 문제나 세금 거두는 일을 감독했다. 속주에서 로마가 그 지역에 부과한 세금을 채우지 못할 경우, 데쿠리오들이 자기들의 개인 재산에서 차액만큼 채워 넣어야 했다. 바울의 친구였던 아시아 관리들(행 19:31)이 바로 이런 계급에 속한 사람들이었다. 이들은 그 지역의 표준으로 볼 때 부자였지만, 이들이 소유한 재산은 로마 원로원이나 기사 계급에 속한 사람들의 10분의 1 정도밖에는 되지 않았다. 속주마다 이런 지위에 있는 사람들의 비율은 전체 인구 중 기사 계급에 속한 사람의 비율에 비해 높지 않았다. 비문에 기록된 내용에 따르면, 상당한 액수를 기부하여 시민들에게 고마움의 대상이 되었던 사람들(기부할 수 있을 만큼 부유한 사람들) 중에는 그리스도인들도 있었다(7.37; 7.54).

그리스-로마 사회에서 현저하게 적은 집단은 사업가와 상점 주인들로 구성된 중산층이다(7.33). 중산층이 늘어나지 못했던 이유는 귀족들이 노예를 필요로 했다는 사실과, 하층민들이 부자들이 주는 옷이나 음식뿐만 아니라 상당히 낮은 수준의 생활에도 만족했다는 데 있다.

상류층은 자유인 노동자들을 고용하거나 물건을 사러 상점에 갈 필요가 없었다(7.26). 그들이 소비하는 물건의 대부분은 그들 소유의 토지에서 생산되었으며, 수많은 노예와 피보호자 혹은 소작 농부들이 모든 일을 도맡아 해주었다(7.52-53). 추수 때나 그 밖에 특별한 경우에는 날품팔이를 고용하면 되었다(참조. 마 20:1-16). 하지만 날품을 파는 일은 어쩌다 한 번씩 있었고 임금도 매우 낮았다(7.17).

그렇다고 해서 장인이나 상점을 운영하는 사람이 존재하지 않았다는 말은 아니다. 대도시에는 이런 종류의 사람들이 있었다. 하지만 그들은 오늘날 이런 신분을 가지고 있는 사람들이 받을 만한 경제적인 안정이나 사회적인 존경 같은 것은 받지 못했다(7.18; 7.38). 수공업자들은 그리스와 로마의 귀족들과 귀족인 체하는 사람들로부터 멸시를 받았다. 수공업은 노예나 여자들이 하는 일이었기 때문이다(7.20; 7.41).

과학적인 원리들을 이론화하는 일은 고상하고 지적인 작업이었던 반면, 어떤 것을 발명하는 일은 기술과 관련되었다. 아르키메데스(Archimedes)와 같이 자신의 아이디어를 직접 실행에 옮긴 사람은 그리 흔하지 않았다(7.22; 7.25; 7.40). 바울은 장막 만드는 일을 함으로써 사회 신분상의 위험을 무릅썼다(7.35; 참조. 행 18:3, 20:34; 고전 4:12; 살전 2:9). 아마도 이것이 바울이 전도 사역을 통해 후원받기를 바랐던 이유일 것이다. 하지만 이보다는, 복음을 전할 여분의 자유로운 시간을 바울은 원했을 것이다(고전 9:14).

로마의 원로원 의원들은 사업하는 것이 법으로 금지되어 있었다. 하지만 대부분은 자기 노예나 해방 노예들을 시켜 사업을 경영하게 함으로써 이런 규정을 교묘히 피해 갔다(7.29). 사회적으로 용납되었던 돈 버는 유일한 방법은 토지를 소유하는 것이었다. 토지를 경작하거나 세를 주어 그것에서 수입을 얻었다(7.28). 무역업에 투자하는 것은 원로원 의원 자신이 직접 사업에 관여하지 않고 그 무역업으로 인해 많은 수입을 벌어들이는 한 평판이 그리 나쁘지 않았다.

로마에서 거액의 돈이 이동하는 경우는 결혼과 유산 상속이었다. 이러한 관습에 의해 사회가 형성되었다. 그래서 어떤 학자는 이렇게 표현한다. "상류층 사람들은 매우 적었지만 상상을 초월하는 부와 명예를 누리는 귀족들로 이루어진 반면, 하층민들은 절대 다수가 가난한 자들이었다. ……이렇게 해서 극단적인 두 집단이 형성되었다. 이 두 집단은 매우 다르고 또한 국민의 다수를 차지했기 때문에, 중간 계층이라고 불릴 만한 사람들이 존재하지 않았다. ……두 집단 사이의 차이는 매우 컸다"(7.39:93).

또 어떤 학자는 1세기경 비교적 부자라고 할 만한 사람의 수입이 가난한 사람의 수입에 비해 700배 정도나 많았으며, 최고 부자인 경우에는 17,000배가 넘었다고 지적했다(7.14). 부자와 가난한 자 사이에 있었던 커다란 불균형 때문에 신약성경에도 반영되어 있는 증오심이 야기되었다(7.46).

로마 제국 내에서 가난한 사람들은 조그마한 공동 주택(아파트형 주택)에 모여 살았으며, 마을마다 있는 공동 우물에서 물을 길어 마셨고, 정부가 제공하는 식량 보급을 받았다(7.23; 7.44-45). 식량 공급을 잘 유지하고 백성들의 시선을 딴 데로 돌리기 위한 행사를 기획하는 것(유베날리스가 '빵과 서커스'라고 풍자

폼페이시에 있는 고대의 빵집. 옆에 밀을 빻던 맷돌이 보인다.

폼페이에서 출토된 음식들(사진. 뉴욕 알리나리/아트 리소스).

적으로 표현했다)은 로마 제국의 정책에서 대단히 중요했다(7.15). 하층민들은 여러 가지 다양한 식생활의 문제로 틀림없이 고통을 받았을 것이다(7.19). 문헌에 거지들이 거의 언급되지 않은 것은, 이미 앞에서 지적했듯이 개인적으로든 공동체적으로든 이웃을 사랑해야 한다는 의식이 그리스-로마 사회에는 없었기 때문인 것으로 보인다. 로마인들은 2세기 초에 와서야 비로소 고아들을 지원하는 제도를 만들었다.

구약의 선지자들이 가난한 자들을 도우라고 외쳤고 또한 구제에 높은 가치를 부여했지만, 주후 70년 예루살렘 성전이 파괴되기 전에는 심지어 유대인(기독교로 개종하지 않은 유대인) 사이에서조차 자선 단체가 존재했다는 명백한 증거가 없다.[2] 탈무드에 가난한 자를 돕기 위해 돈과 음식물을 모아 배급하는

---

[2] *The Beginnings of Christianity*, ed. F. J. Foakes-Jackson and K. Lake(London: Macmillan, 1920), vol. 5:148-149. 레이크(K. Lake)는 2세기의 조직화된 자선 단체 형태가 1세기에 널리 보급된 것 같다고 말한다. 사도행전 6:1-2에 기록된 '매일 음식을 나누어 주는 것'과 '식탁 봉사'는 조직화된 자선 단체가 있는 유대 기독교의 환경에서 실행된 관행을 시사한다. 마태복음 6:2-4도 이런 상황을 반영한다. 하지만 기독교가 아닌 유대인 사회에서 이런 조직화된 자선 행위가 있었다는 직접적인 증거는 아직 발견하지 못했다.

내용이 언급되어 있기는 하지만, 실제로 그 일은 그리스도인들의 행위를 본받아 시작된 것 같다(7.47).

일반적으로 그리스인과 로마인들은 가난한 자들을 동정하거나 그들을 도와주어야 한다는 책임감을 느끼지 않았다. 주전 2세기에 폴리비오스(Polybios)는 자선에 대한 로마인의 태도를 다음과 같이 요약했다(31.25). "로마인 중에는 어느 누구에게 어느 것 하나라도 주려는 사람이 없었다." 가난한 사람이 가난하게 된 것은 신의 뜻이거나 그들 자신의 어리석음의 결과라고 생각했다. 유베날리스는 이것을 다음과 같이 표현했다. "가난하다는 사실보다 더 나쁜 것은 가난이 사람들의 조롱의 대상이라는 사실이다"(Sat. 3.151-152; 참조. 7.42). 대부분의 로마인들은 가난한 자들이 우리와 늘 함께 있다고 하신 예수님의 말씀에 전적으로 동의했을 것이다(마 26:11).

하지만 그들은 예수님이 지적하신 이 말씀 속에 담긴 신랄함과 억압받는 자들에 대한 그분의 깊은 애정을 간파하지 못했다(7.31; 7.49). 이런 계급에 속한 사람들이 겪는 아픔을 많은 작가들이 기록하지는 못했지만, 당대의 분명한 현실이었던 것만은 틀림없다(7.51).

보호자와 피보호자

이렇게 광범위하고 명백한 불평등을 안은 채 오랫동안 지속될 수 있는 사회란 존재하지 않는다. 로마인들은 부의 재분배를 위한 정부의 개입을 전혀 생각하지 않았다. 그 대신 그들은 상류층 사람들에게서 돈을 조금씩 받아다가 하층민들을 달래는 것으로써 사회를 꾸려 나갔다. 부자들은 각각 자신이 지원할 수 있는 만큼 하층민들을 보호하는 보호자로 행동해야 했다. 공화정 초기에는 보호자의 원조가, 병에 걸렸거나 딸을 시집보내기 위해 지참금이 필요한 사람에게 법적인 도움을 주고 그들을 재정적으로 지원하는 형태를 띠었다. 이에 대한 보답으로 피보호자는 그의 보호자를 위해 선거 지원을 하고,

그를 위해 힘든 일을 하며, 길을 갈 때 호위해 주고, 그의 사회적인 지위가 향상되도록 온갖 노력을 기울였다.

제정 시대에는 선거 지원이 더 이상 이슈가 되지 않았다. 선거는 원로원에서 거행되었기 때문이다. 보호자-피보호자 제도는 세습되었으며, 보호자는 계속해서 피보호자를 원조했고, 이것은 그들의 사회적인 지위를 가늠하는 척도로 여겨졌다. 도시 전체를 지원한 귀족들도 있었다(7.61). 보호자가 법정에 설 경우에는 피보호자들이 시끄럽게 떠드는 것으로 보호자를 도와야 했다. 법적 소송은 주로 야외에서 열렸고 법정에서는 일반적으로 비밀 투표하는 일이 없었기 때문에[3] 배심원들은 목소리 크고 소란한 청중 쪽으로 마음이 기우는 경향이 많았다.

피보호자 한두 명을 동원할 수 있는 사람은 그것을 투자라고 생각했다. 심지어 부잣집의 노예들까지 피보호자를 거느린 것으로 알려졌다. 이는 이 노예들이 피보호자들의 이익을 위해 주인의 영향력을 행사할 수 있을 것이라고 생각했기 때문이다(7.64).

이러한 관계는 비공식적으로 사회 보장 제도의 기능을 했다. 하지만 이로 인해 노동력이 위축되거나 상실되었다는 의견 또한 만만치 않았다(7.63; 7.65). 신체가 건강한 사람도 후원자가 있는 한 일을 할 필요가 없었다. 매일 그는 하루에 필요한 경비에 해당하는 약간의 돈을 보호자에게서 받았다. 생일이나 그 밖에 특별한 날에는 선물까지 받았다(7.56). 마르티알리스는 그의 시에서 자기 보호자가 이런 선물을 주지 않을 정도로 인색하다고 불평을 털어놓았다. 그는 당연히 선물을 받을 권한이 있다고 생각했던 것 같다. 마르티알리스의 시에는 한 피보호자가 마을 곳곳을 돌아보려는 보호자의 순방 호위자로

---

3) 로마인들은 공화정 말기에 거행한 선거에서 비밀 투표를 실시한 적이 있다. 플리니우스는 원로원이 1세기 말에 비밀 투표를 도입했다고 보도한다(*Ep.* 3.20). 처음에는 비밀 투표가 잘 진행되었으나, 얼마 가지 못해 유명한 사람들 중에서도 투표용지에 "농담이나 외설스러운 내용"을 기록하는 사람이 생겨났다(*Ep.* 4.25).

따라가게 된다는 이유로, 심지어 진흙탕 길을 가는 동안 보호자의 안락의자를 들어 주어야 한다는 핑계로 일을 조금밖에 하지 않았다는 언급이 있다. 이런 로마 사회의 근본적인 모습이 신약의 여러 본문에 자리 잡고 있다고 생각된다(7.56-60; 7.67).

노예

노예는 사회의 가장 밑바닥 계급에 속했지만 수가 매우 많았고, 신약 시대에는 사회의 중요한 부분을 차지했다. 로마의 노예 제도는 한 가지 중요한 이유에서 남북 전쟁이 발발하기 전 미국 남부에 존속했던 노예 제도와는 기본적으로 다르다. 로마에서는 노예와 주인이 동일한 인종이었고 둘 사이를 구별할 수 없을 정도였다(7.82). 세네카의 기록에 따르면, 한번은 노예들에게 노예라는 사실을 알아볼 수 있도록 옷을 입히자는 안건이 원로원에 상정된 적이 있었다. 그렇게 되면 노예의 수가 자유민과 비교해 훨씬 더 많다는 사실이 드러나게 된다고 어떤 사람이 지적하자, 처음에 상정되었던 안건은 금방 기각되고 말았다(De Clementia 1.24.1).

해방 노예에게 시민권이 주어지는 것은 일반적인 관례였다(7.75). 하지만 심지어 해방 노예들도 그들의 전 주인에게 계속해서 매여 있었다. 대개 전 주인이 그들의 보호자가 되었다(7.71; 7.79). 어떤 면에서, 자유인은 병들거나 상해를 입었을 경우 자기를 돌보아 줄 사람이 자신이나 가족 외에 아무도 없었기 때문에 노예로 있는 편이 훨씬 나았다. 노예의 주인은 자기 노예들에게 돈을 투자한 셈이다. 그래서 그들이 치료를 받고 충분한 음식과 주거의 혜택을 받도록 해주었다. 하지만 자유인은 이런 혜택을 받을 수 없었다(7.74).

1세기에 노예들이 어떤 대우를 받았는지는 노예의 주인에 따라 천차만별이었다(7.70). 플리니우스는 자기 노예들을 인간적으로 대우했다. 일을 시킬 때 족쇄를 채우지 않았으며, 유언을 하도록 허락했고, 요양차 프랑스 리비에

라에 있는 친구의 별장에 보내기도 했다. 플리니우스의 경우는 예외적이었던 것 같다. 세네카는 생각 없이 무자비하고 가혹하게 노예들을 다룬 로마의 전형적인 주인을 신랄하게 비난했는데(*Ep.* 47), 다른 작가들이 기록한 일화에 따르면 그의 비난이 사실이었음이 입증된다(6.146). 마르티알리스는 마음에 들지 않게 머리 손질을 했다는 이유로 계집아이 노예를 매로 때린 한 귀족 부인을 소개했다(2.66; 3.13). 또한 자기 노예의 혀를 자르고 그를 십자가에 매단 남자도 있었다. 풍자가 유베날리스는 상류층 여인 중 그들의 남편에 대한 분풀이로 노예를 때린 사람들을 소개했다(*Sat.* 6.475-485).

아테네시는 잔인하고 가혹한 대우를 견디다 못해 도망한 노예들에게, 비록 노예 신분을 벗도록 하지는 않았지만, 은신할 수 있는 은신처를 제공하곤 했다(7.73). 클라우디우스 황제는 노예를 벌하거나 죽이는 주인의 권한을 제한하는 법을 통과시켰다. 하지만 노예는 여전히 법적으로는 주인의 재산의 일부였다.

1세기 중반에는 스토아 철학이 널리 보급되면서 노예들의 신분이나 처우가 개선되었다. 스토아 철학은 사람들은 모두 운명에 지배되는 것이지 그들의 사회적 지위에 책임이 있지는 않다는 견해를 견지했다. 세네카는 출생의 우연이나 정치적인 불운을 제외하고는, 노예와 자유민 두 신분 사이에 차이가 없다고 주장했다(*Ep.* 47; 참조. 갈 3:28). 자기 나라가 다른 나라에 정복당할 경우 누구나 노예가 될 수 있었다. 이런 점에서 노예는 태어날 때부터 열등한 것은 아니었다.

이와는 반대로, 아리스토텔레스는 어떤 민족 집단은 천성적으로 노예가 되기에 적합하다고 가르쳤다(참조. 7.78). 세네카는 자기 노예들이 그와 함께 식탁에 앉아 식사하도록 했으며 그들과 중요한 문제를 상의했다. 스토아 철학의 영향과 기독교의 전파로 말미암아(7.68; 7.77), 로마인들은 점차 노예들에게 인도주의적인 모습을 보이고 한 인간으로서 인정하기 시작했다(7.69; 7.81).

그리스도인들은 노예제의 철폐를 주장하지 않았다. 이런 주장은 요즘 어떤 사람이 자동차 사용 금지 캠페인을 벌이는 것과 유사하다고 할 수 있다. 노예는 사회에서 매우 필요한 존재였고 사회의 본질적이며 근본적인 부분이었기 때문에, 당시 어느 누구도 이런 사회 구조에 역행해서 노예제의 폐지를 논할 수 없었다. 그리스도인들이 할 수 있는 일이란 노예를 같은 인간으로서 대우해 주라고 깨우치는 것이었다(7.68; 7.76).

해방 노예

미국 남부의 흑인 노예에게는 상상할 수도 없는 일이었지만, 로마에서는 노예들이 자유를 얻을 수 있었고 주변 사회에 동화되는 일 또한 얼마든지 가능했다. 플리니우스의 친구 마케도는 천민 신분에서 출발해 로마 사회의 최정상에까지 올랐을 뿐 아니라 부와 지위 모두를 얻은 대표적인 인물이다. 로마법은 자유를 얻은 노예에게 아이가 태어날 경우 그는 자유인이며 그의 아버지가 이전에 노예 신분이었다는 어떠한 표시도 그에게 부여해서는 안 된다고 규정했다. 해방 노예의 아들이었던 시인 호라티우스는 아우구스투스 황제의 절친한 친구가 되었다.

해방 노예가 고관이 되거나 상류층으로 신분이 상승하는 데에는 지장이 있었지만, 돈은 할 수만 있다면 평생 동안 얼마든지 벌 수 있었다. 그는 장수할 경우 그의 자녀들이 부에 더하여 사회적 명망을 얻는 것도 볼 수 있었다. 1세기 중반에는 해방 노예가 권력 있는 지위에 오르는 것을 금지한 규제까지 폐지되고 말았다. 황제가 어떤 개인의 경력이 무한히 상승하는 것을 중요시하고 관심을 갖는 경우에는 특히 그러했다. 클라우디우스 황제가 그의 해방 노예인 안토니우스 벨릭스에게 보여준 태도가 대표적인 예이다(7.83; 이 책 제3장을 보라).

해방 노예는 자유를 얻은 후에도 계속해서 (지금은 그의 보호자가 된) 전 주인에게 의무를 다했다. 해방 노예가 주인의 집에서 계속 사는 경우도 있었다. 특히 그의 아내가 여전히 노예의 신분으로 있는 경우에 그러했다. 해방 노예가 달리 갈 곳이 없고, 밥벌이할 만한 직업이 없을 수도 있었다. 이럴 경우에는 법적인 지위가 바뀐 사실 외에 그의 삶에서 변한 것이라고는 아무것도 없는 셈이다. 플리니우스는 바울의 빌레몬서에 비견할 만한 편지 두 편에서, 한 친구에게 어떤 식으로든 보호자에게 해를 입힌 해방 노예를 다시 받아주라고 간청한다(*Epp.* 9.21; 9.24; p. 351 박스의 '도망간 노예를 위한 중재'를 보라).

> **도망간 노예를 위한 중재**
>
> 내가 전에 보낸 편지에서 부탁한 대로 당신의 소중한 해방 노예를 다시 집으로 맞아 주었다니 잘했소. 당신도 그렇게 한 것에 대해 기쁘게 생각하리라 보오. 나도 대단히 기쁘오. 첫 번째 이유는 당신이 충고의 말을 들을 줄 아는 사람이라는 것과 화가 나는 상황에서도 자신을 통제할 수 있는 능력이 있다는 것 때문이오. 두 번째 이유는 당신이 나의 권위를 인정하고 나의 요구를 들어주려고 많은 애를 썼다는 것 때문이오. 이로 인해 당신을 극찬하고 싶고 고마움을 전하고 싶소. 동시에 부탁하고 싶은 것이 하나 있는데, 앞으로는 나처럼 그들을 위해 중재하는 사람이 없을 경우라도, 당신이 다스리는 백성들의 잘못을 용서하는 아량을 갖기 바라오(Pliny, *Ep.* 9.24).

여자들

이 무렵 로마에서는 고대에 행해지던 것과 하나도 다를 바 없이, 여자는 글자 그대로 염두에 두지도 않았다. 인구 조사를 할 때도 여자들은 포함하지 않았다. 심지어 신약성경을 기록한 사람들도 여전히 여자들은 수에 넣지 않았다. 예수님이 5,000명을 먹이신 기사를 기록하면서 마태는 "먹은 사람은 여자와 어린이 외에 오천 명이나 되었더라"라고 결론을 맺었다(마 14:21; 7.112). 로마의 여자들은 심지어 개인적인 이름도 없었다. 그들의 이름은 단순히 그들 아버지의 이름의 여성형을 갖다 쓰는 경우가 대부분이었다. 예를 들어, 율리아(Julia)는 율리우스(Julius)에서 따온 것이다. 딸이 둘 이상일 경우, 둘째에게는 세쿤다(Secunda, 둘째), 셋째에게는 테르티아(Tertia, 셋째), 이런 식으로 이름을 지어 주었다. 혹은 마요르(Major, 큰애), 미노르(Minor, 작은애)라고 명명하기도 했다.

로마의 제정 아래서 여자들은 그 어느 때보다도 사회적인 자유를 만끽했다. 많은 여자들이 그들의 남편이 죽고 난 후 사업을 물려받아 그대로 유지하기도 했고(7.106), 자기 마음대로 물건을 사거나 재산을 팔기도 했으며(이런 일은 클라우디우스 황제 재위 이후에야 법적으로 가능해졌다), 자신에게 압력을 가하는 사람이 없었으므로 재혼하지 않고 독신으로 지냈다. 그들은 글자 그대로 '자유로운' 삶을 살았다. 제4장에서 지적했듯이, 여자들은 투표권이 없고 관직에 오를 수도 없었지만 로마의 시민권은 얻을 수 있었다. 하지만 마이클 그랜트가 지적한 대로, "여자들은 관직에 오를 수는 없었지만 전통적으로 영향력이 있었으며, 초기 제정 시대에는 무서운 여성 독재자와 표독한 여자들이 여럿 등장했다"(7.105:38).

여자들은 로마 사회생활에서 두각을 나타냈다. 그들은 고대 사회, 특히 그리스에서는 감히 생각하지도 못했던 이동과 사회 활동의 자유를 누렸다. 그리스의 남자들은 지적인 면에서 여자들이 남자에 비해 열등하다고 생각했다. 남자와 여자가 같이 할 수 있는 기본적인 일은 성교였다(7.104). 시민 계급에 속한 그리스의 여자들은 일반적으로 사회적인 기능에서 제외되었다(7.93). 로마의 남자들은 어느 정도 헬라인들의 생각을 따랐으므로, 여자들은 로마에서 정치적인 권력을 누리지 못했다. 그 대신 그들에게 교육과 활동의 기회는 그리스에 비해 월등히 많았다(7.87; 7.92). 디오니소스교와 대모교와 같은 사교 중에는 주로 여자들만 회원으로 받는 곳도 있었다(7.114). 이들 종교에서는 여자들만 의식에 참여하게 하여 단 며칠이라도 남자들의 지배에서 벗어날 기회를 주었다.

그리스-로마의 여자들은 결혼하여 남편의 보호 아래 들어가기 전까지 그들의 아버지의 보호 아래서 생활했다. 남편과 아버지가 모두 사망한 경우에는 가장 가까운 남자 친척이 여자의 보호자가 되었다. 여자들의 지위는 평생 법적으로 어린아이였다(7.85; 7.95; 7.111). 키케로는 이런 말을 했다. "우리 선조들은 다음과 같은 규칙을 만들었다. 즉 여자들은 열등한 지적 능력 때문에 그들을 돌보아 줄 보호자가 있어야 한다는 것이다"(Pro Murena 12.27). 적어도 법적으로는 이러했는지 모르지만, 실제로 로마 여자들은 교육을 받았고, 남편과 보호자와 함께 식사하고 대화도 나누었으며, 남편이 사업을 경영할 수 없는 상황에서는 가정의 일을 맡아서 하곤 했다(7.103). 키케로의 아내는 아파트형 건물 한 채를 비롯해 재산이 좀 있었다. 이 재산은 그녀의 지참금의 일부였다. 이외에도 그녀는 자기의 남편이 유배 가 있는 동안 남편의 재정적인 문제를 도맡아 관리했다. 오비디우스는 그가 토미스에 유배 가 있는 동안 그의 아내가 그들의 문제를 잘 처리했고 유배에서 돌아올 수 있도록 소송 문제를 잘 해결했다고 자주 장문의 칭찬 글을 써 보냈다(Tristia 4.3).

분명 여자들은 '자유'가 있었지만, 1세기의 남자들은 여전히 여자들을 이류로 간주했다. 항상 교육과 관용이 필요하며, 남자 특히 남편과 관련하여 그들의 존재가 결정된다고 생각했다(p. 353 박스의 '로마인의 이상적인 아내'를 보라).

로마인의 이상적인 아내

내 아내는 아는 것이 많고 집안일을 잘하는 능력이 있다. 아내는 나를 사랑한다. 이것은 그녀가 순결하다는 증거다. 이러한 성품 외에도 그녀가 문학을 사랑한다는 점을 빼놓을 수 없다. 아내가 문학을 사랑하는 것은 나를 사랑함에서 나온 것이다. 아내는 내 작품을 일일이 손으로 베껴 적었으며, 심지어 내 작품을 암송하기까지 한다. 내가 법정에서 소송을 진행하는 경우에는 판결이 날 때까지 걱정스러워한다. 아내는 사람을 보내 내가 어떤 대접을 받았으며 소송에서 이겼는지를 자기에게 전하도록 한다. 내가 전에 쓴 글을 읽으면, 아내는 옆에 앉아 커튼으로 가리고는 내가 읽는 소리를 열심히 듣는다. 아내는 나의 시에 곡을 붙여 친히 수금을 연주하며 노래를 부른다. 그녀의 유일한 교사는, 모든 주인 중에서 가장 훌륭한 주인인 사랑이다.

이러한 이유로 인해 내게는 가장 확실한 소망이 있다. 우리 부부의 금실은 날마다 자라가며 영원히 지속될 것이다. 아내가 나를 사랑하는 것은 내 나이나 내 외모 때문이 아니다. 이것들은 서서히 변한다. 아내가 나를 사랑하는 것은 나의 명성 때문이다(Pliny, *Ep*. 4.19).

플리니우스가 밝혔듯이, 아내에 대한 남편의 태도가 이처럼 돌봄의 관계로 이해되는 것은 남편과 아내의 나이 차가 상당히 많았다는 데에서도 그 이유를 찾을 수 있다. 1세기의 남자가 아내를 맞이하는 것은 딸 하나를 입양하는 것과 같았다.

유명했던 로마 여자들의 명단을 제시해 보라면 꽤 많다. 로마의 마지막 왕을 폐위시키는 데까지 몰고 갔던 루크레티아(Lucretia)에서부터 공화정 말기의 개혁자였던 그라쿠스(Gracchus) 형제의 모친 코르넬리아(Cornelia)에 이르기까지 여러 사람이 있었다. 더욱이 악명 높은 리비아와 두 명의 아그리피나(7.88; 7.98) 등 황제 가문의 여성들까지 친다면 부지기수다. 또한 그리스도인이 되었으나 남편이 처형된 후 유배당한, 황제 도미티아누스의 조카 도미틸라(Domitilla) 역시 빼놓을 수 없다. 플리니우스도 용맹스러운 행위와 영감 있는 말로 자신을 감탄하게 했던 여자들의 이름을 언급했다(*Epp*. 3.16; 6.24; 7.19; 참조 7.97). 그가 비두니아 지방에서 그리스도인들에 관한 어떤 정보를 얻기 위해 고문을 가한 무명의 두 여자 집사들도 기억할 필요가 있다(이 책 제4장을 보라). 그 당시 로마 사회에서 이처럼 활동적인 역할을 수행한 여자의 수는 무척 많았음에 틀림없다.

그리스의 여자들이 가정에만 갇혀 지냈던 데 반해, 로마의 여자들은 가정에 얽매이지 않았기 때문에 어머니와 주부로서의 역할만으로는 만족하지 않았던 듯하다. 그들은 점차 사회에서 비교적 자유로운 지위를 누렸다(7.90; 7.101). 아우구스투스 당시에는 여자들이 식사 때 남편 발 옆에 앉거나, 걸상에 앉지 않고 남편 바로 옆 안락의자에 기대어 누워 있었다. 앞에서 지적했듯이, 클라우디우스 황제(주후 41-54년)는 여자들이 재산을 상속받고 그들의 이름으로 사업을 영위할 수 있도록 허락하는 법령을 제정했다. 2세기에는 로마의 가장 큰 아파트형 주택의 소유주가 여자였다(7.109).

누구나 1세기 중반에 여자들이 향유했던 자유를 편안하게 받아들였던 것은 아니었다. 많은 사람들에게 자유란 방종으로 인식되었으며, 로마의 여자들이 금세기 이전 여느 시대의 여자들만큼 적극적으로 행동했다는 점에 대해서는 아무도 부인하지 못할 것이다(7.84; 7.100; 7.117; 7.119). 황제들이 로마 남자들의 권력을 박탈해 버리면 그의 권력은 거의 없어져서, 고작해야 여자들로 하여금 남편에게 복종하라고 할 수 있는 아주 작은 권세만 남게 된다. "이것이 여자와 남자가 동등하게 되는 유일한 길이었다"(Martial 8.12).

이러한 정서는 신약의 서신서에 공통적으로 등장하는 내용이다. 신약성경은 이외에도 남편과 아내의 상호 관계와 남편은 아내를 사랑해야 한다는 것, 그리고 부부 사이의 권리 등을 가르쳤다(고전 7:2-5, 11:3, 11-12; 엡 5:21-33; 골 3:18-19; 딤전 2:11-12; 벧전 3:1-8; 참조. 7.86; 7.89; 7.107; 7.115; 7.122). 로마의 법 아래에서 팔레스타인 이외의 지역에 있는 여자들은 마가복음 10장 12절과 고린도전서 7장 13절에 기록된 대로 이혼 소송을 제기할 수 있었다(이 책 제8장을 보라).

도미티아누스 황제 시절(주후 81-96년)에 로마의 공중목욕탕에서는 남녀가 함께 목욕하는 것이 관례였으며, 이러한 관례를 다른 도시들도 본받아 그대로 행했다는 증거가 여럿 있다(이 책 제8장을 보라). 100년경에는 여자들이 구태의연한 사회적 관습을 과감하게 떨쳐 버리고 남자들과 동등함을 주장했으며, 법정 소송에도 참여했고(Juvenal, Sat. 6.242-245; 참조. 7.94; 7.110; 7.116), 문학 작품을 쓰기도 했다(Pliny, Ep. 1.16).

불행하게도 여자들은 잔치에서 게걸스럽게 음식을 먹는다거나 운동 경기에 참여한다거나 심지어 경기장에서 검투사로 출전하는 등 눈살을 찌푸릴 만한 부분에서도 남자들과 맞섰다(Juvenal, Sat. 6.246-267; Petronius, Satyr. 45). 하지만 이런 내용을 담고 있는 자료들은 과장되었다고 믿는 학자들이 있다(7.99).[4]

---

[4] 가슴 보호대와 투구 및 방패로 무장한 두 여자가 칼을 가지고 싸우는 모습을 새긴 부조가 존재한다.

2. 하루 일과

사람들이 하루를 어떻게 살았는지 살펴보면, 삶에 대한 그들의 태도와 가치가 무엇인지를 알 수 있다. 오전 9시부터 시작해 오후 5시에 하루 일과가 끝나는 현대인의 판에 박힌 생활은, 그들의 하루의 근무 시간이 어떻게 구성되었는지를 이해하는 데 중요하다. 사업상 식사하는 경우가 아니라면 점심시간으로 두 시간을 보내는 일은 거의 죄악시된다. 이런 식의 스케줄은 근무 시간 이전이나 이후의 시간이 사적인 시간임을 의미한다. 현대인은 대부분 일주일에 5일만 근무한다. 정해진 시간을 초과해서 일하는 경우를 '오버타임'이라고 하며, 정해진 시간을 넘길 경우에는 추가 근무 수당을 받는다. 현대인은 늘 시간을 염두에 두며 1, 2분도 넘기려고 하지 않는다. 여름에는 임의로 시간을 조절해서 작업 능률을 올리는 데 신경을 쓴다.

고대인들은 현대인들처럼 하루의 일과를 조절하지 않았다. 그들은 보다 원시적이라고 할 수 있는 자연적인 스케줄에 따라 일을 했다. 해가 뜨면 일어나고, 하루 중 가장 더울 때인 이른 오후에 휴식을 취했으며, 오후 늦게 다시 활동을 시작해서 초저녁에 돌아오는 생활을 했는데, 지중해 연안의 거의 모든 나라가 이와 비슷한 패턴으로 생활했다. 미국 펜실베이니아 대학교 의과 대학의 심리학과 교수인 데이비드 딘지스(David Dinges)는 그의 연구를 토대로 대부분의 사람들은 오후 1시에서 4시 사이에 '적당한 휴식'을 가졌다고 결론 내렸다. 로마인들의 하루 스케줄은 정확히 그 시간에 잠시 쉴 수 있도록 짜여졌다.

1세기에는 이런 패턴의 하루 생활이 로마 제국 전역에서 일반적으로 시행되었다(7.123-125). 마르티알리스는 전형적인 로마인의 하루 생활을 다음과 같이 기술했다(4.8).

제1, 2시는 피보호자들이 그들의 보호자에게 문안 인사를 하느라 지나가 버린다. 제3시는 변호인들이 목소리를 높이게 되고, 제5시 마지막까지 로마는 여러 가지 일을 하느라 분주하다. 제6시는 지치고 피곤한 사람들에게 휴식을 준다. 제7시에는 모든 일을 마친다. 제8시부터 제9시까지는 기름을 바른 레슬링 선수들이 제시간을 만나는 시간이다. 제9시는 우리에게 아름답게 장식한 침상에 몸을 던지라고 명령한다.

이 글은 제1시인 오전 6시부터 시간 계산을 할 경우 보다 의미가 분명해진다. 대부분의 하층 계급에 속한 로마인에게는 동틀 무렵에 깨워야 하는 부자 보호자가 있었다. 이 시간에 로마의 모든 사람은 자리에서 일어난다. 그러고 나서는 보호자에게 존경을 표하고, 하루 종일 보호자를 돕는 데 필요한 소량의 돈을 받는다. 이 과정은 '살루타티오'(salutatio, 문안)라고 알려져 있다. 법정과 그 밖의 여러 관공서는 오전에만 문을 열었다. 제5시(대략 11시)에 하기로 했지만 못했던 사업은 다음날 해야 했다. 이러한 패턴은 로마 제국 전역에서 시행되었다.

사도행전 19장 9절의 새개정표준역 난외주는 몇몇 사본을 근거로 바울이 에베소에 있는 "두란노라는 어떤 사람의 강의실에서 제5시(오전 11시)부터 제10시(오후 4시)까지" 가르친 것으로 본다. 이 시간대는 두란노가 하루 사업을 마치고 난 후의 한낮의 기간이다.[5] 사람들은 바울이 점심도 먹지 않고 낮잠도 자지 않으면서까지 말하는 내용에 관심을 가졌을 것이며, 짐작하건대 사람들은 그 시간에 계속 들락거렸을 것이다.

---

[5] 두란노는 이 넓은 방의 주인이었으며, 이 책 제6장에서 논의한 순회 교사들에게 그 방을 임대해 주었던 것 같다. 혹은 그가 오전 시간에 손수 학교를 운영했을지도 모른다. 다만 우리가 짐작할 수 있는 바는 바울이 오전에는 자기의 업에 종사하고 한낮과 이른 오후에는 가르치는 일을 했다는 것뿐이다. 두란노는 어차피 홀을 비워 두어야 하는 시간에 그것을 빌려 주고 수입을 얻게 되어 좋았을 것이다. 바울은 한가한 시간의 낮은 비용을 지불했을까?

정오가 되면 사람들은 점심을 먹고 낮잠을 잤다. 오후에는 가벼운 운동과 목욕을 하고는 저녁 식사를 했는데, 저녁 식사는 아주 이르다고 할 수 있는 3시경에 했다. 사람들은 손님을 맞이하여 즐겁게 해주거나 초대를 받아 밖으로 나갔는데, 어둠이 깔리고 난 후 로마의 거리에 있는 것은 안전하지 못했다. 저녁 식사 파티는 일찍 마쳐야 했으므로 비교적 일찍 시작될 수밖에 없었다(Pliny, *Ep.* 3.12; Suetonius, *Domitian* 21). 국정 공휴일이든지 황제가 특별히 제정한 공휴일이든지 그런 날에는 오락과 극장 쇼로 하루를 보냈다.

하루의 일과가 농장이나 시골 마을에서는 다를 수 있었다. 특히 파종기와 추수 때에는 더욱 그러했다(7.126-128; 참조. 마 20:1-16). 하지만 마르티알리스의 기록으로 미루어 볼 때, 속주에 있는 도시의 생활은 정도의 차이만 있을 뿐 로마의 하루 일과와 대동소이했다. 하루의 일은 일찍 시작되었고, 오후와 이른 저녁은 휴식으로 보냈으며, 어두워지기가 무섭게 사람들은 안전하게 집 안에 있으려고 했다. 이런 식의 삶은 로마 제국 전역에서 볼 수 있는 생활 모습이었다.

유대인들은 집으로 돌아오는 길에 강도를 만날 염려가 적었든지 혹은 그들의 저녁 찬이 변변치 못했기 때문에 로마인들보다는 좀 더 늦은 시간에 저녁 식사를 했을 것이다. 사도행전 20장 7-8절에 묘사된 늦은 저녁 식사는 대부분의 헬라인과 로마인들에게는 아주 특별하고 이상하게 여겨졌을 것이다. 심지어 그 시간에 저녁 식사를 하는 사람들을 의심하기까지 했다.

3. 식사

지중해 세계에서 하루의 중요한 사건은 저녁 식사였다(7.132). 아침 식사는 대개 빵 한 조각과 물 혹은 저녁에 먹다 남은 것으로 때웠다. 밀, 귀리 또는 (가난한 사람들이 먹는) 보리 등의 곡물이 고대 사람들의 주식이었다(7.134; 7.136).

정부의 정책은 식량 공급을 얼마큼 제때에 보장하느냐에 달려 있었다(7.135; 7.139). 점심 식사 역시 초라하기 이를 데 없었다. 로마 제국 내의 여러 마을에는 사람들이 먹을 것이나 마실 것을 간편하게 살 수 있는 조그마한 가게인 '선술집'이 있었는데, 고고학적 발굴에 따르면, 이런 곳에는 앉아서 먹을 공간이 없는 경우가 많았다. 그렇다면 1세기의 사람들은 일종의 '패스트푸드'에 익숙했다고 추측할 수 있다.

늦은 오후가 되면 신약 시대의 보통 사람들은 주 식사인 저녁 식사를 준비했다. 헬라인들은 이 저녁 식사를 '심포시움'(symposium)이라는 품위 있는 만찬으로 발전시켰다. 심포시움에는 음악이 곁들여지고, 초대된 손님들은 연회장이 선정한 주제로 대화를 나누었다. 로마인들은 이와 같은 식사 준비와 식사 제공을 예술로 승화시켰고, 저녁 식사를 중요한 사회 활동으로 만들었다.

저녁 식사에 초대받는다는 것은 그 사람이 사회적으로 자부심을 가질 만한 중요한 문제였다. 부자들은 저녁 식사에 많은 수의 친구와 피보호자, 그 밖에 사회의 여러 사람들을 초대했으며, 대개는 마태복음 22장 1-14절에 나오는 부자처럼 초대장을 보냈다.

이집트에서 수년 전에 발굴된 파피루스 문서에는 식사 초대장도 몇 장 들어 있었다. 이 초대장은 종들이 가져가서 손님들에게 읽어 주었던 것 같다(7.137). 그날 주인의 일시적인 기분으로 즉석에서 식사 초대를 받는 사람들도 있었다. 주인에게 무언가 해줄 수 있는 사람이나 당시 명성이 있는 사람은 당연히 식사에 초대되었다(7.131). 예수님이 바리새파 사람 시몬의 집에 초대받으신 이유가 이것이었던 것 같다(눅 7:36-50).

마르티알리스가 쓴 수많은 시의 내용으로 판단해 보면, 이런 식으로 사람들을 저녁 식사에 초대하며 다니는 것이 하층민의 하루 중 중요한 일과였다. 사람들을 초대한 주인은 함께 식사하는 사람들이 어떤 종류의 사람인지를 통해 자기가 얼마나 유력한지를 과시하기 원했으며, 그 식사가 다른 어떤 것으로 발전되기를 기대했다. 이들은 자신이 초대한 손님들이 자기도 초대해 주기를 은근히 기대했다(눅 14:12-14). 마르티알리스는 계속해서 핑계를 대며 이 의무를 이행하지 않는 사람들에 관한 내용도 우리에게 전해 준다.

페트로니우스의 작품 『사티리콘』에 남아 있는 중요한 부분인 '트리말키오의 저녁 식사'(Dinner of Trimalchio)에는 만찬에 대한 자세한 묘사와 술을 마시며 떠들어 대는 온갖 우스꽝스러운 모습이 그려져 있다. 가벼운 운동과 목욕이 끝난 후 손님들은 트리말키오의 거실에 있는 긴 침상에 자리를 잡았다. 노예들이 손님들의 손을 씻어 주고 발톱을 손질해 주었다. 이들은 하인들이 하나씩 갖다 주는 잘 차려진 음식을 맛있게 먹었다.

이 음식은 손님들의 영양을 생각해서 만들어진 것이라기보다는 보기 좋으라고 만든 것이 대부분이었다. 손님들은 앞에 차려진 음식을 다 먹어야 했다. 필요하다면 식사 도중에 잠시 자리를 비우고 화장실에 가서 위를 비우기 위해 먹은 것을 토해 내고, 다시 와서 남은 음식을 먹는 것도 사회적으로 용납되었다.[6]

아피키우스(Apicius)가 만들었다고 간주되는 로마의 음식 조리법에 관한 책이 아직도 존재한다. 이 책은 로마인들이 음식을 오랫동안 보존하기 위해 사용한 소금 맛을 완화하려고 고기 요리에 친 '가룸'(garum)[7]이라는 양념을 만드는 법을 소개한 요리책이다(7.130; 7.133). 미식가들은 속을 꽉 채운 암퇘지 앞가슴살, 구운 달팽이 그리고 그 밖에 여러 가지 맛있는 요리를 찾아다니기도 하였다. 아주 유명했던 요리는 흰 빵을 그 둘레를 잘라 내어 계란과

---

[6] 이런 식으로 게걸스럽게 먹는 것과 차린 음식을 하나도 남기지 않고 먹는 것은 다식증(bulimia)으로 알려진 식사 장애와 유사하다. 이 주제에 관한 연구서는 발견하지 못했지만, 피놀트(J. R. Pinault)라는 학자는 1988년에 열린 미국 문헌 학회 정기 모임에서 "고대의 다식증에 관한 증거"(The Evidence for Bulimia in Antiquity)라는 논문을 발표했다. 피놀트는 내게 헬라인과 로마인들의 식사 장애에 관한 책을 쓰고 있다고 말해 주었다.
[7] 이 양념은 생선 내장을 액체가 될 때까지 삭힌 후 만들었다. 그것을 짜서 정제한 후 '리쿠아멘'(liquamen)을 얻어 냈는데, 맛이 대단히 좋았을 것이다.

폼페이에서 발굴된 금등잔.

우유를 섞은 것에 담갔다가 기름에 살짝 구워 꿀을 바른 음식이다. 영락없는 프렌치토스트다!

이런 만찬에 제공되는 음식과 관련해 종종 튀어나오는 불평은 음식의 질로 손님을 차별한다는 것이었다. 주인 가까이에 (비스듬히) 누워 있는 사람들 혹은 상을 여러 개 차렸을 경우 주인 가까이에 차려진 상에서 식사하는 사람들에게는 일류 요리가 제공되었지만, 다른 식탁에 있는 덜 존경받는 손님에게는 이류급의 음식이 제공되었다.

유베날리스가 쓴 다섯 번째 풍자시의 대부분은 이런 인색한 보호자에 대한 불평을 다룬 것이다. 그중 한 대목을 인용해 보자. "그는 생선을 최상급 올리브기름에 찍어 먹는다. 당신은 등잔불에서나 날 냄새가 배어 있는 시든 배추를 먹는다." 플리니우스는 사람들이 일종의 잘못된 경제 의식으로 이러한 구별을 하게 되었다고 설명한다. 그는 아예 모든 손님에게 똑같이 수수한 음식을 내놓아 비용을 절감했다(*Ep.* 2.6). 식사할 때 사람들을 구별하는 것은 고린도 교회에서 분란의 한 이유가 되었다(참조. 7.129).

고대 세계에 관한 정보가 없는 사람들은 로마인들의 만찬이 술을 진탕 마시고는 취해서 떠드는 것이라고 알고 있다. 고대의 만찬에 대한 이러한 보편적인 인식은 전적으로 부정확한 것은 아니다. 심지어 음식을 한 가지씩 싸 가지고 와서 만찬을 가진 고린도 교회의 경우도 난장판이기는 마찬가지였다(고전 11:21; 참조. 7.138).

하지만 대부분의 사람들이 생각하듯이 로마인에게는 이런 일이 비일비재했을 것이라는 것은 모든 사람의 주목을 끌 만한 극단적인 예에 불과하다. 로스앤젤레스에 사는 평범한 사람이 할리우드의 광란의 파티에 초대되지 않듯이, 대부분의 하층 계급에 속한 로마인들은 떠들썩하고 술에 찌든 만찬과는 거리가 먼 생활을 했다.

상류층에 속한 로마인 중에도 이처럼 과도한 행동에 진저리를 느끼는 사람들이 많았다. 티투스 황제가 베푼 만찬은 "거창하다기보다는 유쾌하였다"(Suetonius, *Titus* 7.2). 티투스의 동생 도미티아누스 황제 역시 청빈한 만찬을 즐겼다. "그는 자주 융숭하게 만찬을 베풀었다. 하지만 그 만찬은 급히 차린 것이었다. 만찬이 해가 진 후까지 계속되는 법은 없었으며, 식후에 술자리는 허용되지 않았다"(Suetonius, *Dom*. 21).

떠들썩한 만찬이 베풀어지지 않았다고 불평하며 편지를 쓴 어떤 친구에게, 플리니우스는 답장하면서 엄숙하게 한마디 했다. "내 분명하게 말하겠네. 나는 결단코 그런 식의 만찬은 열지 않을걸세"(*Ep*. 9.17). 그는 "간소하면서도 비공식적인 식사와 소크라테스적인 대화가 풍성한" 만찬을 즐겼다(*Ep*. 3.12). 하지만 로마인들 중에는 그를 젖은 담요로 여긴(기분을 잡치게 하거나 흥겨운 마당에 찬물을 끼얹는다고 생각했기 때문이다 – 역자 주) 사람들이 있었다. 그들은 한바탕 떠들썩하게 먹고 마시는 일을 전혀 잘못되었다고 생각하지 않았다.

오비디우스의 책 『사랑의 노래』(*Amores* 1.4)는 만찬에서 어떤 일이 벌어졌는지를 보여주는 좋은 예이다. 이 시는 남편이 만찬에 참석하겠다고 결정하여 연인끼리의 계획을 망치게 된 오비디우스의 정부(情婦)에게 바치는 시이다. 오비디우스는 이들 부부 맞은편 침상에 비스듬히 기대어 앉아 자기의 정부 바로 옆에 누워 애무하는 그녀의 남편을 쳐다보면 화가 치밀어 오를 것이라고 말한다. 이들 부부의 행동은 오늘날의 부부가 보일 수 있는 가장 사적인 애정 표현에 비견될 것이다.

> 당신의 남편이 당신의 목을 손으로 감싸지 말게 하오. 촉촉하게 젖은 당신의 머리를 그의 거친 가슴에 파묻지 마오. 당신의 옷 속으로 그가 날렵한 손가락을 집어넣어 젖가슴을 만지지 못하게 하오. 무엇보다도 당신에게 입을 맞추지 못하게 하오. 당신이 그에게 입을 맞춘다면, 나는 당신의 애인으로서 당신의 손을 잡고 이렇게 외칠 거요. "이 여자는 나의 여자라오." 나는 이런 일이 벌어지는 것을 감시할 수 있다고 생각하지만, 당신의 겉옷이 잘 가려 준다는 사실이 내 기우의 근거일 것이오.

이 마지막 문장은, 실제로 그렇게 하지는 않았겠지만, 오비디우스가 그의 정부와 그녀의 남편이 저녁 식사를 하는 동안 침상에서 실제로 성관계를 가질까 봐 걱정했음을 암시한다.

그는 계속해서 자신이 여자들이 입는 긴 외투인 '팔리아'(pallia) 아래서 코린나(Corinna)와 성관계를 가졌다고 말한다. 그는 코린나에게 이번 만찬 때에는 그 옷을 입고 오지 말라고 간청한다. 그래야 그녀가 그녀의 남편과 이런 짓을 할 가능성이 없어질 것이기 때문이다. 다른 자료에서 얻은 정보를 생각하면 이런 일이 금시초문은 아니다.

오비디우스가 설명하고 있는 이 행위들은 로마인들이 왼쪽 팔꿈치를 받치고 침상에 비스듬히 기대어 오른손으로 음식을 집어먹고 마신다는 사실로 보아 얼마든지 가능했고, 심지어 권장되기까지 했다. 이것은 헬라인들에게서 물려받은 옛 풍습이었고, 헬라인들은 소아시아에서 이런 행동을 배웠던 것 같다. 이것은 사치의 상징으로 여겨져 왔다. 아모스 6장 4절은 "상아 상에" 누워 있는 사람들을 정죄한다.

이런 식으로 음식을 먹으려면 넓은 식당(옥외 식당을 갖추는 것도 유행이었다)과 음식을 나르고 식탁을 치우는 종들이 있는 큰 집이어야 했다. 손님들은 이런 자세로는 칼을 사용할 수 없었고 아직은 포크도 발명되지 않았기 때문에, 음식은 한입에 먹을 수 있게 잘게 썰어야 했다. 로마의 식당은 세 명씩 침상에 기대어 누웠고, 아래의 그림처럼 식탁을 중심으로 침상 세 개가 배열되었기 때문에 횡와 식탁(triclinium)이라고 불렀다.

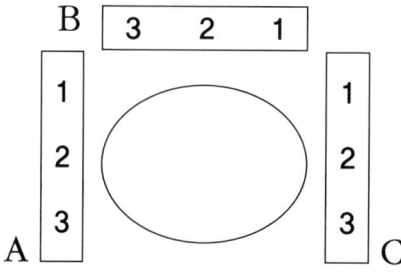

침상 A는 집주인과 그의 아내 혹은 가족 중 누군가가 차지하는 자리이다. B와 C는 손님들 자리이다. 침상 B의 3번 자리가 가장 존경받는 손님(Martial 6.74에 따르면 '중간 침상의 가장 낮은 곳에 기대어 있는 사람'이다)을 위해 예비한 '상석'이다. A의 1번 자리는 집주인의 자리이다. 초기 로마 시대에 여자들은 남편의 발 옆이나 의자에 앉았으나, 예수님 당시에는 남자들과 나란히 누웠다. 큰 침상의 경우에는 열여덟 명이 누워 한 식탁에서 음식을 먹을 수 있었다. 식탁 하나에 다 참여할 수 없을 만큼 손님이 많을 경우에는 다른 식탁과 침상을 마련했다(7.142).

사람들은 누구나 그날 어느 자리를 누가 차지할지 알았다. 페트로니우스의 작품에는 손님 중에서 기분이 상한 한 사람에 관한 언급이 나온다(Satyricon 70). 트리말키오가 경솔하게도 그만 요리사를 만찬에 참여하게 했는데, 그 요리사(하인)는 손님 자리 중 상석에 자리를 잡고 앉았다. 만찬에 참석한 사람들 중에서 자기가 그 누구보다도 중요한 인물이라고 생각해 상석에 앉아 있는데 사회적인 지위상 보다 낮은 자리로 내려가 앉아 달라고 부탁받는다면, 분명 대단히 당황스러운 일일 것이다. 그 요리사의 실수도 즉각 모든 사람에게 드러났을 것이다.

이러한 관행이 식사에 초대받았을 때 상석에 앉지 말라는 예수님의 충고의 저변에 깔려 있었던 것이다(눅 14:7-14). "청함을 받았을 때에 차라리 가서 끝자리에 앉으라(헬라어로 '비스듬히 기대어 누우라') 그러면 너를 청한 자가 와서 너더러 벗이여 올라앉으라 하리니."

예수님이 이 본문에서 하신 말씀은 그분이 언급하시는 사람들이 헬라인과 로마인처럼 식사하는 사람들이라는 사실을 알고 있는 경우라야 비로소 의미가 통한다. 신약성경과 그 밖의 여러 자료에는 1세기의 부자 유대인들이 침상에 비스듬히 기대어 식사하는 습관을 도입했다는 증거가 많다. 늘 이런 식으로 식사하지 않는 사람들도 이런 습관에 익숙했을 것이다.

또 다른 만찬이 누가복음 7장 36-50절에 묘사되어 있다. 이것은 예수님이 바리새파 사람 시몬의 집에서 식사하실 때의 상황이다. 식사 도중에 한 여자가 자기의 눈물로 예수님의 발을 씻고 자기 머리털로 물기를 닦아 냈다. 흠정역과 개정표준역(RSV)은 예수님이 "바리새인의 집에 들어가 앉으셨을 때에" 여자는 "그 발 곁에(혹은 뒤에) 섰다."라고 묘사한다.

그런데 예수님이 의자에 앉으셨다면 여자가 어떻게 그분의 발 뒤에 서 있을 수 있을까? 이런 모습을 어린이 성경에 나오는 삽화처럼 그려 본다면 어색하기 그지없다.

이것은 그야말로 터무니없는 생각이다. 예수님은 침상에 기대어 누우신 것이었다. 이 본문에 사용된 헬라어 동사의 의미가 이것이며, 새국제역(NIV)은 이 본문을 매우 정확하게 번역한 것으로 칭찬할 만하다. 이렇게 되면 예수님의 발은 뒤쪽으로 불쑥 비어져 나오게 되며, 여자는 아무 어려움 없이 예수님의 발을 만질 수 있었을 것이다.

다른 손님들은 그들의 종을 데리고 있었기 때문에, 여자가 들키지 않고 그 집에 들어가는 일도 쉬웠을 것이다. 집안에서는 서성대는 사람이 상당히 많았을 것이다. 종들은 자기 주인 뒤에 서서 그들이 필요로 할 때 시중들었고(Martial 6.89에 따르면 심지어 식사 중에 요강을 가져오는 경우도 있었다), 주인을 집으로 모셔 가거나 남은 음식을 싸 가지고 가는 일을 했다. 손님들은 식사 때 필요한 냅킨은 준비해 왔으며, 납득할 만한 선에서 음식을 냅킨에 싸서 마음대로 집으로 가져갈 수 있었다.

마르티알리스는 실제로 식탁에 남은 음식을 하나도 남김없이 싸 가지고 가 자기 종에게 전해 준 어떤 손님에 대해 불평을 터뜨렸다(2.37). 그는 "부끄러운 줄 아신다면 도로 갖다 놓으십시오. 내일 저녁 식사에 당신을 초대한 것은 아닙니다."라고 말했다.

우리는 최후의 만찬에서도 비스듬히 누워 있는 예수님과 그의 제자들의 모습을 그려 볼 수 있다. 마가복음 14장 15절과 누가복음 22장 12절은 그들이 식사한 곳이 "큰 다락방"(공간이 넓은 다락방)이라고 구체적으로 말한다. 그렇다면 그곳은 침상과 식탁이 갖춰져 있을 만한 공간이었을 것이다. 신약성경에서 사용된 공통적인 헬라어 단어는 '(식탁에) 비스듬히 눕다.'(to recline [at table])라는 의미의 단어이다. (여러 복합 동사의 형태를 지니며) 가장 자주 사용된 단어는 '눕다.'(to lie down)라는 의미의 '케이마이'(keimai)이다.

아나케이마이(anakeimai)   마 9:10, 22:10-11, 26:7, 20; 막 6:26, 14:18, 16:14; 눅 22:27(2회); 요 6:11, 12:2, 13:23(이 책 제1장에서 다루었다), 13:28

카타케이마이(katakeimai)   막 2:15, 14:3; 눅 5:29, 7:37; 고전 8:10

쉬나나케이마이(sunanakeimai)   마 9:10, 14:9; 막 2:15, 6:22; 눅 7:49, 14:10, 15

어근 '핍토'(pipto)는 '떨어지다.'(to fall)라는 의미이다. 그래서 동사 '아나핍토'(anapipto)는 '눕다.'(to throw oneself down 혹은 to flop down)와 같다고 할 수 있다. 이런 식으로 번역한 성경은 아마 볼 수 없을 것이다.

아나핍토(anapipto)   마 15:35; 막 6:40, 8:6; 눅 11:37, 14:10, 17:7, 22:14; 요 6:10(2회), 13:12, 25, 21:20, 그리고 이교도의 작품에 자주 등장한다.

세 번째 동사는 '클리노'(klino)와 이 어근이 들어간 복합 동사이다. 이 단어의 의미는 '기대다.'(to lean), '비스듬히 눕다.'(to recline)로서 누가복음에만 사용되었다.

카타클리노(kataklino)   눅 7:36, 9:14-15, 14:8, 24:30

어떤 사람이 예수님께 기대어 누웠다면, 우리는 예수님이 상석을 차지하고 앉으신 것이 아니라는 결론을 내릴 수 있다. 앞에서 살펴본 좌석 배치 도표를 보면, B3 자리에 있는 사람은 요한복음 13장 23절에 언급된 것처럼 다른 사람이 자기 품에 의지하여 눕게 할 수가 없다. 예수님은 전통적인 유대 유월절 음식을 먹는 가정의 가장처럼 행동하시는, 이 식사의 주인이셨다. 이럴 경우 예수님은 A1 자리를 차지하셨을 것이다. 예수님이 사랑하시던 제자 요한(요 20:2)은 A2 자리에 기대어 누웠을 것이다. 공관 복음서 중에서 이 식사의 상황을 자세하게 기록하고 있는 본문은 없지만, 요한복음 13장 24절에 따르면 베드로는 예수님 곁에 있던 제자에게 '머릿짓'으로 예수님께 그분을 팔 사람이 누구인지를 물어보라고 했다. 베드로가 요한과 속삭이듯이 대화를 나눌 수 있으려면 A3 자리에 있었을까? 아니면 식탁 맞은편인 C 침상에 있었을까? C 침상에 있었다면 베드로는 요한의 주의를 끌기 위해 손짓으로 신호를 보내야 했을 것이다. 예수님은 빵을 찍어 유다에게 주셨다. 예수님이 손쉽게 그렇게 하시려면, 유다는 그분과 아주 가까운 또 다른 자리에 있어야만 했다. 유다는 상석인 B3에 자리하고 있었을 것이다.

많은 유대인들이 헬라인과 로마인들처럼 식탁을 중심으로 비스듬히 누웠다. 심지어 로마인들과 함께 식사하지 않을 때도, 그들의 전통적인 유대교 의식을 행하며 절기 식사를 하는 경우에도, 예수님과 제자들처럼 경건한 유대인 집단은 보다 전통적인 근동의 식사법대로 바닥에 주저앉는 대신 로마식의 식사법을 택했다. 헬라화의 영향은 유월절 식사를 하고 식사가 진행되는 동안 대화를 나누는 데까지 미쳤다. 유월절 식사는 "헬라인들의 심포시움과 어느 정도 비슷했다. 식사는 비스듬히 누운 자세로 했고, 식사하면서 선정된 주제에 대해 의미 있는 대화를 나누었다"(7.140: 810).

유대인들이 그들의 식사법과 유월절 준수와 같은 기본적인 것들에 수정을 가했다면, 우리는 그들이 그리스-로마의 생활 양식의 다른 면에서도 영향을 받았다고 결론을 내리는 것이 안전하다. 사도행전과 바울 서신이 기록될 당시의 문화적인 배경은 유대가 아니라 로마였으므로, 우리가 알고 있는 로마식 삶의 양식 대부분을 신약성경에 바로 적용할 수 있다.

4. 주거와 도시 생활

고대 세계 전역의 주거 환경은 가난한 사람들의 단출한 주거지에서부터 부자들의 호화 주택에 이르기까지 다양했다. 하지만 고대 도시의 주택 크기와 주변 환경은 당대의 모든 도시 생활을 특징지었던 인구 밀도의 영향을 받았다(7.156–157; 7.160–161).

이런 도시들은 원래 방어벽 안에 갇혀 있었다. 삶의 공간이 이렇게 심각하게 제한받을 경우 뜰이나 공원과 같은 사치스러운 것들이 있을 공간은 없었다. 주택과 상점들은 현대 도시의 다닥다닥 붙어 있는 집들처럼 담 하나를 두고 집집마다 붙어 있었다. 신전이나 공중목욕탕 또는 시민 정신이 투철한 귀족이 하사한 정원에서나 잔디와 나무 몇 그루가 있는 열린 공간을 찾을 수 있었다(Pliny, *Ep.* 9.39).

당시 대도시의 삶의 질은 대단한 부자를 제외하고는 모든 사람에게 조야하기 그지없었다. 계속되는 소음과 여름철의 더위와 겨울철의 추위로 인해, 사람들은 방에서 잠자기 어려워 늘 신경이 곤두서 있었다. 경찰력이 존재하지 않았으므로 사람들은 자기 몸은 자기가 지켜야 했으며, 좀도둑의 활동은 당시 개발된 어떤 보안 장치로도 막을 수 없었다.

폭력은 사람들이 겪은 잘못된 일을 바로잡는 유일한 방법이었기에 유행병처럼 퍼져 나갔다. 도시에서 대낮에 위험한 일이 벌어졌다면, 그날 밤에는 사람 하나 얼씬거리지 않았다. 유베날리스는 바보가 아니고서는 유서를 지니지 않은 채 해진 뒤 외출하는 사람은 없을 거라고 말한다. "덤벼드는 사람의 주

> **가난한 자들이 사는 누추한 집**
>
> 우리는 대부분 가느다란 갈대 버팀목에 세워진 도시에 산다. 건물이 허물어져 내리고 있을 때, 마침 주인이 건물 앞에 서서 오래된 담장에 금이 가 있는 것을 얼른 감출지도 모른다. 그러고는 그대에게 건물이 붕괴되려 해도 잠을 잘 자라고 말할 것이다. 불이 날 위험이 없는 곳에서 사는 것이 밤에 걱정할 이유가 없으므로 한결 낫다. 어떤 사람이 누더기 같은 짐꾸러미를 싸고 있는 동안 이웃 사람이 물을 퍼 오라고 외친다. 그대의 집이 있는 3층은 이미 연기가 나고 있지만 그대는 그 사실을 전혀 모른다. 아래층에서 비상벨이 울린다면 그대는 제일 나중에 타 죽을 것이다. 3층은 기와만이 비가 새지 않게 보호해 주며, 이곳에서 온순한 비둘기는 알을 품는다(Juvenal, Satire 3.193-203).

먹에 맞아 상처가 난 다음에야 서너 개의 이가 빠진 채 집으로 보내 달라고 간청하고 애원하는 것은 가난한 사람들의 자유이다"(Sat. 3.299-301). 어느 고대 도시의 시민이라도 미국의 '밤 되찾기 운동'(Take Back the Night)을 십분 이해할 것이다.

현대의 맨해튼처럼 수도 로마의 땅값은 엄청나게 비쌌기 때문에, 집주인은 자기가 투자한 재산에 대해 이익을 챙기기에만 혈안이 되어 있었고, 그리하여 보통 사람들은 대개 초라하게 지어지고 유지 보수도 엉망인 큰 공동 주택에서 살았다(7.154-155). 화재의 위험이 늘 도사리고 있었으며, 일단 화재가 나면 그것은 거의 치명적인 재앙으로 이어졌다.

아우구스투스 황제 이전에는 로마에 소방력이 전무하였다. 아우구스투스가 세운 제도 중에서 가장 훌륭했던 것은 사람들을 깨우고 양동이 부대를 편성하는 업무를 담당한 야경꾼 제도를 만든 것이다(7.151; 7.156). 유베날리스는 셋집 꼭대기 층에 사는 가난한 사람을 동정했다(p. 370 박스의 '가난한 자들이 사는 누추한 집'을 보라).

도시의 인구 과잉으로 쓰레기와 오물이 중요한 문제로 대두되었다. 로마 제국의 대도시에는 고대 세계에서 가장 발달된 하수 처리 시설이 있었지만, 대부분의 가정에는 정화조 시설이 되어 있지 않았다. 부잣집에는 보통 안벽을 돌로 댄 재래식 화장실이 있었고 정기적으로 오물을 퍼냈다. 쓰레기는 거름으로 사용되었다. 하수도는 주로 홍수가 날 때 빗물을 조절하는 목적으로 사용되었다. 공중 화장실이 있었으며, 이곳은 피혁공과 직물 표백업자들이 청소했다. 이들은 공정상의 원료로 요산이 필요했다.[8]

많은 사람들이 불편한 시간에는 공중 화장실 사용하기를 꺼렸던 것 같다. 그들은 요강을 사용하고는 비웠다. 세 들어 사는 사람들은 건물 현관에 물 버리는 통을 설치해 달라고 집주인에게 요구했지만 그렇게 하는 사람은 거의 없었다. 대부분의 사람들은 오물을 창밖으로 마구 버렸다. 유베날리스는 낡아빠진 건물에서 떨어지는 벽돌에 맞는 것보다 요강을 비울 때 쏟아지는 오물을 뒤집어쓰는 편이 더 낫다고 말한다(Sat. 3.270-275). 그 밖에도 갖가지 쓰레기가 도시의 크고 작은 길에 마구 버려졌다. 이곳에 버려진 쓰레기는 이론상으로는 비가 오면 하수도로 씻겨 들어가게 되어 있었다(7.146).

하수도와 같은 사치스러운 기반 시설이 되어 있지 않은 소도시에서는 보건 문제가 심각했다. 플리니우스는 그가 다스렸던 속주 비두니아에 있는 어떤 마을을 "깨끗하고 잘 만들어진 곳"이라고 묘사했다. 하지만 그 도시의 주요 도로 한가운데로 "일종의 개울이 흐르고 있었는데, 이 개울은 실제로 하수 시설이 엉망이었다. 이것을 보는 것만도 역겨웠을 뿐 아니라, 거기서 풍겨 나오는 악취 때문에 주민들의 건강이 위협받고 있었다"(Ep. 10.98). 플리니우스는 트라야누스 황제에게 그 개울을 덮고 하수도 시설을 설치할 필요가 있다는 건의문을 올렸고, 트라야누스는 이를 허락했다.

---

8) 이제 유대인이 왜 이런 직업을 부정한 직업으로 여겼는지, 무두장이 시몬의 집이 왜 해변에 있었는지 그 이유를 알 수 있을 것이다(행 10:6). 해변가는 바닷바람으로 인해 환기가 잘 되었을 것이다. 인색하기로 악명 높은 베스파시아누스 황제는 피혁공과 표백업자에게 세금을 부과했다. 그가 생각하기에 이들은 원자재를 공짜로 갖다 쓰는 사람들이었다. 그의 아들 티투스가 그들에게 세금을 부과하는 일은 품위가 떨어지는 행동이라고 반대하자, 그는 동전을 건네주면서 냄새를 맡아 보라고 했다. "냄새가 고약하냐?" 티투스가 아니라고 대답하자 그는 이렇게 응수했다. "그것 참 이상하군. 이 동전은 방금 전에 변소에서 나왔는데 말이야" (Suetonius, Vesp. 23).

당시의 인구 조사 목록을 보면, 로마에는 14,000채가 넘는 공동 주택이 있었으며 단독 주택은 불과 1,000채 정도밖에 없었다는 사실을 알 수 있다(7.158). 심지어 브리스길라와 아굴라와 같이 무역업을 하는 사람과 가게를 운영하는 사람들조차 단독 주택을 소유할 수 없었다. 브리스길라와 아굴라의 "집"(롬 16:5)은 건물의 한 층을 다 쓰거나 일부분을 사용하는 공동 주택(아파트형 주택)이었을 가능성이 많다. 이러한 거대한 공동 주택 건물의 1층에는 상점이 배치되어 있었다. 브리스길라와 아굴라가 상점 한쪽 구석에서 살지 않았다면, 그들이 살고 있던 건물에 상점이 있었을 것이다. 전형적인 공동 주택은 방이 세 개 있는 집이었다. 중앙에 있는 큰 거실과 식당 그리고 침실이 전부였다(7.159). 어떤 고급스러운 별장 형태의 집이 아니라 바로 이런 집에서 초대 그리스도인 집단(초대 가정 교회)이 모였을 것이다(7.145; 7.147-148).

폼페이와 헤르쿨라네움과 같은 이탈리아의 여러 마을에서도 로마의 공동 주택처럼 크지는 않지만 공동 주택이 발견되었다. 주전 2세기 초에는 그리스의 도시 계획의 영향으로 근동에도 이처럼 거대한 공동 주택 단지가 일반화되

프랑스 남부에 있는 수로교. 3층으로 구성된 아치들이 수로와 도로를 떠받치고 있다.

었는데, 이것은 그리스와 이탈리아의 단독 주택과 유사한 사치스러운 단독 주택이 보편화되었던 것과 마찬가지다. 고고학자 비비(H. K. Beebe)의 말을 빌려 표현하자면, "팔레스타인 주민에게 끼친 그리스 문화의 영향은 기절초풍할 정도였다"(7.169:91). 도시에서 멀리 떨어진 농촌의 마을들은 그리스의 영향을 받지 않을 수 있었을지 모르지만, "도시의 생활에는 일대 혁신이 일어났다."

비비는 팔레스타인의 고고학자들이 전통적으로 보다 많은 관심을 집중한 곳은 "요새화된 도시들, 왕궁과 총독 관저, 성전의 복합 시설들" 그리고 그 외에 여러 웅장한 건축물이었다고 말한다(7.169:89). 최근까지 "성경 시대에 평민들이 어떻게 살았는지에 대해서는 거의 관심을 기울이지 못한 형편이었다." 하지만 상황은 바뀌고 있으며, 그 결과 1세기 유대 지방의 생활은 로마 제국의 다른 지방과 거의 다르지 않다는 사실이 밝혀졌다.

유대 지방에서 몇 채의 공동 주택 건물의 잔재가 발견되었다. 비가 거의 오지 않았기 때문에, 많은 하층민들은 대개가 평지붕으로 되어 있는 조그맣고 방 한두 개가 딸린 집에서 계속 거주했다. 부잣집의 경우 지붕은 일종의 정원 구실을 해, 식구들이 길거리에 나가지 않고도 시원한 바람을 쐬거나 일광욕을 즐길 수 있었다. 무더운 날 밤에는 사람들이 지붕에서 잠을 자기도 했다(참조. 막 13:15). 하지만 신약성경에도 분명하게 언급되어 있고 최근의 고고학적 발굴로 인해 그 사실이 입증된 것처럼, 유대 지방에는 수도 시설이 갖춰져 있고 수세식 화장실과 넓은 식당이 있는 크고 비싼 집들도 있었다(7.153; 7.163). 이런 집에는 많은 종들이 필요했다(막 13:34).

신약에 처음으로 언급된 집은 마태가 기록한 예수님 탄생 이야기에 나온다. 소와 양들이 둘러선 구유에 아기가 누워 있고 그 앞에 동방 박사들(3.176, 동방 박사가 세 명이라는 언급은 어디에도 없다[9])이 무릎을 꿇고 있는, 누구나 그리는

---

9) 동방 박사가 왜 세 명인지, 그들에게 붙여진 이름의 출처가 어디인지에 관한 논의를 보려면 이 책 제3장을 보라.

장면과는 달리 마태복음 2장 11절은 이렇게 말한다. "집에 들어가 아기와 그의 어머니 마리아가 함께 있는 것을 보고 엎드려 아기께 경배하고 보배합을 열어 황금과 유향과 몰약을 예물로 드리니라."

마태복음 5장 15절의 말씀은 예수님이 작은 집을 염두에 두고 하신 말씀일 것이다. "사람이 등불을 켜서 말 아래에 두지 아니하고 등경 위에 두나니 이러므로 집 안 모든 사람에게 비치느니라." 예수님이 말씀을 전하셨던 많은 사람들은 아마 등잔불 하나로도 밝힐 수 있는 집에 살고 있었을 것이다. 가버나움에 있는 베드로의 집은, 사람들이 예수님을 기다리는 동안 문 주변에 몰려 있었던 것으로 보아 큰 집은 아니었던 듯하다(막 1:33). 고고학자들은 실제로 그 집을 발견했다고 생각한다(7.167).

예수님은 반대편 계급의 사람들과도 어울리셨다. 앞에서 바리새파 사람 시몬이 대규모의 만찬을 베풀 수 있을 만큼 큰 집을 소유하고 있었음을 지적했다. 어느 날 예수님이 야이로의 딸을 고치기 위해 야이로의 집에 들어가셨을 때, 피리 부는 사람들과 곡하는 사람들(이들은 분명 직업적으로 곡하는 사람들이었을 것이다)이 시끄럽게 하는 것을 보셨다. "무리를 내보낸 후에 예수께서 들어가사 소녀의 손을 잡으시매 일어나는지라"(마 9:25). 두 경우 모두 요즘 폼페이나 헤르쿨라네움을 방문하면 볼 수 있는 가옥과 다르지 않은, 비교적 큰 집임을 그려 볼 수 있다.

복음서에는 예수님이 사셨던 집의 규모를 알 수 있는 단서가 두세 개 있다. 마가복음 2장 1-2절은 복음서 저자가 예수님의 집을 염두에 두었음에 틀림없다. 그 집은 많은 사람이 함께 모일 수 있을 정도로 큰 집이었으나, 나중에는 그 집이 수용할 수 없을 정도로 많은 군중이 몰려들었다.

마가복음 2장 15절에는 예수님이 '그의 집'에서 저녁 식사를 하셨다는 기록이 있다. '그의'(새개정표준역 난외주를 보라)라는 단어만으로는 그곳이 예수님의 집이었는지 마태의 집이었는지 분명하지는 않지만, 그곳을 예수님의 집이라고 보는 것이 보다 자연스럽다. 물론 이에 대해 모든 학자들이 동의하지는 않는다(7.162). 많은 세리와 죄인들이 예수님과 제자들과 함께 기대어 누웠을 (새개정표준역 난외주를 보라) 정도면 이 집은 상당히 큰 집이었을 것이다. 제자들이 그 대규모의 만찬을 준비했을 것이다. 특히 여기서 '제자'는 예수님의 열두 제자뿐만 아니라 예수님을 따르던 사람 모두에게 적용된다는 점을 생각한다면, 이것은 분명 대규모의 만찬이었을 것이다.

예수님이 혹은 적어도 예수님의 가족이 큰 집을 소유했을 가능성이 있다고 해서 놀랄 필요는 없다. 요셉은 건축가였다. 단순한 목수라기보다는 공사 하청업자였을 것이다. 그렇다면 그는 자기 가족을 위해 안락한 집을 지었을 것이라고 쉽게 생각할 수 있다. 마가복음 6장 3절에서 사용된 헬라어 '테크톤'(tekton)은 나무와 돌을 가지고 건물을 짓는 사람을 의미한다(7.143). 예수님이 건축 계획과 예산에 관해 상당한 지식이 있으셨던 점으로 보아(눅 14:28-30), 그분은 요셉의 직업을 물려받았을 것이다.

바울은 예수님이 사역을 시작하셨을 때에는 부자이셨으나 그 사역 때문에 가난하게 되셨다고 주장한다(고후 8:9). 예수님을 집도 없이 떠돌아다니는 순회 설교자로 이해한 것은, 4세기에 시작된 수도원 운동의 영향으로 본문에 의미를 첨가해 읽었기 때문에 생겨난 것 같다. 하지만 복음서의 한 전통에 따르면(마 8:20; 참조. 눅 9:58), 예수님은 인자로서 그의 사역 후기 단계에서 사람들에게 저버림을 받고 집 없이 지내셨다.

그 밖에 복음서에 나타난 집에 대한 언급들은 대부분 너무 모호해서 그 규모를 결정하기가 어렵다. 하지만 사도행전에는 비교적 큰 규모의 집이 있었다는 언급이 몇 군데 있다. "오순절 날이 이미 이르매 그들이 다 같이 한 곳에 모였더니 홀연히 하늘로부터 급하고 강한 바람 같은 소리가 있어 그들이 앉은 온 집에 가득하며"(행 2:1-2). 처음에 등장하는 '다 같이'가 그리스도인 집단 전체를 가리킨다면, 그 집에는 120명이 있었을 것이다(참조. 행 1:15). 하지만 그들이 단지 사도들 전체를 가리킨다면, 그 집에는 열두 명이 있은 셈이다. '온 집'이라는 말 자체도 그 집이 상당히 규모가 컸음을 암시한다. 그런데 많은 군중이 곧바로 모여든 것으로 보아, 이 집은 그들이 나중에 만난 성전의 행각을 의미할 수도 있다(행 3:11, 7:49은 성전을 '집'이라고 칭한다).

백부장 고넬료와 무두장이 시몬의 집은 그들의 권력이나 경제력을 틀림없이 반영했을 것이다. 베드로가 시몬의 집 지붕에 기도하러 올라갔던 점으로 보아, 시몬의 집은 유대식으로 지었을 것이다(행 10:9).

또 다른 부잣집이 사도행전 12장 12-17절에 언급되어 있다. 이 집은 마가의 어머니의 집이었으며, 베드로는 기적적으로 감옥에서 나와서는 그 집으로 갔다. 여러 사람이 거기에 모여 기도하고 있었고, 베드로는 '그 집 바깥문'(개역개정에는 '대문'으로 표현되어 있다—편집자 주)을 두드렸다. 이 문은 집의 앞문이 아니었다. 고대 도시의 집은 보도나 큰길과 접해 있었다. 부잣집에는 대부분 뒷길을 향해 열어 놓은 문이 있는 정원이 있었다. 베드로는 이 뒤쪽 출입문으로 간 것이다. 베드로는 탈옥수였기 때문에, 현관문이 있는 길거리에서 서성거리면서 누군가 나와서 자기를 안으로 맞아 주기를 기다릴 수가 없었다. 로데라고 하는 여자아이는 너무 기쁘고 정신이 없어서 베드로를 한동안 문밖에서 있게 했다(행 12:14).

5. 의복

고대에 의복은 사회적인 지위를 나타냈으므로 여기서 이 주제를 살펴보는 것이 적합하다. 신약성경에 의복에 대한 언급이 거의 나오지 않는 이유는 성경 저자들이 이런 세속적인 주제에 대해 후대에게 교훈할 필요를 느끼지 못했기 때문일 것이다. 하지만 신약성경에도 두세 군데 의복에 대한 언급이 있으며, 우리는 이 분야에 대한 총체적인 관습을 살펴봄으로써 무언가를 배울 수 있다. 유대의 의복 스타일은 그리스와 로마의 의복 스타일과 상당히 달랐을 것이다. 하지만 의복의 기본 스타일은 로마 제국 전체에 걸쳐 많이 다르지는 않았다.

문학 작품에 언급된 것 이외에 우리는 예술 작품을 통해서 헬라인과 로마인들이 어떤 옷을 입었는지 알 수 있다. 랍비 중에는 새긴 우상을 만들지 말라는 말을 조각만을 금하라는 것으로 문자적으로 해석한 이들도 있지만, 구약성경이 인간의 형상을 만들거나 그리는 일을 분명하게 금했기 때문에, 고대의 그림에서는 유대인의 모습을 거의 볼 수가 없다. 그래도 메소포타미아의 두라에우로포스에 있는 한 회당에는 수많은 화려한 프레스코화가 그려져 있다. 하지만 이 회당의 벽화는 신약성경에 관한 정보를 얻기에는 팔레스타인과 지역적으로 멀리 떨어져 있을 뿐만 아니라 너무 늦은 시기에 그려진 것들이다. 세포리스의 회당 바닥에 있는 모자이크는 로마 시대의 팔레스타인 유대인들의 모습에 대해 보다 많은 정보를 제공하기는 하지만, 이 모자이크는 아직 분석되지 않은 상태이다. 유대인이 포로로 잡혀가게 된 때 외에는 다른 나라의 예술가들은 유대인을 그리지 못했다.

그리스-로마의 의복은 두 부류로 나누어진다(7.168; 7.170). 로마의 '토가'(toga)나 그리스의 '히마티온'(himation)과 같이 몸을 감싸며 입는 옷들은 '아믹투스'(amictus)로 분류되었다. 이 겉옷은 공식적인 행사 때나 겨울에 보온을 위해 입었다. 겉옷은 여간 성가신 것이 아니었다. 그래서 몸을 사용하는 일을 할 때면 벗어야만 했다. 스데반을 돌로 치는 사람들이 "옷(히마티온)을 벗어 사울이라 하는 청년의 발 앞에" 둔 것은 바로 이러한 이유 때문이었다(행 7:58). 로마인 남자들의 토가는 팔리아로 알려진 여자들의 겉옷보다 더 크고 정교하게 주름 잡혀 있었다. 급할 때면 외투를 그냥 몸에 걸칠 수도 있었다.

마가복음 14장 51절에 등장하는, 종종 순례자들이 그러했듯이 겟세마네 동산에서 야영을 하고 있었던 수수께끼의 젊은이는 이런 조심성 없는 옷차림을 한 채 주변에서 벌어지고 있는 소란스러운 광경을 보고 있었다(7.174). 어떤 사람이 그를 붙잡자, 그는 잡힌 옷 사이로 몸만 살짝 빠져나와 벗은 몸으로 도망쳤다(7.169; 7.172).

겉옷은 비쌌기 때문에 목욕탕과 같은 공공장소에서는 자기 옷을 잘 간수해야 했다. 또한 공무를 집행할 때는 자기 옷을 잘 보관해 두어야 했다. 옷을 도둑맞았다고 신고하는 일이 비일비재했다(예를 들어 Petronius, *Satyr*. 30). 겉옷의 가격 때문에 바울은 디모데에게 자기에게 올 때 드로아에 두고 온 겉옷을 가져오라고 한 것 같다(딤후 4:13). 옷이 비싸고 집에서 만들기 어려웠으므로, 부자 이외에는 평상시 옷을 두 벌 이상 소유한 사람이 거의 없었다. 마르티알리스는 땀이 난다는 핑계로 저녁 식사를 하는 동안 열한 번이나 옷을 갈아입은, 뻐기기를 좋아하는 집주인을 비난한다(5.79). 하지만 예수님은 제자들에게 두 벌 옷을 갖지 말라고 말씀하셨다(마 10:10).

보다 가벼운 옷차림은 '인두투스'(indutus)로 분류되었다. 이 말은 소매와 목을 넣을 수 있는 구멍이 있어 머리 위에서 뒤집어써서 입는 옷이라는 의미이다. 로마인들은 이것을 '튜닉'(tunic)이라고 불렀고, 헬라인들은 '키톤'(chiton)이라고 불렀다. 이 두 종류의 옷은 예수님이 제자들에게 "너를 고발하여 속옷(키톤)을 가지고자 하는 자에게 겉옷까지도 가지게 하며"라고 말씀하실 때 염두에 두셨던 옷이었다(마 5:40).

남자와 여자 모두 이런 식의 옷을 입었다. 단지 여자들의 옷이 남자들의 옷보다 길이가 더 길고 색상이 화려했다는 점만 달랐다. 하지만 옷의 모양새가 근본적으로 달랐기 때문에, 남자가 여자의 튜닉을 입는 것은 단정하지 못하다고 여겨졌다(Seneca, *Ep*. 122.7). 추운 날씨에는 여벌의 튜닉을 더 입곤 했다. 아우구스투스 황제는 나이가 많아지자 겨울에는 보통 튜닉 네 개와 무거운 모직 외투를 입었다고 한다(Suetonius, *Aug*. 82). 노인들은 다리를 모직 조각으로 감싸기도 했다.

여자들의 전형적인 복장은 짧은 튜닉 위에 긴 겉옷을 입는 것이었다. '스톨라'(stola)로 알려진 이 겉옷은 신약 시대에 유행하던 멋진 머리 모양이 헝클어지지 않게 입고 벗을 수 있도록 어깨 부분의 솔기를 박지 않고 분리되게 했다. 이렇게 분리된 어깨 부분을 핀이나 브로치로 고정했다(7.171). 현재 나폴리 국립 고고학 박물관에 있는 고대 예술 작품 중에서 가장 매력적인 작품은 한쪽 어깨에 두 팔을 얹으려고 포즈를 취하고 있는 실물 크기의 젊은 여자 동상이다. 그 동상의 자세는 스톨라의 핀을 풀고 있거나 혹은 채우고 있는 것이다.

오늘날 뉴욕이나 로스앤젤레스 출신의 사람이 중서부의 조그마한 마을에서 온 사람처럼 옷을 입지 않는 것처럼 위에 언급한 종류의 의복은 지역마다 차이는 있었지만, 대체적으로 지중해 연안 국가들의 보편적인 의복이었다. 고대에는 야만인들만 바지를 입었다. 유대인의 옷 입는 습관은 그리스-로마인과 약간만 달랐다. 『유대 백과사전』(Encyclopedia Judaica)에 따르면, 1세기에 "과연 유대인의 독특한 복장이 있었는지" 의심이 간다(vol. 6:215). 또한 "미드라쉬, 미쉬나, 탈무드에서 옷을 묘사하기 위해 사용된 용어들은 거의 히브리어로 음역한 헬라어나 라틴어였고, 대부분의 옷이 그리스나 로마 혹은 이란에서 기원한 것이다"(7.173:21). 다른 학자는 다음과 같이 요약했다. "유대인들은 그리스 세계의 여러 사람들처럼 옷을 입었다"(7.140:797).

유대인의 전통 의복의 기본은 '케토넷'(ketonet)으로 로마인의 옷보다 약간 더 짧고 몸에 달라붙는 일종의 튜닉이었다. 이 옷 위에 좀 넉넉한 외투인 '심라'(simlah)를 입었다. 유대의 유력자들은 넓은 소매가 달린 긴 옷인 '메일'(meil)을 입었다(막 12:38).

1세기 사람들은 면이나 양모로 만든 허리 두르개인 속옷을 입기도 했다. 접어 올린 튜닉과 함께 이것은 힘든 노동을 하는 남자들이 일반적으로 입는 옷이었다(눅 12:35; 엡 6:14). 일반적으로 유대인들은 헬라인과 로마인보다도 신체 노출을 꺼려했다. 하지만 더운 계절에는 이 허리 두르개만을 입고 일할 수도 있었다(요 21:7). 여자들은 이 옷을 월경 기간에 입었고, 종종 가슴을 가리거나 조이는 데 사용하기도 했다.

남자와 여자 모두 옷의 길이를 조절하기 위해 튜닉에 허리띠를 둘렀다. 재빨리 무슨 일을 해야 하거나 육체노동이 가중될 때에는 튜닉을 올리고 허리띠(혹은 거들)로 흘러내리지 않게 조였다(눅 12:37). 허리띠는 주로 천으로 만들었다. 세례 요한이 가죽 허리띠를 띤 것은 당대 사람들에게 주목을 받을 만큼 획기적이었다(막 1:6). 허리띠의 길이에 대해서는 고대의 자료가 거의 없지만, 바울이 차고 있던 허리띠는 아가보가 상징적인 행동을 하기 위해 그 띠로 자기 손과 발을 묶을 수 있을 만큼 긴 것이었다(행 21:11).

헬라인과 로마인 사이에서는 양모가 튜닉과 겉옷을 만드는 가장 일반적인 재료였다. 그리스와 로마의 초창기 시절에는 여자들이 양모를 잣고 옷을 짜는 데 상당히 많은 시간을 소비해야 했다. 훌륭한 여자를 가리키는 말로 "이 여자는 양모 잣는 일을 했다."라는 문구가 여자의 묘비에 여전히 사용되었지만, 1세기에 이르러 옷은 보다 쉽게 구입할 수 있는 물건이 되었다. 근동에서는 아마와 면이 옷을 만드는 데 많이 사용되었다. 여름철 의복은 겨울철 의복보다 덜 촘촘하게 짜여졌다. 세네카는 훤히 다 비칠 정도로 성글게 짠 튜닉을 입은 남우세스러운 남자를 한탄하는 글을 썼다(*Epp.* 90.5; 114.21; 7.175). 남자들의 튜닉과 겉옷은 양모의 자연색이 그대로 남아 있게 했고, 특별한 경우에는 희게 탈색했다.

앞에서 살펴본 것처럼, 원로원과 기사 계급에 속한 사람에게는 그들의 옷 가장자리에 자주색 줄무늬를 하는 것이 허락되었다. 여자들의 옷은 색깔이 다양했고, 옷 가장자리 또는 목둘레에 수를 놓거나 무늬를 새겨 넣었다. 로마 남자의 경우, 만찬 때 외에 색상이 있는 튜닉이나 겉옷을 입는 것은 부끄러운 일로 간주되었다(Martial 4.2). 하지만 속주에서는 색상 문제에 관해서는 보다 자유로웠던 것 같다. 한 가지 규제 사항이 있다면, 자주색은 갑부들의 전용 색이었다는 사실이다(참조. 눅 16:19). 의복 형태는 비교적 추운 북쪽 지방에서는 어느 정도 다양했다(7.176).

6. 결론

지금까지 우리는 1세기 그리스-로마의 사회 구조, 식생활, 의복, 하루 일과 등에 대해 살펴보았다. 이제는 그들의 도덕성과 개인적인 행동의 표준과 관련된 보다 핵심적인 문제를 살펴볼 차례이다. 기독교는 이런 분야에서 주변 세계에 가장 심각하게 도전했다.

참고 문헌

1. 사회의 여러 계급

7.1. Banks, R. "The Acts of the Apostles as a Historical Document." *AncSoc* 16(1986): 13–17.

7.2. Bush, A. C. *Studies in Roman Social Structure.* Washington, DC: University Press of America, 1982.

7.3. Cassidy, R. J. *Society and Politics in the Acts of the Apostles.* Maryknoll: Orbis Books, 1987.

7.4. Gonzalez, J. L. *Faith and Wealth: A History of Early Christian Ideas on the Origin, Significance, and Use of Money.* San Francisco: Harper & Row, 1990.

7.5. Jeffers, J. S. *Conflict at Rome: Social Order and Hierarchy in Early Christianity.* Minneapolis: Fortress Press, 1991.

7.6. Joshel, S. R. *Work, Identity and Legal Status at Rome: A Study of the Occupational Inscriptions.* Norman, OK: University of Oklahoma Press, 1992.

7.7. Judge, E. A. *Rank and Status in the World of the Caesars and St. Paul.* Christchurch, N. Z.: University of Canterbury Press, 1982.

7.8. Kyrtatas, D. J. *The Social Structures of the Early Christian Communities.* London: Verso, 1987.

7.9. Lyall, F. *Slaves, Citizens, Sons: Legal Metaphors in the Epistles.* Grand Rapids: Zondervan, 1984.

7.10. May, D. M. "Leaving and Receiving: A Social-Scientific Exegesis of Mark 10:29–31." *Perspectives in Religious Studies* 17(1990): 141–151, 154.

7.11. Mitchell, A. C. "Rich and Poor in the Courts of Corinth: Litigiousness and Status in 1 Corinthians 6.1–11." *NTS* 39(1993): 562–586.

7.12. Neyrey, J. H., ed. *The Social World of Luke-Acts: Models for Interpretation.* Peabody, MA: Hendrickson, 1991.

자유인

7.13. Barnes, T. D. "Who Were the Nobility of the Roman Empire?" *Phoenix* 28(1974): 444-449.

7.14. Bastomsky, S. J. "Rich and Poor: The Great Divide in Ancient Rome and Victorian England." *G&R* 37(1990): 37-43.

7.15. Berry, C. J. "Luxury and the Politics of Need and Desire: The Roman Case." *HistPolTho* 10(1989): 597-613.

7.16. Boatwright, M. T. "Theaters in the Roman Empire." *BiblArch* 53(1990): 184-192.

7.17. Brunt, P. A. "Free Labour and Public Works at Rome." *JRS* 70(1980): 81-100.

7.18. Burford, A. *Craftsmen in Greek and Roman Society*. Ithaca, NY: Cornell University Press, 1972.

7.19. Cracco Ruggini, L. "Intolerance: Equal and Less Equal in the Roman World." *CPh* 82(1987): 187-205.

7.20. D'Arms, J. H. *Commerce and Social Standing in Ancient Rome*. Cambridge, MA: Harvard University Press, 1981.

7.21. Dewey, A. J. "A Matter of Honor: A Social-Historical Analysis of 2 Corinthians 10." *HThR* 78(1985): 209-217.

7.22. Drachman, A. G. *The Mechanical Technology of Greek and Roman Antiquity: A Study of the Literary Sources*. Copenhagen: Munskgaard, 1963.

7.23. Evans, J. K. "Wheat Production and Its Social Consequences in the Roman World." *CQ* 31(1981): 428-442.

7.24. Fantham, E. "Censorship, Roman Style." *EMC* 21(1977): 41-53.

7.25. Finley, M. I. "Technical Innovation and Economic Progress in the Ancient World." *Economic History Review* 18(1965): 29-45.

7.26. _____. "Wealth and Work in the Ancient World." *PCA* 66(1969): 36-37.

7.27. Finn, T. M. "Social Mobility, Imperial Civil Service, and the Spread of Early Christianity." *StudPatr* 18(1982): 31-37.

7.28. Foxhall, L. "The Dependent Tenant: Land Leasing and Labour in Italy and Greece." *JRS* 80(1990): 97-114.

7.29. Garnsey, P. "Slaves in Business." *Opus* 1(1982): 105-108.

7.30. Gelzer, M. *The Roman Nobility*. Oxford: Blackwell, 1969.

7.31. Hands, A. R. *Charities and Social Aid in Greece and Rome*. London: Thames & Hudson, 1968.

7.32. Henderson, M. I. "The Establishment of the Equester ordo." *JRS* 53(1963): 61-72.

7.33. Hill, H. "The Equites as a Middle Class." *Athenaeum* 33(1955): 327-332.

7.34. _____. "*Nobilitas* in the Imperial Period." *Historia* 18(1969): 230-250.

7.35. Hock, R. F. "Paul's Tentmaking and the Problem of His Social Class." *JBL* 97(1978): 555-564.

7.36. Hopkins, K. "Elite Mobility in the Roman Empire." *P&P* 32(1965): 12-26.

7.37. Kidd, R. M. *Wealth and Beneficence in the Pastoral Epistles: A "Bourgeois" Form of Early Christianity?* Atlanta: Scholars Press, 1990.

7.38. Louis, P. *Ancient Rome at Work: An Economic History of Rome from the Origins to the Empire*. New York: Barnes & Noble, 1965.

7.39. MacMullen, R. *Roman Social Relations 50 B. C. to A. D. 284*. New Haven, CT: Yale University Press, 1974.

7.40. Mossé, C. *The Ancient World at Work*. London: Chatto & Windus, 1969.

7.41. Reece, D. W. "The Technological Weakness of the Ancient World." *G&R* 16(1969): 32-47.

7.42. Reekmans, T. "Juvenal's View on Social Classes." *AncSoc* 2(1971): 117-161.

7.43. Reinhold, M. "On Status Symbols in the Ancient World." *CJ* 64(1969): 300-304.

7.44. Robinson, O. "The Water Supply of Rome." *SDHI* 46(1980): 44-86.

7.45. Rowland, R. J. "The 'Very Poor' and the Grain Dole at Rome and Oxyrhynchus." *ZPE* 21(1976): 69-72.

7.46. Schmidt, T. E. *Hostility to Wealth in the Synoptic Gospels*. Sheffield, UK: Academic Press, 1987.

7.47. Seccombe, D. "Was There Organized Charity in Jerusalem Before the Christians?" *JThS* 29(1978): 140-143.

7.48. Sippel, D. V. "Dietary Deficiency Among the Lower Classes of Late Republican and Early Imperial Rome." *AncW* 16(1987): 47-54.

7.49. Skemp, J. B. "Service to the Needy in the Graeco-Roman World." In *Parresia: Karl Barth zum 80. Geburtstag am 10. Mai 1966*. Ed. by E. Busch et al. Zurich: EVZ-Verlag, 1966: 17-26.

7.50. Suolahti, J. *The Roman Censors: A Study on Social Structure*. Helsinki: Finnish Academy of Science, 1963.

7.51. Syme, R. "Human Rights and Social Status in Ancient Rome." *CO* 64(1986-87): 37-41.

7.52. Treggiari, S. "Jobs for Women." *AJAH* 1(1976): 76-104.

7.53. _____. "Jobs in the Household of Livia." *PBSR* 43(1975): 48-77.

7.54. Winter, B. W. "The Public Honouring of Christian Benefactors: Romans 13:3-4 and I Peter 2:14-15." *JStudNT* 34(1988): 87-103.

7.55.   Ziderman, I. I. "Seashells and Ancient Purple Dyeing." *BiblArch* 53(1990): 98–101.

보호자와 피보호자

7.56.   Argetsinger, K. "Birthday Rituals: Friends and Patrons in Roman Poetry and Culture." *ClassAnt* 11, no. 2, (1992): 175–193.

7.57.   Bodel, J. "Patrons and Priests in Roman Society." *EMC* 36(1992): 387–407.

7.58.   DeSilva, D. A. "Exchanging Favor for Wrath: Apostasy in Hebrews and Patron-Client Relationships." *JBL* 115(1996): 91–116.

7.59.   Elliott, J. H. "Patronage and Clientism in Early Christian Society: A Short Reading Guide." *Forum* 3, no. 4(1987): 39–48.

7.60.   Malina, B. J. "Patron and Client: The Analogy Behind Synoptic Theology." *Forum* 4, no. 1, (1988): 2–32.

7.61.   Nicols, J. "Pliny and the Patronage of Communities." *Hermes* 108(1980): 365–385.

7.62.   _____. "Prefects, Patronage and the Administration of Justice." *ZPE* 72(1988): 201–217.

7.63.   Pleket, H. W. "Labor and Unemployment in the Roman Empire: Some Preliminary Remarks." In *Soziale Randgruppen und Aussenseiter in Altertum*. Ed. by I. Weiler. Graz: Leykam, 1988: 267–276.

7.64.   Saller, R. P. *Personal Patronage Under the Early Empire*. New York: Cambridge University Press, 1982.

7.65.   Skydsgaard, J. E. "The Disintegration of the Roman Labour Market and the Clientela Theory." In *Studia Romana in honorem P. Krarup septuagenarii*. Ed. by K. Ascani et al. Odense: Odense University Press, 1976: 44–48.

7.66.   Vyhmeister, N. J. "The Rich Man in James 2: Does Ancient Patronage Illumine the Text?" *AndUnivSemStud* 33(1995): 265–283.

7.67.   Winter, B. W. "'If a Man Does Not Wish to Work…' A Cultural and Historical Setting for 2 Thessalonians 3:6–16." *TynBull* 40(1989): 303–315.

노예

7.68.   Barclay, J. M. G. "Paul, Philemon, and the Dilemma of Christian Slave-Ownership." *NTS* 37(1991): 161–186.

7.69.   Beavis, M. A. "Ancient Slavery as an Interpretive Context for the New Testament: Servant Parables with Special Reference to the Unjust Steward (Luke 16:1–8)." *JBL* 3(1992): 37–54.

7.70. Bradley, K. R. "The Problem of Slavery in Classical Culture." *CPh* 92(1997): 273–282.

7.71. _____. "The Regular, Daily Traffic in Slaves: Roman History and Contemporary History." *CJ* 87(1992): 125–138.

7.72. _____. *Slaves and Masters in the Roman Empire: A Study in Social Control*. Brussels: Soc. d'études Lat., 1984.

7.73. Christensen, K. A. "The Theseion: A Slave Refuge at Athens." *AJAH* 9(1984): 23–32.

7.74. Finley, M. I. "Between Slavery and Freedom." *CSSH* 6(1963–64): 233–249.

7.75. Harper, J. "Slaves and Freedmen in Imperial Rome." *AJPh* 93(1972): 341–342.

7.76. Harrill, J. A. *The Manumission of Slaves in Early Christianity*. Tübingen: Mohr, 1995.

7.77. Martin, D. B. "Ancient Slavery, Class, and Early Christianity." *Fides&Histori*a 23(1991): 105–113.

7.78. Smith, N. D. "Aristotle's Theory of Natural Slavery." *Phoenix* 37(1983): 109–122.

7.79. Szakats, A. "Slavery as a Social and Economic Institution in Antiquity with Special Reference to Roman Law." *Prudentia* 7(1975): 33–45.

7.80. Taylor, N. H. "Onesimus: A Case Study of Slave Conversion in Early Christianity." *Rel&Th* 3(1996): 259–281.

7.81. Vogt, J. *Ancient Slavery and the Ideal of Man*. Oxford: Blackwell, 1974.

7.82. Westermann, W. L. *The Slave System of Greek and Roman Antiquity*. Philadelphia: American Philosophy Society, 1955.

해방 노예

7.83. Saller, R. P. "Promotion and Patronage in Equestrian Careers." *JRS* 70(1980): 44–63.

여자들

7.84. Aspegren, K. *The Male Woman: A Feminine Ideal in the Early Church*. Ed. by R. Kieffer. Uppsala: Uppsala University Press, 1990.

7.85. Baldwin, B. "The Women of Greece and Rome." *Helikon* 15–16(1975–76): 130–145.

7.86. Barron, B. "Putting Women in Their Place: 1 Timothy 2 and Evangelical Views of Women in Church Leadership." *JEvangThSoc* 33(1990): 451–459.

7.87. Best, E. E. "Cicero, Livy, and Educated Roman Women." *CJ* 65(1970): 199–204.

7.88. Boatwright, M. T. "The Imperial Women of the Early Second Century A. D." *AJPh* 112(1991): 513–540.

7.89. Bristow, J. T. *What Paul Really Said About Women*. San Francisco: Harper & Row, 1988.

7.90. Cameron, Averil, and A. Kuhrt, eds. *Images of Women in Antiquity*. Detroit: Wayne State University Press, 1983.

7.91. Carcopino, J. *Daily Life in Ancient Rome*. New Haven, CT: Yale University Press, 1965 reprint.

7.92. Clark, G. "Roman Women." *G&R* 28(1981): 193-212.

7.93. Cohen, D. "Seclusion, Separation, and the Status of Women in Classical Athens." *G&R* 36(1989): 3-15.

7.94. Coleman, K. M. "Some Roman Women C. A. D. 100." *Akroterion* 34(1989): 191-200.

7.95. Cracco Ruggini, L. "Juridical Status and Historical Role of Women in Roman Patriarchal Society." *Klio* 71(1989): 604-619.

7.96. D'Avino, M. *The Women of Pompeii*. Naples: Loffredo, 1967.

7.97. Dobson, E. S. "Pliny the Younger's Description of Women." *CB* 58(1982): 81-85.

7.98. Donalson, M. "More on Roman Women (Including 'Late' Ones)." *CJ* 86(1991): 171-175.

7.99. Duke, T. T. "Women and Pygmies in the Roman Arena." *CJ* 50(1955): 223-224.

7.100. Finley, M. I. "The Silent Women of Rome." *Horizon* 7, no. 1, (1965): 57-64.

7.101. Foley, H. P., ed. *Reflections of Women in Antiquity*. New York: Gordon & Breach, 1981.

7.102. Freckleton, I. "Women in Roman Law." *Classicum* 9(1983): 16-20.

7.103. Gardner, J. F. *Women in Roman Law and Society*. Bloomington: Indiana University Press, 1986.

7.104. Geddes, A. "The Philosophical Notion of Women in Antiquity." *Antichthon* 9(1975): 35-40.

7.105. Grant, M. *Roman History from Coins*. New York: Cambridge University Press, 1958.

7.106. Kampen, N. *Images and Status: Roman Working Women in Ostia*. Berlin: Mann, 1981.

7.107. Kroeger, C. C. "Women in the Church: A Classicist's View of 1 Timothy 2.11-15." *JBiblEqual* 1(1989): 3-31.

7.108. Lindboe, I. M. *Women in the New Testament: A Select Bibliography*. Oslo: University of Oslo, 1990.

7.109. MacMullen, R. "Women in Public in the Roman Empire." *Historia* 29(1980): 208-218.

7.110. Marshall, A. J. "Ladies at Law: The Role of Women in the Roman Civil Courts." In *Studies in Latin Literature and Roman History V*. Ed. by C. Derricks. Brussels: Soc. Latomus, 1989: 35-54.

7.111. Montgomery, H. "Women and Status in the Greco-Roman World." *StudTh* 43(1989): 115-124.

7.112. Moxnes, H. "Social Integration and the Problem of Gender in St. Paul's Letters." *StudTh* 43(1989): 99-113.

7.113. Pomeroy, S. B. *Goddesses, Whores, Wives and Slaves: Women in Classical Antiquity*. New York: Schocken Books, 1975.

7.114. Reis, P. "The Villa of Mysteries: Initiation into Woman's Midlife Passage." *Continuum* 1(1991): 64-91.

7.115. Rowe, A. "Silence and the Christian Women of Corinth: An Examination of 1 Corinthians 14:33b-36." *Communio Viatorum* 33(1990): 41-84.

7.116. Simon, S. J. "Women Who Pleaded Causes Before the Roman Magistrates." *CB* 66, nos. 3-4, (1990): 79-81.

7.117. Sullivan, J. P. "Lady Chatterley in Rome." *Pacific Coast Philology* 15(1980): 53-62.

7.118. Treggiari, S. "Family Life Among the Staff of the Volusii." *TAPhA* 105(1975): 393-401.

7.119. _____. "Libertine Ladies." *CW* 64(1971): 196-198.

7.120. _____. "Lower Class Women in the Roman Economy." *Florilegium* 1(1979): 65-86.

7.121. Viden, G. *Women in Roman Literature: Attitudes of Authors Under the Early Empire*. Göteborg: Acta universitatis Gothoburgensis, 1993.

7.122. Wessels, G. F. "Ephesians 5:21-33. 'Wives, Be Subject to Your Husbands… Husbands, Love Your Wives….'" *JTheolSAfr* 67(1989): 67-76.

2. 하루 일과

7.123. Davis, W. S. *A Day in Old Rome: A Picture of Roman Life*. New York: Biblo & Tannen, 1962.

7.124. Dilke, O. A. W. *The Ancient Romans: How They Lived and Worked*. Newton Abbott, UK: David & Charles, 1975.

7.125. Liversidge, J. *Everyday Life in the Roman Empire*. London: Bratsford, 1976.

7.126. Steiner, G. "The Fortunate Farmer: Life on the Small Farm in Ancient Italy." *CJ* 51(1955): 57–67.

7.127. White, K. D. *Country Life in Classical Times*. London: Elek, 1977.

7.128. _____. *Roman Farming*. Ithaca, NY: Cornell University Press, 1970.

3. 식사

7.129. Campbell, R. A. "Does Paul Acquiesce in Divisions at the Lord's Supper?" *NovT* 33(1991): 61–70.

7.130. Curtis, R. I. "In Defense of Garum." *CJ* 78(1983): 232–240.

7.131. D'Arms, J. H. "Control, Companionship, and Clientela: Some Social Functions of the Roman Communal Meal." *EMC* 28(1984): 327–348.

7.132. Evans, E. "Dining with the Ancients." *Archaeology* 43, no. 6, (1990): 55–61.

7.133. Flower, B., and E. Rosenbaum. *The Roman Cookery Book: A Translation of The Art of Cooking by Apicius, for Use in the Study and the Kitchen*. New York: British Book Centre, 1958.

7.134. Foxhall, L., and H. A. Forbes. "Sitometreia: The Role of Grain as a Staple Food in Classical Antiquity." *Chiron* 12(1982): 41–90.

7.135. Garnsey, P. "Grain for Rome." In *Trade in the Ancient Economy*. Ed. by P. Garnsey et al. London: Chatto & Windus, 1983: 118–130.

7.136. Hepper, F. N. *Baker Encyclopedia of Bible Plants: Flowers and Trees, Fruits and Vegetables, Ecology*. Grand Rapids: Baker, 1993.

7.137. Kim, C. H. "The Papyrus Invitation." *JBL* 94(1975): 391–402.

7.138. Lampe, P. "The Corinthian Eucharistic Dinner Party: Exegesis of a Cultural Context (1 Cor. 11:17–34)." *Affirmation* 4(1991): 1–15.

7.139. Rickman, G. *The Corn Supply of Ancient Rome*. London: Oxford University Press, 1980.

7.140. Safrai, S. "Religion in Everyday Life." In *The Jewish People in the First Century*. Ed. by S. Safrai et al. Amsterdam: Van Gorcum, 1976.

7.141. Slater, W. J., ed. *Dining in a Classical Context*. Ann Arbor: University of Michigan Press, 1992.

7.142. Smith, E. M. "Some Roman Dinner Tables." *CJ* 50(1955): 255–260.

4. 주거와 도시 생활

7.143. Batey, R. A. "Sepphoris: An Urban Portrait of Jesus." *BAR* 18, no. 3, (1992): 50–62.

7.144. Beebe, H. K. "Domestic Architecture and the New Testament." *BiblArch* 38(1975): 89-104.

7.145. Birkey, D. "The House Church: A Missiological Model." *Missiology* 19(1991): 69-80.

7.146. Bourne, F. C. "Reflections on Rome's Urban Problems." *CW* 62(1969): 205-209.

7.147. Branick, V. P. *The House Church in the Writings of Paul*. Wilmington, DE: Glazier, 1989.

7.148. Brunn, C. *The Water Supply of Ancient Rome: A Study of Roman Imperial Administration*. Helsinki: Soc. Scient. Fennica, 1991.

7.149. Cilliers, L. "Public Health in Roman Legislation." *AClass* 36(1993): 1-10.

7.150. Collins, R. F. "House Churches in Early Christianity." *Tripod* 55(1990): 38-44.

7.151. Daugherty, G. N. "The Cohortes Vigilium and the Great Fire of 64 A. D." *CJ* 87(1992): 229-240.

7.152. Echols, E. "The Roman City Police." *CJ* 53(1958): 377-384.

7.153. Edelstein, G. "What's a Roman Villa Doing Outside Jerusalem?" *BAR* 16, no. 6, (1990): 32-42.

7.154. Frier, B. W. *Landlords and Tenants in Imperial Rome*. Princeton, NJ: Princeton University Press, 1980.

7.155. _____. "The Rental Market in Early Imperial Rome." *JRS* 67(1977): 27-37.

7.156. Hammond, M., and L. J. Bartson. *The City in the Ancient World*. Cambridge: Harvard University Press, 1972.

7.157. Harrison, R. K., ed. *Major Cities of the Biblical World*. Nashville: Thomas Nelson Publishers, 1985.

7.158. Hermansen, G. "*Domus* and *Insula* in the City of Rome." In *Classica et Mediaevalia F. Blatt Septuagenario Dedicata*. Ed. by O. S. Due, et al. Copenhagen: Glyendal, 1973: 333-341.

7.159. _____. "The Medianum and the Roman Apartment." *Phoenix* 24(1970): 342-347.

7.160. Ludwig, C. *Cities in New Testament Times*. Denver: Accent Books, 1976.

7.161. Marchese, R. T., ed. *Aspects of Graeco-Roman Urbanization: Essays on the Classical City*. Oxford: British Archeology Reports, 1983.

7.162. May, D. M. "Mark 2.15: The Home of Jesus or Levi?" *NTS* 39(1993): 147-149.

7.163. McKay, A. G. *Houses, Villas and Palaces in the Roman World*. Ithaca, NY: Cornell University Press, 1975.

7.164. Owens, E. J. *The City in the Greek and Roman World*. London: Routledge, 1991.

7.165. Rainbird, J. S. "The Fire Stations of Imperial Rome." *PBSR* 54(1986): 147-169.

7.166. Robinson, O. "Fire Prevention at Rome." *Revue internationale des droits de l'antiquité* 24(1977): 377-388.

7.167. Strange, J. F., and H. Shanks. "Has the House Where Jesus Stayed in Capernaum Been Found?" *BAR* 8, no. 6, (1982): 26-37.

5. 의복

7.168. Hope, T. *Costumes of the Greeks and Romans*. New York: Dover, 1962.

7.169. Jackson, H. M. "Why the Youth Shed His Cloak and Fled Naked: The Meaning and Purpose of Mark 14:51-52." *JBL* 116(1997): 273-289.

7.170. Klepper, E. *Costume in Antiquity*. London: Thames & Hudson, 1964.

7.171. Muscarella, O. W. "Ancient Safety Pins: Their Function and Significance." *Expedition* 6, no. 2, (1964): 34-40.

7.172. Ross, J. M. "The Young Man Who Fled Naked." *IrBibStud* 13(1991): 170-174.

7.173. Rubens, A. A. *History of Jewish Costume*. New York: Crown Publishing, 1973.

7.174. Saunderson, B. "Gethsemane: The Missing Witness." *Biblica* 70(1989): 224-233.

7.175. Tracy, V. A. "Roman Dandies and Transvestites." *EMC* 20(1976): 60-63.

7.176. Wild, J. P. "Clothing in the Northwest Provinces of the Roman Empire." *Bonner Jahrbücher des Rheinischen Landesmuseums* 168(1968): 166-240.

제8장

그리스-로마의 도덕성과 인간관계

고대 세계의 도덕성에 관한 주제를 접하면서 우리는 고대 이교 세계와는 근본적으로 다른 지점에 이르게 된다. 정치 조직에서부터 의복에 이르기까지, 지금까지 우리가 살펴본 것들은 오늘날 우리의 것과는 다르다는 사실을 알 수 있었다. 앞서 다룬 주제들은 색다르고 재미있는 반면에, 이것을 공부하는 동안에는 마치 우리가 그런 상황 속에서 살고 있는 듯한 착각이 들었을지도 모른다.

하지만 그리스-로마의 도덕은 오늘날 우리가 살고 있는 나라의 도덕과는 전혀 다른 전제 위에 놓여 있다. 기독교 교훈에 지배를 받으며 궁극적으로 유대교와 기독교 전통에 의거한 율법 아래 살고 있는 우리 중에서, 도덕의 근거를 헬라인과 로마인들의 기초 위에 두는 사람은 거의 없을 것이다.

그리스-로마의 도덕관은 문고판 소설과 검투사에 관한 영화를 통해 널리 알려진 로마, 즉 잔인하고 호색적인 사회로 알려진 로마에 대해 접하게 되면서 알려지게 되었다. (이 책 제4장에서 보았듯이 세네카와 플리니우스와 같은 지성인들은 반대하던 것이었지만) 신약 시대의 로마인들에게는 경기장에서 가장 야만스러운 방법으로 사람들이 죽어 가는 것을 구경하는 일이 어리석은 대중을 즐겁게 하는 표준적인 수단이었다. 유혹하고 간통하는 일은 제멋대로 사는 부자의 소일거리였다. 원치 않은 아이가 태어날 경우에는 그냥 내다 버렸고, 심지어 그런 아이를 쓰레기통에 갖다 버리는 경우도 있었다(8.3).

그리스-로마의 도덕관은 그리스도인들의 도덕관과 달라서, 그리스도인들은 자신들이 악에 둘러싸여 있다고 생각했다(8.2). 바울도 그리스도인들이 비

도덕적인 사람들과 어울리지 않을 수 있는 유일한 방법은 '세상 밖으로 나가는 것'이라고 말했다(고전 5:9-10). 심지어 로마인 중에서도 보다 예민한 사람들은, 자신들이 스스로의 이익을 증진시키기 위해 아무것도 그만두려고 하지 않는 부패한 사람들임을 인정했다. 플리니우스가 말했듯이, "대중의 의견을 높이 여기는 사람은 많았지만 양심을 따르는 사람은 거의 없었다"(*Ep.* 3.20). 플리니우스를 너무 비관적인 사람이라고 생각하지 않기 위해서, 주전 1세기에 정치에 첫발을 내딛기 시작했을 때 정치에 대한 자신의 입장을 표명한 살루스티우스(Sallustius)의 말을 들어 보기로 하자. 살루스티우스 역시 플리니우스와 비슷한 말을 했다. "단정함과 절제와 도덕성 대신 분별없는 행동과 뇌물과 탐욕이 판을 친다"(*Catiline* 3.4).

이번 장 맨 마지막에서 독자들은 이런 말들이 거의 왜곡되지 않았고, 고대 로마의 도덕적 파탄에 대한 공정한 평가였다는 사실을 알게 될 것이다(6.130). 이 주제는 앞의 여러 장들과는 달리 신약성경과 비교되거나 대조되는 내용이 많지 않다.

1. 그리스-로마의 도덕성의 근거

문제의 핵심은 (풍습 혹은 습관을 의미하는 라틴어 mores에서 유래한) 도덕(morality)이 신적 권위나 공동체의 지혜라는 두 가지 규정 가운데 반드시 어느 하나에 기초해야 한다는 사실이다(8.9). 인류학자들은 다음과 같은 사실을 보여주었다.

어떤 사회의 일원들은 그 사회의 행동을 지배하는 법이 하나의 원천이나 또 다른 원천에서 왔다고 믿었다는 사실이다. 동양에서 오랫동안 널리 퍼져 왔던 유교에서 볼 수 있듯이, 어떤 경우에는 한 사람(공자)의 지혜가 전체 사회에 합당한 것으로 여겨지기도 했다.

또 어떤 경우에는 법을 만든 사람이 그의 법전의 권위가 신적 기원에 기초했다고 주장하기도 한다. 주전 18세기의 바벨론의 함무라비 법전은, 모세가 시내 산에서 경험한 것과 비슷하게, 신들이 함무라비 왕에게 백성 전체에게 전해 주라고 준 법으로 알려져 있다. 현대 서구 사회를 지배하고 있는 유대교와 기독교의 전통은 도덕을 신적인 제재로 생각한다. 예를 들어, 간음하지 않는 것은 하나님이 하지 말라고 하셨기 때문이다.

그러나 헬라인과 로마인은 신이 아니라 한 개인이 입법화하고 공동체에 의해 그 정당성을 입증받은 법에 그들의 도덕성의 근거를 두었다. 각각의 그리스 도시 국가들은 그들 나름대로 위대한 입법자가 있었다. 대표적인 예가 아테네의 솔론(Solon)과 스파르타의 리쿠르고스(Lycourgos)이다. 플라톤의 사상은 인간 이성에 의해 만들어진 법에 기초를 둔, 이상적인 정치 제도를 실현하는 것이었다. 로마인들은 주전 5세기 중반에 처음 기록되었고, 또 로마의 건국자인 로물루스와 로마의 초기 왕 중 한 사람인 누마(Numa)가 물려준 법에 기초한 12표법을 중시했다. 여기 언급된 법전 중에서 어느 것도 신적인 기원을 가지고 있다고 표명한 것은 없었다(8.7).

헬라인과 로마인들도 간음하지 말라고 가르친 것은 사실이다. 그러나 그 이유는 그 행동이 신의 금령을 파기하기 때문은 아니었다. 대신, 간음은 소유권의 침해로 이해되었다. 그리스와 로마의 남자들은 자기 소유의 가축을 다른 사람이 훔치는 것을 원하지 않았던 것처럼, 자기의 재산인 그들의 아내가 다른 남자와 자는 것을 원하지 않았던 것이다. 이런 제도 아래서 어떤 사람이 간음하지 않는 이유는 신의 보복에 대한 두려움 때문이 아니라 그 여자의 남편에게 붙잡힐지 모른다는 두려움 때문일 경우가 더 많았다. 발각되지만 않는다면 그런 행동을 하지 않을 이유가 없었다. 번(A. R. Burn)은 헬라인의 도덕관을 다음과 같이 요약했다. 이것은 로마인에게도 해당되는 내용이다 (8.4:252). 이 백성들에 대해 번은 다음과 같이 말한다.

> 법과 풍습은 자연적으로 혹은 신의 변함없는 뜻에 의해 존재하는 것이 아니라 단지 습관이나 관습에 의해 존재할 뿐이다. 전통적인 도덕은 귀찮은 것이라고 생각하는 사람이 권력 정치에서나 인간관계에서 자연법이나 정글의 법칙에 호소하는 일은 위험천만한 단기 조치였다.

도덕에서 다루는 내용은 사업, 정치, 대인 관계 등 여러 분야를 망라한다. 앞의 두 영역인 사업과 정치 분야에서 로마인의 행위를 설명하는 일은 비교적 쉽지만, 대인 관계에서 그것을 설명하기란 여간 어렵지 않다. 이기주의와 상호 관계가 로마인들의 삶을 지배하는 중요한 원리였다(8.17). 개인은 다른 사람의 재산을 침범하지 않는 한, 자신의 행동이 다른 사람에게 미치게 될 영향에는 아랑곳하지 않고 자기 편한 대로 행동했다. 다른 사람의 호의를 입었으면 갚아야 했고, 그가 남에게 호의를 베푼 경우에는 받을 것을 기대할 수 있었다.

이런 원리를 알게 되면 로마의 정치에서 왜 의외의 보복이 일어나게 되었는지 이해할 수 있다. 예를 들어, 율리우스 카이사르가 암살되었을 때 그는 그의 부와 권력을 그의 조카 손자인 옥타비아누스에게 물려주었다. 이 일로 인해 경악과 분노를 금하지 못했던 사람이 바로 카이사르의 수석 부관이었던 마르쿠스 안토니우스였다. 안토니우스는 당연히 자기가 카이사르의 유산 상속자가 되리라고 기대해 왔었다. 안토니우스는 유언의 합법성에 문제를 제기했고, 따라서 그와 옥타비아누스 사이에는 깊은 증오심이 쌓여 갔다. 하지만 이 두 사람은 우선 카이사르의 암살범들을 제거하는 데 많은 시간을 소비했으므로, 그들 사이에 있었던 증오심 따위는 잊고 지냈다. 심지어 안토니우스는 옥타비아누스의 여동생과 결혼하기도 했다. 그러나 일단 암살범이 제거되자 이 둘은 다시 서로에게 보복 행위를 했다. 어느 한 사람도 로마를 위해 무엇이 유리한지, 어떻게 하면 영구적인 타협점에 도달할 수 있는지 전혀 생각하지 못한 듯했다. 당대의 로마인들이라면 누구나 그러했겠지만, 이 두 사람은 그들을 지배했던 충동에 사로잡혀 개인적인 이익을 더 추구했다. 여기서, 관직을 얻고자 분투노력하는 것을 의미하는 라틴어가 '암비티오'(ambitio)라는 점을 지적해 두면 좋겠다.

로마인들은 의무, 충성, 사리 분별, 실리 등과 같은 용어를 사용해 가며 도덕적인 행동이나 올바른 행동에 관해 많은 것을 이야기했다(8.12). 그리고 주전 1세기에는 도처에서 목도되는 도덕성의 붕괴를 한탄했다. 하지만 그들은 이전 세대가 지니고 있던 덕성들에 대해 감탄하는 일 외에 도덕을 가르치는 기초는 정하지 않았다. 그들은 "도덕적인 행위를 발휘하는 데 있어서 법령으로 간섭하는 것에 대해서는 결연히 반대했다"(8.14:361).

1세기 로마의 주민들은 전에 노예였거나 장사하기 위해 로마에 온 사람으로 구성된 다중 언어를 사용하는 사람들이었기 때문에, 그 도시에는 로마인 다수에게 어떤 의미가 있는 전통은 존재하지 않았다. 이러한 인구의 홍수 속에 들어온 이민자들은 "자기들의 민족적인 환경과 문화 그리고 도덕적인 경전과 결별한 채 글자 그대로 도덕성의 상실에 빠졌다. 수년간 노예 생활을 한 덕분에 올바른 생활의 중추가 되는 자존심도 파괴되었고, 다른 문화에 속한 집단과 날마다 부대끼며 살다 보니 그들의 문화 속에서 형성된 도덕성은 점차 퇴색되어 갔다"(8.7: 366).

어떤 백성에게 풍습이나 전통에 근거한 도덕성이 결여되면, 그들은 사회적인 행동의 근거를 마련하기 위해 종교로 전향할 수도 있다. 하지만 로마인들은 도덕성이 그들의 종교적 신념과 관계가 있다는 사실을 알지 못했다. 종교의 목적은 신의 호의를 사고 악재를 물리치는 데 있었다. 간단히 말해, "로마의 종교는 성공에 관심이 있었을 뿐 죄나 악 같은 것에는 관심이 없었다"(8.15:17). 신들은 자기를 숭배하는 사람들의 일상적인 행동에는 별반 흥미가 없었다. 살인죄를 저지른 사람은 분명 '정결하지 못했고' 따라서 제의에 참여하는 것도 부적합했다. 하지만 누군가가 이교의 신전에 가는 도중에 이웃의 아내를 유혹하거나 혹은 사업을 하면서 이웃을 속였다 하더라도, 여전히 신은 이런 사람들을 용납했다. 계급 또는 사회적인 의무 때문에 어떤 제한을 받기도 했지만, 근친상간이나 인육을 먹는 행위, 친척 살해, 그 밖에 사회에서 터부시되는 것을 제외하고는 행동 그 자체로 부도덕한 것은 없었다. '경건한' 사람이란 그가 어떻게 생각하는지와 상관없이 바른 제의를 준수하는 사람을 의미했다(8.18).

신들 자신도 부도덕한 행동의 전범(典範)이었다. 상인과 도적에게도 그들을 지켜 주는 그들만의 신(헤르메스/메르쿠리우스)이 있었다. 제우스, 아폴론, 포세이돈 그리고 그 밖에 여러 신들은 수많은 젊은 여자들을 유혹하거나 강간했으며, 심지어 미소년에게도 그런 짓을 하곤 했다. 여신 중에도 남자들과 성관계를 가진 신이 있었다. 사람의 행동이 그들의 신들의 행위보다 더 나을 것을 어떻게 기대할 수 있겠는가? 플라톤이 그의 책 『국가』에서 개론적으로 서술한 이상적인 국가에서 옛 신화에 대해 이야기하는 것을 금했을 때 그가 목도했던 문제가 바로 이런 것이었다.

현대의 그리스도인은 그들의 성도덕을 종교적인 가르침과 관련하여 규명하는 데 반해, 헬라인과 로마인들은 이 둘을 서로 연결하지 않았다. 플라스리에르(R. Flacelière)의 말을 빌려 표현하자면, "종교와 성도덕은 전혀 별개의 것으로 간주되었다"(8.10:70). 성도덕에 대한 로마인의 태도는 수세기 동안 놀라울 정도로 일관되었다. 듀랜트는 이 점에 대해 다음과 같이 설명했다(8.7:68).

"로마 역사의 처음부터 끝까지 평범한 사람의 성도덕은 언제나 똑같았다. 추잡하고 자유로웠다. ……문명과 더불어 발전한 것은 의도의 부도덕성이 아니라 표현의 기회였다."

기회만 주어지면 로마의 남자들은 다른 여자와 잠자리를 같이하려고 했다. 그녀와 관련된 남자 친족으로부터 받게 될 보복이 그렇게 심각하지 않다고 생각했다면 말이다. 이러한 상황을 잘 보여주는 예를 아풀레이우스의 작품에서 찾을 수 있다(*Golden Ass* 2.6, 주후 180년경). 루키우스라는 젊은 남자가 이 글의 주인공이다. 그는 외국의 한 도시를 방문하여 친구 집에 머물러 있었다. 그 친구의 아내는 매우 매력적이었고, 루키우스는 그녀가 자기의 시선을 따뜻하게 받아 준다고 생각했다. 하지만 다시금 생각해 보니 그 여자는 그를 대접한 친구의 아내였고, 그가 그 여자를 유혹한다면 이것은 손님으로서의 의무를 위배하는 것이 아닌가! 그리고 그의 친구가 이 사실을 알게 된다면 분명 그는 집 밖으로 쫓겨나게 될 것이다. 그래서 루키우스는 친구의 아내를 유혹하지 않고 그 대신 하녀를 유혹해 보기로 결심했다. 하층 계급인 것을 감안한다면 그녀는 괜찮은 사냥감이었다. 여기서 문제는 배우자가 아닌 여자와 성관계를 갖는 것이 옳은가 옳지 않은가에 있는 것이 아니라, 루키우스가 유혹하기에 어느 여자가 더 유리한가에 있다.

그리스-로마인의 관점에서 볼 때, 이런 글은 간음을 근본적으로 금하고 심지어 여자를 그윽한 눈으로 바라보는 것까지도 금한 예수님의 말씀이 그분의 여느 윤리적인 원리와 마찬가지로 이해할 수 없는 것이었음을 보여준다(8.11; 마 5:27-30). 바울이 고린도 성도들에게 "누구든지 자기의 유익을 구하지 말고 남의 유익을 구하라"(고전 10:24)라고 권면했을 때도, 사람들은 그가 이상한 교리를 전파한다고 생각했을 것이다. 이것은 헬라인이나 로마인 중에 다른 사람을 위해 행동하는 사람이 한 사람도 없었다는 말이 아니다(8.5). 단지 이런 이타적인 생각이 당시 거의 드문 정서였다는 말이다.

플라톤은 그의 『국가』에서 "친구에게는 선을 행하고 원수에게는 악을 행하는 것"이 정의라고 하는 데 대해 논박했다(332d; 참조. 마 5:43, "네 이웃을 사랑하고 네 원수를 미워하라 하였다는 것을 너희가 들었으나"). 존 휘태커(John Whittaker)가 보여주었듯이(8.19) 다른 많은 그리스-로마의 철학자들이 "네 이웃을 네 자신과 같이 사랑하라"(막 12:31)라는 기독교의 가르침과 유사한 이타주의적인 정서를 표현했지만, 이러한 사상이 많은 사람에게 널리 받아들여진 것 같지는 않다(8.16). "너의 부하를 친절하게 대하라. 운명의 장난으로 그들이 언젠가 너의 상사가 될 수도 있기 때문이다."라는 세네카의 충고는 다른 사람들에 대한 관심을 표현한 로마인들의 도덕성의 기초에 가장 근접한 말이라 할 수 있다(*Ep.* 47). 이기심과 상호 관계가 이 말의 핵심이다.

2. 로마인의 도덕성에 대한 증거

1, 2세기의 저자들만 부도덕하거나 비도덕적인 태도를 보였다면, 우리는 그들이 개인적인 견해를 표명한 것이고 그들이 사는 사회 전체를 대표한 것은 아니라고 주장할 수 있다. 그런데 동일한 주제가 주전 1세기부터 주후 2세기에 이르기까지 저자마다, 정치적인 인물의 삶마다 계속 등장한다.

카툴루스(Catullus)는 한 (결혼한) 여자와의 연애에 대해 글을 쓴 첫 번째 서정시인이었다. 그는 그 여자를 레스비아(Lesbia)라는 필명으로 불렀다. 프로페르티우스(Propertius)와 그의 정부 킨티아(Cynthia), 오비디우스(Ovidius)와 그의 정부 코린나(Corinna)는 당대의 대표적인 '제트족'(제트기를 타고 여행 다닐 만큼 부유한 사람들이라고 해서 붙여진 이름이다-역자 주)이었다(8.22). 오비디우스는 생애 말년에 유배를 당하자, 코린나는 순전히 가공의 인물이며 그의 시에서는 그렇게 표현되지 않았다 해도 그의 삶은 정말로 순수했다고 주장하려 했다(*Tristia* 2.353-356). 마르티알리스도 1세기 말에 동일한 주장을 했다.

포르동기아누스에 있는 로마식 목욕탕의 유적들.

페트로니우스와 유베날리스와 같은 작가들도 2세기 초까지 상황이 꾸준히 악화되었음을 보여준다. 문학적인 과장을 인정한다 하더라도("시인들이 거짓말 하는 것은 용납된다."라고 플리니우스는 말했다), 우리는 이 작가들이 제시하는 그림이 비록 자세하게 묘사되지는 않았지만 근본적으로는 맞다고 결론 내릴 수 있다. 그리고 이것은 폼페이와 헤르쿨라네움에서 나온 그림과 같은 증거들에 의해 확증되고 있다. 이 지역에서는 오늘날 여행 안내자들이 외설스러운 그림과 모자이크를 가리고 있는 덮개를 치운 후 관광객들에게 공개한다. 물론 구경하는 값은 지불해야 하지만 말이다(8.25).

목욕탕, 경기장, 극장에서 자주 알몸을 대한 로마인들은 김나지움(gymnasium, 이 단어는 '알몸으로 운동하다.'라는 뜻의 헬라어 gymnazein에서 유래했다. 1 Macc. 1:14-15; 2 Macc. 4:9-17)에서처럼 영웅적인 기품을 지닌 알몸을 본 헬라인들보다는 알몸에 대해 덜 감동을 받았던 것 같다.

1세기의 도덕성에 대한 연구는 가장 좋은 방법론을 선정해야 하는 문제에

로마에 있는 전차 경기장의 유적들.

봉착한다. 이것은 일종의 사회학적 연구이다. 하지만 크룩(J. Crook)은 다음과 같이 지적한다(8.23:9).

> 사회학은 대부분의 사람들이 주로 무슨 일을 했는지를 추정하는 통계학적 측정에 의거한다. 그러므로 측정할 수 있는 증거만 믿는다. 이에 비해 고대의 세계는 그러한 증거를 거의 제시하지 않고 개별적으로 전해지는 사실들에 대한 특정한 진술만을 제시할 뿐이다.

이 말의 한계를 염두에 두어야 하겠지만, 그렇다고 해서 일반적으로 적용할 수 있는 관찰 보고서를 작성할 수 없는 것은 아니다. 앞에서 지적했듯이, 그리스와 로마의 구별이 오랫동안 모호했기 때문에, 우리는 그리스와 로마의 자료에서 나온 증거를 모두 사용하려고 한다(8.26). 이제 그리스-로마의 도덕성을 몇 가지 주제로 나누어 살펴보겠다. 우선 가족 상황부터 시작하기로 하자.

3. 가족생활

어떤 학자가 전에 지적한 것처럼 로마의 여자들이 누렸던 자유 때문에 일반적인 도덕의 붕괴와 구체적으로 가족생활의 붕괴가 발생했다는 주장은 너무 지나친 말이다(7.91:90-95). 문학 작품과 다른 여러 자료에 따르면, 이러한 붕괴는 수많은 요인에 의해 야기되었음이 분명하다. 가족에 대한 로마인의 의식이 수세기 동안 얼마나 타락하게 되었는지를 본다는 것은 애석한 일이지만 교훈이 될 것이다. 수도 로마에서 벌어졌던 일은 로마 제국 전체에 영향을 끼쳤다(8.35).

로마인의 가족 개념

초기의 로마인들은 (심지어 헬라인들보다도) 가족에 대해 엄격하고 올바른 견해를 가지고 있었다(8.37). 로마 자체는 가정의 순결의 여신인 베스타에게 헌신한 처녀 여사제들이 유지하는, 거룩한 화로와 불꽃이 있는 확대된 가족으로 인식되었다(8.30). 각각의 가정은 혈연으로 뭉쳐진 사람들의 집단일 뿐만 아니라, 가족 자체의 가정 신(神)과 의식을 가진 하나의 종교 단위였다(8.36). 로마시의 모든 가족은 유피테르와 유노와 같은 어떤 부족의 신들을 숭배하는 일에 함께 연결되어 있었다. 각각의 가족 안에서 아버지는 제사장과 가장으로서 그의 아내와 자녀들의 생활과 모든 문제를 관장하는 절대 통솔권인 '파트리아 포테스타스'(patria potestas, 부권)를 갖고 있었다(8.29; 8.32). 그런 일은 거의 발생하지 않았지만, 법은 아버지에게 아내와 자녀들을 사형시키거나 노예로 팔 수 있게 허용했다. 아버지는 자녀들의 결혼을 주선하고 아들의 일생의 직업을 설계했다.

자녀들의 연령과 상관없이 아버지가 살아 있는 한 이러한 권력은 계속되었다. 심지어 자녀들이 결혼해서 자기 나름대로 독립적인 가족을 가졌다 하더라도, 그들의 소유는 모두 그들의 아버지에게 속했다. 혼인 계약서에 단서를 달지 않았다면 딸도 아버지의 통제를 완전히 벗어나지 못했다. 어떤 경우에는 아버지가 혼인한 딸의 가정 문제에 간섭할 수 있었고, 심지어 바람직하다고 생각하면 결혼도 파기할 수 있었다(8.34).

여자는 집안일을 하고 노예들

로마인 부부.

을 관리하며 매우 예의 바르게 행동해야 했다(8.31). 초기 로마의 법은 남자가 간음한 아내를 잡으면 죽일 수 있었으며, 그녀의 입술에서 포도주의 맛이 감지되면 이혼도 허용했다. 가혹하기는 하지만 가족에 대한 이런 견해로 인해 간음과 이혼 그리고 소년 범죄가 거의 존재하지 않는 안정된 사회를 유지할 수 있었다(8.97).

로마의 가족의 붕괴

이러한 로마 사회의 근본을 침식시킨 요인이 몇 가지 있다(8.42). 많은 로마인들은 나중에 가서야 비로소 주전 2세기에 수차례의 정복을 통해 획득한 과도한 부가 가져온 타락의 결과를 감지했다. 역사가 살루스티우스의 말을 빌려 표현하면 다음과 같다(Cat. 10.2-4).

수고와 위험, 근심과 역경을 쉽게 견딘 사람들에게 일반적으로 바람직하다고 여겨지는 여가와 부요함이 짐과 저주인 것이 증명되었다. 돈을 사랑하는 마음이 싹트고 그에 따라오는 권력에 대한 욕심은 온갖 종류의 악을 야기했다. 탐욕으로 인해 명예와 정직과 그 밖의 모든 덕이 파괴되었고, 그 대신 사람들은 교만과 잔인함을 가르쳤으며, 종교를 무시했고, 팔아 버리기에는 너무 고귀하고 신성한 것을 보유하지 못했다.

부패의 원인이 그 당시 많은 사람들이 흠모하고 모방하던 그리스의 생활양식에 있다고 믿은 사람들도 있었다. 이러한 생활 양식은 매춘이나 동성애는 전혀 해로운 것이 아니라고 여겼다. 이 책 제6장에서 보았듯이, 주전 2세기 초의 대(大)카토(Cato)는 로마인들이 그리스의 문화, 특히 철학에 매혹을 느끼게 된 것을 옛 로마의 덕을 해치는 행위로 이해했다. 카토가 보기에 소크라테스는 탁월한 사상가가 아니라 "그의 나라의 잘 확립된 풍습을 잠식하고 그의 동료 시민들을 유혹하여 법에 위배되는 의견을 갖게 하는 등 수단과 방법을 가리지 않고 그의 나라를 망치려고 한 소란스러운 수다쟁이"였다(Plutarch, *Cato* 23). 하지만 로마는 그리스의 영향에서 벗어나 "장로들의 전통"으로 돌아가야 한다는 그의 주장은 그를 일평생 시대에 뒤떨어진 사람이 되게 하였다. 그의 아들들은 헬라어를 읽고 말하며 성장했다.

로마의 가족 붕괴 요인 중 부인할 수 없는 또 다른 하나는 주전 1세기에 겪은 수차례의 내전이었다. 내전으로 인해 로마는 피를 너무 많이 흘렸고 탈진했다(Tacitus, *Ann.* 1.11). 내전의 영향으로 인해 로마의 가족 구조는 대파멸 그 자체였다. 특히 귀족 중에서 많은 여자들이 과부가 되었으며, 그들의 남편을 대신해서 결혼할 만한 남자는 거의 남지 않았다. 아버지 없이 버려진 아들과 딸들은 글자 그대로 어느 누구의 통제도 받지 않는 '자유인'이 되었고, 이들은 해방 노예와 다를 바가 없었다.

아우구스투스 때에 와서 로마의 가족 구조는 자취를 감추었다. 특히 상류층에 속한 많은 여자들은 남자의 통제를 받지 않은 채 그들만의 삶을 누렸다(8.44). 이렇게 산산조각 난 가족 구조가 초래한 직접적인 결과는 출생률의 감소였다. 결혼하지 않는 것이 일부 사람들 중에서 일반화되자, 너도나도 이러한 상태의 편리함을 느끼기 시작했다. 많은 사람들이 결혼하지 않거나 자녀를 낳지 않는 것을 선택했다(8.41). 1세기에는 인구 조사 목록에서 성(姓)의 수가 눈에 띄게 줄어들었다. 심지어 상속자 없이 죽는 남자도 있었다. 대(大)플리니우스에게는 자녀가 없었다. 그뿐 아니라 그의 조카요 그가 입양한 아들인 소(小)플리니우스에게도 자녀가 없었다. 소플리니우스가 유일한 자식이었기 때문에 소플리니우스의 죽음은 곧 그를 낳아 준 아버지의 가계뿐만 아니라 그의 양아버지의 가계의 종말을 의미했다.

높은 영아 사망률과 맞물려 로마인들이 자녀를 갖지 않으려고 했기 때문에(혹은 가질 수 없었기 때문에) 1세기에는 상류층이 급격히 적어졌다. 플리니우스는 두 딸이 해산하다가 죽은 어떤 사람의 슬픔을 글로 썼다. "많은 식구가 가족을 떠받치는 기둥 노릇을 한 지도 오래되지 않았는데, 이제는 세 아이 중에 하나만 살아 가족의 유일한 기둥으로 남았구나"(*Ep.* 4.21).

아우구스투스는 결혼하여 세 아이를 둔 남자들만 정치적인 관직에 오를 수 있고 재산을 상속할 수 있게 함으로써 이러한 경향을 바꾸어 보고자 노력했다. 그가 만든 법령으로 인해 로마의 귀족 중에는, 명목상으로만 결혼을 하고 아내에게서 태어난 자녀들에 대해서도 부권을 행사하지 않는 경향이 생겨났다. 아우구스투스는 곧 이런 규제에 예외 조항을 마련하지 않을 수 없었다. 그렇지 않으면 정부의 요직에 오를 적임자가 하나도 없을 판이었다(8.38-40; 8.43).

4. 결혼

로마 어느 곳에서나 가족의 기초는 한 남자와 한 여자 사이에 맺은 결합에 있었다. 하지만 로마인의 결혼 개념을 이해하기 위해서는 "기독교적 결혼관을 잠깐 접어 두어야 한다. 로마인들에게 결혼이란……성례도, 성스러운 혼인 예식도 아니었다. 결혼은 두 사람을 짝지어 준 사람들, 혹은 두 사람이 속한 가족의 가장들의 뜻 이외에 다른 어떤 것에 의해서 제정된 것은 아니라고 생각했다"(8.23:99). 아무도 신부와 신랑에게 서로 사랑하느냐고 묻지 않았다. 대부분 두 사람은 결혼 전에 만난 적이 없으며, 설령 있다 하더라도 가족이 있는 자리에서 서로 소개하느라고 잠깐 보았을 뿐이었다.

마리아와 요셉의 결혼이 이런 식으로 이루어졌을 것이다. 분명히 남편과 아내가 서로에 대해 순수한 열정을 키워 나가는 것이 없지는 않았을 것이다. 하지만 그것은 덤이었고, 그것이 두 사람의 관계의 기초가 되지는 않았다. 관계의 기본은 남편의 지배였다. 남편의 지배가 자비롭기를 바라는 것은 한갓 이상에 지나지 않았다(p. 409 박스의 '신혼부부에게 주는 충고'를 보라).

로마에는 결혼의 몇 가지 유형이 있었는데, 이는 남편에게 부여된 신부를 다스리는 힘의 정도에 기초했다. 로마인들은 어떤 구실을 만들어서라도 연회 베푸는 것을 좋아했기 때문에 남녀가 결혼하면 늘 결혼식을 거행했지만, 신랑이나 신부 중 어느 한편에서라도 그들의 관계를 공식적인 것으로 만드는 결혼식을 요구하지는 않았다. 로마인들의 공식적인 결혼 중에서 최소한도의 것은 축첩에 지나지 않았다.

계약으로서의 결혼

로마 제국 어디에서나 결혼은 부부가 될 사람의 아버지들이 맺어 주어 성립되었다(8.57; 8.64). 이러한 관행은 2세기 말까지도 계속되었다(Pliny, *Ep.* 1.14). 신부의 동의가 반드시 필요한 것은 아니었지만, 1세기에는 신부의 동의 없이 결혼이 성사된 예는 거의 없었다(8.62). 신부가 다른 가족 신을 숭배하는 지역에서 왔다면, 남편의 가족 신들이 그 신부를 침입자로 여기고 공격하지 않게 하기 위해 남편의 가족 신들에게 소개되어야 했다(참조. 창 31:19). 그만큼 신부는 외인 취급을 받았다. 이러한 생각은 룻이 나오미에게 "어머니의 하나님이 나의 하나님이 되시리니"(룻 1:16)라고 약속한 일화만큼 오래되었다.

신부는 결혼할 때 지참금과 처녀성, 두 가지를 가지고 왔다(8.54). 남편은 아내의 지참금을 투자하는 것이 허락되었고, 그것이 소유지일 경우에는 적당하다고 생각될 때 사용하는 것이 허락되었다. 하지만 이혼하는 경우 지참금은 아내에게 다시 돌아갔다. 아내의 간통 사실이 드러난 경우에도 남편은 아내의 지참금 중에서 일부만 가질 수 있었다.

그리스-로마 세계에서 결혼하지 않은 여자들의 순결은 중요한 관심사였다. 자기 딸의 혼인을 성사시켜야 할 때가 되었을 때 그 딸이 "손상된 상품"이 되지 않도록 하기 위해 아버지는 딸의 처녀성을 입증하려고 했다(Pliny, *Ep*. 1.14). 자원해서 했든 그렇지 않든 간에, 결혼 전에 성관계를 가진 여자는 어머니가 될

신혼부부에게 주는 충고

좋은 아내는 그녀의 남편과 함께 있을 때 눈에 보이는 곳에 있어야 한다. 남편이 그곳에 없으면 집에 있으면서 조신하게 지내라.

악기 두 개를 함께 연주할 때 주선율을 연주하는 악기가 더 깊은 소리를 낸다. 질서 있는 가정에서는 모든 활동을 남편과 아내가 같이할 것이다. 하지만 남편이 주도하고 결정을 내리는 것이 당연하다.

술과 물이 섞였을 경우, 설령 물이 더 많다 할지라도 우리는 그것을 술이라고 칭한다. 마찬가지로 아내가 부부의 재산에 더 많이 기여했다 하더라도, 그것은 남편의 재산이라고 해야 한다.

몸매가 아름답다거나 아내가 시집올 때 얼마나 많은 돈을 가져올 것인지에 근거해서 결혼하지 말라. 그 여자가 당신과 함께 동고동락하기를 좋아하는지 보고 결혼하라. 선한 것과 고귀한 것을 갈망하는 사람은 그의 아내가 좋은 지각과 고상한 원칙을 가진 여자가 되기를 갈망한다.

의식 있는 여자는 남편이 화를 내거나 소리 지를 때 조용히 있다가 남편의 화가 누그러졌을 때 달래는 말로 그를 위로한다.

남편과 아내는 어떤 상황에서든 말다툼을 피해야 한다. 특히 잠자리에 있을 때는 더더욱 그러하다. 말다툼 중에 발생하는 거친 말과 의견 대립을 피하는 것이 쉽지 않기 때문이다(Plutarch, *On Marriage*에서 발췌).

자격이 없는 종신토록 더럽혀진 자로 낙인이 찍혔다. 하층 계급에서는 이렇게 낙인 찍히는 것이 별반 문제가 되지 않았지만 귀족에게는 중대한 문제였다(8.55). 이것은 왜 상류층 사람들이 사회적인 비난을 받지 않고 하층 계급의 여자들과 혼외정사를 가질 수 있었는지를 이해하는 데 도움이 된다.

결혼 때 처녀성을 보장하기 위해 일부 소녀들은 심지어 사춘기에 이르기 전에 정혼을 하고, 10세나 11세 때부터 장차 그들의 남편이 될 사람의 집에서 살기 시작했다. 로마 남자들 중에는 소녀의 나이와 상관없이 관계를 가진 사람이 있었음을 암시하는 증거가 있다. 가장 극단적인 경우의 하나가 다음과 같은 내용을 담고 있는 비문에서 발견된다. "슬프게도, 이제 내가 떠나 온 내 남편은……정말이지 나에게는 아버지와 같은 분이었다. 내가 일곱 살 때 그는 나를 껴안았다. 이제 내 나이 마흔, 나는 죽음의 그늘 아래 있다."

스파르타시를 제외한 고대의 모든 사회에서는 소녀들이 사춘기에 접어들어 그들의 신체가 아이를 가질 수 있는 준비를 갖추자마자 결혼하는 것이 통례였다. 에픽테토스의 말을 빌려 표현하자면, "14세가 되면서부터 소녀들은 남자들에 의해 숙녀라고 불렸다"(*Enchiridion* 40). 이 말은 15세가 넘어 초혼하는 신부가 드물었음을 의미한다(8.52; 8.56). 예수님의 어머니 마리아도 이 정도의 나이였을 거라고 생각하는 것이 좋다. 플리니우스는 13세 소녀가 결혼 준비를 하다가 갑작스럽게 죽음을 맞이한 이야기를 전해 준다(p. 411 박스의 '어린 신부의 죽음'을 보라).[1]

로마의 신랑들이 초혼할 때의 나이는 대개 25세 미만이었다. 이것은 30세가 될 무렵에 결혼한 헬라인이나 유대인 남자들에게도 이상한 것이 아니었다(8.59; 8.61). 신부가 그들의 남편보다 훨씬 어렸기 때문에, 로마 제국 내의 젊

---

[1] 이 미니키아 마르켈라(Minicia Marcella)라는 소녀의 유골이 담긴 납골 단지가 로마 외곽에 있는 그녀의 가족 무덤에서 발견되었다(참조. 8.53). 소녀의 아버지는 124/125년에 속주 아시아의 프로콘술이 되어 하드리아누스(Hadrianus) 황제로부터 칙서를 받았는데, 이는 공개 법정에서 입증될 수 있는 행동에 근거하여 그리스도인을 소추하거나 기소하는 것을 제한하는 칙서였다(참조. Eusebius, *Eccl. Hist.* 4.9).

은 과부의 수는 실제 통계 숫자보다 훨씬 많았다. 예수님이 열두 살일 때 이후로 요셉이 언급되지 않은 것으로 보아, 대부분의 학자들은 예수님이 공생애를 시작하기 전에 요셉이 죽었을 것이라고 판단한다. 비문에 적힌 내용을 통해 우리는 많은 젊은 과부들이 재혼했음을 알 수 있다. 젊은 과부들이 아이를 낳을 능력이 있음을 보이면, 남편 될 사람들에게 상품 가치가 훨씬 높게 매겨졌다.

그리스-로마의 결혼은 가족들 사이의 계약이었지 낭만적인 결합이 아니었다. 플리니우스는 10대인 아내에게 보낸 몇 통의 편지에서 사랑의 감정을 표현했는데, 이는 고대에서는 극히 예외적인 경우였다. 셔윈-화이트는 그를 가리켜 "지금까지 알려진 바로는 아내에게 연애편지를 쓴 첫 번째 사람"이라고

어린 신부의 죽음

저는 대단히 슬픈 마음으로 이 글을 씁니다. 제 친구 푼다누스(Fundanus)의 어린 딸이 죽었습니다. 저는 지금까지 이보다 더 총명하고 사랑스러운 소녀를 본 적이 없습니다. 그 아이는 당연히 오래 살아야 했을 뿐만 아니라 영생해야만 했던 아이였습니다. 그 아이는 열네 번째 생일을 맞이하지 못한 나이였지만, 어린 소녀의 귀여움과 정순함과 더불어 성숙한 여성의 세심함과 진지함을 지니고 있었습니다.

이제 그 아이가 어떻게 아버지의 목에 매달릴 수 있겠습니까! 어떻게 사랑과 수줍음을 머금은 채 우리를 껴안아 줄 수 있겠습니까! 그 아이는 유모와 가정 교사가 자기에게 베풀어 준 희생적인 봉사 때문에 이들을 참으로 사랑했습니다. 그 아이는 매우 열심히 공부했고 겸손과 절제로 자신을 가꾸었습니다. 병중에도 마지막까지 인내심과 용기를 잃지 않았습니다. 그 아이는 이미 몸의 기력이 쇠한 이후에도 의사의 말을 잘 들었고, 오히려 언니와 아버지를 위로했으며, 정신력으로 잘 버텼습니다. 이러한 의지력은 임종 때까지 계속 유지되었습니다. 장기간 앓아누운 것이나 죽음에 대한 두려움도 이 의지력을 꺾지 못했습니다. 이러한 모습 때문에 그 아이가 숨을 거둔 후에도 우리는 그 아이를 못 잊어 하고 슬퍼하는 것입니다.

아, 이 얼마나 슬프고 애통한 죽음이란 말입니까! 그 아이가 죽음을 맞이한 시기는 죽음 그 자체보다 더 애처로운 것이었습니다. 그 아이는 이미 아주 훌륭한 젊은이와 약혼한 터였습니다. 결혼 날짜도 이미 잡아 놓고 하객들도 초대했습니다. 가장 큰 기쁨이 이처럼 가장 큰 슬픔으로 바뀌고 말았습니다. 푼다누스가 결혼식 의복과 예물 비용으로 예비해 둔 돈을 장례용 향과 향료를 준비하는 데 쓰라고 했다는 말을 들었을 때 저의 마음의 상처를 무슨 말로 표현할 수 있겠습니까(Pliny, *Epistle* 5.16, 1–7).

묘사한다(8.60:79; *Epp.* 4.19; 6.4; 6.7; 7.5). 그러므로 바울이 남편들에게 자기 아내를 사랑하라고 권고한 것(엡 5:25)은 우리의 경험에 비추어 통상적으로 이해하고 있는, 감정적인 의미에서 사랑하는 것이 아님을 알아야 한다. 로마에서는 그런 종류의 정서는 남자의 정부에게나 가질 만한 것이었다(8.55). 하지만 기독교의 결혼관은 남편과 아내의 관계에 대한 전혀 다른 이해에 근거했다(8.51; 8.63).

이혼과 재혼

결혼은 동거하기로 합의하는 것 이상의 의미가 없었으므로 이혼은 쉽게 행해졌다. 보다 비공식적인 결혼의 경우에는 배우자 가운데 어느 한 편이 이혼을 시작할 수 있었다. 결혼 관계를 청산하겠다는 의도를 간단하게 공적으로 표명하면 되었다(8.65).

이혼 사유는 사소한 것에서부터 이혼하지 않을 수 없는 이유에 이르기까지 다양했다. 초기의 로마법 아래서는 여자들이 술 마시는 것이 금지되었다. 술은 유산 또는 조산을 촉발하는 성질이 있다고 여겨졌기 때문이다. 자기 아내가 술 마시는 것을 발견한 남자는 아내가 최우선적으로 해야 하는 역할인 아이 낳는 일을 수행할 능력을 위태롭게 하고 있다는 근거를 들어 이혼할 수 있었다(이러한 조항은 식사 때 일반적으로 포도주를 비롯해 술을 마시는 것이 관례화되었던 신약 시대에는 거의 무시되었다. 참조. 8.68). 배우자 중 한 사람이 다른 사람에게서 더 매력을 발견하거나 단지 결혼을 다시 하는 것이 더 좋겠다고 생각할 때도 이혼 사유가 될 수 있었다.

이혼 사유로 가장 자주 언급되는 것은 역시 간통이었다. 현대인의 기준으로 볼 때 남편과 아내 사이에 사랑이 없다고 하더라도 계약 조건을 지켜야만 하는 것이 있다면, 그것은 바로 여자는 반드시 정조를 유지해야 한다는 것이다. 간통한 아내는 계약을 파기한 것에만 그치는 것이 아니라, 어머니가 될 자격을 잃어버린 셈이었다. 일단 이런 일이 발생하면 후속 절차는 자연히 이혼이었다. 남자가 아내를 얻는 이유는 아이를 낳게 하기 위해서가 아니던가!

초기 로마법에 따르면, 간통 현장에서 아내를 붙잡은 남자는 반드시 아내와 이혼해야 했다. 가장 엄준한 법의 요구는 남자에게 아내를 죽이도록 명하는 것이었다. 반대로, 남자가 간통하고 있는 장면을 아내가 발견하게 된 경우, 아내가 남편에게 손대는 것은 금지되어 있었다(8.66). 제정 시대에는 배우자 중 어느 쪽이든 부정을 저지르더라도 보다 가볍게 여겼다. 남자가 부정을 문제삼으려 하면, 그는 자기 가정도 제대로 다스릴 수 없는 사람이라고 놀림을 받았다(8.67; 8.74).

로마 역사가의 말을 믿을 수만 있다면, 이혼이 주전 3세기까지는 로마에서 알려지지 않았다. 이것은 로마인들이 역사 초기에는 보다 도덕적이었음을 의미하지는 않는다. 단지 긴밀하게 연결된 공동체에서는 사회적인 압박으로 인해 결혼 생활을 그런 대로 영위해 나갈 수 있었다는 말이다. 로마인들은 헬라인들과 접촉하고 부가 증가하면서 옛 언약을 파기하려는 자극을 받게 된 것 같다. 이런 식의 점차적인 결혼의 침식은 많은 문화에서 반복해서 나타나는 하나의 패턴이다. 예수님이 말씀하신 대로, 모세는 인간의 연약함 때문에 이혼을 허락했지만 본래부터 그랬던 것은 아니다(마 19:8; 참조. 8.71).

한번 인정되기만 하면, 이혼과 재혼은 걷잡을 수 없이 마구 행해지게 된다. 아내에게서 꼬투리를 잡을 만한 혐의 사실이 조금이라도 발견되면 결혼을 끝장낼 이유가 되었다. 율리우스 카이사르는 자기의 아내가 문란한 파티로 변질된 종교 의식에 참여했다는 사실을 알자, 그녀와 이혼하면서 이렇게 말했다. "카이사르의 아내는 비난받아서는 안 된다"(Plutarch, *Caes*. 10.6). 그러나 카이사르 자신은 "모든 여자의 남편이요 모든 남자의 아내"라는 평판을 얻었다(Suetonius, *Caes*. 52). 이것은 카이사르가 양성애자임을 암시하는 말은 아니다. 그 당시 널리 퍼져 있던 성도덕의 이중적인 표준을 알 수 있게 해주는 말이다.

사실, 그리스도의 탄생 전후 2세기 동안 유명한 로마인들은 한결같이 이혼과 재혼을 적어도 한 번씩은 경험했다. 그들은 전에 결혼한 적이 있는 여자와 재혼하는 경우도 있었다. 키케로는 30년간의 괴로운 결혼 생활을 보낸 후 그의 첫 아내와 이혼했다. 그러고는 나이 차가 훨씬 많이 나는 젊은 여자를 아내로 맞이했는데, 그는 결혼하자마자 그 즉시 그녀와 이혼했다. 안토니우스는 그의 첫 아내와 이혼하고 아우구스투스와의 정치적인 동맹 관계를 돈독히 할 목적으로 아우구스투스의 누이동생과 결혼했다. 하지만 안토니우스는 클레오파트라와 함께하기 위해 아우구스투스의 누이동생과도 이혼했다.

1세기 말경 마르티알리스는 예닐곱 번이나 결혼한 남녀를 언급했다(7.58). 유베날리스는 "5년 동안 남편 여덟 명을" 맞이한 한 여자를 꾸짖는 글을 썼다(*Sat.* 6.230-231). 이런 경우들은 극단적인 예일 수 있지만, 심지어 보다 보수적인 경향을 지닌 플리니우스도 세 번 결혼했다. 그가 마지막으로 결혼했을 때의 나이는 42세였고, 그가 맞이한 아내는 16세의 소녀였다. 결혼 생활을 오래 그리고 행복하게 유지하는 경우는 거의 드물었다.[2] 플리니우스는 이런 예를 단 하나 들었을 뿐이다(*Epp.* 7.19; 8.5). 재혼이 성행함으로써 계모가 많아지는 현상이 일반적으로 나타났는데, 로마에서 계모에 대한 평판은 그리 좋지 않았다(8.69). 그렇게 될 수밖에 없었던 이유가 몇 가지 있다. 우선 생각할 수 있는 것은, 두 번째 맞이한 아내에게 자식이 있을 경우, 그 아내나 그녀가 낳은 자녀들은 할 수만 있다면 아버지에게서 유산을 많이 받아 내려고 했을 것이다. 이러한 상황은 심지어 전처의 아이들을 없애 버릴 정도로 심각했다.

역사적 객관성을 유지하기 위해 반드시 명심해 두어야 할 점은, 이 연구의 중요한 자료가 되는 작가들은 로마 사회의 최상류층에서 활동했고, 그들이

---

[2] 근래에 나는 오랜 친구의 딸의 결혼식에 참석했는데, 그때 주례를 맡은 목사는 신랑 신부 양가에 이혼 전력이 없는 경우가 드문 실정이라고 말했다. 그리고 그 목사는 계속해서 "해 아래에는 새것이 없나니"라는 말씀을 부연했다.

묘사하는 삶의 양식은 누구에게나 해당되는, 말하자면 규범적인 것으로 취할 수 없다는 사실이다. 묘비에 새겨진 글귀로 판단해 볼 때, 하층 계급에서는 보다 안정적인 가족생활이 그렇게 희귀하지만은 않았던 것 같다(8.70; 8.72).[3] 로마에서 나온 비문이 그 좋은 예가 될 것이다. "한마디 불평 없이 40년을 함께 살았던 사랑하는 아내 케렐리아 포르투나타를 위해 마르쿠스 안토니우스 엔콜피우스가 이 묘비를 세우다."

로마의 한 석관에 새겨진 결혼식 장면.

하지만 1세기에는 심지어 하층 계급에서조차 결혼은 줄어든 반면 이혼은 점차 일반화되고 있었다. 하층 계급의 도덕성에 대한 페트로니우스의 묘사가 어디서든 적용이 가능하고 정확한 편이라면, 혼외의 부정한 관계는 귀족 사이에서만큼 대중 사이에서도 거의 일반화되었다고 할 수 있다(*Satyr.* 61). 자기들의 원수와 부정한 남편들과 아내들에게 저주를 기원하는 마술적인 주문이 담겨 있는 납판과 파피루스가 다수 존재한다(5.88).

배우자들의 부정

이혼이 어렵지는 않지만 그렇게 하는 것이 상책은 아니었다. 대부분의 결혼은 남편이 아내의 가족과 인척 관계를 맺어 무엇인가를 얻게 됨으로써 성사되는 경우가 태반이었다. 남편이 아내의 지참금을 아내를 위해 투자했

---

3) 물론, 묘비에 새겨진 글에는 어느 정도 회의적인 기조가 담겨 있는 것이 사실이다(참조. 5.23). 그러나 묘비에 불행한 결혼을 선전하듯이 적어 놓는 사람은 없다.

다가 날리는 경우가 자주 발생했다. 남편은 아내의 지참금을 돌려줄 수 없어 아내와 이혼할 수 없었다. 이런저런 이유 때문에 많은 남편과 아내가 사랑도 없는 형식적인 결혼 생활에 서로 묶여 지내는 경우가 있었다. 그래서 이들은 다른 곳에서 감정적인 욕구를 충족할 만한 것을 찾았다. 그들의 윤리적인 제도 중에서 혼외정사를 금지하는 규정은 없었다. 유일하게 금지하는 것이 있다면, 그것은 바로 다른 사람의 재산을 침해하는 것 혹은 적어도 다른 사람의 재산을 탈취하는 것이었다.

그리스의 웅변가 데모스테네스(Demosthenes)는 여러 가지 혼외의 부정한 관계에 대한 고전적인 남성들의 견해를 다음과 같이 요약했다. 남자는 "즐기기 위해 정부를, 우리의 신체(성기)를 섬기기 위해 첩을, 합법적인 자녀를 낳기 위해 아내를" 가져야 한다(Oration 59.118-122). 이러한 문제에 대한 로마인들의 무심한 태도는 리비우스가 잘 그려 주었다. 리비우스는 해방 노예인 한 여자와 관계를 맺은 젊은 귀족 청년이 "젊은 남자로서의 재정 상태나 명성에 전혀 손상을 입지 않았다."라고 이야기하였다(39.9).

주전 1세기에는 간통이 로마에서 일반화되었다. 그래서 카툴루스는 메텔루스 켈레르(Metellus Celer)의 아내인 레스비아와 관계를 가진 것에 대해 시를 써서 출판할 정도였다. 레스비아의 본명은 클로디아(Clodia)로 남편을 독살한 것으로 의심되고 있다. 오비디우스와 코린나의 관계와 그들에게 문제가 된 그녀의 결혼 생활은 이 책 제7장에서 언급했다. 여자를 유혹하기 원하는 남자들에게 주는 오비디우스의 충고는 남녀를 불문하고 결혼 여부와 상관없이 적용될 수 있는 내용이다. 사실, 결혼한 여자라면 그것이 보다 더 흥미진진한 유혹 게임이 되었다. 어떤 시에서 오비디우스는 한 남편에게 아내를 좀 더 밀착해서 보호하라고 요구한다. "쉬운 일은 아무도 원하지 않지만 금지된 것은 유혹감이다"(Amores 2.19). 마르티알리스의 시대에도 사람들은 이와 같은 게임을 여전히 즐겼다(1.73). 공평하게 말하기 위해, 여기서 우리는 어떤 로마인들은 분명 소수였지만 다른 표준을 강요했다는 점을 지적해야 할 것이다(p. 417 박스의 '간통에 대한 스토아 철학의 가르침'을 보라).

남편 중에는 심지어 아내가 혼외정사를 할 수 있도록 도와주는 사람도 있었다(8.75). 아내의 정부를 이용해 출세하려는 속셈에서 이런 일을 한 가장 치졸한 예로는 근위대장 마크로(Macro)를 들 수 있다. 마크로는 그의 아내를 장차 황제가 될 인물인 칼리굴라와 정을 통하게 했다(Suetonius, *Calig.* 12). 그러나 칼리굴라는 결국 마크로에게 자결하라고 명령했다. 그래서 이것은 성공을 위해 길을 잘못 든 가장 좋은 예가 되었다.

> **간통에 대한 스토아 철학의 가르침**
>
> 우리가 우리 속에 내재해 있는 정조를 무시하고 우리 이웃의 아내를 유혹한다면, 우리가 하는 짓이란 파멸로 이끌고 황폐하게 하는 것이 아니고 무엇이겠는가? 무엇을 또 누구를 파멸하는가? 인간의 신실함과 존엄성과 행동의 단정함이 아닌가!
>
> 여자들은 본질상 공동의 재산이 아니냐고 당신은 말할지 모른다. 그렇다. 식탁에 차려진 음식은 초대받은 손님 모두가 먹을 수 있는 공동 음식인 것처럼 여자들도 공동의 재산이다. 그러나 식탁에 놓여 있는 음식이 일단 손님들에게 분배되고 난 후에도 당신은 옆자리에 앉아 있는 사람의 몫을 빼앗거나 혹은 손을 뻗어 다른 사람의 수프에 손가락을 넣어 그 손가락을 빨아먹는가? 당신은 이러한 경우 예의를 차려 예절 바른 사람이 되려고 할 것이다. 또 다른 예를 들어 보자. 극장은 시민 누구나 이용하는 곳이다. 하지만 사람들이 좌석을 차지하고 앉았는데 당신이 감히 다른 사람의 자리로 걸어가 그 사람을 일으켜 세우고 그 자리에 앉겠는가?
>
> 어떤 의미에서 여자들은 본질상 공동의 재산이다. 하지만 여자들이 법에 의해 분배되고 난 후에는 다른 사람과 마찬가지로 당신은 당신의 몫에 만족하고 다른 사람 소유를 훔치거나 맛보아서는 안 된다(Epictetus, *Discourses* 2.4).

매춘과 노예들에 대한 성추행

부부의 정절에 대한 가치를 이처럼 하찮게 생각하는 사회에서 매춘이 성행하는 것은 그리 놀랄 만한 일이 아니다. 실제로, 그리스와 로마에는 초기부터 매춘이 있었다. 헬라인들은 공공연하게 매춘을 부추겼다. 창녀 중에는 유명한 사람이 많았다. 특히 주전 5세기 아테네에서는 그러했다. 주전 462년에서 429년까지 아테네를 통치했던 페리클레스(Perikles)는 아내를 버려두고 아스파시아(Aspasia)라는 고급 창녀와 동거했다. 아스파시아는 고등 교육을 받은 재치가 풍부한 여자로서, 소크라테스와 극작가 에우리피데스와 같은 남자들을 저녁 식사에 초대하여 그녀의 집에서 늦은 밤까지 박식한 대화를 나누기도 했다.

신약 시대가 시작되기 오래전부터 고린도시는 그리스에서 가장 노골적인 창녀들이 있는 것으로 유명했다. 그래서 고린도시 이름에서 헬라어 동사 '코린디아조마이'(korinthiazomai, 간통하다)가 만들어지기도 했다. 바울이 고린도전서 11장에서 여자의 지위에 대해 엄격하게 권고한 것은 이런 배경에서 읽어야 하며, 보편적인 금지 사항으로 이해해서는 안 된다. 공적인 장소에서 여자들의 처신 문제, 특히 기독교가 우세한 사람들 사이에서 여자들의 처신 문제는 고린도시의 특별한 문제였다. 바울은 그 지역의 상황을 고려해 이 문제를 해결하려고 했다(8.77; 8.79).

헬라인들이 공공연하게 매춘 행위를 인정했던 것과는 달리 로마인들은 공적으로 인정한 적이 한 번도 없었으며, 헬라인들이 창녀에게 사회적인 지위를 부여했던 것과는 달리 로마인들은 그들의 사회적 지위를 인정해 주지 않았다. 하지만 리비우스는 로마의 창건자인 로물루스(Romulus)와 레무스(Remus)가 그런 여자의 양육을 받고 자랐다는 것을 인정한다(1.4). 리비우스는 현대의 미국인들이 저급한 도덕성을 지닌 여자를 지칭할 때 '암캐'라는 단어를 사용하듯이, 로마인들은 '늑대'라는 단어를 사용했다고 설명한다. 이 이야기는 세월이 지나면서 깔끔하게 정돈되었지만 이야기의 기원은 부인할 수 없었다. 매음굴이나 사창가에 세금이 매겨졌다는 내용을 비롯해 로마법에는 이와 관련한 법조문이 여럿 있고(8.78), 문학 작품에도 매춘에 대한 언급이 많은 것으로 보아 이런 여자들과 쉽게 접촉할 수 있었던 것으로 확신하게 된다(예를 들어 Juvenal, *Sat*. 11.172-173; Horace, *Ep*. 1.14; *Sat*. 1.2). 폼페이시 도처에는 이런 여자들의 이름과 그들의 특기(어떤 경우에는 그림으로 그려지기도 했다), 그리고 그들이 받는 화대 등을 쓴 낙서가 가득했다.

카툴루스는 클로디아와의 관계가 재미없게 되자, 클로디아가 거리 모퉁이에서 수백 명이나 되는 남자에게 몸을 팔았다고 비난했다(Catull. 11). 카툴루스가 그의 정부를 이처럼 추잡하게 표현할 수 있었다는 사실은, 그의 글을 읽는 독자들이 그가 말하고 있는 내용을 인정할 만한 일들이 로마에 실제로 있었음을 암시한다. 로마에는 수많은 창녀가 존재했다. 마르티알리스는 남창이나 창녀 모두 길 양옆에 설치된 간이 막사에서 몸을 팔았다고 주장한다(11.45). 예수님이 마태복음 21장 31절과 누가복음 15장 30절에서 말씀하신 내용과 바울이 고린도전서 6장에서 그런 행위들을 정죄한 데서 추론할 수 있는 것처럼, 매춘은 로마 제국 전체에 널리 퍼져 있던 현상이었다(8.83).

신약성경에 기록된 가장 유명한 창녀는 막달라 마리아이다. 그러나 사실 막달라 마리아는 창녀가 아니었음이 거의 확실하다. 신약성경에 등장하는 대수롭지 않은 사람들의 배경에 대해 설명(그리고 확대)하기를 좋아하는 초대 그리스도인들의 창작성 때문에, 그녀를 간음하다 잡힌 여자(요 8:2-11)나 예수님의 발을 눈물로 적시고 자기 머리털로 닦은 '죄인'(눅 7:36-50)과 연결하곤 한다. 지금에 와서 여성학 학자들은 막달라 마리아를 재평가해야 한다고 외친다. 막달라 마리아는 마태복음, 마가복음, 누가복음에 기록된, 부활절 아침에 예수님의 무덤을 찾아간 여인 중 첫 번째로 언급되었으며, 요한복음에서는 예수님이 마리아에게만 처음으로 나타나셨다(8.81).

그리스-로마 사회에 매춘이 존재했다고 해서 놀랄 필요는 없다. 매춘은 문명사회 어디에나 존재한다. 문제는 헬라인과 로마인들이 그것을 묵인하는 정도와 심지어 그것을 부추기는 정도이다. 오늘날 우리는 에이즈나 포진(疱疹) 그리고 그 밖에 성관계를 통해 전염되는 질병에 관해 충격적인 기사를 담지 않은 신문이나 잡지를 볼 수 없다. 성적으로 문란했던 헬라인과 로마인들이 이런 질병들을 어떻게 방지했으며 또 어떻게 치료했는지 묻지 않을 수 없다. 그들은 이런 문제로 걱정할 필요가 없었다는 사실이 그 대답이다. 고대 세계에는 임질이나 매독과 같은 성관계를 통해 전염되는 질병이 없었다. 매독에 관한 문헌상의 기록은 1494년 유럽에서 처음 나타난다. 콜럼버스(Christopher Columbus)와 그의 선원들은 신세계에 천연두를 가져다주었고, 대신 그들은 이 질병에 감염되어 왔다(8.80:208). 그러므로 고대에는 사람들이 이런 질병의 감염을 걱정하지 않고도 관계를 갖거나 창녀들을 찾아갈 수가 있었다.

하지만 로마 남자들 중에는 창녀와 관계를 갖거나 귀찮게 여자를 유혹할 필요가 없는 사람들도 있었다. 그 대신 그들은 그들의 여자 노예들에게 그 행위를 강요했다. 이런 여자들은 특히 불행한 상황에 놓여 있었는데, 만약 거절하면 주인으로부터 벌이 내려졌고, 이것은 으레 성적인 학대로 이어졌다. 여주인이 사태의 진상을 알게 되더라도 남편에 대해서는 화낼 수 없었기 때문에 대신 여자 노예를 학대했다(Ovid, *Amores* 2.7; 2.8).

여자 노예와 자유인인 남자 사이에 태어난 아이에 대한 언급이 로마의 법에 자주 등장하는 것으로 보아 이러한 관계는 일반적이었다(8.82). 대부분의 로마 귀족들은 숨겨 놓고 기르는 자식이 한두 명쯤은 있었던 것 같다. 이와 같은 비밀이 없는 사람들은 농담의 대상이 되었다(Martial 1.84). 마르티알리스도 이런 경험이 있으면서도, 그가 저지른 행동과 같은 행동에 대해서 비웃는 글을 썼다(8.76).[4] 여기서 우리가 결정할 수 없는 사실은 과연 여자 노예들이 기꺼운 마음으로 주인의 요구에 응했는가 하는 문제이다. 그러나 이 문제에 있어서 이중 표준(여성보다 남성에게 관대한 성도덕 기준)은 없었다. 1세기에는 여자들 중에도 그들의 남자 노예들과 관계를 맺는 사람이 많았다(Martial 3.85).

---

[4] 이 상황은 내가 쓴 기독교 역사 소설인 『나사로의 딸』(*Daughter of Lazarus*, St. Meinrad, IN: Abbey Press, 1988)의 기초가 되었다. 이 소설에서 나는 자기의 의붓아버지에 의해 노예로 팔린 한 젊은 여자가 자유를 쟁취하기 위해 어떤 기구한 삶을 살았는지를 보여주었다.

5. 자녀와 교육

로마에서는 결혼이 불안정했기 때문에 자녀를 갖는 문제에서 양면성이 나타났다. 1세기의 상류층 로마인들 중에는 아이를 낳는 것이 국가에 대한 그들의 의무라고 생각하면서도 정작 자녀를 갖는 일을 꺼려하는 사람이 많았다(8.90; 8.113). 현대에 비해 고대에 자녀 양육이 더 쉽지만은 않았다(8.95; 8.97). 플리니우스는 그의 친구에 대해 설명하면서 이 주제와 관련하여 당대의 태도를 밝혔다. "그에게는 자녀가 여러 명 있다. 이 점에 있어서도 그는 훌륭한 시민으로서 의무를 다했다. 그는 많은 사람들이 무자식이 상팔자라고 생각하면서 아이 하나 있는 것도 짐으로 여기는 마당에 결혼의 풍성한 복을 향유하는 것을 선택했다"(Ep. 4.15). 그는 "우리의 앞서가는 시민들은 자녀에 대한 책임을 지는 자"라고 장려하는 말을 했다(Ep. 2.7). 마르티알리스는 실제로 한 남편에게 세 아이를 낳아 준 여자를 칭송하는 노래를 지었다(11.53).

현대인의 삶과 고대인의 삶의 가장 큰 차이점 가운데 하나는 고대 세계에는 사춘기가 없었다는 점이다(8.101). 고대에는 사람들이 오늘날보다 훨씬 일찍 어른 역할을 해야 했다. 앞에서 이야기했듯이 소녀들은 이미 10대 초에

로마의 한 석관에 새겨져 있는 어린 시절 장면들.

결혼을 했다. 소년들은 법적으로는 16세가 되어야 어른이 되었다. 플리니우스는 17세에 그의 가족의 재산(부동산)을 관리했으며, 18세에 법정에서 첫 연설을 했다. 가장 극단적인 예는 옥타비아누스가 18세에 율리우스 카이사르의 자리를 물려받았는데도 카이사르의 군인들은 그를 그들의 지도자로 기꺼이 맞이했다는 점이다. 고대인의 관점에서 볼 때 어린 시절은 귀여움을 받는 삶의 단계가 아니었다. 아이들은 가능하면 빨리 그 과정을 거쳐 성숙해야만 했다.

여자아이들은 7세까지는 남자아이들과 자유롭게 어울려 놀았다. 7세가 되면 남자아이들은 학교에 갔으며, 여자아이들은 집안일에 필요한 것들을 배우기 시작했다. 어머니나 가정의 노예가 여자아이들에게 최소한 초등학교 수준의 읽는 법과 쓰는 법을 가르치는 것은 특별한 일이 아니었다.

오비디우스는 어떤 여자든지 자기의 애인에게 편지를 쓰고 그에게서 오는 답장을 읽을 수 있었다고 기록했다. 여자들 중에는 여느 남자들 못지않게 수준 높고 세련된 교육의 혜택을 누린 사람들도 있었다. 마크로비우스(Macrobius)가 전해 주는 바에 따르면, 아우구스투스 황제의 딸 율리아는 저녁 식탁에서 철학적인 토론도 즐길 수 있었다(Saturnalia 2.5). 2세기 초에 유베날리스는 이런 토론을 벌인 여자들에 대해 불만을 털어놓았다(Sat. 6.434-437).

남자아이들의 하루 일과는 주로 학교에서 이루어졌다. 학교생활은 새벽에 시작되어 이른 오후에 잠깐 휴식을 갖는 것을 제외하고는 거의 오후 늦게까지 계속되었다. 당대의 교육 이론은 방대한 분량의 호메로스의 『일리아스』(Ilias)와 『오디세이아』(Odysseia)를 기계적으로 암기하는 것이었다. 일반적으로 사용되던 그 밖의 고전들은 선집으로 꾸며지기도 했다(8.98). 남자아이는 성장해 가면서 설득력 있게 연설하는 법을 배웠다. 사람들이 대부분의 시간을 공회와 법정에서 보냈던 사회에서 연설은 중요한 기술이었다. 작가들 중에는 이것 외에 다른 특별한 기술이 없는, 전직 노예였던 교사들의 가혹함에 대해 불평하는 사람들이 많았다. 반대로 교사들은 흥미를 느끼지 못하는 학생들과 그들이 어렵게 받는 수업료, 그리고 사회의 냉대에 대해 불평했다. 유베날리스는 당시 음악가와 유명한 운동선수들이 하루에 버는 돈은 교사들이 1년 동안 벌어들이는 돈보다 더 많다고 비난했다(Sat. 7.175-177, 240-243). (세월이 흘렀어도 그런 상황은 변하지 않았다!) 남자아이들은 대부분 16세 무렵이 되면 중등 교육에 해당하는 과정을 마쳤다(8.86).

이런 교육 제도의 목적은 비평적인 사고는 하지 못하더라도 지식의 체계를 가지고 법정이나 공공장소에서 효과 있는 연설과 논쟁을 할 수 있는 젊은이를 양성하는 데 있었다(8.85). 우리 시대의 TV와 컴퓨터처럼 고대 사회에서 중요한 것은 수사학이었다. 현대의 교육 제도가 17세기 이후에 발전한 과학적인 세계관과 밀접한 관련이 있듯이, 로마의 교육 제도는 수사학에 기초를 두었다. 예를 들어, 역사는 과거의 중요한 사건들의 의미를 배우기 위해 연구하는 것이 아니라, 연설 중간중간에 예를 들기 위한 자료로 이용하기 위해 공부했다(8.90). 모든 유형의 문학 작품들이 수사학적 기교의 영향을 받았으며(8.87; 8.96), 신약성경의 저자들도 이 수사학 교육의 효과를 벗어나지 못했다(8.84; 8.103). 수사학은 성경 저자들이 가진 사고방식의 틀을 형성했으며, 연설(8.92; 8.114)과 편지(8.89; 8.108) 그리고 역사적, 전기적인 글(8.88; 8.104)을 쓰는 데 있어서 자료를 구성하는 방법의 지침이 되었다. 이 장 끝에 있는 참고 문헌을 슬쩍 보기만 해도, 신약 학자들에게 이 수사학적 배경을 이해하는 것이 얼마나 중요한지 알 수 있다.

낮은 출산율과 영아 살해

귀족들의 수를 채워야 할 때가 되었을 때, 귀족 사회에서는 황제의 가정에서 모델이 될 만한 인물을 찾을 수가 없었다. 처음 다섯 황제들 중에서 클라우디우스만 두 자녀가 있었고, 자식이 그보다 오래 살았다. 하지만 그의 의붓아들 네로는 클라우디우스의 후계자가 되어 그의 두 아들을 살해했다. 베스파시아누스는 두 아들을 낳아 그들이 차례로 그를 이어 황제 위를 계승했지만, 둘 모두 자식이 없었다. 2세기의 황제 가운데서 마르쿠스 아우렐리우스를 제외하고 성년이 될 때까지 성장한 아이가 있었던 황제는 아무도 없었다.

그리스-로마의 가정에서 아이들은 현대 사회에서처럼 중심적인 위치를 차지한 적이 없었다. 우리가 오늘날 아이들에게 그러하듯이, 과연 헬라인과 로마인들이 그들의 자녀에 대해 감정적인 애착을 갖고 있었는지 의문을 제기하는 학자도 있다(8.124). 그리스와 로마의 법 아래에서는 자녀가 기형아이거나 아이의 아버지가 누구인지 의심이 갈 경우에는, 아버지가 그 아이를 인정하기를 거부할 수도 있었다. 이런 아이는 "집 밖에 버려졌으며" 마을 한 모퉁이에 있는 어떤 장소로 데려가 죽게 내버려 두었다(8.115-116; 8.126). 실제로, 이런 아이들은 자식이 없는 사람들이나 노예 장수들이 데려가곤 했다.

자녀를 많이 둔 가난한 집안과 그 밖에 여러 가정에서 영아, 특히 여자아이들을 내다 버리는 일(8.119)은 그리스-로마 시대 말기까지 계속되었다. 잘 알려진 현존하는 파피루스 문서 중에는 여행하던 어떤 사업가가 자기 아내에게 즉석에서 말한 내용을 담고 있는 편지가 하나 있다. "그 아이가 여자애거든 갖다 버리시오." 아풀레이우스는 이와 같은 남편의 명령을 듣지 않고 자기가 낳은 딸아이를 이웃집에 길러 달라고 맡긴 여자에 관한 이야기가 의외로 많다고 전해 준다(Golden Ass 10.23).

플리니우스는 비두니아 지방의 총독으로서 길에 버려진 아이들이 성인이 되었을 때 그들의 신분이 어떻게 되는지에 대해 법적인 문제를 다루어야 했다(Epp. 10.65; 10.66). 테르툴리아누스는 갓난아이들을 "추위와 기아와 개들"에 의해 죽게 내버려 두는 것은 잔인한 짓이라고 강조했다(Apol. 9.7). 알렉산드리아의 클레멘스는 외국산 애완동물은 키우면서도 자기의 아이들은 밖에 내다 버리는 3세기 초의 부자들을 통렬히 비난했다. 오늘날 학자 중에는 이런 문헌을 너무 믿게 되면 버려진 아이들의 수에 대해 지나치게 과장해서 생각하게 된다고 주장하는 사람들이 많다(8.120; 8.125). 하지만 이런 일이 실제로 존재했고 그리스-로마 사회의 윤리에 낯선 것이 아니었다는 점은 부정하지 못할 사실이다.

상류층에서 보다 일반적인 문제는 자녀가 없는 것이었다. 납 수도관을 통해 가정에까지 물을 끌어들일 정도로 부유한 사람들 중에서 불임이 일어나는 경우가 점차 늘어난 것이 그 원인이라고 설명하는 사람들도 있다(8.127-128; 8.131). 또 다른 설명은, 특히 부자 로마인들 중에는 매일 뜨거운 물에 목욕을 즐기는 남자들이 많았는데 이로 인해 남자들의 정자 수가 줄어든 것이 그 원인이라는 것이다(8.118; 8.130).

부자 로마인들은 단지 아이를 갖지 않기로 했다고 생각하는 학자도 있다. 앞에서 우리는 플리니우스가 자녀 세 명을 둔 친구를 칭송한 것을 보았다. 하지만 이런 규모의 가족을 지닌 귀족은 예외적이었다. 자녀가 없는 귀족들은 유언장에 자기의 이름을 포함시켜 주기를 바라는 사람들에게서 온갖 아부를 다 받았다. 귀족들에게 선물 공세를 펴는 사람도 있었고, 거의 매일 밤 저녁식사에 초대하는 사람도 있었다(Juvenal, Sat. 6.38-40). 많은 귀족들이 이런 대접을 물리칠 수 없었다(8.117). 플리니우스처럼 아이를 갖고 싶지만 갖지 못하는 사람들도 있었다. 그의 젊은 아내는 유산했다(Epp. 8.10; 8.11). 원인이 무엇이든, 1세기 말에 귀족들이 자녀가 없는 현상은 보편적이었다(Martial 11.44; 11.55; 11.83).

앞에서도 언급했지만, 귀족들의 출산율이 낮아지는 현상을 막아 보려는 시도가 있었다. 아우구스투스 황제는 세 아이를 둔 아버지가 아니고서는 관직에 오르거나 친구 또는 먼 친척의 재산을 상속받을 수 없다는 포고령을 내렸다. 이런 요구를 충족시키기 위해 어떤 사람들은 그들의 아내가 낳아 주는 아이들을 무조건 자기 아이로 인정해야 하는 형편이 되었다. 그 자녀가

산파와 보조인(노예)의 도움을 받아 출산하는 여자(사진. 키프로스 고미술 박물관).

자기 부인과 검투사 사이에서 태어난 아이이거나 이웃 백정의 자녀라는 의심이 들 때조차도 어쩔 수 없는 노릇이었다(Juvenal, *Sat*. 6.76–81; Martial 6.39). 종종 여자들은 임신한 척하고는 버려진 아이를 데려오는 경우도 있었다. 이러한 법령은 실질적인 효력을 거의 발휘하지 못했다. 황제들은 '세 자녀의 권리', 즉 세 자녀를 둔 아버지처럼 관직에 오르고 재산을 상속할 수 있는 권리를 그들의 친구들이나 그 친구들이 추천한 사람들에게 부여함으로써 계속해서 예외 조항을 만들었다(Pliny, *Ep*. 2.13). 플리니우스 자신도 이런 특권을 받았고(*Ep*. 10.2), 마르티알리스도 그러했다(2.92).

이 시대의 많은 귀족 부인들은 출산 중에 적절한 의료 혜택을 받지 못해서 당하는 위험 때문에 아이를 낳으려고 하지 않았다. 의사들은 부인병에 대해서는 거의 관심을 갖지 않았으며, 출산 시에 산파나 집안 노예의 도움을 받는 것이 대부분이었다(8.122; 8.129). 이런 이유로 인해, 앞서 보았듯이 두 딸이 아이를 낳다가 목숨을 잃은 플리니우스의 친구의 경우처럼 신생아와 산모의 사망률이 높았다(*Ep*. 4.21).

피임과 유산

여자들 중에는 자녀 양육을 불편하게 생각하는 사람들이 있었다. 이보다 훨씬 더 재미있는 일이 있다는 것이 그 이유였다. 거의 모든 경우에 그러하듯이, 가난한 사람들은 그럴 수 없었지만, 자녀를 낳아 기를 능력이 얼마든지 있는 상류층 사람들은 아이를 낳지 않는 방법에도 돈을 쓸 여유가 있었다. 유베날리스가 하층민 여자들을 좋아하지 않기는 귀부인들을 좋아하지 않는 것과 마찬가지였다. 하지만 그는 마지못해 다음의 사실은 인정했다. "이런 여자들은 적어도 아이 낳을 때의 위험은 감수하고 아이 기르는 귀찮은 일을 견딘다. 그런데 그들이 황금 침대에서 출산의 고통을 겪는 것을 본 적이 있는가?"(Sat. 6.593-594).

아이 갖기를 원하지 않는 여자들은 다양한 피임법을 사용했다(8.138; 8.142). 그리고 그 피임법이 실패해서 임신이 되었을 경우에는 유산시켰다(8.134). 다시 유베날리스의 말을 들어 보자. "유산을 유발하고 자궁에서 사람을 죽이기 위해 고안된 가공할 만한 처방전과 대단히 전문적인 기술이 있었다"(Sat. 6.595-597). 오비디우스는 그의 정부가 혼자서 유산시키다가 정부 자신도 하마터면 죽게 될 뻔한 일을 겪고 난 후에 시 두 편을 썼다(Amores 2.13-14). 그는 그의 정부가 야수보다 더 악하다고 비난한다. 적어도 암사자는 자기 몸에서 난 자기 새끼를 찢어 죽이지는 않는다. 그녀는 죽어 마땅하다고 오비디우스는 결론을 내린다. 하지만 그는 신들이 그녀를 이번만 용서해 주기를 바라면서 다시는 그런 짓을 하지 말라고 엄히 경고한다.

구약성경이나 신약성경에 유산을 정죄하는 구체적인 언급은 없다. 하지만 1세기의 유대인들 사이에서는 이것을 정죄하는 경향이 널리 퍼져 있었다(8.135).[5] 바울의 동료 바나바가 100년경에 기록했다고 하는 편지에는 유산에 대한 기독교적 관점이 표현되어 있다. "유산하지 말라. 영아를 살해하지 말라"(19.5). 이 편지는 몇몇 초대 교회에 의해 성경으로 여겨졌으나, 4세

---

5) 출애굽기 21:22-25은 낙태나 유산을 유발하게 한 사례를 다룬다. 랍비들은 이 경우를 사형이 아니라 벌금형에 처해야 하는 행동으로 이해했다(Mekilta Nez. 8). 요한계시록 21:8과 22:15에서 정죄하고 있는 '점술가'는 '파르마코이'(pharmakoi, 약제사)라고 불리는 사람들이다. 이들이 이런 명칭으로 불리는 것은 유산을 유발하는 약을 조제했기 때문이었을 것이다. S. D. Ricks, "Abortion in Antiquity," in The Anchor Bible Dictionary, 1:31-35.

기에 정경에서 탈락했다. 하지만 그리스도인들은 계속해서 유산을 죄악시했다(8.136). 2세기 초에 외경 '디다케'는 유산을 금지했으며(2.2), '베드로의 묵시서'는 유산을 자행한 여자들에게 내려지는 참혹한 벌을 기록했다(Ethiopic, 8; Akhmim fragment, 26). 테르툴리아누스는 유산을 살인과 동일시했다(Apol. 9.8). 로마 정부는 3세기 초에 유산을 금지하는 법을 제정했다. 이 법은 아버지에게서 그의 재산인 아이를 빼앗아 간다는 근거에서 마련되었다(8.141). 갓 태어난 아이를 기꺼이 갖다 버리는 마당에, 로마인들이 태아의 살 권리를 강하게 주장하기를 바라는 것은 무리이다.

6. 문란한 성생활

오늘날 도덕의 표준을 주제로 논의할 때 성과 관련한 내용에 이르면, 많은 사람들이 그 어떤 것도 비정상적이거나 문란하지 않다고 주장한다. 서로 마음이 맞고 동의한 상태에서 서로 또는 상대방에게 행하는 행위들은 그 무엇이 되었든 간에 용납될 수 있다는 것이다. 이러한 태도는 분명코 성경적인 태도가 아니다. 구약성경은 보다 다양한 별스러운 성적 행위들까지 통제하는 구체적인 규율을 제시한다(레 20:10-16; 신 22:5). 예수님도 이러한 행위들을 하려고 생각하는 사람은 이미 그런 행위를 한 것과 마찬가지로 죄가 있다고 말씀하심으로써 한층 높은 표준을 제시하셨다(마 5:27-28).

도덕적인 결정을 내리는 데 있어서 종교적인 기초가 결여되어 있던 로마인들은 자기들이 하고 싶은 것은 어떤 핑계를 대서라도 정당화할 수 있었다. 심지어 다른 이유를 댈 처지가 못 된다면, 그가 한 행동은 새로운 것이라고 둘러대면 되었다. 우리가 지금까지 로마인들의 행위에 대해 고찰해 온 것에 기초해 볼 때, 바울이 로마인들의 도덕성에 관해 묘사한 내용이 전혀 무리는 아님을 알 수 있다.

그들의 여자들도 순리대로 쓸 것을 바꾸어 역리로 쓰며 그와 같이 남자들도 순리대로 여자 쓰기를 버리고 서로 향하여 음욕이 불 일듯 하매……곧 모든 불의, 추악, 탐욕, 악의가 가득한 자요 시기, 살인, 분쟁, 사기, 악독이 가득한 자요 수군수군하는 자요 비방하는 자요 하나님께서 미워하시는 자요 능욕하는 자요 교만한 자요 자랑하는 자요 악을 도모하는 자요 부모를 거역하는 자요 우매한 자요 배약하는 자요 무정한 자요 무자비한 자라(롬 1:26-31).

바울이 비난하고 있는 부자연스러운 관계란 동성애였음이 분명하다. 이것은 역사적으로 교회가 용납하지 않았던 인간의 상호 작용의 한 형태였다(8.144-145; 8.147; 이 책 제1장을 참조하라). 헬라인들은 여자들이 교육을 받지 못했기 때문에 남자와 지적인 결속을 맺을 수 없다고 생각해서, 남자들 간의 동성애를 인간관계의 가장 의미 있는 형태로 올려놓았다(8.148). 반대로, 집안에 홀로 남아 그리스 사회에서 적극적인 활동을 할 수 없었던 여자들 중에는 그들의 감정의 탈출구로서 동성애에 몰입하는 사람들이 있었다. 자기의 학교에 있는 여학생의 아름다움을 노래한 여류 시인 사포(Sappho, 주전 600년경)의 글은 어떤 여성들의 집단 사이에서 인기가 있었다(8.152).

주전 2세기 로마인들이 그리스 문화를 모방하기 시작할 즈음에 동성애는 수세기 동안 헬라인들의 생활에서 용납되던 삶의 일부였다. 스파르타 군대의 엘리트 부대는 '연인 부대'였는데, 이곳은 남자들끼리 한 쌍을 이루어야 들어갈 수 있었다. 이는 전투에서 후퇴하여 연인에게 수치스러운 모습을 보일 자가 없으리라는 이론에 근거했다. 테베에도 이와 비슷한 형태의 부대가 있었다. 아테네의 참주였던 히파르코스(Hipparchos)는 삼각관계에 빠져 있던 두 남자에 의해 살해되었다. 그를 살해한 두 사람은 국가의 영웅이 되었다. 소포클레스(Sophocles)와 소크라테스(Socrates) 그리고 그 밖에 그리스의 유명한 지식인에게는 심지어 나이 많은 황혼기에도 남자 애인이 있었다(8.143; 8.153).

로마인들은 처음에 취미 삼아 동성애를 시작했으나, 헬라인들과는 달리 그 일을 하고는 좀처럼 마음이 편하지 않았다(8.154-155). 동성애가 어느 정도는 부끄러운 행위로 여겨졌지만, 공공연하게 행해지지는 않았다 하더라도 널리 행해진 것만은 틀림없다. 그것도 남자와 여자를 가릴 것이 없었다. 유베날리스의 신랄한 두 번째 풍자시는 남성 동성애를 통렬하게 비난하는 내용으로 되어 있다. 마르티알리스(1.90)와 그 밖에 다른 자료들에 따르면, 여자들도 여자들을 연인으로 취했음이 분명하다(8.151).

로마 제국의 지도자의 위치란 동성애를 할 수밖에 없는 위치이기도 했다. 네로는 남자 여자 가리지 않고 수많은 사람들과 정을 통했다. 하드리아누스(Hadrianus) 황제는 결혼은 했지만 그의 남자 연인 안티노우스(Antinous)와 함께 있기를 더 좋아했고, 안티노우스가 갑자기 죽자 그를 애도하는 시를 썼다. 황제에게 알랑거려 승진하고자 하는 사람들은 황제의 도덕성을 그대로 흉내 내기도 했다(Martial 3.95).

폼페이에서 발굴된 예술 작품이나 여러 문학 작품에 따르면, 로마인들은 우리 시대가 일반적으로 부도덕한 것으로 여기는 성적인 행동들을 자주 행했음이 분명하다(8.157). 페트로니우스(Satyr. 21; 25)와 마르티알리스(2.50; 11.61; 11.78; 11.104)와 같은 작가들은 당대의 성적인 기질을 분명하게 묘사하는데, 이들의 글이 단순히 문학적인 창작에 불과하다고 모두 차치해 버릴 수는 없을 것이다(8.149-150). 로마인들의 유머에도 성적인 내용이 노골적으로 표현되어 있다(8.158). 그들에게 없는 것이 있다면 수치심이다. 이런 것들은 성도덕에 대한 우리의 태도와 근본적으로 다른, 닳아빠지고 도덕성 없는 사회로 바뀐다는 신호다(8.159).

이것이 바로 초대 교회가 예수님의 교훈을 선포해야 했던 사회의 모습이다(8.156). 예수님의 말씀이 얼마나 이상하게 들렸겠는가! "또 간음하지 말라 하였다는 것을 너희가 들었으나 나는 너희에게 이르노니 음욕을 품고 여자를 보는 자마다 마음에 이미 간음하였느니라"(마 5:27-28). 바울이 로마인들 사이에 "음욕이 불 일듯 하매"(롬 1:27) "모든 불의"(롬 1:29)가 있었다고 지적한 것은 우리가 그들에 관한 기록에서 살펴본 모습과 정확히 일치한다.

7. 개인적인 치장

헬라인과 로마인들은 육체의 쾌락에만 온통 관심을 집중했기 때문에, 현대까지 이 지구상에 존재했던 어떤 사회보다 개인적인 치장과 위생에 신경을 많이 썼다. 헬라인들은 자주 목욕을 했고, 로마인들은 거의 강박적으로 그렇게 했다. 그리스-로마의 생활(그리고 경제)에서는 화장품과 염료, 향유 및 그 밖에 미용 도구들이 중요한 역할을 했다. 이런 것들은 유대인에게도 의미가 있었다. 탈무드는 이런 것들의 사용에 대해서 상당히 많이 언급한다. 고고학자들은 심지어 주후 70년에 예루살렘을 탈출하여 마사다 요새로 피신한 열심당원들도 머리빗과 향수, 거울 및 그 밖에 화장에 필요한 도구들을 가지고 갔다는 사실을 발견했다.

목욕

예루살렘을 비롯해 로마 제국의 모든 마을에는 공중목욕탕이 있었다. 공중목욕탕은 "로마인들에게 가장 중요한 건물"이었다(*Oxford Classical Dictionary*, 2nd ed., 133). 폼페이와 헤르쿨라네움과 같은 작은 마을에도 이런 요구를 충족시켜 줄 만한 것이 몇 개 있었다. 영국의 유명한 온천 도시 배스처럼, 나폴리 만(灣)의 바이아 마을은 온천욕으로 급성장했다(8.166). 필요에 의해 시작된 목욕이 제정 시절에는 사회생활의 중심이 되었다(8.167). 이른 오후에 사람들은 목욕탕에 모여 운동하고(Petronius, *Satyr*. 27), 성욕을 해소하고(Martial 1.23; 3.51), 저녁 식사에 초대하는 인사말을 주고받으며(Martial 4.68), 잡담을 나누고, 누가 누구와 무슨 관계라는 사실을 알게 되었다. 오늘날의 헬스클럽보다 쇼핑 장소에 더 가까웠던 목욕탕에서는 자기의 작품을 낭송하는 시인의 음성을 들을 수 있었고, 면도를 하거나 옷을 사거나 또는 한두 시간을 여흥으로 보낼 수 있었다(7.91:254-263).

정부는 대중의 불만을 잠재우기 위한 장소로 목욕탕만한 것이 없다고 생각하여 목욕탕 건설에 막대한 비용을 쏟아부었다(8.168). 로마에 있는 목욕탕 중에는 대단히 커서 현재 남아 있는 건물 일부를 교회나 오페라 극장으로 사용하는 것도 있다. 로마 제국 전역에서 부잣집에는 사설 목욕탕이 있었다(Petronius, *Satyr*. 73). 하지만 단지 몇 사람이 목욕하려고 물을 데우는 것은 비용이 비싸고 많은 시간이 걸렸기 때문에 부자들도 자주 공중목욕탕에 갔다(Pliny, *Ep*. 2.17).

입욕자들은 옷을 보관할 수 있도록 선반을 달아 놓은 드레스 룸으로 들어갔다. 하지만 도둑이 항상 문제였다. 사람들은 할 수만 있으면 옷을 지키기 위해 노예 한 명쯤을 데려갔다(8.165). 냉욕실(frigidarium)에서 입욕자들은 해면으로 몸을 문질렀다. 미온욕실(tepidarium)에서는 열욕실(caldarium)에 들어가기 전에 미지근한 물로 몸을 적응시켰다. 열욕실은 너무 뜨거워 사람들이 기절하는 경우도 있었다. 사실, 두세 명이 죽었다는 기록도 있다(8.164). 물을 데우는 화로에서 나오는 더운 공기가 마루와 벽에 있는 관을 타고 순환했기 때문에 방은 마치 사우나실과 같았다. 입욕자들은 열욕실에서 넓은 욕조(수영장이라고 할 수 있을 만큼 큰 욕조)에 몸을 담그기도 하고, 몸에 올리브기름을 바르고는 때 미는 기구라고 할 수 있는 금속으로 만든 긁개로 기름을 제거했다. 돈과 시간적 여유가 있는 사람은 마사지를 즐길 수 있었으며, 심지어 원치 않는 부분에 난 털을 제거하기도 했다. 한번은 세네카가 목욕 시설이 있는 건물 바로 옆에서 산 적이 있는데, 그는 겨드랑이 털을 뽑는 사람들이 지르는 비명 소리에 불평을 털어놓았다(*Ep*. 56.2).

그리스도인들이 목욕할 때 바른 행동과 바람직하지 못한 행동이 무엇인지를 분별할 필요가 있었음을 보여주는 문헌이 있다. 2세기 말경 알렉산드리아의 클레멘스는 금잔이나 은잔으로 음료를 마심으로써 부를 과시하는 사람들과 목욕 도중에 술 취하는 사람들을 비난했다. 그는 음욕과 음탕함이 동반되는 남녀 혼탕에서 목욕하지 못하게 주의를 주었다(*The Instructor* 3.5). 남자들은 건강을 위해서만 목욕해야 했고, 여자들은 청결과 건강을 위해서만 목욕해야 했다. 클레멘스는 흥분하기 위해 목욕할 필요는 없으며, 쾌락을 위해서 목욕하지 말라고 말했다(3.9). 이후에 나온 『사도 헌장』에는 그리스도인 여자들에게 "남자들과 함께 목욕하는 무질서한 일"을 피하라고 한 기록이 있다(1.3.9).

머리치장

로마인들은 이른 아침부터 몸치장을 하기 시작했다. 여자들은 가장 최신형의 머리 모양으로 머리를 가꾸느라 신경을 썼다. 귀부인들에게는 전문 미용사 노예들이 있었다. 그들은 여주인의 귀가 되기도 했는데, 여주인들과 가깝게 있으면서 많은 시간을 보냈기 때문이다. 바울이 언급한 머리 모양(고전 11:14-15)으로 미루어 볼 때, 여자들은 보통 머리를 길게 길렀다(8.171; 8.173). 오비디우스는 그의 정부의 머리가 거의 무릎에까지 닿았다고 기술했다(*Amores* 1.14). 아풀레이우스는 여자들의 머리를 "몸에서 가장 중요한 부분"이라고 찬양했으며(*Golden Ass* 1.8; 참조. 고전 11:15), "여자가 자기에게 어울리는 모양으로 머리를 다듬지 않는다면 단정하게 의장을 갖추었다고 할 수 없다."라고 결론을 내렸다. 탈무드에 언급된 내용도 유대 지방에서 이런 관례를 따랐음을 암시한다. 유대 여자들은 땋은 머리와 가발로 정교한 머리 모양을 했으며, "안식일에 머리를 풀어 놓는 것을 금했다. 이것은 '건물을 세우는 것'과 '건물을 헐어 버리는 것'에 대한 금지를 어기는 죄에 해당했기 때문이다"(*Encyclopedia Judaica* vol. 5:981).

1세기에 나온 그림과 동전들은 여자들의 머리 모양이 수년마다 바뀌었음을 보여준다. 머리를 뒤로 묶어 목 뒤에 틀어 붙인 적도 있었고, 머리 위로 말아 올린 경우도 있었다. 여자들의 흉상은 "유행이 바뀔 때마다 교체할 수 있는 (분리식) 대리석 가발을 만들어 사용하기도 했다"(7.105:42). 어떤 여자들은 그들의 자연 모발에 노예나 전쟁 포로들에게서 취한 가발이나 쪽머리로 보충하기도 했다. 1세기에는 땋은 머리가 유행이었는데, 특히 보석을 머리에 부착하기 위해서는 땋은 머리가 여간 유용한 것이 아니었다. 디모데전서 2장 9절과 베드로전서 3장 3절은 여자들이 머리를 땋고 장식물로 치장하는 데 너무 많은 시간과 관심을 보이는 것을 경고한다. 하지만 상당히 세심하게 머리를 빗었던 한 가지 이유는 머릿니를 없애기 위해서였을 수도 있다(8.172).

남자들은 머리를 짧게 깎았다. 등을 덮는다든가 요즘 정상이라고 생각하는 것보다 더 길게 뒷머리를 기르지 않았다. 바울이 남자들에게 머리를 짧게 깎으라고 권면한 것(고전 11:14)은 이러한 관습이 당대의 헬라인과 로마인들 사이에서 보편적이었음을 암시한다. 맵시를 내는 사람들과 문란한 생활을 하는 사람들만 머리를 길렀다. 티투스 개선문에 새겨져 있는 유대인의 모습을 보면, 동양 사람들은 로마인들에 비해 머리를 길렀고 턱수염을 기르기도 했음을 알 수 있다. 마르티알리스의 시구 중에는 다음과 같이 친구에게 충고하는 말이 있다(2.36). "동양 사람들처럼 수염을 기르지 말라." 여기서 동양 사람은 페르시아인을 가리킨다.

그런데 1세기에 와서 랍비들은 로마인들과 자주 접촉하는 유대인들에게 수염 자르는 것을 허락했으며, 말끔한 얼굴로 다니는 유대인들도 있었다. 탈무드에는 이발사와 미용사에 대한 언급이 자주 등장한다. 이들은 화장품을 팔고, 손톱과 발톱도 손질해 주었으며, 간단한 의술을 행하기도 했다.

대부분의 로마 남자들은 이발소에 가는 것으로 하루 일과를 시작했다. 이것은 보통 괴로운 일이 아니었을 것이다(8.170; 참조. Martial 11.84). 로마 남자들 중에는 얼굴 면도 외에도 겨드랑이 털을 뽑는 사람도 있었다. 이런 남자들은 대개 자기 팔이나 다리에 난 털도 뽑았다(Martial 2.62). 여자들도 면도를 하거나 겨드랑이와 다리에 난 털을 뽑았으며(Ovid, *Art of Love* 3.193-194), 때로는 탈모용 크림을 사용하기도 했다(Martial 6.93). 몸에 난 털을 제거하는 일은 문명화된 세계 어디에서나 여자들의 유행이었던 것 같다.

> **머리 망친 날**
>
> 내가 당신에게 머리 염색을 하지 말라고 경고했잖소.
> 이제 당신에게는 물들일 수 있는 머리카락이 없구려……
> 당신은 독단적으로 그렇게 했다는 점을 알아야 하오.
> 당신은 머리카락에 그 유해한 쓰레기를 계속 발랐소.
> 이제 게르마니아에서 당신에게 포로의 머리카락을 보내 올 것이오.
> 승리의 선물을 쓰고 다니구려…….
>
> 가엾고 사랑스러운 우리 아가씨가 눈물을 그칠 줄 모르네.
> 손으로 발그스레한 두 볼에 흘러내리는 눈물을 닦으면서.
> 머리카락을 다소곳하게 무릎 위에 내려놓고 빤히 바라보고 있네.
> 이제는 자기 것이 아닌 그 보물을.
> (Ovid, *Amores* 2.14)

야만인 여자들이 조롱의 대상이 된 것은 일반적으로 그들이 털이 많다는 이유 때문이었다.

신약 시대 사람들의 머리 색깔은 주로 갈색이거나 검정색이었다. 하지만 금발도 많이 있었는데, 이는 사람들이 무척 좋아하던 색깔이었다. 아우구스투스 황제와 네로 황제의 머리는 금발이었다(Suetonius, *Aug.* 79; *Nero* 51).

그중에는 게르마니아 포로의 금발 머리로 만든 가발을 사는 여자들도 있었다. 오비디우스의 정부는 머리를 금색으로 물들이려고 했지만 결과는 만족스럽지 못했다(p. 435 박스의 '머리 망친 날'을 보라).

화장품

신약 시대의 사람들은 머리치장에 신경을 썼을 뿐 아니라 화장품도 많이 사용했다(8.177). 창백한 피부색을 만드는 화장품을 여자들은 가장 선호했다.

그래서 검은 피부를 가진 사람들은 흰색 분을 사용함으로써 그런 효과를 얻었으며, 종종 화장을 두껍게 한 사람들은 비가 올 것 같은 조짐이 보일 때에는 외출하기를 꺼려했다. 이 두껍게 칠한 볼에 눈물이 흘러 눈물 자국이 깊게 패는 경우도 있었다.

유베날리스와 마르티알리스는 얼굴에 색을 칠하고 분을 바른 여자들의 모습을 비교적 상세히 묘사했는데, 흡사 일본의 게이샤들이 아닌가 하고 의아할 정도이다. 그러나 폼페이에서 출토된 미술품을 보면 이러한 추측이 잘못되었음을 알 수 있다(8.176). 눈 화장을 빼면, 그 그림에 그려진 여자들의 피부는 남자들의 피부보다 약간 더 창백해 보이지만(이것은 고대 미술에서 일반적으로 사용하던 표현법이다) 지나칠 정도로 진한 것 같지는 않다. 흰색 분을 많이 사용한 것은 수도에 사는 부자들이 자신이 부자임을 뽐내기 위한 과시용일 수 있다.

오비디우스는 화장품을, 일부분만 남아 있는 그의 책 『미의 기술』(The Art of Beauty)에서 언급할 만큼 중요한 주제로 생각했다. 그는 그 책에서 분과 향유를 만드는 법을 제시했다(8.175). 『사랑의 기술』(The Art of Love) 제3권에서는 같은 내용을 비교적 짧게 다루었으나, 독자들에게 이 기술을 그들의 방에서 은밀하게 실험해 보라고 충고한다. 남자들은 어떻게 해서 그렇게 되는지를 알지 못하므로 그 효력에 감탄하고 싶어 한다. "내가 보지 않는 곳에서 은밀하게 마무리하시오. 당신의 사랑스러운 피부의 원인이 어디에 있는지 내가 꼭 알아야만 하겠소?"

유대 여자들도 화장품을 많이 사용했다. 하지만 그들은 부분적으로는 순전히 건강상의 이유로 사용했다. 눈 주위나 입술 주변에 화장을 하면 유대 지방의 건조한 기후에 이 민감한 부위가 마르는 것을 방지할 수 있었고, 감염되는 것도 막을 수 있었다.

8. 결론

이 장에서 논의한 주제 중에는 일부 독자들에게 충격을 주는 내용도 있었을 것이다. 그러나 이것이 내가 의도한 주요 목적은 아니다. 나는 단지 도덕과 인간 행동에 대한 그리스-로마의 견해가 기독교적 이해와 얼마나 다른지를 보여주려고 했을 뿐이다. 나는 이제 독자들이 초대 그리스도인들이 그들의 메시지를 제시할 때 그 메시지를 받는 대상이 누구였으며, 그들의 견해가 그리스도인들의 견해와 어떻게 달랐는지, 이런 상황 속에서 그리스도인들은 그들의 관점을 어떻게 형성했는지에 대해 보다 잘 이해하기를 소망한다. 인생을 어떻게 살아야 하는지에 대한 그리스도인의 이해는 그들 주변 사람들의 인생관과는 매우 달랐다. 그래서 사람들은 그리스도인들을 "천하를 어지럽게 하던 이 사람들"이라고 불렀다(행 17:6).

참고 문헌

8.1. Friedländer, L. *Roman Life and Manners under the Early Empire*. London: Routledge, 1908–13.
8.2. Meeks, W. A. *The Moral World of the First Christians*. Philadelphia: Westminster Press, 1986.
8.3. Stager, L. E. "Eroticism and Infanticide at Ashkelon." *BAR* 17, no. 4, (1991): 34–53, 72.

1. 그리스-로마의 도덕성의 근거

8.4. Burn, A. R. *The Pelican History of Greece*. London: Penguin, 1966.
8.5. Dover, K. *Greek Popular Morality in the Time of Plato and Aristotle*. Berkeley: University of California Press, 1974.
8.6. Dupont, F. *Daily Life in Ancient Rome*. Oxford: Blackwell, 1992.
8.7. Durant, W. *Caesar and Christ: A History of Roman Civilization and of Christianity from Their Beginning to A. D. 325*. New York: Simon & Schuster, 1944.
8.8. Earl, D. *The Moral and Political Tradition of Rome*. London: Thames & Hudson, 1967.
8.9. Ferguson, J. *Moral Values in the Ancient World*. London: Methuen, 1958.
8.10. Flaceliere, R. *Love in Ancient Greece*. New York: Crown, 1962.
8.11. Kloppenborg, J. S. "Alms, Debt and Divorce: Jesus' Ethics in Their Mediterranean Context." *TorJTheol* 6(1990): 182–200.
8.12. Lind, L. R. "The Idea of the Republic and the Foundations of Roman Morality." In *Studies in Latin Literature and Roman History V*. Ed. by C. Derricks. Brussels: Soc. Latomus, 1989:5–34.
8.13. Meeks, W. A. *The Origins of Christian Morality: The First Two Centuries*. New Haven, CT: Yale University Press, 1993.
8.14. Noerr, D. "The Matrimonial Legislation of Augustus: An Early Instance of Social Engineering." *IrJur* 26(1981): 350–364.
8.15. Ogilvie, R. M. *The Romans and Their Gods in the Age of Augustus*. New York: Norton, 1969.
8.16. Quispel, G. "Love Thy Brother." *AncSoc* 1(1970): 83–93.

8.17. Sloan, I. "The Greatest and the Youngest: Greco-Roman Reciprocity in the Farewell Address, Luke 22:24-30." *SR* 22(1993): 63-73.

8.18. Tatum, J. "Ritual and Personal Morality in Roman Religion." *SyllClass* 4(1993): 13-20.

8.19. Whittaker, J. "Christianity and Morality in the Roman Empire." *VigChr* 33(1979): 209-225.

8.20. Zerbe, G. M. *Non-Retaliation in Early Jewish and New Testament Texts: Ethical Themes in Social Contexts*. Sheffield, UK: Academic Press, 1993.

2. 로마인의 도덕성에 대한 증거

8.21. Bonfante, L. "The Naked Greek." *Archaeology* 43, no. 5, (1990): 28-35.

8.22. Cavander, K. "The World of Ovid." *Horizon* 15, no. 2, (1973): 38-43.

8.23. Crook, J. A. *Law and Life of Ancient Rome*. Ithaca, NY: Cornell University Press, 1967.

8.24. Garthwaite, J. "Martial, Book 6, on Domitian's Moral Censorship." *Prudentia* 22, no. 1, (1990): 13-22.

8.25. Grant, M., and A. Mulas. *Eros in Pompeii: The Secret Rooms of the National Museum of Naples*. New York: Bonanza Books, 1975.

8.26. Lindsay, J. *The Ancient World: Manners and Morals*. New York: Putnam, 1968.

3. 가족생활

로마인의 가족 개념

8.27. Bradley, K. R. *Discovering the Roman Family: Studies in Roman Social History*. New York: Oxford University Press, 1991.

8.28. _____. "Writing the History of the Roman Family." *CPh* 88(1993): 237-250.

8.29. Crook, J. A. "*Patria Potestas*." *CQ* 17(1967): 113-122.

8.30. DeWitt, N. W. "Vesta Unveiled." In *Studies in Honor of Ullman, Presented to Him on the Occasion of His Seventy-Fifth Birthday*. Ed. by L. B. Lawler, et al. St. Louis: The Classical Bulletin, 1960: 48-54.

8.31. Dixon, S. *The Roman Mother*. Norman: University of Oklahoma Press, 1988.

8.32. Hallett, J. P. *Fathers and Daughters in Roman Society: Women and the Elite Family*. Princeton, NJ: Princeton University Press, 1984.

8.33. Osiek, C. "The Family in Early Christianity: 'Family Values' Revisited." *CBQ* 58(1996): 1-25.

8.34. Pomeroy, S. B. "The Relationship of the Married Woman to Her Blood Relatives in Rome." *AncSoc* 7(1976): 215-227.

8.35.   Rawson, B. *The Family in Ancient Rome: New Perspectives*. Ithaca, NY: Cornell University Press, 1986.

8.36.   Saller, R. P. "Familia, Domus, and the Roman Conception of the Family." *Phoenix* 38(1984): 336-355.

8.37.   _____. "*Pietas*, Obligation and Authority in the Roman Family." In *Alte Geschichte und Wissenschaftsgeschichte: Festschrift fur Karl Christ zum 65 Geburtstag*. Ed. by P. Kneissel and V. Losemann. Darmstadt: Wiss. Buchges, 1988: 393-410.

로마의 가족의 붕괴

8.38.   Csillag, P. *The Augustan Laws on Family Relations*. Budapest: Akademiai Kiado, 1976.

8.39.   Frank, R. I. "Augustus' Legislation on Marriage and Children." *CSCA* 8(1975): 41-52.

8.40.   Galinsky, K. "Augustus' Legislation on Morals and Marriage." *Philologus* 125(1981): 126-144.

8.41.   Lambert, G. R. "Childless by Choice: Graeco-Roman Arguments and Their Uses." *Prudentia* 14(1982): 132-138.

8.42.   Levick, B. "Morals, Politics, and the Fall of the Roman Empire." *G&R* 29(1982): 53-62.

8.43.   Noerr, D. "The Matrimonial Legislation of Augustus: An Early Instance of Social Engineering." *IrJur* 26(1981): 350-364.

8.44.   Pearce, T. E. V. "The Role of the Wife as *Custos* in Ancient Rome." *Eranos* 72(1974): 17-33.

4. 결혼

8.45.   Corbett, P. E. *The Roman Law of Marriage*. Oxford: Clarendon Press, 1930; 1969 rpt.

8.46.   Deming, W. *Paul on Marriage and Celibacy: The Hellenistic Background of 1 Corinthians 7*. New York: Cambridge University Press, 1995.

8.47.   Looper-Friedman, S. E. "The Decline of *Manus*-Marriage in Rome." *RHD* 55(1987): 281-296.

8.48.   MacDonald, M. Y. "Early Christian Women Married to Unbelievers." *SR* 19(1990): 221-234.

8.49.   Rawson, B. "Roman Concubinage and Other de facto Marriages." *TAPhA* 104(1974): 279-305.

8.50. Treggiari, S. "Concubinae." *PBSR* 49(1982): 59–81.

8.51. Ward, R. B. "Musonius and Paul on Marriage." *NTS* 36(1990): 281–289.

계약으로서의 결혼

8.52. Amundsen, D., and C. J. Diers. "the Age of Menarche in Classical Greece and Rome." *Human Biology* 4(1969): 125–132.

8.53. Bodel, J. "Minicia Marcella: Taken Before Her Time." *AJPh* 116(1995): 453–460.

8.54. Cohen, B. "Dowry in Jewish and Roman Law." *Annuaire de l'institut de Philologie et d'Histoire Orientales de l'Université libre de Bruxelles* 13(1953): 57–85.

8.55. Grimal, P. *Love in Ancient Rome*. Norman: University of Oklahoma Press, 1986.

8.56. Hopkins, M. K. "The Age of Roman Girls at Marriage." *Population Studies* 18(1965): 309–327.

8.57. MacCormack, G. "*Coemptio* and Marriage by Purchase." *Bulletino dell'Istituto di Diritto Romano* 81(1978): 179–199.

8.58. McGinn, T. A. J. "Concubinage and the *Lex Julia* on Adultery." *TAPhA* 121(1991): 335–375.

8.59. Saller, R. P. "Men's Age at Marriage and Its Consequences in the Roman Family." *CPh* 82(1987): 21–34.

8.60. Sherwin-White, A. N. "Pliny: The Man and His Letters." *G&R* 16(1969): 76–90.

8.61. Thornton, T. C. G. "Jewish Bachelors in New Testament Times." *JThS* (1972): 444–445.

8.62. Treggiari, S. "Consent to Roman Marriage: Some Aspects of Law and Reality." *EMC* 26(1982): 34–44.

8.63. Ward, R. B. "Paul: How He Radically Redefined Marriage." *BibRev* 4, no. 4, (1988): 26–31.

8.64. Williams, G. "Some Aspects of Roman Marriage Ceremonies and Ideals." *JRS* 48(1958): 16–29.

이혼과 재혼

8.65. Arjava, A. "Divorce in Later Roman Law." *Arctos* 22(1988): 6–21.

8.66. Daube, D. "The Lex Julia Concerning Adultery." *IrJur* 7(1972): 373–380.

8.67. Dorey, T. A. "Adultery and Propaganda in the Early Roman Empire." *University of Birmingham Historical Journal* 18(1961): 1–6.

8.68. Dunbabin, K. M. D. "Wine and Water at the Roman *convivium*." *Journal of Roman Archaeology* 6(1993): 116–141.

8.69. Gray-Fow, M. J. G. "The Wicked Stepmother in Roman Literature and History: An Evaluation." *Latomus* 47(1988): 741-757.

8.70. Kajanto, I. "On Divorce Among the Common People of Rome." In *Mélanges Marcel Drury*. Paris: Les Belles Lettres, 1970: 99-113.

8.71. Keener, C. S. *And Marries Another: Divorce and Remarriage in the Teaching of the New Testament*. Peabody, MA: Hendrickson, 1991.

8.72. Rawson, B. "Family Life Among the Lower Classes at Rome in the First Two Centuries of the Empire." *CPh* 61(1966): 71-83.

8.73. _____. *Marriage, Divorce, and Children in Ancient Rome*. Oxford: Clarendon Press, 1991.

8.74. Richlin, A. "Approaches to the Sources on Adultery at Rome." In *Reflections of Women in Antiquity*. Ed. by H. F. Foley. New York: Gordon & Breach, 1981: 379-404.

배우자들의 부정

8.75. Tracy, V. A. "The Leno-Maritus." *CJ* 72(1976): 62-64.

매춘과 노예들에 대한 성추행

8.76. Bell, A. A., Jr. "Martial's Daughter?" *CW* 78(1984): 21-24.

8.77. MacDonald, M. Y. "Women Holy in Body and Spirit: The Social Setting of 1 Corinthians 7." *NTS* 36(1990): 161-181.

8.78. McGinn, T. A. J. "The Taxation of Roman Prostitutes." *Helios* 16(1989): 79-110.

8.79. McGraw, L. "The City of Corinth." *SWJourTheol* 32(1989): 5-10.

8.80. McNeil, W. H. *Plagues and Peoples*. New York: Doubleday, 1976.

8.81. Schaberg, J. "How Mary Magdalene Became a Whore." *BibRev* 8, no. 5, (1992): 30-37.

8.82. Syme, R. "Bastards in the Roman Aristocracy." *PAPhS* 104(1960): 323-327.

8.83. Wright, D. F. "Homosexuals or Prostitutes? The Meaning of *Arsenokoitai* (1 Corinthians 6:9, 1 Timothy 1:10)." *VigChr* 38(1984): 125-153.

5. 자녀와 교육

8.84. Black, C. C. "Keeping Up With Recent Studies. XVI: Rhetorical Criticism and Biblical Interpretation." *ExposT* 100(1989): 252-258.

8.85. Bloomer, W. M. "Schooling in Persona: Imagination and Subordination in Roman Education." *ClassAnt* 16, no. 1, (1997): 57-78.

8.86. Booth, A. D. "Elementary and Secondary Education in the Roman Empire." *Florilegium* 1(1979): 1-14.

8.87. Bullmore, M. A. *St. Paul's Theology of Rhetorical Style: An Examination of 1 Corinthians 2:1-5 in the Light of First-Century Graeco-Roman Rhetorical Culture.* San Francisco: International Scholars Publications, 1995.

8.88. Burridge, R. A. *What Are the Gospels? A Comparison with Graeco-Roman Biography.* Cambridge: Cambridge University Press, 1992.

8.89. Classen, C. J. "St. Paul's Epistles and Ancient Greek and Roman Rhetoric." *Rhetorica* 10(1992): 319-344.

8.90. Cosby, M. R. *The Rhetorical Composition and Function of Hebrews 11 in Light of Example Lists in Antiquity.* Macon, GA: Mercer University Press, 1988.

8.91. Daube, D. "The Duty of Procreation." *PCA* 74(1977): 10-25.

8.92. Dolamo, R. T. H. "Rhetorical Speech in Galatians." *Theologia Viatorum* 17(1989): 30-37.

8.93. Ellens, J. H. "The Ancient Library of Alexandria: The West's Most Important Repository of Learning." *BibRev* 13, no. 1, (1997): 19-29, 46.

8.94. Evans, C. F. *The Theology of Rhetoric: The Epistle to the Hebrews.* London: Dr. Williams's Trust, 1988.

8.95. Eyben, E. *Restless Youth in Ancient Rome.* trans. by P. Daly. London: Routledge, 1993.

8.96. Forbes, C. "Comparison, Self-praise and Irony: Paul's Boasting and the Convention of Hellenistic Rhetoric." *NTS* 32(1986): 1-30.

8.97. Garland, R. "Juvenile Delinquency in the Graeco-Roman World." *HT* 41 10(1991): 12-19.

8.98. Grant, R. M. "Early Christianity and Greek Comic Poetry." *CPh* 60(1965): 157-163.

8.99. Kennedy, G. A. *New Testament Interpretation Through Rhetorical Criticism.* Chapel Hill: University of NC Press, 1984.

8.100. Kinneavy, J. L. *Greek Rhetorical Origins of Christian Faith: An Inquiry.* New York: Oxford University Press, 1987.

8.101. Kleijwegt, M. *Ancient Youth: the Ambiguity of Youth and the Absence of Adolescence in Greco-Roman Society.* Amsterdam: Gieben, 1991.

8.102. Krentz, E. M. "Epideiktik and Hymnody: the New Testament and Its World." *BibRes* 40(1995): 50-97.

8.103. Mack, B. L. *Rhetoric and the New Testament.* Minneapolis: Fortress Press, 1990.

8.104. Mealand, D. L. "Hellenistic Historians and the Style of Acts." *ZNTW* 82(1991): 42-66.

8.105. Smit, J. "The Genre of 1 Corinthians 13 in the Light of Classical Rhetoric." *NovT* 23(1991): 193-216.

8.106. _____. "The Letter of Paul to the Galatians: A Deliberative Speech." *NTS* 35(1989): 1-26.

8.107. Sumney, J. L. "The Bearing of a Pauline Rhetorical Pattern on the Integrity of 2 Thessalonians." *ZNTW* 81(1990): 192-204.

8.108. Watson, D. F. "James 2 in Light of Greco-Roman Schemes of Argumentation." *NTS* 39(1993): 94-121.

8.109. _____. "The New Testament and Greco-Roman Rhetoric: A Bibliographical Update." *JEvangThSoc* 33(1990): 513-524.

8.110. _____. "The New Testament and Greco-Roman Rhetoric: A Bibliography." *JEvangThSoc* 31(1988): 465-472.

8.111. _____. "The Rhetoric of James 3.1-12 and a Classical Pattern of Argumentation." *NovT* 35(1993): 48-64.

8.112. _____. "A Rhetorical Analysis of 2 John According to Greco-Roman Convention." *NTS* 35(1989): 104-130.

8.113. Weidemann, T. *Adults and Children in the Roman Empire*. New Haven, CT: Yale University Press, 1989.

8.114. Zweck, D. "The Exordium of the Areopagus Speech, Acts 17:22-23." *NTS* 35 (1989): 94-103.

낮은 출산율과 영아 살해

8.115. Boswell, J. "*Expositio* and *Oblatio*: The Abandonment of Children and the Ancient and Medieval Family." *AmHistR* 89(1984): 10-33.

8.116. Cameron, A. "The Exposure of Children and Greek Ethics." *Classical Review* 46(1932): 105-114.

8.117. Crook, J. A. "Intestacy in Roman Society." *PCPhS* 19(1973): 38-44.

8.118. Devine, A. M. "The Low Birth-Rate in Ancient Rome: A Possible Contributing Factor." *Rheinisches Museum* 128(1985): 313-317.

8.119. Engels, D. "The Problem of Female Infanticide in the Greco-Roman World." *CPh* 75(1980): 112-120.

8.120. _____. "The Use of Demography in Ancient History." *CQ* 34(1984): 386-393.

8.121. Eyben, E. "Family Planning in Graeco-Roman Antiquity." *AncSoc* 11-12(1980-81): 5-82.

8.122. French, V. "Midwives and Maternity Care in the Roman World." *Helios* 13(1986): 69-84.

8.123. Frier, B. W. "Natural Fertility and Family Limitation in Roman Marriage." *CPh* 89(1994): 318–333.

8.124. Golden, M. "Did the Ancients Care When Their Children Died?" *G&R* 35(1988): 152–163.

8.125. Harris, W. V. "The Theoretical Possibility of Extensive Infanticide in the Graeco-Roman World." *CQ* 32(1982): 114–116.

8.126. Hillman, J. "Abandoning the Child." *Eranos-Jahrbuch* 40(1971): 357–407.

8.127. Hodge, A. T. "A Plain Man's Guide to Roman Plumbing." *EMC* 27(1983): 311–328.

8.128. _____. "Vitruvius, Lead Pipes and Lead Poisoning." *AJA* 85(1981): 486–491.

8.129. Horstmannshoff, H. F. J. "The Ancient Physician: Craftsman or Scientist?" *Journal of the History of Medicine and Allied Sciences* 45(1990): 176–197.

8.130. Krenkel, W. A. "Hyperthermia in Ancient Rome." *Arethusa* 8(1975): 381–386.

8.131. Nriagu, J. O. *Lead and Lead Poisoning in Antiquity*. New York: Wiley and Sons, 1983.

8.132. Rawson, B. "*Spurii* and the Roman View of Illegitimacy." *Antichthon* 23(1989): 10–41.

8.133. Reinhartz, A. "Philo on Infanticide." *StPhilon* 4(1992): 42–58.

피임과 유산

8.134. Dickison, S. "Abortion in Antiquity." *Arethusa* 6(1973): 159–166.

8.135. Freund, R. "The Ethics of Abortion in Hellenistic Judaism." *Helios* 10(1983): 125–137.

8.136. Gorman, M. J. *Abortion and the Early Church: Christian, Jewish, and Pagan Attitudes in the Greco-Roman World*. Ramsey, NJ: Paulist Press, 1982.

8.137. _____. "Why Is the New Testament Silent About Abortion?" ChrT 37, no. 1, (1993): 27–29; also in *Good News*, 1993, May/June: 20–23.

8.138. Hopkins, K. "Contraception in the Roman Empire." *CSSH* 8(1965–66): 124–151.

8.139. Laale, H. W. "Abortion in Roman Antiquity: Monarchy to Early Empire, I." *CML* 13(1992–93): 297–308.

8.140. _____. "Abortion in Roman Antiquity: Monarchy to Early Empire, II." *CML* 14(1993–94): 25–42.

8.141. Riddle, J. M. *Contraception and Abortion from the Ancient World to the Renaissance*. Cambridge, MA: Harvard University Press, 1992.

8.142. _____. "Oral Contraceptives and Early-term Abortifacients During Classical Antiquity and the Middle Ages." *P&P* 132(1992): 3–32.

5. 문란한 성생활

8.143. Africa, T. W. "Homosexuals in Greek History." *Journal of Psychohistory* 9(1982): 401–420.

8.144. Bailey, D. S. *Homosexuality and the Western Christian Tradition*. Hamden, CT: Archon Books, 1975.

8.145. Boswell, J. *Christianity, Social Tolerance and Homosexuality: Gay People in Western Europe from the Beginning of the Christian Era to the Fourteenth Century*. Chicago: University of Chicago Press, 1980.

8.146. Cantarella, E. *Bisexuality in the Ancient World*. New Haven, CT: Yale University Press, 1992.

8.147. de Young, J. B. "The Meaning of 'Nature' in Romans 1 and Its Implications for Biblical Proscriptions of Homosexual Behavior." *JEvangThSoc* 31(1988): 429–441.

8.148. Dover, K. J. *Greek Homosexuality*. Cambridge, MA: Harvard University Press, 1978.

8.149. Green, P. M. "Sex and Classical Literature." In *The Sexual Dimension in Literature*, ed. by A. Bold. New York: Barnes & Noble, 1983: 19–48.

8.150. Griffin, J. "Augustan Poetry and the Life of Luxury." *JRS* 66(1976): 87–105.

8.151. Hallett, J. P. "Female Homoeroticism and the Denial of Roman Reality in Latin Literature." *Yale Journal of Criticism* 3(1989–90): 209–227.

8.152. Ide, A. F. *Loving Women: A Study of Lesbianism to 500 A. D.* Arlington, TX: Liberal Arts Press, 1985.

8.153. Konstan, D. "Friends and Lovers in Ancient Greece." *SyllClass* 4(1993): 1–12.

8.154. Lilja, S. *Homosexuality in Republican and Augustan Rome*. Helsinki: Finnish Academy of Sciences, 1983.

8.155. MacMullen, R. "Roman Attitudes to Greek Love." *Historia* 31(1982): 484–502.

8.156. Osborn, E. F. *Ethical Patterns in Early Christian Thought*. New York: Cambridge University Press, 1976.

8.157. Pike, E. R. *Love in Ancient Rome*. London: Muller, 1965.

8.158. Richlin, A. *The Gardens of Priapus: Sexuality and Aggression in Roman Humor*. New Haven, CT: Yale University Press, 1983.

8.159. Rousselle, A. *Porneia: On Desire and the Body in Antiquity*. Trans. by F. Pheasant. Oxford: Blackwell, 1988.

8.160. Smith, M. D. "Ancient Bisexuality and the Interpretation of Romans 1:26–27." *Journal of the American Academy of Religion* 64(1996): 232–256.

8.161. Stegeman, W. "Paul and the Sexual Mentality of His World." *BTB* 23(1993): 161–166.

8.162. Williams, C. A. "Greek Love at Rome." *CQ* 45(1995): 517–539.

8.163. Wright, D. E. "Early Christian Attitudes to Homosexuality." *StudPatr* 18, no. 2, (1989): 329-334.

6. 개인적인 치장

목욕

8.164. Bastomsky, S. J. "A Note on Some Hot Baths and Accelerated Deaths in Nero's Principate." *Latomus* 52(1993): 612-616.

8.165. Brunn, C. "Lotores: Roman Bath-Attendants." *ZPE* 98(1993): 222-228.

8.166. Dunbabin, K. M. D. "*Baiarum grata voluptas*: Pleasures and Dangers of the Baths." *PBSR* 64(1989): 7-46.

8.167. Rook, T. "The Development and Operation of Roman Hypocausted Baths." *Journal of Archeological Science* 5(1978): 269-282.

8.168. Wright, L. "Where the Romans Enjoyed '*Omnia Commoda*.'" *Horizon* 2, no. 5, (1960): 39-41.

8.169. Yegül, F. K. *Baths and Bathing in Classical Antiquity*. Cambridge, MA: MIT Press, 1992.

머리치장

8.170. Boon, G. C. "*Tonsor humanus*: Razor and Toilet-knife in Antiquity." *Britannia* 22(1991): 21-32.

8.171. Gill, D. W. J. "The Importance of Roman Portraiture for Head-Coverings in 1 Corinthians 11:2-16." *TynBull* 41(1990): 245-260.

8.172. Mumcuoglu, K. Y., and J. Zias. "How the Ancients De-Loused Themselves." *BAR* 15, no. 6, (1989): 66-69.

8.173. Thompson, C. L. "Hairstyles, Head-coverings, and St. Paul: Portraits from Roman Corinth." *BiblArch* 51(1988): 99-115.

화장품

8.174. Dayagi-Mendeles, M. *Perfumes and Cosmetics in the Ancient World*. Jerusalem: Israel Museum, 1989.

8.175. Matthews, K. D. "Saffron and Swan's Grease." *Expedition* 5, no. 4, (1967): 11-17.

8.176. Will, E. L. "Women in Pompeii." *Archaeology* 32, no. 5, (1979): 34-43.

8.177. Wiltshire, D. C. S. "Roman Aids to Beauty." *HT* 29(1979): 332-335.

제9장

로마 세계에서의 시간, 거리, 여행

현대 세계에서는 나노세컨드(10억 분의 1초)와 밀리미터에서부터 밀레니엄(천년기)과 광년에 이르기까지, 연속되는 시간과 공간의 시작과 끝에 근거하여 정확히 시간과 거리를 측정한다.

아테네의 희극 시인이었던 아리스토파네스는 그의 희곡 『구름』(The Clouds)에서 벼룩이 얼마나 멀리 뛸 수 있는지를 측정하려고 한 지식인들을 놀림감으로 삼았다. 우리는 사람들이 그런 일을 알고 싶어 하는 이유에 대해 아리스토파네스가 대답해 준 것보다 더 나은 대답은 할 수 없다 하더라도, 정밀한 기구를 사용하여 벼룩이 뛴 거리와 또 그렇게 뛰는 데 걸린 시간을 잴 수 있

로마 외곽에 있는 아피아 가도.

다. 현대인은 달까지 갔다가 지구로 귀환하는 궤도도 그릴 수 있다. 그래서 우리는 '정오쯤에'라든가, 이웃 마을에 가는 데 '사흘 길이 걸렸다.'라는 표현에 만족하기란 어렵다.

신약 시대의 사람들은 하루의 시간에서부터 그들이 산 햇수 등 모든 것을 측정하는 데 있어서 이와 같이 부정확한 계산법을 사용했다. 일반적으로 그들은 자기네 동네 너머에 있는 마을이라든가 길을 따라 죽 가다 보면 나오는 이웃 마을이라든가 하는 모호한 거리 개념만을 가지고 있었다. 군인과 상인들은 거리에 대해 보다 실제적으로 생각했다고 하더라도, 그들도 하룻길 행군이나 하룻길 여행이라는 어림수로 묘사했다. 지중해 해안가에서 멀리 가면 갈수록 그들의 지식은 보다 더 개략적이 되었다.

주요 도로는 비아 아피아(Via Appia) 곧 아피아 가도처럼 도로명이 있었다. 하지만 마을의 도로와 거리는 다메섹의 직가(直街, 행 9:11)나 장사하는 사람들이 한곳에 모이는 곳(빵집 거리 또는 천막장이 거리 등)[1]과 같이 독특한 장소가 아니고는 거의 이름이 없었다.

한 희곡 작가는 그의 희곡에서 어떤 사람이 아테네에서 나그네에게 길을 안내하려고 애쓰는 장면을 묘사했다. 그 장면의 재미는 거리 이름이 없고 방향을 알 수 있는 유일한 수단인 지역 표시에 대해 그 나그네가 익숙하지 못한 데 있었다(9.1).

---

1) 같은 업에 종사하고 있었기 때문에 바울이 고린도에서 아굴라와 브리스길라를 만났을 것이다(행 18:1-3).

1. 시간

현대 서구인이 시간에 집착하게 된 것은 중세 수도원에서 비롯되었다. 수도원의 수도사들이 한밤중에 기도하기 위해서는 자기들을 깨울 수 있는 믿을 만한 장치가 필요했다(9.2). 이들의 이러한 필요에 대한 노력의 일환으로 회중시계를 비롯해 손목시계까지 발명하게 되었다. 이런 시계를 만든 사람들은 이 장치를 시간 측정기, 즉 크로노미터(chronometer)라고 부르기를 더 좋아했다. 이제 우리는 시간 단위를 무시하며 살 수 없으며, 학교에서나 직장에서나 심지어 영화나 TV 프로그램 등 오락에서까지 스케줄의 노예가 되다시피 했다.

고대인들은 우리처럼 시간의 지배를 받지 않았다. 그들에게 시간을 알고자 하는 마음까지 없었던 것은 아니었겠지만, 그들은 시간을 정확히 잴 도구를 발전시키지 않았다. 그들은, 세네카에 따르면 서로 시간이 맞은 적이 거의 없다고는 하지만(*Apocolocyntosis* 2), 정교한 물시계를 발명했고 심지어 손목에 차거나 목에 걸 수 있는 조그마한 해시계도 있었다(9.11). 하지만 고대 사람들은 자신들의 시간 준수는 대략적인 것에 지나지 않았음을 인정했다. 예를 들어, '이맘때쯤' 또는 '저맘때쯤'이 보통 시간을 표시하는 방법이었다. 이러한 무심한 제도 때문에 고대인들의 세계관이 우리의 세계관과 얼마나 근본적으로 차이가 있는지 알 수 있다(9.3).

하루를 계산하는 방식은 문화마다 달랐다(9.8). 대(大)플리니우스는 이 문제를 아래와 같이 요약했다(*Nat. Hist.* 2.89).

하루의 실제적인 기간은 사람들에 따라 달리 지켜졌다. 바벨론 사람들은 해가 뜬 때부터 다음 해가 뜰 때까지의 기간을 하루로 계산했고, 아테네 사람들은 해가 진 때부터 다음 해가 질 때까지의 기간을 하루로 계산했다. 움브리아 사람들은 정오부터 다음 정오까지를, 로마 제국 전역에 있는 보통 사람들은 새벽부터 캄캄해질 때까지를, 근무일을 정해 놓은 로마의 사제들과 당국자들 그리고 이집트인들은 자정부터 다음 자정까지를 하루로 생각했다.

그러므로 공식적으로는 헬라인과 유대인들이 해가 지고 난 후부터 다음 해가 질 때까지를 하루로 생각한 반면, 로마인들은 하루가 자정부터 시작된다고 생각했다. 하지만 모든 고대인들에게 하루는 일반적으로 동틀 때 시작되었다(9.5-7).

대부분의 사람들은 날수를 '10월의 열다섯 번째 날'과 같이 간단한 방법으로 표기했다. 하지만 로마인들은 '칼렌다이'(kalendae, 초하룻날), '노나이'(nonae, 초하룻날로부터 5일 혹은 7일. 3, 5, 7, 10월은 7일이며 다른 달은 5일), '이두스'(idus, 노나이로부터 8일째 되는 날)라는 세 개의 준거점에 근거한 번거로운 제도를 발명했다. 칼렌다이는 항상 매달의 첫째 날이었지만, 노나이와 이두스는 몇 월이냐에 따라 달랐다. 노나이는 대개 그 달의 다섯 번째 날에서 일곱 번째 날 즈음이고, 이두스는 열세 번째 날에서 열다섯 번째 날에 해당되었다. 날은 이 준거점의 다음 번 것에서부터 거꾸로 세었다. 가령 한 달의 이두스가 지난 어떤 날은 다음 달의 칼렌다이가 오기 전 며칠인지를 세었던 것이다(9.9).

시(時)

하루를 세분하는 법은 문화마다 다양했다. 헬라인과 유대인은 공식적인 '시'(hour)를 사용하지 않았지만, '닭 우는 때', '시장 여는 시간', '등불 켤 시간' 등 다양한 시간대에 수행하는 활동으로 하루의 부분을 묘사했다(9.12). 초기 유대인들에게는 시간을 재는 공식적인 체계가 갖춰져 있지 않았다는 사실은 다니엘서를 제외한 구약성경에 '시'에 해당하는 단어가 존재하지 않는다는 사실에서 살펴볼 수 있다. 다니엘서의 저작 시기에 대해 많은 학자들은 이 책

제2장에서 살펴본 것처럼 상당히 늦은, 유대인들이 헬레니즘의 강한 영향 아래 있었던 마카베오 시기(주전 164년경)로 본다.

헬라인들은 낮 전체를 열두 기간으로 나눈 시 개념을 발전시켰으나, 정작 시간 개념으로 그것을 널리 사용하게 된 것은 알렉산드로스 대제(주전 323년 사망) 이후였다. 이 제도에 따르면, 낮은 동일한 기간의 열두 시간으로 나누어졌다. 그러므로 시간은 고정된 가치를 지닌 것이 아니었고 계절에 따라 길이가 달라질 수 있었다. 12월에는 우리의 시간 개념으로 45분이던 것이 6월에는 75분이 되었다. '바람의 탑'이라는 시간을 재는 정교한 기계가 많은 사람들에게 시간을 알려 주기 위해 아테네에 건립되었다(9,10). 로마인들은 헬라인으로부터 이 제도를 도입해 왔다. 하지만 이것은 그리스에서 측정한 위도와 경도에 맞춰져 있었기 때문에, 로마에서는 정확하게 작동하지 않았다.

예수님이 "낮이 열두 시간이 아니냐"(요 11:9)라고 물으셨을 때 그분은 그리스-로마식 시간 계산법을 사용하신 것이다. 마태복음 20장 3-16절의 비유에서 예수님은 포도원 주인이 하루가 시작될 때 처음으로 일꾼들을 고용하기

아테네에 있는 바람의 탑.

시작하여 계속해서 제3시, 제6시, 제9시, 제11시에 일꾼들을 고용했다고 말씀하셨다. 이 시간은 현대의 시간 계산법으로는 얼추 오전 9시, 정오, 오후 3시, 오후 5시가 된다. 십자가에 못 박히실 때를 제외하고는 하루의 시간이 처음 세 복음서에 분명하게 언급되어 있지 않다. 예수님은 제3시에 십자가에 못 박히셨다. 그 후 제6시부터 제9시까지 어둠이 있었고, 그때 예수님이 운명하셨다(막 15:25, 33).

하지만 그리스의 도시인 에베소에서 기록되었고 다른 세 복음서보다 유대적 배경의 영향이 덜 반영된 요한복음에는 시간에 대한 언급이 몇 군데 있다. 요한복음 1장 39절에는 안드레가 예수님을 처음 만난 때가 "열 시쯤"이라고 되어 있다. 요즘 시간으로는 오후 4시이다. 요한복음 4장 6절에서 예수님은 "여섯 시쯤"에 우물가에서 여자를 만나셨는데, 이는 정오라 할 수 있다. "일곱 시"를 가리키는 언급이 요한복음 4장 52절에 등장하는데, 이는 오후 1시라 할 수 있다. 요한은 예수님이 십자가에 못 박히신 시간을 "제6시"(요 19:14)라고 언급했는데, 이때는 정오이며 어둠에 대한 언급은 없다.

제6시와 제9시가 고대 문헌에 자주 언급되는 것으로 보아, 이것은 저자가 어떤 일이 발생한 정확한 때를 알 수 없을 경우에 표현하는 방법인 것 같다는 생각이 든다. 이 시간은 정오 무렵이든지 한낮에 낮잠을 자고 난 후의 시간을 가리키는 표현이었을 것이다. 정확한 시간은 이야기의 의미에서 그렇게 중요하지는 않았다. 이런 의미에서 요한이 제7시와 제10시를 언급한 것은 대단히 독특하며, 이것은 이들 이야기가 역사적으로 정확하고 꾸며 낸 이야기가 아니라는 사실을 한층 더 분명하게 전해 준다. 또는 이 시간이 우리가 아직까지 파악하지 못한 어떤 상징적인 의미를 지니고 있을지도 모른다.

사도행전에도 낮과 밤 시간에 대한 언급이 많다. 베드로는 오순절에 술 취했다고 비난하는 사람들에게 불과 제3시(오전 9시)밖에 되지 않아 술 취하기에는 너무 이른 시간이라는 점을 지적함으로써 제자들을 변호했다(행 2:15).

사도행전 3장 1절은 베드로와 요한이 제9시 기도 시간에 성전에 가는 길이었다고 기록한다. 제9시는 사도행전 10장의 백부장 고넬료 이야기가 전개되는 시간대이다. 고넬료는 제9시에 기도하다가 환상 중에 천사를 보았다. 다음날 제6시경에 베드로도 환상을 보았다.

밤도 시간으로 나누어져 있었다. 하지만 이것이 구체적으로 언급된 곳을 찾기는 어렵다. 로마인들은 일반적으로 밤의 시간대를 세 시간씩 네 단위로 나누었다(막 6:48; 눅 12:38). 밤늦은 시간에 발생한 일은 단순히 '한밤중에' 일어났다고 묘사되었다. 바울과 실라는 한밤중에 옥에서 기도하고 있었는데, 그때 차꼬 채워진 것이 풀렸다(행 16:25). 한번은 바울이 한밤중이 될 때까지 설교했는데, 그때 불행한 일이 발생했다. 젊은 청년이 걸터앉은 창문에서 졸다가 떨어진 것이다(행 20:7-12). 구체적인 밤 시간을 언급하는 몇 안 되는 구절 중 하나가 사도행전 23장 23절에 등장한다. 예루살렘에서 바울을 체포한 호민관 글라우디오 루시아는 바울의 목숨을 노리는 사람들을 피해 밤 제3시에 총독 벨릭스에게로 바울을 보냈다.

신약 시대에 유대인들은 로마인들의 시간 계산법, 즉 새벽부터 낮을 계산하여 열두 시간으로 세는 관습을 따랐음을 알 수 있는 언급이 신약성경에 많이 있다. 하지만 그들도 역시 로마인들처럼 이런 계산법을 사용해서 정확하게 시간을 표현한 적은 거의 없었고, 단지 '저녁 무렵'이나 '이른 새벽에' 같은 모호한 용어를 사용했다.

주(週)

시간을 나누는 방법 중에서 우리에게 가장 익숙한 것 하나인 주(week)는 유대교를 넘어 고대인들의 사상 속에는 결여되어 있었던 시간 개념이었다. 현대인에게는 이것이 삶의 리듬을 결정하는 개념으로 자리 잡았다. 갈라디아서 4장 10절 "너희가 날과 달과 절기와 해를 삼가 지키니"를 살펴보면, 주에 대한 언급은 생략되어 있다. '날'과 '절기'는, 이 책 제5장에서 논의한 현상인, 몇몇 초대 그리스도인들이 점성학에 대해 느꼈던 매혹을 언급한 것일지도 모른다(9.30). 점성가들은 7일을 한 주기로 계산했다. 하루하루를 그날을 지배한다고 생각하는 천체 중 하나(해, 달 및 그 밖에 다섯 개의 행성들)의 이름을 따서 지었다. 하지만 유대인 이외에 고정된 일주일의 패턴대로 생활하는 사람들은 없었다.

그렇다고 해서 고대인들이 그들의 고된 일을 쉬는 일이 없었다는 말은 아니다. 이 책 제7장에서 살펴보았듯이, 정상적인 하루의 일과는 정오에 끝났다. 장날은 한 달에 몇 번 열렸다. 대략 매달 8일이나 9일과 속주의 행정 장관이 방문하는 날 혹은 그 밖에 종교 축제가 있는 날에 장이 들어섰다(9.15). 로마의 달력에는 공휴일이 150일이 있었다. 마을 또는 속주마다 그들 고유의 민간 축제일이나 종교 축제일이 있었다. 헬라인과 로마인 중 자유인들은 죽도록 일했던 것 같지는 않다. 일반적으로 노예들도 이런 공휴일에 쉬었다(9.13).

달(月)

달(month)은 달(Moon)의 변화에 의해 만들어졌다. 하지만 태음년(355/6일)은 태양년과 일치하지 않는다. 고대인들은 모두 태음년과 태양년의 차이에서 발생하는 여분의 달을 정기적으로 삽입해서 해결했다(9.21; 9.34). 유대의 종파 중에는 360일 달력(9.20) 또는 364일 달력(9.17–18)을 사용한 종파가 있었다. 모든 문화에서 제사장들이 하는 중요한 역할은 음력과 양력의 차이를 정확하게 기억해 두었다가 첨가해야 할 달이 언제라고 사람들에게 알리는 일이었다(9.22; 9.31). 문제는 이 과정이 정치적으로 교묘하게 조작될 가능성이 있었다는 점이다. 어떤 정치가가 권력 행사 기간을 연장하고 싶을 때, 여분의 달이 필요하다고 하면서 새로이 달을 '만들어' 낼 수가 있었다. 헬라인과 로마인 그리고 유대인들 각각은 달의 이름을 따서 자기들의 이름을 지었다(9.33).

계약서나 그 밖의 다른 공문서들에 종종 태양력이나 태음력에 따른 달 이름을 기록하기도 했다.

율리우스 카이사르는 (30일 혹은 31일이라는) 인위적인 기간을 매달에 고정시키고 4년마다 하루가 더 있는 윤년 제도를 도입함으로써 이러한 절차를 아주 간단하게 해결했다. 이 제도가 처음 도입되었을 때에는 보편적인 인기를 얻지 못했다(9.25). 그래도 그가 만든 율리우스력이 바로 1582년 교황 그레고리우스 13세(Gregorius XIII)에 의해 약간의 수정을 거쳐 지금까지 우리가 사용하는 달력인 것이다.

카이사르의 점성가들이 계산한 태양년은 365와 4분의 1일이었으나, 실제로는 11분 14초가 길기 때문에 새롭게 조정할 필요가 있었다. 좀 더 정확하게 하기 위해 100으로는 나누어지지만 400으로는 나눌 수 없는 해를 윤년으로 정해서(저자의 의도대로 번역하기는 했으나, 그레고리우스력의 정확한 윤년 규칙은 4로 나누어지는 해를 윤년으로 하되 거기서 100으로 나누어지는 해는 제외하고 400으로 나누어지는 해는 두는 것이다 - 편집자 주) 그해에 하루를 더 첨가하기로 했다. 이것은 대단한 것 같아 보이지는 않았지만, 16세기가 넘게 이런 식으로 하루를 더해 왔다(마치 복리 계산처럼). 그래서 1582년에는 달력에서 열흘을 빼야 했다.

가장 초기의 로마 시대에는 1년이 겨우 네 달밖에는 없었고, 한 주는 8일이었다(9.23). 달의 이름은 그 달에 행해지던 행사와 관련하여 지어졌다(9.24). 초기 공화정(주전 6세기) 때의 로마는 한 해를 3월(March) 곧 마르티우스(Martius) 달부터 시작했다. 그래서 9월(September)부터 12월(December)까지에 해당되는 달은 7부터 10을 의미하는 숫자를 달의 이름으로 사용했다. 그 당시 그 달들은 일곱 번째 달에서 열 번째 달에 해당되었기 때문이다.

주전 2세기 중반에 이르러서는 무슨 이유로 그랬는지는 알려져 있지 않지만, 로마인들은 한 해를 1월(January) 곧 이아누아리우스(Ianuarius) 달부터 시작하기로 결정했다(이 달은 동지 바로 다음 달이다). 하지만 로마인들은 달리 존경하는 사람의 이름으로 다시 이름을 짓지 않는 한, 이전에 사용하던 달의 이름을 그대로 사용했다(9.25-29). 퀸틸리스(Quintilis) 달은 율리우스 카이사르의 귀를 즐겁게 해주기 위해 이울리우스(Iulius, 영어로 July)라고 재명명되었다. 그러면 아우구스투스는 섹스틸리스(Sextilis) 달을 그의 이름을 따라 아우구스투스(Augustus, 영어로 August)로 바꾸어야 했다(9.19). 네로는 자기에게 경의를 표하게 하기 위해 4월(April) 곧 아프릴리스(Aprilis) 달을 재명명하려고 했고, 도미티아누스는 그가 도나우강 북쪽 부족들을 무찌르고 승리한 것을 기념하기 위해 9월(September) 곧 셉템베르(September) 달을 게르마니쿠스(Germanicus)라고 바꾸었다. 그러나 인기 없던 그 황제들이 죽자 이 바뀐 이름도 다시 원래대로 환원되었다. 시인 오비디우스는 달의 이름의 기원과 중요한 기념일의 유래에 관한 시 『달력』(*Fasti*)을 쓰기 시작했으나, 완성하지 못하고 죽고 말았다(9.24).

해(年)

햇수를 세려면 보통 혼란스러운 것이 아니었다. 로마인들은 언제 해가 시작되었는지 결정할 수 없었을 뿐만 아니라 해를 세기 위한 출발점도 없었다. (로마의 건국은 잊힌 과거에 발생한 거반 전설적인 사건이었다.) 그래서 그들은 마음 편하게 해를 세지 않았다. 그들은 매해를 그해의 두 명의 콘술의 이름을 따라 불렀고, 햇수를 세는 수고를 하지는 않았다. 문제는 모든 도시마다 그들 나름대로 해를 정하는 고유의 제도가 있었다는 점과, 이 제도 중에서 일치하는 것이 하나도 없었다는 점이다. 아테네 사람들은 자기들의 '아르콘'(archon, 고위 행정 장관) 중 한 사람의 이름을 따서 그들의 해에 붙였으나, 그들의 한 해는 7월에 시작했다(9.35-36).

고대에서는 왕들이 그들의 통치가 시작될 때부터 해를 세었다. 그러나 이것은 언제든지 왕이 등극할 때를 기점으로 해를 셈했다는 의미는 아니며, 셈하는 방법도 왕의 통치 영역마다 각기 달랐다(참조. 왕하 18:9-10). 이것 때문에 한 왕조에서 다른 왕조로 넘어가는 연대기를 연결하는 데 많은 혼란이 야기된다. 예를 들어, 주전 225년은 프톨레마이오스 3세(Ptolemaios III) 제21년이요 셀레우코스 3세(Seleucos III) 제2년이며, 아탈로스 1세(Attalos I) 제16년이었다. 이런 상황 아래서 계약 날짜를 기입하려고 쩔쩔매는 사업가를 한번 상상해 보라(9.37).

로마의 황제들은 1년에 한 번씩 치러지는 연례행사, 즉 원로원이 황제들의 권력을 재신임하는 일이 몇 번인지 세어 보는 중에 어느 정도 표준화 방안을 마련했다. 그러므로 누가가 티베리우스 제15년을 언급한 경우, 그는 적어도 티베리우스 황제가 권좌에 얼마나 오래 있었는지 알고 있었던 것이다. 하지만 티베리우스 이전 또는 이후의 황제들은 얼마나 오랫동안 통치했는지 언급하지 않았다.

이런 체계가 얼마나 귀찮고 번거로운 것인지 예를 들어 보겠다. 로마식 햇수 계산에 따라 (바울이 네로 재위 제10년인 주후 64년에 처형되었다는 가정 아래) 예수님의 사역 초기부터 바울의 순교 때까지 몇 년이 지났는지 생각해 보자. 예수님은 티베리우스 재위 제15년에 그분의 사역을 시작하셨다. 우리는 티베리우스가 얼마나 더 통치했는지 알아야 하며(8년), 칼리굴라의 재위 기간(4년)과 클라우디우스의 재위 기간(13년)을 알아야 한다. (이 숫자들은 통치 기간에서 남는 달들을 고려하지 않았다.) 이 숫자들을 전부 더한 후에 바울 처형 당시까지의 네로의 통치 기간이라고 제시된 10년을 더 더하면, 우리가 알고자 하는 답을 얻을 수 있다. 이를 현대식으로 표현해 보자. 어떤 사람이 프랭클린 루스벨트(Franklin Roosevelt)가 미국 대통령직에 오른 지 8년째 되던 해에 태어났다고 할 때, 이 사람의 나이를 어떻게 계산하겠는가? 우리는 루스벨트 대통령이 몇 년 동안 그 직에 있었는지, 또 그 이후부터 지금까지의 역대 대통령의 이름과 임기를 알아야 한다.

이제 우리는 왜 1세기의 사람들이 예수님이 죽으신 이후부터 바울이 죽음을 당할 때까지를 "30년 혹은 35년쯤"이라고 말하는 것으로 만족하고 그 이상은 신경 쓰지 않았는지 그 이유를 알 수 있다. 우리에게 그렇게 문제가 되는 연대의 정확성이 1세기 사람들에게는 그다지 문제가 되지 않았다. 그들도 정확하게 표기하려고만 했다면 할 수 있었을 것이다.

생일

자기 나이를 공개하고 싶지 않은 사람이 있다면 고대 세계에 사는 것이 더 편했을 것이다. 사람들이 자기의 나이를 계속 세었는지 아닌지는 본인에게 달려 있었다. 자기의 생일을 기록해 둔 사람들도 있었다.

2세기와 그 이후의 것으로 알려진 비석들이 출토되었는데, 그 비석들에는 죽은 사람의 나이가 기록되어 있었고, 종종 월일까지 나와 있기도 했다.

> 18년 9개월 5일을 살다 간 가장 아름다운 소녀,
> 블란디니아 마르티올라를 영원히 추모하며.

> 마르쿠스의 해방 노예인 마르쿠스 보두시우스 크레스켄스가
> 그의 아들 페트로니우스 보쿠시아누스를 위해……이것을 세우다.
> 그의 나이 18세 3개월 18일에.

하지만 나이가 많고 적음을 막론하고 날짜가 모호한 것도 있다.

> 대략 17년 정도 살다 간
> 나의 사랑스러운 아내 아우렐리아 베르켈라에게.

> 대략 68년 정도 살았던……
> 루키우스 스타티우스 오네시무스.

사람들은 기억할 만한 사건을 그들 나이와 연결함으로써 자기의 나이를 계산하곤 했다(7.56). 소(小)플리니우스는 베수비오 화산이 폭발했을 때 그가 17세였다고 기억한다(Ep. 6.16). 하지만 백성들의 기억에서 특히 인상적인 사건이 홍수나 세상을 놀라게 할 만한 범죄처럼 지역적인 중요성을 지니는 것도 있었다. 한 개인이 자기의 나이를 꼬박꼬박 기록해 두었다면 그것이 정확함을 확신할 수 있었다. 자기가 자기 나이를 기록하지 않으면 그렇게 해줄 사람이 아무도 없었을 것이다. 로마 제국 변방에 살았던 사람이나 죽은 지 오래된 사람의 정확한 나이를 정하는 일은 거의 불가능했다. 누가는 최선을 다해서 예수님이 사역을 시작하실 때의 나이가 30세쯤 되었다고 말한다(눅 3:23). 이 말의 의미를 이 이상 캐려고 애쓰지 않는 것이 좋다.

예수님의 탄생 시기

이 책 제5장에서 우리는 초대 교회가 예수님이 탄생하신 달과 날에 대한 믿을 만한 정보를 갖고 있지 않았음을 보았다. 마태와 누가는 예수님이 탄생하신 해에 대한 정보만을 제시한다. 누가는 예수님의 탄생을 "구레뇨가 수리아 총독이 되었을 때"(눅 2:2) 진행된 아우구스투스의 호구 조사와 연결한다. 이것은 세금 징수가 아니라 인구 조사였을 것이다. 하지만 새로운 조세 제도가 인구 조사에 뒤따라 정립되고 이로 인해 주후 6-7년에 갈릴리 사람 유다가 주도한 혁명이 발생했던 것은 사실이다(행 5:37).

우리는 이 인구 조사의 시기와 관련한 문제들을 이미 논의했다(이 책 제3장을 보라). 아우구스투스의 통치를 다룬 『실록』(Res Gestae) 제8항은 그가 몇 차례에 걸쳐 인구 조사를 했다고 전해 준다. 하지만 예수님의 탄생 시기와 가장 가까운 때에 행한 인구 조사는 주전 8년에 시작되었고, 그다음 인구 조사는 주후 14년에 실시되었다. 주전 8년의 인구 조사는 갈릴리는 제외하고 유대 지방에서만 실시되었다. 로마인들이 유대 지방을 속주로 편입하려는 목적으로 인구 조사를 명령했던 것이다. 로마인들은 인구 조사 완료 시기를 대개 5년 정도로 예상했다. 그래서 예수님은 이 인구 조사가 진행되고 있는 중에 태어나셨을 수 있다. 하지만 여전히 구레뇨의 총독직 수행의 문제가 있다.

마태복음 2장 1절과 누가복음 1장 5절 모두 예수님의 탄생일을 '유대 왕 헤롯 때'로 잡고 있다. 이 언급은 당대의 독자들에게는 충분한 정보였지만, 헤롯이 주전 37년부터 4년까지 통치했기 때문에 이 언급만으로는 오히려 현대 독자들은 감질난다. 30여 년이라는 헤롯 재위 기간 중 정확히 언제 예수님이 태어나셨는가? 헤롯이 주전 4년 이후에 죽었다고 주장하는 사람들도 있지만 이 주장의 근거는 빈약하다(9.40).

여기에 중대한 연대기적 문제가 있는 것 같다. 하지만 누가가 예수님이 30세쯤 그의 사역을 시작하셨다고 말한 사실을 기억한다면, 연대기적인 문제는 전혀 문제 되지 않는다. 헬라인과 로마인들이 대략적으로 말하듯이, 숫자를 어림잡아 말하고 다루는 사람들에게 있어 34세나 35세는 모두 30세쯤에 해당한다.

마태복음 1장에 있는 다른 정보에 근거해서 날짜를 좁힐 수 있다. 마태는 "바벨론으로 사로잡혀 간 후부터 그리스도까지" 14대가 살았다고 주장한다(마 1:17). 헤로도토스는 "인간의 3대가 100년이라"고 말했지만(2.142), 유대의 상황에서 1세대는 일반적으로 40년 정도로 간주된다. 그렇다면 마태는 예루살렘의 멸망부터 예수님의 탄생 때까지의 기간을 거의 560년으로 계산한 것 같다. 예루살렘이 주전 586년에 멸망했으므로, 예수님의 탄생일은 주전 26년이 되는 셈이다.

하지만 마태는 각 세대마다 '대략' 40년이라는 것과 '거의' 560년이라는 점을 강조했을 것이다. 연대는 쉽게 수년을 더 줄일 수 있다. 무엇이든지 정확한 것만을 믿는 현대 독자들은 정확하지 않은 날짜 또는 연대로는 만족하지 않을지 모르지만, 마태의 독자들에게는 이 정도의 언급만으로도 충분했다.

명심해야 할 사실은, 고대의 비과학적인 본문들을 우리식의 정확한 표준으로 기록하기를 기대해서는 안 된다는 것이다.

알렉산드리아의 클레멘스는 연대기의 문제를 논의하고는, 황제들의 재위 기간에 관해 그가 얻은 자료와 그리스도의 탄생 후 경과된 시간을 제시했다 (Stromata 1.21). 클레멘스의 추측에 따르면, 예수님은 "아우구스투스 황제 재위 28년"에 태어나셨다. 현대 학자들은 아우구스투스의 통치가 그가 황제로서의 권력을 이양받은 주전 27년에 시작되었다고 생각한다. 하지만 클레멘스는 통치의 햇수를 악티움 해전이 벌어진 때인 주전 31년부터 계산하기 시작했던 것 같다. 이럴 경우, 예수님의 탄생은 주전 3년이 된다. 클레멘스는 자료마다 황제들의 통치 기간을 계산하고 제시하는 방법이 다르다는 사실을 인정한다.

보다 자세한 날짜를 알 수 있는 또 다른 단서는 헤롯이 무죄한 영아들을 살해한 이야기에서 찾을 수 있다. 헤롯 대왕은 또 다른 유대인의 왕이라는 아이를 없애기 위해 베들레헴에 있는 두 살 이하의 아이를 모두 죽이라는 명령을 내렸다(9.42). 분명하게 언급되지는 않았지만, 복음서 기사(마 2:16-20)에 비춰 볼 때 이 영아 살해는 헤롯이 죽기 직전에 발생한 것 같다. 헤롯이 주전 4년 초에 죽었으므로, 그가 두 살 이하의 아이를 찾고 있었다면 예수님은 주전 6년 경에 탄생하신 것이 된다.

주전 8-7년을 주장하는 학자도 있고(9.45), 주전 3-2년을 주장하는 학자도 있다(9.43). 로마의 카타콤 천장에 그려진 별자리 그림으로 보이는 것을 근거로, 그리스도가 주전 5년 3월 24-25일에 탄생했다고 주장하는 학자도 있다 (9.39). 1606년 요하네스 케플러(Johannes Kepler)는 (왕의 별인) 목성과 (안식일의 별 혹은 유대인의 별인) 토성이 드물게 만난 때인 주전 7-6년에 예수님이 탄생하셨다고 계산한다. 마태복음 2장 2절의 별을 신성(新星) 혹은 혜성과 동일시하려는 학자도 있다.

헤롯이 영아를 살해한 사건을 다룬 이야기를 증거로 사용할 때 주요 난제가 발생하는데, 그것은 다른 자료, 심지어 신약의 다른 부분에서도 언급된 부분이 없다는 것이다. 이렇게 다른 자료에는 언급되어 있지 않은 이유가 무엇인지 납득할 수 있는 근거는 있다. 즉 베들레헴은 조그마한 마을이었고, 당시의 영아 사망률은 매우 높았다는 점이다. 살해 대상이 남자아이에 국한되었기 때문에, 살해자는 몇 명 안 되는 아이들만 찾으면 되었을 것이다. 이런 이유로 이 사건은 요세푸스와 다른 역사가들에게 특히 헤롯이 자기 가계 사람들을 죽인 것과 비교해서, 주목받지 못했던 것으로 생각된다. 역사가들은 괜히 언급했다가 문제만 일으키게 될 내용, 즉 캐묻기 좋아하는 로마 독자들이 알고 싶어 할지도 모르는 내용(이 유대 왕이 무슨 짓을 했을까?)을 공연히 언급함으로써 긁어 부스럼을 만들지 않는 편이 현명하다고 판단했을 것이다. 우리가 알기로 헤롯 아그립바 2세의 충복이었던 요세푸스는 그의 유대 역사서에서 이런 미묘한 문제를 회피하려고 했다(9.41).

왜 마태 혼자만 이 사건을 기록했는지는 모르겠지만, 이 이야기가 마태복음에서만 발견된다는 이유로 무시해서는 안 된다. 고대의 다른 사건들도 저자 한 사람에 의해, 또 오직 하나의 비문에 기록되었다고 해도 역사적인 신빙성이 있는 것으로 받아들여진다. 우리가 가지고 있는 자료들은 수적으로 제한되어 있으며, 그 자료들은 정보를 기록하는 데 있어서 선별적이고 비과학적인 접근을 하고 있다. 그러므로 우리는 사해 사본에서 나온 단서(9.38)라고 해서 모든 내용을 너무 성급하게 받아들이거나, 점성학에서 나온 단편적인 자료(9.44)라고 해서 무조건 거부해 버려서는 안 될 것이다.

주전/주후

이러한 혼동과 정확성의 결여를 생각한다면, 고대 문헌에 관심 있는 사람들이 종종 어떤 사건이나 연도를 놓치지 않고 추적하는 일을 어려워한다고 해서 놀랄 필요는 없다. 심지어 그리스도의 탄생을 우리의 준거점으로 사용함으로써 문제는 한층 더 복잡하게 되었다.

한번은 내 역사학 과목을 듣던 학생이 매우 심각한 표정으로 내게 이렇게 물어 왔다. "예수님이 태어나기 전에는 사람들이 어떻게 연대를 거꾸로 계산해서 바른 연대에 도달할 수 있었습니까?" 나의 첫 반응은 불신이었다. 대학생 신분으로서 정말로 날짜 계산하는 법을 모른단 말인가? 참으로 애석한 말이지만, 그 이후에도 나는 이와 비슷한 학생을 많이 만났다. 그래서 간단하게나마 주전(BC) 및 주후(AD)를 설명하고, 그리스와 로마의 연대와 기독교의 연대를 어떻게 연결할 것인지에 대해 살펴보도록 하겠다.

현재 우리가 사용하는 연대 계산법은 6세기 중반 로마에 살았던 한 수도사인 디오니시우스 엑시구스(Dionysius Exiguus)가 만들었다. 예수님이 사역을 시작하실 때가 티베리우스 황제 재위 15년째인 30세쯤이라는 누가복음에 근거하여, 그는 그해를 서른 번째 '주의 해'(라틴어로 Anno Domini, 즉 AD)로 명명하기로 결정했다.

그는 계속해서 그의 시대에까지 이르는 사건들의 연대를 구성했다. 그의 문제는 로마 숫자의 계산이 어렵다는 사실과 0이라는 숫자가 없다는 사실 때문에 복잡해졌다(9.46-47; 9.49-50; 이 책 1장을 보라). 그래서 예수님은 디오니시우스의 계산법에 의해 '첫 번째 주의 해'인 AD 1년에 탄생하신 것으로 생각되었다. 기록상의 사소한 부정확성은 그가 개발한 방법이 실제로 4년에서 6년 정도의 착오(생략)가 있음을 의미했다(9.51; 9.53).

이미 이 문제는 어떤 한 나라나 도시의 연도 계산을 다른 나라나 도시의 계산법과 연결할 때에도 발생함을 살펴보았다. 두 나라가 서로 전쟁할 경우, 두 나라는 각기 자기 나라의 역사에 그 사건을 기록할 것이다. 이렇게 서로 다른 역사 기록으로 인해, 이후 역사가들은 서로 다른 연대 표기법을 고찰하여 여러 사건들을 서로 연결하게 된다(9.52). 4세기에는 에우세비우스와 히에로니무스와 같은 기독교 작가들이 몇 가지 복잡 미묘한 연대기 문제를 해결하면서, 구약의 여러 사건들과 그리스-로마의 역사를 서로 연결했다.

요즘 출간되는 학적인 문서에는 BC/AD와 같이 기독교적인 함의가 담겨 있는 연대 표현을 피함으로써, 연대 표기의 문제에 또 다른 방법을 첨가한 것들이 있다. BCE/CE와 같은 명칭이 널리 사용되고 있는데, 이는 각각 '통상적인 시대 이전'(Before the Common Era)과 '통상적인 시대'(Common Era)를 의미한다. 통상적인 시대는 그리스도의 탄생 이후의 기간이다. 이런 명칭을 사용하는 이유는 그리스도인이 아닌 사람들의 마음에 거슬리지 않게 하려는 데 있다(9.48). 물론, 이러한 명칭을 사용한다고 해서 날짜가 바뀐다고 생각하지는 않는다. BC 480년은 BCE 480년이기도 하고, CE 79년은 AD 79년이기도 하다.

2. 거리

고대의 문화마다, 실제적으로는 고대의 도시마다 나름대로 시간을 계산하는 방법이 있었을 뿐만 아니라, 무게나 부피, 화폐 또는 거리를 재는 도량형 체계가 있었다. 무게와 부피는 신약 연구에서 특별히 중요하지는 않으며, 로마의 동전은 지중해 세계 전역에서 표준적인 교환 수단이 되었다(예외가 있다면, 예루살렘 성전에서는 로마의 동전이 사용되지 않았고 상당한 웃돈을 주고 교환한 화폐를 사용해야 했다. 알다시피 성전세로 바치는 동전은 황제의 상이 그려져 있지 않은 것이어야 했다). 하지만 거리 계산법을 이해하는 일은 신약 세계에서 여행이라는 중요한 주제의 서론이 될 수 있다.

가장 가까운 거리는 신체의 일부분과 비교해서 측정했다. 발보다 작은 것은 손가락 마디와 마디 사이의 길이로 쟀다. 발 길이(foot)는 측량의 기본 단위였다. 하지만 발 길이는 로마의 296밀리미터(11인치)로부터 올림피아의 320밀리미터와 갈리아의 330밀리미터까지 다양했다. 아테네 사람들은 295밀리미터와 326밀리미터 두 개의 발 길이 측정법을 사용했다. 현재 로마 피트(Roman foot)라는 도량형에 대한 시각적인 증거는 이탈리아의 언덕과 해안선 사이에 나 있는 아피아 가도에서 찾아볼 수 있다. 기술자들은 절벽을 126피트나 깎아 내어 노반(路盤)을 다졌고, 1피트 곧 발 하나 길이마다 표시를 했다.

중동에서 가장 보편적으로 사용하던 단위는 팔꿈치에서 가운뎃손가락까지의 길이인 규빗이었다. 규빗은 로마 시대에도 계속 사용되었고(마 6:27), 이것을 표준화하려고 갖은 노력을 다 기울여 봤지만 실패했다(9.58).

이보다 더 긴 거리는 임의로 표기했다. 경기장에서 헬라인들은 육상 트랙의 길이인 스타디온(stadion)을 사용했다. 스타디온은 600피트로 정의되었지만, 발 길이가 장소에 따라 다양했기 때문에 스타디온의 길이도 달랐다. 로마인들은 표준으로 밀리아 파수스(milia passus, 1,000걸음)를 사용했기 때문에, 더더욱 정확한 것과는 거리가 멀었다. 한 걸음은 통상적으로 다섯 발 길이(5피트)로 간주했기 때문에, 로마의 1마일은 현재의 1마일보다 300피트 정도 짧았다. 헬라인과 로마인 모두 도시와 도시 사이의 거리를 표기할 때 전문적인 거리 측정사를 고용했기 때문에, 그들은 대략적인 정확성은 유지할 수 있었다(9.54).

로마의 도로에는 거리를 표시하는 이정표가 세워졌다. 이정표는 도로 이름, 도로를 놓거나 증설한 공직자의 이름과 직위, 그리고 그 도로로 연결된 두 도시 사이의 거리가 표기된 큰 돌기둥이었다. 이 이정표는 보통 5피트에서 6피트 높이의 돌로 만들어졌다. 이정표를 만들고 세우는 일은 실업자들에게 일할 기회를 제공하였고, 현 정권을 선전하기 위한 수단이 되기도 했다(9.56-57).

긴 거리를 표시하는 가장 일반적인 단위는 '하룻길 여행'이었다. 고대에 가장 최적의 환경에서 도보로 하루 동안 여행할 수 있는 거리는, 현대의 도량형으로 환산해 약 20마일(32킬로미터)이었다. 하지만 환경은 항상 좋을 수만은 없었고, 걸어서만 여행하지도 않았다. 로마 제국의 급사(急使)들은 하루에 50마일(80킬로미터)을 갈 수 있었다(9.55). 소가 끄는 수레에는 일곱 내지 여덟 명 정도밖에는 타지 못했다(9.59).

마리아와 요셉이 어떤 수단으로 여행했는지 우리로서는 알 길이 없기 때문에, 그들이 예루살렘을 떠나 "하룻길을 간 후" 예수님이 그들과 함께 있지 않은 사실을 알았다는 누가복음 2장 44절을 읽을 때, 우리는 이들이 얼마나 멀리 가 있었는지 확신할 수 없다. 마리아와 요셉은 예수님이 그들과 함께 여행하는 가족과 친구들 사이에 끼어 있다고 생각했다. 이것은 카라반을 암시하기도 하지만, 수레 여행이 보다 확실한 듯하다. 여기서 기억해 두어야 할 사항은, 카라반이나 수레 여행은 여러 명이 함께 여행했기 때문에 안전한, 고대의 가장 중요한 여행 수단 중 하나였다는 점이다.

로마 아피아 가도의 첫 번째 이정표.

하룻길 여행 개념은 거의 근동의 문명만큼 오래되었다. 창세기 30장 36절과 출애굽기 3장 18절에서 우리는 "사흘 길"이란 표현을 볼 수 있다. 안식일 규정 때문에 유대인들은 이 단위의 변형된 형태에 대해 소개하는데, 이는 "안식일에 가기 알맞은"(행 1:12) 거리로서 반 마일(800미터)을 넘지 않는 거리이다.

3. 여행

헬라인과 로마인들은 현대인과 똑같은 이유로 여행했다(9.63). 그들은 지중해 전 항구를 돌아다니며 사업했으며, 사업 규모를 점차 인도와 중국에까지 확장했다(9.64-67). 정부의 일 때문에 수많은 사람들이 계속 이동하기도 했다. 부자들은 수행원을 동반해 가면서 1년에 수차례 이곳저곳에 흩어져 있는 그들의 별장으로 옮겨 다녔다. 계층의 구분 없이 거의 모든 사람이 치료의 신인 아스클레피오스의 신전과 같은 여러 신전과 온천을 찾았으며, 올림픽 경기와 같은 유명한 제전에 참가했다. 로마의 의사들은 바다 여행이 몸에 좋다고 주장했다. 로마인들은 이런 이유로 여행하는 것 외에도 순전히 관광 차원의 도로 여행을 즐겼다. 티베리우스의 조카 게르마니쿠스는 현대의 여느 관광객처럼 이집트 이곳저곳을 기웃거리며 다녔다(Tacitus, *Ann.* 2.61). 세네카는 "목적 없이 여행하는 불건전한 여행자들의 들떠 있는 마음"을 한탄했다(*On Peace of Mind* 2.13).

신약성경에 기록된 여행에 대해 생각한다면 즉각 바울의 여행을 떠올릴 것이다(9.60-62). 바울은 육로와 해로를 이용한 여행을 병행했으며, 이로 인해 많은 어려움을 겪었다. 마리아와 요셉도 여행했다. 먼저는 (누가복음에 기록된 대로)

현대의 카라반.

나사렛에서 베들레헴으로 여행했고, 다음은 (마태복음에 기록된 대로) 이집트로 그리고 다시 고향으로 여행했다. 동방 박사들은 예수님을 뵙기 위해 긴 여행을 했다. 예수님 자신도 유대와 갈릴리 전역을 여행하셨다. 예수님은 제자들에게도 짝을 지어 유대 이곳저곳을 다니라고 하셨고, 승천하시면서 "땅 끝까지 이르러" 그분의 증인이 되라고 명하셨다(행 1:8). 이 사람들의 여행은 어떠했을까?

육상 여행

고대에 가장 자연스러웠지만 이 때문에 가장 안락하지 못했던 여행의 형태는 육로를 이용한 여행이었다. 육상 여행은 상당히 많은 시간이 걸렸으므로, 이 때문에 발생하는 위험은 가볍게 무시하고 지나갈 수 있는 것이 아니었다. 예수님이 여행 중에 강도 만난 사람의 이야기를 하셨을 때(눅 10:30-35), 이야기를 듣고 있던 사람들은 그분이 말씀하시는 내용에 전적으로 공감할 수 있었다. 바울도 잦은 여행으로 겪게 된 여러 위험들을 거침없이 말하곤 했다. "여러 번 여행하면서 강의 위험과 강도의 위험과 동족의 위험과 이방인의 위험과 시내의 위험과 광야의 위험과 바다의 위험과 거짓 형제 중의 위험을 당하고 또 수고하며 애쓰고 여러 번 자지 못하고 주리며 목마르고 여러 번 굶고 춥고 헐벗었노라"(고후 11:26-27). 심지어 이탈리아에서는 어떤 부자 로마인이 여행 중에 실종되기도 했다(Pliny, *Ep.* 6.25).

이러한 취약점이 있었지만, 그래도 주후 1세기의 육상 여행은 인류 역사 그 어느 때보다도 훨씬 안전하고 편한 여행이었다. 육상 여행의 불편한 점은 19세기 중반에 철도가 도입되면서 훨씬 나아졌다. 네로 시대에는 런던에서 로마까지 가는 데 28일이 걸렸으나, 심각한 문제는 거의 발생하지 않았던 것 같다. 1832년 빅토리아(Victoria) 여왕 재위 초에는 동일한 조건으로 여행하는 데 동일한 시간이 걸리면서도 몇 군데 국경을 통과하느라 어려움이 많았다.

로마의 도로

로마인들은 그들의 영토에 경찰력을 강화하여 주요 도로에 출몰하는 노상 강도들을 완전히 제거할 수는 없었지만 상당히 감소시켰다. 또한 스코틀랜드에서 아라비아까지, 모로코에서 흑해까지 이르는 훌륭한 도로를 건설함으로써 비교적 편안한 여행이 되게 했다(9.69). 로마의 도로망은 제2차 세계 대전 후 주간(州間) 간선 도로가 발전되기 전까지는 견줄 만한 것이 없었던 거의 독보적인 존재였다.

어떤 면에서, 프랭클린 루스벨트 대통령이 미국의 주간 간선 도로망을 건설하기 시작했던 것과 같은 이유로 로마인들은 도로를 건설하기 시작했다. 즉 이것은 군대를 로마 제국의 한 장소에서 다른 장소로 재빨리 이동시켜야 할 필요가 있었기 때문이다. 이런 이유로 로마의 도로는 가급적이면 직선으로 뻗게 했고, 때로는 강을 건널 수 있는 다리와 산을 통과하는 터널 공사도 했다. 그들이 만든 도로는 "유용할 뿐만 아니라 단아하면서도 아름다웠다" (Plutarch, *Life of G. Gracchus* 7). 민간인들도 도로를 사용할 수 있었지만 군인과 정부에서 일하는 사람이 항상 우선이었다. 엄청난 규모의 군대 파견단이 통과하는 경우에는 도로가 수시간씩, 심지어 며칠씩 정체되어 민간인은 이용할 수 없게 되는 일도 발생했다.

로마의 도로와 다리는 튼튼하고 구조상 잘 갖춰져 있어서 오늘날에도 유럽 전역에 그 흔적이 남아 있으며, 현재까지 지방 도로로 사용되는 경우도 있다. 로마인들은 대체적으로 땅을 파고 그 속에 자갈을 부어 기초 공사를 한 후에 도로를 놓았다. 특히 교통량이 많은 지역에는 먼저 큰 돌들을 깔고 자갈을 부은 다음 도로를 놓기도 했다. 통행량이 적은 도로에서는 표면이 자갈이나 진흙으로 되어 있는 곳도 있었다. 도로는 빗물이 잘 빠지도록 하기 위해 항상 양편보다 가운데 부분이 약간 높았으며, 도로 양쪽 끝으로 배수로와 연석(緣石)을 놓아 줄을 맞추었다.

시리아에 있는 고대 로마의 포장도로.

주전 122년에 가이우스 그라쿠스(Gaius Gracchus)는 사람들이 다른 사람의 도움 없이도 말에 올라탈 수 있게 하기 위해 도로 중간중간에 돌을 쌓아 놓기 시작했다. 이것이 필요했던 이유는, 800년 이전에는 유럽에 등자가 소개되지 않았기 때문이다(9.68). 플루타르코스는 말이 무릎을 꿇을 수 있게 훈련시키는 사람들을 언급했다. 그들은 "허약하거나 게을러 말 등에 제대로 올라탈 수 없는 경우에" 그렇게 했다(*On Marriage* 8).

도시 근교에는 주요 도로를 따라 보행자들이 다닐 수 있도록 인도가 마련되었으나, 시골에서는 사람들이 마차가 다니는 도로를 함께 사용했다. 그래서 마차가 사람을 치는 사고가 빈번하게 발생했다. 몇몇 로마인들은 고삐를 잡게 되면 분명 광적으로 열중했다. 네로의 생부였던 그나이우스 도미티우스 아헤노바르부스(Gnaeus Domitius Ahenobarbus)의 말이 한번은 길에서 어린아이를 친 적도 있었다(Suetonius, *Nero* 5).

주요 관통 도로망 이외에 로마인들은 자갈이나 진흙으로 덮힌 보조 도로도 건설했다. 이들 도로는 통상 지방 정부에서 보수 관리를 했기 때문에 주요 도로만큼 훌륭하지는 않았지만, 작은 마을 사이의 여행을 빠르게 했다. 플리니우스가 로마 외곽에 있는 그의 별장 중 한 곳으로 여행한 이야기를 보면, 이런 도로가 얼마나 유용했는지를 알 수 있다(*Ep.* 2.17).

그곳은 로마에서 17마일(27킬로미터) 떨어진 곳에 있다. 그래서 하루 일과를 줄이거나 서둘러 일을 끝내지 않더라도, 필요한 업무가 끝난 후에는 하룻밤을 그곳에서 지낼 수 있다. 그곳으로 가는 길은 여러 개가 있다. 라우렌툼으로 가는 길과 오스티아로 가는 길도 그 방향이다. 하지만 라우렌툼으로 가는 길은 열네 번째 이정표에서 떠나야 하고, 오스티아로 가는 길은 열한 번째 이정표에서 떠나야 한다. 어느 길을 택해서 가든 갓길은 상당한 거리가 모랫길이라서 더디고 이동하기도 힘들다. 하지만 말을 타고 가면 편안하고 쉽게 갈 수 있다. 길 양옆으로 펼쳐진 정경은 볼거리가 많다. 길이 숲을 관통할 때에는 좁아졌다가 광활한 목초지를 지날 때에는 넓고 탁 트였다.

하루 일과가 정오 이전에 끝났음을 기억하자. 플리니우스는 여행할 시간적 여유가 있었으며, 저녁 식사 시간 이전에 충분히 도착할 수 있었다. 그가 도로의 폭에 관해 논평한 것은 특히 흥미롭다.

로마의 도로는 폭이 최소한 8피트(2.4미터)였다. 예외가 있다면, 산기슭에 도로를 건설해야 하는 경우로서, 부득이 도로 폭을 한 차로 정도로 좁혀 5 내지 6피트(1.5 내지 1.8미터)로 만들었다. 이럴 경우에는 중간중간에 반대편에서 오는 통행자가 지나갈 수 있도록 하기 위해, 잠깐 정거할 수 있는 지역을 도로 옆에 만들었다. 평평한 땅에서는 10 내지 12피트(3 내지 3.6미터) 폭의 도로가 일반적이었고, 대도시로 진입하는 도로는 30 내지 40피트(9 내지 12미터)로 넓어졌다.

지도

요셉과 마리아가 이집트로 가기 위해 도로 안내 지도를 구입했을 것 같지는 않다. 그런데 사실, 교육을 잘 받은 고대인들이라면 누구나 그들이 살고 있는 세계가 어떻게 생겼는지 잘 알고 있었다(9.70; 9.74). 피타고라스 시대(주전 540년) 이래로 지구가 둥글다는 생각은 꽤 보편적이었다. 주전 200년에는 알렉산드리아의 에라토스테네스(Eratosthenes)가 지구의 둘레를 계산했는데, 현대의 계산과 몇 백 마일밖에는 차이가 나지 않았다. 뿐만 아니라 그는 경도와 위도를 이용해서 지구를 지도로 나타내는 체계를 고안했다.

키케로는 지구에 대한 로마인의 관점을 가장 분명하게 묘사한 사람 중 하나다(On the Nature of the Gods 2.116). 오비디우스도 신이 지구를 공 모양으로 만들었다고 설명했다(Metamorphoses 1.32-37). 로마인들은 지구를 그들의 동전에 공으로 묘사했다. 지리학자 클라우디오스 프톨레마이오스(Claudios Ptolemaios)는 평면과 구면에 각각 지도를 만드는 지침을 제시했다(p. 475 박스의 '세계 지도 만들기'를 보라). 그가 언급했던 평면에 그릴 경우 발생하는 축척의 왜곡 문제는 오늘날의 지도학자에게도 여전히 문제가 된다. 네덜란드의 지리학자 메르카토르(Gerardus Mercator)가 창안한 지도 투영법인 메르카토르 도법(지구 표면을 평면의 직사각형으로 나타내는 정각 도법이다-편집자 주)에 따르면, 그린란드는 실제 크기보다 16배나 크게 나타난다.

세계 지도 만들기

둥근 물체 위에 지도를 그리면 겉으로 보기에는 지구의 모양과 같다. 하지만 모든 내용을 자세하게 기록할 수 있을 만큼 큰 지구 모형을 만드는 것은 여간 어려운 일이 아니다. 더욱이 한 번에 모든 것을 볼 수 있게 하는 것은 거의 불가능하다. 평면에 지도를 만들면 이 불편한 것들이 극복된다. 그렇지만 실제의 거리에 비례하여 평면에 거리를 표시하기 위해서는 구형에 상응하는 조절이 필요하다.

어느 정도 크기의 구형을 만들지는 지도의 제작자가 그 모형에 얼마나 자세하게 내용을 표기하느냐에 따라 달라진다. 이것은 그의 기술에 속한 문제이며, 크기가 커질수록 거기에 기록되는 내용의 양과 지도의 정확도도 커질 것이다(Ptolemy, *Geography* 1.20-22).

고대의 여행자는 여행을 떠나기에 앞서 지도를 구입했다. 마을과 마을 사이의 거리를 알기 위해서가 아니라(이것은 이정표가 알려 준다) 숙박 시설이 어디에 있는지 알기 위해서였다. 여행 안내지로 알려진 이것은 고대에 어디에서나 일반적으로 있었다. 하지만 3세기 로마 제국의 모든 도로를 나타낸 지도의 복사본인 11세기의 포이팅거 지도(Peutinger Table)를 제외하고는 현재까지 남아 있는 지도는 하나도 없다. 이 지도는 여행자들이 찾으려는 다양한 종류의 여관을 표시하기 위해 각각 다른 기호를 사용했다(9.72-73).

숙박 시설

여행자가 하루 평균 여행할 수 있는 거리는 20마일(32킬로미터) 정도였으므로, 먼 거리를 여행하려면 매일 밤 어디에서 머물 것인지 계획을 세워야 했다. 여관은 있었으나 그 수준은 천차만별이었다. 크고 안락하며 식사가 제공되는 곳도 있었으며, 짐승을 재울 만한 마구간 시설이 되어 있는 곳도, 수레를 고쳐 주는 기술자가 있는 곳도 있었다(9.77).

마리아와 요셉이 머물렀던 여관에 마구간이 있었던 것으로 보아, 흔히 그림에서 표현되듯이 초라한 장소는 아니었을 것이다(9.80). 비교적 훌륭한 여관만 이런 시설을 갖추었다. 그 밖에 다른 여관들은 바람막이와 하늘을 가리는 지붕에 불만 지펴져 있을 뿐이었다. 그러나 우리 식대로 말하자면 빈 방 하나 없었던 것 같다(9.78). 모든 방이 투숙객으로 꽉 찬 것이다. 이것으로 미루어 볼 때 그 여관은 특히 훌륭했던 듯하다. 모든 여관이 개인용 객실을 제공한 것은 아니었다.

고고학적 유물로 판단하건대, 여관들은 지역의 상황에 따라 밀집해 있기도 했고 멀리 떨어져 있기도 했다. 여관은 지저분했으며, 평판이 나쁜 사람들과 위험한 인물들로 들끓었다(9.76). 시인 호라티우스(주전 40년)는 로마에서부터 이탈리아 반도의 발뒤꿈치 부분에 위치한 브룬디시움까지 여행한 기행담을 재미있게 묘사했는데, 그 기행담에서 이런 장소들을 실감나게 표현했다(Sat. 1.5). 페트로니우스(주후 60년)와 아풀레이우스(주후 180년)의 글을 읽어 보면, 세월이 흘렀어도 여관의 상태는 눈에 띄게 개선되지 않았음을 알 수 있다. 이 두 사람은 여관에 머무는 동안 소지품을 털린 경험이 있다고 그들의 책에서 밝혔다.

여행자들이 깔끔한 여관을 발견했을 경우에도 그들이 머물 수 있는 방이 있다는 보장은 없었다. 설령 다른 여행자들이 방을 차지하고 있지 않은 경우라 하더라도 정부의 일을 수행하는 사람이 강제로 방을 점령할 수 있었다. 정부 관료는 어느 누구보다도 우선적으로 방을 차지할 수 있었다. 심지어 해산이 임박한 젊은 여자라도 방을 양보해야 할 실정이었다.

여관 주인은 황제나 속주 총독으로부터 받은 통행증을 지참한 사람이 요구하는 것은 무엇이든지 제공해야 했다. 이것이 법이었다. 심지어 그런 사람들이 민간인에게 짐을 들고 1마일(5리)을 가자고 하더라도 응해 주어야 했다(마 5:41).

로마로부터 오거나 로마로 보내는 우편물을 배달하는 사람처럼 공무를 수행하는 사람만 이 통행증을 소지했다. 이 제도를 실시한 목적은 속주와 수도 사이의 연락을 빠르고 원활하게 하려는 데 있었다(9.55). 황제들은 이 제도를 남용하지 못하게 하기 위해 통행증을 소지한 사람을 엄격하게 제한했다(Pliny, *Epp.* 10.45; 10.64). 하지만 권리를 남용하는 일은 빈번하게 발생했다. 비두니아의 총독이었던 플리니우스도 그의 아내가 병든 친정어머니 때문에 고향에 돌아가고 싶어 하자 통행증을 사용하도록 했다. 트라야누스 황제는 가벼운 벌을 내리고는 그를 용서해 주었다(*Ep.* 10.120).

할 수만 있다면 여행자들은 친구의 집이나 친구의 친구 집에서 묵었다. 바울도 빌레몬에게서 정식으로 초대받지는 않았지만 "오직 너는 나를 위하여 숙소를 마련하라"라고 말했다(몬 1:22). 집에 찾아온 가족이나 친구들을 즐겁게 해주는 것이 대대로 내려오는 의무였다(9.75). 소개장은 아주 귀중한 물품이었다. 이것은 소개장을 소지한 사람이 낯선 도시에서 묵을 곳을 찾을 수 있는 보증서 역할을 했다(9.79).

바울은 로마서 16장 1-2절과 같은 구절에서 그의 친구들을 위해 소개장을 썼다. "내가 겐그레아 교회의 일꾼으로 있는 우리 자매 뵈뵈를 너희에게 추천하노니 너희는 주 안에서 성도들의 합당한 예절로 그를 영접하고 무엇이든지 그에게 소용되는 바를 도와줄지니 이는 그가 여러 사람과 나의 보호자가 되었음이라." 이와 비슷한 소개장이 고린도전서 16장 10절과 골로새서 4장 7-10절에도 언급되어 있다.

여행 수단

우리는 일반적으로 신약 시대의 사람들은 걸어 다녔고, 가난한 사람들은 대부분 이런 식으로 여행했을 거라고 생각한다. 하지만 우리가 생각하는 것 이상으로 교통편을 이용한 여행이 일반적이었다. 바울이 디모데에게 책과 양피지와 더불어 그의 겉옷을 가지고 오라고 부탁했을 때(딤후 4:13), 우리는 디모데가 걸어서 여행하지 않았을 거라고 결론을 내려야 한다. 바울의 건강 문제를 고려한다면 디모데가 소아시아 전역과 그리스를 걸어왔을 리가 만무하.

임신한 몸을 이끌고 나사렛을 떠나 베들레헴으로 간 마리아 역시 걸어서 여행하지 않았을 것이다. 시인 베르길리우스의 어머니는 임신 중에 가까운 거리를 여행하다가 도랑에서 그를 출산하고 말았다(Suetonius, *Life of Virgil* 3). 전통적으로 우리는 마리아가 나귀를 타고 있는 모습을 그린다. 하지만 누가는 마리아가 그런 교통수단을 이용했다고 언급하지는 않는다. 요셉이 약간의 재력이 있었으므로 그들은 수레 같은 수단을 이용했을 것이다.

다양한 유형의 마차 또는 수레를 어떤 한 마을을 떠날 때 빌렸다가 다른 마을에 도착해서는 그곳에 반납하고 출발지로 돌려보낼 수도 있었다(9.82). 고대의 운전사 조합과 흥정하여, 원한다면 운전사를 고용할 수도 있었다. 하지만 나귀를 타는 것이 더 값싸고 편안했을지도 모른다. 로마의 수레에는 용수철이 없었기 때문에, 승객들은 도로에 따라 덜컹거림을 그대로 느낄 수밖에 없었을 것이다. 뿐만 아니라 로마인들은 수레 굴대에 사용하는 윤활유를 개발하지 못한 상태였다(9.81).

수레바퀴에서 나는 금속성 소리 때문에 사람들의 원성이 자자했다는 내용이 1세기의 문학 작품에 자주 언급된다. 전차 경주가 진행되는 동안에는 노예들이 트랙 끝에 늘어서서 바퀴의 열을 식히기 위해 물을 뿌렸다. 걷지 않고 여행하는 가장 편한 방법은 가마를 타고 여행하는 것이었다. 마을에서는 양쪽으로 막대기가 달려 있는 의자나 침상을 노예들이 운반했다. 확 트인 도로에서는 의자를 운반하기 위해 당나귀를 부리는 경우도 종종 있었다.

여행자들은 음식과 물뿐만 아니라 그릇, 의복 그리고 여행하는 데 필요한 여러 가지 필수품을 가져가야 했기 때문에, 이것들을 실을 수 있는 기구가 필요했다. 예수님은 제자들에게 전도하러 나갈 때 배낭이나 양식이나 돈을 가져가지 말라고 당부하셨다(눅 9:3-5, 10:3-7). 이것은 동시대 사람들에게는 미친 소리로 들렸을 것이다.

키케로의 동생 퀸투스(Quintus)는 키케로와 함께 안토니우스 군대의 손에서 간신히 탈출하여 사력을 다해 도망쳐 나오는 중에 돈을 한 푼도 가지고 나오지 않았다는 사실을 알고는 본영으로 다시 돌아갔다. 그는 돈 없이는 어느 곳에도 갈 수 없고 살 가망도 없음을 알았다. 그래서 군인들이 그들을 뒤쫓아 오고 있었지만 돈 될 만한 것이 없는지 알아보기 위해 되돌아갔던 것이다(Plutarch, *Cicero* 47).

여행을 편하게 하려는 모든 수고는 그만두고라도, 로마인들은 날씨와도 전쟁을 치러야 했다. 그들은 할 수만 있다면 따뜻한 달인 5월에서 10월 사이에 여행하려고 했다. 고산 지대를 제외하고는 그리스와 소아시아에서는 눈이 문제가 되지 않았다. 마치 척추처럼 이탈리아 반도를 동서로 갈라놓은 아펜니노산맥의 가장 높은 봉우리는 6월 말까지 눈이 덮여 있었다. 하지만 지중해의 저지대 전역에서는 비와 추운 날씨가 여행하는 데 있어 최악의 장애물이었다.

바울이 고린도 교회에 편지하면서 "내가 마게도냐를 지날 터이니 마게도냐를 지난 후에 너희에게 가서 혹 너희와 함께 머물며 겨울을 지낼 듯도 하니"(고전 16:5-6)라고 말했을 때, 그는 육상 여행을 염두에 두었던 것이 분명하다. 다른 두 본문에서는 바울이 육상 여행을 생각했는지 아니면 해상 여행을 생각하고 있었는지 불분명하다. 디모데후서 4장 21절에서 바울은 디모데에게 "겨울 전에 어서 오라"라고 했다. 디도서 3장 12절에서 그는 아드리아해에 있는 니고볼리에서 겨울을 지낼 계획이 있음을 알렸다. 어느 경우든지 간에 겨울철에는 어떤 형태든 여행하지 않았음이 분명하다.

해상 여행

헬라인과는 달리 로마인과 유대인들은 바다를 이용한 여행을 즐겨하지 않았다. 키케로는 자기를 죽이려고 쫓아오는 군인들을 피해 도망하면서 조그마한 배에 몸을 실었다. 하지만 파도가 일어 뱃멀미를 하기 시작하자 뱃머리를 돌려 바닷가로 다시 돌아갔다(Plutarch, Cicero 47). 세네카는 당시의 노련한 선원들처럼, 해안선을 따라 항해하는 대신 나폴리만(灣)을 가로질러 항해하려고 하다가 코미디 같은 사건이 발생했던 이야기를 들려주었다. 나침반이나 그 밖에 다른 방향 지시계의 도움 없이 항해하다가는 육지가 시야에서 사라질 때 곧바로 길을 잃을 수 있었다.

나폴리만 중앙에서 폭풍이 덮치자, 세네카는 육지로 돌아가자고 소리쳤다. 키잡이는 폭풍이 몰아칠 때는 바닷가 가까이로 가는 것이 더 위험하기 때문에, 차라리 그곳을 빠져나와 바다 한가운데로 가는 것이 낫다고 말했다. 하지

로마 곡물 수송선에 곡물을 옮겨 싣는 광경을 묘사한 프레스코화.

만 세네카는 위험을 불사하더라도 바닷가로 뱃머리를 돌리라고 명령했다. 배가 육지 가까이에 다다랐음을 깨달았을 때 그는 물속에 뛰어들어 육지로 헤엄쳐 갔다(*Ep.* 53).

하지만 로마인들은 로마 제국이 지중해를 중심으로 포진하게 되자 물에 길들여질 수밖에 없었다. 로마인들은 헬라인에게서 배 만드는 기술과 배를 다루는 법을 배웠으며, 이 기술을 발전시켜 단지 물 위에 뜨는 배보다 더 큰 배를 만들었다(9.83; 9.86). 이 배들은 돛과 바람을 이용했다. 노를 젓는 배(종종 몇 단으로 노를 배치해 놓고 젓기도 했다)는 군사적인 목적으로 사용되었다. 노는 바람이 불지 않을 때나 그 밖에 다른 배를 향해 돌진하는 등 속력을 낼 필요가 있을 때 잠깐씩 사용했다. 노를 어떻게 배치하고 만들었는지에 대해서는 아직까지 알려진 바가 없다.

그러나 가장 일반적으로 사용되던 배는 로마시의 사람들과 동물들에게 계속해서 필요한 대량의 곡물과 생필품을 운반하기 위해 만들어진 상선이었다(9.94). 물을 이용하여 거대한 양의 곡물을 운반하는 것은 거리의 멀고 가까움과 상관없이 지상으로 곡물을 지고 나르는 것보다 고대에는 훨씬 싸게 먹혔다(9.93).

정기적인 운항을 알리는 항해 계획표나 시간표 같은 것은 없었다. 여행하려는 승객들은 자기의 목적지로 가는 배를 찾고 예약했으며, 바람이나 여러 가지 조짐 등을 미루어 항해하기에 좋은 상황이 될 때까지 기다려야 했다. 매우 미신적이지만, 로마인들은 꿈과 조짐을 대단히 신뢰했다. 승객이나 선원이 불행을 예감하면 항해는 연기되었다. 바울이 탄 배의 선장과 백부장이 겨울을 보낼 만한 안전한 항구로 가는 것에 필사적이지 않았다면, 바울의 경고에 귀를 기울였을 것이다(행 27:10-11).

일단 배에 올라타면 승객들에게는 편의 시설이란 거의 없었다. 선장만 독립적으로 잠을 잘 수 있는 영역이 있었을 뿐이다. 승객들은 승무원처럼 앞에서 불어오는 바람과 소금기를 막을 수 있는 조그마한 천막이 설치되어 있는 열린 갑판 위에 있게 해달라고 요구했다. 부자라면 자기가 먹을 음식과 음식을 만들 종들을 데려와야 했다. 화물선 승선표를 살 수 있는 사람의 수는 배의 크기와 함께 승선하는 사람들의 의향에 의해 극히 제한되었다. 배 한 척에 600명 정도의 승객이 승선할 수 있었다. 바울은 로마로 항해할 때 276명의 승객 및 승무원들과 함께 갔다(9.88-89; 행 27:37).[2]

방향 지시계 등 믿을 만한 장비가 없었기 때문에, 배는 대부분 밤에는 항해하지 않고 강어귀와 바닷가 근처에 정박했다. 이 때 승객들은 신선한 물을 얻고 그 지역에서 구할 수 있는 어떤 음식이든 살 수 있었다. 이러한 장면은 에픽테토스의 독자들에게는 대단히 친숙한 상황이었기 때문에, 그가 다음과 같이 썼을 때 독자들은 그러한 상황을 충분히 이해할 수 있었다. "바다를 항해할 때 배가 닻에 의지하여 안정되어 있듯이, 여러분이 물을 긷기 위해 바닷가로 갈 경우 여러분의 생각은 배에 맞춰져 있어야 합니다. 그래야 선장이 여러분을 향해 소리칠 때 들을 수 있습니다"(*Enchiridion* 7).

---

[2] 어떤 사본에는 76명이라고 되어 있다. 로마 제국의 절정기에 운행되었던 로마 배의 크기에 대해 잘 알지 못했던 후대 중세의 필경사가 자기의 경험에 비추어 보다 합리적으로 이 숫자를 바꾼 것 같다.

고대의 바닷길 여행은 전적으로 날씨에 달려 있었다. 배에는 용골(龍骨)에 수직으로 고정하여 세운 큰 돛 하나밖에 없었으므로, 로마의 선원들은 현대의 요트처럼 돛의 방향을 좌우로 바꿀 수 없었다. 그러므로 자연히 맞바람을 거스르며 항해한다는 것은 대단히 어려웠다(9.85). 예를 들어, 북쪽에서 불어오는 바람을 타고 소아시아에서 알렉산드리아로 항해하기는 쉬웠지만, 반대로 북풍을 맞아 가며 알렉산드리아에서 소아시아까지 여행하려면 2개월이나 소요되었다(9.91). 플리니우스는 소아시아의 해안을 따라 북쪽으로 항해하려고 했지만, 마침내 포기하고 지상 교통을 이용해야 했다(Ep. 10.17). 바로 이 바람 때문에 바울이 탄 배는 출발을 지연해야 했다(행 27:4-7). 두 지점을 항해하는 데 소요되는 시간은 여행 때마다 크게 달라질 수 있었다. 나폴리 근처의 푸테올리(보디올)에서 알렉산드리아까지 여행하는 데 9일에서 27일까지 걸렸다는 기록이 있다(9.59).

겨울은 고대 선원들에게 공포 그 자체였다. 10월에서 5월 사이에는 절실하게 필요할 때만 출항했다. 바울이 마지막 전도 여행에서 로마에 가기 위해 탔던 배는 알렉산드리아 배였는데, 선장은 바람을 거스르며 항해할 생각에 걱정이 많았다. 그때가 출항하는 계절이 끝나 가는 시기라는 것을 알자, 선장은 로마에 도착하리라는 소망은 포기하고 겨울을 지낼 수 있는 항구를 찾아야겠다고 생각했다(행 27:12). 선장은 배를 안전하게 정박하는 것은 물론이거니와, 제법 수가 많은 사람들이 잠을 자고 식사를 해결할 수 있는 장소가 필요했다.

바울이 탄 배가 난파된 내용이 사도행전 27장 39-44절에 나오는데, 그런 상황을 이만큼 자세하게 기록한 것이 또 있을까 싶을 정도로 자세하여 학자들은 찬탄을 금치 못한다. 여기서는 덧붙일 만한 것이 하나도 없다(9.90; 9.92).[3]

---

3) William Ramsay, *St. Paul, the Traveller and the Roman Citizen*(New York: Putnams, 1896; Grand Rapids: Baker, 1949 reprint), 314-343. 이 책에서 램지는 로마를 향한 바울의 항해와 그때 사용된 항해 기술에 대해 흥미진진하고 고전적인 언급을 했다.

이러한 상황은 바다 여행에서 자주 있는 위험이었다. 바울은 그가 탄 배가 세 번이나 파선했었다고 말한다(고후 11:25). 짐을 배 밖으로 버리는 일은 흔했으며, 이것은 곧 재정적인 손실을 의미했다. 그렇지만 이처럼 위험 부담이 컸기 때문에 이득은 높았으며, 수입업은 갑부가 되는 지름길 중 하나였다(Petronius, *Satyr*. 76).

신약 시대의 여행은 그 이전이나 20세기 이전까지의 상황과 비교해 볼 때 훨씬 안전했다. 하지만 위험은 언제나 도사리고 있었다. 예루살렘에서 여리고까지 여행하는 경우나 지중해를 가로질러 항해하는 경우나 마찬가지였다. 바울이 여행하면서 복음을 전하기로 결정한 것은, 현대에 제트기를 타고 여행하거나 자동차를 타고 미국의 여러 주를 통과하며 고속도로로 여행할 때보다 훨씬 더 불편하고 많은 위험이 도사린 상황으로 들어가게 되었음을 의미한다. 우리는 당연하게 여기는 어떤 것을 성취하기 위해 사람들이 수고한 상황을 보면, 그들이 이룬 업적에 대해 한층 더 고마움을 느끼게 된다. 우리는 여기서 우리에게 주어진 것을 충분히 활용해야겠다는 도전을 받는다.

참고 문헌

9.1. Ling, R. "A Stranger in Town: Finding the Way in an Ancient City." *G&R* 37(1990): 204–214.

1. 시간

9.2. Brearly, H. C. *Time Telling through the Ages*. New York: Doubleday, 1919.
9.3. Malina, B. J. "Christ and Time: Swiss or Mediterranean?" *CBQ* 51(1989): 1–31.
9.4. Martin, T. "Pagan and Judeo-Christian Time-Keeping Schemes in Galatians 4.10 and Colossians 2.16." *NTS* 42(1996): 105–119.
9.5. Meritt, B. D. "The Count of Days in Athens." *AJPh* 95(1974): 268–279.
9.6. Pritchett, W. K. "The Athenian Count of Days." *CSCA* 9(1976): 181–195.
9.7. _____. "Calendars of Athens Again." *Bulletin de correspondance hellenique* 81(1957): 269–301.
9.8. Stroes, H. R. "Does the Day Begin in the Evening or Morning? Some Biblical Observations." *VetTest* 16(1966): 460–475.
9.9. Taisbak, C. M. "*Ante diem*: Did the Romans Count Their Days Backwards?" In *Studia Romana in Honorem P. Krarup Septuagenarii*. Ed. by K. Ascani et al. Odense University Press, 1976: 58–59.

시(時)

9.10. de Solla Price, D. J. "The Tower of the Winds." *National Geographic* 157(Apr. 1967): 587–596.
9.11. Gibbs, S. L. *Greek and Roman Sundials*. New Haven, CT: Yale University Press, 1976.
9.12. Kosmala, H. "The Time of Cock-Crow." *Annual of the Swedish Theological Institute* 2(1963): 118–120; 6(1967): 132–134.

주(週)

9.13. Bradley, K. R. "Holidays for Slaves." *Symbolae Osloenses* 54(1979): 111–118.

9.14. DeLigt, L. *Fairs and Markets in the Roman Empire: Economic and Social Aspects of Periodic Trade in a Pre-Industrial Society*. Amsterdam: Gieben, 1993.

9.15. MacMullen, R. "Market-Days in the Roman Empire." *Phoenix* 24(1970): 333–341.

9.16. Worp, K. A. "Remarks on Weekdays in Late Antiquity Occurring in Documentary Sources." *Tyche* 6(1991): 221–230.

달(月)

9.17. Baumgarten, J. M. "The Calendars of the Book of Jubilees and the Temple Scroll." *VetTest* 37(1987): 71–78.

9.18. Beckwith, R. T. "The Qumran Calendar and the Sacrifices of the Essenes." *RevQum* 7(1971): 587–591.

9.19. Bosworth, A. B. "Augustus and August: Some Pitfalls of Historical Fiction." *HSCP* 86(1982): 151–170.

9.20. Cryer, F. H. "The 360-Day Calendar Year and Early Judaic Sectarianism." *Scandinavian Journal of the Old Testament* 1(1987): 116–122.

9.21. Edmunds, L. "Alexander and the Calendar (Plut., *Alex*. 12.2)." *Historia* 28(1979): 112–117.

9.22. Gjerstad, E. "Notes on the Early Roman Calendar." *Acta Archaeologica* 32(1961): 193–214.

9.23. Hauben, H. "Some Observations on the Early Roman Calendar." *AncSoc* 11–12 (1980–81): 241–255.

9.24. Henderson, W. J. "What Ovid Tells Us About the Roman Calendar." *Akroterion* 17, no. 4, (1972): 9–20.

9.25. Holleman, A. W. J. "Cicero's Reaction to the Julian Calendar (Plut., *Caes*. 59); January 4th (45)." *Historia* 27(1978): 496–498.

9.26. _____. "End and Beginning in the Ancient Roman Year: A Sabine Element." *Revue Belge de philologie et d'histoire* 54(1976): 52–65.

9.27. _____. "The Pre-Julian Calendar." *Liverpool Classical Monthly* 9(1984): 6–7.

9.28. Johnson, V. L. "The Primitive Basis of Our Calendar." *Archaeology* 21(1968): 14–21.

9.29. _____. *The Roman Origins of Our Calendar*. Oxford, OH: American Classical League, 1958.

9.30. Malina, B. J. "Jesus as Astral Prophet." *BTB* 27(1997): 83–98.

9.31. Michels, A. K. *The Calendar of the Roman Republic*. Princeton, NJ: Princeton University Press, 1967.

9.32. _____. "The Intercalary Month in the Pre-Julian Calendar." In *Hommages à A. Grenier*. Ed. by M. Renard. Brussels: Coll. Latomus, 1962: 1174–1178.

9.33. Sarkady, J. "A Problem in the History of the Greek Calendar: The Date of the Origin of the Months' Names." *Acta Classica Universitatis Scientiarum Debreceniensis* 21(1985): 3–17.

9.34. Thornton, T. C. G. "Jewish New Moon Festivals, Galatians 4:3–11 and Colossians 2:16." *JThS* 40(1989): 97–100.

해(年)

9.35. Meritt, B. D. *The Athenian Year*. Berkeley: University of CA Press, 1961.

9.36. Samuel, A. E. *Greek and Roman Chronology: Calendars and Years in Classical Antiquity*. Munich: Beck, 1972.

9.37. Vardaman, J., and E. M. Yamauchi, eds. *Chronos, Kairos, Christos: Nativity and Chronological Studies Presented to Jack Finnegan*. Winona Lake, IN: Eisenbrauns, 1989.

예수님의 탄생 시기

9.38. Beckwith, R. T. "St. Luke, the Date of Christmas and the Priestly Courses at Qumran." *RevQum* 9(1977): 73–94.

9.39. Beehler, C. M. "Follow the Star." *AD* Dec. 1980: 24–25.

9.40. Bernegger, P. M. "Affirmation of Herod's Death in 4 B. C." *JThS* 34(1983): 526–531.

9.41. Broshi, M. "The Credibility of Josephus." *JJewSt* 33(1982): 379–384.

9.42. Maier, P. L. "Infant Massacre: History or Myth?" *ChrT* 20(Dec. 19, 1975): 7–10.

9.43. Martin, E. L. *The Birth of Christ Recalculated*. 2d ed. Alhambra, CA: Academy for Scriptural Knowledge, 1980.

9.44. Mosley, A. W. "Historical Reporting in the Ancient World." *NTS* 12(1965–66): 10–26.

9.45. Wojciechowski, M. "Mt. 2.20: Herod and Antipater? A Supplementary Clue to Dating the Birth of Jesus." *Biblische Notizen* 44(1988): 61–62.

주전/주후

9.46. Anderson, W. "Arithmetical Computations in Roman Numerals." *CPh* 51(1956): 145–150.

9.47. Jones, W. K. "Arithmetic, Latin Style." *CB* 33(1956): 7.

9.48.   Larn, R., and R. Davis. "Calendars and Dates in Research." *International Journal of Nautical Archaeology and Underwater Exploration* 6(1977): 242-244.

9.49.   Richardson, W. F. "The Greek Number System." *Prudentia* 9(1977): 15-26.

9.50.   Taisbak, C. M. "Roman Numerals and the Abacus." *C&M* 26(1965): 147-160.

9.51.   Teres, G. "Time Computations and Dionysius Exiguus." *Journal for the History of Astronomy* 15(1984): 177-188.

9.52.   van der Waerden, B. L. "Tables for the Egyptian and Alexandrian Calendar." *Isis* 17(1956): 387-390.

9.53.   Watkins, H. *Time Counts The Story of the Calendar*. New York: Philosophical Library, 1954.

2. 거리

9.54.   Dilke, O. A. W. *The Roman Land Surveyors: An Introduction to the Agrimensores*. New York: Barnes & Noble, 1971.

9.55.   Eliot, C. W. J. "New Evidence for the Speed of the Roman Imperial Post." *Phoenix* 9(1955): 76-80.

9.56.   French, D. *Roman Roads and Milestones of Asia Minor. Vol. 1*. Oxford: British Archeological Reports, 1981.

9.57.   Isaac, B. "Milestones in Judaea, from Vespasian to Constantine." *PalExQ* 110(1978): 47-60.

9.58.   Kaufman, A. S. "Determining the Length of the Medium Cubit." *PalExQ* 16(1984): 120-132.

9.59.   Yeo, C. A. "Land and Sea Transportation in Imperial Italy." *TAPhA* 77(1946): 221-224.

3. 여행

육상 여행

9.60.   Bradford, E. *Paul the Traveler*. London: Penguin, 1974.

9.61.   Browrigg, R. *Pauline Places: In the Footsteps of Paul Through Turkey and Greece*. London: Hodder & Stoughton, 1989.

9.62.   Bruce, F. F. *Jesus and Paul: Places They Knew*. Nashville: Thomas Nelson Publishers, 1983.

9.63.   Casson, L. *Travel in the Ancient World*. Toronto: Hakkert, 1974.

9.64. Margabandhu, G. "Trade Contacts Between Western India and the Greco-Roman World in the Early Centuries of the Christian Era." *Journal of the Economic and Social History of the Orient* 8(1965): 316-322.

9.65. Parker, A. J. "Trade Within the Empire and Beyond the Frontiers." In *The Roman World*. Ed. by J. Wacher. London: Routledge & Kegan Paul, 1987: 635-657.

9.66. Raschke, M. "Roman Overland Trade with India and China." *EMC* 18(1974): 37-47.

9.67. Thorley, J. "The Development of Trade Between the Roman Empire and the East Under Augustus." *G&R* 16(1969): 209-223.

로마의 도로

9.68. de Camp, L. S. "Before Stirrups." *Isis* 51(1960): 159-160.

9.69. von Hagen, V. W. *The Roads That Led to Rome*. Cleveland: World Publishing Co. 1967.

지도

9.70. Beitzel, B. J. "How to Draw Ancient Highways on Biblical Maps." *BibRev* 4, no. 5, (1988): 36-43.

9.71. Edson, E. "The Oldest World Maps: Classical Sources of Three VIIIth Century Mappae Mundi." *AncW* 24(1993): 169-184.

9.72. Levi, A. C., and B. Trell. "An Ancient Tourist Map." *Archeology* 17(1964): 227-236.

9.73. Muhly, J. D. "Ancient Cartography." *Expedition* 20, no. 2, (1976): 26-31.

9.74. Romm, J. S. *The Edges of the Earth in Ancient Thought: Geography, Exploration, and Fiction*. Princeton, NJ: Princeton University Press, 1992.

숙박 시설

9.75. Bolchazy, L. J. "From Xenophobia to Altruism: Homeric and Roman Hospitality." *AncW* 1(1978): 45-64.

9.76. Crane, T. "Caveat Viator. Roman Country Inns." *CB* 46(1969): 6-7.

9.77. Hermansen, G. "The Roman Inns and the Law: The Inns of Ostia." In *Polis and Imperium: Studies in Honour of Edward Togo Salmon*. Ed. by J. A. S. Evans. Toronto: Hakkert, 1974: 167-181.

9.78. Kerr A. J. "'No Room in the Kataluma.'" *ExposT* 103(1991): 15-16.

9.79. Keyes, C. W. "The Greek Letter of Introduction." *AJPh* 56(1935): 28-44.

9.80. Trudinger, L. P. "'No Room in the Inn': A Note on Luke 2:7." *ExposT* 102(1991): 172-173.

여행 수단

9.81.   Harris, H. A. "Lubrication in Antiquity." *G&R* 21(1971): 32–37.

9.82.   Matthews, K. D. "The Embattled Driver in Ancient Rome." *Expedition* 2, no. 3, (1959–60): 22–27.

해상 여행

9.83.   Casson, L. "The Isis and Her Voyage." *TAPhA* 81(1950): 43–51.

9.84.   _____. "The Mystery of the Trireme." *Horizon* 14, no. 1, (1972): 110–113.

9.85.   _____. "New Light on Ancient Rigging and Boatbuilding." *The American Neptune* 24(1964): 81–94.

9.86.   _____. *Ships and Seamanship in the Ancient World*. Princeton, NJ: Princeton University Press, 1971.

9.87.   _____. "Speed Under Sail of Ancient Ships." *TAPhA* 82(1951): 136–148.

9.88.   Fitzgerald, M. "The Ship of Saint Paul, Part I: Historical Background." *BiblArch* 53(1990): 25–30.

9.89.   _____. "The Ship of Saint Paul, Part II: Comparative Archaeology." *BiblArch* 53(1990): 31–39.

9.90.   Gilchrist, J. M. "The Historicity of Paul's Shipwreck." *JStudNT* 61(1996): 29–51.

9.91.   Lake, K. and H. J. Cadbury. "The Winds." In *The Beginnings of Christianity*. Ed. by F. J. Foakes-Jackson and K. Lake. London: Macmillan, 1920, 5:338–344.

9.92.   Praeder, S. M. "Acts 27:1–28:16. Sea Voyages in Ancient Literature and the Theology of Luke-Acts." *CBQ* 46(1984): 683–706.

9.93.   Sippel, D. V. "Some Observations on the Means and Cost of the Transport of Bulk Commodities in the Late Republic and Early Empire." *AncW* 16(1987): 35–45.

9.94   Topham-Meekings, D. *The Hollow Ships: Trade and Seafaring in the Ancient World*. Basingstoke, UK: Macmillan, 1976.

EXPLORING
THE NEW TESTAMENT WORLD

제10장

아는 것과 믿는 것

이 책의 결론을 쓸 생각을 하니 여간 부담스럽고 힘든 게 아니다. 나는 다른 책의 집필을 끝낼 때 하던 것과 똑같이 이 책에서 다룬 주제를 마치고 싶지 않다. 나는 나의 첫 소설을 끝마치는 데 3년이 걸렸다. 당시 나는 마지막 페이지의 타이핑을 막 끝내면서, 이제는 해방되었다고 생각하고 다음 책을 집필할 준비를 했다. 편집자는 그 책을 보더니 몇 군데 수정해 달라고 부탁했다. 워드 프로세서를 사용하는 내게 이것은 일도 아니었다. 그런데 그는 등장인물 두 사람의 관계를 좀 더 다루면서, 아예 한 장을 더 써 달라고 반강제적으로 요구했다. 이것은 여간 귀찮은 일이 아니었다. 2년 전에 이미 그 문제와 이야기의 줄거리에 관해 다 마무리한 상태였기 때문이다. 하지만 여러분이 야심적인 작가이고, 편집자가 당신에게 "이 책을 우리 출판사에서 출판하겠습니다. 그런데 한 장만 더 써 주시면 좋겠는데요."라고 말한다면, 당신은 한 장 더 쓸 것이다. (나의 첫 소설은 1세기 로마를 배경으로 하는 기독교 역사 소설인데, 제목은 『나사로의 딸』이며 이미 절판되었다.)

하지만 지금 나는 이 책에서 다룬 주제를 끝냈다고는 생각하지 않는다. 독자 여러분도 나와 같은 생각이기를 바란다. 오히려 나는 이 책이 출발점이라고 생각한다. 앞으로 새롭게 쓸 장이 많이 있을 것이다. 지금까지 독자 여러분이 읽은 내용을 연구하고 조사하여 기록하는 동안, 나는 앞으로 더 연구해야 할 내용에 관해 내 자신에게 질문했다. 여러분이 이 책에서 얼마나 많은 정보를 얻었든지 간에, 신약성경 연구는 앞으로도 계속되는 과정이라는 사실을 배웠기를 소망한다.

이 말은 곧 이 분야에 대해 아무도 완전무결한 결론에 도달할 수 없고 또 확신할 수도 없음을 의미하는가? 우리가 이런 연구를 수행함으로써 어떤 것을 믿는 데 도달할 수 있을까? 내가 가르치는 주일학교 학생들과 성경 공부반 성도들이 종종 이런 질문을 했는데, 그들이 이치에 맞게 질문했다는 생각이 든다. 그러나 나는 주저하지 않고 두 번째 질문에 대해 "그렇다."라고 긍정적으로 대답한다. 이 분야에 대한 연구를 25년 동안 해온 사람으로서, 이 연구를 시작할 때보다 지금 나의 믿음이 더 강해졌기 때문이다.

그런데 첫 번째 질문에는 좀 더 긴 대답이 요구된다. 두 가지 이유에서 신앙은 학문의 결과에 근거해서는 안 된다고 믿는다.

첫째, 샌드멜(S. Sandmel)이 그의 논문에서 지적했던 것처럼, 현대 학자들은 그들이 분석하는 고대의 작가들보다 더 객관적이지도 덜 객관적이지도 않다(2.95). 로슨(B. Rawson)과 포머로이(S. Pomeroy)와 같은 여권 신장론자들은 고대 사람들이 여자들에게 관심을 덜 가진 것에 대해 과잉 보상을 요구하는 경향이 있다. 펠드먼(L. H. Feldman)과 같은 정통 유대 학자는 1세기 유대교가 헬라화의 영향을 받았을 가능성을 절대로 인정하지 않는다(나는 그의 밑에서 연구했고 그와의 우정에 대해 늘 감사한다). 그러므로 고대 작가들에 관한 연구서를 읽을 때 우리는 이러한 선입견들(모든 현대 학자들은 어느 정도 이런 선입견을 지니고 있다)을 반드시 염두에 두어야 한다.

둘째, 학적인 연구의 결과는 신앙의 기초가 될 수 없다. 다른 분야에서와 마찬가지로, 이 분야의 연구 결과는 이 주제를 다룬 다음 책이 출판될 때까지만 유효할 수 있기 때문이다. 어떤 문제에 대한 오늘의 '결론적인' 말이 새로운 '결론적인' 말을 제시하는 다음 책이나 논문에서는 각주가 될 수 있다(이 책 제8장에서 설명한 수사학에 대한 관심과 신약성경에 미친 수사학의 영향을 보라).

이 점을 설명하기 위해 우리가 할 수 있는 일은 지난 한 세기 동안의 예수님의 생애 연구 동향을 살펴보는 것이다. 1900년대 초 알베르트 슈바이처(Albert Schweitzer)가 저술한 『역사적 예수 탐구』(Quest of the Historical Jesus)는 이 분야의 새로운 지평을 열었다. 그는 복음서가 전기로서 기록된 것이 아니기 때문에 예수님에 관해 역사적으로 알 수 있는 바는 아무것도 없다고 말했다.

1940년대 말 루돌프 불트만(Rudolf Bultmann)은 사실 초대 교회가 지상의 예수를 만들어 냈다고 주장했다. 부활 이후에 제자들이 겪고 선포한 그리스도, 즉 케리그마적인 그리스도가 초대 교회 설교의 주제였다는 것이다(이것은 인간적인 예수를 알지도 못했고, 예수님이 지상 사역을 하시는 동안 그분을 알았던 사람들과 거리를 두면서 지냈던 바울에게는 명백하게 해당된다. 참조. 갈 1:18-24). 불트만에 따르면, 초대 교회가 예수님에 관해 말한 것은 모두 부활 경험에 비추어 말한 것이므로 문자적으로 취할 수 없다.

이 '비신화화' 경향을 이치에 어긋난 말로 한층 더 확대한 책이 바로 제임스 알레그로(James Allegro)가 쓴 『신성한 버섯과 십자가』(The Sacred Mushroom and the Cross, 1970)이다. 알레그로는 이 책에서 예수가 환각을 일으키는 버섯들 주변에 모여드는 사교들의 은폐 수단이었다고 주장한다.

1961년에 귄터 보른캄(Gunther Bornkamm)은 『나사렛 예수』(Jesus of Nazareth)에서 '역사적 예수에 대한 새로운 탐구'로 알려지게 된 복음서 연구의 새 장을 열었다. 보른캄은 복음서를 역사적인 자료로 조심스럽게 사용할 수 있다고 생각했다. 복음서 저자들은 편견이 없던 방관자들이 아니었으며, 그들이 말한 모든 것은 적지만 어느 정도 그들 자신의 경험으로 채색되었다는 것이다. 복음서에 있는 어떤 내용은 기록된 것으로 믿을 수 있다고 한다. 하지만 다른 사례들에서는 어떤 어록이나 이야기의 원형을 결정하기 위해 비평적인 원리를 사용해야만 한다는 것이다.

이러한 접근은 그 과정의 어려움은 인정하지만 적어도 역사적 예수에 관한 한정된 지식을 얻을 수 있다는 가능성은 용납한다. 이 책에 깔려 있는 전제는 보른캄의 철학에 보다 점수를 후하게 준 입장이다. 우리가 신약성경, 특히 복음서를 읽음으로써 알게 되는 내용들이 성경 저자들의 의견과 경험과 목적에 의해 형성된다는 점에 대해서는 기꺼이 동의하지만, 나는 예수님과 그분의 가르침에 대해 상당히 많은 내용을 알 수 있다고 믿는다. 신약성경이 기록된 배경에 대한 지식을 얻는 것이 중요한 이유가 바로 여기에 있다.

이러한 접근이 구체적인 본문에 어떻게 적용되는지 보기 위해 이 책 제3장에서 언급한 십자가 근처에 있었던 백부장에게로 돌아가 보자. 이 이야기 자체에서는 몇 가지 문제가 제기된다. 하지만 이 이야기를 전후 맥락에 비추어 살펴보면 문제는 해결될 수 있다.

마태복음 27장 54절과 마가복음 15장 39절은 예수님이 십자가에 못 박히신 일에 대해 백부장이 "이는 진실로 하나님의 아들이었도다"(Truly this was the Son of God)라고 말했다고 기록한다.[1] 적어도 이렇게들 이해한다. 그런데 헬라어 본문에는 정관사(the)가 들어 있지 않다. 새개정표준역과 개정표준역은 난외주에서 본문이 '하나님의 한 아들'(a son of God)이라고도 번역될 수 있음을 인정했다. 초대 기독교 작가인 순교자 유스티누스는 이 문장의 정관사가 미묘한 차이를 야기할 수 있음을 인정했다. "예수님은 자신의 지혜로 인해 하나님의 한 아들(a Son of God)이라고 불릴 자격이 있기 때문에, 통상적인 방법으로 태어난 한 인간에 불과했지만, 하나님의 그 아들(the Son of God)이라고 불리는 것이다"(*First Apology* 22). 우리가 생각하는 것보다 훨씬 쉽게 신성과 인성

---

1) D. C. Sim, "The 'Confession' of the Soldiers in Matthew 27:54," *HeyJ* 34(1993): 401–424.

이 혼합되었다고 믿던 시대에는(이 책 제5장을 보라) '하나님의 아들'이라는 진술은 아시시의 프란체스코, 루터, 간디, 그 외 수많은 사람들에게 적용할 수 있는 용어인 '대단한 사람' 혹은 '경건한 사람'을 의미하는 데 지나지 않았을 것이다. 후에 많은 신자들이 이 백부장의 탄성을 미지의 증거로 채택했음은 의심의 여지가 없다(참조. 행 5:39).

또 다른 문제는 누가복음 23장 47절에는 백부장이 "이 사람은 정녕 의인이었도다"라고 말한 것으로 기록되어 있다는 사실에서 제기된다. 무신론자들은 복음서 사이에 일관성이 없음을 지적하면서 복음서의 기록은 신뢰할 만하지 않다고 주장할 수 있다.

그러나 이 연구를 마치고 나면, 우리는 누가의 목적이 마태와 마가의 목적과는 다르다는 사실을 인정하게 된다. 마태와 마가는 주로 내부에 있는 사람들, 즉 이미 그리스도인이 된 사람들을 위해 기록한 것 같다. 그러나 누가는 로마인들의 눈에 비친 교회를 변호하려는 노력으로 복음서를 기록했다. 군대와 로마 제국의 중추가 되는 백부장과 같이 전혀 말이 통하지 않는 사람이 아니라면, 예수님이 로마에 해를 가한 사람이 아니며 따라서 무죄하다는 사실을 알 수 있었다. 이것은 분명 누구에게나 명약관화했을 것이다. 누가에게는 이것이 예수님이 신적인 분이라고 약간은 모호하게 선언하는 것보다 한결 더 중요한 점이었다.

이것을 강조하기 위해 누가는 그의 목적에 부합되게 백부장의 고백을 아무런 망설임 없이 이런 식으로 기록했던 것이다. 이와 마찬가지로 누가는 로마의 총독 빌라도가 예수님에 대해 "어찜이냐 무슨 악한 일을 하였느냐"(마 27:23; 막 15:14)라고 물어보는 것 대신 예수님이 무죄함을 세 번씩이나 분명하게 언급했다고 기록한다(눅 23:4, 14, 22).

그러나 많은 그리스도인들은 신약성경 저자들이 그런 생각의 폭을 가졌다는 것을 받아들이면 영감론에 관해 문제가 발생한다고 생각한다. 하나님이 성경 저자들을 감동시키셔서 파피루스 위에 구체적인 단어들까지 기록하게 하셨으므로, 우리가 신약성경에 기록된 모든 것을 믿어야 한다고 말하는 것이 가장 쉬워 보인다.

하지만 이럴 경우 우리는 심각한 문제에 봉착한다. 하나님이 마태와 마가에게는 백부장이 한 말을 표현하기 위해 이러이러한 단어를 선택하라고 영감하셨으면서 왜 누가의 마음에는 다른 단어를 넣어 주셨는가? 부적절하게 들릴지는 모르지만 이 말을 달리 표현해 보자. 하나님은 백부장이 말한 것을 그의 마음에 떠오르도록 하실 수 없으셨는가?

사실 이것이 비평학자들이 본문을 이런 식으로 읽을 때 제기하는 냉소적인 질문이다. 우리가 우리의 믿음에 대해 묻는 자들에게 믿음을 설명하라는 성경의 명령에 순종하고자 할 때 이 문제를 무시할 수 없다.

그런데 신약 배경에 대한 어느 정도의 이해를 가지고 있다면, 성경 저자들이 그들의 구체적인 독자들을 위해 글을 쓰도록 영감을 받았다는 사실을 이해할 수 있다. 이것이 그들이 자료를 창작했다거나 변조했다는 의미는 아니다. 그들은 하나님이 주신 창의력을 사용해서 그들의 독자들이 이해할 수 있는 용어로 복음을 선포했다.

앞에서 살펴보았듯이, 바울은 그 시대에 일반적으로 사용되던 용어(신비 종교와 스토아 철학 등에서 등장하는 용어)를 채용했다. 바울의 독자들이 명확하게 구별했는지는 확신할 수 없지만 바울은 이 용어들을 재해석했다. 우리에게 이런 상황은 그 용어들의 출처가 어디인지, 바울이 이 용어들에 어떤 새로운 의미를 부여했는지를 아는 데 더 없이 중요하다.

이런 종류의 영감으로 인해, 복음서 저자들이 복음서를 기록하는 데 있어서 의미의 차이는 없었지만, 용어 선정에 있어서 사소한 차이점이 발생하게 되었다. 예를 들어, 예수님이 이혼에 대해 가르치신 교훈을 살펴보자. 마가복음 10장 11-12절에서 예수님은 이렇게 말씀하신다. "이르시되 누구든지 그 아내를 버리고 다른 데에 장가드는 자는 본처에게 간음을 행함이요 또 아내가 남편을 버리고 다른 데로 시집가면 간음을 행함이니라." 학문적 용어로는 '로기온'(logion)이라고 하는 이 어록은 특별히 이혼을 금하지 않는다. 단지 이혼한 이후의 재혼을 금한다. 이것이 바로 바울이 고린도전서 7장 10-11절에서 본문을 이해한 방식이다. 누가복음 16장 18절에는 이것이 비슷한 의미로 기록되었지만 남자만 이혼과 재혼 그리고 간음의 책임자로 언급되었다. 하지만 마태는 예외 규정을 첨가한다. "누구든지 버림받은 여자에게 장가드는 자도 간음함이니라"(참조. 마 5:32, 19:9).

특히 마태가 사용한 용어들을 주목해 보자. 마가와 누가는 그리스-로마의 배경을 반영한다(마가복음은 주후 60년대 후반에 로마에서 기록되었을 것이다). 바울도 동일한 세계관에 입각해서 청중에게 글을 쓰고 있었다. 앞에서 살펴보았듯이 그리스-로마 사회에서는 이혼이 쉬웠고, 배우자 어느 한 편에서든지 이혼을 제기할 수 있었다. 이것이 마가복음 10장 11-12절에 반영되어 있다. 재혼은 오늘날과 마찬가지로 일반화되어 있었다. 마가, 누가, 바울은 이런 배경에 있는 독자들에게 복음을 전하고 있었다.

그러나 마태복음은 주로 유대인과 그리스도인 독자층을 겨냥해서 기록되었다. 그런 전통 속에서는 이혼이 아내의 부정(음행)이 있을 경우에만 허용되었고, 여자는 이혼 소송을 제기할 수 없었다. 마태복음에 여자가 남자와 이혼한다는 언급이 전혀 없음을 주목하라. 이렇게 할 가능성이 마태복음을 읽는 독자들에게는 없었다.

이 어록에 사용된 정확한 용어가 무엇인지와는 상관없이, 그 메시지의 핵심은 이렇다. 예수님은 유대의 법과 그리스-로마의 풍습과는 달리 이혼을 인정하지 않으셨다는 것이다. 하지만 예수님은 그 당시 이혼이 실제로 발생하고 있었고 또 그렇게 될 것을 인정하셨다. 인간의 특성이 다 그렇지 아니한가! 그러나 그런 경우라 하더라도 이혼 자체만으로는 결혼 계약을 파기하지 못하며, 그래서 재혼은 당연히 간음 행위로 간주되는 것이다. 당시 유대 법이 요구했던 것과는 달리, 예수님은 배우자가 부정한 짓을 저지른 이후에도 이혼을 요구하지 않으신다. 여기 예외 조항(마 5:32, 19:9)은 아내가 간음함으로써 결혼에 금이 가게 한 경우 이혼한 남편에 대한 죄책을 한정하며, 독신으로 지내는 사람이 있기는 하나(마 19:11-12; 고전 7:7, 11) 그런 식으로 이혼한 이후에 재혼하게 되는 경우를 가정한 것이다.

이런 내용은 모든 본문(마태복음, 마가복음, 누가복음)에서 일관적으로 나타난 교훈이다. 이것은 결혼을 사업상의 계약과 별반 다르지 않게 신성하게 여기지 않던 사회에서는 표현하기 어려운 문제였다. 신약의 저자들은 그들의 독자들이 파악할 수 있는 용어로 예수님의 말씀의 의미를 전하기 위해서 다양한 방법을 찾지 않으면 안 되었다.[2]

이제 우리는 신약의 어떤 본문이든지 그 본문에 접근할 때 끊임없이 다음과 같은 질문을 던질 필요가 있다. 본문의 본질, 즉 중심 메시지는 무엇인가? 저자는 독자들이 이해할 수 있도록 하기 위해 어떤 형식으로 이것을 표현했는가? 그러나 우리는 이 두 요소를 혼동해서는 안 된다.

기독교 사상가들은 수세기를 통해 어느 시대에나 적용할 수 있는 진리(본질)를 당대의 용어(형식)로 표현하려고 노력했다. 바울은 구주의 죽으심과 부활하심에 관해 그 시대 사람들에게 전할 수 있었고, 그들은 이것이 신비 종교에서 사용하던 용어와 비슷했기 때문에 이해했을 것이다.

중세 시대에는 사람들이 하나님을 엄격하고 죄를 용서하지 않는 재판자로 그리고 있었기 때문에 하나님에 대해 공포심을 가지고 있었다. 따라서 성모 마리아와 아기 예수는 그리스도가 누구이신지를 이해하는 데 도움이 되었다. 어머니 품에 안겨 있는 갓난아이를 보고 두려워할 사람이 어디 있겠는가?

---

[2] 이 문제에 대해서는 G. R. Ewald, *Jesus and Divorce: A Biblical Guide for Ministry to Divorced Persons*(Scottdale, PA: Herald Press, 1991)를 보라.

13세기에 와서는 토마스 아퀴나스(Thomas Aquinas)가 아리스토텔레스 철학과 기독교 신학을 혼합했으며, 하나님은 부동의 동자(the Unmoved Mover), 제1원인(the First Cause)으로 둔갑했다.

19세기 말의 기독교 문헌에서는 하나님이 마치 성공한 미국 사업가나 '믿는 사람들은 군병 같으니'(Onward, Christian Soldiers)라는 찬송가에서처럼 영국의 영토 확장주의자같이 들리기 시작했다.

1970년대에 예수님은 히피족들의 구세주인 '지저스 크라이스트 슈퍼스타'(Jesus Christ Superstar)가 되었다. 이 모든 것은 진리를 표현하고자 하는 문화적인 색채가 가미된 이미지이다. 이 이미지 중 어느 하나도 진리인 것은 없다.

이 이미지의 배후에 있는 것이 무엇인지 보고 싶은 그리스도인이 있다면, 이 책으로 끝내서는 안 된다. 이런 것들은 항상 듣던 말이기 때문에 받아들이는 것으로 자신을 제한하지 말라. 왜 사람들이 이런 식으로 말하는지를 먼저 질문하라.

전에 들었던 이야기 하나를 해보겠다. 막 결혼한 신부가 햄으로 요리하는 것을 지켜본 어느 젊은 남편에 관한 이야기이다. 새 신부는 햄을 팬에 굽기 전에 양끝을 잘라 내고 있었다.

"여보, 햄 끝은 왜 잘라 내?"라고 남편이 물었다.

"우리 엄마가 늘 이런 식으로 요리하던데요!" 아내가 대답했다.

"왜 그렇게 하셨대?"

"제 생각에는 그렇게 하면 즙이 빠져나가고, 그러면, 음, 잘 모르겠어요." 마침내 그녀가 실토했다.

몇 달 후 이들 부부는 가족들이 모인 자리에 참석했다. 햄 이야기가 다시 화제로 떠올랐다. 그러자 아내의 친정 엄마는 자기의 어머니가 늘 햄 양끝을 잘라 내셨다고 말했다. 그래서 이들은 모두 아내의 외할머니에게로 가서 왜 그런 식으로 햄 요리를 하는지 물어보았다.

할머니의 설명은 이러했다. "내가 막 결혼했을 땐 팬이 하나뿐이었지. 시장에서 파는 햄은 너무 커서 팬에 들어가지 않았어. 그래서 끝을 잘라 낸 거란다. 그게 습관이 되어 버린 거야."

습관으로 치부해 버리기에는 대단히 중요한 것들이 있다. 우리가 가진 믿음을 이해하고 기회 있는 대로 그 믿음 안에서 성장하는 것은 우리의 의무이다. 이것은 계속되는 작업이며, 나는 이것이 그리스도인의 생활을 이끄는 본질에 속한다고 믿는다. "모든 계명 중에 첫째가 무엇이니이까"(막 12:28)라는 질문을 받으셨을 때, 예수님은 신명기 6장 5절을 인용해 대답하셨다. 하지만 예수님은 이 말씀에 흥미로운 내용 한 가지를 덧붙여서 말씀하셨다. 마가복음 12장 30절에는 "네 마음을 다하고 목숨을 다하고 뜻을 다하고 힘을 다하여 주 너의 하나님을 사랑하라"라고 되어 있다. '네 목숨을 다하고'는 신명기에는 없는 내용이다. 예수님이 이 구절을 삽입하신 것은 전혀 우연이 아니었다(참조. 롬 12:2).

어디서부터 시작할 것인가?

우리의 영이나 혼이 개입된 일은 비교적 쉽다. 우리가 교회에서 수년 동안 해오던 일이 이런 것이다. 우리가 힘을 쏟는 것, 즉 다른 사람을 섬기거나 다른 사람에게 증거하기 위해 일하는 것 역시 우리 대부분에게는 자연스러워 보인다. 어떤 수고를 하게 되면 우리의 마음도 개입되게 된다.

사람들이 내게 말해 준 내용으로 미루어 판단하건대, 성경을 진지하게 공부하려고 하지 않는 그리스도인 중에는 그들이 항상 믿어 왔던 바를 의심하게 만드는 어떤 내용을 배울까 봐 겁이 나서 시도하지 않는 사람들이 있는 듯하다. 이런 사람들은 사해 사본이 발견되었을 때 기독교 학자는 물론이고 유대교 학자 중에서도 유대교나 기독교 전통을 침식시킬까 두려워 이 사본을 조사하기를 꺼려한 사람이 있다는 데서 위안을 얻는다(2,185:5). 하지만 오히려 그 반대다. 사해 사본은 신약 배경에 대한 우리의 이해를 향상시켜 주었다.

철저한 조사에도 맞서지 못하는 그런 믿음에 의존하기를 진정 원하는가? 기초가 취약하다는 사실을 발견했는데도 개의치 않고 집을 구입하겠단 말인가? 그 기초를 고칠 수만 있다면 고칠 것이다. 고칠 수 없다면 그 집은 살 만한 가치가 없다. 소크라테스는 이렇게 말했다. 검증되지 않은 삶은 살 가치가 없는 삶이라고. 검증되지 않은 믿음이 과연 믿을 만한 가치가 있는 것일까?

집의 기초를 조사하고자 한다면, 비록 작은 것이라 할지라도 건물에 대해 무엇인가를 알 필요가 있다. 혹은 무엇을 살펴봐야 하는지 알려 줄 수 있는 사람의 안내를 받아야 한다. 여러분이 여러분의 믿음의 기초인 신약성경을 조사하려고 한다면 안내자가 필요하다. 나는 이 책이 여러분이 이런 방향으로 나아갈 수 있도록 동기를 부여해 주기를 소망한다.

보다 깊은 이해를 위한 연구의 다음 단계로 여러분을 안내해 줄 책들이 참고 문헌에 실려 있다. 이 책에서 다룬 주제 대부분에 관한 유용한 기사들은 세 권으로 된 『고대 지중해의 문화: 그리스와 로마』(Civilization of the Ancient Mediterranean: Greece and Rome)[3]에서 발견할 수 있다.

헌신을 하고 목표를 세우라. 성경에 관한 책이든지 성경이 기록된 세계에 관한 책이든지 1년에 두 권 정도를 읽으라. 복음서 한 권을 다 읽으라. 앉은 자리에서 마가복음 전체를 읽도록 노력하라. 일반적인 독자라면 마가복음 전체를 통독하는 데 한 시간도 채 걸리지 않을 것이다. TV 쇼 프로그램보다 짧은 시간이다. 이만하면 여러분들이 복음서를 잘 이해하기에 알맞은 시간이라고 생각되지 않는가?

수첩을 늘 지참하는 습관을 가지라. 수첩에 의문 사항이나 읽은 내용에 대한 여러분의 반응을 기록하라.

---

3) edited by M. Grant and R. Kitzinger, New York: Scribners, 1988.

이것이 쉬운 일은 아니지만, 노력한 대가는 충분히 있을 것이다. 잠언 16장 16절의 충고를 명심하라.

지혜를 얻는 것이 금을 얻는 것보다 얼마나 나은고
명철을 얻는 것이 은을 얻는 것보다 더욱 나으니라.

원자료

아래에서 이 연구서에 자주 인용된 고대 저자들을 가나다 순으로 설명했다. 이들의 저작은 모두 비교적 값이 싼 문고판으로 번역되어 구입이 가능하다.

더 많은 배경적인 정보와 참고 문헌들을 알고 싶으면 『옥스퍼드 고전 사전』(Oxford Classical Dictionary[OCD])이나 『옥스퍼드 기독교 교회 사전』(Oxford Dictionary of the Christian Church[ODCC])에 있는 해당 저자의 항목을 참조하라. 아래 언급한 책들은 대부분 하버드 대학 출판부에서 번역해 출판한 고대 본문 모음집인 로브 고전 도서 문고(Loeb Classical Library[LCL])에서 발견할 수 있다. 기독교 저자들의 작품은 주후 325년 니케아 회의 이전에 활동한 모든 기독교 작가들의 작품을 영어로 번역한 책 『니케아 회의 이전의 교부들』(Ante-Nicene Fathers[ANF])에서 찾아볼 수 있다.

마르티알리스

유베날리스보다 연장자이자 동시대인인 마르티알리스의 작품이 없었다면, 우리는 유베날리스를 로마의 도덕에 대해 가장 비관적으로 바라본 사람이라고 생각했을 것이다. 마르티알리스는 80년부터 95년 사이에 활동한 로마의 유명 작가이다. 창녀, 동성애자, 음탕한 남녀 그리고 술주정뱅이들이 그의 책 거의 모든 페이지를 장식하고 있다. 플리니우스는 마르티알리스의 시들을 "진지함과 신랄함과 재치로 어우러져 있는 탁월한 시"라고 평가했다(Ep. 3.21). 마르티알리스의 시는 문학 형식으로서는 완벽한 경구시(警句詩)라고 평가되지만, 그 시의 3분의 1이 현대의 도덕적 규범이 바뀐 1960년대 이전에는 영어로 번역하기에 적합하지 않았다.

마르티알리스는 어떤 시에서는 그의 삶이 순결하다고 주장하지만(1.4), 어떤 시에서는 그가 어떻게 창녀들과 놀아났으며(2.31; 6.23; 9.67) 그의 아내가 나이 어린 소년과 잠자리를 같이하다 어떻

게 해서 발각되었는지를 묘사한다(11.43; 11.104). 시상으로 등장하는 인물에 대한 묘사가 어디까지 이고 어디가 그의 자전적인 이야기인지 구분하기가 어렵다. 그가 한 번 결혼했는지 아니면 세 번 결혼했는지도 불분명하다. 그의 아내라는 사람은 문학적 허구인가? 그의 경구시 전체를 영어로 번역한 유일한 번역본은 LCL에 있다(1970). 몇몇 문고판들은 발췌본이다.

세네카

주전 4년-주후 65년경. 세네카는 스페인 출신으로서, 그의 아버지는 유명한 수사학자이자 교사였다. 주후 41년경 이전의 생애에 대해서는 확실하게 알려진 바가 없다. 37년까지만 해도 그는 매우 존경받는 작가요 웅변가였다. 하지만 칼리굴라 황제의 여동생과 간통했다는 혐의 때문에 황제에게 미움을 받아 강제로 유배당했는데, 그곳에서 그는 49세까지 지냈다. 세네카는 다시 칼리굴라의 다른 여동생이며, 클라우디우스 황제의 아내이자 네로의 어머니인 소(小)아그리피나의 영향으로 복권되었다. 그는 네로가 황제에 오른 후 첫 5년 동안 네로의 가정 교사와 고문관을 지냈다. 네로가 59년에 자기 어머니 아그리피나를 살해하고 나자, 세네카가 황제에게 끼치는 영향은 감소되었다. 그는 62년에 '은퇴해서' 철학 논문을 쓰며 몇 년을 보냈다. 그는 네로 암살의 공모자라는 혐의를 받아 65년에 강제로 자살해야 했다.

스토아 철학자로서의 세네카의 명성은 다양한 주제를 다룬 그의 『도덕 서한』(Moral Epistles)과 『도덕 수필』(Moral Essays)에 나타나 있다. 이 외에도 그는 아홉 개나 되는 희곡을 썼다. 이것은 그리스의 희곡 작가들의 작품을 모델로 한 비극들이다. 그가 쓴 비극들은 무대에는 올려지지 않고 희곡으로 읽혔던 것 같다. 이것은 셰익스피어에게 상당한 영향을 주었다. 『옥타비아』(Octavia)라는 희곡도 세네카가 쓴 것으로 사료된다. 클라우디우스 황제의 신성화를 신랄하게 풍자한 작품 『아포콜로킨토시스』(*Apocolocyntosis*)도 그가 썼을 것이다. 그의 작품 전집은 LCL에 나와 있다. 그의 대표적인 작품은 문고판인 하다스(M. Hadas)의 책(*The Stoic Philosophy of Seneca: Essays and Letters*, New York: Norton, 1958)에서 볼 수 있다.

수에토니우스

주후 69-135년경. 수에토니우스는 소플리니우스의 친구이자 하드리아누스 황제의 비서였다. 그는 1세기 말까지의 황제들을 다룬 『카이사르들의 생애』(*Lives of the Caesars*)를 비롯해 몇 편의 전기집을 썼다. 그는 황제의 공문서를 참고하고, 거기에 실려 있는 편지와 다른 문헌들을 인용했다. 그는 단순하면서도 직언적인 문체 때문에 인기를 얻었으며, 후기 전기 작가들의 모델이 되었다. 그의 작품에는 수많은 음탕한 이야기들이 들어 있고, 황제들은 침실에서 허튼소리 하기에 너무 바빠 로마 제국을 통치할 시간이 없을 정도였다는 인상을 준다. 학자들은 과연 수에토니우스가 황궁의 생활을 정확하게 그리고 있는지 의문을 제기한다. 펭귄 문고판 『전기집』(*Lives*)이 가장 구하기 쉬운 책이다. 이 책을 번역한 로버트 그레이브스(Robert Graves)는 수에토니우스의 글에 기초한 『나, 클라우디우스』(*I, Claudius*)와 『신(神) 클라우디우스』(*Claudius the God*)라는 소설을 썼다.

에픽테토스

주후 55-135년경. 에픽테토스는 오늘날 터키의 히에라폴리스에서 태어났으며 노예로 로마에서 성장했다. 그의 마음씨 좋은 주인은 에픽테토스가 무소니우스 루푸스의 강의에 참석할 수 있도록 배려해 주었다. 루푸스의 스토아 철학적 가르침은 신약성경과 많은 접촉점이 있다(이 책 제6장을 보라).
에픽테토스는 자유를 얻게 되자 당연히 교사가 되었다. 89년에 도미티아누스가 철학자들을 로마에서 추방하자, 그는 그리스 북쪽 지역에 정착하여 죽을 때까지 그를 따르는 많은 사람들을 가르쳤다. 그가 강의한 내용을 학생 중 한 사람이 모아 『강화』(*Discourses*)라는 제목의 여덟 권짜리 책을 출판했고, 그중 네 권만 현존한다. 같은 학생이 에픽테토스의 가르침을 요약해 『입문서』(*Enchiridion*)라는 제목으로 편찬했다.

에픽테토스는 만인의 형제애와 우리가 우리에게 발생하는 일들을 통제할 수 없는 무능력한 자라는 사실을 강조했다. 우리의 행복은 외부적인 요인에 의거해서는 안 되며, 우리는 운명의 변동에 무관심해야 한다. 우리가 통제할 수 있는 한 가지는 우리 자신과 우리의 의지뿐이다. 초기의 스토아 철학자들과는 달리, 그는 많은 대중과 접촉하려고 애썼다. 화이트(N. P. White)의 책 『에픽테토스 핸드북』(The Handbook of Epictetus, Indianapolis: Hackett, 1983)에는 비전문가들을 위한 서론적인 글과 번역이 들어 있다.

오비디우스

주후 17년에 죽은, 시인 오비디우스의 저서만큼 로마인들의 도덕성을 회화적으로 보여준 작품은 또 없을 것이다. 그의 『사랑의 기술』(The Art of Love)은 '여자를 어떻게 유혹할 것인가'에 관한 역사상 최초의 지침서이다. 그는 사랑에 불타고 있는 로마의 젊은 남자들에게 이성을 만나는 가장 좋은 장소를 일러 준다. 그가 언급하는 장소 중 깜짝 놀랄 만한 장소 하나는 바로 유대인 회당이다(1.75). 무엇보다 그는 이렇게 충고한다. "확신을 가져라. 확신을 가지고 너의 그물을 펼쳐라. 여자란 항상 걸려들기 마련이다. 이것이 게임의 첫 번째 규칙이다"(1.270).

오비디우스는 그가 경험한 수없이 많은 정사 내용을 하나도 숨김없이 기록한다. 그는 그의 "비열한 행동"을 자랑한다(Amores 2.1). "이 마을에 내가 사랑해 보지 않은 미녀는 하나도 없다"(Amores 2.4). 나이가 들면서 오비디우스는 마르티알리스처럼 그의 생애가 그의 책에 기록되어 있는 것보다는 훨씬 더 순결했다고 주장하려 했다. 분명히 어떤 부분은 그의 독자들의 관심을 끌기 위한 제스처에 불과할 수 있다. 이 책 제8장에서 우리는 로마인들의 도덕성을 충분히 검토했으므로, 그가 말하는 내용은 그와 똑같은 무리가 행했던 전형적인 행동이라고 믿는다. 오비디우스의 시에 당대의 실상이 어느 정도 반영되지 않았다면, 그의 독자들은 그의 시를 읽고 즐거워하지 않았을 것이다. 심지어 신화적인 내용을 담고 있는 작품 『변신 이야기』(Metamorphoses)에서도 대부분의 이야기가 사랑과 성에 관련된 내용이다.

로마의 동쪽 아름다운 산간 마을인 술모나에서 태어나 변호사 교육을 받은 오비디우스는 호색적인 내용의 시가 자기 취향에 더 맞는다고 생각했다. 오비디우스는 귀족들 사이에서 인기가 좋았으나, 아우구스투스 황제가 딸 율리아와 손녀 율리아를 유배 보낼 때 그도 '시와 실수' 때문에 오늘날 루마니아 지역으로 추방당했다. 그간 두 여자의 생활은 극도로 문란했고, 이 여자들은 아우구스투스 자신과 다시 로마에서 가족과 함께 지내려는 그의 노력을 조롱했다. 많은 학자들은 오비디우스가 이 두 여자의 연인 가운데 한 사람이었든지, 아니면 두 여자의 문란한 생활을 알았을 거라고 생각한다. 오비디우스는 유배지에서 쓴 두 작품 『슬픔』(Tristia)과 『폰투스(본도)에서 온 편지』(Letters from Pontus)에서, 그의 잘못은 그가 뭔가를 알았다는 데 있지 그가 뭔가를 저지른 데 있지 않다고 주장한다. 어쨌든, 생기발랄하고 유쾌한 그의 부도덕한 시들은 아우구스투스에게 황제 자신이 인정하지 못한 행동들을 선동하는 행위로 비쳐졌다. 오비디우스와 두 율리아는 유배지에서 죽었다. 그가 쓴 음탕한 내용의 시집은 인디애나 대학 출판부에서 『사랑의 기술』이라는 제목으로 출간되었다. 『변신 이야기』는 펭귄 문고판으로 나와 있다.

요세푸스

주후 37-100년경. 요세푸스는 66년에 유대인들이 로마에 대항해 일으킨 전쟁에 참여했던 바리새파 사람이었다. 그러나 전쟁 초기에 그는 로마의 포로로 잡혔다. 그의 첫 작품은 유대인들이 혁명을 일으킨 이유와 어떻게 해서 로마인들이 승리할 수밖에 없었는지를 설명하기 위해 기록한 『유대 전쟁사』(Jewish War)였다. 그의 『유대 고대사』(Antiquities of the Jews)는 랍비들의 교훈을 요약한 것으로, 상당히 많은 부분이 구약의 역사적인 자료와 내용이 같다. 이 책은 66년 유대 전쟁이 발발할 때까지의 이야기를 담고 있다. 『유대 전쟁사』와 『유대 고대사』의 내용은 중복되는 부분이 있다. 그리고 요세푸스 자신도 스스로 모순을 드러내 보일 때가 있다(S. Mason, "Will the Real Josephus Please Stand Up?" BAR 23, no. 5, [1997]: 58–68). 요세푸스는 『자서전』(Vita)과 『아피온 반박문』(Against Apion)이라는 유대교 변증서도 썼다. 이 변증서에서 요세푸스는 그의 다른 책에서 전쟁 중 그가 활약한 내용에 대해 언급했던 바와 모순되는 말을 많이 했다. 이 모든 책들은 LCL에 들어 있으며, 『유대 전쟁사』는 펭귄 문고판으로 나와 있다.

유베날리스

2세기 초에 등장한 풍자가 유베날리스는 동시대 사람들에게 그의 가시 돋친 재치를 보여주었다. 그는 이렇게 말했다. "로마는 이제 쇠퇴기에 접어들었기 때문에 풍자시를 쓰지 않을 수 없다"

(*Sat.* 1.30). 그는 모두 열여섯 개의 풍자시를 썼는데, 이것은 모두 그가 살던 사회를 그린 참담한 이야기들이다. 그중에서도 두 번째(동성애에 대한 풍자)와 여섯 번째(자유분방한 여자들에 대한 풍자)가 가장 통렬하다.

세 번째 풍자시에서 유베날리스는 로마의 도덕적 부패가 단지 성적인 행위에만 국한되지 않고 모든 영역으로 확대되었음을 보여준다. 유베날리스의 친구 한 명이 로마를 떠난다. 그는 계약서를 변조하고, 거짓말과 온갖 아첨의 말로 부자의 환심을 사며, 뇌물을 취하고, 일은 적게 하고 보수는 많이 받는 정부 일을 하려는 사람들과 겨룰 수 없었기 때문이다(3.30-40). 유베날리스는 로마가 안고 있는 여러 문제들에 대한 해답을 자신이 가지고 있다는 듯 말하지 않는다. 그의 풍자시는 "치유라기보다는 차라리 항변"이었다(*OCD*:572).

사실 유베날리스의 글은 그가 생존했던 당시에는 읽히지 않다가, 4세기 말 그의 글이 재해석된 이후 계속해서 꾸준한 인기를 누렸다. 새뮤얼 존슨(Samuel Johnson)은 그의 풍자시 중 몇 개를 모방했는데, 이번에는 로마가 아니라 런던을 그 대상으로 삼았다. 유베날리스의 풍자시를 문고판으로 번역한 것이 몇 가지 되지만, 문고판 중에서는 두 번째와 여섯 번째 풍자시를 생략한 것도 있다. 가장 쉽게 구할 수 있고 또 전권으로 된 것은 펭귄 문고판일 것이다.

에우세비우스

주후 260-340년경. 에우세비우스는 사도 시대부터 에우세비우스 당대까지의 교회를 서술한 『교회사』(*Ecclesiastical History*)의 저자이다. 초기의 고전적인 역사가들과는 달리 에우세비우스는 그의 자료로 역사를 재서술하려고 하지 않고 자신의 고유한 문체로 자료를 혼합했다. 그는 역사의 단편을 모아 놓듯, 마치 스크랩하듯 역사서를 쓴 것이 아니었다. 그는 문헌에서 인용한 긴 인용구와 그가 발견한 초기 저자들의 글을 거기에 삽입했다. 이렇게 함으로써 에우세비우스는 하마터면 잃어버릴 뻔했던 귀중한 자료들을 보존했다. 그가 보존한 작품들에 대한 그의 해석이 항상 정확한 것은 아니었다. 그러나 이것은 "그가 비평적인 판단을 함으로써 생긴 것이지, 의식적으로 사실을 왜곡시키려고 해서 발생한 것은 아니라고 설명할 수 있다"(*ODCC*:481). 에우세비우스는 303년 교회에 대한 핍박이 진행되는 동안 옥에 갇혔다가 후에는 이단으로 정죄되었으나, 구사일생으로 살아나 가이사랴의 감독이 되었다. 그의 역사서 『교회사』는 LCL과 펭귄 문고판으로 나와 있다.

순교자 유스티누스

주후 100년경에 사마리아에서 출생했다. 순교자 유스티누스는 다양한 그리스 철학자들을 연구한 후 130년 무렵에 기독교로 개종했다. 그는 에베소에서 가르쳤다. 에베소에서 그의 유대인 대적자인 트리포와의 대화 내용을 담은 『트리포와의 대화』(Dialogue with Trypho)를 썼고, 로마에서는 두 권의 기독교 변증서 『변증』(Apologies)을 썼다. 그는 모든 지식이 하나님에게서 나온다고 믿으면서 신앙과 이성의 조화를 시도했다. 비기독교적인 사상 체계에는 부분적인 진리와 소량의 진리가 있고, 궁극적인 진리는 기독교에서 계시된다고 주장했다. 그러므로 다른 철학 학파들이 전적으로 소용없는 것은 아니며 이들을 배제해서는 안 된다. 그는 165년경에 순교했다.

알렉산드리아의 클레멘스

클레멘스는 주후 150년경 아테네에서 출생했으나, 회심 후 여러 곳을 여행하면서 유명한 기독교 교사들의 가르침을 받았다. 마지막으로 그가 정착한 곳은 알렉산드리아였다. 이곳에서 그는 기독교로 개종한 사람들을 위해 세운 학교의 장(長)이 되었다. 202년에 그는 교회 박해를 피해 알렉산드리아를 떠날 수밖에 없었으며, 215년에 죽을 때까지 다시는 돌아오지 못했다. 그는 모든 초기의 철학 체계가 기독교와 연결된다는 점을 증명하기 위해 그리스의 관점과 기독교의 관점을 철저하게 혼합하려 했던 첫 번째 기독교 사상가이다. 그는 지식과 이성을 강조하면서 어떤 점에서는 영지주의적인 접근을 시도했다.

그의 남아 있는 주요 저서는 『헬라인들에게 주는 권면』(Protrepticus [Exhortation to the Greeks])과 『잡문집』(Stromata [Miscellaneous Writings])이다. 『헬라인들에게 주는 권면』은 LCL에 실려 있고, 다른 저서들은 ANF에 실려 있다. 『교육자』(Paedagogus [Instructor])는 클레멘스 시대의 많은 풍습들을 보여주며, 선한 도덕을 가지고 지혜롭게 살라고 그리스도인들을 안내한다.

타키투스

주후 2세기 초. 타키투스는 플리니우스와 수에토니우스의 친구이며, 두 권의 역사서 『연대기』(Annals)와 『역사』(Histories)의 저자이다. 두 권 모두 아우구스투스 황제의 서거부터 도미티아누스의 재위 시절 전체를 망라하는 시기(주후 14-96년)를 다루고 있다. 불행히도 그의 책은 부분적인 내용만 남아 있다. 그가 70년 예루살렘 멸망에 관한 내용을 말하기 시작하는 부분에서 이야기는 끊긴다. 그는 웅변술의 쇠퇴, 그의 장인의 생애, 게르마니아 사람들 같은 주제들로 몇몇 소책자도 썼다. 타키투스는 로마 제국의 제도를 몹시 반대했기 때문에, 그의 문체는 반어적이며 종종 냉소적이다. 그가 기록한 사건들은 황제들을 가능하면 나쁘게 보이게 하기 위해 선택한 것일지도 모른다. 하지만 현대 비평가들은 그가 일부러 잘못 제시하는 것은 어디서도 찾아볼 수 없다고 한다. 『연대기』와 『역사』 두 권 모두 펭귄 문고판으로 나와 있다.

테르툴리아누스

주후 160-222년경. 테르툴리아누스는 북아프리카에 있는 카르타고 출신의 변호사였다. 그는 중년의 나이에 기독교로 개종했다. 그의 『변증학』(Apology)은 기독교를 이교의 부도덕과 미신과 비교하면서 그리스도인들은 국가에 전혀 위험한 존재들이 아님을 주장하는 기독교 변증서이다. 그는 말년에 신학적인 주제들로 논거를 바꾸었다. 테르툴리아누스는 그가 지닌 청교도적인 기질 때문에 결국에는 이단으로 판명된 금욕주의적이며 종말론적인 몬타누스주의에 빠지고 말았다. 하지만 그의 초기 작품들의 영향 때문에 로마 가톨릭 교회는 그를 라틴 신학의 교부로 간주한다. 그의 『변증학』은 LCL에 나와 있고, 그의 나머지 책들은 ANF에서 볼 수 있다.

페트로니우스

오비디우스의 시에는 그의 시를 음란물 수준 이상으로 끌어올린, 적어도 그 결점을 보충할 만한 재치가 들어 있다. 주후 65년경에 기록된 페트로니우스의 『사티리콘』(Satyricon)은 그러한 자질을 갖추지 못했음을 자랑하는 책이다. (최근까지 이 책은 많은 도서관의 보존 서가나 미분류 서가에서 썩고 있었다.) 부분적으로만 남아 있는 이 책의 줄거리는 두 동성애자에 관한 이야기이다. 이들은 자기들의 노예이면서 동시에 연인인 사람을 동반하여 남부 이탈리아 일대를 여행하면서, 서로가 우스꽝스러운 상황에 빠지기도 하고 그 상황을 탈출하기도 한다.

페트로니우스와 관련하여 가장 어려운 질문은 그가 과연 같은 이름을 가진 네로의 고문관이었는가 하는 점이다. 만일 그렇다면, 그의 작품은 네로가 궁중에서 행한 태도를 비난하기 위해 기록되었을 것이다. 황제나 가질 만한 부를 소유했지만 전직 노예처럼(사실 노예였었다) 행동하는, 상스러우리만큼 제멋대로 구는 트리말키오는 네로를 희화화한 인물이 거의 확실하다. 수에토니우스와 타키투스는 네로의 무절제에 대해 많은 증거를 제시한다. 네로의 관심사 중에는 트리말키오의 관심사와 비슷한 점이 많다. 진부하고 얄팍한 철학을 내뱉는 수사학자 아가멤논은 네로의 가정 교사요 고문관이었던 철학자 세네카를 풍자한 인물이다. 세네카의 아버지도 수사학 교사였다.

『사티리콘』은 호평을 받지 못했다. 다른 고대 작가들도 이 책을 거의 언급하지 않고 있으며, 현재까지 남아 있는 것도 후기 사본의 단편뿐이다. 네로의 고문관이 이 책의 저자라면, 우리는 타키투스의 글에서 그가 네로의 명령에 따라 자살했다는 내용을 볼 수 있는데(Ann. 16.17-20), 거기서 그는 이런 형태의 죽음과 관련된 거의 모든 의식을 조롱한다. 펭귄 문고판이 현재로서는 일반 독자들이 쉽게 접할 수 있는 책이다.

플루타르코스

주후 50-120년경. 플루타르코스는 여러 곳을 여행하고 플라톤 철학을 강의하면서 무수히 많은 주제에 관해 글을 썼지만, 평생을 그리스의 카이로네이아라는 작은 마을에서 살았다. 플루타르코스는 그리스와 로마의 유명한 사람들의 전기를 쓴 사람으로 잘 알려져 있다. 그는 전기에서 두 사람씩 짝을 지어(예를 들어, 알렉산드로스 대제와 율리우스 카이사르 등) 비교했다. 위인들이 살았던 삶의 방식에서 도덕적 교훈을 이끌어 내는 것이 그의 목적이었다. 그는 철학과 도덕적인 주제를 가지고도 수많은 논문을 썼다. 이 논문들은 그가 사용한 유비와 그가 즉석에서 기록한 논평을 통해 당대의 삶에 대한 통찰을 제시한다. 그의 작품 전집이 LCL에 나와 있으며, 많은 사람들의 전기와 도덕적인 수필들이 펭귄 문고판으로 출판되었다. 예를 들면, 『도덕 수필』(Moral Essays, trans. by R. Warner, Hammondsworth, UK: Penguin, 1971)이 있다.

소(小)플리니우스

주후 61-112년경. 소플리니우스는 대플리니우스의 조카이자 양자였으며, 정부의 관료와 자연 과학자였다. 플리니우스는 79년 8월에 있었던 베수비오 화산 폭발을 함께 조사하러 가자는 숙부의 청원을 거절했다. 이 기간에 대플리니우스는 연기에 질식해 죽었다. 소플리니우스는 그 후에 정치가와 웅변가가 되었고, 112년에는 비두니아 지방의 총독으로 임명되었다. 그가 다시 로마로 돌아갔는지는 알려지지 않고 있다. 플리니우스가 쓴 편지 중에서 이 기간 이후에 나온 것은 하나도 없다.

플리니우스의 편지에는 예리하지만 자기만족적인 눈에 비친 1세기 말 로마 상류 사회의 모습이 그려져 있다. 그와 우애 있게 지내던 사람들 대부분은 로마에 온 속주인들로서, 항상 자신들의 뿌리를 되돌아보면서 흐뭇해하는 이들이었다. 플리니우스의 편지들 중에는 그의 시골집 재산이나 그의 고향 코뭄 시절의 이야기들이 묘사되어 있는 부분이 있다. 종종 그는 수도 로마에서 지내던 삶이 행복하지 않았다고 털어놓기도 했다. 그는 다른 사람들에게 은퇴한 후 시골에 내려가 글 쓰는 데 전념하라고 권고했으나, 정작 자신은 공무원으로서 의무를 다해야겠다고 생각했다. 그 이유는 숙부 대플리니우스가 그를 설득했기 때문이었을 것이다. 그의 수많은 편지에는 법정 판결이나 원로원 회의 절차 등이 논의되어 있다. 또 다른 작품으로는 『파네기리쿠스』(*Panegyricus*)라는 연설문이 남아 있다. 여기서 그는 당대의 귀족들이 황제에게 아첨하기 위해 해야 하는 말들을 장황하게 제시한다. 래디스(B. Radice)가 번역한 편지들과 『파네기리쿠스』는 LCL에 나와 있다. 래디스가 번역한 편지들은 펭귄 문고판으로도 출판되었다.

알렉산드리아의 필론

주전 20년–주후 50년경. 필론의 생애에 대해서는 그가 39년에 알렉산드리아 유대인 대표단의 한 사람으로서, 당시까지 유대인들이 누려 온 정치적 권리를 칼리굴라에게 인식시키기 위해 그를 알현하려고 애썼다는 점 외에는 알려진 바가 거의 없다. 그의 작품은 그리스 철학의 관점에서 본 성경 해석에 초점이 맞춰져 있다. 그는 다양한 철학 학파와 유대인 저자들로부터 교리의 요지를 끌어왔다. 그러면서도 그는 이 둘을 "조화롭게 결합하여 하나로 만들지 않았다"(*ODCC*:1083). 필론은 헬라인들처럼 전체로서의 세상과 각 개인을 향한 유대적 신관을 유지하려고 노력했다(D. Winston, "Judaism and Hellenism: Hidden Tensions in Philon's Thought," *StPhilon* 2[1990]: 1–19).

그의 생애는 제쳐 놓더라도 필론은 후기 기독교 저자들에게 막대한 영향을 주었다. 특히 알렉산드리아의 클레멘스와 암브로시우스(Ambrosius), 그 밖에 다른 후기 사상가들이 그의 영향을 받았다. 성경 해석의 도구로 필론이 사용한 알레고리는 중세 시대에 표준적인 방법이 되었다. 그의 저서 전집이 열 권으로 LCL에 나와 있다.

족보

율리우스-클라우디우스 가문에 속한 황제들

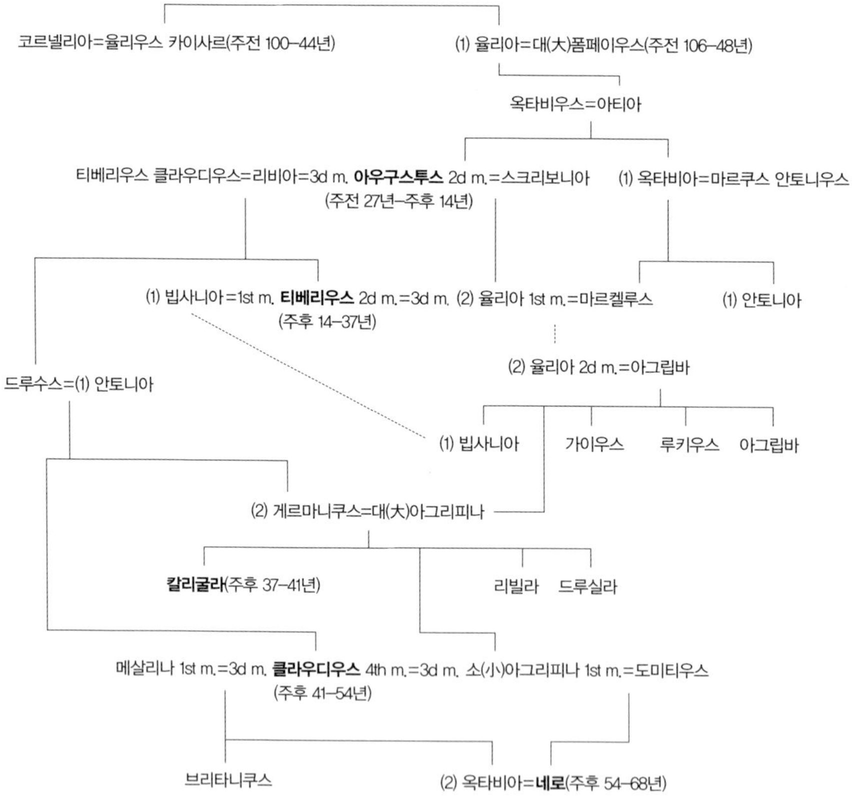

```
코르넬리아=율리우스 카이사르(주전 100-44년)        (1) 율리아=대(大)폼페이우스(주전 106-48년)
                                                            │
                                                      옥타비우스=아티아
                                                            │
   티베리우스 클라우디우스=리비아=3d m. 아우구스투스 2d m.=스크리보니아    (1) 옥타비아=마르쿠스 안토니우스
                              (주전 27년-주후 14년)
         │                                                                    │
   (1) 빕사니아=1st m. 티베리우스 2d m.=3d m. (2) 율리아 1st m.=마르켈루스    (1) 안토니아
                    (주후 14-37년)
                                              (2) 율리아 2d m.=아그립바
   드루수스=(1) 안토니아
                                    (1) 빕사니아      가이우스   루키우스   아그립바
         │
   (2) 게르마니쿠스=대(大)아그리피나
         │
   칼리굴라(주후 37-41년)        리빌라   드루실라

   메살리나 1st m.=3d m. 클라우디우스 4th m.=3d m. 소(小)아그리피나 1st m.=도미티우스
                    (주후 41-54년)
         │
   브리타니쿠스            (2) 옥타비아=네로(주후 54-68년)
```

율리우스 카이사르는 로마의 첫 황제인 아우구스투스의 외가 쪽 종조부이자 양부였다. 아우구스투스는 다시 티베리우스의 양부가 되었다. 빕사니아는 아우구스투스의 장군이자 (2)율리아의 두 번째 남편인 마르쿠스 빕사니우스 아그립바의 딸이었다. 소아그리피나의 세 번째 결혼 상대는 그녀의 숙부 클라우디우스였고, 클라우디우스는 그것이 네 번째 결혼이었다. 그는 그의 상속자로 네로를 입양했다.

헤롯 가문

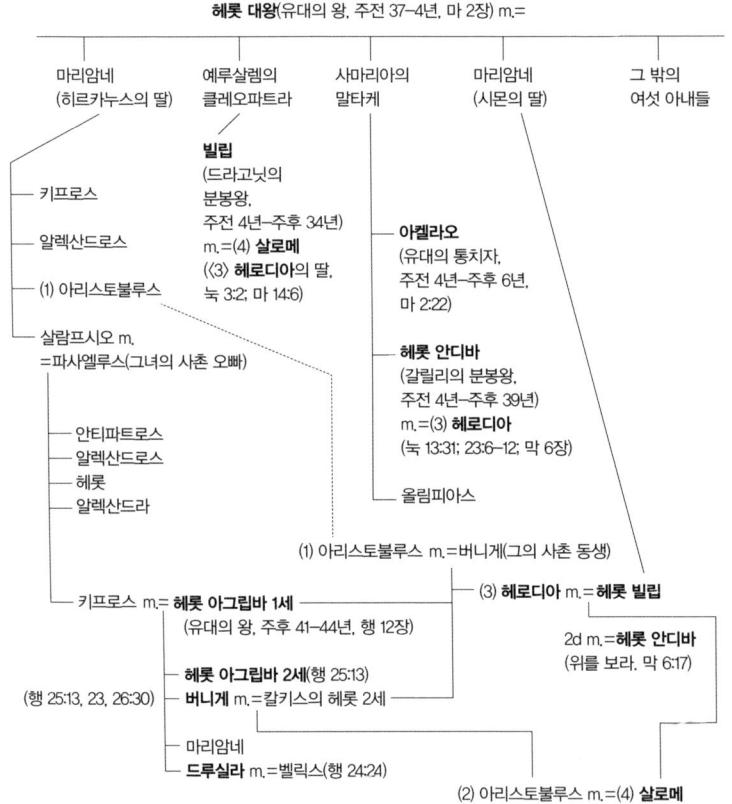

볼드체로 쓴 이름은 성경에 나오는 사람들이다. 이 족보는 헤롯 가문에 속한 모든 사람을 도표화한 것은 아니다. 이름이 중복된 것은 고대의 자료에서 혼동이 야기되었기 때문이다. 결혼을 여러 번 하고 사촌과 사촌 사이, 숙부와 질녀 사이, 이모와 조카 사이에 있었던 근친혼 때문에, 사람들 하나하나를 규명하는 데 어려움이 있었다. 요세푸스는 헤롯이 죽은 지 1세기 안에 "그가 낳은 자녀 중에서 두어 명을 제외하고는 모두 죽었다."라고 말한다(*Ant.* 18.128). 제명에 죽은 사람은 몇 명 되지 않았다.

사명선언문

너희가 흠이 없고 순전하여……세상에서 그들 가운데 빛들로
나타내며 생명의 말씀을 밝혀 _ 빌 2:15-16

1. 생명을 담겠습니다
만드는 책에 주님 주신 생명을 담겠습니다.
그 책으로 복음을 선포하겠습니다.

2. 말씀을 밝히겠습니다
생명의 근본은 말씀입니다.
말씀을 밝혀 성도와 교회의 성장을 돕겠습니다.

3. 빛이 되겠습니다
시대와 영혼의 어두움을 밝혀 주님 앞으로 이끄는
빛이 되는 책을 만들겠습니다.

4. 순전히 행하겠습니다
책을 만들고 전하는 일과 경영하는 일에 부끄러움이 없는
정직함으로 행하겠습니다.

5. 끝까지 전파하겠습니다
모든 사람에게, 땅 끝까지, 주님 오시는 그날까지
복음을 전하는 사명을 다하겠습니다.

서점 안내

광화문점 서울시 종로구 새문안로 69 구세군회관 1층
02)737-2288 / 02)737-4623(F)

강남점 서울시 서초구 신반포로 177 반포쇼핑타운 3동 2층
02)595-1211 / 02)595-3549(F)

구로점 서울시 동작구 시흥대로 602, 3층 302호
02)858-8744 / 02)838-0653(F)

노원점 서울시 노원구 동일로 1366 삼봉빌딩 지하 1층
02)938-7979 / 02)3391-6169(F)

일산점 경기도 고양시 일산서구 중앙로 1391 레이크타운 지하 1층
031)916-8787 / 031)916-8788(F)

의정부점 경기도 의정부시 청사로47번길 12 성산타워 3층
031)845-0600 / 031)852-6930(F)

인터넷서점 www.lifebook.co.kr